"十一五"国家重点图书出版规划项目

·经/济/科/学/译/丛·

Quantitative Techniques for Competition and Antitrust Analysis

竞争与反垄断中的数量技术

彼得·戴维斯（Peter Davis）
伊莲娜·迦瑟斯（Eliana Garcés） 著

周德发 李 三 译
吴汉洪 校

中国人民大学出版社

·北京·

《经济科学译丛》总序

中国是一个文明古国，有着几千年的辉煌历史。近百年来，中国由盛而衰，一度成为世界上最贫穷、落后的国家之一。1949 年中国共产党领导的革命，把中国从饥饿、贫困、被欺侮、被奴役的境地中解放出来。1978 年以来的改革开放，使中国真正走上了通向繁荣富强的道路。

中国改革开放的目标是建立一个有效的社会主义市场经济体制，加速发展经济，提高人民生活水平。但是，要完成这一历史使命绝非易事，我们不仅需要从自己的实践中总结教训，也要从别人的实践中获取经验，还要用理论来指导我们的改革。市场经济虽然对我们这个共和国来说是全新的，但市场经济的运行在发达国家已有几百年的历史，市场经济的理论亦在不断发展完善，并形成了一个现代经济学理论体系。虽然许多经济学名著出自西方学者之手，研究的是西方国家的经济问题，但他们归纳出来的许多经济学理论反映的是人类社会的普遍行为，这些理论是全人类的共同财富。要想迅速稳定地改革和发展我国的经济，我们必须学习和借鉴世界各国包括西方国家在内的先进经济学的理论与知识。

本着这一目的，我们组织翻译了这套经济学教科书系列。这套译丛的特点是：第一，全面系统。除了经济学、宏观经济学、微观经济学等基本原理之外，这套译丛还包括了产业组织理论、国际经济学、发展经济学、货币金融学、公共财政、劳动经济学、计量经济学等重要领域。第二，简明通俗。与经济学的经典名著不同，这套丛书都是国外大学通用的经济学教科书，大部分都已发行了几版或十几版。作者尽可能地用简明通俗的语言来阐述深奥的经济学原理，并附有案例与习题，对于初学者来说，更容易理解与掌握。

经济学是一门社会科学，许多基本原理的应用受各种不同的社会、政治或经济体制的影响，许多经济学理论是建立在一定的假设条件上的，假设条件不同，结论也就不一定成立。因此，正确理解掌握经济分析的方法而不是生搬硬套某些不同条件下产生的结论，才是我们学习当代经济学的正确方法。

本套译丛于 1995 年春由中国人民大学出版社发起筹备并成立了由许多经济学专家学者组织的编辑委员会。中国留美经济学会的许多学者参与了原著的推荐工作。中国人民大学出版社向所有原著的出版社购买了翻译版权。北京大学、中国人民大学、复旦大学以及中国社会科学院的许多专家教授参与了翻译工作。前任策划编辑梁晶女士为本套译丛的出版做出了重要贡献，在此表示衷心的感谢。在中国经济体制转轨的历史时期，我们把这套译丛献给读者，希望为中国经济的深入改革与发展做出贡献。

《经济科学译丛》编辑委员会

前　言

　　全球各地的竞争当局对于定量分析的应用呈增长趋势。无论是由外部专家还是由竞争当局自身采取的定量分析，经验分析都是竞争经济学家的工具箱中至关重要的组成部分。大部分经验分析遵从（或贯彻）调查者是相当直接明了的（约定）。这一方面是因为简单的工具通常是相当有效的，另一方面，与非专家人士交流的需要自然制约着轻松利用复杂工具的程度。当然，对一个人来说是前沿性的方法可能是其他人的基础性工具，这一差异促进了基础研究的新方法向应用研究领域的正常扩散。本书所讨论的工具大致是过去 20 年来经验产业组织理论研究文献的思想与方法的成果，这些成果要么逐步在向实践中渗透（当然是少数案例中），要么归于沉寂。

　　本书的目的在于检验经验研究技术，毋庸强调，任何一个竞争调查的经验研究最终需要与案例中收集到的事实、记录和定性证据一起加以评估。经验研究在广泛的证据中即使是重要的，通常也只是一个因素而已。虽然数量分析为更广范围的案例提供了重要的证据支持，但是仅在很少数的案例中明确、精准、稳健地完全独立支持所发现的结论。甚至在数量分析很重要的案例中，可靠的定量分析和好的事实性产业知识将既为计量分析工作提供必要的基础，又为由经验工作所揭露出的结论提供必要的事实检验资料。

　　在应用本书中讨论过的这些适用于反垄断和并购调查的最有用且最有前途的经验策略时，应时刻谨记以上提醒。有些技术已经经历了试用与检验，有些技术更复杂也没被实践者广泛接受。贯穿本书始终的是，本书试图站在一个从业者的角度来对已经被学术界所提议的工具加以仔细考察。事实上，从业者在考虑选择应用某些方法时，对于可利用的方法既需要理解其具有的潜在用途，又需要理解其存在的重大局限性。为了做到这一点，我们把为回答竞争政策问题所使用到的经验模型以及经验策略和经济理论基础紧密结合在一起。特别地，经济理论使得我们明确一个既定经验研究工作所要求的假定是有意义的。事实上，没有任何可靠的经验分析完全是与经济理论分离的，因此，理论通常在对经验分析工作提供指导与设计原则方面起到非常重要的作用。

本书的目的不是在于理论本身，而是在于帮助竞争经济学家回答实务性问题。基于此，本书的结构是概括性地基于那些需要被提及的潜在的竞争问题来组织。前两章是对基础理论与计量经济学知识的一个回顾。由于任何竞争政策分析要成为可能，需要很好地理解基本原理，所以特别地在第1章回顾了市场产出的决定因素，即：需求、成本和竞争环境。在第2章回顾了基础计量经济学的多元回归，其中特别强调了"识别"这一至关重要的问题。"识别"问题——必要的数据变异性使得我们能区分模型间的差别——贯彻本书的主题。随后的章节带领读者完整地讨论成本与需求函数的估计、市场界定、市场结构与价格之间的关系、公司竞争性产品范围的识别、损害估计、并购模拟等，在最后以纵向约束影响的定量评价方法发展结束全书。每章明确地讨论了那些已经被用于处理竞争政策问题的经验研究技术。本书目的不在于全面综合地介绍相关技术，而是旨在为调查者提供实用的指导。

有时候工具相对于所面临的工作来说太简单，这自然会导致调查者得出根本上就是错误的结论。另一方面，没有被很好地理解的复杂工具难以很好地应用，同时对于得出一个决定来说更可能是一个黑箱，而不提供更多的细节。这就是反垄断机构在选择适当的经济学方法过程中所面临的挑战。在一些例子中，我们将讨论个别机构很可能在给出结论时太复杂、太理论化或是太耗时了，而不能被那些受时间限制的调查者立即应用于实际。如果我们试图对一个特别主题作出结论，那么本书中所说的方法技术仍然是有用的，要么至少会指明该特别问题的困难性或复杂性，要么能为那些需要调查的重大问题进行抽象讨论提供指导。此外，将逐步建立必要的专家意见制度，而不是在法定期限内由个别并购调查来类推。本书的最终目标不是让竞争经济学家重复那些在这些章节中所讨论的例子，而是有助于他们建立一种经验分析的思维方法，这一思维方法有助于他们针对所面临的给定数据的特别问题进行原始解答设计。同时也希望本书将有助于降低世界上的机构当前所采用的特别方法中的大量存在的同时重复发现的优势与劣势。

值得注意的是，本书虽然探究了各种各样适用于分析的方法，但是对任何个别项目调查而言恰当工具的判断都取决于调查环境。本书也无意明确或隐含地对在个别项目管辖中竞争问题应该如何被经验地确认设定任何要求。然而，我们确实想引起对依赖于计量经济学的经验经济学家与支撑所有经验技术的经济理论之间关系的重视。希望这一重视将既有助于提高相对简单的经验研究工作的质量，又有助于减小在原本适合应用更复杂方法的地方应用更复杂方法的障碍。

致　谢

彼得·戴维斯（Peter Davis）博士是英国竞争委员会的副主席。然而他作为本书的一个重要作者，他独立地进行了撰写，在本书中反映出的观点是作者独立的观点，并不应视为是英国竞争委员会的观点。事实上，本书形成于其先于当前任职时在应用经济学有限公司（Applied Economics Ltd）承担的欧洲竞争委员会的一个项目。

伊莲娜·迦瑟斯（Eliana Garcés）博士，现在是欧洲委员会内阁的一员，在格里纳·库涅娃消费者保护委员会（Consumer Protection Meglena Kuneva）工作，在此前她是国防委员会的首席经济学家。本书中的观点是其独自的学识贡献，并不反映欧洲委员会的观点。

本书的前期工作是欧洲委员会为普及实践知识和经验分析中的良好做法的一个项目。我们应该感谢欧洲委员会，尤其是要感谢拉斯·汉德里克·罗勒（Lars Hendrik Röller）和戴蒙德·列文（Damien Neven），作为欧共体首席经济学家，在写作本书过程中他们做出了大量的服务工作以持续地对本项目给予支持。

本书得到编著者多种方式的帮助。两位作者要感谢普林斯顿大学出版社（Princeton University Press）的理查德·巴加利（Richard Baggaley）的支持、鼓励和耐心工作，还要感谢来自 T&T 产品有限责任公司（T&T Productions Ltd）的乔恩·温莱特（Jon Wainwright），他完成了我们对稿件多次的更正与审核的文字输入工作。恩里科·佩萨雷西（Enrico Pesaresi）在整个过程中给予了有用的支持。也要感谢弗拉克·韦伯文（Frank Verboven）和克里斯丁·胡维尔斯

（Christian Huveneers），他对本书草稿给予了详细的注释。同时还要感谢众多的无名的审稿人员对于本书的重要贡献。本书着实是建立在那些对既有文献作出贡献的许多作者的工作之上的。这些作者都应给予感谢，尤其是道格拉斯·伯恩海姆（Douglas Bernheim）和约翰·康纳（John Connor），他们允许广泛地从其论文中截取有关卡特尔损害估计的研究成果。最后，但不是仅仅如此，本书吸收了彼得（Peter）在过去十年中的大部分时间里在麻省理工学院（MIT）和伦敦证券交易所（LSE）所讲授的课程与演讲中的更新与扩展的部分，同时要深深感谢彼得所在院系的先前的学生与同事，以及他先前在耶鲁大学与牛津大学的同学与老师。尤其感谢艾瑞儿·帕克斯（Ariel Pakes）、斯蒂夫·贝瑞（Steve Berry）、拉尼尔·本卡德（Lanier Benkard）、欧尼·勃兰特（Ernie Berndt）、索夫罗尼·克莱里季斯（Sofronis Clerides）、菲利普·莱斯利（Philip Leslie）、马克·香克曼（Mark Schankerman）、纳迪亚·索伯列娃（Nadia Soboleva）、汤姆·斯托克（Tom Stoker）和约翰·萨顿（John Sutton）。

目 录

第 1 章 市场产出的决定因素

1   当在设计和执行工作中经验地引入经济学时,坚实的计量经济学理论与经济学理论基础是至关重要的。计量经济学理论为评估数据到底能否识别主旨的假定提供了一个框架。经济学理论为经验调查提供指导和原则。在本章中,首先回顾在分析需求函数、供给函数和定价函数过程中的基本原则以及纳什均衡的概念和应用。随后回顾寡头理论,寡头理论是本书所讨论的许多经验策略的基础。在第2章中,对计量经济学进行了回顾,以继续打好做经验工作的基础。第3章到第10章是本书的核心。开端的两章所回顾的思想对于经济学家来说是熟悉的,但是对于一般读者来说不一定是熟悉的。因为理解这些经济分析的关键因素对于数量技术的运用是至关重要的,所以这些回顾是值得的。

1.1 需求函数与需求弹性

    在反垄断调查的大多数经验工作中,需求分析也许是最重要的单一组成部分。如果我们没有消费者潜在反应的信息,那么量化厂商行为改变的可能性或是影响将是不可能的。虽然经济学家对于需求函数的形状和含义是很熟悉的,但是在实践中出现基本概念错误是很常见的,所以我们将大致回顾需求的推导过程以及其主要内容。在随后的章节中,我们将会注意到,对于许多在竞争领域所考虑的经验工作来说，需求函数是很关键的。

1.1.1 需求函数

我们以回顾个别需求的基本性质和总需求函数的推导来开始本章。

1.1.1.1 需求函数解析

个别需求曲线描述了消费者所意愿购买的总的商品的数量，该数量被认为影响这一决定的变量的函数，这些变量如：价格 P_i 和经常性收入 y。图 1—1 给出了个别同质产品线性需求函数的例子：$Q_i = 50 - 0.5P_i$，或反需求函数为 $P_i = 100 - 2Q_i$。更一般地，写为 $Q_i = D(P_i, y)$。[①] 反需求曲线表明价格是需求数量的函数，其他变量导出了反需求函数 $P_i = P(Q_i, y)$。在既定的收入水平和既定的替代品或互补产品价格水平下，标准的个别需求曲线刻画出了每一自身价格水平下产品的需求数量。这意味着沿着一条给定的需求曲线，这些变量都是确定的。需求曲线的斜率表明，当其他需求影响因素保持固定条件下在任意特定的点上当价格上升（下降）时，消费者将减少（增加）的消费数量。

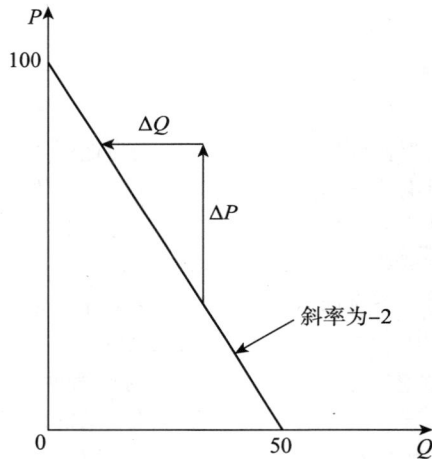

图 1—1 （反）需求函数

在图 1—1 中的例子中，若价格上升 $\Delta P = 10$，需求将下降 $\Delta Q = 5$ 个单位。如果价格高于 100，消费者将不购买任何数量的商品，因为这一阶段，价格高于消费者对于第一单位产品认定的价值。

反需求曲线的一个解释就是，它表明了消费者在想购买 Q_i 数量的产品时的最大支付意愿。然而一个消费者可能对于第一单位商品的评价很高，第一百个单位的商品的评价将低些，递减的边际评价确保需求曲线向下倾斜。当消费者的边

---

① 这是在微观经济学课本中所熟知的马歇尔需求曲线（Marshall, 1890）。

际评价比他所必须支付的价格大时，他才购买这一单位商品。因此，反需求曲线描述了消费者的边际价值曲线。

反需求曲线描述了消费者对于每一单位商品的估价与每一单位商品的实际支付价格之间的差额。消费者对每一单位商品的意愿支付与其实际支付之间的差额被称为其来自于这一单位商品的消费者剩余。具体而言，如果下雨，虽然我最多愿意为一把伞支付 10 欧元，但是我仅仅必须支付 5 欧元，通过购买雨伞以避免被淋湿我得到了 5 欧元的消费者剩余。在任一价格 P_i，我们能加总来自于消费所有数量商品（边际价值高于 P_i）的消费者剩余，这样做就估计出了如果价格是 P_i 时的总消费者剩余。

在一个同质的产品市场中，所有的产品是同质、完全替代的。决定需求的唯一因素是价格，在理论上这将导致所有的商品同价。在差别化产品市场中，产品是非完全替代的，市场中销售的产品之间的价格是有差异的。在这些市场中，任何给定产品的需求是由其自身价格和潜在替代品价格决定的。事实上，如果仔细检验从表面上看是同质产品的市场，实际上至少在某种程度上是有差别的。尽管如此，在许多情形下同质性也许是一个合理的模型化近似。

1.1.1.2　消费者理论的贡献：需求推导

需求函数的经典推导就是利用消费者做出选择的行为假定，这一方法可以模型化为消费者具有最大化其效用的目标，在他们实现其目标过程中遵从支出不超过其收入的约束。正如所有学过微观经济理论的学生所知道的那样，可能反过来在一些特定的情形下能够构建基于参数选择的效用函数（例如，见 MasColell et al.，1995，第 1 章）。最大化效用等同于消费者在给定其财富条件下选择他能购买的最优的商品束。

更为具体地讲，在花费不能超过收入这一预算约束下，将消费者效用最大化，我们就可以得出（y_i，θ_i）的消费者模型：

$$V_i(p_1, p_2, \cdots, p_J, y_i; \theta_i) = \max_{q_1, q_2, \cdots, q_J} u_i(q_1, q_2, \cdots, q_J; \theta_i)$$
$$\text{s. t.} \quad p_1 q_1 + p_2 q_2 + \cdots + p_J q_J \leqslant y_i$$

这里的 p_j 和 q_j 是商品 j 的价格和数量，$u_i(q_1, q_2, \cdots, q_J; \theta_i)$ 是个体 i 与消费数量向量相关的效用，y_i 是个体 i 的可支配收入，θ_i 描述了个体 i 的偏好类型。在许多经验模型中用到了这一框架，函数 V 和 u 的下标 i 是下降的，这样消费者间的所有差异都通过他们的类型（y_i，θ_i）给标示出来了。

通过拉格朗日方法设定这一问题，给出必须满足的预算约束条件的一阶条件：

$$\frac{\partial u_i(q_1, q_2, \cdots, q_J)}{\partial q_j} = \lambda p_j$$
$$\Leftrightarrow \quad \frac{\partial u_i(q_1, q_2, \cdots, q_J, y_i; \theta_i) / \partial q_j}{p_j} = \lambda, \ j = 1, 2, \cdots, J$$

对于 $J+1$ 个未知数——数量 J 和拉格朗日乘子 λ，一共有 $J+1$ 个等式。

在最优状态下，一阶条件表明拉格朗日乘子等于收入的边际效用。在许多情形下，假定收入的边际效用不变是恰当的，由此，假定通过一个附加可分割商品 q_1 的效用函数来刻画行为，价格被标准化为 1，得出 $u_i(q_1, q_2, \cdots, q_J; \theta_i) = \bar{u}_i(q_2, \cdots, q_J; \theta_i) + q_1$，$p_1 = 1$。基准商品 q_1 通常被称为"货币"，它包含了对一阶条件的直观解释。在此情形下，效用最大化的消费者将选择一篮子商品，以使得花费在每一产品上的最后一欧元的边际效用相等，且等于货币的边际效用，即等于 1。[①]

更具一般性地，求解最大化问题把对每一商品的个别需求刻画为所有商品出售价格和消费者收入的函数。用 j 来标记商品，可以将个别需求写为：

$$q_{ij} = d_{ij}(p_1, p_2, \cdots, p_J, y_i; \theta_i), \quad j = 1, 2, \cdots, J$$

产品 j 的需求函数不仅仅包含产品 j 基于需求数量的自身价格的影响，还包括了可支配收入以及能影响商品 j 购买数量的其他商品的价格。在图 1—1 中，商品 j 价格的变化将导致沿着曲线的移动，而收入或是其他相关商品价格的变化将导致需求曲线的位移或者旋转。

用（直接）效用函数 u_i 来描述消费带来的效用，它与购买到的商品带来效用水平相关，并且是不可观察的。由于消费者的预算约束，并不是所有的消费水平都是可能的，消费者会选择最大化其效用的商品束。**间接**效用函数 $V_i(p, y_i; \theta_i)$，$p = (p_1, p_2, \cdots, p_J)$ 描述了消费者在任何价格水平和收入条件下可能获得的最大效用。直接效用函数与间接效用函数彼此之间都能用对方来完全描述。

特别地，下面的结论对于写出所估计的需求系统来说是重要的。

> 对于每一间接效用函数 $V_i(p, y_i; \theta_i)$，存在一个直接效用函数 $u_i(q_1, q_2, \cdots, q_J; \theta_i)$，该直接效用函数具有保证间接效用函数满足相同属性的参数选择，也就是说 $V_i(p, y_i; \theta_i)$ 是关于收入和价格连续的，是价格的非增函数，是收入的非减函数，对于任意标准化为 1 的变元是关于 (p, y_i) 拟凸的，是关于 (p, y_i) 零次齐次的。

这一结论听起来是纯理论性的，但事实证明在实践中也是非常有用的。特别地，当没有明确、实际地解决效用最大化问题办法时，这一理论使得我们能得出需求函数 $q_i(p; y_i; \theta_i)$。[②] 从计算的可行性角度看，这是一个重要的简化。

1.1.1.3　加总与总的市场规模

通过加总每个消费者在给定价格下的个体需求数量，得到市场总需求。如果 $q_{ij} = d_{ij}(p_1, p_2, \cdots, p_J, y_i; \theta_i)$ 表示个体 i 对于产品 j 的需求，那么总（全部）

---

① 由于商品 1 的一阶条件收缩为

$$\lambda = \frac{\partial u_i(q_1, q_2, \cdots, q_J, y_i; \theta_i) / \partial q_1}{p_1} = \frac{\partial u_i(q_1, q_2, \cdots, q_J, y_i; \theta_i)}{\partial q_1},$$

这就是货币单位的边际效用，反过来等于 1 被称为拟线性需求函数，并给出了结论。

② 这一结果被称为对偶性结果，在大学课程中经常作为纯理论等价结论加以讲授。其实际应用见第 9 章，在那里将描述罗伊恒等式，以通过间接效用函数而非直接效用函数求解实际需求系统。

需求就是个别需求的简单相加：

$$Q_j = \sum_{i=1}^{I} q_{ij} = \sum_{i=1}^{I} d_{ij}(p_1, p_2, \cdots, p_J; y_i; \theta_i), \quad j=1, 2, \cdots, J$$

其中，I 是所有可能购买商品的总人数。部分潜在的消费者在一些价格集 p_1，p_2，$\cdots$，p_J 下的 $q_{ij}=0$，但是至少在更低的价格条件下他们会有一定的购买量。在一些被称为离散选择模型的情形下，每个个体将仅仅最多购买一单位商品，$d_{ij}(p_1, p_2, \cdots, p_J; y_i; \theta_i)$ 是一个 0 或 1 的指示变量，这取决于消费者在这些价格下购买商品与否。在此模型中，可能购买商品的总人数也就是总的潜在市场规模。（在第 9 章中将进一步讨论离散选择模型的细节）。另一方面，当个体购买数量超过一单位时，为得出总的潜在市场规模，既需要测定总潜在消费者，又需要测定他们可能的总商品购买数量。通常总的潜在商品购买者数量很大（也许是以亿万计），因此，在许多需求的计量模型中用积分来近似计算这一加总值。

通常产品 j 的总需求取决于收入和消费者偏好在总体中的整体分布。然而，在特定假定条件下，能将总的市场需求写为总收入和偏好参数有限集的一个函数：

$$Q_j = D_j(p_1, p_2, \cdots, p_J, Y; \theta)$$

其中，$Y = \sum_i^I y_i$。

例如，为简单起见对所有的个体假定 $\theta_i = \mu$，每个个体的需求函数对于收入变量来说是"次可分离"的，由此个别需求函数可以被写为：

$$d_{ij}(p_1, p_2, \cdots, p_J, y_i; \theta_i) = d_{ij}^*(p_1, p_2, \cdots, p_J; \mu) + \alpha_j y_i$$

其中，α_j 是为所有个体所共有的参数，产品 j 的总需求将明显地仅仅取决于总收入。给定商品价格，该需求函数意味着，无论市场中所有商品的价格水平如何，收入增长对需求的影响将是相同的。反之亦然，无论收入水平如何，价格水平的增长也具有相同的影响。[1]

可加性研究就是研究在哪些条件下我们能加总需求函数，哪些条件下可以表示为一个关于收入分布（例如个体收入的加总）的函数。[2] 这些研究成果促进了特殊形式的需求函数在经验研究中的应用，例如近似理想需求系统（AIDS）[3]。通常在建立经验模型时，最想得到的是市场需求取决于收入分布的其他统计资料，而不仅仅是总收入。例如，产品的需求取决于总体的总收入，以及收入分布的方差、偏斜度或峰态。直观地，如果一个总体的构成为：1 000 个人每个人挣得十亿欧元以及其余的人每个人挣得 10 000 欧元，那么价值 15 000 欧元的汽车的销售最多只能是 1 000 辆。另一方面，相同的总收入如果更均等化地分配必然使得销售额超过 1 000 辆。（近期相关研究，可查阅 Lewbel（2003）及其参考文献。）

---

[1] 如果研究者没有观测到消费者类型是异质的，那么经验的加总需求模型的典型做法就是假定消费者类型在总体中是一个参数分布，为 $f_\theta(\theta; \mu)$。在此情形下，加总需求模型取决于消费者类型的分布参数 μ。我们将在第 9 章中讨论这类模型。

[2] 作为一个基础性研究的技术讨论，见 W. M. 戈尔曼（W. M. Gorman, 1995）收集的各种论文，较新的研究工作包括卢贝尔（Lewbel, 1989）的研究等。

[3] 一个不怎么成功的缩写，有些学者把该模型描述为几近理想需求系统（NIDS）。

1.1.2 需求弹性

一般来说，弹性，尤其是需求弹性，对于竞争政策的很多领域是非常重要的。其原因在于需求价格弹性为我们提供了关于消费者需求对于价格增长的反应的无量纲的测量。[①] 当一个公司以最大化利润为目标设定价格时，价格上升导致需求改变的轨迹显然是重要的，这使得需求弹性成为并购模拟模型的基本组成部分。

1.1.2.1 定义

测量消费者对于价格改变的敏感程度的最有用的方法是需求自价格弹性。顾名思义，需求自价格弹性是测量需求对于产品自身价格变化的敏感程度的，定义为

$$\eta_{jj} = \frac{\%\Delta Q_j}{\%\Delta P_j} = \frac{100(\Delta Q_j / Q_j)}{100(\Delta P_j / P_j)}$$

需求的弹性表示价格变化1%时需求数量的变动百分比。艾尔弗雷德·马歇尔将弹性概念引入了经济学，其最好的性质就是无单位，不像价格要用货币度量（如，欧元每单位）、数量（销售量）要用每一期的数量单位来度量（如，公斤每年）。在图1—1的例子中，当价格 $P=60$，$Q=20$ 时，价格上涨10导致需求数量下降5，需求弹性 $\eta_{jj} = (-5/20)/(10/60) = -1.5$。

对于价格的微小变动，需求的弹性可以用需求曲线的斜率乘以价格与数量之比来表示。在数学上可以写为需求曲线对数导数关于价格对数导数之比：

$$\eta_{jj} = \frac{P_j}{Q_j} \frac{\partial Q_j}{\partial P_j} = \frac{\partial \ln Q_j}{\partial \ln P_j}$$

8 在某一特定的价格水平下，当弹性的绝对值大于1时，需求被认为是富有弹性的。需求富有弹性就意味着需求数量的变化百分比将比引起这一变化的价格增加的百分比要大，由此销售收入将下降。在某一特定价格水平下缺乏弹性是指需求弹性的绝对值小于1，这意味着销售商可以保持其他条件不变，通过提高供给价格而提高收益。弹性值一般取决于价格水平。因此，说某一给定产品的需求富有弹性或缺乏弹性是讲不通的，应该说在某一特定的价格或是量值（如当前价格）上，需求是富有弹性的或缺乏弹性的。总需求的弹性测定就是对一个给定产品测量其市场弹性。

1.1.2.2 替代品与互补品

需求的交叉弹性表示了其他产品 k 的价格变化对于产品 j 的需求的影响。例如，

---

① 弹性有时被用作需求的价格弹性（需求对于价格反应的弹性）的缩写。有时候由于全称术语过于烦琐而使用相同含义的缩略语。值得提醒的是，既然弹性既可能表示"对任何事的反应"，又可能表示"属于任何事"，那么弹性或需求弹性就固有地存在歧义与某种危险。例如我们将讨论的相对于产出的成本弹性。

新的较高的价格 p_k 可能导致消费者改变其对于产品 j 的购买。如果当 p_k 上升，消费者增加其对产品 j 的购买，则称产品 j 和 k 是**需求替代品**，简写为替代品。

两款不同品牌的 DVD 播放器是替代品，当一款的价格下降时另一款的需求量将下降，因为人们会转向新的相对更便宜的 DVD 播放器。类似地，航空旅行的价格下降，在火车旅行的价格保持不变的条件下，会减少对火车旅行的需求。

另一方面，产品 k 的新而较高的价格也会导致消费者购买较少的产品 j。例如，如果滑雪执照的价格上涨，可能想去滑雪的人会减少，那么滑轮的需求将下降。类似地，如果汽车的价格上涨，对于汽油的需求将下降。当出现这些情形时，我们称产品 j 和 k 是**需求互补品**，简称互补品。在此情形下，当产品 k 被购买后，消费者对于商品 j 的估价上升：[①]

$$\eta_{jk} = \begin{cases} \dfrac{P_k}{Q_j}\dfrac{\partial Q_j}{\partial P_k} > 0 \ \text{和} \ \dfrac{\partial Q_j}{\partial P_k} > 0 & \text{如果产品为替代品} \\[3mm] \dfrac{P_k}{Q_j}\dfrac{\partial Q_j}{\partial P_k} < 0 \ \text{和} \ \dfrac{\partial Q_j}{\partial P_k} < 0 & \text{如果产品为互补品} \end{cases}$$

1.1.2.3　短期与长期

9 　　大多数需求函数是静态需求函数，只考虑在给定的时间点上消费者如何在产品间分配其需求。一般地，尤其是在耐用品或可贮藏商品市场上，需求具有重要的跨期联系。当前对汽车的需求既取决于汽车当前的价格，又取决于汽车将来的价格。假如这样，长期需求弹性将与短期需求弹性不同。在一些情形下短期的需求价格弹性要大些。例如，当零售价格临时下降，消费者为了获得这一临时性的价格好处而囤货，这将导致短期需求增加而在后来需求下降（例如，见 Hendel and Nevo，2006a，b）。既然这样，短期测定的弹性将高估长期的实际弹性。相反的情形也会出现，对于给定的价格长期弹性将比短期弹性要大。例如，既然人们已经购买了汽车并且需要用之去上班，汽油的需求在短期是相当无弹性的。另一方面，在长期中人们能通过缩小汽车的尺寸来适应较高的汽油价格。

1.1.3　普通需求规格介绍

　　经常需要估计价格对于需求数量的影响。为此，通常会写出一个需求模型，且该模型的参数能被估计，然后用估计出的模型来量化价格变化对需求数量的影响。如果数据充足且模型足够一般化，那么，对于需求模型选择来说结论将是不

---

　　① 通常这一术语适用于个别需求函数，而不适用于总需求函数，因为产品间的替代（或是互补）强度可能不同，$\partial Q_j / \partial P_k = \partial Q_k / \partial P_j$ 的关系可能存在，也可能不存在。特别地，例如英国竞争委员会（U. K. Competition Commission）对支付保护保险（PPI）的调查，见 www.competition-commission.org.uk/inquiries/ref2007/ppi/index.htm。在该案例中，一些证据表明贷款与涵盖失业、意外事故、疾病的保险之间只是在以下意义上是互补的：保险的需求受到贷款价格的影响，然而贷款的需求显著地不受伴随的 PPI 价格的影响。这一调查（由作者之一主持）发现有必要区别单边互补与双边互补。非对称需求替代模式也存在类似的差别。

敏感的。然而，受实际样本大小的限制，经常不得不估计模型，从而结论可能对需求模型的选择是敏感的。这一令人遗憾的事实意味着任何人都应该特别小心地选择需求模型，特别是需要清楚所估计出的模型中由数据决定的属性，以及由估计出的参数值简单计算出的属性。需求曲线的一个重要的方面就是其曲率。需求曲线的曲率决定了弹性，从而决定了价格变化对于需求数量变化的影响。

1.1.3.1 线性需求

对需求最简单的说明方式就是线性需求。线性需求函数被写为：

$$Q_i = a - bP$$

反需求曲线是：

$$P = \frac{a}{b} - \frac{1}{b}Q_i$$

在上面两式中 a 和 b 是模型的参数（见图 1—2）。

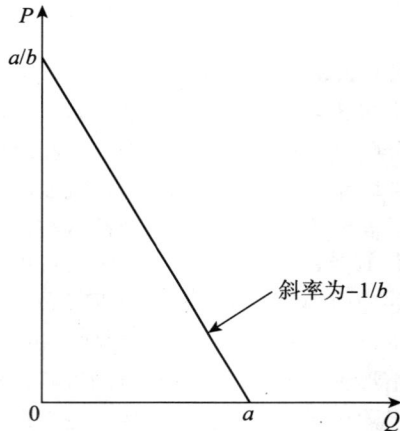

图 1—2　线性需求函数

图 1—2 中反需求函数的斜率是：

$$\frac{\partial P}{\partial Q} = \frac{-1}{b}$$

当 $Q = 0$ 时，（纵）截距为 a/b；当 $P = 0$ 时，（横）截距为 a。线性需求意味着对商品的边际估价以固定的比率递减，即使价格为 0，消费者的购买也不会超过 a 单位。竞争案例分析多数发生在正的价格与数量水平上，估计结果一般对在需求函数端点处需求曲线的形状的假定不敏感。[①] 线性需求函数的弹性是：

$$\eta = (-b)\frac{P}{Q}$$

---

① 很少得到商品在 0 价格水平上出售的市场数据。另一方面，正如接下来的讨论中所述，诸如消费者剩余的计算结果对这一假定是非常敏感的。

注意，与斜率不同，沿着线性需求曲线移动时弹性是变化的。由于当移向较小数量水平时，相对于最初销售量的百分比而言价格上涨导致的数量变化是较大的，所以弹性在数量上一般会增加。由于不具备弯曲性，线性需求曲线一般较其他形式需求曲线具有更大的弹性，因此，有时候对于兼并的反应仅是价格的小幅上涨，而对于价格上涨的反应则是较大幅度的数量调整。极端的情形就是沿着反需求函数曲线，渐渐向左移动，直到移动至 $Q=0$ 处。那样的话，在低水平产出的情况下，只有当价格大幅上涨时才能够导致明显的数量改变；类似地，较小的价格变化将导致较小的数量改变，即需求弹性较小。与上面的情况相反，下面给出了一个对数线性需求曲线的例子，当移向价格轴时，按照图中线性需求曲线计算得出的需求弹性将很大（超乎想象的大）（见图 1—3）。

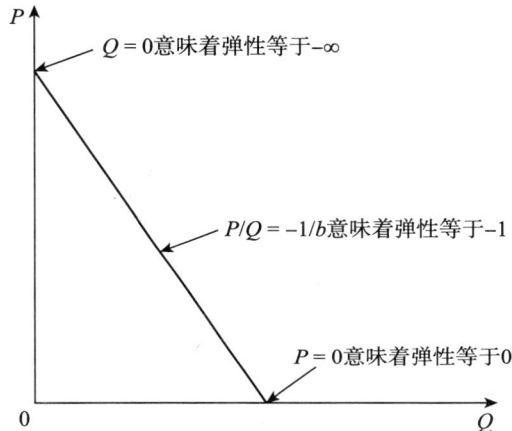

图 1—3　线性需求曲线的弹性值

1.1.3.2　对数线性需求

弹性取决于价格水平的一个例外的实例就是对数线性需求函数，其形式为：

$$Q=D(P)=e^{a}P^{-b}$$

取自然对数后，其表达式变为其参数的线性需求方程：

$$\ln Q=a-b\ln P$$

由于模型关于其参数是线性的，实践中很多的估计技术都可以很容易地应用于模型参数的估计，所以这一形式的需求函数特别有用。以百分比来表示影响也使得结论容易解释。对应于图 1—4 的反需求函数可以写为：

$$P=P(Q)=(e^{-a}Q)^{-1/b}$$

如果 $b>0$，当价格向无穷大增加时，需求数量趋向于 0，但永远达不到 0。对数线性需求曲线隐含的一个假定就是永远存在对产品的需求，无论其多贵。类似地，当产品价格接近 0 时，需求趋向于无穷大。当产品达到 0 价格时，消费者对其需求将无限制：

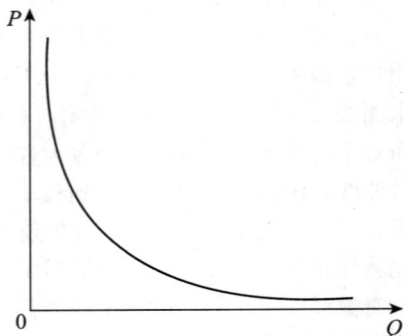

图1—4　对数线性需求曲线

$$\lim_{P \to \infty} D(P) = e^a \lim_{P \to \infty} P^{-b} = 0$$
$$\lim_{Q \to \infty} P(Q) = \lim_{Q \to \infty} (e^{-a}Q)^{-1/b} = 0$$

在整个需求曲线上，对数线性需求曲线具有不变弹性，这是这一函数形式的独有特性：

$$\eta = \frac{\partial \ln Q}{\partial \ln P} = -b$$

对数线性需求模型有时被称为不变弹性或等弹性模型。价格变化不影响需求弹性，这意味着如果对于既定的价格估计了弹性，这一弹性估计值在所有的价格点上是相同的（相当便利，但可能过于乐观）。当然，如果真实的需求对价格的敏感程度的确依赖于价格水平，那么无论我们估计出的参数 a 和 b 的值是多少，等弹性将是模型应用的一个强假定。当经验研究过程中数据充分时，由于在不同价格水平上供给变动将提供需求曲线的有关斜率和弹性的信息，因此能够区分线性需求曲线和对数线性需求曲线。形式上，可以利用"博克斯—考克斯检验"来识别模型（例如，见 Box and Cox，1964）。

1.1.3.3　离散选择需求模型

消费者选择状态有时被描绘为在不同的替代方案中进行 0—1"离散"的决策。例如购买汽车，所进行的选择就是"哪台车"，而不是"多少车"。在此情形下，离散选择需求模型典型地被用作刻画消费者的行为。这一模型中效用最大化点可能在实际选择状态之上。最常用的离散选择需求模型是多项分类评定（multinomial logit，MNL）需求模型，有时为了简洁就称"分类评定"。（见 McFadden，1973）。

MNL 需求模型假定选择购买产品 j 的消费者得到的效用的形式为：[1]

---

　　[1]　更准确地说，应称作"条件间接效用"，原因在于这是如果产品 j 被选择后的间接效用，也就是在选择产品 j 条件下的效用。在第 9 章中将通过利用我们所熟悉的（预算约束下的效用最大化）模型以及对消费者选择集施加约束条件而使得这一选择模型具有积极意义。"间接"源于效用被指定为价格的函数的事实。

$$U_{ij} = \alpha x_j + \beta p_j + \varepsilon_{ij}$$

其中，$j=1, 2, \cdots, J$ 表示产品，i 表示某一特别的个体。效用取决于商品的特性 x_j、价格 p_j 和用以表明个体 i 对商品 j 特殊偏好的效用因素 ε_{ij}。产品特性为消费者带来了效用，但较高的价格降低了效用，因此 β 一般为负。同前面一样，假定每个消费者的选择是使得其效用最大，$\max_{j=1,2,\cdots,J} U_{ij}$。在此情形下，总需求是个别需求的加总。MNL 模型简单地对"消费者异质性"的形式给出了一个便利的假设集，也就是某个消费者区别于总体中其他消费者的方式。在 MNL 模型中，除了随机附加的可分离项 ε_{ij} 外，假定消费者是同质的。关于分类评定模型和其他离散选择需求模型的进一步细节性讨论见第 9 章。

1.1.4 消费者福利

世界上的许多竞争当局都使用"消费者福利"标准来评价政策和企业行为，最少在原则上如此。一些经济学家认为若需要利用其他手段（如税收）达到再分配，应该对生产者福利和消费者福利赋予平等的（至少在一定程度上的）重要性，因此这一标准是没有争议的。[1] 必须指出的是，无论采用哪一种福利标准，在实践中，关于所说的"消费者福利"，竞争当局经常指的是消费者福利的近似值——"加总的消费者福利"，这一术语将在下面加以定义。[2] 通常导致市场产出永久性增加的行为（价格下降或是消费者对产品的估价增加）将增加"消费者剩余"，这些也被认为是对消费者有好处的。如果企业负担了部分作为重新分配的税收，或者个体直接或通过基金间接投资于企业，那么个体（区别于消费者）福利和生产者福利的差别相对于消费者—生产者差别来说是更难以清楚区分的。民主政府颁布竞争法在终极目标上至少是关心其公民的，有些人认为这会通过对生产者剩余的压制而对股东造成某种负担。消费者福利标准本身也存在一些值得注意的选择。例如，当对"纯"消费者福利进行测量时，有关机构需要决定在通过个体各自收入的边际效用来加权个体效用时到底该多仔细。这样做与否，有时候会给竞争机构的实际结论带来明显的差别。特别地，根据消费者收入的边际效用来衡量消费者的权重，也许会使得一个机构更多地进行干涉以保护较穷的消费

---

① 在此，不讨论争论中的参数的优缺点，尽管这确实是重要而有趣的。消费者剩余标准的支持者们经常引用的一个政治经济学的理由是：消费者数量巨大，并且在通过独自干涉交易而为消费者整体福利服务方面是分散的，然而大公司在榨取剩余方面的激励相对集中。哈伯格三角的经济学意义表明纯粹的静态无谓损失有时候是"小的"。撇开无谓损失，标准的垄断定价导致剩余由消费者向生产者转移。此外，有证据表明对于生产率存在重要的潜在竞争动态影响，这包括成本下降以及产品多样性增加和产品质量提高所带来的福利。量化这一影响是相当困难的，但可能也是相当重要的。尼克尔（Nickell, 1996）以及更近的阿吉奥伦和格里菲思（Aghion and Griffith, 2008）对此作出了努力。对于竞争政策来说竞争与生产率的关系是重要的，在国际贸易中亦是如此，在这一领域涌现了大量的可利用的证据（资料）。例如见詹森等（Jensen et al., 2007）的研究成果与文献。

② 现今许多作者将"消费者福利"归功于马歇尔（Marshall, 1890）。然而，霍特林（Hotelling, 1938）将"消费者剩余"归功于工程师琼斯·杜比特（Jules Dupuit）在他 1844 年的工作。见霍特林（1938）的讨论。

者，甚至潜在地以牺牲富裕的消费者的利益作为代价。一些人认为在社会政策领域中竞争政策领域更多的是考虑收入分配而不是竞争政策。其他一些人则认为对此进行轻易区分是不可能的。一个强有力的例证就是，在那些存在价格歧视的地方，弹性小的需求者倾向于更穷。如果确实如此，那么，价格歧视会使得穷的消费者支付高价，而富裕的消费者支付低价。最近的例子就是，在英国，许多较穷的消费者按表预付电费因而被索要高价，而富裕的消费者能更换供应商且按月支付而被索要低价。竞争机构禁止价格歧视的行为一般会导致富裕的消费者支付更多而穷的消费者支付较少。由于缺乏政府关于分析框架的明确说明，因此一个重要的问题就是竞争机构在作出这些（再分配的和政治的）判决时是否是处于一个恰当的立场。我们注意到规制者的确有法律义务去保护一般消费者，特别是处于弱势的消费者群体（例如，英国的水规制者，水务办公室（Ofwat））。

15

1.1.4.1 消费者剩余

一单位消费的消费者剩余就是消费者愿意支付的价格与其实际支付值（市场价格）之间的差额。既然需求曲线刻画了消费者对每一单位商品愿意支付的最大值，那么消费者剩余就可以简单地表示为需求曲线与实际支付的价格之差。所消费的每单位商品都产生消费者剩余，那么总的消费者剩余就是需求曲线下面落在商品支付价格以上的部分。图 1—5 描绘出了价格从 P_0 上涨到 P_1 后需求下降造成的消费者剩余的损失。

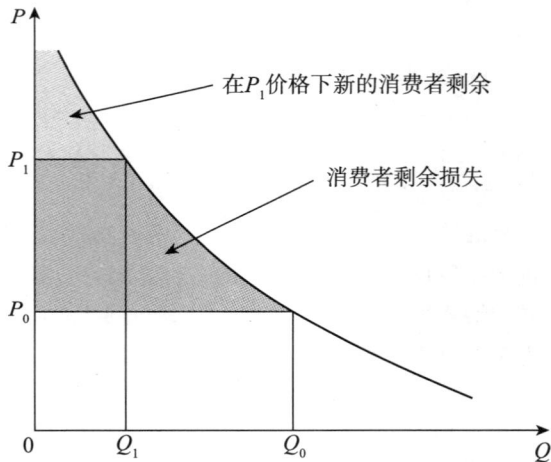

在 P_1 价格下新的消费者剩余

消费者剩余损失

图 1—5　伴随着价格上涨，消费者剩余减少

1.1.4.2 消费者剩余的度量

如果 $P(Q)$ 表示反需求曲线，那么，在价格为 P_0 和数量为 Q_0 的情形下，消费者剩余的计算公式为：

$$CS_0 = \int_0^{Q_0} (P(Q) - P_0)\,\mathrm{d}Q = \int_0^{Q_0} P(Q)\,\mathrm{d}Q - P_0 Q_0$$

福利测量对于所选择的具体需求是非常敏感的，在实际环境下有时需要检验几个似乎可信的具体需求函数，以描述既定需求假定下可能结论的（消费者剩余）范围。尤其是，反需求曲线 $P(Q)$ 接近 $Q=0$ 时的性质对于消费者剩余的值有很大的影响，并且很少有有关这方面的数据。在经验领域关于价格变化的福利衡量标准不怎么依赖于对需求曲线的假定（例如，不管其是线性的还是对数线性的）。市场价格由 P_0 变化到 P_1 时的福利影响可由以下公式计算：

$$\Delta CS = CS_1 - CS_0 = \int_0^{Q_1} P(Q)\,dQ - P_1 Q_1 - \int_0^{Q_0} P(Q)\,dQ + P_0 Q_0$$

下标 0 和 1 表示改变前后的位置。对于一些政策评估而言，上面公式中两个积分项中的需求函数会是不相同的。例如在第 10 章中将检测有线电视市场的垂直所有权安排的改变对于消费者福利的影响。理论表明，提供的产品价格或数量的改变都可能导致市场结构的变化。

估计消费者剩余的方法之一就是估计需求曲线。但在评估福利结果时存在替代方案。例如，在实践中确定无谓损失的一个简单技术就是最初由哈伯格（Harberger，1954）在其关于无谓损失重要性的跨产业研究中所采用的方法。无谓损失就是当价格上涨时消费者损失的且没有转移给生产者的剩余，有时候被称作哈伯格三角。既然消费者损失了剩余而生产者又没得到它，这就代表着总福利的下降。在研究中哈伯格观察了：

（1）考虑到把 10.4％ 的"正常"资本回报率计入总成本（$C(Q)$）的"超额"利润测量：$\Pi = P(Q)Q - C(Q)$，

（2）每个产业销售额的测量：$R = P(Q)Q$。

资料表明

$$\frac{\Pi}{R} = \frac{P(Q)Q - C(Q)}{P(Q)Q} = \frac{P(Q) - AC(Q)}{P(Q)}$$

因此，在假定所有的企业既不从规模经济中获益也不从规模不经济中受损，从而其平均成本与边际成本相等的情况下，或者当我们仅相较于次优福利结果来度量垄断扭曲度（此时企业的定价必须以获得正收益为前提，因为不可能得到一笔一次性支付）时，"销售利润率"这一比率可以用来表示垄断价格上涨的百分比（勒纳指数）。

需求弹性给出了当价格上涨一个百分比时，需求会下降多少。无谓损失（哈伯格三角）被估计为二分之一的价格改变量乘以预测到的（需求）数量改变量（是数量而不是百分比），即为：

$$无谓损失 = \frac{(P - AC)\Delta Q}{2} = \frac{\Pi^2(-\eta)}{2(PQ)}$$

前者是垄断定价假定条件下无谓损失的定义，后者仅仅涉及"数据"。展开与消除变量可得出等式：[1]

---

[1]　在这一等式中，η 记为价格对成本变化的百分比变动 $\left(\frac{P-AC}{P}\right)$ 导致的数量变化百分比。

$$\frac{(P-AC)\Delta Q}{2} = \frac{((P-AC)Q)^2}{2(PQ)}\frac{(-\Delta Q/Q)}{(P-AC)/P} = \frac{\Pi^2(-\eta)}{2(PQ)}$$

哈伯格假定所有厂商的需求价格弹性 η 为 -1。由此可以估算由消费者转移到厂商的超额利润。例如，哈伯格估计面包行业的超额利润为 0.17 亿美元（1924~1928 年的平均值），超额利润销售比（相对于平均成本涨价）为 $100\Pi/R=5.3\%$。通过反向求解哈伯格的计算结果，得出销售收入为 $R=\Pi/0.053=3.208$ 亿美元，由此可以算出

$$无谓损失 = \frac{\Pi^2(-\eta)}{2(PQ)} = \frac{0.17^2(1)}{2(3.208)} = 0.0045 \text{ 亿美元} = 45 \text{ 万美元}$$

对于 3.208 亿美元的销售额来说无谓损失大约是 45 万美元。由消费者向厂商转移的超额利润为 0.17 亿美元，因此消费者剩余损失的数量比无谓损失大。在既定的超额利润水平下，需求越是富有弹性，无谓损失就越大。[①]

在交叉产业研究中，这一估计并不是容易得出的，例如，有些关于超额利润（以及价格）的哈伯格三角是负值，意味着一些产业的价格"太低"而不是"太高"，那么这一估计方法就不起作用了。哈伯格设定所动用资本的回报率为 10.4% 以得出"正常"利润率，在其研究中资本回报率是通过利用跨产业的利润率简单平均值得出的。在现代应用中则使用更为复杂的调整不同产业的产业风险的方法来得出"资本成本"。（例如在第 3 章中关于加权资本平均成本（WACC）的讨论。）

消费者福利计算是近似度量影响的一个有用工具。但是考虑到其极其重要的假设在现实中缺乏证据支持，现在有时不怎么对消费者福利的影响进行度量，而是把它作为行为对价格、产出、及其他与消费者估值相关的变量的预期影响的定性评估指标。

18　　除了消费者剩余外，还存在大量的与消费者福利相关的概念，事实上消费者剩余最好被视作是对给定个体"精确"福利度量的一个不完美的近似。作为替代，在连续需求选择情形下，可以用等价变化（EV）或补偿变化（CV）来"精确"度量福利；在离散选择情形下，研究者也可以使用预期最大化效用值（EMU）来度量。补偿变化计算在价格变化后为使得消费者回归到先前效用水平时，必须补偿或拿走的收入变化量。等价变化是在价格变化前必须补偿或拿走的收入变化量（正值或负值）以使得消费者在价格变化前后的效用水平相同。[②] 马歇尔证明了，如果消费者的收入的边际效用是不变的，那么消费者剩余将等于补偿变化。

在一些情形下，补偿变化是很容易直接计算的，例如，豪斯曼（Hausman,

[①] 在英国竞争委员会对支付保护保险（PPI）的调查中，在销售额为 35 亿英镑时，PPI 的超额利润估计为 14 亿英镑。如果需求价格弹性为 -1.5，那么无谓损失的估计值为 $(14)^2(1.5)/(2\times35)=4.2$ 亿英镑。哈伯格三角不总是很小。

[②] 为解释适用于经典连续选择需求情形的差异，读者可以回想马歇尔需求曲线与希克斯需求曲线的差别。马歇尔需求曲线假定在给定收入水平下，需求是价格的函数 $d(p, y)$；希克斯需求曲线假定在给定效用水平下，需求是价格的函数 $d(p, u)$（希克斯（Hicks, 1956））。例如，见迪顿和谬尔鲍尔（Deaton and Muellbauer, 1980b，第 7 章）的讨论。更进一步的精确测量福利的实际应用方法见瓦特加（Vartia, 1983）。在本节中我们跟随实践而不是理论，但是仍然向读者介绍布雷斯拉和史密斯（Breslaw and Smith, 1995），他们利用 GAUSS 矩阵程序语言编写了程序（这一方法可以避免求解微分方程）来有效地近似计算补偿变化（按照豪斯曼（Hausman, 1981）所提供的建议）。

1981）在其研究结果中提供了图1—3所示形式的单一内部商品（和单一外部商品）线性需求曲线的补偿变化的解析式（Hausman，1981；Hurwicz and Uzawa (1971)）。[1] 关于对一个给定的个体，测量其消费者福利的讨论既有文献一致表明价格上涨带来的消费者剩余变化的测量并不典型地显得比使用消费者剩余作为逼近更为特别地敏感。另一方面，近似误差可能与无谓损失的测量有相当大的关系。当然，作者经常假定市场需求曲线代表消费者的需求曲线是合理的，在解释这一结论时在脑海里记住这一观念是很重要的。在一个一般化的模型中，总需求取决于收入的分配（也许还取决于消费者异质性等其他因素），CV 和 EV 的测量适用于每个个体，然后通过个体值进行加总。对这一结论的一个解释就是作者在计算无谓损失时必须非常细心。另外一个更有争议的、经典的解释就是无谓损失仅是福利估计中的近似误差的一个近似值，并且因此被认为是相当小。[2]

我们就这样结束了对在日常竞争政策分析中应用的需求理论概念的简单回顾，我们将在往后的章节中更为深入地讨论这些概念。下面将转向讨论成本与产出。

1.2 市场结构的技术决定因素

厂商决策是市场结构、绩效和行为的重要影响因素，因此，如果我们要了解市场的结果，就得先了解厂商决策。进而，如果利润是厂商决策的重要动因，那么就必须了解利润的构成因素，即收入和成本。需求分析为分析厂商收入提供了工具。接下来讨论关于市场中成本分析方面的经济学工具。

经济学家在考察厂商的成本结构、效率和生产率过程中发现有三个相关形态的模型特别有用：生产函数、成本函数和投入品需求方程。下面逐一描述。每个模型都包含由投入产出组成的技术可能性以及成本两方面的信息。依照这一路径，这些工具为分析厂商效率和生产率提供了便利。

1.2.1 生产函数

为了生产产品，厂商必须依据一定的技术和/或管理过程将投入转化为产出。生产函数描述了有效地组合投入所能得到的产出。[3] 生产函数反映了技术现实，

---

① 考察 Hausman（1981）的研究成果，重要的是一个数字上的误差导致对消费者剩余的近似相对于实际结果来说小得多（见 Irvine and Sims（1998））。又见 Hausman and Newey（1995）。

② 如果竞争当局采用总福利标准，也许会推论出短期影响是小的，反垄断调查因此应该被严格限制。另一方面，即使这是事实，如果竞争当局的调查通过影响了引入新的或是更好的产品而影响了降低成本或竞争的激励，那么有关的消费者剩余（以及总剩余）在长期中就很大。此外，有例子表明甚至无谓损失的短期测量值也会很大。

③ 生产可能集表明了投入转化为产出的可能性。相比之下，生产可能性前沿表明了投入有效地转化为产出的途径，即，对于生产既定的水平的产出所需要的最小水平的投入。在技术既定的假设条件下，生产函数表明了生产可能性前沿的信息，即，生产函数描述了组合投入以生产产品的有效途径。

它表示为：$Q=f(K_1, K_2, \cdots, K_n; \alpha_1, \alpha_2, \cdots, \alpha_m, u)$，其中 K_i 是投入品，α_i 是技术参数，u 是厂商特有（工厂或是偶然的特别过程）的生产率指标。（相对于研究者来说）未知的生产效率指标 u 和厂商或车间之间的效率差异经常引起人们极大的兴趣。无论是什么原因，具有较大 μ 的厂商能够基于某种原因而能比组合投入较低效率的厂商生产出更多的产出。原因可能包括厂商各自在生产过程中的专门技能和管理质量。

当选择一个特殊的生产函数时，重要的是关注依据实际生产过程所作出的假定所得出的给定函数形式的含义。由于不同的参数值能适应许多不同的技术实际，所以一些函数形式较其他函数形式更为灵活。另一方面，其他函数形式可能描述的是非常特别的生产过程。显然，应试图紧扣现实，因此，生产函数形式应该做到这一点。在这一节，首先介绍一些术语，然后给出两个经典实例：固定比例生产函数和柯布—道格拉斯生产函数。

1. 2. 1. 1　术语

等产量线。对于厂商将要选择的混合投入品来说，技术允许厂商所选择的不同混合投入品间相互替代的程度是重要的，厂商能生产的产出数量也是重要的。称用以描述生产任何给定水平产出的投入组合的等高线为等产量线。此处"等"就是"相同"的意思（等产量意即相同产量）。图1—6给出了等产量线的一个例子。

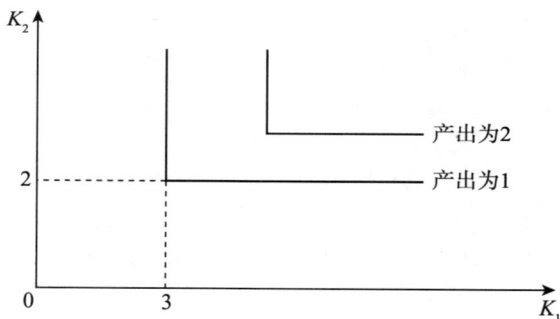

图1—6　固定比例技术下的等产量线

边际产出。投入的边际产出就是增加一单位的投入所导致的产出的增加量。例如，投入 K_i 的边际产出定义为 $MP_{K_i} = \dfrac{\partial Q}{\partial K_i}$。

边际技术替代率。等产量线的斜率表明了如果保持产量水平不变，需要增加多少一种投入以替代另外一种投入的下降。这被称为边际技术替代率（MRTS）：

$$MRTS_{jk} = \frac{\partial Q/\partial K_j}{\partial Q/\partial K_k}。$$

规模收益。有时候考虑当所有的投入以系数 λ 倍增加时，产出（$f(\lambda K_1, \lambda K_2, \cdots, \lambda K_n; \alpha_1, \alpha_2, \cdots, \alpha_m, u)$）会发生什么情况。例如，如果把投入翻倍，即设定 $\lambda=2$，产出将发生什么样的变化？如果产出也以 λ 倍增加，那么就称

生产函数呈现出规模报酬不变（CRS）的状态；如果产出以大于 λ 倍的数量增加，那么就称生产函数呈现出规模报酬递增（IRS）的状态；如果产出以小于 λ 倍的数量增加，那么就称生产函数呈现出规模报酬递减（DRS）的状态。

石油运输是规模报酬递增的，这就是超大型油轮存在的原因。超大油轮的石油容量的近似值等于长乘以高，再乘以宽。这意味着为增加一倍的石油运输量，仅需要把长度、高度或是宽度任意一个增加一倍就够了，而不需要三者同时增加。这意味着如果想要把从一个地方的石油运往另外一个地方的超大油轮的容量增加一倍，不需要把建造油轮的钢铁也增加一倍。类似地，我们也不需要把雇员的数量也增加一倍。

那些能够一个邻接一个地建造相同工厂的产业倾向于表现为规模报酬不变。

另一方面，如果生产额外一单位的产出需要的投入越来越多，那么就认为其存在规模报酬递减。继续上面的例子，虽然一个邻接一个地建造相同工厂而在原理上存在规模报酬不变，但是如果这些工厂的管理和协调随着厂商的扩张而变得更为复杂，那么在厂商层面就造成了规模报酬递减。

假定生产函数的形式为 $Q=f(K_1, K_2; u)$。

> 如果 $f(\lambda K_1, \lambda K_2; u) = \lambda f(K_1, K_2; u)$，存在规模报酬不变。
> 如果 $f(\lambda K_1, \lambda K_2; u) > \lambda f(K_1, K_2; u)$，存在规模报酬递增。
> 如果 $f(\lambda K_1, \lambda K_2; u) < \lambda f(K_1, K_2; u)$，存在规模报酬递减。

规模报酬的性质可能在不同的产出水平上不同。事实上，人们认为规模经济在竞争政策中可能是重要的，原因在于规模报酬决定了运行的最小有效规模，这可能有助于在并购中评估效率。或者，一个垄断者也许认为其是自然垄断的，因此在竞争调查中不应被拆分。

1.2.1.2 固定比例生产技术

固定比例生产技术给出了一个重要的极端例子。它意味着为生产产品，需要使用固定比例的投入，即，在生产中投入品之间不能够相互替代。例如只能以 3 单位的 K_1 和 2 单位的 K_2 产出 1 单位的 Q，K_1 和 K_2 是投入品。生产函数表示为：

$$Q = \min\left\{ \frac{1}{3}K_1; \frac{1}{2}K_2 \right\}.$$

等产量线见图 1—6。

在这一例子中应注意到由于投入品之间没有替代性，除非拥有有效的 K_1，否则无论有多少 K_2 都不能增加产出。这种形式的生产函数可用于描述马提尼酒的生产。杜松子酒和苦艾酒以固定的比例混合：每份马提尼酒需要 75 毫升的杜松子酒和 5 毫升的苦艾酒。[①]

另外一个这样的生产函数的例子就是波特兰水泥的配方（见图 1—7）。在这样的情形下，等产量线的图形在二维空间中不能表示出来，但是生产函数的性质

---

① 据称温斯顿·丘吉尔（Winston Churchill）喜欢仅含少量的苦艾酒的干马提尼酒（因此有稍微不同的固定比生产函数）。

类似。当一个生产过程由于某一给定的原因而增加产出时，则需要按照一个固定的配方来增加所有的投入。

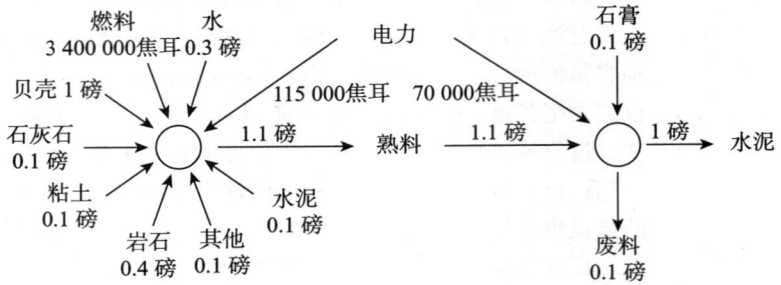

图1—7 投入品之间替代率为0：波特兰水泥的近似配方

（水泥窑厂很容易控制比例，它们通常有可能长达750英尺的长圆形桶。）

资料来源：由麻省理工学院的汤姆·斯托克（Tom Stoker）给出的图形加以推断得出。其中数字作了修改以保证机密性。

值得注意的是例子中的投入品之间是0替代性的，给定其他所有的投入时，一单位额外投入的边际产出固定为0。当以固定系数生产技术生产时，为生产更多的产出，需要更多的每种投入。

1.2.1.3 柯布—道格拉斯生产函数

由于其灵活性和方便性，柯布—道格拉斯生产函数经常被使用。这一函数以C. W. 柯布（C. W. Cobb）和P. H. 道格拉斯（P. H. Douglas）命名，这是由他们在1928年研究美国1899—1924年间产出、资本和劳动的演变后提出来的。他们用时间序列数据检验了资本和劳动总投入与全国产出量之间的关系，所选择的时期刚好是美国劳动快速地增长、资本存量更快地增长的时期。他们所用的数据标绘在图1—8中。[①]

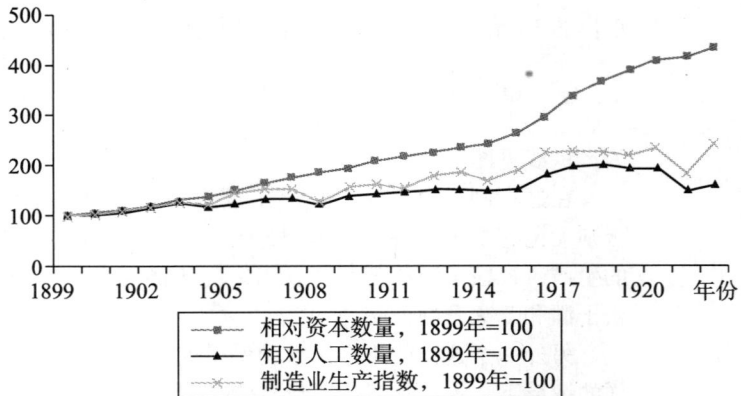

图1—8 柯布—道格拉斯数据图

----
① 在他们的论文（Gobb and Douglas，1928）中，作者报告了他们所使用的全部数据集。

柯布和道格拉斯构造了一个能表示产出和投入之间关系的函数，函数允许投入之间相互替代，这对实际情况来说是适当的，并且数学上易于处理。柯布—道格拉斯生产函数被定义为：

$$Q=\alpha_0 L^{\alpha_L} K^{\alpha_K} u \Rightarrow \ln Q=\beta_0+\alpha_L \ln L+\alpha_K \ln K+\nu$$

其中 $\nu=\ln u$，$\beta_0=\ln \alpha_0$，当等式为对数线性的时候，参数（α_0，α_L，α_K）就能很容易地被估计出来。正如图 1—9 所示，函数的等产量线呈现出凸性形状，这表明投入品之间存在一定程度的替代。

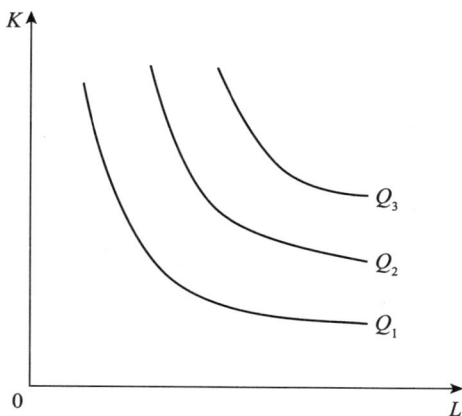

图 1—9　柯布—道格拉斯等产量线例子

在柯布—道格拉斯生产函数中，在保持其他投入不变条件下增加一单位某种投入所得的产出增加值——边际产量被定义为：

$$MP_L \equiv \frac{\partial Q}{\partial L}=\alpha_0 \alpha_L L^{\alpha_L-1} K^{\alpha_K} u=\alpha_L \frac{Q}{L}$$

$$MP_K \equiv \frac{\partial Q}{\partial K}=\alpha_0 L^{\alpha_L} \alpha_K K^{\alpha_K-1} u=\alpha_K \frac{Q}{L}$$

于是边际技术替代率为：

$$MRTS_{LK}=\frac{\partial Q/\partial L}{\partial Q/\partial K}=\frac{\alpha_L}{\alpha_K}\frac{K}{L}$$

24　　柯布和道格拉斯的计量经济学证据显示随着时间的推移，劳动和资本的增加，尤其是资本的增加，会增加产出，但是增加不是成比例的。特别地，图 1—10 所示的估计结果显示，资本的边际产量最终会快速下降。在 1928 年由于大量的资本流涌入美国，这一结论自然具有深远的意义。

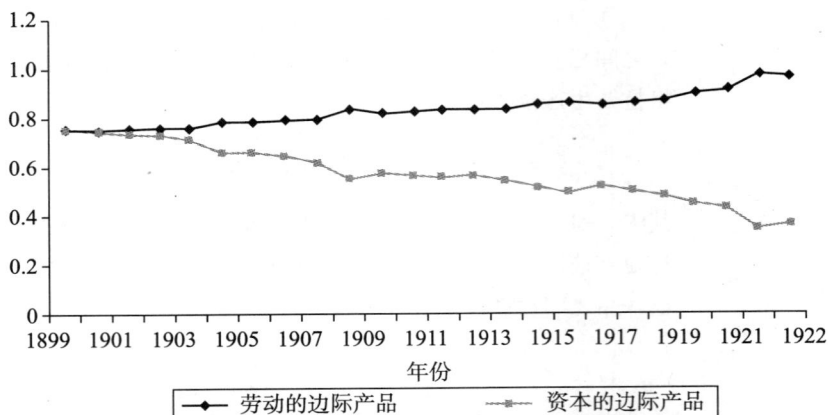

图 1—10　柯布—道格拉斯所指的劳动和资本的边际产品

1.2.2　成本函数

生产函数描述了如果使用给定水平的投入，厂商将生产出多少产出。让人感兴趣的是产出的成本，尤其是决定生产多少，估计成本函数是相当普遍的。令人惊奇的是，尽管有时候假定让人眼花缭乱，成本函数依旧精确地包含相同投入产出技术可能的生产函数信息，但是本质上要求用不同的数据集来估计（成本函数）。特别地，厂商最小化成本的假定允许探究生产函数与成本函数之间的对偶性，以便基本上检验一个产业中相同的技术属性。[①]

1.2.2.1　成本最小化与成本函数推导

为了最大化其利润，经常假定厂商在任何给定产出水平上都会最小化其成本，当然产出受所考虑到投入和产出之间关系的生产函数的约束。尽管生产函数的目的在于反映一个产业的技术现实，利润最大化和成本最小化行为则是对厂商决策方法的明确行为假定。同样这些行为假定必须根据厂商的实际行为来加以检验。

形式上，成本最小化可以表示为：

$$C(Q, p^L, p^K, p^F, u; \alpha) = \min_{L,K,F} p^L L + p^K K + p^F F$$

$$\text{s. t.} \quad Q \leqslant f(L, K, F, u; a),$$

其中，p 为投入品 L、K 和 F 的价格，u 是不可观测的成本效率参数，α 和 a 分别为成本参数和技术参数。在给定的投入品价格和生产成本函数条件下，模型假定厂商选择最小化其总成本的投入品数量以生产既定水平的产出。因此，成本函数显示了产量水平与用以生产该产量所必需的最小化成本对应安排。

微观经济学理论给出的令人惊讶的结论之一就是，如果厂商确实按照以下原则行事：（1）对任何既定水平的产出都最小化其成本；（2）保持投入品价格固

[①]　这一结果被称为"对偶性"结论，在大学课程中经常作为一个纯理论的等价结果来讲授。然而，我们将看到对偶性结论潜在地具有重要的确切的实际含义，因为它使得人们能利用不同的数据集来得到相同的潜在信息。

定，从而投入品价格不随厂商产出数量的变化而变化，那么成本函数就表达了关于技术属性的任何信息。因此，能够完全等价地用估计成本函数来直接代替对生产函数的估计。这一理论结果是相当有用的，它意味着可以从所有关于成本、产出和投入品价格的可用的数据中得出关于技术参数的有用信息。相比之下，如果想直接了解生产函数，则需要有关产出与投入数量的信息。

26

以上对等关系有时候被描述为成本函数是生产函数的对偶，在此意义上说如果假定成本是最小化的，那么两者之间存在一一对应关系。如果知道生产函数的参数，即已知投入、产出和投入品价格，那么就能得出表达为产出和投入品价格的函数的成本函数。

例如，满足柯布—道格拉斯生产函数的成本函数就是（例如，见 Nerlove，1963）：

$$C = kQ^{1/r} p_L^{\alpha_L/r} p_K^{\alpha_K/r} p_F^{\alpha_F/r} \nu$$

其中，$\nu = u^{-1/r}$，$r = \alpha_L + \alpha_K + \alpha_F$，$k = r(\alpha_0 \alpha_L^{\alpha_L} \alpha_K^{\alpha_K} \alpha_F^{\alpha_F})^{-1/r}$。

1.2.2.2 成本测量

在实际应用中，存在几个与成本函数相关的重要概念。

边际成本（marginal cost，用 MC 表示）为增加一单位产出时成本的增加量。例如，生产激光唱片的边际成本就是唱片的实物成本、录制唱片内容的成本、对记录在唱片中的享有版权的材料额外支付的版税以及其他可能因素提升的成本。边际成本是重要的，它在厂商生产额外一单位产出决策过程中起到关键性的作用。如果厂商生产额外一单位的边际成本小于出售额外一单位的边际收入（marginal Revenue，用 MR 表示），那么利润最大化厂商就会增加产出。当 MC<MR 时，厂商就会扩张产出而增加总利润，因此，常见的等式 MC=MR 决定了利润最大化厂商的最优产出。

可变成本（variable cost，用 VC 表示）就是随产出 Q 的水平变化而变化的成本，本书中将以术语"可变成本"来指随产出水平变化的所有成本的加总，例如，运输公司中的汽油的成本、面包店中的面粉的成本以及建筑公司中的劳动的成本。

平均可变成本（Average variable cost，用 AVC 表示）被定义为：AVC=VC/Q。只要 MC<AVC，平均可变成本就随产出的增加而下降。在平均成本最小的产量水平上边际成本从下与平均成本相交。当 MC>AVC 时，平均成本随产出增加而增加。

固定成本（fixed cost，用 FC 表示）就是与产出水平无关的必须支付的成本总和。例如，电力配送公司的电线杆的成本和咨询公司的计算机服务成本可能就是固定成本，虽然可能没有电流输送或没有真正的咨询工作发生，但是这些成本依旧会发生。一旦厂商关闭，通常可以通过出售资产来收回固定成本。在长期中，由于厂商能选择改变其在固定成本上的投入，固定成本经常也是可变的。这使得在调查研究中对相关时间范围的选择变得非常重要。

27

沉没成本在其必定发生和不随产出水平而变化两方面与固定成本相似，但是与固定成本不同的是当厂商关闭时它是不可收回的。不可收回的研发投资给出了沉没成本的一个实例。沉没成本一旦发生，由于其机会成本为零，它们就会在做决策时不起作用。特别地，许多"固定"投资部分地变成了沉没成本，例如，由于信息不对称问题或是由于二手品市场的非流动性等原因，许多设备具有较低的转售价格。尽管如此，较少的投资是全部完全"沉没"的，这意味着需要经常对投资的沉没程度作出明智的判断。

在反垄断调查中，还有另外的成本概念有时被用作测量价格的基准。平均可避免成本（average avoidable cost，用 AAC 表示）就是如果厂商不生产某一给定的独立产出所可以回避的成本的平均值，其中也包括为生产这些产出所必须计入的固定成本。**长期平均增量成本**（long-run average incremental cost，用 LRAIC 表示）包括生产某一特别的产出所必须的（平均）可变成本和（平均）固定成本。它不同于平均总成本，因为它是用于生产特别的产品的，并不把在共同生产几种产品时发生的成本计算在内。例如，如果产品 A 在一个已经生产了 B 的车间生产，那么车间的成本就不是产品 A 平均增量成本的组成部分，就产品 B 的生产来说没有成本"增加"。[①] 更多的其他复杂的成本测量方法被应用于管制的产业中，确定的服务价格建立在保证购买者出一个"合理价格"或是销售者得到"合理回报"的方法上。

在管理会计和成本会计中，可变成本经常被计算，它包括使用原材料的成本。营运成本一般包括销售和管理等可能被适当地视为固定的成本。然而，也包括近似视作固定成本或更接近沉没成本的折旧费。因此，运行成本对于决策的形成关联性不大。在许多案例中，没有会计折旧的可变成本和营运成本是在开始经济分析时最为相关的成本，但是围绕成本数据的最终判断需要通过与特定案例相关的事实相结合来提供信息。

1.2.2.3 最小有效规模、规模经济与规模不经济

厂商或是车间的最小有效规模（MES）就是长期平均成本（$LRAC=AVC+FC/Q$）达到最小值时的产出水平。对于一个既定的成本函数，长期这一概念涉及的时间框架就是，厂商能（至少在一定程度上）灵活改变其资本（的使用），如同他能更灵活地改变其劳动与原材料（的使用）一样。事实上，成本函数在本质上是随时间而改变的，这使得估计和解释长期平均成本变得复杂化。技术变化驱动和投入品价格变化就是为什么"长期"在实践中无法典型地被解释为未来某个时间点的原因，在长期中成本函数是确定的，并且此后保持一致。

当平均可变成本最小时，等于边际成本。最小有效规模就是长期平均成本最小时的产出水平。值得注意的就是，在这一点上，边际成本等于长期平均成本（$MC=LRAC$）。对于所有规模小于最小有效规模的厂商，生产额外一单位产品

---

① 对于 LRAIC，见英国竞争委员会在 2003 年对英国电话终端收费的质询讨论，尤其是对有关办公接入的公平交易的讨论（2003，第十章）。在此案例中，问题是电话公司终止访问其竞争对手网络的价格到底多高。委员会确定其应该是一个基于增量成本基础上的一个适当的估计值，这一市场被视为独立于下游零售市场的单独的市场，在下游市场中电话运营商为争夺零售顾客而彼此竞争。在管制价格设定中，有时候机构判定增量成本本应该是从管制价格中补偿的共有成本的一个适当比例，因此，有些管制机构建议使用 LRAIC 加成来定价。英国通信办公室（2007）关于移动终端定价决策为这一方法提供了实例。

的边际成本将比厂商规模更大时的边际成本大，厂商增加其规模会降低其边际成本和平均成本。在某些情形下，厂商规模比最小有效规模要大，由于资本投资会增加平均成本，这将导致规模不经济。在其他一些情形下，平均成本和边际成本处在最小有效规模的成本之上但接近它，这样在最小有效规模上的厂商将达到相同的成本水平（这种情形促使了最小有效规模的最小化）。图1—11解释了厂商1必须把其规模增加多少才能达到最小有效规模。在这一特别的例子中，超过最小有效规模后长期成本递增。虽然最小有效规模衡量的是长期成本，值得注意的是，这一解释中的长期是指一个厂商或工厂在保持其他条件不变时改变投入水平的能力。结果，这一明智的解释对于试图通过厂商给定时间点的截面数据来了解成本比借此了解成本在不远的将来会怎么样更有用。正如我们已经注意到的，随着时间变化，投入品价格和技术一般会发生实质性的变化。

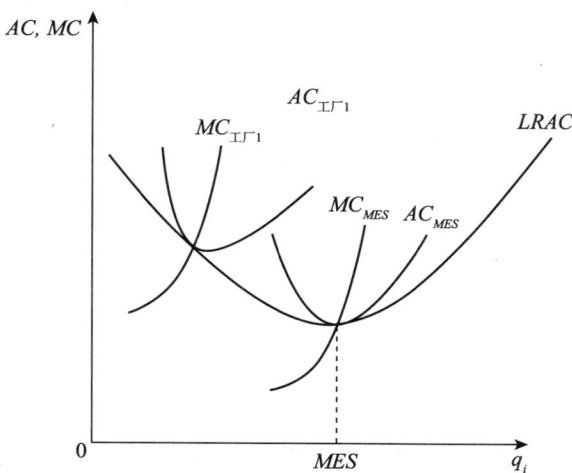

图1—11　一个工厂的最小有效规模

　　如果长期平均成本随产出下降，成本函数显示出（厂商）存在规模经济。比最小有效规模小的厂商呈现出规模经济，存在扩大规模的激励。当长期平均成本随产出增加时，（厂商）存在规模不经济。

　　在短期中，规模经济与规模不经济是指在某一既定的资本或工厂规模下，平均成本和边际成本对于产出增加的表现。数学定义为：

$$S = \frac{AC}{MC} = \frac{C}{Q \, \partial C/\partial Q} = \frac{1}{\partial \ln C / \partial \ln Q}$$

由此，能直接通过估计出的成本函数来测量经济规模 S 的特性，方法是计算成本对产出的弹性然后取其倒数。作为替代，也可以用 $S^* = 1 - MC/AC$ 作为规模经济的替代测量公式，这一公式显而易见地精确地反映了有关成本的信息。如果 $S>1$，由于 AC 大于 MC，存在规模经济；如果 $S<1$，则存在规模不经济。

　　规模经济存在多个可能的原因。首先，也许某种投入只能以离散且数量巨大的方式获得，导致厂商在使用全部投入时具有较低的单位成本。例如，购买一架拥有几百个座位的客运飞机，或是电网的建设。另外，随着规模增加，在厂商内

29

部配置效率的提高会导致成本节约。例如，小厂商可能雇用善于做很多事情的通才，而大厂商也许会雇用单项技能上更有效率的专业化人才。导致规模经济的因素很多，过硬的行业知识有助于揭示这些重要的因素。

如果确实存在规模经济，厂商的最小有效规模与市场规模极大相关，结果在市场中将剩下较少数量的厂商。在最极端的例子中，为了得到效率，厂商必须如此之大，以至于在市场中仅有一个厂商能在有效规模上运营。一个仁慈的社会计划者将选择仅用一个厂商生产所有的市场产出，该情形被称作"自然"垄断。打破这一垄断对于生产效率有负的影响。当然，由于拆分这一厂商可能消除定价势力，虽然也许会损失生产效率（高成本），但是会得到配置效率（低价）。

1.2.2.4　联产品中的规模经济

30
确定一个联产品厂商是否存在规模经济可能与确定单一产品厂商是否存在规模经济的行为相似。[①] 但是，必须着眼于观察所有产品产出增加时的成本变化情况，而不是着眼于单个产品产出增加时的成本变化情况。关于产出增加存在各种可能的理解，但是我们经常想要表达的是"同比例增加"。在此情形下，"规模经济"，描述的是厂商保持不变的产出组合条件下运行规模增长时的成本环境。

规模经济射线（ray economies of scale，用 RES 表示）发生在平均成本随运行规模增加而下降的情形，或者类似于增加运行规模时，边际成本位于总产出的平均成本下方的情形。

为了使联产品环境中规模经济概念公式化，先定义联产品的成本函数 $C(q_1, q_2)$。固定两个产量 q_1^0 和 q_2^0，定义一个新的函数：

$$\tilde{C}(Q \mid q_1^0, q_2^0) \equiv C(Qq_1^0, Qq_2^0),$$

Q 衡量的是保持两种产品比例固定的产出规模。总产出可以表示为：

$$(q_1, q_2) = Q^*(q_1^0, q_2^0).$$

形象地，如果沿着所有 (Qq_1^0, Qq_2^0) 画射线，$Q>0$，对联产品的规模经济的测量将是测量射线之上成本函数的规模经济（见图 1—12）。

成本函数沿着射线的斜率在数学上被称为方向导数，这给出了运行规模增长的边际成本：

$$\widetilde{MC}(Q) = \frac{\partial \tilde{C}(Q)}{\partial Q} = \frac{\partial C(Qq_1^0, Qq_2^0)}{\partial Q}$$

$$= \frac{\partial C(q_1, q_2)}{\partial q_1} \frac{\partial q_1}{\partial Q} + \frac{\partial C(q_1, q_2)}{\partial q_2} \frac{\partial q_2}{\partial Q} = \sum_{i=1}^{2} MC_i q_i^0.$$

给定

$$RES = \frac{\widetilde{AC}}{\widetilde{MC}} = \frac{\tilde{C}(Q)/Q}{\widetilde{MC}(Q)} = \left(\frac{\partial \ln \tilde{C}(Q)}{\partial \ln Q} \right)^{-1},$$

当 $RES>1$ 时，意味着规模经济射线；
当 $RES<1$ 时，意味着规模不经济射线。

---

① 对于联产品成本概念的极好的概述，见 Bailey and Friedlander (1982)。

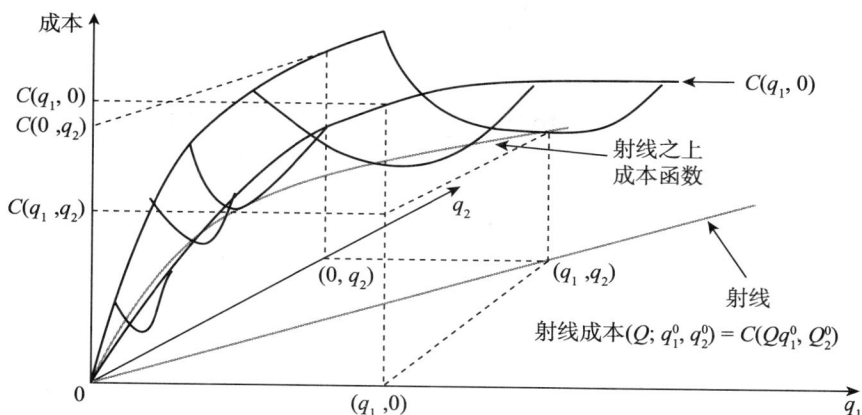

图 1—12　联产品成本函数。在联产品环境中，规模经济并不是唯一的概念，于是考虑保持每种产品的产出比例条件下，当产出扩张时的成本变化情况

资料来源：作者对于由埃文斯和赫克曼（Evans and Heckman，1984a，b）以及贝莉和弗里德兰德（Bailey and Friedlander，1982）提供的联产品成本函数的演绎。

1.2.2.5　范围经济

尽管联产品厂商的规模经济与规模不经济反映了单一产品环境下对规模经济与不经济的分析，但是重要的成本特性源于几种产品被生产这一现实。生产一种产品的成本也许依赖于其他产品生产的数量。事实上，由于其他产品的生产，可能导致本产品成本下降。例如，镍和钯在地下经常是一起被发现的。必须建造一种设备用于从矿石中分离镍和钯，显然建造一个设备用于提取两种矿物更便宜。[1] 类似地，如果一个厂商提供金融服务，那么再提供保险服务的成本也许就比单独提供保险服务的成本要低。这类效应被称为范围经济。范围经济能发生是由于某一固定成本对于两种产品是共有的，从而可能被分摊。例如，一旦一个品牌的商誉被建立起来了，那么厂商在同一品牌下成功发布产品就更便宜。

> 　　一般地，当联合生产两种给定水平的产品 $(\tilde{q_1}, \tilde{q_2})$ 比分别由不同的厂商单独生产不同产品时成本低时就发生了范围经济（见 Panzar 和 Willig 1981）。为确定范围经济，将比较 $C(\tilde{q_1}, \tilde{q_2})$ 和 $C(\tilde{q_1}, 0) + C(0, \tilde{q_2})$。如果存在范围经济，我们就进一步想了解在多大程度上存在范围经济。例如，想要了解联合生产成本低于单独生产的产出集 $(\tilde{q_1}, \tilde{q_2})$：
>
> $$\{(\tilde{q_1}, \tilde{q_2}) \mid C(\tilde{q_1}, \tilde{q_2}) < C(\tilde{q_1}, 0) + C(0, \tilde{q_2})\}$$
>
> 此外，当生产产品 1 的边际成本随产品 2 的产出水平而递减时，就出现了**成本的互补性**：
>
> $$\frac{\partial \left(\dfrac{\partial C(q_1, q_2)}{\partial q_1} \right)}{\partial q_2} = \frac{\partial^2 C(q_1, q_2)}{\partial q_2 \, \partial q_1} < 0$$

---

[1]　例如，在苏联高纬度地区的诺尔尼斯克（Norilsk）矿业中心生产镍、钯以及铜，在此情形下，镍矿分布较其他矿物更表层而先开采，深层矿物后开采。

具有规模经济的成本函数的一个例子就是在图 1—12 中所示的联产品函数。在图中，生产两种产品的成本明显地低于单独生产两种产品成本之和。事实上，图形表明存在实际上的"下降"，因此，把两种产品一起生产的成本比单独生产各自的成本要低。成本函数明显地显示出存在规模经济。[1]

范围经济对于市场结构可能有影响，因为范围经济的存在将促进创造有效率的联产品厂商。当考虑无论是拆分或是禁止一个联产品厂商时，检验范围经济存在的可能性或相关性大体上是有益的。理论上估计范围经济是容易的，但是在实践中当采用估计的成本函数时，无论成本估计是否被用到，在估计过程中必须相当小心。在现实中经常有某个情形没被观测到，因此，用于构造成本估计的假定可能带有猜测性，实际上有效的可能性很小。在 OFT（2003）中提供了在联产品情形下对构造成本数据的讨论。[2]

在联产品情形下，当保持其他产出不变而扩大一种产品的生产时，单一产品条件成本函数揭示了随产品增加成本将发生什么样的变化。如在图 1—13 中形象地表示的那样，产品 1 于产品 2 的条件成本函数被描绘为片状，例如位于（0，q_2）和（q_1，q_2）之间的区域。[3]

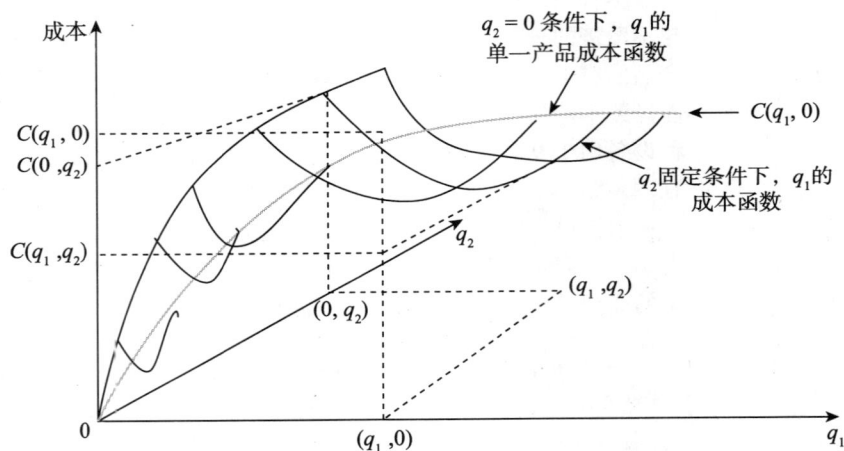

图 1—13　假定生产成本函数是联产品条件下的成本函数。依旧可以考虑，厂商在将其他产品的产出水平固定在任何水平条件下，单独扩张某一产品的产出时的成本变化情况

当界定商品 1 的数量在保持商品 2 的产出不变条件下以 Δq_1 增加时的平均增量成本（average incremental cost，用 AIC 表示）时，条件成本函数是有用的。条件成本函数通常用于评估产出沿特定直线来扩张时厂商的成本。

---

① 仔细区分范围经济与成本次可加性有时候是很重要的，单一产品的成本函数的成本次可加性指成本函数满足 $C(q_1+q_2)<C(q_1+0)+C(0+q_2)$。

② 特别地，参见 OFT（2003）第 6 章"成本与收入分配"，第二部分的案例研究。

③ 在复杂的图形中这些对象有些难以形象地描述。核心方法是对多产品成本函数作适当剥离，考虑单一产品成本函数。

形式上，条件平均增量成本函数被定义为：

$$AIC_1(q_1 \mid q_2) = \frac{C(q_1 + \Delta q_1 \mid q_2) - C(q_1 \mid q_2)}{\Delta q_1}$$

条件单一产出边际成本被定义为：

$$MC_1(q_1 \mid q_2) = \frac{\partial C(q_1, q_2)}{\partial q_1}$$

特定产品的规模经济也能被估价。保持产品 2 的产出不变时，产品 1 的规模经济被定义为：

$$S_1(q_1 \mid q_2) = \frac{AIC(q_1 \mid q_2)}{MC(q_1 \mid q_2)}$$

如同往常，$S_1 > 1$ 表明在商品 2 的产出水平为 q_2 的条件下商品 1 在产出水平 q_1 上生产存在规模经济；$S_1 < 1$ 表明存在规模不经济。

1.2.2.6　内生规模经济

上面是以技术既定条件为中心来讨论规模经济的。讨论了生产所必须的投入，所讨论的投入品进入生产函数的方式是由技术水平外生地决定的。然而，厂商有时候通过品牌投资、广告和设计或产品创新来增加其利润。这些效应的分析包括重要的需求方面的因素，但是这些因素对于成本方面也有影响。例如，如果研发（R&D）或是广告开支等包括大量的不依赖于产出规模的固定花费，它们会导致规模经济。既然厂商会选择其研发和广告水平，研发和广告成本经常被称为"内生"固定成本。[①] 广告或是创立品牌的决策不是由技术强加的，而是厂商回应竞争条件的内生决策。该规模经济的结果也是内生的，因为这种支出对消费者福利分配的影响可能是积极的、也可能不是积极的，所以在评估规模经济和范围经济过程中，应该适当地包括由技术决定的规模经济，到底是否包括取决于评估内容。例如，如果一个管制者不加鉴别地让一个受管制的垄断者索要一个包括部分或所有的广告支出的价格，而不管这一广告支出事实上是否是社会合意的，那将是一件让人觉得惊奇的事。

1.2.3　投入需求函数

投入需求函数为产业的技术特性提供了第三个可能的信息。在本节将讨论利润最大化和成本最小化之间的关系，描述投入需求方程所能揭示的有关技术特性方面知识的方法，特别是将提供有关成本函数和生产函数形状的信息。

---

① Sutton（1991）研究了内生沉没成本的情形。在其研究中，他假定研发和广告支出在厂商以价格竞争时是沉没的，尽管其他模型中并不需要这么做。

1.2.3.1 利润最大化问题

一般地，经济学家假定厂商是追求利润最大化而不是成本最小化。当然，在给定的产出水平下，成本最小化是利润最大化的必要条件而不是充分条件。在投入市场和产出市场（产品销售市场）都是价格接受者的利润最大化厂商所选择的投入水平，是依据：

$$\max_{L,K,F} \Pi(L, K, F, p, p^L, p^K, p^F, u; \alpha)$$
$$= \max_{L,K,F} pf(L, K, F, u; \alpha) - p^L L - p^K K - p^F F \tag{1.1}$$

其中，L 代表劳动，K 代表资本，F 代表第三种投入，如燃料，$f(L, K, F, u; \alpha)$ 是产出水平；p 表示产品价格，(p^L, p^K, p^F) 是投入品的价格。u 为不可观测的生产效率组成，α 代表厂商的生产函数参数。如果厂商是投入市场和产出市场的价格接受者，那么可以等价地视为厂商的决定由两阶段构成：第一，对于给定的产出水平，选择满足该产出水平的成本最小化的可行投入组合；第二，选择产出供给来最大化利润。

特别地，

$$C(Q, p^L, p^K, p^F, u; \alpha) = \min_{L,K,F} p^L L + p^K K + p^F F \tag{1.2}$$
$$\text{s. t.} \quad Q \leqslant f(K, L, F, u; \alpha)$$

并且定义

$$\max_Q \Pi(Q, p, p^L, p^K, p^F, u; \alpha)$$
$$= \max_Q pQ - C(Q, p^L, p^K, p^F, u; \alpha) \tag{1.3}$$

对价格接受者的厂商，等式（1.1）的解等价于求解两阶段问题（1.2）和（1.3）的解。

如果厂商在产出市场（产品销售市场）不是价格接受者，那么在利润最大化问题中，最终商品的价格 p 取决于产出水平 Q，可把价格写为产出 Q 的函数 $p(Q)$。尽管如此，仍然能像厂商在投入品市场上是价格接受者的情形一样求解两阶段问题。在第 1.3 节讨论寡头垄断竞争时，将讨论厂商在能使用其市场势力的情形下的利润最大化决策。[①]

---

① 如果厂商在投入市场上不是价格接受者，投入品价格可能取决于所选择的投入品数量水平，在此就能轻易地把厂商的成本函数定义为：

$$C(Q, u; \alpha, \vartheta_L, \vartheta_K, \vartheta_F) = \min_{K,L,F} p^L(L; \vartheta_L)L + p^K(K; \vartheta_K)K + p^K(F; \vartheta_F)F$$

$$\text{s. t.} \quad Q \leqslant f(K, L, F, u; \alpha)$$

例如，成本函数结果与其说是依赖于投入品的价格，不如说依赖于投入品价格函数的结构 $C(Q, u; \alpha, \vartheta_L, \vartheta_K, \vartheta_F)$。这一观测结果表明在厂商能从供应商处获得折扣的情形下估计成本函数是相对可能的，但是这么做需要对所包含的变量和对结果的解释高度细心。特别地，一般成本函数的形状将表现出由以下因素导致的复合特性：1. 生产函数所体现的替代的可能性；2. 在投入市场所面临的定价结构。

35

1.2.3.2　投入需求函数

求解以下成本最小化问题：

$$C(Q,\ p^L,\ p^K,\ p^F,\ u;\ \alpha)=\min_{L,K,F}p^LL+p^KK+p^FF$$

$$\text{s. t.}\quad Q\leqslant f(K,\ L,\ F,\ u;\ \alpha)$$

得出条件投入需求函数，它表示在产出水平为 Q 的条件下，投入品需求是投入品价格的函数：

$$L=L(Q,\ p^L,\ p^K,\ p^F,\ u;\ \alpha)$$
$$K=K(Q,\ p^L,\ p^K,\ p^F,\ u;\ \alpha)$$
$$F=F(Q,\ p^L,\ p^K,\ p^F,\ u;\ \alpha)$$

简便地，根据谢泼德引理，成本最小化意味着所需要的投入等于成本函数关于投入价格的导数：

$$L=L(Q,\ p^L,\ p^K,\ p^F,\ u;\ \alpha)=\frac{\partial C(Q,\ p^L,\ p^K,\ p^F,\ u;\ \alpha)}{\partial p^L}$$

$$K=K(Q,\ p^L,\ p^K,\ p^F,\ u;\ \alpha)=\frac{\partial C(Q,\ p^L,\ p^K,\ p^F,\ u;\ \alpha)}{\partial p^K}$$

$$F=F(Q,\ p^L,\ p^K,\ p^F,\ u;\ \alpha)=\frac{\partial C(Q,\ p^L,\ p^K,\ p^F,\ u;\ \alpha)}{\partial p^F}$$

谢泼德引理的实际关联性在于它意味着成本函数的许多参数能够从投入需求等式中得出，反之亦然。这意味着有第三种类型的数据集——投入需求数据，从这些数据中能了解到技术参数情况。[1]

最后，如果厂商在产出市场上是价格接受者，求解利润最大化问题变为无条件投入需求方程式，投入需求是最终产品和投入品价格的函数：

$$L=L(p,\ p^L,\ p^K,\ p^F,\ u;\ \alpha)$$
$$K=K(p,\ p^L,\ p^K,\ p^F,\ u;\ \alpha)$$
$$F=F(p,\ p^L,\ p^K,\ p^F,\ u;\ \alpha)$$

值得注意的是，条件（关于 Q）和无条件需求函数都依赖于生产效率 u。为了生产任何给定水平的产出，效率高的厂商较其他厂商倾向于以更少的投入生产更多产品。这意味着投入需求与不可观测的生产效率相关，那么观察结果对于成本函数的计量经济学分析有很多重要应用，因此在估计生产函数时，需要处理投入需求的内生性问题（例如，见 Olley and Pakes（1996）、Levinsohn and Petrin（2003）、Ackerberg et al.（2005）的讨论）。有关成本函数估计的进一步

---

①　对于该结果的技术讨论见马斯－克莱尔等（Mas-Colell et al., 1995）的《对偶性：数学介绍》（*Duality: a mathematical introduction*）的有关章节。依据对偶论理论，成本函数对于一个凸集起到"支持函数"的作用。特别地，定义凸集为 $S=\{(K,\ L,\ F)\,|\,Q\leqslant f(K,\ L,\ F,\ u;\ \alpha)\}$，定义支持函数为 $\mu(p_L,\ p_K,\ p_F)=\min_{(K,L,F)}\{p_LL+p_KK+p_FF\,|\,(L,\ K,\ F)\in S\}$，对偶定理表明存在一个对等的投入集 $(L^*,\ K^*,\ F^*)$，对于 $p_LL^*+p_KK^*+p_FF^*=\mu(p_L,\ p_K,\ p_F)$，当且仅当 $\mu(p_L,\ p_K,\ p_F)$ 在点 $(p_L,\ p_K,\ p_F)$ 处可微。此外，有 $L^*=\frac{\partial\mu(p_L,\ p_K,\ p_F)}{\partial p_L}$，$K^*=\frac{\partial\mu(p_L,\ p_K,\ p_F)}{\partial p_K}$，$F^*=\frac{\partial\mu(p_L,\ p_K,\ p_F)}{\partial p_F}$。

讨论见第 3 章。

1.3　竞争环境：完全竞争、寡头垄断与完全垄断

在完全竞争环境下，市场价格和产出由需求曲线和供给曲线相互作用来决定，其中供给曲线是由厂商成本决定的。在完全竞争环境中，不存在策略行为。厂商在进行特别决策时，它们只考虑市场条件，而不需要分析其竞争对手的反应。在一般的设定中，厂商对于竞争对手们的反应是敏感的，认为它是关键性的策略变量。策略行为的相互影响的特性决定了市场产出。也就是说，广告、价格、产量或产品质量等策略变量和对手厂商决策反应的特定方式，将决定所观察到的市场产出。有关厂商的博弈论知识表明，厂商同等程度地关注其自身与竞争对手的行为表现与决策。当厂商这样做时，它们就策略性地相互影响着。在关于公司战略和定价的文件中能相当容易地发现有关策略性地相互影响的证据。

在本节中，我们将描述在反垄断与并购分析中经常用以模型化厂商行为的基本竞争模型，其中策略性地相互作用是常态而不是例外。我们集中讨论竞争相互作用的基础模型，即那些在大多数产业组织的经验分析中占重要地位的模型。

尽管在本节中所研究的一些模型在某些人看来显得很特殊，但是，建立经济博弈（以及后来的计量经济学）模型的一般性原则是通用的。特别是：（1）刻画模型中的基本实体，在本情形中体现为反映需求和厂商成本结构的属性；（2）刻画策略变量；（3）刻画所研究的机构在博弈中的行为假定，一般是收益最大化；（4）刻画均衡的性质，一般是纳什均衡，即给定对手的选择，每个参与人的选择最优。必须描绘出当每个厂商有其自身目标时的均衡性质，如果一个模型是对社会经济交往的一个预测，那么这些矛盾的目标必须加以协调。

1.3.1　数量竞争

考虑的第一类模型是，厂商在考虑到其选择将影响到竞争对手的产出决策的情形下选择其最优产出水平的模型。在这类模型中，策略变量是（产品）数量，因此被称为数量竞争。下面将先回顾一般模型，然后联系其结论来预测完全竞争和垄断下的产出。

1.3.1.1　古诺博弈

时下的数量竞争模型是以安东尼·奥古斯丁·古诺在 1838 年建立的模型为

基础的。古诺博弈假定厂商选择的唯一策略变量是其产出水平。博弈的标准分析考虑的是厂商同时行动、进行一期博弈。还假定产品是同质的，这意味着消费者在不同的厂商间能完全替代，在市场中所有的商品是同一个价格。为了有助于说明，首先举出一个简单的数字例子，然后进行更为一般性的处理。

为简单起见，假定仅存在两个厂商，总成本和边际成本都为零。还假定反需求函数的形式为：

$$P(q_1+q_2)=1-(q_1+q_2)$$

市场价格仅取决于两厂商的总产出，这表明两种商品是完全替代的。如所有的模型一样，必须明确所考察厂商的行为假定。一个可能合理的（有时候是近似的）假定就是大部分厂商试图力所能及地最大化其利润。选定利润最大化作为行为假定的基准。[1] 关于消费需求属性假定以及成本假定，为了简便起见，假定是零边际成本的，$c_1=c_2=0$，使得每个厂商的利润取决于两个厂商选择的产量。在我们的例子中：

$$\pi_1(q_1,\ q_2)=(P(q_1+q_2)-c_1)q_1=(1-q_1-q_2)q_1$$
$$\pi_2(q_1,\ q_2)=(P(q_1+q_2)-c_2)q_2=(1-q_1-q_2)q_2$$

给定行为假定，定义出反应函数或者最优响应函数，该函数描述了厂商在竞争者每一数量选择值下的最优数量决策。在给定利润最大化行为假定下，反应函数很好估计。厂商1的利润最大化的一阶条件是：

$$\frac{\partial \pi_1(q_1,\ q_2)}{\partial q_1}=(1-q_2)-2q_1=0$$

求解等式得出厂商1的反应函数：

$$q_1=R_1(q_2)=\frac{1}{2}(1-q_2)$$

如果厂商同时选择其产量，结果就是一个纳什均衡，作为其他厂商选择的回应，每个厂商选择其自身的最优产量。厂商1和2的反应函数分别为：

$$R_1(q_2):q_1=\frac{1}{2}(1-q_2)$$

$$R_2(q_1):q_2=\frac{1}{2}(1-q_1)$$

求解这两个线性方程得出古诺—纳什均衡：

---

[1] 经济学家经常相当公正地质疑这一假定的现实性。大部分时间里，厂商行为、公司文件以及实际给出的目标保证了这一假定的正确性，至少针对股东或是秘密投资者的有关申明是这样的。当然，个性化的首席执行官和其他董事会成员（以及实际投资者）当然会考虑到其公众形象或经济活动的其他社会影响。基于这些以及其他原因，厂商总是背离狭隘的利润最大化原则，自然不应武断地对待这一假定。然而基于这一假定的预测能力，利润最大化假定显得相当实用，利润最大化将是一个强有力的（坦白地说，并不可靠）并购理由。

$$q_1 = \frac{1}{2}(1-q_2) = \frac{1}{2}\left(1-\frac{1}{2}(1-q_1)\right) = \frac{1}{2}\left(\frac{1}{2}+\frac{1}{2}q_1\right) = \frac{1}{4}+\frac{1}{4}q_1$$

所以厂商 1 的均衡产出是：

$$\frac{3}{4}q_1^{\mathrm{NE}} = \frac{1}{4} \quad \Rightarrow \quad q_1^{\mathrm{NE}} = \frac{1}{3}$$

厂商 2 的均衡产出是：

$$q_2^{\mathrm{NE}} = \frac{1}{2}\left(1-\frac{1}{3}\right) = \frac{1}{3}$$

均衡利润是

$$\pi_1^{\mathrm{NE}} = \pi_2^{\mathrm{NE}} = \frac{1}{3}\left(1-\frac{1}{3}-\frac{1}{3}\right) = \frac{1}{9}$$

直观地，如图 1—14 所示，古诺—纳什均衡是两个厂商反应曲线的交点。

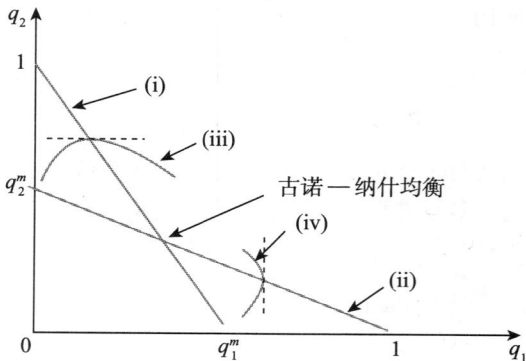

图 1—14 古诺模型中的反应函数

（i）$R_1(q_2)$：$q_1 = \frac{1}{2}(1-q_2)$；（ii）$R_2(q_1)$：$q_2 = \frac{1}{2}(1-q_1)$；（iii）$\bar{\pi}_1 = q_1(1-q_1-q_2)$（厂商 1 的等利润线）；（iv）$\bar{\pi}_2 = q_2(1-q_1-q_2)$（厂商 2 的等利润线）。

反应函数给出了厂商在其竞争对手每一给定的产量选择下最大化自身利润的产量选择。图 1—15 描绘了在古诺寡头模型中不同的产出选择组合的利润。

等利润线显示了厂商 1 产生任何既定利润水平的产量组合（q_1，q_2）。在图 1—15 中，可以用水平切面来描绘这一条线。定义既定的利润水平 π_1 为：

$$\bar{\pi}_1 = (1-q_1-q_2)q_1$$

在既定利润水平和厂商 1 的产量选择下，可以推导厂商 2 的产出为：

$$q_2 = 1-q_1-\frac{\bar{\pi}_1}{q_1}$$

等利润线可以描绘为如图 1—16 所示的等高线，对任何给定 q_2，厂商 1 的最佳反应就是其在等利润线的等高线上的最大值。该数值揭示了模型的一个重要的性质：对于厂商 1 的既定的产出水平，随着厂商 2 的产出下降，厂商 1 的利润会增加。如果竞争对手选择不生产，利润最大化的反应就是垄断产出和垄断利润。

即，如果 $q_2 = 0$，则 $q_1 = \frac{1}{2}(1 - q_2) = 0.5$，利润为：

$$\pi_1 = (1 - q_1 - q_2)q_1 = (1 - 0.5 - 0)0.5 = 0.25$$

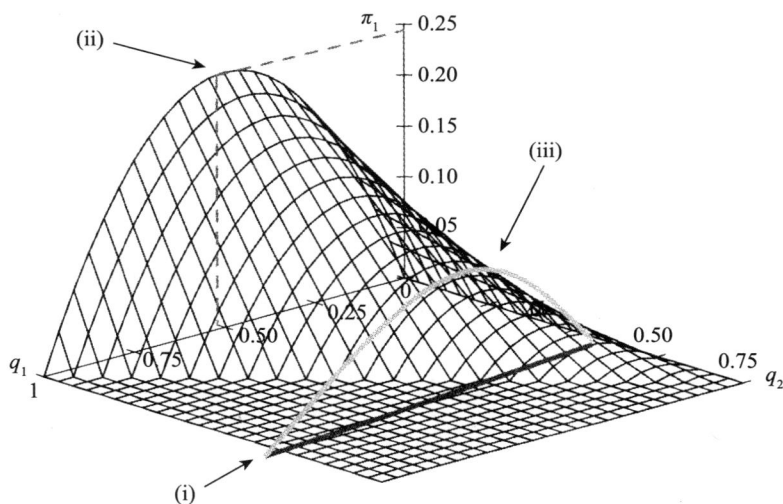

图 1—15　两参与者古诺博弈中根据每个厂商的策略变量的利润函数

（ⅰ）对于每个固定的 q_2，厂商 1 选择 q_1 以最大化其利润；（ⅱ）对于既定的 q_2 来说，利润最大化的 q_1 就是厂商 1 对于 q_2 的最优反应；（ⅲ）如果厂商 1 是一个垄断者，则利润：$q_2 = 0$，$q_1 = 0.5$，$\Pi_1 = 0.25$。

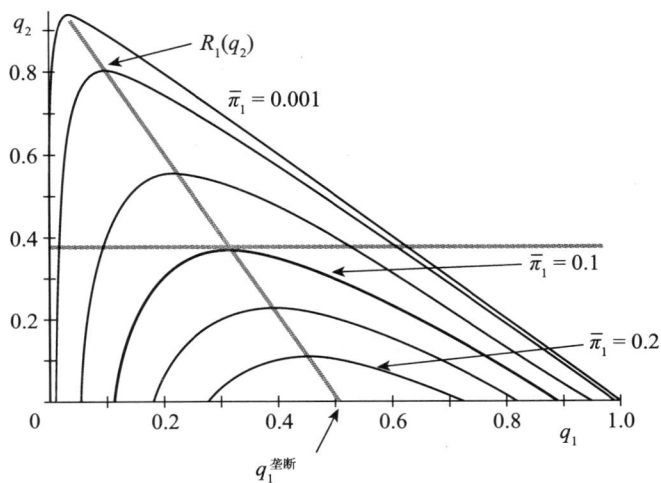

图 1—16　简单古诺博弈中的等利润线

更一般地，古诺博弈的一阶条件可以得出通常的边际成本等于边际收益这一条件。假定利润函数为：

$$\pi_i(q_i, q_j) = P(q_1 + q_2)q_i - C_i(q_i)$$

一阶条件为：

$$\frac{\partial \pi_i(q_1, q_2)}{\partial q_i} = \underbrace{P(q_1 + q_2) + q_i P'(q_1 + q_2)}_{\text{边际收益}} - \underbrace{C'_i(q_i)}_{\text{边际成本}} = 0$$

一般地，根据隐函数的定义可以得出第 i 个厂商的反应曲线 $q_i = R_i(q_{-i})$，q_{-i} 表示其他厂商的产出水平。[1] 在两个参与人的情形下，有两个一阶条件需要求解，可以依次用于定义反应函数 $q_1 = R_1(q_2)$ 和 $q_2 = R_2(q_1)$。一般地，当有 N 个厂商参与时，就有 N 个一阶条件需要求解。纳什均衡是反应函数的交点，求解反应函数就是求解 N 个非线性方程。由于假定反需求曲线是线性的、边际成本不变，本数值实例使得方程是线性的（因此容易求解）。一般地，如果解存在，计算机一般能解出非线性方程组。[2] 理想状态是希望从模型中得出关于社会经济的唯一解，当且仅当一阶条件集存在唯一解时才能达到目的。[3]

考虑到利润总是等于收入减去成本，边际利润总是等于边际收入减去边际成本。在极大值处，一阶条件将等于零，那么就有常见的结论，即利润最大化要求边际收入等于边际成本。

为了考察策略决策的影响，需要把古诺最优条件与也许更为常见的完全竞争和垄断的结果联系起来。

1.3.1.2　完全竞争条件下的产量选择

在厂商是价格接受者的情形下，利润最大化的一阶条件变为边际成本等于市场价格，假设不存在固定成本，因此可以忽略利润一定非负这一重要的约束：

$$\pi_i(q_i) = p q_i - C_i(q_i) \quad \Rightarrow \quad \frac{\partial \pi_i(q_i)}{\partial q_i} = p - C'_i(q_i) = 0 \quad \Rightarrow \quad p = C'_i(q_i)$$

显然，如果价格等于 1 欧元，多生产一单位的边际成本是 0.9 欧元，那么如果扩大生产这一单位，利润将会增加。同样地，如果价格等于 1 欧元，多生产一单位的边际成本是 1.01 欧元，如果不生产最后一单位产品，那么利润也将增加。反复计算以弄清楚需要调整的产量，直到边际成本等于边际收入，根据假定，在这一点上边际成本正好等于价格。

进一步说，既然所有的厂商面临相同的价格，所有的厂商将选择使得价格等于边际成本的产量，$C'_i(q_i) = C'_j(q_j) = p$。特别地，由于所有的厂商面临相同的销售价格，这就意味着厂商的边际成本是相等的。

---

① 即，给定其他厂商选择的产量，让一阶条件等于 0，通过一阶条件确定 q_i 的值。

② 对于非线性方程组解的存在的条件和纳什均衡存在的条件的讨论，见 Novshek (1985) 和 Amir (1996)。

③ 一般来说，N 个非线性方程组成的方程组可能无解、有唯一解或多个解。当经济模型存在多重均衡时，就会导致更为常见的不确定状态。在第 5 章将进一步讨论多重均衡的情况。

联合成本最小化也意味着在位厂商之间的边际成本是相等的。生产任何给定水平的总产出时最小化总成本，情况将如何变化呢？

$$\min_{q_1,q_2} C_1(q_1) + C_2(q_2)$$
$$\text{s. t. } q_1 + q_2 = Q$$

特别地，这一问题导致以下一阶最优条件：

$$C_1'(q_1) = C_2'(q_2) = \lambda$$

其中 λ 是成本最小化约束条件下的拉格朗日乘子。显然，最小化任何给定产出水平的总成本需要使得边际成本相等。

直观地，如果厂商的边际成本不同，那么具有较高边际成本的厂商所生产的最后一单位产出可以由边际成本较低的厂商更有效率地生产。完全竞争，尤其是价格机制确保产出在厂商间分配，分配方案是使得在既定的厂商生产技术条件下，市场上所有单位的商品都以尽可能高的效率来生产。这样价格机制确保了生产效率。

在完全竞争市场中，价格也确保产出的边际成本也等于其边际收益，这样实现了配置效率。为说明这一机理，回顾市场需求曲线，它刻画了每一产量水平上的产出对消费者的边际价值。在任何给定的价格下，购买的最后一单位商品的边际价值等于其价格。在完全竞争条件下，厂商的供给曲线就是每一产量水平下的边际成本，因为厂商会调整产出，直到实现 $p = MC(q)$ 的均衡。因此，如果价格发生调整以保证总供给等于总需求，这也就确保了出售最后一单位产品的边际收益等于其边际生产成本。换句话说，市场决定了产量，最后一单位产品对消费者的价值等于生产这一单位产品的成本。就是这一重要机制确保在完全竞争条件下市场结果是社会有效的。

1.3.1.3 寡头垄断下的产量选择

在完全垄断情形下，仅有一家厂商生产，当其选择生产总产量时市场价格将由此厂商决定。如前所述，厂商利润函数为：

$$\pi_i(q_i) = P(q_i)\ q_i - C_i(q_i)$$

相应的一阶条件为：

$$\frac{\partial \pi_i(q_i)}{\partial q_i} = \underbrace{P(q_i) + P'(q_i)q_j}_{\text{边际收益}} - \underbrace{C_i'(q_i)}_{\text{边际成本}} = 0$$

值得注意的是，垄断利润最大化的一阶条件是古诺竞争一阶条件的特殊形式，即其他厂商的产出数量为零。如同在任何其他分析过的情形下的利润最大化厂商一样，完全垄断者选择使得边际收益等于边际成本的产出水平。

反需求函数的斜率 $P'(q_i)$ 为负，这意味着销售额外一单位产品的边际收益小于反需求曲线 $P(q_i)$ 所描绘的消费者的边际价值。表现在图形上，垄断厂商的边际收益曲线位于反需求曲线的下方，原因在于垄断厂商通常不能仅降低最后一单位产品的价格（来扩大销售）。典型情况是其被迫降低所有先前生产的产品的价格。提高产品价格会提高每一单位继续在一个较高价位上销售的产品的收益，但是由于销售数量会下降，从而一定程度上收益会减少。图1—17说明了当垄断厂商的销售量从 Q_0 到 Q_1 增加一单位时的边际收益。为了销售 Q_1 的产品，垄断厂商必须降低其销售价格，从 P_0 下降到 P_1。与销售这一额外一单位相关的边际收益为：

$$MR = P_1Q_1 - P_0Q_0 = P_1(Q_1 - Q_0) + (P_1 - P_0)Q_0 = P_1 \times 1 + Q_0\Delta P$$
$$= P_1 + Q_0\Delta P$$

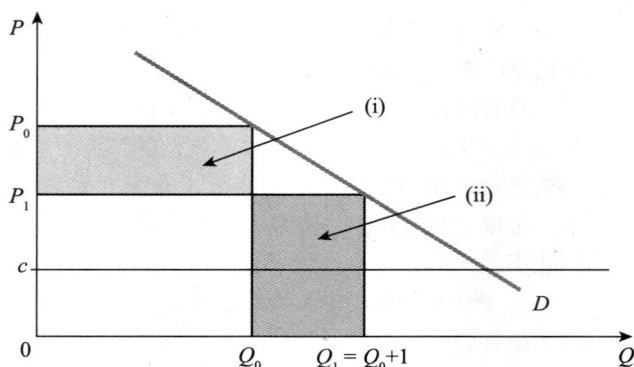

图1—17　需求、收益和边际收益

（ⅰ）收益损失 $Q_0\Delta P \rightarrow QP'(Q)$；

（ⅱ）价格为 P_1 时收益的增加值。

对于一个利润最大化的垄断者来说，销售最后一单位产品的边际收益低于消费者的边际价值，结果，垄断者的产出不是社会有效的。在实际产出水平上，消费者消费最后一单位的边际价值高于社会供给这一单位的边际成本。不幸的是，即使有些消费者的支付意愿高于产出的边际成本，垄断者也不愿意向他们供给产品，以避免那些消费者的继续消费所带来的低收益。图1—18说明了垄断市场带来的福利损失。

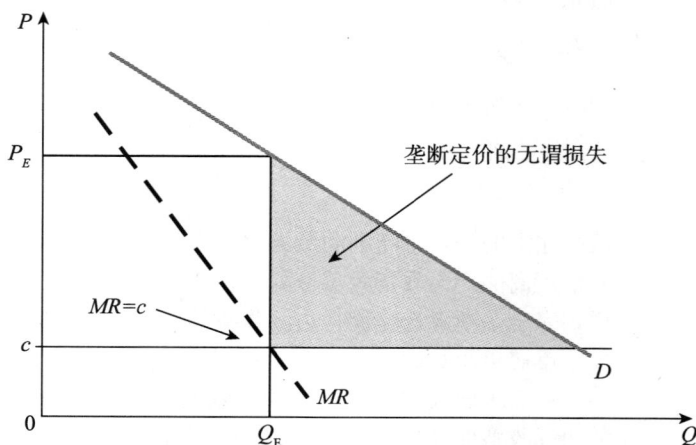

图1—18　垄断定价相对于完全竞争定价的福利损失

1.3.1.4　垄断与完全竞争的古诺博弈比较

在所有的竞争模型中，利润最大化表明厂商将使得边际收益等于边际成本，即 $MR=MC$。在完全竞争市场中，厂商的边际收益就是市场价格；在垄断市场中，边际收益将由垄断厂商选择的产量决定。在古诺博弈中，边际收益取决于厂商的产出以及竞争对手的产出选择。

特别地，在古诺博弈中，利润最大化

$$\text{Max}_q \pi_i(q_i,q_j)=P(q_1+q_2)q_i-C_i(q_i)$$

的一阶条件可表示为：

$$\frac{\partial \pi_1(q_1,q_2)}{\partial q_1}=P(q_1+q_2)+q_1P'(q_1+q_2)-C_1'(q_1)=0$$

总之，厂商让边际收益等于边际成本。在垄断情形下，边际收益小于消费者的边际价值。特别地，由于需求曲线的斜率为负，有：

$$MR_1(q_1,q_2)=P(q_1+q_2)+q_1P'(q_1+q_2)<P(q_1+q_2)$$

表现在图形上，边际收益曲线位于需求曲线的下方。

首先，在古诺竞争中，价格下降的影响 $P'(q_1+q)$ 仅对厂商 1 生产的 q_1 单位的产品是重要的；然而，在垄断条件下，价格下降的影响对所有的市场产出是重要的。

其次，在古诺竞争中，每个厂商的边际收益受到其自身产出决定和竞争对手的产出决定的影响，产出真正影响了均衡价格。结果在厂商间存在负的外部性。当厂商 1 选择其最优产量时，不考虑其他厂商由于总产出增加而导致的潜在利润下降的影响。这一影响被称为"挤占市场份额"效应。结果古诺竞争厂商共同生产，以一个低于等效的（有多个工厂的）垄断者的价格出售产品。图 1—19 说明了联合产业利润最大化的产出组合和古诺—纳什均衡。如果厂商具有相同的不变的边际成本，两厂商之间的任何产出分配会使得它们的产出总额与垄断产出数量相等，即，任何联合皆满足 $q_1+q_2=Q^{\text{垄断}}$，这将最大化产业利润。在图中用虚线描绘了使得产业利润最大化的产出水平。每个厂商各自最大化其利润将得到古诺—纳什均衡。两个厂商的反应函数的交点表示了这一点，古诺—纳什均衡中的总产出比垄断条件下的要大。在最基本的程度上说，应用消费者福利标准的竞争当局目的在于维持竞争，使得厂商间负的外部性被保留着。竞争当局认为这样做，厂商以消费者剩余的方式对消费者带来积极的外部性。

在完全竞争条件下，社会福利得到最大化，因为市场使得边际价值等于生产的边际成本。垄断厂商将决定不生产那些价值大于成本的产品，以不减少总利润，因此社会福利不能最大化。这就是说生产成本仍然是最小化的。[1] 在古诺竞争中社会效率没有得到最大化，但是由于古诺外部性导致了额外产出，福利损失

---

① 除此之外，实践表明垄断厂商经常遭受 X-非效率而限制产出，所以也许不能简单地接受这一结果。见 Leibenstein (1966) 关于 X-非效率的文献。

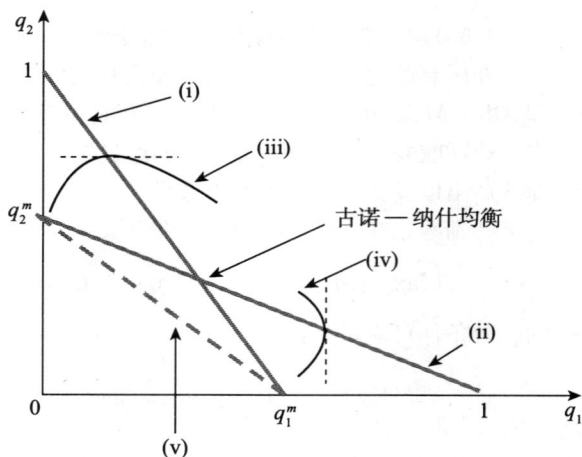

图 1—19　古诺均衡与垄断的比较

（ⅰ）～（ⅳ）如图 1—14 所示；（ⅴ）最大化联合利润的产出组合。

小于垄断情形下的福利损失。既然厂商不考虑低价对其他厂商收益的影响，产出和社会福利将比垄断情形下要高。如果厂商产出增加对价格的影响很小，古诺产出就接近完全竞争产出。这就是当存在大量厂商且每个厂商相对于市场产出都很小时的情形。在古诺均衡中，厂商间的边际成本可以存在差异，因此行业生产成本不一定是最小化的；当厂商是对称的时候，厂商间的边际成本相等。

总之，相对于垄断产出来说，古诺均衡不利于厂商利润，但是有利于消费者福利。另一方面，相对于厂商是价格接受者的市场来说，古诺均衡有利于厂商利润，不利于消费者福利。

古诺模型对于竞争分析有深远的影响，当反垄断实务工作者考虑给定条件下的经济状况时，有时候它被描述为他们脑海中持有的模型。

1.3.2　价格竞争

寡头理论被用于解释当市场中只存在少数厂商时将会发生的情况。古诺（Cournot，1838）的理论基于一个厂商选择产出数量竞争的框架，其结构似乎适合于厂商看似是高于边际成本定价的经验实例，边际成本是完全竞争模型的预测价格。古诺成功地预示了价格高于边际成本，让人迷惑的是，厂商是否是真正选择其这一产出水平或决定其销售价格而不管产品在此价格上需求如何。这些观测结果激发了关于什么是寡头理论中最重要的理论结果的分析，如，伯川德悖论。

1.3.2.1　伯川德悖论

伯川德（Bertrand，1883）认为古诺模型对于厂商行为的假定是不切实际的。他认为关于实际的厂商行为更为现实的模型是厂商选择价格，然后供给这一价格下所需求的产品。如果这样，那么对于厂商来说价格就是比产量更为中肯的策略变量。既然厂商确实经常为其产出定价，那么伯川德模型就确实显得更为直观。因此，从真实的厂商行为描述的角度看，这显得比古诺模型更符合实际。尽管如此，因为伯川德模型导致了一个违反直觉的悖论（paradox），从而重点考察它。[①]

48

像许多经济学中的结论一样，伯川德的结论经常被认为是重要的，因为，它促使我们仔细质疑他的哪一个假定被违反。[②]

伯川德考察了一国同质产品市场的双寡头垄断情形，市场需求曲线为 $Q=D(p)$。如果厂商 1 的价格高于其竞争对手，消费者就将仅从相对便宜的厂商 2 处购买，那么对厂商 1 的需求将是零。如果厂商 1 的价格低于其竞争对手，由于没有消费者会从厂商 2 处购买，厂商 1 将供给整个市场。如果厂商 1 和厂商 2 提供的价格相同，需求将在两个厂商间分割，假定均等分割（准确的分割情况不重要）。厂商 1 的需求曲线将是：

$$q_1 = D_1(p_1, p_2) = \begin{cases} D(p_1), & \text{如果 } p_1 < p_2 \\ D(p_1)/2, & \text{如果 } p_1 = p_2 \\ 0, & \text{如果 } p_1 > p_2 \end{cases}$$

其中如果两个厂商要价相等，假定需求被均等地分割。假定两个厂商的边际成本不变为 c，伯川德证明存在唯一纳什均衡：$p_1^* = p_2^* = c$。

证明如下。如果厂商 2 的定价高于边际成本，$p_2 > c$，那么厂商 1 通过设定 $p_1 = p_2 - \epsilon$（其中 ϵ 非常小），稍微降价从而占领全部市场。如果 p_1 大于边际成本，厂商 1 仍然获得正的利润。然而，厂商 2 同样也有激励相对于厂商 1 的价格减少一点点，并且只要价格高于边际成本，厂商都有激励相互削价。厂商没有激励把价格定在边际成本以下，因为这样做就意味着将遭受损失。因此，唯一可能的稳定产出就是两个厂商都在边际成本上定价的纳什均衡。在这种条件下，两个厂商都得到零利润。

伯川德模型具有重要且强有力的应用。也就是说，伯川德模型的结果意味着市场上只要多于一个参与者，所有厂商的价格将都定在边际成本上，利润将为零。换句话说，只要在市场中至少存在两个生产同质产品的厂商且没有固定成本，市场作用将导致完全竞争均衡。尽管事实上如果两个厂商提高价格，那么它们的境况都会变得更好，但是居然出现了这样的结果。伯川德的结论被认为是一个悖论，因为无论商业人士还是经济学家通常都直观地认为双寡头垄断不会导致与完全竞争市场一样的结果。进一步说，数据证实了这一直觉：绝大多数寡头都有正的利润，所涉及的厂商一般不会在边际成本上定价，甚至不会接近边际成本定价。

49

应该对伯川德悖论做何反应呢？如果明确界定的假定得出的预测是难以置信

[①] 在《牛津英语词典》（*Oxford English Dictionary*）中，悖论被定义为违反已被接受的观点或信条的声明或是信条；经常暗指这是令人惊讶的或是难以置信的；有时候暗指这是不合时宜的，也就是与已经建立起来的真理所持的观点不和谐，因此是荒谬的或是不可思议的。

[②] 这一结论的另外一个例子就是莫蒂里安尼和米勒（Modigliani and Miller, 1958）的理论。他们认为，在某些（表面上是高度可信的）假定下，企业的资本结构与企业的价值无关。当然，更多的实践者和学者相信债务和普通股的比例确是有关系的。

的，那么就应该考察假定。依据伯川德的结论，经济学家检验了各种各样的替代假定，以便得到与现实符合得更好的预测。

在接下来的三小节里，将讨论三个更为重要的例子，这些例子在某种程度上修正了伯川德模型，放松了其强结论。第一，固定成本被引入了模型；第二，引入产品差异，产品差异赋予每个厂商一定程度的定价能力；第三，生产能力限制，即，对任何厂商能供给的市场百分率施加一个限制。下面依次讨论每一模型。

1.3.2.2 存在固定成本的伯川德竞争

价格等于边际成本的伯川德结论仅仅适用于固定成本等于零时的情形。如果固定成本不为零，价格设定在边际成本之上，利润将为负，厂商利润最大化受制于利润必须非负的正向约束。厂商利润最大化问题可以写为：

$$\max_{p_1}(p_1-c_1)D_1(p_1,p_2)-F_1$$
$$\text{s. t.} \quad (p_1-c_1)D_1(p_1,p_2)-F_1 \geqslant 0$$

在两厂商博弈中，厂商2将面临着类似的问题。如果 $F_1=0$，那么利润约束一直成立，但是在正常状态下利润约束并不限制利润最大化的价格选择，因此，在非正式分析中（如课堂分析）经常被忽略。然而，如果 F_1，$F_2>0$，削价将迫使利润约束至少约束均衡中的一个厂商。假定厂商2的约束先受由削价导致的价格下降的约束。厂商1将面临如下选择：（1）共享市场，通过将其价格定在使厂商2利润为零的价位上，两厂商价位相等，如果 $p_2=p_1$，$D_1(p_1,p_2)=D(p_1)/2$）；（2）稍微削价，将价格定在将把竞争对手逐出市场的价位上，$D_1(p_1,p_2)=D(p_1)$，其中 $p_1=p_2-\varepsilon$，ε 是一个微小的增量。[①] 一般地，后者将更为有利可图，因此，存在固定成本的伯川德竞争模型预言价格将下降到足够低的水平以使得低效率的竞争对手被逐出市场（见 Chowdhury，2002）。然而，博弈中微小的改变能改变这一结果。例如，包含沉没固定成本的两阶段博弈中，价格竞争将导致仅有一家厂商进入市场，该厂商索要垄断价格。原因在于如果两个厂商进入了，它们在第二阶段将按照伯川德方式竞争，从而各自的固定成本沦为沉没成本。这意味着它们不能弥补其固定成本，其中某个厂商将认为不进入该市场会更好。最后，这一情形有时候也被预测为会经历"埃奇沃思"（Edgeworth）循环，厂商经历彼此削价直到价格如此之低以至于某个厂商宁愿回弹到一个高价位，从而开始再次循环（见 Maskin and Tirde，1988b；Noel，2007；Castanias and Johnson，1993；Doyle et al.，2008）。

1.3.2.3 差异化产品的价格竞争

产品差异化模型假定厂商的产品是不同的，对于消费者来说不能完全替代。这样，每种产品具有一定程度的独特性，某些消费者可能愿意支付额外费用来获

---

① 在这一价格设定过程中存在一个容易克服的技术问题，因为厂商1想要与厂商2的价格尽可能地接近但仍然要保持低于厂商2的价格，这可能导致厂商最优问题无解。严格地说，最优值是分布在开集 $[0,p_2)$ 上，并不需要一个解。通过假定价格增量以一个小的离散幅度发生，也许是便士或是分，这一问题就很容易解决。

得每一特殊的商品。差异性可能来自不可改变的属性的差异，例如，产品质量、产品位置分布、消费者基于品牌形象的主观认知。

假设市场中存在两种差异化的商品，需求为线性需求方程组。

商品 1 的需求：$q_1 = a_1 - b_{11} p_1 + b_{12} p_2$

商品 2 的需求：$q_2 = a_2 - b_{22} p_2 + b_{21} p_1$

如果商品 2 的价格上升增加了对商品 1 的需求，对于商品 2 来说商品 1 是一种替代品，等同于 $\dfrac{\partial q_1}{\partial p_2} = b_{12} > 0$。如果商品 2 的价格上升减少了对商品 1 的需求，对于商品 2 来说商品 1 是一种互补品，等同于 $\dfrac{\partial q_1}{\partial p_2} = b_{12} < 0$。

假定选择价格竞争，追求利润最大化的厂商将针对其竞争对手选择的价格来选择其最优的反应。定义厂商 i 的最优反应函数为①：

$$R_i(p_{-i}) = \underset{p_i}{\operatorname{argmax}} \, \pi_i(p_i, p_{-i})$$

如果假定边际成本不变，利润函数可以表示为：

$$\pi_i(p_i, p_{-i}) = (p_i - c) D_i(p_i, p_{-i})$$

对该利润关于自身价格求导数，得到利润最大化的一阶条件：

$$\frac{\partial \pi_i(p_i, p_{-i})}{\partial p_i} = D_i(p_i, p_{-i}) + (p_i - c) \frac{\partial D_i(p_i, p_{-i})}{\partial p_i} = 0$$

$$\Leftrightarrow \quad (a_i - b_{ii} p_i + b_{ij} p_j) + (p_i - c)(-b_{ii}) = 0$$

或者更简洁地表示为：

$$a_i + b_{ij} p_j = (2p_i - c) b_{ii}$$

重新整理得出产品 i 的生产者在由 i 的竞争对手厂商 j 所宣告的价格 p_j 给定的条件下的最优反应函数：

$$R_i(p_{-i}): \quad p_i = \frac{c}{2} + \frac{a_i + b_{ij} p_j}{2b_{ii}}$$

反应函数的斜率是 $\dfrac{b_{ij}}{2b_{ii}}$，特别地，该斜率取决于 b_{ij}。实际上，既然 b_{ii} 为正，反应函数向下倾斜还是向上倾斜仅取决于 b_{ij} 的符号。这意味着它直接取决于商品之间是互补还是替代的。

在需求相互替代的差异产品价格博弈（$b_{ij} > 0$）中，反应曲线向上倾斜。如果厂商 i 提高价格，厂商 j 的最优反应是提高价格。在图 1—20 中形象地描绘了两厂商模型中每个厂商按照最优反应定价的情形。

---

① 符号"argmax"对于某些读者来说是新知识，它是方程的"最大化变量"（argument which maximizes）的简写。在此，厂商 i 的最优价格取决于其竞争对手的要价，反应函数 $p_i = R_i(p_{-i})$ 表达了这种依存性。

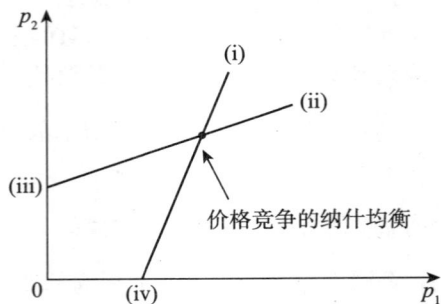

图 1—20 差异化替代品价格竞争的最优反应曲线

（ⅰ）$R_1(p_2) = c/2 + (a_1 + b_{12} p_2)/2b_{11}$；（ⅱ）$R_2(p_1) = c/2 + (a_2 + b_{21} p_1)/2b_{22}$；（ⅲ）$c/2 + a_2/2b_{22}$；（ⅳ）$c/2 + a_1/2b_{22}$。

通用的非合作博弈中厂商 i 选择策略变量 a_i 来最大化其利润。该博弈导出最优反应函数：$a_i^* = R_i(a_{-i}) = \underset{a_i}{\text{argmax}}\ \pi_i(a_i, a_{-i})$，其中 "argmax" 意指目标函数最大化变量，行动 a_i 的作用是最大化厂商 i 的利润。

求导得出下面的等式：

$$\left. \frac{\partial \pi_i(a_i^*, a_{-i})}{\partial a_i} \right|_{a_i^* = R_i(a_{-i})} = \pi_i^i(R_i(a_{-i}), a_{-i}) = 0,$$

最优反应函数的定义，其中符号"$\big|_{a_i^* = R_i(a_{-i})}$"表示参与者 i 对于其竞争对手策略 a_{-i} 的最先反应的一阶条件估计值。直观地，如果行动选择是最优的，比如说产出选择的是最优产出，那么最优化过程要求边际利润等于零。

关于任何其他参与者 j 的行动，对等式两边求全导数，有：

$$\frac{\mathrm{d}\pi_i^i(R_i(a_{-i}), a_{-i})}{\mathrm{d}a_j}$$

$$= \left. \frac{\partial \pi_i^i(a_i, a_{-i})}{\partial a_i} \right|_{a_i^* = R_i(a_{-i})} \frac{\partial R_i(a_{-i})}{\partial a_j} + \left. \frac{\partial \pi_i^i(a_i, a_{-i})}{\partial a_j} \right|_{a_i^* = R_i(a_{-i})} = 0$$

利用双重上标表示二阶导数，等式可以表示为：

$$\frac{\mathrm{d}\pi_i^i(R_i(a_{-i}), a_{-i})}{\mathrm{d}a_j}$$

$$= \pi_i^{ii}(R_i(a_{-i}), a_{-i}) \frac{\partial R_i(a_{-i})}{\partial a_j} + \pi_i^{ij}(R_i(a_{-i}), a_{-i}) = 0$$

重新整理该等式，得出反应曲线的斜率：

$$\frac{\partial R_i(a_{-i})}{\partial a_j} = \frac{-\pi_i^{ij}(R_i(a_{-i}), a_{-i})}{\pi_i^{ii}(R_i(a_{-i}), a_{-i})}$$

（要么，可以对表示厂商 i 的反应函数的一阶条件应用隐函数理论直接得出这一表达式。见数学或经济学教材，如 Mas-Colell et al.，1995，pp. 940 - 943。）反应曲线描述了在给定其竞争对手的选择的条件下，最大化例如厂商 i 的利润的行动。因此，二阶条件要求在利润最大化行为选择点 a_i 上，反应函数 $R(a_{-i})$ 的二阶导数为负，即 $\pi_i''(R_i(a_{-i}), a_{-i}) < 0$。

结果表明反应函数斜率的符号取决于厂商利润函数的交叉导数 $\pi_i^{ij}(a_i, a_{-i})$ 在点 $(R_i(a_{-i}), a_{-i})$ 的值。直观地，给定对手的行为选择后，厂商的边际利润率在最优情况下为零。假定竞争对手的行为发生变化（a_j 增加），考察厂商的最优选择将会如何变化。显然，如果 $\pi_i^{ij}(R_i(a_{-i}), a_{-i}) < 0$，厂商 i 的边际利润率就会基于厂商 j 的行为而下降。这意味着，当厂商 j 增加 a_j 时，厂商 i 的利润率将降到零以下。对于新的 a_j，厂商 i 的最优反应问题是如何将利润率恢复到零，也就是如何提高其边际利润率。如果 $\pi_i^{ii}(a_i, a_{-i}) < 0$，厂商 i 降低 a_i 的行为将增加其边际利润率。总之，当厂商 j 提高 a_j 时，厂商 i 的最优反应行为就是降低 a_i。因此，如果 $\pi_i^{ij}(R_i(a_{-i}), a_{-i}) < 0$，那么，厂商 i 的反应函数向下方倾斜。类似地，如果 $\pi_i^{ij}(R_i(a_{-i}), a_{-i}) > 0$，那么厂商 i 的反应函数向上方倾斜。

例如，模型中一阶条件为：

$$\pi_i'(p_i, p_{-i}) = D_i(p_i, p_{-i}) + (p_i - c)D_i'(p_i, p_{-i})$$

那么交叉导数为：

$$\pi_i^{ij}(p_i, p_{-i}) = D_i^j(p_i, p_{-i}) + (p_i - c)D_i^{ij}(p_i, p_{-i})$$

正如在本节开始描述的线性需求那样，第二项等于零，即 $D_i^{ij}(p_i, p_{-i}) = 0$，那么

$$\pi_i^{ij}(p_i, p_{-i}) = D_i^j(p_i, p_{-i}) = b_{ij}$$

反应函数到底是向上还是向下倾斜取决于 b_{ij} 的符号。如果 b_{ij} 是正的，那么产品之间是相互替代的，反应函数曲线将向上倾斜；如果 b_{ij} 是负的，那么产品之间是互补的，反应函数曲线将向下倾斜。

如果反应函数曲线是向下倾斜的，那么博弈就是策略替代博弈。回到古诺博弈的本质，能轻易地知道古诺博弈是一种策略替代博弈，记厂商行为或策略变量为产量 q。在古诺博弈中，竞争者将通过降低其产出单方面地对产出数量的增加做出反应。在定价博弈中，如果商品是需求互补的，那么反应曲线将也向下倾斜，博弈也将会是策略替代博弈：厂商通过降低自身价格来对竞争对手的互补产品的价格增加做出反应。为此，互补品之间的价格博弈将与古诺型的产量博弈的性质类似。

如果反应曲线向上倾斜，那么博弈就是策略互补型博弈。大部分定价博弈都是这种情形，例如产品差异的伯川德定价博弈，其中产品是需求替代的。在此情形下，厂商将通过涨价来对竞争对手的单边涨价做出反应。

产品差异性的引入，使得基于价格设定竞争策略的模型中的价格被设定在边

际成本之上。差异化产品市场中的价格竞争已经成为分析差异化产品行业的极其通用的模型。

1.3.2.4　生产能力限制的价格竞争

在克雷普斯和沙因克曼（Kreps and Scheinkman，1983）的研究中，他们建立了一个似乎合理的与行为以及经验观察的结果保持一致的假定，公式化地进行了一个调和古诺模型和伯川德模型的重要尝试。他们描述了一个两阶段博弈模型，在该模型中，厂商在第一阶段选择生产能力，在第二阶段进行伯川德竞争博弈。克雷普斯和沙因克曼的研究表明，假如在第二阶段消费者按照有效配额原则分配给不同的生产者，这一两阶段子博弈完美均衡可能会与单次古诺博弈类似。

当存在生产能力限制时，给定价格下的总供给可能会小于总需求。这意味着必须涉及"分配原则"，分配原则是有关商品被分派给消费者的方式的假定。它决定着：(i) 谁会得到商品，谁得不到；(ii) 哪些厂商供给哪些消费者。一般的分配假定是：(i) 效率分配，对商品出价高的消费者优先由要价最低的厂商供给，直到厂商的生产能力用尽；(ii) 比例（随机）分配，每个消费者有相同概率被任何在位厂商供给。

按照效率分配原则，既然最高出价的消费者都由要价最低的厂商供给，要价最低的厂商的剩余需求是如图 1—21 所示的市场需求曲线的左上角部分。仅当要价最低的厂商的生产能力用尽时，要价高的厂商的产品才开始有正的需求。

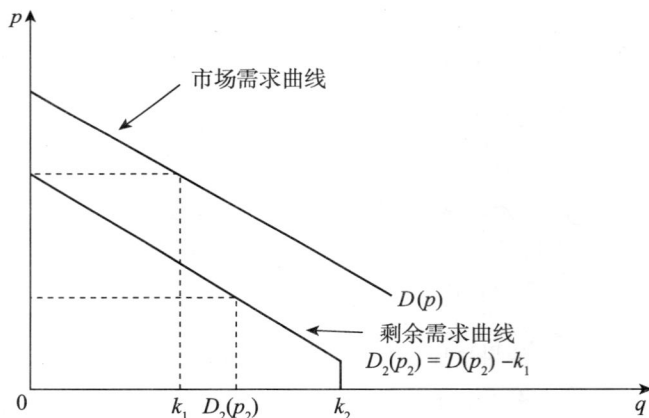

图 1—21　效率分配下的剩余需求

假定厂商 1 是拥有生产能力 k_1 的低成本厂商。在效率分配原则下，居前的 k_1 单位的产品全部从厂商 1 处购买。厂商 2 的需求曲线正好是一条向下倾斜的需求曲线，在每一价格水平下，厂商 2 面临的是剩余需求，即，市场需求减去 k_1。存在一条折线，厂商 2 的销售量不可能超过其自身的生产能力 k_2。克雷普斯和沙因克曼的研究表明，当总需求比市场总的生产能力要大时，两阶段博弈（先是选择生产能力，然后是价格竞争）均衡将等同于单次的古诺博弈（将策略变量用生产能力替代产出）。①

依照克雷普斯和沙因克曼的思路来求解这一两阶段博弈的均衡，由逆向归纳开始，先求解第二阶段博弈。在第二阶段博弈中，厂商1和厂商2分别以各自固定的生产能力 k_1 和 k_2 进行伯川德价格竞争博弈。任何厂商的销售量将为：

$$q_i(p_i, p_j; k_i, k_j) = \begin{cases} \min\{D(p_i), k_i\} & \text{如果 } p_i < p_j \\ \min\{\max\{D(p_i) - k_j, 0\}, k_i\} & \text{如果 } p_i > p_j \\ \min\{(k_i/(k_i + k_j))D(p_i), k_i\} & \text{如果 } p_i = p_j \end{cases}$$

为了说明这是为什么，首先，当某个厂商价格低于其竞争对手时，该厂商将得到其全部生产能力能满足的市场份额。另一方面，如果某一厂商价格高于其竞争对手，该厂商将供给任何其生产能力能做到的正的剩余需求。效率分配假定也体现为厂商的假想需求曲线 $\max\{D(p_i) - k_j, 0\}$。如果竞争对手之间的价格相等，则假定每个厂商将获得各自在该价格下的全部生产能力的份额。

在博弈的第二阶段上，厂商视生产能力为既定，选择价格以使得其在竞争对手每个可能价格下实现利润最大化。在第二阶段每个厂商的最优反应函数是：

$$R_i(p_j; k_i, k_j) = \underset{p_i}{\arg\max}\, \pi_i(p_i, p_j; k_i, k_j)$$
$$= \underset{p_i}{\arg\max}\,(p_i - c)q_i(p_i, p_j; k_i, k_j)$$

存在两种可能的情形。如果生产能力很大，大到生产能力对于销售不构成约束，那么每个厂商的销售量为：

$$q_i(p_i, p_j; k_i, k_j) = \begin{cases} D(p_i) & \text{如果 } p_i < p_j \\ 0 & \text{如果 } p_i > p_j \\ (k_i/(k_i + k_j))D(p) & \text{如果 } p_i = p_j \end{cases}$$

在此情形下，除了在价格相等时分配规则上有细微的差别外，厂商的需求曲线恰好是同质产品的伯川德博弈得到的曲线。结果，在此情形下，子博弈均衡将是设定价格等于边际成本，即 $p^* = mc$。既然这一结论相对于小生产能力情形并不引人注意，那么主要关注小生产能力的情形。

如果生产能力小，那么生产能力约束就有约束力了，有：

$$0 \leqslant k_i \leqslant D(p_i) - k_j \leqslant D(p_i)$$

第一个不等式源自生产能力为正；第二个不等式表明生产能力约束具有约束力，生产能力在当前价格下比剩余需求要小；最后一个不等式简单地说明 k_i 为正。重新整理中间的不等式得出总的生产能力不大于需求：

$$k_i + k_j \leqslant D(p) \quad \Leftrightarrow \quad k_i \leqslant \left(\frac{k_i}{k_i + k_j}\right)D(p)$$

在此情形下销售量将为：

---

① 随着生产能力的增加，均衡的性质将发生变化。特别地，厂商在中等生产能力时很可能使用混合策略，生产能力很大时的均衡将是伯川德均衡。

$$q_i(p_i, p_j; k_i, k_j) = \begin{cases} k_i & \text{如果 } p_i < p_j \\ \min\{k_i, D(p_i) - k_j\} = k_i & \text{如果 } p_i > p_j \\ k_i & \text{如果 } p_i = p_j \end{cases}$$

假定均衡价格调整到使得产业总的生产能力等于市场需求，那么有 $k_i + k_j = D(p^*)$，反需求曲线方程为 $p^* = P(k_i + k_j)$。

如果这样，求解在第一阶段的博弈均衡，需要将最优价格 p^* 代入生产能力设定博弈的反应函数中去。每个厂商的解为：

$$R_i(k_i) = \underset{k_i}{\arg\max} \, \pi_i(p_i^*, p_j^*; k_i, k_j) = \underset{k_i}{\arg\max} \, (p_i^* - c)q(p_i^*, p_j^*; k_i, k_j)$$
$$= \underset{k_i}{\arg\max} \, (P(k_i + k_j) - c)k_i$$

明显地，目标函数与古诺模型中使用的目标函数一样，只不过将 q_s 用 k_s 替代，两阶段博弈的子博弈完美均衡的反应函数看起来像单次古诺博弈中选择变量将 q 替代为 k 且反需求函数为 $P(k_i + k_j)$ 的利润函数。

德内克尔和戴维森（Deneckere and Davidson，1986）的研究表明，克雷普斯和沙因克曼（Kreps and Scheinkman）的研究结果对于所采用的精确分配规则是敏感的（见图 1—22）。他们认为，第一，既然在此规则下，最高估价的产品必须从低价厂商手中购买，那么效率分配原则可能并不具有现实性。第二，如果消费者是随机与两个厂商匹配，那么克雷普斯和沙因克曼的结论会无效。思考再三，也许结论是敏感的这一事实并不真的是非常意外的：克雷普斯和沙因克曼试图将两阶段博弈压缩为一个更简单但仍然等价的一阶段博弈——显然，至少一般来说，这只是尽力而已，需要在强限制假定下来进行（压缩）。

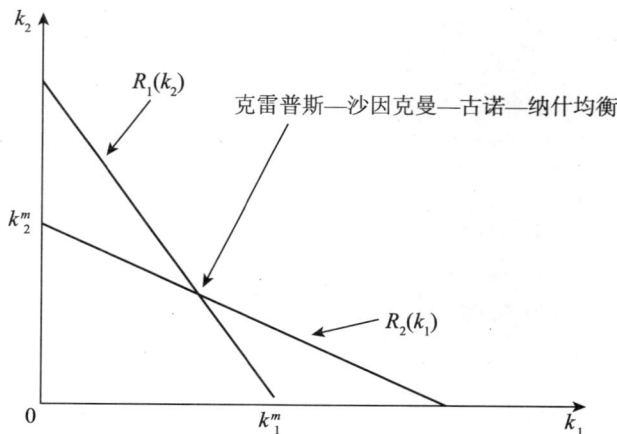

图 1—22 克雷普斯和沙因克曼两阶段博弈中的反应函数

1.3.3　垄断与支配厂商模型

57

在本节先主要讨论垄断模型，然后讨论垄断模型的变体。

1.3.3.1　垄断模型

最为明确的"支配"厂商模型就是厂商是垄断者的模型。关于这一情形的最基本的模型就是垄断者不受其竞争对手的约束而简单地最大化其利润。然而，垄断者可能是价格设定型的垄断者、产量设定型的垄断者、多工厂产量设定型垄断者或者是多产品产量设定型垄断者，或者是多工厂、多产品价格或产量设定型垄断者。因此对于垄断者没有单一的模型。按照厂商静态垄断模型复杂性的顺序，假定厂商需解决如下问题。

1. 价格设定型垄断者：$\max_p (p-c)D(p)$。

2. 产量设定型垄断者：$\max_q (P(q)-c)q$。

3. 多工厂产量设定型垄断者：$\max\limits_{q_1,\cdots,q_J} \sum\limits_{j=1}^{J} (P(q_1+q_2+\cdots+q_J)-c_j(q_j))q_j$。

4. 多产品价格设定型垄断者：$\max\limits_{p_1,\cdots,p_J} \sum\limits_{j=1}^{J} (p_j-c_j)D_j(p_1,p_2,\cdots,p_J)$。

58

5. 多产品多工厂价格设定型垄断者：

$$\max_{p_1,\cdots,p_J} \sum_{j=1}^{J} (p_j-c_j(D_j(p_1,p_2,\cdots,p_J)))D_j(p_1,p_2,\cdots,p_J)。$$

6. 多产品多工厂产量设定型垄断者：

$$\max_{q_1,\cdots,q_J} \sum_{j=1}^{J} (P_j(q_1,q_2,\cdots,q_J)-c_j(q_j))q_j。$$

单一产品垄断者将采取行动以使得边际收益等于边际成本。在此情形下，分析可以以相当直接的方式进行。特别地，这一单一产品问题只需要求解一个方程（一阶条件）。与此相反，在更复杂的多工厂或多产品情形下，单一最优问题也会导致一个多维最优问题。在此问题中，选择了多少个变量，就有多少个方程。在简单的情形下，可以较方便求解这一问题；然而，更一般地，对于任何给定需求和成本的特殊的垄断问题，典型而相当直接的求解方法就是利用计算机通过最优化程序求解。

当然，一般情况下，垄断者可能选择除了价格和产量外的策略变量。例如，如果一个单一产品垄断者选择价格和广告水平，问题变为求解 $\max_{p,a}(p-c)D(p,a)$，得出通常的关于价格的一阶条件：

$$\frac{p-c}{p} = -\left(\frac{\partial \ln D(p,a)}{\partial \ln p}\right)^{-1}$$

以及关于广告的一阶条件：

$$(p-c)\frac{\partial D(p,\ a)}{\partial a}=0$$

利用简单的代数知识就得出：

$$\frac{p-c}{p}p\frac{D(p,\ a)}{a}\frac{\partial \ln D(p,\ a)}{\partial \ln a}=0$$

用关于价格的一阶导数代替 $\frac{p-c}{p}$，得出：

$$\frac{a}{pD(p,\ a)}=\frac{\dfrac{\partial \ln D(p,\ a)}{\partial \ln a}}{\left(-\dfrac{\partial \ln D(p,\ a)}{\partial \ln p}\right)}$$

这表示了著名的多夫曼—斯坦纳条件（Dorfman and Steiner，1954）结论，即广告费用与销售收入的比例等于需求的广告弹性与需求的价格弹性之比。[①]

1.3.3.2 支配厂商模型

59

支配厂商模型假定存在垄断者（或厂商集聚为一个卡特尔），但是其受到某种程度的外围竞争的约束。模型的中心假定是，外围行为是非策略行为。按照惯例，假定模型为价格设定、单一产品垄断的模型。同样容易建立类似上面研究的每一情形的支配厂商模型。

如果竞争性外围厂商是价格接受者，它们将决定在任何给定的价格 p 下的供给量。记在任何给定价格 p 下由外围厂商供给的产量为 $S^{外围}(p)$。如果外围厂商在任何给定价格 p 上能供给它们想要供给的消费者，那么由于外围厂商的供给行为，支配厂商将面临如下的剩余需求曲线：

$$D^{支配}(p)=D^{市场}(p)-S^{外围}(p)$$

图 1—23 说明了市场需求、外围供给以及由两者共同导致的支配厂商的需求曲线。该图是在如下假定下得出的：（1）存在相当高的价格 p_1 使得外围厂商愿意在该价格下供给全部市场，从而支配厂商的剩余需求为零；（2）类似地，存在相当低的价格 p_2 使得在该价格上外围厂商完全不愿意供给。

在给定支配厂商的剩余需求曲线的情形下，支配厂商模型的分析完全类似于垄断模型，其中垄断者面临的是市场剩余需求曲线 $D^{支配}(p)$。因此，支配厂商将

60

设定价格以使得供给数量满足边际收益等于边际成本。在图 1—23 中，产出水平表示为 $Q_{支配}$。最终价格为 p^*，外围厂商在该价格水平上的供给为 $S^{外围}(p^*)=Q_{外围}$，总供给（总需求）$Q_{总}$ 为：

$$Q_{总}=Q_{支配}+Q_{外围}=S^{外围}(p^*)+D^{支配}(p^*)=D^{市场}(p^*)$$

---

① 实际应用见 Ward（1975）。

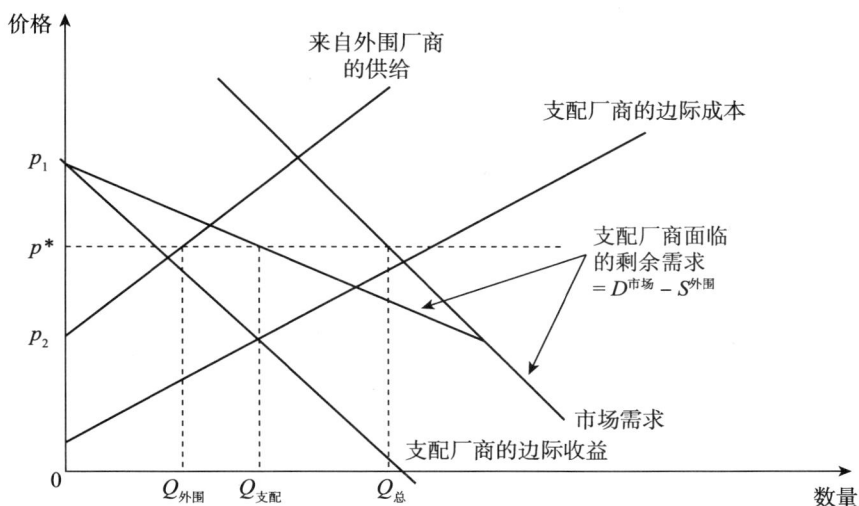

图 1—23 剩余需求曲线的推导

简单的代数知识可以帮助我们理解模型中外围厂商的作用。特别地，支配厂商自身价格的需求弹性可以写为：[①]

$$\eta^{\text{支配需求}} \equiv \frac{\partial \ln D^{\text{支配}}}{\partial \ln p} = \frac{\partial \ln(D^{\text{市场}} - S^{\text{外围}})}{\partial \ln p} = \frac{1}{D^{\text{市场}} - S^{\text{外围}}} \frac{\partial (D^{\text{市场}} - S^{\text{外围}})}{\partial \ln p}$$

于是可以写为：

$$\eta^{\text{支配需求}} = \frac{1}{D^{\text{市场}} - S^{\text{外围}}} \left[\left(\frac{D^{\text{市场}}}{D^{\text{市场}}} \right) \frac{\partial D^{\text{市场}}}{\partial \ln p} - \left(\frac{S^{\text{外围}}}{S^{\text{外围}}} \right) \frac{\partial S^{\text{外围}}}{\partial \ln p} \right]$$

进一步变形有：

$$\eta^{\text{支配需求}} = \left(\frac{D^{\text{市场}}}{D^{\text{市场}} - S^{\text{外围}}} \right) \frac{\partial \ln D^{\text{市场}}}{\partial \ln p} - \left(\frac{S^{\text{外围}}/D^{\text{市场}}}{(D^{\text{市场}} - S^{\text{外围}})/D^{\text{市场}}} \right) \frac{\partial \ln S^{\text{外围}}}{\partial \ln p}$$

$$= \frac{1}{Share^{\text{支配}}} \eta^{\text{市场需求}} - \left(\frac{Share^{\text{外围}}}{Share^{\text{支配}}} \right) \eta^{\text{外围供给}}$$

其中 η 表示价格弹性，$Share$ 表示份额。这就是说支配厂商的需求曲线（剩余需求曲线）取决于市场需求弹性、外围供给弹性以及主导厂商和外围厂商各自的市场份额。谨记需求弹性为负，而供给弹性为正。当市场是富有弹性时或者当市场是缺乏弹性的但竞争性外围厂商的供给是富有弹性且其规模较大的时候，以上公式直观地表明支配厂商因此面临一条相对富有弹性的曲线。

---

① 回顾数学教科书，对于任何适当的可微函数 $f(x)$，我们可以写出：$\dfrac{\partial \ln f(x)}{\partial \ln x} = \dfrac{1}{f(x)} \dfrac{\partial f(x)}{\partial \ln x}$。

1.4 结 论

● 经验分析最好是建立在经济理论的基础之上，这要求对于市场特性——需求的性质、产出和成本的技术决定因素、作用规则以及厂商目标都有很好的理解。

● 需求函数在有关反垄断的经验分析中是重要的。需求弹性将是价格上涨时的收益率以及由此而涉及的消费者福利和总福利的一个重要决定因素。

● 技术特性是市场结构的第二大驱动因素，它在产业中表现为生产函数和成本函数。例如，规模经济会导致产业集中，而范围经济可能会促使厂商在同一公司内生产多种产品。产业中有关技术属性的信息可以从投入—产出数据（利用生产函数）或是成本、产出和投入品价格数据（利用成本函数）得出，也可以从投入选择和投入品价格数据（利用投入需求函数）得出。

● 为了对竞争的相互作用建模，必须对厂商行为以及均衡属性进行假定。一般假定厂商试图最大化其利润，实现的均衡为纳什均衡。均衡假定决定着（竞争）张力以及内生的各自追求自身目标的厂商集团的行为。同时必须选择竞争的维度，这意味着界定有关厂商选择（竞争）的变量和厂商反应的变量。这些变量一般是价格或是产量，但是可能也包括质量、广告或是研发投资等。

● 在反垄断中所使用的两个基本模型是产量设定竞争模型与价格设定竞争模型，分别称为古诺模型和（产品差异化的）伯川德模型。产量设定竞争模型通常用于描述那些由厂商自主选择生产多少同质产品的产业。对于厂商在市场中用差别化或品牌产品设定不同价格，由此展开竞争的情况，则经常采用伯川德模型来进行分析。这两个模型不应该被视为适合于调查实际的唯一有效的模型，它们确实不是的。

● 价格接受者厂商的完全竞争环境，导致了最为有效的消费者福利和生产效率。然而，这些模型往往最多是一个理论抽象而已，因此，必须谨慎对待，当然不能系统地用作实践标准。

第 2 章　计量经济学回顾

62

本书将始终讨论可被竞争当局使用的各种各样的经验工具的作用。本章重点在于为这些讨论提供重要的背景材料。本章目的不在于对计量经济学教科书内容的回顾，而是对经常在竞争案例中用到的工具进行通俗的介绍，然后接着讨论在竞争环境下计量经济学知识应用的实际难题。其中特别强调的是因果关系的识别。在此，建议读者适当地进一步学习主流计量经济学的处理方法。[1]

在世界竞争案例中，多元回归被应用得越来越多。与任何单一证据一样，回归分析在开始的文案工作中得到应用，随后作用迅速增强，最终成为案例的焦点。一旦关注详细审查，回归结果有时候是无效的，这有时候是由于数据的原因。没有被分析者挑拣出的异常值或是奇异值显示出在分析中用了不正确的数据。有时候所使用的计量经济学方法被证明仅在相当严格的约束与不合理的假定下给出了较好的估计结果。有时候所进行的分析作为一种揭示不可靠证据的方法是敏感的。分析工作的一个重要部分就是清晰地在开始的时候揭示假定和敏感性，因此计量经济学证据应该有一定的重要性，但实际中其重要性有时候过高，有时候又过低。

在本章中，首先讨论包括被称为最小二乘法和非线性最小二乘法的多元回归

---

[1]　费雪（Fisher 1980，1986）以及芬克尔斯坦和列维巴奇（Finkelstein and Levenbach，1983）的研究讨论了应用于竞争政策的基本回归分析（方法）。至于更为一般的计量经济学教材，例如，见 Greene（2007）和 Wooldridge（2007）。至于更为高级、更为技术性但间接的计量经济学讨论，例如，见 White（2001）。

技术。接着讨论重要的识别性问题,特别是存在内生性情况下的识别问题。特别地,我们将考虑固定效应估计量、工具变量估计量和"自然"实验的作用。最后讨论计量经济学模型的最优方法。特地这么做的目的在于,避免在随后的调查中出现计量经济学分析中所发现的严重缺陷。

63

2.1 多元回归

多元回归是用来量化一组变量对特定结果的影响的一种统计工具。在我们需要解释某一变量对特定结果的影响,而这一特定结果同时还受一些其他因素的作用的时候,多元回归将使得我们能够识别和量化这一特定变量的特定影响。多元回归是一种相当有用且功能强大的工具,但是重要的是理解其如何应用,或者更确切地说,其能做什么和不能做什么。首先解释普通最小二乘法(OLS)作为一种有意义的工具的原理和需要满足的条件。然后讨论假设检验问题,最后探讨经常遇到的大量实际问题。

2.1.1 普通最小二乘法的原理

多元回归为量化相关结果的多种起因提供了一个相当有用的统计工具。在试验时,在保持其他条件不变的情况下,因果关系有时候能用一种精确而科学的方法加以度量。例如,能度量加热对水温的影响。另一方面,预算或时间的限制,可能意味着只能利用有限次的试验,所以每个试验必须改变一个因果因子。多元回归能分离每个变量对结果的影响。不幸的是,反垄断当局的经济学家往往不能在实践中进行试验。当然,如果能说服厂商提价5%,然后观察其会失去多少消费者,那么我们的工作就简单多了:我们就能相当容易地了解其需求的价格弹性。然而,高官们或其法律顾问们可能完全合理地认为这一试验的成本对于生意来说过于高昂了。

更为典型的是现有的数据都是源自普通商业交易。这些数据最大的好处就是真实。例如,厂商采取行动以改善价格上涨对需求的影响;他们也许会采取顾客维持策略,例如从成本角度向顾客解释价格上涨的合理性;也可能改变其他供给条款(例如,在总金额给定的情况下,要多少周才能签收到一份杂志)或是针对价格最敏感的消费者实行短期维持推销。如果在实验室进行一项实验,那么将得到一个"纯"价格实验,但是当真实的消费者在给定厂商的努力程度不变的条件下决定是否实际进行支出时,这也许不能得出真实的需求弹性。此外,如同例子所暗示的那样,真实世界中会发生很多事,其中很多重要的事情将处在分析者的控制之外,也许有一些在市场参与者的控制之下。这意味着尽管多元回归分析对于分离需求的各种诱因(价格、广告等)来说会是一个潜在有用的方法,但是我们不得不小心,以确保产生数据的现实世界的决策不违反我们在运用该工具时所

64

需要的假定。毕竟多元回归最初是被设计为用以了解实际环境下产生的数据。

2.1.1.1　数据生成过程与回归规定

回归分析的起点在于假定或至少是假设两个或更多个变量之间存在实质性的关系。例如，一般认为既定商品的价格和需求数量之间存在某种关系。假定对于特定商品索要的价格 P 和需求数量 Q 之间的关系由下式给出：[①]

$$P_i = a_0 + b_0 Q_i + u_i$$

其中，i 表示不同的实际的可能观察值（可能是不同时期或不同地点的市场），参数 a_0 和 b_0 取特定的值，例如分别为 5 和 −2。称这种表达为数据生成过程（data-generating process，DGP）。DGP 描述了反需求曲线，反需求函数是销售量 Q 和因素 u_i 的函数，u_i 是与时间或市场有关的具体因素，它是不为分析者所知的。既然不被分析者所知道，有时候它被认为是一个冲击，被称为需求冲击。术语"冲击"在特定实例中包括影响价格的其他任何东西，但是它们不被分析者所知道，看起来是随机的。回归分析的思想是基于如果我们有足够充分的关于 (P, Q) 关系的数据，甚至不用观察 u_i，就能通过数据生成过程得出真实参数 (a_0, b_0)。

如果标记数据集样本规模为 N，数据集表示为 (P_1, Q_1)，(P_2, Q_2)，…，(P_N, Q_N)，或更简洁地表示为 $\{(P_i, Q_i); i=1, 2, …, N\}$，这就是通过数据生成过程生成的数据集，通过将数据散布在图上将得到一幅散点图。估计需求曲线的理想情形如图 2—1 所示。由于后面的章节将讲清楚为什么它被认为是理想的，因此当前需要注意的是，在此情形下真实的数据生成过程似乎符合两变量之间满足线性关系的情形，如图中所描绘的观测结果所示。在图中，检查数据图并用手画出一条通过所描绘的数据点的直线，就可以画出一条"最佳拟合"线。

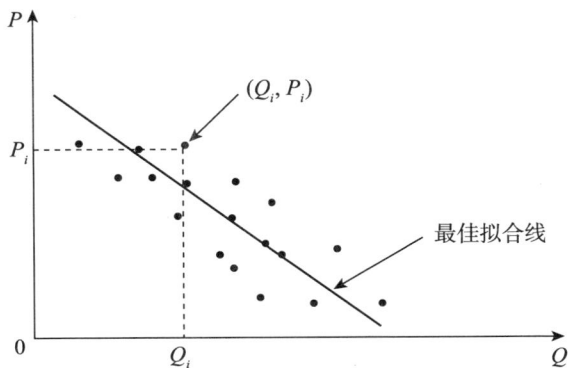

图 2—1　数据散点图和最佳拟合线

[①]　通过销售量 Q 与价格 P 的关系，也许很容易就能得出一个需求方程。如果 Q 是随机的，那么 P 被视作一个确定的控制变量，然后反过来写出该方程。为了解释说明的需要，并且在经典的需求和供给图中 P 经常是被放在 y 轴，文中也以这一方式来呈现分析结果，这就是"反"需求曲线。

在实验条件下，解释变量 Q 通常不是随机的，它能够被精确地控制，可以通过它的变动来生成价格变量。然而，在典型的经济数据集中因变量（此处假设为 Q）是随机的。计量经济学理论为我们给出了一个相当有用的结论，即 Q 是随机的这一事实本身对于我们的工具箱而言不会导致严重的问题，尽管这会明显地改变要求参数是有效的这一假定。更精确地说，能够利用 OLS 回归技术来估计 DGP 所给出的参数 (a_0, b_0)，如果：（1）DGP 得出了一个条件结论，即给定需求数量 Q_i 和特别的冲击 u_i，价格 P_i 就由以上表达决定，即由 DGP 决定；（2）模型中两个随机因变量 Q_i 和 u_i 之间的关系假定为，也就是在给定 Q_i 信息的条件下，随机冲击 u_i 的期望值为 0，$E[u_i \mid Q_i] = 0$；（3）(Q_i, u_i)，$i=1, \cdots, n$，为独立同分布的随机序列。[①] 第一个假定描述了 DGP 的属性。第二个假定要求无论 Q 是在什么水平，冲击 u_i 的均值总是等于 0。这就是，如果我们观察到许多高销售额的市场，如每年高达 100 万单位，那么需求冲击的均值将是 0；同样地，如果我们观察到许多低销售额的市场，如每年仅有 1 万单位，那么需求冲击的均值依旧是 0。第三个假定确保当样本规模变大时，将得到有关过程的更多信息，这有利于确保样本均值与总体均值保持一致。[②] 下面我们更为充分地描述 OLS 的技巧。其他的估计将使用不同的假定集，特别地，其替代估计技术——工具变量（instrumental variable, IV）估计可以处理某些 $E[u_i \mid Q_i] \neq 0$ 的情况。

在大多数（并非所有）情形下，真实的 DGP 和将要估计的模型之间存在差别。这是因为模型一般（最多）仅是实际 DGP 的近似。理想状态是，所估计的模型尽可能地包括真实的 DGP。如果这样，那么就能希望通过给定充分的数据得知总体的真实参数。例如假定真实的 DGP 是 $P_i = 10 - 2Q_i + u_i$，模型设定为 $P_i = a - bQ_i + cQ_i^2 + e_i$。那么就能通过对模型参数指定特别的值来再现 DGP。也就是说，模型比 DGP 更具一般性。如果另一方面，真实的 DGP 是

$$P_i = 10 - 5Q_i + 2Q_i^2 + u_i$$

模型是

$$P_i = a - bQ_i + e_i$$

那么通过模型就永远不能得出真实的参数。在这种情形下，模型设定错误。这激励着计量经济学家在设定模型时采取从一般到特殊的模型设定方法 [例如见 Campos et al.（2005）]。有些人则认为指定非常一般的模型的方法意味着一般模型的估计值是非常低效的，结果使得假设检验结果相对于更特殊的模型通常会下降，更难以得出正确的结论。大家一致认为，DGP 一般是不知道的，如果要在估计量起作用的情况下评估 DGP 的状态，至少其某些特性必须被假定。经济学家主要依赖于经济理论、制度知识和经验规律来对变量之间可能的真实关系

---

① 注意技术上不需要假定 Q 和 u 是完全彼此独立的，但是，（1）数对 (Q_1, u_1)、(Q_2, u_2) 等观测值彼此是独立同联合分布的；（2）满足均值为 0 的假定，$E[u_i \mid Q_i] = 0$。这三个假定外的附加假定就是存在更为技术性的假定，即首先确保估计量所需要的全部数量是有限的——有关技术细节见计量经济学教材。

② 第三个假定经常利用观测数据 (P_i, Q_i) 来规定，这样做等同于给定 DGP。研究数据、DGP 和冲击之间关系的介绍参见本章附录（2.5 节）。

进行假定。当对 DGP 的形式了解得不够时，无论是设计一个足够灵活的形式以避免错误设定回归，还是对存在于回归方程中的设定误差证据进行检验，都必须小心谨慎。

我个人的观点是，仅有相当少的真正重要的因素影响需求模式，有关产业方面的信息（以及其历史）能告诉你那些重要的因素可能是什么。重要因素，是指那些能使数据拥有显著特征的因素。如果这些因素能明确下来，那么先挑选出这些因素，然后根据显著性检验来完善计量经济模型似乎是一个相当成功的方法，尽管这么做无疑难免被批评。[①] 无论是使用特殊到一般还是一般到特殊的建模方法，要得到更具体的需求和其决定因素之间的关系，都需要在计量经济学技术中使用更高质量的数据。

2.1.1.2 最小二乘法

考虑以下模型：

$$y_i = a + bx_i + e_i$$

OLS 回归估计量试图通过选择参数 (a, b) 的值来估计变量 x 对变量 y 的影响。这么做，OLS 赋予自变量最大可能的解释力，最小化"残差"部分 e_i 的影响。残差部分的值取决于对参数 (a, b) 的选择，所以可以写为 $e_i(a, b) = y_i - a - bx_i$。正式地，OLS 将选择参数 a 和 b 以最小化误差平方和，即，求解

$$\min_{a, b} \sum_{i=1}^{n} e_i(a, b)^2$$

最小二乘法是相当普遍的。上面描述的模型对其参数是线性的，但是其技术可以更一般化地应用。例如，有一个参数非线性的模型，其残差为：$e_i(a, b) = y_i - f(x_i; a, b)$，例如，$f(x_i; a, b) = ax^b$。可以使用相同的最小二乘法来估计参数，即类似地求解

$$\min_{a, b} \sum_{i=1}^{n} e_i(a, b)^2$$

如果模型参数是线性的，该技术被称为普通最小二乘法（OLS）。如果模型参数是非线性的，该技术被称为非线性最小二乘法（NLLS）。

在基本的参数线性和变量线性模型中，解释变量 x 的绝对量的一个既定的变化值将导致被解释变量绝对量的相同的变化值。例如，如果 $y_i = Q_i$，$x_i = P_i$，其中 Q_i 和 P_i 分别代表每周牛奶的瓶数和每瓶牛奶的价格，那么牛奶价格每瓶上涨 0.5 欧元可能减少牛奶的购买总数量，比如说一周减少 2 瓶。参数线性和变量线性假定意味着下降数量是相同的，无论初始价格是 0.75 欧元还是 1.5 欧元。由于该假定在很多情形下是不现实的，其替代形式也许更适合数据。例如，经常对价格变量和数量变量进行对数变换，即令 $y_i = \ln Q_i$ 和 $x_i = \ln P_i$，然后以百分比的

---

① 在需求环境下更为详细地检验该方法的例子见第 9 章。

方式度量出不变的预期影响。在此情形下，$\frac{\partial \ln Q_i}{\partial \ln P_i}=b$，然而 $\frac{\partial Q_i}{\partial P_i}=b\frac{Q_i}{P_i}$，这样一来绝对改变量取决于需求数量水平和价格水平。这种变量变换不改变模型的参数线性这一特性，所以模型仍然可用 OLS 估计。

首先讨论一元回归以解释一些有用的概念和 OLS 的结论，然后把讨论推广到多元回归。开始，介绍一些术语和符号。记 $(\hat{a}, \hat{b})$ 为参数 a 和 b 的估计值。给定参数估计值和固定的 x_i 的值，于是 y_i 的预测值就是

$$\hat{y}_i = \hat{a} + \hat{b}x_i$$

实际的 y_i 值和估计的 $\hat{y}_i$ 之间的差异就是估计误差或残差 e_i。因此，有

$$e_i = y_i - \hat{y}_i$$

图 2—2 中展示了反需求曲线的估计残差，其中 $y_i = P_i$，$x_i = Q_i$。正的残差在回归曲线上方，负的残差在回归曲线下方。反需求曲线的 OLS 估计最小化了垂直预测误差平方和。[1] 如果模型嵌入的是真实的 DGP 且估计的参数完全正确，那么残差就完全与真正的误差（即影响被解释变量的真实随机冲击）相同。

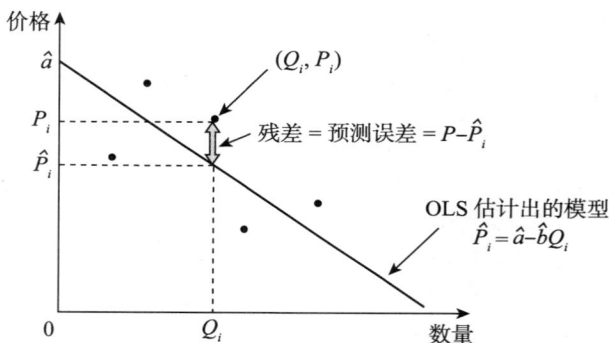

图 2—2　OLS 回归中的估计残差

在数学上，找到 OLS 估计量包含着求解以下问题：

$$\min_{a,\, b} \sum_{i=1}^{n} e_i(a, b)^2 = \min_{a,\, b} \sum_{i=1}^{n} (y_i - a - bx_i)^2$$

一阶条件即正规方程的是可以通过令 a 和 b 的一阶导数等于 0 得出：

$$\sum_{i=1}^{n} 2(y_i - \hat{a} - \hat{b}x_i)(-1) = 0 \ 和 \ \sum_{i=1}^{n} 2(y_i - \hat{a} - \hat{b}x_i)(-x_i) = 0$$

---

[1]　反之，如果要估计需求曲线模型，将最小化图中水平方向的预测误差平方和：想象一下将图形旋转以替换坐标。所需要的假定将是不同的，例如，需要假定 $E[e_i \mid P_i]=0$，而不是 $E[e_i \mid Q_i]=0$，如果在同一张图中绘出这两条线，所得到的估计值也是不同的。

如果模型是参数线性的，那么最小化问题是参数二次的，一阶条件就是参数线性的。结果，一阶条件给出一组关于每一个参数的待解线性方程组。线性方程组往往容易求解。相反，如果写出的是一个（参数）非线性模型，那么不得不采用数值法求解最小化问题，但是从概念上看方法之间没差别。[1]

在两参数情形中，求解第一个正规方程得出 $\hat{a} = \bar{y} - b\bar{x}$，其中 $\bar{y}$，$\bar{x}$ 是样本均值，具体如下：

$$\sum_{i=1}^{n} 2(y_i - \hat{a} - \hat{b}x_i)(-1) = 0 \iff \sum_{i=1}^{n} y = \hat{a}n + \hat{b}\sum_{i=1}^{n} x_i$$

$$\iff \hat{a} = \frac{1}{n}\sum_{i=1}^{n} y_i - \hat{b}\frac{1}{n}\sum_{i=1}^{n} x_i$$

截距的估计值是其他参数估计值和回归中变量平均值的函数。如果参数估计值 $\hat{b}$ 等于 0，那么解释变量就没有解释力，参数估计 $\hat{a}$（和 y 的预测值）就是因变量的均值。

给定 $\hat{a}$ 的表达式，可以求解：

$$\sum_{i=1}^{n} 2(y_i - \hat{a} - \hat{b}x_i)(-x_i) = 0 \iff \sum_{i=1}^{n} (y_i - \hat{a} - \hat{b}x_i)x_i = 0$$

$$\iff \sum_{i=1}^{n} (y_i - (\bar{y} - \hat{b}\bar{x}) - \hat{b}x_i)x_i = 0$$

$$\iff \sum_{i=1}^{n} (y_i - \bar{y})x_i - \hat{b}\sum_{i=1}^{n} (x_i - \bar{x})x_i = 0$$

$$\iff \hat{b} = \frac{\sum\limits_{i=1}^{n} (y_i - \bar{y})x_i}{\sum\limits_{i=1}^{n} (x_i - \bar{x})x_i}$$

参数估计值 $\hat{b}$ 是因变量与解释变量协方差（分子）与解释变量方差（分母）之比。

更一般地是想要估计因变量由多个解释变量来解释的回归方程。例如，销售量可能是由价格水平和广告水平来决定。作为替代，第二个解释变量可能是一个低阶或是高阶项，例如平方根或是平方值，这意味着这一特殊形式既能应用于多元形式，也可以应用于变量的特殊非线性形式。保留参数非线性规则，多元回归方程可以写为：

$$y_i = a + b_1 x_{1i} + b_2 x_{2i} + b_3 x_{3i} + e_i$$

参数值既定的情况下，由其估计值和 (x_{1i}, x_{2i}, x_{3i}) 的值可以得出 y_i 的预测值：

$$\hat{y}_i = \hat{a} + \hat{b}_1 x_{1i} + \hat{b}_2 x_{2i} + \hat{b}_3 x_{3i}$$

预测误差是 $e_i = y_i - \hat{y}_i$

在此情形中，除了在最小化处理中包含更多的参数外，最小化问题与两参数

---

[1] 诸如 Matlab 和 Gauss 等程序给出了许多解决非线性问题的工具。在具体实践中求解非线性方程组有时候可能非常容易，但是也可能非常难，现在利用计算机算法很容易进行分析。

情形下是相同的：

$$\min_{a,\,b_1,\,b_2,\,b_3}\sum_{i=1}^{n}e_i(a,\,b_1,\,b_2,\,b_3)^2$$

幸运地，与两参数情形一样，假如模型是参数线性的，最小化问题就是一个二次方程，将有一阶条件，该一阶条件也是参数线性的，且可以求解。

然而为了找到解决方案，按照安德森（Anderson，1958）提供的统一处理方法，使用矩阵符号可能更简单。要想这么做，简单地将观测值堆叠起来，上面的回归方程的等价矩阵表达式为：

$$\begin{bmatrix}y_1\\y_2\\\vdots\\y_n\end{bmatrix}=\begin{bmatrix}1&x_{11}&x_{21}&x_{31}\\1&x_{12}&x_{22}&x_{32}\\\vdots&\vdots&\vdots&\vdots\\1&x_{1n}&x_{2n}&x_{3n}\end{bmatrix}\begin{bmatrix}a\\b_1\\b_2\\b_3\end{bmatrix}+\begin{bmatrix}e_1\\e_2\\\vdots\\e_n\end{bmatrix}=\begin{bmatrix}x'_1\\x'_2\\\vdots\\x'_n\end{bmatrix}\beta+\begin{bmatrix}e_1\\e_2\\\vdots\\e_n\end{bmatrix}$$

71　这也可以用向量和矩阵的方式表示为：

$$y=X\beta+e$$

其中 y 是一个 $(n\times1)$ 的向量，X 是一个 $(n\times k)$ 的矩阵，β 是 $(k\times1)$ 的待估参数向量，e 是 $(n\times1)$ 残差向量。在本例中 $k=4$，有 4 个参数需要估计。

> 一般的 OLS 问题，很容易通过矩阵符号来表示。特别地，OLS 最小化问题可以表示为：
>
> $$\min_{\beta}e(\beta)'e(\beta)=\min_{\beta}(y-X\beta)'(y-X\beta)$$
>
> 于是，k 个一阶条件具有以下形式（参数线性）：
>
> $$\frac{\partial(y-X\beta)'(y-X\beta)}{\partial\beta}=2(-X)'(y-X\beta)=2(-X'y+X'X\beta)=0$$
>
> 求解系数向量 β，得到多元情形下的 OLS 回归估计值的一般形式：
>
> $$\hat{\beta}^{OLS}=(X'X)^{-1}X'y$$
>
> 值得注意的是，该等式是先前给出的两变量结论的多元等价形式。
>
> OLS 估计值的方差可以通过下面的公式计算出来：
>
> $$\mathrm{Var}[\hat{\beta}^{OLS}|X]=E[(\hat{\beta}^{OLS}-E[\hat{\beta}^{OLS}|X])(\hat{\beta}^{OLS}-E[\hat{\beta}^{OLS}|X])'|X]$$
>
> 如果假定 DGP 的形式为 $y=X\beta_0+u$，那么
>
> $$E[\hat{\beta}^{OLS}|X]=E[(X'X)^{-1}X'(X\beta_0+u)|X]$$
> $$=\beta_0+(X'X)^{-1}X'E[u|X]=\beta_0$$
>
> 假设 $E[u|X]=0$，因为 $\hat{\beta}^{OLS}-\beta_0=(X'X)^{-1}X'u$，于是有
>
> $$\mathrm{Var}[\hat{\beta}^{OLS}|X]=E[(X'X)^{-1}X'u((X'X)^{-1}X'u)'|X]$$
> $$=(X'X)^{-1}X'(E[uu'|X])X(X'X)^{-1}$$
>
> 如果误差项是同方差的，那么 $E[uu'|X]=\sigma^2I_n$，公式就简化为：
>
> $$\mathrm{Var}[\hat{\beta}^{OLS}|X]=(X'X)^{-1}\sigma^2I_n$$

2.1.2 OLS 的特性

普通最小二乘法是一种简单直观的应用方法，这解释了其普遍性的某些方面。然而，只要其假设得到满足，其所得出的估计值就会呈现出非常理想的性质，所以该方法同样是很吸引人的。接下来主要回顾这些性质和必须满足的条件。

2.1.2.1 无偏性

如果期望值等于真实值，也就是，估计量是真实值的均值，那么估计量就是无偏的。这意味着，容量为 n 的所有样本 $\{(X_i, Y_i); i=1, 2, \cdots, n\}$ 的系数估计值的均值将等于系数的真实值。形式上，

$$E[\hat{\beta}] = \beta_0$$

其中，β_0 是 DGP 的实际参数。无偏性等同于在平均意义上说 OLS 将给出系数的真实值。由于 OLS 估计量是无偏的，对于给定数据生成过程 $y = X\beta_0 + u$，最主要且充分的条件[1]就是 $E[u \mid X] = 0$，这意味着实际误差项必须与解释变量值不相关。例如，如果将需求数量解释为价格和收入的函数，必须要求需求冲击与价格和收入水平不相关。

通过应用期望迭代法则，重复期望法则能够正式获得无偏性，这表明变量的期望值等于所有可能条件值集上的条件期望的期望值。正式表达为：

$$E[\hat{\beta}^{OLS}] = E_X[E[\hat{\beta}^{OLS} \mid X]]$$

如果 $E[u \mid X] = 0$，那么 OLS 估计量的期望值可以写为：

$$E[\hat{\beta}^{OLS} \mid X] = (X'X)^{-1}X'E[y \mid X] = (X'X)^{-1}X'E[X\beta_0 + u \mid X]$$
$$= (X'X)^{-1}X'X\beta_0 + (X'X)^{-1}X'E[u \mid X] = \beta_0 + 0$$

一般来说，无偏性要求比一致性要求要强，这将在后面进行讨论。特别地，往往能够找到线性模型的无偏且一致的估计量，而许多非线性模型则允许估计量是一致的，但不是无偏的。

2.1.2.2 一致性

如果一个估计量随估计样本的变大而趋向于参数的总体真实值，那么它就是参数的一致估计量。一致性来源于"大数定理"（law of large numbers）。大数定理给出一个假设集，即，大数定理条件下，统计量收敛于其总体参数。例如，在

---

[1] 严格地说，事实上还有其他条件需要一起满足。特别地，要求 $\left(\dfrac{X'X}{n}\right)^{-1}$ 存在。

弱条件下当样本变大时，变量的样本均值将收敛于真实的总体均值。

更正式地，可以将大数定理书写如下。如果 X_1，X_2，$\cdots$，X_n 是来自均值 $u<\infty$、方差 $\sigma^2<\infty$ 的总体的独立随机变量样本，有 $E[X_i]=u$，$\mathrm{Var}[X_i]=\sigma^2$，那么一致性意味着随着样本容量 n 的增大，样本均值收敛于[①]总体均值：

$$\overline{X}_n = \frac{1}{n}\sum_{i=1}^{n} X_i \quad \rightarrow \quad u$$

其成立的必要条件是变量的一阶矩和二阶矩（均值和方差）是存在且有限的。这是相当弱的要求，由于所有的经济变量都会满足这一要求，因此它们一般有一个有限范围的可能值域。[②]

下面我们来推导 OLS 一致性要求，记 OLS 估计量为：

$$\hat{\beta}^{\mathrm{OLS}} = (X'X)^{-1}X'y = (X'X)^{-1}X'(X\beta_0+u) = \beta_0 + (X'X)^{-1}X'u$$

那么有：

$$\hat{\beta}^{\mathrm{OLS}} = \beta_0 + \left(\frac{X'X}{n}\right)^{-1}\left(\frac{1}{n}X'u\right)$$

值得注意的是，$\dfrac{X'X}{n}$ 和 $\dfrac{1}{n}X'u$ 实际上都正好是样本的平均值。前者依据第 jk 个元素有 $\dfrac{1}{n}\sum_{i=1}^{n} x_{ij}x_{ik}$；然而后者依据第 j 个元素有 $\dfrac{1}{n}\sum_{i=1}^{n} x_{ij}u_i$。这正好是样本平均值，依大数定理收敛于各自的总体平均值。同时要求逆矩阵 $\left(\dfrac{X'X}{n}\right)^{-1}$ 不会带来任何问题（例如，除数为 0 就是严重的问题）。事实上，如果样本足够大，OLS 的估计量将是一致的，

(1) $\dfrac{X'X}{n} \rightarrow M_x$，其中 M_x 是 $(k\times k)$ 的正定矩阵；

(2) $\dfrac{X'u}{n} \rightarrow \underline{0}$，是一个 $(k\times 1)$ 的 0 向量。

每一项都必须满足大数定理。这意味着它首先必须是有限的，其次在第二项中，一阶总体矩等于 0。因此，OLS 收敛的假定要求既确保了满足大数定理，又满足了对总体的假定。特别是，$E[u_ix_{ij}]=0$，由于依据重复期望定理，有 $E_{(u,x)}[u_ix_{ij}] = E_x[(E_{u|x}[u_i \mid x_{ij}])x_{ij}] = E_x[(0)x_{ij}]=0$，则只需假定 $E[u_i \mid x_{ij}]=0$ 就行。

到目前为止，已经很清楚地知道假定 $E[u_i \mid x_{ij}]=0$ 对于确保 OLS 收敛起到

---

① 计量经济学课本经常花费大量的时间来精确规定"收敛"的含义是什么。两个最一般的概念就是"依概率收敛"（convergence in probability）和"几近收敛"（almost sure convergence）。它们分别规定了弱大数定理和强大数定理（SLLN）。

② 随机变量只能取有限集的值（技术上是有限支持的），这使得所有的矩存在。可能的例外就是在恶性通货膨胀时的价格数据，在极端的情形中价格可以达到无限大，但是大概可被印制的钱也存在一个总额限制，就算在任何纸币上可印上的 0 的个数也是有限的。与此相反，真实世界里数量经济模型偶尔是没有有限矩的。例如，在金融中有时候将布朗运动作为对真实情况的近似。

了核心作用。如果违反了该假定，OLS 估计可能也会很好地得出估计量，但是，即使写出包含了 DGP 的一组模型，这些估计量与 DGP 参数的真实值也无关。不幸的是，在真实情况设定过程中，这些重要的假定经常被违反。此外其他的问题是（1）模型设定误差；（2）测量误差；（3）内生性（在后面的部分将进行讨论）。

2.1.3 假设检验

计量经济学估计会产生一个或是多个参数的估计值。样本给出了估计值，但不是总体值。参数的假设检验有助于度量估计结果与假定的真实值的一致程度。关于参数，假设它取某个特定值，如等于 1。[①] 具体地说，假设检验有助于在特定的置信度（或可信度）上明确拒绝或接受给定的假设。为此，需要理解置信区间这一概念。

2.1.3.1 测量的不确定性与置信区间

75   OLS 回归利用给定样本数据的信息得出对特定模型参数的估计，由 OLS 回归得出的参数估计量是随机变量。估计量一般是基于总体的一个样本，而不是全部总体。这意味着如果选出一个不同的样本，将可能得到不同的估计值。

OLS 估计量的无偏性表明被估计参数的期望值就是参数的真实值，$E[\hat{\beta}_j \mid X] = \beta_{0j}$，其中 j 表示参数向量 β 的第 j 个元数。也可以通过估计标准偏差来测量有关任何估计系数的不确定性水平，教科书中一般称之为标准误差。定义为 $\text{Var}[\hat{\beta}_j \mid X] = \sigma_{jj}$，则标准误差 s. e. $[\hat{\beta}_j \mid X] = \sqrt{\sigma_{jj}}$。通过利用容量为 n 的不同样本估计 β_{0j}，可以得出如图 2—3 所示的估计量真实值的一个分布。

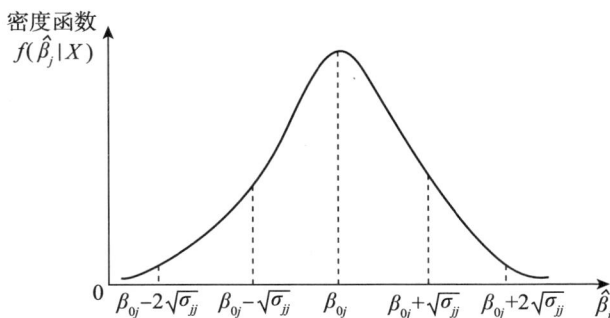

图 2—3　OLS 估计值的分布
$E[\hat{\beta}_j \mid X] = \beta_{0j}$ 和 $\text{Var}[\hat{\beta}_j \mid X] = \sigma_{jj}$。

---

    ① 更为一般地，检验模型和计量估计量所要求的假设是否真的适合（例如见计量经济学教材中关于 RESET 检验的讨论）。关于某个参数，假设可能是一个有效估计量所需要的，满足一致性并且该强假定为真（见教材中关于 Wu‐Durbin‐Hausman 检验的讨论）。

对于任何给定的样本，哪怕仅有一个样本，都能得出 β_{0j} 和 σ_{jj} 的估计值，这样就能得到估计量的分布信息。如果再引出一个容量相同的不同样本，就能估计该分布得出的差异是如何产生的。如果估计量是正态分布的（正如统计理论经常所说的，如果估计量服从中心极限定理，估计量最终是正态分布），那么 95％ 的分布密度将落在两个平均标准误差内。[1] 这意味着，对于 95％ 的既定容量的样本而言，估计值将落在这一区间里。这一区间被称为"95％ 的置信区间"。

2.1.3.2 假设检验

在计量经济学中假设检验很重要，它包括一个被称为"零假设"假定和与之对立的被称为"备择假设"的假定。对一个估计量最一般的检验就是检验估计量是否是统计"显著的"，即是否显著不同于 0。在此情形下，被检验的假设被写为：

$$H_0: \beta_0 = 0$$

备择假设可以写为：

$$H_{10}: \beta_0 = \beta_{alt}$$

想要检验是否有充分的置信度拒绝零假设。如果零假设为真，被估计参数的期望值为 0，由此在 95％ 的情形（来自总体的样本）下参数估计值将以 95％ 的可能性落入给定的 $(-2\sigma_\beta, 2\sigma_\beta)$ 置信区间。通常，考虑到落在 95％ 的置信区间外是不可能的（仅仅可能发生 5％），因此拒绝零假设是正确的。细心的分析者会描述该假设检验为以 95％ 的置信给出结论，同样可能考虑是否以 99％ 或更高的置信来拒绝零假设。类似地，在 β_0 为非 0 值 β_{alt} 备择假设下，参数值估计为 0 或接近 0。如果备择假设为真，需要估计得出 0 估计值的概率是否足够低到拒绝真实值为 β_{alt}。图 2—4 形象地说明了拒绝或是不拒绝系数真实值为 0 的估计量的值。

图 2—4 也说明了两个重要的有关假设检验的概念，这两个概念对于决策是很重要的。特别地，检验依赖于概率的某些测量，那么在拒绝或是接受假设中出错是永远可能的。存在两种类型的错误即"第 I 类错误"和"第 II 类错误"：

第 I 类错误。 当零假设为真的时候，分析者也可能拒绝它，这就是被称为发生了第 I 类错误。当使用 95％ 水平检验时（在 20 个抽样中），将有 5％ 的可能性发生第 I 类错误。在图 2—4 中用加在 $-2\sigma_\beta$ 左边的较亮的区域描绘出发生第 I 类错误的可能性。

第 II 类错误。 反之，当零假设实际上为假，但没有拒绝它，这被称为发生了

---

① 例如，怀特（White，2001）著作中第 5 章关于使得 OLS 估计量满足中心极限定理条件的讨论。在入门级教材中经常讨论中心极限定理（CLT），然而真正的中心极限定理有很多种，例如，并不是所有的中心极限定理都涉及正态分布。

第Ⅱ类错误。由于这类错误取决于参数真实值（在图2—4中被称为β_{alt}）到底如何接近零假设，所以了解这类错误发生的可能性是相当困难的。在图2—4中，该可能性用较黑的区域来描述，该区域是零假设在95%置信区间内的区域。

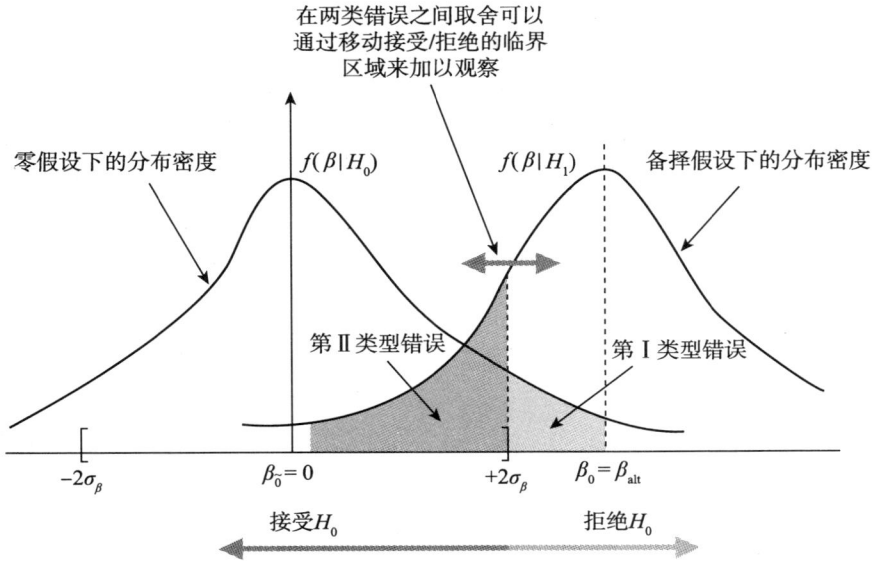

图 2—4　假设检验与第Ⅰ、Ⅱ类错误之间的取舍

第Ⅰ类错误和第Ⅱ类错误都是不合意的，但是在没有更多的信息的情况下又是不可避免的。假定零假设是用以指明某种竞争滥用的参数是0。例如，该参数可以表明一个卡特尔索要高价。假定零假设是清白的（卡特尔没有索要高价），第Ⅰ类错误就是当不存在滥用的时候判定存在滥用（发现一个无辜的企业是有罪的）。第Ⅱ类错误就是当存在滥用的时候判定不存在滥用（发现一个有罪的企业是无辜的）。（一种判定规则被应用于判定这两类错误的概率，而且这两类错误可能都是有代价的。）例如在不存在掠夺时发现了掠夺，就会使价格上涨，进而阻碍有利于消费者的有效竞争。另一方面，如果当真存在掠夺的时候发现价格是竞争性的，则可能会通过没收抵押品赎回权扰乱竞争秩序。无论是让第Ⅰ类或是第Ⅱ类错误发生都将是一个策略选择。也可能使用一个定罪标准"宁可使12个罪人逍遥法外，也不让一个无辜者入狱"，该标准使得犯第Ⅰ类错误可能性小，但犯第Ⅱ类错误可能性大。在图2—4中该取舍可以通过移动接受或是拒绝的临界区域来看出来，减小犯第Ⅱ类错误概率的同时会增加犯第Ⅰ类错误的概率。有些人注意到在竞争分析中，如果一个厂商滥用其市场势力的假设被竞争当局错误地拒绝了，那么竞争力量正好纠正该错误。最后，在错误的管制裁定后，修正该系统的力量的相对大小问题（该政策错误的相对成本）是一个经验问题。然而，可以比较公正地说，这是一个没有大量可靠证据的重要的经验问题。[①]

2.1.3.3　t 检验

在估计 OLS 系数估计值时，t 检验被用于考察零假设：$H_0: \beta_{0j} = 0$。特别地，假定第 j 个回归因子的真实系数 β_{0j} 的估计量是 $\hat{\beta}_{0j}$。可能想知道是否能拒绝实际参数的值为 0 这一假定。

如果 0 值落入到由 $\hat{\beta}_{0j}$ 和其标准误差 s.e. $(\hat{\beta}_j)$ 构造的 95% 的置信区间，将不能拒绝真实值为 0 这一假设，因为如果影响力大小真的是 0，所得出的 $\hat{\beta}_{0j}$ 的值可能是很多。如果进行 95% 的显著性检验，某一给定值落在被估计参数 $\hat{\beta}_{0j}$ 的 95% 的置信区间外，将拒绝真实值等于该值的零假设。

检验零假设的标准方法 β_{0j} 的真实参数事实上是一个特别的数值 β_j（例如，0），$H_0: \beta_{0j} = \beta_j$，就是计算称为"$t$ 统计量"的统计值，采取如下形式（Student，1908）：[②]

$$t \equiv \frac{\hat{\beta}_j - \beta_{j0}}{\text{s.e.} (\hat{\beta}_j)}$$

用 t 统计量计算估计量和作为零假设值的建议值之间的差异，将其表示为估计量标准差（标准误）s.e. $(\hat{\beta}_j) = \sqrt{\text{Var} (\hat{\beta}_j)}$ 的一个比例。[③] 检验零假设是否成立等同于检验 t 统计量是否等于 0。

在标准假定下，t 统计量服从 t 分布。对于大样本而言，该分布接近正态分布，在此情形下，如果零假设是 $\beta_{0j} = 0$，任何绝对值高于 1.96 的 t 值的概率将小于 5%。[④] 于是，在实践中如果当 t 统计量的绝对值比 1.96 大的时候，就拒绝零假设。对于更实用的目的来说，2 是充分接近于 1.96 的，根据经验，如果估计的系数 $\hat{\beta}_j$ 大于两倍的标准误差，那么参数真实值为 0 的零假设就能被拒绝，$\hat{\beta}_j$ 被认定为明显不同于 0。一般而言，小的标准差和零假设下的参数值与估计系数的较大差异将意味着拒绝零假设。

用呈现在表 2—1 的豪斯曼等（1994）的需求估计加以说明。结果中的第一列表示百威啤酒需求方程的参数。[⑤] 当检验是否拒绝方程中百威啤酒价格对数的系数为 0 这一假设时，t 统计量为：

---

① 这就是说，在任何给定情形下，收集更多的证据能降低第 Ⅰ 类和第 Ⅱ 类错误。在图 2—4，如果分布的方差缩小将会发生的变化说明了为什么是这样的。当有更多的信息的时候，对于给定第 Ⅰ 类错误的水平下，犯第 Ⅱ 类错误的可能性降低，同样，更多的数据就可以使用更高的置信度，就能典型地降低犯第 Ⅰ 类错误的可能性。然而，由于收集数据需要花钱，因此更多的信息不是万能的。如果竞争当局对于一个给定案例所要求的证据负担很高，那么预算有限的竞争当局就会排序考虑其他案调查。这样做意味着减少被调查案例的数量。这进而影响起诉的可能性，降低其威慑力。结果，可能仅在理论而非实际上，竞争当局的最优预算大小会取决于所有这些因素。

② t 分布的发展涉及 Student（Gosset 的笔名）和费雪（Student and Fisher，1925）的贡献。他们各自的贡献在费雪和博克斯（Fisher-Box，1981）中有描述。

③ 例如，对于一个 OLS 估计量得出该公式：$\text{Var}(\hat{\beta}_j) = \sigma^2 (X'X)^{-1}$。

④ 对于很小的样本，可以利用表明 t 统计量概率分布的表来查，这样的表一般在计量经济学教材上都有。

⑤ 事实上这些方程是"品牌市场占有率"方程。将在第 9 章进一步考察方程细节。

$$t=\frac{\hat{\beta}_j-\beta_{j0}}{\sqrt{\hat{\sigma}_{jj}}}=\frac{-0.936-0}{0.041}=-22.8$$

由于$|t|=22.8>1.96$，就能轻易地以 95％的置信度拒绝百威啤酒价格对百威啤酒需求数量的影响为 0 这一零假设。事实上，t 统计量为 22.8，也能轻易地以99％的置信度拒绝零假设。

表 2—1	啤酒品牌溢价的需求估计（估计过程中施加了对称性约束）				
	1 百威	2 莫尔森	3 拉巴特	4 摩尔	5 库尔斯
常数项	0.393	0.377	0.230	−0.104	—
	(0.062)	(0.078)	(0.056)	(0.031)	—
时间	0.001	−0.000	0.001	0.000	—
	(0.000)	(0.000)	(0.000)	(0.000)	—
$\ln(Y/P)$	−0.004	−0.011	−0.006	0.017	—
	(0.006)	(0.007)	(0.005)	(0.003)	—
$\ln(P_{百威})$	−0.936	0.372	0.243	0.150	—
	(0.041)	(0.231)	(0.034)	(0.018)	—
$\ln(P_{莫尔森})$	0.372	−0.804	0.183	0.130	—
	(0.231)	(0.031)	(0.022)	(0.012)	—
$\ln(P_{拉巴特})$	0.243	0.183	−0.588	0.028	—
	(0.034)	(0.022)	(0.044)	(0.019)	—
$\ln(P_{摩尔})$	0.150	0.130	0.028	−0.377	—
	(0.018)	(0.012)	(0.019)	(0.017)	—
$\ln(商店数)$	−0.010	0.005	−0.036	0.022	—
	(0.009)	(0.012)	(0.008)	(0.005)	—
条件自价格弹性	−3.527	−5.049	−4.277	−4.201	−4.641
	(0.113)	(0.152)	(0.245)	(0.147)	(0.203)

$$\sum=\begin{Bmatrix} 0.000\ 359 & -1.436\times10^{-5} & -0.000\ 158 & -2.402\times10^{-5} \\ & 0.000\ 109 & -6.246\times10^{-5} & -1.847\times10^{-5} \\ & & 0.005\ 487 & -0.000\ 392 \\ & & & 0.000\ 492 \end{Bmatrix}$$

资料来源：Hausman et al.（1994）。

2.1.4　多元回归的一般问题

用户友好型的现代软件和高速计算机使得用统计软件包运行回归极其简单，结果也很直观。在一定程度上，回归分析的应用如同在其他领域一样，在竞争政策中的应用也非常普遍。依据生成结果（数字），普通最小二乘法和其他估计量（像工具变量（IVs））实施起来很简单，可能是非常有用的工具。然而，像 OLS 和 IVs 等估计量过分依赖于其假设，而这些假设经常在许多经济环境下被违反。结果，用计量经济学来得出数字依旧被认为是一个技术性的工作。虽然遗弃不可靠的回归结果是比较容易的，但也存在严重的挑战。

一组回归估计量实际等同于被用于构造和估计模型的基础性假定。存在两类假定。第一，给定一个回归模型，比如说线性回归模型，需要必要的假设来估计它。在一个案例中，有时候经济学者试图记住 OLS 估计量最吸引人的部分，但是这些假定在论文分析中并不明显。

80

第二，存在生成一个既定回归模型的假设。即使没有一个经济模型可用来推导回归形式，回归依旧会对应一个特定的隐含模型或经济模型的子模型。如果隐含的模型是错误的，那么回归结果就不可能是适当的。如果没有把假设说清楚，读者（也许是审理案件的法官）就必须指出假设到底是什么以及这些假设是否合理。另一方面，如果预先表明所有的假设，就需要确信这样公然诚实的做法不会受到公众舆论或者检查机构任何一个审判主体的不适当的制裁。为了在分析中取得进展，不得不选择最小的不合意的假设集。当然，世界上的每个模型都不能避免"错误"，由此要求相当小心地根据给定案例的所有有效证据来裁决。在其他的情形下，正式的统计方法将有助于报告该判断。例如，当我们拥有的数据能拒绝依据真实 DGP 设置的模型时，就是如此。

在本小节，将讨论在实施回归分析过程中存在的最普遍的问题，并且概述既有文献中试图处理这些问题的方法。接下来依次讨论设定误差、内生性、多重共线性、测量误差和异方差。

2.1.4.1　设定误差

一般对任何参数而言，当回归模型不能代表真实数据生成过程（DGP）时就发生了设定误差。换句话说，计量经济学模型并不是数据生成过程的有效表述。发生这一问题是因为由分析者指定的回归模型被强加了并不为真的限制条件。正如早已注意到的那样，实际上没有模型是"正确指定"的，尽管如此，了解模型的数据是否有利于一个更适当的模型的检验是有用且重要的工作。这种类型的设定错误可能来源于当两个变量之间真实关系是非线性的时候，对两个变量关系应用了不正确的函数形式。例如，可能在回归中包括了错误的变量设定，如用 x 代替了 $\ln(x)$。

设定错误的另外一个可能就是遗漏了重要的解释变量，该类错误等同于强制设定回归中该变量的系数为0。例如，可能遗漏了一个高阶项，比如回归量的平方值。错误的方程形式的设定误差可能导致有偏的估计。在第3章中纳络夫（Nerlove，1963）讨论的成本函数给出了对这一问题的说明，并给出了其解决方案。[1] 如果被遗漏的变量对在回归中包括的因变量的解释来说是重要的，并且如果正好与回归中包含的某个解释变量也相关，那么在回归中关于被包括的回归量的估计参数就是有偏的。"遗漏变量"问题可以被看做是内生性问题来源之一，内生性问题将在下面讨论。如果被遗漏的变量与其他的任何回归量不相关，那么由于估计量通常是无偏的，问题并不会很严重。这就是说，在模型中遗漏变量与包括了所有相关变量情况相比解释力较差。较差的解释力表现为较小的 R 平方，这是遗漏了被解释结果的重要决定因素的表现。[2] 还有其他问题，例如，仅对某个特定的系数值感兴趣，并且确信误差项等被遗弃的项与所包括的回归量没有任何关系。另一方面，如果试图模型化被解释变量，较低的 R 平方可能意味着：遗漏了重要决定因素，因此数据生成过程的模型实质上是不完美的。

另外，当系数的真实值取决于另外一个变量的水平时，设定错误可能起因于遗漏了变量间交互作用项。例如，价格上涨对需求数量的影响可能取决于人们的收入水平。当变量的影响范围被测量为超过回归量基准值很大，非线性更有可能发生时，交互作用也许是一个好方法。

在一些情形下，设定误差可能由估计误差项性质（残差）的非正式检查决定的。例如，有时候绘制解释变量残差揭示出某些变量间的系统结构。如果如此，OLS 的 $E[u_i \mid x_i]=0$ 假设可能被违反了，估计是有偏的。目前计量经济学文献已经逐步开始检验设定问题了。如果设定误差的零假设可以表述为参数关于更一般的替代模型而言的约束（例如，同时含 x 和 $\ln(x)$ 的模型），那么就可以用经典检验来鉴定设定误差（见 Godfrey，1989）。[3] 更早但依旧有用的对一般方程形式设定误差检验是由拉姆齐（Ramsey，1969）给出的。

2.1.4.2 内生性

回归的内生性可能是回归分析中过去经常引发关注的争论焦点。这是因为可能的内生性问题在经济学中很普遍，内生性问题的解决方法有时又很少。结果，内生性有时候被不适当地忽视了，即使它能不可避免地使得回归结果无效。内生性意味着在模型中使用的某个回归量与模型的"冲击"部分是相关的。

---

① 见在第3章中关于对纳络夫（Nerlove，1963）论文讨论的实例。

② 或者在工具变量情形中相应地调整 R 平方。

③ 回顾统计检验中的经典三一论，下面三种检验总有一种适合：（1）不受约束的模型，检验约束条件是否被拒绝（例如，真实参数为0）；（2）受约束的模型，评估与受约束模型相关的参数值时，检验目标函数（例如，可能性）关于一个参数的导数是否是非0的；（3）似然比法则，既适用于受约束模型也适用于不受约束模型。这三种方法分别命名为瓦尔德检验、拉格朗日乘子检验和似然比逼近。

造成内生性的原因之一就是遗漏变量问题（见上文）。例如，被包括的回归量可能是完全无关的，但是与真实的情况相关（无论任何原因），该变量不幸被遗漏了。因此回归量的影响结果被夸大了。与回归量相关的被遗漏的变量将导致内生性问题，但不是唯一的原因。

再者，如果所包含的回归量同时由被解释变量决定，那么模型可能也会面临内生性问题。这意味着"冲击"既影响着被解释变量也影响着解释变量。在后面的章节中将详细地考虑两个重要的例子。

(a) 需求估计（见第 9 章）。在数量 Q 关于价格 P 的回归中，认为（Q，P）组合往往是产生于需求方程和定价方程（供给曲线）的交点，且认为价格 P 是内生的。在此情形下，任何需求（或供给）冲击将系统地影响回归量 P 和被解释变量 Q（见怀特，1928）。

(b) 价格—市场结构回归（见第 5 章）。假设试图测量竞争情况下商品数量对价格的影响，可以将商品价格对一些成本变量、已知的需求决定因素（季节、收入等等）和厂商数量进行回归。可以设想在成本特别高的地方，由于高成本区域的需求较低，就会有相对于低成本区域价格较高和较少数量的厂商。如果完全控制了成本差异，估计量将比较好。然而，如果某些成本差异不可观测，将会在较少厂商区域发现较高的价格，似乎可以推断这些厂商具有市场势力，而事实上却是存在不可观察的成本差异影响了价格和厂商数量。

在此情形下，需要模拟联立方程组，而不是考虑单个方程的估计。例如，在需求估计环境下，可能需要加入定价方程（也就是供给曲线）。当然，构造一个内生变量决定因子模型要弄清楚内生性问题的原因和可能的解决方案。例如，成本变化导致的供给曲线的移动可以有助于确定需求曲线并解决内生性问题。完全而明确地写出包含所有内生变量的模型被称为"完全信息模型"。在本章后面将讨论联立方程模型如何有助于识别策略。

另一方面，可能不希望估计联立方程组，而宁可使用单一方程。因为不要求包含所有的内生变量的模型，这些估计量有时候被称为"有限信息"估计量。

为完整起见，假如有如下的"真实"市场需求方程：

$$Q_t = \alpha_0 - \beta_0 P_t + u_t$$

进一步假定如下模型：

$$Q_t = \alpha - \beta P_t + e_t$$

为了符合 OLS，要求

$$E[e_t(\alpha_0, \beta_0) \mid P_t] = E[u_t \mid P_t] = 0$$

然而，如果 P 是内生的，那么

$$E[e_t(\alpha_0, \beta_0) \mid P_t] = E[u_t \mid P_t] \neq 0$$

假设销售量受价格和不能直接观察的市场动力决定。如不能定期观察到的增加销售的广告活动。厂商可能想在高需求时期索要高价，并且它们知道当他们做广告的时候将面临较高的需求。如果这样，正如分析者所描述的，当价格 P_t 是高位时，如果有一个大的正的冲击 u_t，就产生一个大的需求。

在此情形下，必须把沿着曲线移动的直接影响（较高的销售额必然与低价格相联系）从归因于 u_t 引起的需求曲线移动（位移）区分开来。后者的影响倾向于表明高需求时期常常是高价格。如果使用 OLS 估计量，将得到价格和需求数量之间的观测相关性，包括与需求曲线斜率相关的"负"的源点和与在高需求时期需求曲线向右倾斜相关的"正"的源点。OLS 估计量将综合这两个影响，如果后者的影响足够强，甚至很可能估计出一个显著的正系数 β，进而错误地推定需求曲线向上倾斜。

遗漏变量问题有时候通过引入有关变量而被矫正。在先前的例子中，如果知道广告是遗漏变量，广告活动是一个相当稀有的事件，当广告活动在样本期间发生时是能够识别的，也许能够通过引入虚拟变量来矫正这一影响，当广告活动发生时取 1，其他时期取 0。另一方面，如果广告活动经常发生，或者是实质性不同的量级，或者发生时期不可观察，该技术将无助于矫正内生性偏误。同样，如果不知道广告是有关引发内生性问题的需求冲击波动的来源（也许是收入变化或偏好的演化），那么不大可能用直接的方式来解决这一问题。下面和第 5 章将讨论用"固定效应"来解决内生性问题。

替代的有限信息方法就是用工具变量的估计量（例如见，Krueger and Angrist 2001；Angrist et al.，1996）。甚至是在知道由 $E[u_t \mid P_t] \neq 0$ 导致内生性问题时，工具变量估计量能识别单一方程模型的参数。如果没有为内生变量指定一个方程，经济理论也会提供一些潜在的"工具"来做指引。对各种工具变量技术的介绍在本章后面给出。

2.1.4.3 多重共线性

当回归中解释变量彼此是高度相关的时候，将不能分开不同回归元间的影响，在结果中估计量将不能代表变量的真实影响。假定一个真实的 DGP 是

$$y_i = a_0 + b_{10} x_{i1} + b_{20} x_{i2} + u_i$$

如果 $x_{i1} = \lambda x_{i2}$，该 DGP 可以重写为：

$$y_i = a_0 + (\lambda b_{10} + b_{20}) x_{i2} + u_i$$

这一设定的根本问题在于不能简单地区分 x_{1i} 和 x_{2i} 各自对于 y_i 的影响。仅能识别联合的 $(\lambda b_{10} + b_{20})$，而不能够分辨或是识别三个参数 $(b_{10}, \lambda, b_{20})$，或是两个边际影响 $(\lambda b_{10}, b_{20})$。

从技术上说，完全共线性的情形发生时矩阵 $M_x = X'X / n$ 不可逆，因为两列

是线性组合。在实践中，如果两个变量完全相关，回归软件试图估计包括 x_{1i} 和 x_{2i} 的设定方程时通常自动给出提示。[①] 系数不能被简单地计算，计算机编码将崩溃或更为复杂的编码将去掉一个或多个导致这一问题的变量。在实践中，经常发生的是矩阵接近可逆问题。

特别地，两个变量可能彼此不是线性组合，而是接近线性组合。在这样的条件下，虽然系数能够被估计，但是依然足以导致问题发生。

存在多重共线性问题的一个信号就是存在单独不显著而联合高度显著的系数。为此，OLS 估计量的方差取决于 $(X'X/n)^{-1}$。如果 X 中的变量是近似共线性的，那么这个逆将会发生膨胀。最后共线性的两个变量的参数之一将被报告为很不严密的估计值。在此情形下，各个参数的标准差往往会很大。

2.1.4.4 测量误差

因变量和自变量都可能发生测量误差。如果真实数据 y_i^* 和 x_{i1}^* 被错误观测了，那么真实观测到的是 $y_i = (y_i^* + v_i)$ 和 $x_{i1} = (x_{i1}^* + \varepsilon_i)$。[②] 假设把数据生成过程写为：

$$y_i^* = a_0 + b_{10} x_{i1}^* + u_i$$

可以写为：

$$y_i = a_0 + b_{10} x_{i1} + (u_i + v_i - b_{10}\varepsilon_i)$$

如果实际上估计的模型为：

$$y_i = a + b_1 x_{i1} + w_i$$

那么，对于真实的参数值 $(a_0，b_{10})$ 而言，模型中的回归量 $x_{i1} = (x_{i1}^* + \varepsilon_i)$ 与误差 $w_i(a_0，b_{10}) = (u_i + v_i - b_{10}\varepsilon_i)$ 相关。因此即使结果 u_i，v_i，ε_i 和 x_{i1}^* 彼此是相互独立的，也存在

$$E[w_i(a_0，b_{10})x_{i1}] = E[(u_i + v_i - b_{10}\varepsilon_i)(x_{i1}^* + \varepsilon_i)] = -b_{10}\mathrm{Var}[\varepsilon_i] \neq 0$$

首先注意到，如果仅仅是因变量存在测量误差（$v_i \neq 0$ 和 $\varepsilon_i = 0$），那么 OLS 估计量将不会有一致性问题。这就是说，OLS 参数估计存在取决于误差变异的标准误差，那么即使因变量的测量误差也将使得系数估计量不精确。另一方面，如果

---

① 先前讨论过 OLS 要求的假定，回归量 $X'X/n$ 的矩阵的交叉积的限制就是必须收敛，就是 M_X 是一个正定矩阵。矩阵 X 是 $(n \times k)$ 矩阵，M_X 为正定矩阵要求 X 必须是列满秩的，也就是为 k 阶。如果在给定样本中矩阵 X 不是（列）满秩的，如果其列是线性相关的不是列满秩的，那么矩阵 $X'X/n$ 的秩将小于 k，从而将是不可逆的。这样计算机编码在试图计算 $(X'X/n)^{-1}$ 时将失败。

② 在存在测量误差情况下，关于估计的较容易理解的研究，请读者参阅研究生计量经济学教材，如格林（Greene，2007）。

仅仅是自变量存在测量误差（$\upsilon_i = 0$ 和 $\varepsilon_i \neq 0$），那么 OLS 估计量就会不一致。在仅有一个回归量的特殊情况下，因为 OLS 估计量总是偏离于 0 的，所以这种偏离被认为是"衰减"偏离。然而，一般当转向多元回归时，测量误差导致的偏离的形式和方向就很少了（见 Reiersol（1950）和参考文献）。直觉上，当数据中存在测量误差时，模糊了变量 x 和 y 之间的真实因果影响，使因果影响更难找出。乍一想，也许认为这一影响将随着样本容量变大而消失，然而结果却表明如果在变量 x 中存在测量误差该影响是不会消失的，OLS 估计量是不一致的。更乐观的是，工具变量技术可能被看作有助于解决测量误差问题，下面讨论它的使用与应用问题。

2.1.4.5 相关误差和异方差

标准误是测量一组参数估计的不确定性的方法，在参数估计中假定数据生成过程给出了现实世界的真实模拟。通常 OLS 计算软件包默认计算的标准误是恰当的，只要满足：（1）观测值之间的分布是不相关的；（2）观测值之间分布的变异是相同的。依据 DGP，$y_i = a_0 + b_{10} x_{i1} + u_i$，经典假设可以表述为：（1）对于所有的 $i \neq j$，$E[u_i u_j] = 0$；（2）对于所有的 i，$E[u_i^2] = \sigma_u^2$。在实际设定中，这些假定并不总是或常常被保持。

相关误差。观测值之间的误差项相关可能发生在各种情形下。最容易考虑的是在时间序列中，冲击作用几期后衰减。在某一期上一个正的冲击将导致在下一期一个正的冲击。在时间序列模型中，可以利用自回归模型来近似这一过程，例如 AR（1）模型 $u_t = \rho u_{t-1} + \varepsilon_t$，虽然对所有的 $s > 0$ 有 $E[\varepsilon_t \varepsilon_{t-s}] = 0$，但是 $E[u_t u_{t-s}] = \rho^s$。观测值之间相关的极端形式可能是产生于通过重复记录观测值来重复数据集。按照标准的 OLS 公式，这样做将戏剧性地降低不确定性和 OLS 估计的标准差，但是，显然不存在真正的新的信息，仅仅是复制而已。被误导的原因之一就是通常 OLS 估计的标准误依赖于假设观测值是独立的，然而，在例子中数据复制行为导致了非常极端的"相依性"。

异方差。对于所有的 i，$E[u_i^2] = \sigma_u^2$ 的假定被称为同方差假定。当该假定失效时就出现了异方差问题，对于某些 $i \neq j$ 有 $E[u_i^2] \neq E[u_j^2]$。如果变量之间的误差是不同的，就处于异方差的境地。另一方面，异方差能够影响到大量的观测值，这意味着某些观测值一起将有较大或较小的误差变异。当误差项方差不是同方差的时候，由 OLS 回归软件包计算的标准误通常会是错的。幸运的是，正如后面所看到的，无偏性和一致性主要依赖于假定 $E[u_i \mid x_i] = 0$，而并不要求关于难以观测的二阶矩的假定，除非它们是有限的。因此，与内生性问题相反，异方差不会使得用 OLS 估计的系数有偏。不幸的是，异方差经常使得标准误的估计有偏，除非使用了正确的公式，所以分析者必须很小心。

正式地，估计量 $\hat{\beta}$ 的真实方差有如下表达式：

$$\mathrm{Var}[\hat{\beta}\,|\,X]=E[(X'X)^{-1}X'u((X'X)^{-1}X'u)'\,|\,X]$$
$$=(X'X)^{-1}X'E[uu'\,|\,X]X(X'X)^{-1}$$
$$=(X'X)^{-1}(X'\Omega X)(X'X)^{-1}$$

这不同于在同方差情形下 $\hat{\beta}^{OLS}$ 方差估计中常常用到的公式，在同方差情形下，变量间干扰项的协方差为 0，每个观测的方差被假定相同，从而有 $\Omega=\sigma^2 I_n$，其中 I_n 为 $(n\times n)$ 的单位矩阵，将这些表达式代入一般公式得出

$$\mathrm{Var}[\hat{\beta}^{OLS}\,|\,X]=\sigma^2(X'X)^{-1}$$

自然地，由于使用了错误的标准误，假设检验将得出错误的结论，因为置信区间是建立在标准误的基础之上的（见本章前面部分）。存在大量的方法来避免这一问题。依照 AR(1) 模型所描述的，可以模拟误差项的相关性。这样做明确地对误差项矩阵 Ω 施加了某种结构。该技术在时间序列分析中很普遍。作为替代，最简单的方法就是使用 OLS 回归，然后利用休伯—怀特（Huber - White）过程计算稳健性（robust）或异方差一致标准误差（HCSEs），因为该技术并不要求对误差项的相关性性质进行假设（Huber，1967；White，1980）。对于这一程序的讨论，提示读者阅读标准的计量经济学教材时，需要注意的是它们包括估计 $(X'\Omega X)$ 项，其中如果 X 是一个 $(n\times k)$ 矩阵，$(X'\Omega X)$ 是 $(k\times k)$ 矩阵，其每个元素的形式为 $\sum_{t=1}^{n}\sum_{s=1}^{n}\sigma_{st}x_{sj}x_{tk}$。既然每个元素是观测值的平均值，不需要一致地估计每个元素 σ_{st}，而只需估计平均值。该估计被称为休伯—怀特估计或异方差一致标准误估计。

$(X'\Omega X)$ 的信息和类似估计的 $(X'\Omega y)$ 也可以被用于构造（渐近地）更有效的估计量。例如，可以用一个被称为广义最小二乘法（GLS）的估计量，$\hat{\beta}^{GLS}=(X'\Omega X)^{-1}(X'\Omega y)$，该估计量在系数计算中考虑误差项结构，也考虑了其标准误。注意到该计量结果在性质上是渐近的，小样本渐近有效估计量事实上有比简单的 OLS 估计量更大的方差。① 问题在于，如果是小样本，权重的作用可能是有限的。

2.2　因果关系识别

运用多元回归的最终目标常常是有助于识别某些变量 x 关于 y 的因果关系。寻找因果关系从根本上不同于寻找变量之间的相关关系。相关性可能完全是虚假的（例如，牧师和杀人犯的数量随着时间可能同时增加，如此一来两个数据系列

---

① 直观地，GLS 估计量利用 Ω 的元素来加权样本，其中 Ω 的元素为：$\sum_{t=1}^{n}\sum_{s=1}^{n}\sigma_{st}x_{sj}x_{tk}$，如果对包含了大量信息的观测值赋予大量的权重，不均等地对观测值加权有利于效率的提升。

是相关的）。正的或是负的相关都不意味着因果关系。从可替代而言，相关性可能是因为两个变量同时被第三个因素决定。例如，经常看到报道说每天喝一杯红酒能降低得心脏病的风险（新闻工作者报道说科学家告诉我们两者之间存在因果关系），常常让人担心的是这种关系不是真正的因果关系。如果某个第三方因素在起作用（也许是更富有的人喝的红酒更多，同时他们拥有更好的办法得到医疗照顾），那么将看到在喝红酒和更健康之间存在相关，但是这种关系不是因果关系。是否该相信该医学研究的唯一的办法就是去研究它，判断研究者是否使用了适当的技术识别了因果关系。强调回归方程确实不能区分相关关系和因果关系是重要的，因为估计通常会得出相关关系，即使变量之间根本不存在因果关系。

转回到两个变量之间存在（可能存在）真正因果关系的情形中来，经常想要发现精确的因果关系，所以如果变量 x 上升然后变量 y 下降，就能够在方向上给出结论。在单向因果关系的情形中，利用 OLS 来识别真实因果关系，在前面章节中已经说明，必须小心对待因果关系变量和任何没有被分析者观测到的变量之间的相关性。当真正的因果关系是多向的时候，就可能导致进一步的并发问题。对于经济学者来说，这种情形最有名的例子就是由供给和需求曲线中两个独自包含的因果关系同时决定的价格和数量。在需求方面，需求数量通常受价格的影响，然而，在供给方面，供给者为其产出所索要的价格可能依赖于供给数量（例如，如果单位产出的成本随供给数量而改变）。在一个竞争的市场中，价格和数量将同时由这两个潜在的因果关系决定。正如下面所见，在此情形下，尽管变量之间确实存在因果关系，但可能观测到价格和数量之间是 0、正的或是负的相关。本节解释了经济学者已经找到的用于识别存在潜在的多向因果关系的技术。

2.2.1 内生性及其识别

在本章前面部分讨论过遗漏的变量和同时性都可能导致内生性问题。回想前面已经证实过的遗漏的变量既影响权益的解释变量又影响着权益的结果，该影响在回归量和违背了假设的误差项之间造成了相关，而该假设是保证 OLS 回归量一致性所必须保持的。在这些情形中，使用几种方法中的一种或同时使用可以解决遗漏变量。在本小节，介绍通常在经验分析中遇到的识别问题，将在需求和供给方程的计量识别中来介绍。然后讨论最常用的有助于识别的技术，也就是固定效应回归、工具变量技术和自然实验证据。股票市场事件研究也将被讨论。识别问题的叙述，读者可以参见本章最后的附录（2.5 节）。

2.2.2 需求和供给识别

在竞争分析中，许多经验工作关心的是需求方程和供给关系的估计（在特定的环境下，定价方程经常与成本方程有关）。在完全竞争市场中基本的供给和需求模型给出了一个经典的识别问题，该问题对于许多读者是熟悉的，这将有助于介绍有关识别问题的普遍性的争论。识别问题的研究当然值得那些想要用数据来说明问题的经济学者的大量关注。在本书的其他部分，利用识别的框架来帮助辨别由市场数据产生的经济学模型时，将依赖于该讨论。例如，区别数据是否来源于共谋或竞争的厂商，这一问题将在第 6 章进行深入的讨论。

2.2.2.1 回归与市场均衡

在经典的供给和需求模型中，价格和销售量（数量）是由供给和需求交叉决定的。所观察的数据是市场均衡的结果。试图估计价格和需求数量之间关系的回归方程因而要么是需求曲线要么是供给（定价）曲线。为了解释这一点，假定市场需求方程是：

$$Q_i = Q_i^P(P_i, w_i^P, u_i^P; \theta^P)$$

其中 P_i 为价格，w_i^P 为所观察到的影响需求的因素，u_i^P 为没观测到的影响需求的因素的组合，θ^P 为希望估计的参数。类似地，可以把行业供给方程描写为

$$Q_i = Q_i^S(P_i, w_i^S, u_i^S; \theta^S)$$

市场均衡价格和数量由在均衡中需求等于供给的要求来决定。换句话说，价格和数量将平衡以确保

$$Q_i^P = Q_i^S \quad \Longleftrightarrow \quad Q_i^P(P_i, w_i^P, u_i^P; \theta^P) = Q_i^S(P_i, w_i^S, u_i^S; \theta^S)$$

其中 i 为表示所拥有数据的市场或时期。两个方程

$$Q_i = Q_i^P(P_i, w_i^P, u_i^P; \theta^P) \text{ 和 } Q_i = Q_i^S(P_i, w_i^S, u_i^S; \theta^S)$$

被称为两方程经济模型的"构造形式方程"。然而，如果对被决定了的变量求解单一方程 $Q_i^P(P_i, w_i^P, u_i^P; \theta^P) = Q_i^S(P_i, w_i^S, u_i^S; \theta^S)$，价格为 $P_i = P(w_i^P, u_i^P, w_i^S, u_i^S; \theta^P, \theta^S)$，然后代入到供给方程或是需求方程中，就得到第二个方程 $Q_i = Q(w_i^P, u_i^P, w_i^S, u_i^S; \theta^P, \theta^S)$。均衡价格和数量可以表示为：

$$P_i = P(w_i^P, u_i^P, w_i^S, u_i^S; \theta^P, \theta^S)$$
$$Q_i = Q(w_i^P, u_i^P, w_i^S, u_i^S; \theta^P, \theta^S)$$

仅仅根据外生变量来描述内生变量的方程被称为"简化式方程"。关于市场价格和数量的简化式估计要求将市场中均衡价格和数量数据作因变量，然后将观测到的需求和供给变化（也许是 GDP 和各自投入品价格等成本数据）作为解释市场

结果的变量。注意，在估计方程的简化式中，不是估计需求方程或是供给方程，而是两者综合作用得出的市场结果。

2.2.2.2 从市场数据中识别需求和供给方程

在实践中，每一价格下的需求曲线，也就是需求方程，是很难被观测到的。所见到的都是有关均衡的价格和数量的数据，如果关于现实的模拟是适当的，数据点就是由需求曲线和供给曲线相交来产生的。

当收集价格和数量数据并用图标绘出来时，就会有像图2—5那样的结果。根据模型，在图2—5中散布的全部数据描绘出的既不是一条精确的需求曲线也不是一条精确的供给曲线。这是由于数据生成于供给曲线和需求曲线共同作用的结果。在这种情形中，需要完整的两方程模型来描述数据生成过程。如同图2—6所说明的那样，DGP涉及了两个方程。这证明了两个变量（在此为价格和数量）之间相关性的缺乏并不意味着两者之间不存在潜在的因果关系。实际上，在本情形中，两个变量之间不仅仅是存在一个而是两个潜在的因果关系。

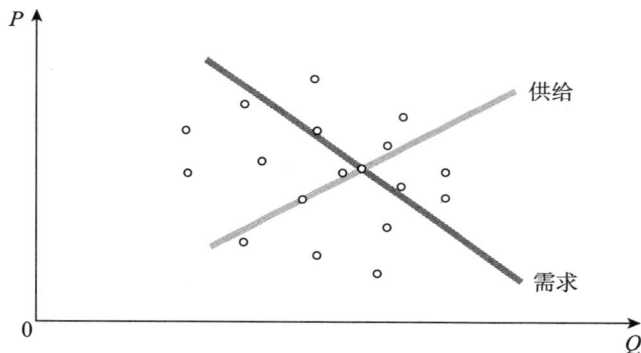

图2—5　价格和产量数据：供给曲线和需求曲线相交得出数据点（Q_i，P_i）

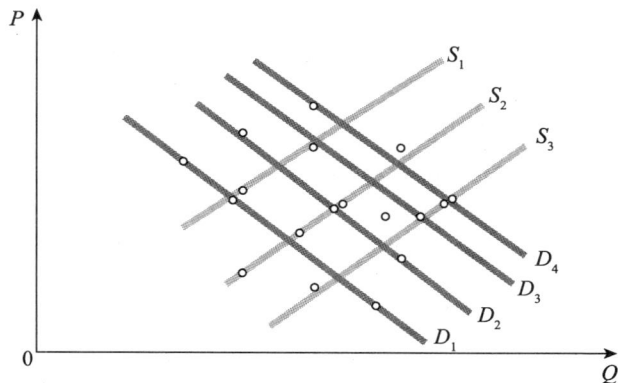

图2—6　表示供给曲线和需求曲线的移动，产生一个数据集

如果所有的观察到的是价格和数量，那么就不能希望识别需求方程或供给方程，即使假定所有的变动都是潜在曲线的线性移动；简单来说，存在很多的需求曲线或供给曲线的可能移动，这些移动都可能导致相同的市场结果集。然而正如预测的那样，明确地需要两个方程来产生一个点，点的位置并不限制两条曲线的斜率。单独从价格或数量数据来经验地量化价格上升对需求数量的影响以及额外的信息如需求弹性等是不可能的。

怀特（Wright）、弗里希（Frisch）、库普曼斯（Koopmans）、瓦尔德（Wald）、曼（Mann）、庭特纳（Tintner）和哈维尔莫（Haavelmo）等对于该工作的主要贡献是，弄明白了对于供给曲线和需求曲线，什么是必须识别的（或是任何线性联立方程组真正的参数）。[①] 他们的研究表明为了识别需求方程，需要在保持需求方程不变条件下利用供给方程的移动。图 2—7 清晰地给出原因：如果知道观测到的均衡结果符合一个特别的需求方程，那么就可以简单地利用供给移动来描绘出需求方程。

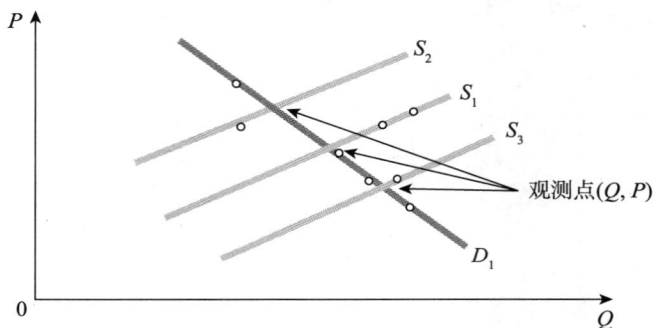

图 2—7　利用供给曲线的移动来识别需求曲线

供给变动可能是成本变化变量造成的，例如，投入品价格或是汇率。自然地，对于实际上作用于识别需求曲线的变量，需要其能在数据集中经历足够大的变异。太小的数据变异将仅仅在很小的数据范围里给出需求函数估计，其他的数量或价格水平的外推将可能是错误的。进一步来说，在实践中需求曲线本身并不经常保持恒定，于是事实上是试图识别供给移动导致的价格和数量的变动，这些价格和数量的变动起因于供给曲线的移动而不是需求曲线的移动（这不同于供给曲线或需求曲线之一必须移动以得出不同的结果的情形）。

另一方面，如果需求是变动的而供给是不变的，不能识别需求函数，但是可能潜在地识别供给函数，在图 2—8 中描绘了这一情形。

例如，当市场营销实际向外移动了需求但不被计量经济学家所观测到的时候，变动的需求是上升的，增加了在既定的价格下消费者总体想要购买的数量。正如早先描述的那样，价格变量系数的 OLS 估计在这一情形下是有偏的。它既反映了更高价格的影响，又反映了广告的影响。这是因为在这一情形中较高的价

---

① 作者们的各种贡献见本尼恩（Bennion，1952）。

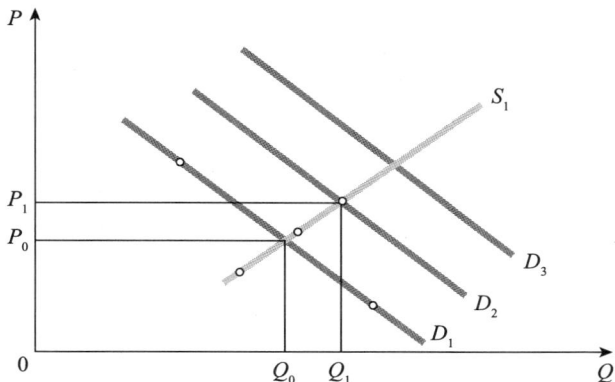

图 2—8　需求曲线的移动能被用于帮助识别供给曲线

格和在回归中没被解释的需求喷涌同时发生了。这包含了在这一情形中未被观测到的需求变动和价格之间的正相关，该正相关导致了内生性偏离，在本质上估计量面临着识别问题。

　　有时候会发现真正向上倾斜的需求曲线，例如，当分析对奢侈品需求的极端情形，被称之为凡勃伦商品（Veblen goods）（贵重的手表或手袋，这些领域可能存在负的网络外部性，消费者不想要很多人拥有它们，出价也很积极，事实上高价将其他人逐出了市场）（Leibenstein，1950）。另外一个例子就是，当分析低档商品的极端情形时，收入效应在价格上升的直接效应中占主导，可以确信需求曲线向上倾斜。然而，存在较少的潜在例外，甚至是在奢侈品和低档商品的情形下，间接效应非常大，以至能支配直接效用。相反，在早些阶段的需求研究中，估计出正的价格系数是相当普遍的。然而，排除明显错误的向上倾斜的需求曲线是相当容易的。在很多情形下，内生性的影响可能是相当微妙的，其所导致的系数的有偏性错误也不是很明显：假设估计双对数需求曲线，发现倾斜系数为-2。这一结果背后，真实的自价格需求弹性确实是-2，还是真实的自价格需求弹性为-4，但由于估计过程受到了内生性的影响而产生了有偏的结果？在实践中，设定排除该明显的不合常规的情形是一个好的开始，将我们推向了正确的方向。在此情形下，明确应用于既定实际情形的好的经济理论可以指明需求曲线必须通常是向下倾斜的。这并不是一个正式的限制，虽然这可能足以排除某些估计。不幸的是，经济理论往往不会对从未（或实际上难以）观测的数据集施加很强的约束。[1] 结果，这可能是相当有用的，但不是万能的。

　　对于识别问题的研究[2]构成了理论条件集，这些条件建立在给定的"充分"

---

　　① 供给方面的理论可能也有些用处。例如，每个产业组织理论经济学家知道没有哪个利润最大化的厂商会把价格定在需求无弹性的地方。在他们当中，利润最大化约束和效用理论（需求斜率为负）表明自价格弹性通常应该大于-1。以此理论，内心记住其是否适合产业是很重要的；例如，大家知道，当现在的低价导致现在的高需求，也导致未来的高需求（正如体验商品），厂商可能就有激励去把价格定在静态需求弹性大于1的量级上。

　　② 对识别程序的进一步讨论，见本章附录（2.5节）。

的数据的基础上，可以通过他们了解到特别的参数。① 在这些"识别理论"被证明后，仍然存在很重要的实际问题，也就是：（1）多少数据才构成"足够"；（2）在任何给定的经验问题中，都具有充分的数据吗？如果具有理论上的识别，也具备未被观测到的变量和外生变量之间均值独立约束，如果不存在充足的真实的外生数据变异，仍然不能识别模型的参数。在一个给定的数据集中，由于缺乏数据变异而使得参数不能被很好地识别，将会发现有很大的估计标准误差。既定的小而"充分"的数据有时候其实要求的是很大量的数据。在实际竞争机构作出决定过程中，能收集到由厂商拥有的最好的成本数据，当试图利用来自厂商的成本数据来识别其需求方程时，这些困难经常发生。基本上，这些成本数据相对是很少经常被收集或更新，因此没有大量的变异和信息。这些数据事实上难以对应需求曲线的识别，虽然在理论上这些数据将是很有用的。

从实践中，一般建议如下：

（1）考虑估计量所使用的识别假设（例如，条件均值独立）是否可能是一个有效假设。

（2）花费大量精力去发现产业实践和公司文件所表明的将会明显影响供给和需求条件的变量。

（3）特别注意发现那些众所周知影响供给或需求且不同时影响两者的变量。

（4）对于一个给定的数据集，利用标准误估计来帮助评价参数是否真正被识别。大的标准误经常表明，在样本中没有足够的信息来真正达到识别，尽管在理论上（给定无限样本）模型被很好地识别了。在一个识别完全失败的极端情形中，在回归结果中标准误将被报告为非常大或甚至被报告为缺省值。

虽然不能计算所有的相关的协变量，如果正确地利用多年来发展的有助于识别的方法，需求方程（或供给方程）识别也经常是可能的。接下来描述在经验分析中经常用于识别的技术。例如，介绍固定效应估计量，该估计量可以解释与变量相关的未被观察到的移动。同时也研究重要的工具变量技术，工具变量技术被用来替代与 OLS 相关的条件均值约束，就是回归量必须与误差项独立 $E[U \mid X] = 0$ 约束，工具变量依赖于另一与误差项不相关但因为与 X 充分相关而能替代 X 的变量 Z 的替代约束，$E[U \mid Z] = 0$，于是 X 替代值 Z 就是在回归中真正使用的变量。同时也描述了利用自然实验的好处和不好之处，以及描述了试图用对解释变量的外生冲击来识别其因果关系的研究。

2.2.3 实现识别所使用的方法

识别因果关系的研究是重要的，毫无疑问已经发展出各种各样的技术来识别因果关系，有些是很粗糙的，有些事是精密的。到目前为止，我们竭尽全力确保参数估计反映了其被预期反映的那些影响外，不反映其他任何影响，也就是反映

---

① 在结构方程中关于供给和需求识别的讨论可以在第 6 章中找到。

了特定解释变量的直接影响。首先讨论所有方法中的最简单的方法——固定效应技术，随后讨论工具变量技术和通常被描述为利用自然实验的技术。最后介绍事件研究，事件研究取代了自然实验的直觉。[1]

2.2.3.1 固定效应

前文说过为什么识别因果关系是困难的原因之一就是必须控制遗漏变量，被遗漏变量对一个或多个解释变量和结果具有同时性影响。[2] 方法之一就是试图控制所有必要的变量，但是有时候这是不可能的；数据可能太简单而不可用，无论如何，我们可能不能精确地知道应该控制什么（什么是潜在被遗漏的）或是如何去测量。在很特别的情形下，固定效应估计量将有助于克服这一难题。

例如，在生产函数估计中，经常想要测量投入对产出的影响。这样做的难题之一就是厂商一般都具有不同的生产率水平，也许是因为厂商可能具有好的或是较差的将投入转化为产出的流程。如果在短期里生产流程没有大的变化，那么定义 α_i 为第 i 个厂商的生产率水平，假设投入转化为产出的方式的模型形式为：

$$y_{it} = \alpha_i + w_{it}\beta + u_i$$

其中 y_{it} 厂商 i 在时期 t 内的产出，w_{it} 是投入向量。作为职业工作者，经济学者也难发现直接测量"厂商生产率"的数据，至少没有派人进入到各个工厂去执行标杆管理研究。另一方面，生产过程与数据频率不是很有关，可能认为效率假定为随时间保持不变。如果这样，那么可以利用关于工厂的投入和产出的多重观测值的事实情况来估计估计工厂的生产效率 α_i。

为强调差别，可以（更正式但是等效地）将固定效应模型写为：

$$y_{it} = \sum_{g=1}^{n} d_{ig}\alpha_g + w_{it}\beta + u_{it}$$

其中 d_{ig} 为以虚拟变量，如果 $i = g$，取值为 1，其他取值为 0。以这种方式来写模型的好处是清晰地表明了 d_{ig} 是数据，而 α_g 是将要估计的参数（例如，为了构造一个 OLS 估计量，将要用行向量 $x_{it}' = (d_{i1}, d_{i2}, \cdots, d_{in}, w_{it})$ 构造一个 X 矩阵）。最初的公式作为缩写是很有用的，但是有些人发现其太简单以至于容易混淆。

如果在模型中忽略生产率的作用，可以使用特殊的回归模型：

$$y_{it} = w_{it}\beta + v_{it}$$

这样，如果 DGP 是

$$y_{it} = \alpha_i + w_{it}\beta_0 + u_{it}$$

将有未被观测到的由 $v_{it} = \alpha_i + u_{it}$ 构成的值。

---

[1] 关于工具变量法和自然实验法之间相似之处和不同之处存在积极的学术争论。在此并不试图统一这些方法，但是它们之间的联系确实应该明白，例如，见 Heckman and Vytlacil（2005）。

[2] 大部分计量经济学教材对于固定效应估计量都有讨论。在萧（Hsiao，1986）的第 3 章中给出了标准教材中关于这一问题的一个好的附加讨论。

在这一情形下，因为在误差项中存在厂商 i 的生产效率 α_i，误差项 $v_{it} = \alpha_i + u_{it}$ 和变量 w_{it} 将是相关的，OLS 估计量将往往受到内生性偏离的影响。原因是厂商生产效率水平往往也影响着其投入选择，也就是，w_{it} 的值。实际上，在第 1 章讨论生产函数、成本函数和投入需求函数时，已经表明厂商的投入需求将依赖于生产率水平。尤其是，为了生产任何给定数量的产出，高生产率的厂商将倾向于使用较少的投入。然而，至少存在一个附加影响，那就是高生产率的厂商将倾向于生产更多，使用更多的投入。结果，在理论上不能预知全部偏离的方向，尽管许多作者发现后者在经验中占主导。特别是，许多作者发现由于受到高效率厂商生产更多、使用的投入也更多的正向偏离的影响，生产函数的 OLS 估计得出的投入需求参数倾向于超过固定效应估计量。①

为了使用固定效应方法，必须拥有足以表征未被观察到的性质的数据集。例如，在例子中假定拥有每个厂商在多种状态下的数据集。更为一般地，需要能够将观测值分组，在组内依然有足够的数据以使得利用自变量和因变量的组内数据变异来识别因果影响。继续该例子，事实上观察每个厂商在多种场合的行为才能使得我们能够估计厂商特有的固定效应，观测值组包括既定公司的跨时观测值。

应用固定效应技术的一般方法是添加一组特殊的虚拟变量，虚拟变量用于控制那些假设在同一组内数据之间保持不变但在组间会变化的遗漏的变量。组固定效应是一个虚拟变量，对属于组内的所有观测值取 1，其他的取 0。该虚拟变量将控制属于组内的所有影响，这样任何未被观察到但属于特别组的额外对因变量和解释变量有影响的性质都被考虑到了。在实践中，固定效应回归可以写为：

$$y_{it} = \sum_{g=1}^{G} d_{ig}\alpha_g + w_{it}\beta + u_{it}$$

其中 d_{ig} 是当观测值 i 属于 g 组时取值为 1 的虚拟指标，g 表明总体分组 G 的组别，$g = 1, 2, \cdots, G$。系数 β 识别了变量 w_{it} 对结果 y_{it} 的影响，其中控制了那些在组内值保持不变的因素，这些因素统一压缩表示为 α_g。

在该模型中的参数被说成是用"组间"数据变异估计的，由于回归事实上既用到了组内又用到了组间数据变异来识别 β，所以这一术语可能有时候是用词不当的。

为何是这样的呢，考虑更为一般性的模型：

$$y_{it} = \sum_{g=1}^{G} d_{ig}\alpha_g + \sum_{g=1}^{G} (d_{ig}w_{it})\beta_g + u_{it}$$

其中存在特别组截距和特别组斜率参数。假如观测值组之间是相互排斥的，对于每个 $g = 1, 2, \cdots, G$，模型的 OLS 估计可以表示为：

---

① 例如，见奥利和帕克斯（Olley and Pakes，1996）在表 Ⅵ 中报告的关于 OLS 估计和固定效应估计的比较。

$$\hat{\beta}_g = \Big(\sum_{(i,\,t)\in I_g} (w_{it} - \overline{w}_g)(w_{it} - \overline{w}_g)'\Big)^{-1} \Big(\sum_{(i,\,t)\in I_g} (w_{it} - \overline{w}_g)(y_{it} - \overline{y}_g)'\Big)\Bigg\}$$

$$\hat{\alpha}_g = \overline{y}_g - \hat{\beta}_g \overline{w}_g$$

其中 I_g 定义为在 g 组内 i 和 t 观测值的集合，$\overline{w}_g$ 和 $\overline{y}_g$ 分别是组中 i，t 观测值之间的平均值。为了说明这是真的，把模型写成矩阵形式，在各自组内观测值的集堆积起来，结果矩阵 X_g 和 X_h 将满足：由于 $d_{ig}d_{ih}=0$，对于 $g\neq h$，有 $X_g'X_h=0$（例如，参见 Hsiao，1986，p.13）。回想标准的面板数据的情形，数据组将在时间上平均既定厂商的所有观测值，这样组内均值仅仅就是既定厂商在时间上的均值。类似地，在表达式中为了计算 $\hat{\beta}_g$ 所求的和包括组内观测值之间的求和，也就是对于给定厂商跨期上求和。值得注意的是每组的截距和斜率参数仅仅依赖于来自本身组内的数据，从这种意义上说，该一般模型的估计值的仅仅依赖于组内数据变化。

与此相反，当估计前面介绍的更为特别的固定效应模型，该模型约束了斜率系数，要求组间斜率系数相等，即 $\beta_1=\beta_2=\cdots=\beta_G\equiv\beta$，对于每个 $g=1$，2，$\cdots$，G，模型的 OLS 估计变为：

$$\hat{\beta} = \Big(\sum_{g=1}^{G}\sum_{(i,\,t)\in I_g} (w_{it} - \overline{w}_g)(w_{it} - \overline{w}_g)'\Big)^{-1}$$

$$\times \Big(\sum_{g=1}^{G}\sum_{(i,\,t)\in I_g} (w_{it} - \overline{w}_g)(y_{ig} - \overline{y}_g)'\Big)$$

$$\hat{\alpha}_g = \overline{y}_g - \hat{\beta}\overline{w}_g$$

估计量 $\hat{\beta}$ 表达式清晰地用到了来自各组的所有信息。尽管事实上后一估计量用到了来自各组的所有信息，该估计量也经常被称为组内估计量。其原因是，估计量在数值上等同于用来源于不同其组均值的变量估计所得的值，也就是，用 OLS 来估计以下已经差别表示出了特别组固定效应的模型：

$$(y_{it} - \overline{y}_g) = \beta(w_{it} - \overline{w}_g) + e_{it}$$

其中，$e_{it}=u_{it}-\overline{u}_g$。

因此，从这特别的角度看，估计量是一个组间估计量，也就是，一旦特别组的截距项被控制了，它仅仅利用了（组间）数据变异。值得注意的是，这不同于仅仅利用单一组内数据的变异，更像是用到所有组内变异的 OLS 估计量来识别有关参数的斜率。

由于这涉及平均协方差相对于平均方差的比率，估计量 $\hat{\beta}$ 也许可以被理解为在所有组范围内的真实的组内估计量 $\hat{\beta}_g$ 的均值。在约束模型中，DGP 包含了存在于相同组间的斜率参数，参数（α_1，α_2，$\cdots$，α_G）成功地解释了在观测结果 y_i 中的所有组间的数据变异，相对于仅仅利用单一组内数据变异这个一般性的模型所采用的方法来说，固定效应回归将增加效率。然而，真正的（DGP）斜率系数实际上可能是不同的，此时这样估计量将不是恒定的。

上面计量经济学分析表明，固定效应可能是解决内生性问题的一个有效的方法，有助于识别因果关系。在这样做的过程中，各种估计量都用特别规模的数据

100

中的变量以试图识别真正的因果关系。没有任何特别组的参数的 OLS 使用结果与控制变量之间的协方差。与此相反，介绍特别组截距的全集和斜率系数将使得只用组内数据变异来识别因果关系，虽然更为管用的固定效应估计量利用的是组间数据变异和一些跨组数据变异来识别因果关系。固定效应是特别有用的如果满足以下假定：（1）有关导致未被观测到的差异的数据有限；（2）知道由 $\hat{\beta}$ 来估计的真实的因果关系通常是跨组的；（3）知道对于一组观测值中未被观测到的因素通常很可能在决定结果 y 中起到了重要的作用。当然，后两个假设是很强的假定。第二个假定要求数据的各组必须是对于相同的因果关系的量级来说足够相似；同时，最后一个假定要求每组之内的各个组成必须是足够相似的，这样在回归中的特别组的常数项将解决内生性问题。这些假定很少完全为真，所以应该仅仅视为是合理的近似的态度来看待固定效应估计量。例如，在真实的厂商进程与规章中，厂商之间确实是不同的，随着时间也是发展的。即使对每个厂商增加劳动，使得厂商能生产相同数量的附加产出，这将要求每家厂商的劳动对产出的因果影响是相同的，既定厂商的影响生产率的任何随时间而变化的因素（例如，厂商采取新技术或是改造其生产流程）在固定影响中将错过。如果这些行为导致解释变量和回归误差之间具有相关性，这些因素将会妨碍识别。[1]

因为固定效应回归用的是组内数据变异，在每一组（至少一些组）组内必须存在足够的变量 x 和 y 的变异，以产生能够精确度量的影响。当解释变量的变异主要是跨组的，固定效应方法不太可能得出有用的结果。在这样的情形下，固定效应估计量的估计标准误将会很大，斜率参数的估计量值将"接近"0。在极限情况下，如果数据集在每一组 g 中对于所有的 i 有 $w_{it} \approx \bar{w}_g$，于是存在很小的组内数据变异，β 的报告估计将要么接近 0、要么很大或者无定义。如果矩阵的逆被报告为接近或确实是奇异的，那么实际上就是用很接近 0 的数来相除，很大或者无定义之一就会发生。原因在于固定效应估计量没有被现有数据集很好地识别，即使，如果拥有足够或很好的数据，那么可能能够成功地识别模型的参数。

与固定效应模型相关切经常用到的另外一种技术就是随机效应回归。随机效应回归将组内的公共因素 α_g 视为误差项的模型化的部分，把它视作来自已知分布的共同但随机的冲击，而不是一个被估计的固定参数。该技术的好处是不会像固定效应回归那样导致很大数值的回归量，这样能减轻计算压力。另一方面，这样就建立一个重要的假设，组内共有性质是随机的，与回归中的任何解释变量不相关（例如参见，Mundlak（1978）的讨论和给出的潜在解决方案）。[2] 固定效应的计算约束的不利之处现在的重要程度远不及以前，结果，固定效应估计量在最近些年更倾向于受偏爱。

进一步的讨论和实例见第 3 章，在第 3 章将检测用固定效应方法估计生产函

---

① 对于处理时变情形的建议参见奥利和帕克斯（1996）以及阿克博格等（2005）的重要讨论。确保生产函数是用来源于具有足够相似的潜在生产技术的厂商的数据估计的，这有助于缓解不同厂商之间因果影响不同这一焦点问题。例如，相同的生产函数不大可能既适合于水力发电的电站又适合于以天然气为燃料的发电站。

② 如果确实拥有关于参数生产率测量/起因的数据，可以考虑模型 $\alpha_i = \lambda' x_i + e_i$，这样做的好处就是，作为结果的 α_i 可能与内含的变量 w_{it} 相关（参见 Mundlak，1978；Chamberlain，1982，1984）。

数，在第 5 章将检测用固定效应方法估计在一个市场中市场结构对于价格的影响。

2.2.3.2 工具变量

工具变量经常用在竞争问题的经验分析之中。[1] 例如，在需求函数估计中存在最普遍的内生性问题和识别问题。形式上，假设有如下单一等式的回归模型：

$$y_i = x_{1i}\beta_1 + x'_{2i}\beta_2 + \varepsilon_i$$

其中，$\beta = (\beta_1, \beta_2)$，$x'_i = (x_{1i}, x'_{2i})$，变量 x'_{2i} 矢量是外生的，变量 x_{1i} 矢量是内生的。这就是说，变量 x_{1i} 与误差项 ε_i 是相关的，于是 OLS 估计量的识别约束是无效的。[2] 工具变量技术是使用替代识别假设，也就是假定有一个变量集 $z_i = (z_{1i}, x_{2i})$，该变量集与 x_i 相关而与误差项不相关。例如，在需求方程中，定义 y_i 为销售量，x_{1i} 为价格，可以认为 DGP 不适合于用 OLS 估计量要求的销售量的未被观测到的决定因素与价格不相关这一识别假设，于是 $E[\varepsilon_i \mid x_i] \neq 0$。但是，假设替代识别技术需要应用工具变量技术，工具变量技术认为存在变量 z_i 与价格相关但是不存在独立的途径影响销售量，于是有 $E[\varepsilon_i \mid z_i] = 0$ 和 $E[x_i \mid z_i] \neq 0$。结果是这些假设是的可以写出属于 β 的参数的若干一致的估计量：（1）基本的工具变量估计量；（2）两阶段最小二乘（2SLS）估计量。[3]

为定义一个基本工具变量，按照观测值 $i = 1, 2, \cdots, n$ 堆积等式 $y_i = x'_i\beta + \varepsilon_i$，于是可以写出矩阵形式 $y = X\beta + \varepsilon$，其中 y 和 X 分别是来源于数据集的 $(n \times 1)$ 和 $(n \times k)$ 矩阵，类似地定义工具变量 Z 为 $(n \times p)$ 矩阵，定义基本工具变量估计量为：

$$\hat{\beta}^{IV} = [Z'X]^{-1}Z'y = \left[\frac{1}{n}Z'X\right]^{-1}\frac{1}{n}Z'y$$

这表明 $\hat{\beta}^{IV}$ 是 β 的一致点估计量，在同方差性假定下，估计量的方差为：

$$\text{Var}(\hat{\beta}^{IV}) = \sigma^2[Z'X]^{-1}[Z'Z][X'Z]^{-1}$$

虽然这给出了一个一致估计，泰尔（Theil, 1953）证明一个更为有效的估计量（2SLS）是可用的：[4]

$$\hat{\beta}^{2SLS} = [X'Z(Z'Z)^{-1}Z'X]^{-1}X'Z(Z'Z)^{-1}Z'y$$

如果误差是同方差的，即 $E[\varepsilon\varepsilon' \mid Z] = \sigma^2 I_n$，则有：

$$\hat{\beta}^{2SLS} = \sigma^2[X'Z(Z'Z)^{-1}Z'X]^{-1}$$

103

---

[1] 工具变量作为一种技术经常归功于 Reiersol（1945）和 Geary（1949）；同时也参见 Sargen（1958）；更近的文献，例如参见 Newey and Powell（2003）；正式的计量经济学结果，参见 White（2001）。

[2] 为简单起见，所提出的情形只有一个内生变量。如果在 x_{1i} 中有多余一个的内生变量，事实上是较少的实质的改变，对于 x_{1i} 中每个内生变量在 z_i 中至少需要一个变量，也就是一个工具，在 2SLS 回归方法中，将得到对于每个内生变量的一阶段回归集。

[3] 谨慎地称前面的估计量为"一个"基本工具变量估计量，因为 2SLS 也是一个工具变量估计量，正如所见到的，一般是一个更有效率的估计量。

[4] 更多的细节参见计量经济学教材。

明显地，两阶段最小二乘估计量 $\hat{\beta}^{2SLS}$ 完全等价于运行两个 OLS 回归。从这个角度来考虑该估计量为两阶段最小二乘估计提供了某些有用的直觉知识。上面定义的估计量被命名为两阶段最小二乘估计量，是由于它可以由如下两步得到：

(1) 第一阶段回归： $X_1 = Z\delta + u$；

(2) 第二阶段回归： $y = \hat{X}_1\beta + X_2\alpha + \upsilon$。

其中 $\hat{X}_1 = Z\hat{\delta}^{OLS}$，表示得自于第一阶段回归的拟合值。特别地，在第一阶段，进行内生变量 X 关于 Z 的 OLS 回归，得到拟合值 $\hat{X}_1 = Z\hat{\delta}^{OLS}$。在第二阶段，对因变量 y 用来自第一阶段回归的拟合值进行 OLS 回归，在初始模型中利用这些拟合值代替内生性的解释变量。本来由于用于估计 OLS 的计算机程序（或者早期应用于手工计算器的公式）是很标准的，两阶段方法最初是很方便的，然而用于估计 2SLS 的方法并不是通常的方法。现今，直接给出一个模型的 2SLS 估计结果的要求是平凡的，但是尽管如此，很多老练的分析者仍然考虑第一和第二阶段的回归结果。原因在于虽然第二阶段的结果是最终兴趣所在，但是第一阶段的结果在评估工具是否充分与被修正的内生变量相关是非常有用的。

一个好的工具变量是满足下列条件的变量：（1）与解释变量强相关，这样附加在包含外生回归量的第一个方程中有解释力（该回归量作为自身的一个工具包含于 Z 中）；（2）与在第二个方程中未被观察的误差项 υ 无关。直觉地，第一个方程是为了寻找与 Z 相关的变量 X_1。既然 Z 与 ε 不相关，可以写出 $\upsilon = \varepsilon + (X_1 - \hat{X}_1)\beta$，$\hat{X}_1$ 将也不与 υ 相关，这样关于第二个方程的 OLS 将是无偏估计。

显然，该两阶段过程的 OLS 估计正好给出 2SLS 估计量。为明白为何如此，注意通过构造 $\hat{X}_1$ 和（$X_1 - \hat{X}_1$）是不相关的。例如，为了估计需求方程，将进行一个价格关于外生变量 X_2 和工具变量（也许是成本数据）的回归。在这情况下，将分离价格中有成本变动造成的变异（这是附加于由外生需求移动变量 X_2 导致的需求曲线移动所解释的任何价格变异）。

在工具变量回归中标准误和置信区间将比 OLS 回归的大，使得拒绝无效的零假设变得更为困难。如果事实上变量 X_1 是外生的，那么 OLS 是有效的和一致的，转向工具变量将导致效率损失。如果由于 X_1 实际上是内生的而使得 OLS 是非一致的，那么该问题就成了一个真正的问题了，虽然可能有助于寻找到最有效的工具。一般地，当内生变量 X_1 和工具变量 Z_1 之间的条件相关性较低时，问题就是较大的（这也存在于关于外生变量 X_2 的条件相关）。因此，在第一阶段回归方程中高度显著的工具很好地表明了该工具满足恰当地与内生性的回归量相关这一要求，该工具解释了相当大部分的 X_1 中的变异，除此之外的变异由 X_2 来解释。

当使用工具变量技术时，检查工具的质量是很重要的。特别重要的是确保工具变量确实与内生解释变量相关。正如所见，幸运的是通过检查第一阶段回归结果来检查是极其容易的，结果在 2SLS 估计中报告第一阶段回归结果是一个很好的做法。检查冲击与工具之间不相关更难一些，但是，如果存在这种相关，2SLS 估计量将不再是一致的。如果相对于潜在的内生回归量具有进一步的潜在工具（在该情形下，称模型是"过度识别"），那么可以在一定程度上通过检验关于参数的工具变量子集的影响来检验假设。除此以外，可以描绘出对每个工具的适当冲击的图形，看在图中是否存在表明 $E[\varepsilon_i \mid Z_i] \neq 0$ 的。系统形式虽然估计量均等地施加该假定，看平面图可以得以揭示。（参见在第 3 章的讨论。）

IV/2SLS 估计量对于处理内生性都是相当有用的，但是如果没有内生性问题，它们相对于 OLS 来说都是低效率的估计量。OLS 相对于 IV/2SLS 估计具有较低的标准误，基于此，IV/2SLS 估计仅用于当数据（或产业知识）表明需要使用的时候。杜宾—吴—豪斯曼（Durbin - Wu - Haussman）内生性检验能够评估工具变量技术是否真的解决了现存的内生性问题。检验的直觉来源之一就是检验基本包括了来自最初回归指定的第一阶段回归误差项。如果系数显著不同于 0，就拒绝外生性的零假设。更为一般地，杜宾—吴—豪斯曼检验可以用于具有以下性质的任何两个估计量 $\hat\beta^1$ 和 $\hat\beta^2$ 的情形：

(1) $\hat\beta^1$ 在零假设 H_0 成立条件下，是一致的和有效的；在备择假设 H_1 成立条件下，不是一致的；

(2) $\hat\beta^2$ 在零假设 H_0 和备择假设 H_1 条件下都是一致的，但仅在备择假设 H_1 下是有效的。在我们的例子中，$\hat\beta^1 = \hat\beta^{2SLS}$，$\hat\beta^2 = \hat\beta^{OLS}$，于是零假设的检验为所有的回归量都是外生的，备择假设不可能再重写为检验 $\hat\beta^1 = \hat\beta^2$，也就是第二个估计量是否是一致的。

工具变量技术是在多元回归中处理内生性问题的一个常用的方法。但是在避免内生性偏离方面的效率依赖于选择的工具的质量，许多在详细检查时并不明显可信。许多工具来源于经济模型。然而，工具不需要来源于经济模型，其最大的好处就是不需要指出工具影响内生变量的精确机制。例如，如果想要估计需求，不需要精确指定定价模型的形式（完全竞争、寡头垄断、完全垄断）来了解成本对供给的影响（厂商愿意供给的价格），成本似乎是一个有效的工具。[1]

一般地，对于一个工具为什么以及如何成为一个所关注变量的决定因素所需要建立的假设越少，基本识别的假设的约束也越少。自然实验为这一原则给出了一个极端的例子，其目的在于利用对内生解释变量的随机外生冲击来识别该变量的影响。

2.2.3.3 自然实验（双重差分）

生物统计学家（医疗统计学家）通过选取一组个体，给其中的某些人服用新药而其他的则服用安慰剂（糖丸），来做实验以评估药物。被测试者要么给予"治疗"，要么分配进"控制组"，单个被测试者被随机地在两组之间分配。该实验提供了变量 x 的外生变异，治疗使得能够测量一个结果 y，也许是存活率（参见 Krueger and Angrist（2001））。特别地，随机分配意味着在个体遭受疾病倾向是异质的，该异质性与实际的用药不相关（设计如此）。与此相反，如果仅仅从现实世界中观测数据，那么更倾向于寻求治疗或需要治疗的人用药，而其他的人

---

[1] 当然，对于该命题存在一些限制。上游市场中零售商和制造商之间的价格有时候看起来出乎意料地单一，不随成本变动而变动，也许是因为价格是协议情形下的结果。同时，在某些调查中，竞争当局考虑的是竞争好像是运行得不太好的情形。在该情形下，成本和价格变量之间的联系可能稍微不明显。

将不用药。

这暗示着利用直接从现实世界中观测到的数据来估计的回归方程将遭受较大的内生性偏离，将会错误地推论存在一个很有效的药物会积极导致低存活率的趋势！然而，在实验中，治疗被随机地分配给个体，与被测试者个体的任何性质没有联系，要么被观测到，要么没被观测到，两组之间平均结果的差异可以归属于治疗的效果。①

控制实验在医学和社会实验中是很常见的。实际上，直接或间接为厂商或政府工作的经济学家可以并确实进行实验，至少从这个意义上说，可以通过外生价格变化或是广告并观察这些对于销售量的影响来估计需求或需求的广告弹性。拍卖设计实验经常被用到，厂商想要了解如果他们改变规则，他们的收入将会发生什么变化。当然，运行现实世界的实验存在许多困难。例如，如果市场很大，实验也不是按照意愿那样运行得很好，那么定价实验无疑会很昂贵。另一方面，如果存在很多地方市场，那么也许在一个或少量的市场中出错的成本会很大，而集聚（统一的市场）在一起可能不会这么大。对于试图补救问题的管理者和竞争当局，他们发现在市场中（例如，缺乏信息）进行实验将会很可能是吸引人的选择。然而，此时，存在大量的案例，管理者或竞争当局将授权改变，例如改变信息供给，如关于信用卡声明的扼要汇总，不用实验来检验该补救方法对于想要的结果是否有效的，虽然事实上必然存在这么做的环境。许多公司拥有"检验和控制"系统，通过该系统至少直接邮件广告的成功率被仔细地测量了，广告信息被恰当地调整了。类似的系统有时候可以用于检验产品设计，或者用于在完整的商业广告发布前或者为了以后的产品设计。目前，当竞争当局常常并不试图利用存在的这样的内部系统，主要是（据所能说的）管理项目的当事人的监督将不足以确保结果无偏。

所有这些表明，在很多情形下利用实验是明显不可能的。不能随机地让厂商去进行诸如并购等处理或随机地让厂商去进行垂直并购和非垂直并购，然后看哪种处理会导致更有效的结果。同样，在医学领域，在实验设计中存在某些严重障碍需要克服。

一个潜在的解决方法就是利用影响厂商的"自然"外生变量。制度变化、已知的需求移动或已知的供给移动等这些相对于市场的其他决定因素来说都是完全外生的，这些有时候可以建立一个类似实验室实验的等价物。利用这些数据变异的经验分析明显地被视为"自然实验"。

自然实验一旦开始实施，一个显著的问题就是事件是跨时发生的。检验自然实验影响的方法之一就是考虑在事前发生了什么，并将其与事后发生的情况相比较。这种识别方法所面临的严重的问题，就是许多其他事件可能在期间内发生作用，而错误地都归因于"所特别关注的事件"。如果这样就面临着区别许多发生

---

① 当然，存在严重的伦理问题，如果一个生物统计学家真诚地执行这一精确的试验，故意将糖丸给予癌症患者，很可能深陷牢狱。另一方面，过去经常这么做。詹姆斯·林德（James Lind, 1753）常常被说成是控制实验的发明者。事实是，1747年在海上船上的医生给一部分患了坏血病（现在知道是源于缺少维生素C）的人新鲜的柑橘，而另外一部分继续维持其正常的给养。

在"事前"和"事后"的事件的识别问题。例如，假设想要评估一项新的竞争管理体制对集中度的影响，例如，英国的《企业法》（Enterprise Act，EA）。可以考虑该法案生效的 2003 年前与后的集中度。不幸的是，许多其他事件也发生了。可能观察到产业集中度会上升，例如在 2000 到 2005 年之间产业集中度会上升，但是不能貌似合理地因为 EA 是在 2003 年生效就认为 EA 就是导致较高集中度的原因。歌手 Kylie Minogue 在 2003 年有一个出色的单曲，也许她就是原因？简单的事前—事后回归分析可能搞笑地得出她是原因！该例子显然是轻率的，由于几乎最忠实的 Kylie 粉丝因为产业集中背后似乎合理的动因而不认为她就是原因，但是，希望清晰的是，存在大量的貌似合理的解释事件在给定年度里发生了，需要能够识别哪个才是真正的原因。底线是识别数据变异这种类型的"事前—事后"资料不太可能得出可靠的结果。例外的是，如果由于某些特别的原因，假设在这一期间没有其他的事情发生，那将是合理的。

更似有理的是，如果想要测量两种产品之间的转移比例以了解它们之间的可替代性，可能利用一个未受预期的影响某产品可用性的工厂关闭这一事件，（例如，由于极端的天气条件）。[①] 如果工厂关闭影响产品 A 的生产，导致产品 B 的销售量或价格上升，那么可以得出产品 A 和产品 B 是需求替代的这一结论。这样的试验仅仅用于时间序列变异，但是结束和再开始的时期意味着将有多种相关事件，这对于识别也许有用。当然，很多事件可能与该问题有关系，产品 B 的销售量碰巧由于某些原因而在产品 A 的工厂关闭月份里上升，碰巧由于某些原因在 A 的工厂复工的月份里下降。

这一因果问题的潜在解决方法就是双重差分技术。[②] 考虑固定效应的 DGP：

$$y_{it} = \alpha_i + \tau_t + \delta d_{it} + \varepsilon_{it}$$

其中，$i = 1, 2, \cdots, N$；表示时间的 $t = 1, 2, \cdots, T$；而 d_{it} 定义为一个指示变量，如果 i 是在试验组内且 $t \geq t^*$ 则 $d_{it} = 1$，其他的则 $d_{it} = 0$，其中 t^* 定义为试验日期。例如，如果 $i = 1, 2$，定义 t^* 的状态为法律在这些州（处理组）通过的日期，其他州作为控制组。于是对任意的变量 x 定义差分算子 $\Delta x_{it} \equiv x_{it} - x_{it-1}$，对DGP 根据时间差分有

$$\Delta y_{it} = \Delta \tau_t + \delta \Delta d_{it} + \Delta \varepsilon_{it}$$

现在考虑控制组和处理组之间的差分，假定 i 是在控制组内（于是 $\Delta d_{it} = 0$），j 在处理组内，于是

$$\Delta y_{jt} - \Delta y_{it} = \delta \Delta d_{jt} + (\Delta \varepsilon_{jt} - \Delta \varepsilon_{it})$$

其中 $\Delta d_{jt} = 1$。可以用双重差分模型来估计参数 δ，在双重差分中所有的时间和组的固定效应都被剔除了。这一模型相当有用的，因为其清楚地表明，在实验中参数 δ 根据处理组和控制组的时间用差分来识别的。（$\Delta \varepsilon_{jt} - \Delta \varepsilon_{it}$）简单地是一个误差项，虽然它是一个相当复杂的项。当然，事实上可以选择直接估计固定效应

---

① 产品 A 和 B 之间的转移比例（DR）是当产品 A 提高某数量的其价格时，产品 B 所占销售量的比。DR 说明了产品间的可替代性，有时候通过从市场中完全消除产品 A 来近似，观察消费者是否移向去购买产品 B 来近似。

② 对于经济学自然实验的讨论，参见 Meyer（1995）。

① 产品 A 和 B 之间的转移比例（DR）是当产品 A 提高某数量的其价格时，产品 B 所占销售量的比。DR 说明了产品间的可替代性，有时候通过从市场中完全消除产品 A 来近似，观察消费者是否移向去购买产品 B 来近似。

② 对于经济学自然实验的讨论，参见 Meyer（1995）。

模型，并且一般这么做将得出更有效的估计量。参数 δ 被称为"处理效应"，表示处理对于结果变量 y_{it} 的平均因果影响。（例如，参见 Imbens and Angrist，1994；Angrist，2004）。[①]

例如，Milyo and Waldfogel（1999）从靠近罗得岛州（RI）和马萨诸塞州（MA）边界的售酒商店收集价格数据，跟踪了被称为"44 Liquormart 决定"的决定，该决定是美国最高法院推翻了罗得岛州的一个关于酒精饮品价格广告的限制。在临近的马萨诸塞州商店可以广告价格，而在罗得岛州的商店仅在 1996 年 5 月 13 日后才能广告价格。该自然实验给出了一个环境，一组商店被通过法律的改变而处理了，然而另外一组没有。如果选择在马萨诸塞州中的商店，这些商店经历了类似的在 1996 年 5 月事件前与后的其他事件，那么可以用在马萨诸塞州的这些商店作为控制组。他们选择检验罗得岛州和马萨诸塞州边界的商店是因为他们希望这些商店处于相似的交易环境之中（除了法律的改变）。

他们收集了关于 33 个酒类销售商的价格数据（如，百威啤酒、添加利金酒、威士忌等等）。他们每季拜访商店，利用结果数据集（6 480 个观测值）运行如下回归：

$$\ln p_{sjt} = \sum_{s=1}^{S} d_s \lambda_s + \sum_{j=1}^{J} d_j^{MA} \tau_j^{MA} + \sum_{j=1}^{J} d_j^{RI} \tau_j^{RI} + \sum_{t=1}^{T} d_t^{MA} \alpha_t^{MA} + \sum_{t=1}^{T} d_t^{RI} \alpha_t^{RI} + \varepsilon_{sjt}$$

其中 $s=1$，2，…，S 代表商店，$j=1$，2，…，J 代表产品，$t=1$，2，…，T 代表时期。模型包含了具有对每个商店 s 有参数 λ_s 的固定效应 d_s 的商店，以及特别州产品固定效应 d_j^{MA} 和 d_j^{RI}，例如，其中 d_j^{MA} 对于在马萨诸塞州的产品 j 的观测值取值为 1，其他的取值为 0，这样该模型能够解释每种产品在价格水平上的差异。特别州的时间虚拟变量 d_t^{MA} 和 d_t^{RI} 也被包括在回归中。既然存在特别商店虚拟变量的全集，他们设定了 $\alpha_1^{MA} = \alpha_1^{RI} = 0$。双重差分方法集中考虑法律变化关于商店价格在不同州之间的差异的影响。特定州时间对于价格 α_t^{MA} 和 α_t^{RI} 影响的估计结果描绘于图 2—9 中。从图中他们可以得出如下结论：

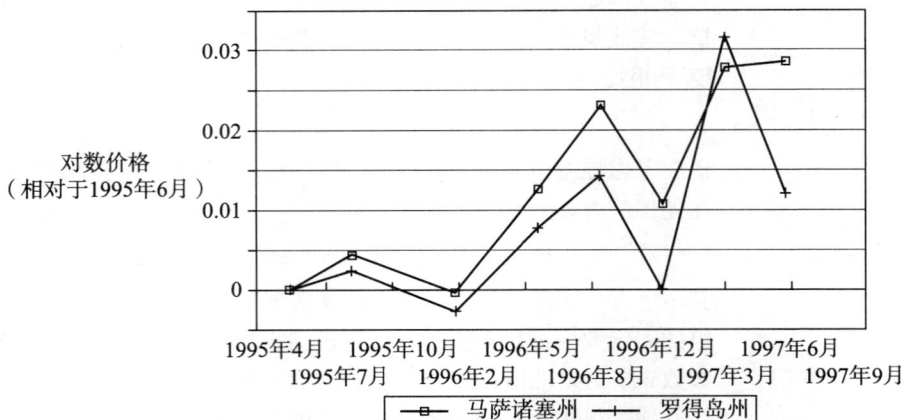

图 2—9 罗得岛州和马萨诸塞州（对数价格）的跨时变化

资料来源：Milyo and Waldfogel（1999）。

---

① 在需求和供给方面的应用，另外参见 Angrist et al.（2000）。

1. 价格随时间不是固定的，在该期间内在两个州内价格上涨了 2% ～ 3%，虽然主要发生在 1996 年 5 月以后的时期。尽管在罗得岛州内伴随广告限制的放松不存在显著的大的价格变化（上升或下降），趋势是每个州的价格在 1996 年 5 月后上升了。这意味着仅仅用罗得岛州的数据进行的事前和事后的比较并没有控制普遍的价格上涨的事实，特别是在马萨诸塞州这一法律没有效率的州的价格上涨。

2. 价格确实显示为同时变化，于是一般因素也许影响了两个市场，这样马萨诸塞州里的商店可以作为一个合理的控制组。

3. 此外，1996 年 5 月（在该期间内广告是允许的）后，五分之四的罗得岛州价格观测值上涨较在马萨诸塞州的要低，这也许表明广告对价格有负的影响（尽管在 1996 年 5 月以前罗得岛州的价格上涨幅度一般也低于在马萨诸塞州的价格上涨幅度，虽然比后来低的幅度要小。）

110 　　双重差分方法虽然很直观，但是仍然要求一些强假设。第一，回归中包含的变量必须不受实验的影响，否则外生结构变化的影响，估计将是有偏的；第二，必须不忽略可能影响有关的结果的任何变量以及任何可能相关的变量，甚至是捎带影响试图测量的变量，也就是，制度或是其他结构变化。如果违反这些条件，实验影响的估计量将会是有偏的。

　　不幸的是，在竞争环境下这些条件经常被违反，这就是为什么非常好的自然实验很难得到。例如，假设想要评估专利对于药品价格的影响，把"专利失效"事件视为一个自然实验。考虑其对于药品价格的影响有助于了解专利保护对于药品价格的影响。既然观察到品牌药物有时候随着专利的期满而价格上涨，当事实上错误地忽略了可能伴随着专利的满期而对产品重新定位时，可能错误地推论专利保护的影响就是降低药品的价格。在这一情形下，计量经济学结果将会出项遗漏变量问题。最后，既然自然实验被界定为随机的，那么不可能总在调查的相关时期内找到一个适当的自然实验。然而，当时机自行出现时，如果被适当掌握，也能够像其他有用的方法那样提供一个好的识别因果关系的方法。[①]

2.2.3.4　股票与债券市场事件研究

111 　　股票和债券市场事件研究聚焦于厂商市场条件的外生变化对于厂商价值的影响。这些研究为发现事件预期的市场影响提供了一个潜在的有用的技术，这些事件可能是并购、新的契约安排或其他竞争条件的突然改变。股票和债券市场事件研究并不直接考虑一个事件对于市场结果的影响，反而揭示的是厂商价值的预期影响，这是厂商预期剩余生存期盈利能力的一个市场测量。

　　在金融中有一个基本理念就是市场汇聚了信息。暗示着股票或债券市场对公布的事件的反应可能为有关变化的真实影响提供了有用的信息。例如，Eckbo（1983）证明了寻求市场势力（提高价格）的并购和导致协同效应（降低成本）的并购都将增加并购当事人股票的价值，但是仅仅只有寻求市场势力而进行的并

---

① 　对自然实验的进一步讨论参见 White（2005）。

购将增加竞争对手的股票的价格（Eckbo，1983）。如果如此，他建议利用股票市场中对手对于并购主体的反应作为并购评估的有用信息形式。最近关于这一分支的研究包括 Duso et al.（2006a, b）。

另一方面，其他人也许认为在该研究中识别的原始材料是很有问题的，例如，如果并购是策略互补的，于是一个并购将促进了另外的并购，那么一个并购可能预示着产业中进一步的并购，竞争对手的价格也能上升，即使并购仅仅导致并购主体的成本下降。[1] 确实像批评者所指明的那样，经验观察表明并购确实往往浪潮式出现，而不是独立事件。评论文章参见 McAfee and Williams（1988）。关于该主题的学术争论是极端的，但这样容易错失重要的问题。也就是，正如其他所有证据所表明的，股票市场事件研究不能根据现象来进行判断，如果发现竞争对手的股票市场估价是上升的，对于这一事实仍有两种可能的解释，解释可能至少由定性数据承担。例如，与交易者面谈可能有助于判断是否这是由于市场参与者相信并购申明是未来并购的信号。这些信息可能有助于告知该相关性应该是否被当作市场势力的信号来处理。有时这些争论是不值得的，至少某些研究（例如 Aktas et al.，2007）发现在平均水平上欧洲数据集表明常常是负的异常的报酬，这与考虑到很多并购的先前竞争的一般政策立场是一致的。

事件研究的第一步是识别将要研究的事件和事件窗口，也就是金融市场对事件反应的时间期间。该方法的目的在于测量厂商在事件窗口的异常报酬。股票在某些期间中的价格变化给出了持有股票的收益。因此，例如可以测量隔夜报酬（隔夜价格的变化）、日间报酬（收盘报酬）或者日内报酬（开盘到收盘的价格变化）。异常收益就是观察到的收益与正常收益的基准水平之间的差异，正常收益表示就是当市场中该事件没有发生时的预期收益（也就是投资者持有股票所要求的收益）。正常收益往往用一段没有事件影响的时期来估计，通常是在事件之前。

存在几种技术可以被用作估计正常收益，每种技术对于厂商或厂商组的价值作出不同的假设。最简单的技术就是假设一个不变的平均收益。例如，在模拟研究中，Brown and Warner（1985）使用了 250 天的数据。他们定义事件发生的日期为第 0 天，事件窗口为事件发生的前 5 天（也许是为了不遗漏内部交易或是对市场信息散布形式的缺乏）和后 5 天，于是事件窗口被定义为 11 天的时期，$t=-5,\cdots,+5$。时期 $t=-239,\cdots,-6$ 是被用于估计正常收益的数据集，被表示为"估计期"。[2] 有时候作者加入一个"隔离期"，例如，Aktas 等利用 11 天的事件窗口，但是用 200 天观测值作为周期，该周期结束于并购原始公告的前 30天。他们描述道 30 天的隔离期是被设计用于减缓潜在的信息遗漏。

平均调整收益。在最简单的情形下，厂商的预期被假定为在长期是不变的，真实收益仅仅是伴随着随机冲击的预期收益。那么在估计期间的正常收益通过

---

① 关于为什么并购可能是策略替代的理论原理参见 Eckbo（1983）、Nocke and Whinston（2007）。

② 一些作者在估计期和事件窗口期之间引入"隔离期"以避免信息缺乏的影响（例如，参见 Aktas et al. 2007）。

模型

$$R_{it} = \mu_i + \varepsilon_{it}$$

来计算,其中 i 表明是某一特定的资产,ε_{it} 是一个预期值为 0 的随机冲击。在这一情形下,正常收益可以估计为:

$$\hat{\mu}_i = \bar{R}_i = \frac{1}{239} \sum_{t=-244}^{-6} R_{it}$$

于是异常收益可以用 $R_{it} - \bar{R}_i$ 表示。

市场模型。 替代地,可以使用假定厂商或一组厂商的收益与市场收益相关的市场模型,如此就有:

$$R_{it} = \alpha_i + \beta_i R_{mt} + \varepsilon_{it}$$

其中,R_{mt} 是市场收益或资产组合的基准收益。这一类型的回归的重要性的确切证明就是财团经常谈到的"寻找 α",就是 α_i 的意思(采取挑选一种股票的方法,即挑选一种收益特定高的股票),以及"股票 i 的 β",即 β_i,对于给定的股票,这一部分与一般市场运行行为相关。给定 α、β 的估计值,误差项给出了异常收益的测量:$AR_{it} = R_{it} - (\hat{\alpha}_i + \hat{\beta}_i R_{mt})$。

人们可能利用更为复杂的金融模型(资产定价模型)来估计厂商的异常收益率。例如,在实践中资本资产定价模型(CAPM)(Sharpe,1964;Lintner,1965)就是一个常用的选择,Fama and French(1993,1996)的研究表明,股票(债券)收益的基本面变动可能通过一个三因素模型(五因素模型)来加以解释。Fama-French 多元模型为股票或债券的正常收益给出了一个更好的解释。例如,作者研究表明,加上所有的市场因素,厂商规模因素、资产账面价值与市场公平价值比率因素似乎对于解释股票收益是统计显著的。Carhart(1997)提出了附加解释因素,其模型化的结论被称为 Fama-French 加动量模型(Fama-French plus momentum)。对这些替代选择的相对优缺点的更为充分的讨论,建议有兴趣的读者阅读 MacKinlay(1997)、特别是 Campbell et al.(1997)的著作。

给定一个估计正常收益的方法,就可以得出正常收益的估计值,就能够评价任何异常收益的符号、统计的显著性和值的大小[1]。累计异常收益(CAR)就是全部事件窗口的全部异常收益的加总。因此,例如对于一个 10 天的事件窗口有:

$$CAR_{it} = \sum_{-5}^{5} AR_{it}$$

数值实例在第 10 章给予了证明。

---

[1] 可以运行检验来鉴定零假设:异常收益并不明显不同于正常收益。

2.3　计量经济学应用中的典范做法

在本章中所讨论的一系列难点可能不利地影响了计量经济学由以下典范做法处理的估计值。这样做将有助于避免在调查的关键时刻出现不合意的异常情况，一般可能有助于提高综合分析质量。这些实践涉及被估计的特定方程的推导，所用数据的初始描述性分析，特定方程检验的使用，不同结果的稳健性检验。无论使用哪种计量经济学技术，这些步骤对确保得到"可信的值"（区别开回归结果中所得到的值），都是重要的。

114

2.3.1　特定方程的推导

在我们开始进行回归前，花费一些事件仔细思考以下问题通常是有帮助的：（1）将要处理的问题；（2）将要研究的行业；（3）可能想要用来构造找出问题答案的可能经济模型方法。在经典的学术实践中先从（1）开始，然后是（3），接着是转向数据去发现一个感兴趣的情景，并挑选（2）。一般来说，甚至是在一个问题、实验和必须选择的相互竞争的理论的学术情景下，普通人不太可能遵循的将问题排序的学术实践方法，更为经常的是在问题之间来回徘徊。

另一方面，在反垄断调查的情形下，问题和实验可能是相当明确的。例如，可能需要评估并购对特定行业价格的影响。甚至需要仔细思考厂商运行的环境，他们所作的策略与非策略选择，以及他们这么做的目的。这样做就是试图有效地以一种经济模型的形式捕捉到质量信息，这可能有利于构造我们所理解的信息。潜在的相关理论模型通常最好首先在很强的假设下来考虑，那些假设可能在后面需要加以放松。

在运行回归前，最少需要知道：（1）模型需要解释哪些变量；（2）哪些变量将作为解释变量，（3）理论和行业知识是否表明某些特殊的变量可能是内生的。在本书中提供了大量的实践例子，此外，读者应该确信，任何挑战性的工作都将很好地被处理。

在全书中将对此加以解释，每一个回归方程的设定都是一个隐含模型的反映，由此，考虑与前提（关于产业中行为合理性的第一近似）相适合的模型是一个好的做法，然后导出至少包含了该模型的特定回归方程，也就包含了回归方程作为特殊情况的情形。例如，如果评估价格决定因素的影响，必须自问理论表明了这些决定因素可能是什么。理论将指出价格是由需求因素、成本因素和竞争者之间相互作用的性质等决定的。可能得出的结论就是，将需要这些因素的每一个数据。在开始调查前，必须建立适当的项目规划以确保：（1）必要的数据是可得的，或者已经发现现实（依据调查能到达）且合理的策略来弥补信息的丢失；（2）我们试图去识别其因果关系的交量存在变化（variation）。例如，由产业中

115

一个价格不存在变化的数据去估计一个有意义的价格弹性是完全不可能的。当然，该问题可能是不被知道，除非至少研究过该数据后。在本书中的许多材料给出该过程如何运行的例子，列示了大部分有名的模型和一些不怎么有名的模型。当然，超越这些知名模型存在相当的额外困难，也许可能想要这么做，不可低估包括这样做的过程中进行调查所处的环境等困难，特别是进行调查的法定期限！每个模型都是近似的和时间跨度短的，这意味着在进行可行的近似以勾勒出大致的轮廓是必要的。

2.3.2　了解数据

了解在经验研究中将用到的数据是一个相当重要的预备步骤，这至少经常发生在数据清理这一重要的过程中。

数据清理。人为错误或机器故障等等，无论数据是由手工输入或自动收集的，数据经常是有瑕疵的。将不可避免地会发现在最初的数据集中存在相当数量的明显错误，这些观测值必须加以核实，要么丢弃（如果丢弃，本身不会导致计量经济学问题），要么理想地给予修正。例如，可能发现像在数据集中单根巧克力力棒的价格被报告为花费了几千欧元；在某些点上某人犯了错误。核查变量的单位经常是核心问题。花费几周的时间在一个案例上，然后极其无助地意识到，按照不同计量单位加总而得到总销售量数据，随后所有的工作都是在错误的数据上进行的。相当容易犯这样的错误，具有很严重的影响（例如，单位销售量为330毫升的听装品可能以几百个单位的方式被加到一单位销售量为0.5升的瓶装品上去了）。异常值可以通过观察这些值的主要的描述统计值来检验，例如最小值、最大值和平均值与中位数。一直以在回归中所用到的变量的数据范围与平均值作为一个平台是明智的做法。

散点图。以图形描绘出数据通常是有帮助的。这样做将有助于在数据清理过程中挑出明显的不合理的数据点，也有助于识别出变量计量单位的任何问题。例如，如果描绘成本和价格数据（带标签），如果组合在一起的数据集的某些数据点出错了，就会变的很清楚了；例如，数据可能显示所有公司的销售存在亏损，这将是令人吃惊的，值得确认。基本的真实性检验是重要的，也经常被不熟练的经验分析者忽视，他们经常想直接进行回归，而不研究数据。结果可能就是一旦返回研究数据并开始寻求完全合理的质量问题时，回归结果就瓦解了。

更为一般地，散点图、曲线图和表格都是分析者在数据集中调查过程中钟爱的分析工具。通过不同的方法剪辑数据并了解它们。绘制因变量和主要的自变量之间的关系曲线图在实践中通常会节约时间，减少后续的麻烦。例如，数据描绘至少会知道数据中主要的相关模式。通过表面检查数据如何作用，通常可能得到回归运行结果的某种暗示。例如，如果要估计需求曲线，数据明显表明价格和数量的都在增加，立马知道会估计出一个向上倾斜的需求曲线，除非知道其原因（如，其他的需求变化）以及找到适当的有关价格和需求数量的数据。

数据描绘能明示在相关维度上是否存在数据变异。如果分析中的关键变量表现出小的变化（或者真实的变化是在一个错误的频率上变化），那么不可能测量一个变量与另一个变量的因果关系。可能在回归分析中一个不显著的系数仅仅表明"没有影响"，如果在一个样本中存在足够的信息可得出原本存在的影响。例如，数量和价格间的频率差异将导致产业精确运行问题，应该是以日、周、月或是季度数据为工作对象。例如，如果按周来观察价格，而公司定价委员会每月碰头一次来定价，那么就可能陷入忽视产业制度框架的危险之中，除非对于这些情况给予适当的考虑。应该牢记试图去理解 DGP 以及所收集到的数据的产生过程。

表格和曲线。用数据的子集得出的表格或曲线可能是特别重要的，因为即使表格和曲线是二维的，它们也适用于采用的三四个变量的回归分析情形。许多分析者相信如果不能提供一种平台，直观再现回归结果，那么很可能不应相信所发现的结论。将数据分割为几块，也就是用这种方法检验条件结论，这样做经常是很有用的。

残差描绘。一旦开始估计，计量经济学分析要求寻找适当的回归方程，如果利用 OLS 估计，需要检查主要对 OLS 假设违反的问题，特别是条件均值要求。现今，这些违反假设的问题常常可以通过检验残差图来非正式地得到。例如，OLS 估计要求 $E[u_i \mid x_i]=0$，这可以通过检查 $(\hat{u}_i, x_i)$ 图来查证（最少部分查证）。（例如，参见在第 3 章中 Nerlove（1963）的讨论。）

拟合值描绘。数据和其拟合值的描绘将有助于识别那些对系数具有不成比例影响的异常值。异常值就是那些数值上相对于其他值高很多或低很多的观测值。有时候异常值就是数据输入错误的结果，在那些这类错误明显的情形中，假如相信这些错误在样本中以一个随机的方式发生，该值一般舍弃处理。[①]

正式检验。更为正式地，存在一连串的对于异常值的检验（例如，库克距离）、函数形式设定误差、异方差性、内生性、自相关等等。理想地，回归方程应该通过这些检验，或是通过这些检验的大部分。这就是说，切记如果利用 95％的显著性检验（检验是独立的），即使模型是真实的 DGP，那么将会在 20 个检验中拒绝一个。一个特定方程所表现出的检验之间的统计依存影响是复杂的。如果在运行中拒绝大于 5％的检验，可能检验的是一个真正存在问题的模型，虽然这些检验也可能使用的是高度依存的检验，每个检验都反映的是数据中相同的随机模式。另一方面，如果完全没有任何检验拒绝零假设也是让人担忧的，这可能表明数据集存在较少的真实信息。这些观测结果表明，联合检验的结果相对于单个检验的结果来说更让人满意。然而，关于正式检验的实际情况就是检验统计量是非常重要的，主要因为这有助于标明发生在作为估计基础的数据中的某些重要东西，应该试图去了解这到底是什么。

样本外的预测。最具挑战性的特定检验就是考虑模型对样本外的值作出预测

---

① 在其他情形中，观测值可能代表了真实的现象，但是也可能代表的是不寻常，这足以证明遗漏了一些观测值，或者更常见的是模拟了特别因素。数据变异的一次性来源总是可以利用一个适当的指标变量构造来模拟，该方法可能比舍弃这些观测值或使模型更一般化以精确地反映在本周内发生的事情更为恰当。例如，在英国 1992 年的利率数据图中，1992 年 9 月 16 日将会是很引人注目的，因为由于政府试图保护英镑的价值以阻击那些认为英镑价值在欧洲货币兑换体系（European Exchange Rate Mechanism, ERM）中被高估的投机者，在那一天，利率水平由 10％上升为 12％（宣称是上升到 15％）。在该天后英镑退出了 ERM。

的能力。例如在 OLS 中，包括对超出所使用数据范围外值的线性假定有效性的评估。对于不同于模型中使用到的解释变量和被解释变量，所估计的影响是否依旧有效？预测值是否落在样本的置信区间之外？利用新的数据去证实外推值是否是有效的真实样本外预测法提供一个相当有力的模型检验方法。另一方面，这些数据一旦被用于改进模型，被报告的"样本外"的检验就失去了其力量。特别是，如果分析者遵循反复迭代过程，通过该反复迭代模型就能通过跟踪样本外检验的失败而改良，那么在很大程度上，迭代就能有效地让数据"重归样本"。基于这一原因，对在专家报告中给出的"样本外检验"必须以一定的怀疑的态度来对待，除非真实的新的数据能够发挥作用，这些数据也许是后来在新的调查中得到的新数据。[①] 在任何情况下都需要小心地对待，在明显不同于估计中所用的样本的条件下（例如，解释变量的值），不要用计量经济学模型去作预测。

2.3.3 稳健性检验

稳健性检验涉及检验考虑到模型设定或估计方法的变化后结论的稳定性。估计出的每一个模型可能被检验为具有破坏性的，但是另一方面，当知道回归方程对于较小的改变（或者即使是较大的改变）来说是稳健的时候，这又明显是合意的。例如，分析者可能不能确信是否满足了某一特定的假设，那么去检验是否放松了该假设就是有用的，例如，允许模型是非线性的或引入一个附加的控制变量，看是否严重地影响了估计结果。如果结果是不稳健的，严重背离了所选择的模型呈现的结果，那么最好的做法就是这一事实应该在结果描述中加以报告。

例如，已近描述了有时候出现在数据集中的异常值。如果分析者决定保留样本中的异常值，最好表明这些值不会严重地影响到回归估计。如果回归受到了含有极端值的因素的影响，分析者必须准备证明为什么对于这些极端值给予一定的权重是行得通的。最后，当回归运行的样本含有不同的组或各异的时间范围，那么检验回归结果在排除掉某些组或时间范围后是否是稳健的就是有用。既然全部样本的回归给出了总体样本影响的平均值，就试图确保这一平均值是该影响的典型值，而不是大幅差异量值的平均值。如果涵盖的一个组（诸如一个国家或一个厂商）或时期严重地影响了结果，那么这一事实应该加以报告。特别地，这一类型的稳健性检验将有助于发现结果是否是由样本的某些小的子集引起的，而与由全部样本得出的结果相反的。

依照这些简单的认知数据以及对结果和假设的检验等做法将最大限度地减少问题，增加计量结果的可靠性。在反垄断调查中，越来越多地主张计量经济学调查从属于反对方的响应行为。确保调查工作从一开始就有好的质量，减少分析者在随后进程的报告文件中某些不必要的困惑。当然，对于前面所说的全部内容，

---

① 这就是，如果模型是经过样本外检查后构造的，那么这些样本外检查不是真正的"样本外"，即使它们不在所使用的估计模型的最终报告中。使用较大的样本集是对的，但是使用全部样本来构造模型显然是具有误导性的，那么应该利用一半的样本来估计，然后用全部的样本来"查证"模型对于全部样本是否运行良好。

并不是所有的稳健性检验都能被执行或报告。然而，透明度上升的重要之处在于能够极大地强化质量保证。共享计算机编码、讨论回归方程乃至资料室（在此处是指机密资料可以被那些有关并购的专业经济学专家所查阅）的使用都有助于提升工作质量和在调查中避免风险或其他长期存在的错误。[①]

2.4　结　论

● 在调查中，计量经济学分析必须给予适当的重视。重视的适当程度取决于经济的合理性（或更为现实地取决于不合理性的程度）、分析者所要求的计量经济学假设，以及估计结果自身的质量和稳健性。

● 仔细研究原始数据以发现异常值是很好的做法；评估解释变量之间的相关性；评价解释变量相关变异的范围；检验出现在误差项和解释变量之间的任何关系。

● 运用经济理论和产业知识来指导回归方程。当相关理论或产业知识知道的很少，或合理的假定知道的很少，那么可能需要回归方程足够灵活，以包含DGP的各种可能形式。特别地，希望模型所能表示的信息是足够丰富以确保模型能解释数据的重要性质。

● 普通最小二乘估计量在特定的假设下是一致的和无偏的，这取决于可能是合理或不合理的条件。假定包括了，解释变量必须是与未被观察到的结果的决定因素（即，误差项）不相关。如果错误地设定了模型、数据受到了测量误差的影响、回归量是内生的，那么将不满足假定条件。

120

● 假设检验使得能正式决定是否以一个给定的置信水平（通常是 95%）接受或拒绝系数的真实值不同于估计值这一假设。该检验可能有助于分析者理解给定数据集包含的信息的范围和属性，以及该信息如何反映在采用特别估计技术的特殊模型所得出的估计值中。

● OLS 回归最常见的问题是设定错误、内生性、多重共线性、测量误差和异方差。除了异方差性外的所有情形，都会使得估计的系数是有偏的，将得出关于真实值的错误结论。实际上异方差性也会得出错误的标准差估计量，除非异方差被适当地加以控制，也将使得假设检验出现问题。

● 在所有的经验工作中，识别是一个核心问题。正如书中开始时许多的例子所指明的那样，在本章中检验了供给和需求识别的经典问题。在这一特殊的情形中，因果影响识别的重要难题包括价格和数量是同时决定的这一事实。经济理论和计量经济学理论表明，在该情形中，解决方法包括使用供给变换来识别需求方程，用需求变换来识别供给方程。

● 在怀疑存在内生性问题的情形下，各种识别策略有可能被使用。固定效

[①]　同时，在调查中，资料室可能是代价高昂的稀有资源。例如，保密协定，如果违反了就会有适当的惩罚，就必须经过协商；如果一个当事人接近了，那么通常是所有的当事人，至少是某些当事人，都想接近它。

应估计使得样本内的相似性比较变得容易，从而排除那些既影响解释变量又影响结果的差别性因素的影响。"相似"观测值的分组是由分析者决定的。工具变量技术隔离了内生回归量的变化，使得这些回归量与误差项不相关，这样它们就可以被视为外生的。一个好的工具变量"清除掉了"内生回归量中与误差项存在某种相关的部分，而留下与误差项不相关的部分。自然实验和事件研究，利用对其他内生变量的外生冲击来识别其对结果的影响。

● 一旦执行估计，样本变化或设定变化的稳健性检验与敏感性检验是必不可少的。此外，利用表格或图形检查原始数据是有帮助的，这些原始数据蕴含了回归中运行的机制。例如，可能是以其他解释变量的小范围值为条件，以及构建所关注的因变量和核心变量的曲线图或表格。这样做可能有助于使自己或读者确信回归设定中不存在异常情况。该实践特别对那些决策者是非计量经济学家的情形是有帮助的，对于他们来说不可避免地，实际的估计过程可能显得是一个黑箱过程，评价那些彼此宣称对方是错误的相互竞争的计量经济学专家的报告是困难的。当前在反垄断活动中，一个不幸的事实就是，很多计量经济学的专家建议简

单地抵消了其他相反的专家证词，导致基于其他理由而作出决策。确实，本书余下的目的在于帮助实践者使得其计量经济学证据对于那些必须评估这些证据的受众（包括：法官、竞争法律师、CEO 们以及其他经济学家和计量经济学家）来说更为可信。

2.5　附录：识别理论简介

识别[①]的理论研究依照 $U=m(X，Y)$ 来考虑方程组，其中 U 描述了在模型中由 m 决定的不可观测的矢量，而 m 是观测到的 K 维外生变量 X 和 G 维内生变量 Y 的未知矢量方程（例如，参见 Matzkin（2008）和其中的参考文献）。文献中往往考虑每个方程中存在一个不可观察的 U 的情形，于是有 m：$\mathbb{R}^{G+K} \to \mathbb{R}^{G}$。一般地表现，在可以以联合分布 $F_{X,Y}(X，Y)$ 作为条件，给定足够的观察到的数据的条件下，识别问题就是了解方程 m 和未知变量的联合分布 $F_U(U)$。例如，依照 Angrist et al.（2000）的研究，在一般的供给和需求系统中，将有以下两个方程：

$$Q_i=Q_i^S(P_i，w_i^S，\mu_i^S) \text{ 和 } Q_i=Q_i^D(P_i，w_i^D，\mu_i^D)$$

在供给和需求系统中，形象地研究了这两个方程在变量和参数上的线性特性。更为一般的是，如果供给和需求方程分别严格地对于 u_i^S 和 u_i^D 是增长的，那么就能够反解方程，得出形式为 $U=m(X，Y)$ 的方程，其中 $U=(u_i^S，u_i^D)$，$Y=(P_i，Q_i)$，$X=(w_i^S，w_i^D)$。假想知道由真实的 m 方程得出的真实的 U 是相对 X

---

① 某些读者将发现这些材料特别难，可能开始阅读前就想省略它。建议那些要求更为专业的读者去阅读 Matzkin（2008）的著作。

是条件独立的。立即就会知道，如果得出随机变量 $\tilde{U}=\tilde{m}(X,Y)$ 的某些方程 $\tilde{m}$，通常条件分布 $F_{\tilde{U}|X}$ 将不同于 X。U 和 X 的独立性要求全部的条件分布不随 X 的值而变化；然而，条件均值的独立性的假设，诸于在 OLS 中通常使用的估计量，分布最重要的要求是不随 X 而变化，进一步地说条件均值的分布是固定的，条件均值等于 0。因此，独立性类型限制将排除潜在的函数 $\tilde{m}$，这样做有助于找出真正的 m 函数。直观地，这一讨论表明强加了条件均值独立性限制的假设，$E[U \mid X]=E[m(X,Y) \mid X]=0$，将有助于识别函数 m。

如果供给和需求方程为参数方程 $Q_i=Q_i^S(P_i,\ w_i^S,\ u_i^S;\ \theta^S)$ 和 $Q_i=Q_i^D(P_i,\ w_i^D,\ u_i^D;\ \theta^S)$。那么完全类似的假设，例如条件均值独立性，将有助于精确地识别这些参数的真实值，因为这些假设有助识别真实的 m 方程，该方程的参数问题归结为寻找真实的参数值 $(\theta^P,\ \theta^S)$。非参数识别的结果就构建一般真实的 m 方程识别而言更具一般性，然而，参数识别仅仅构建了一个弱的识别形式，也就是真实 m 方程识别（也就是其参数）考虑到了预先设定的参数方程类型之一事实。例如，在供给和需求系统中形象地研究了计量经济学书本中给出的线性联立方程的识别问题的方法，假如每个方程存在一个省略的变量，那么每个方程能够被用来识别其他的方程，该方法使得每个方程能够被识别。高级的读者将注意到，这一识别结果是一个参数识别结果，既然结果仅仅在那些参数线性类型的 m 方程中得以成立。这就是，如果对于 DGP 写出的是两方程线性方程组，那么每个方程所省略的但包含在其他方程中的变量提供了在计量经济学课本中给出的（参数）识别结果。

如果想极大地挑战自我，那么有关多元潜变量模型的工具变量估计的识别文献可能对有关个案调查给出了足够的吸引力。在潜变量模型中，并不观察变量 Y 自身，而是观测其某些指标。例如，在第 5 章中将讨论进入模型的估计，在该模型中不观测盈利性，但是确实观察到了进入（数）。在该模型中，有 $U=m(X,Y^*)$，其中星号表明没有观测该变量自身。

第 3 章　成本函数估计

成本是利润的重要组成部分，因此，对于竞争分析来说，行业或厂商的成本函数通常是重要的就不为奇怪了。虽然理论上的成本函数在产业经济学教材中是很熟悉的，但是本章的目的在于描述应用于决定真实成本函数形状的工具，以使得这些成本函数的估计能够被应用于实际情况。

在开始讨论实用性之前，暂时停顿下来回顾 Viner（1931）的理论是有用的，该理论被有用地描述为厂商规模和市场结构的"成本结构"理论。[1] Viner 和其他人探讨了完全竞争模型，在完全竞争模型中充斥着局部和一般均衡模型。Sraffa（1926）特别考察了规模相当小的厂商的成本函数形状，该类厂商小到足以被认为是原子式的厂商，因此为长期竞争模型中接近支持完全竞争厂商假定的厂商类型。

> 对成本函数为 $C(q)$ 的价格接受者厂商模型，厂商求解
>
> $$\max_{q} pq - C(q)$$
>
> 不存在固定成本，于是厂商规模由等式
>
> $$p = \frac{\partial C(q)}{\partial q}$$

---

① Viner 的论文在 Stigler and Boulding（1950）著作中重印了。围绕长期供给曲线属性的讨论在 Aslanbeigui and Naples（1997）著作中作了总结。

的解给出。更为一般地，只要

$$p > \frac{\partial C(q)}{\partial q}$$

扩大产出将是有利可图的。不幸的是，如果 $C(q) = cq$，具有不变的边际成本，那么扩大产出的条件就变为 $p > c$，该条件要么对于所有的产出水平为真，那么厂商扩大产出到价格接受变得让人难以相信；该条件要么对于任何产出水平不为真，厂商不生产。

Viner（1931）认为，厂商在事实上可能具有 U 形的平均成本曲线，至少在短期上如此。进一步地，他认为即使是在长期，如果某些生产要素，例如土地（自然资源），供给是固定的，那么成本函数可能是 U 形的。U 形的成本函数意味着厂商的供给规模将由其成本函数的形状决定，从而厂商规模可能相对市场规模要小，至少部分恢复了在长期中假设厂商是价格接受者的合理性。如果是这样，长期中的进入者将使得价格下降，除非在位厂商在其平均成本函数最小值的规模上经营，在此处平均成本等于生产的边际成本（也等于市场价格）。读者也可能回忆起自然垄断的情形，在自然垄断中平均成本一直是下降的，这样市场中仅有一个在位厂商来进行生产通常是有效的。在每种情形中，Viner 的市场结构理论对厂商的成本函数形状给出了核心解释。

在现实中，经常见到产业是由少数几个大厂商构成的。这可能是具有较大市场份额的厂商能够阻碍进入而获利，厂商能利用其市场势力把价格定在成本之上，伤害了消费者。然而，事实上可能是这些大厂商规模大是由于它们是高效率的生产者。如果反垄断当局将大而有效率的厂商拆分为多个无效率的小厂商，那么他们通常会伤害到消费者，而不是帮助消费者。

对于并购者和规制情形而言，成本条件是重要的。在并购调查中，虽然并购可能显得支持了市场势力，但是批准并购的理由可能是如果并购，单位成本可能会下降。原因之一就是并购可能导致了实质性的规模经济。同样地，在规制环境中，规制者经常选择价格作为成本测量的依据。在这样做的过程中，规制者面临着得到适当且有意义的数据、相关成本测量设计、估计其价值等复杂工作。

基于某些目的，可能"仅仅"需要对生产的边际成本或平均成本进行估计，如果如此，这些估计能够由公司档案或行业估计来得出。在这样的情形下，可能实际上不需要估计成本函数。然而，在其他的条件下，想要知道边际成本是否随产出数量的变化而变化，特别是当厂商规模变化时是否存在规模经济与规模不经济。在这些情形下，经济学家常用的方法要求假设（或许是弱假设）成本函数可能的形式，并估计出成本模型的参数。在第 1 章中已经对于该方法给出了讨论。然而，虽然"计量经济"成本函数估计对于经济学家也许是更为熟悉些，但是"工业"成本估计也可能显得很有效。得到工业成本估计的途径之一就是与车间或厂商的技术人员直接详细交流，亲自动手估计以得到成本和规模效率。在接下来的三节中，首先，讨论会计成本与经济成本的重要差别；然后，讨论传统的生产函数与成本函数的估计；最后，讨论估计的替代方法，特别是前沿面模型，这

124

包括效率前沿面分析（efficient frontier analysis，EFA）、随机前沿面分析（stochastic frontier analysis，SFA）和数据包络分析（data envelopment analysis，DEA）。

3.1　会计收益、成本、利润和经济收益、成本、利润

125　为了以计量经济学的方法估计成本函数，分析者往往必然需要得到成本数据（作为替代选择使用的生产和投入需求数据在第 1 章中讨论过）。不幸的是，分析者必须小心对待成本数据，即使是最为常见的成本，其经济学测量都难以轻易地由公司文件得出。最为常见的困难在于，所报告的会计成本有时候可能与经济成本有戏剧性的差别。①

3.1.1　会计成本与经济成本的协调

经济学家界定的成本与实践中管理成本以及更为特别的财务会计成本之间存在某些重要的差别。然而，依照由 Fisher and McGowan（1983）所写的一篇特别重要的文章，② 这些差异是相当普遍的，经常被产业组织经济学家所强调，这样做是有些自我服务性，但是并不明显淹没其核心主题。例如，金融市场中的分析家们普遍试图发掘有用的信息，甚至是从业已公布的财务账目中发掘有用信息。例如，这些信息被用于构建股票定价的厂商价值模型，或者至少为这些模型提供了信息。理论产业组织如果完全丢弃会计信息，那么就有点是"连同洗澡水一起泼掉了孩子"，而这是确实可能的事。更为合理的观点就是账目可能包含了有用的信息，但是为了恰当地利用这些信息，信息使用者必须是一个相当老练的使用者，至少不是一个初级使用者。很少有调查者从表面价值来看待账目。然而，经济学家和会计工作者的测量目的是相同的，财务会计账目的目的试图使得厂商之间具备可比性，可以使用标准的技术来加以组织，虽然这些技术可能并不反映为评估经济成本与经济利润的特别的环境。对于测量经济利润，管理会计账目在竞争调查中往往是可以得到的并且较财务会计账目更为有用，虽然试图这么做也会遇上一系列实质性的但是有时候也不是不可克服的困难。

3.1.1.1　极其普遍的困难
值得关注的问题之一是由联合生产成本与收益引发的。反垄断当局有时试图

---

①　更为深入的讨论，参见 OFT（2003），也可参见 Geroski（2005）。

②　参见 Martin（1984），他推断："Fisher 和 McGowan 已经证明了众所周知的结论，即资金密集度的会计测量很可能是错误的。考虑执行集中度的实证研究，应该是（就是）一种密集度——利润关系。" Fisher 和 McGowan 评论了在第 6 章中所描述的那种形式的结构—行为—绩效（SCP）回归。正如在那里所声明的那样，对于 SCP 的评论并不局限于有关会计数据测量问题。

计算由联合生产厂商生产的某种产品是否会导致"超额利润"。对于联合生产的情形，需要当局尝试着在不同业务之间分配成本和收益。尝试着对成本或收益进行分摊是特别困难的。为了弄明白为何如此，假想一个厂商花费一亿欧元来开采一个矿藏，提取两种金属，假定是从开采的矿石中提取铂和钯。反垄断当局在质问矿主是否"从钯中得到超额利润"时，就可能冒了忽视了"厂商的目标是从两种行为中获得利润，而不是单独从提取钯中获得利润"的这一事实的风险。显然，理论告诉我们，社会计划者最大化福利的行为很可能是从一种产品中抽取"超额"利润，然后用这些利润来交叉补贴其他的经济活动。有关拉姆齐（Ramsey）的定价文献给出了这一结论。①

第二个值得关注的问题出现在垂直并购的厂商中，转移定价被用于分配投入成本，这些投入成本可能不能反映投入品的真实价值。转移定价可能为公司间转移会计利润提供了一种方法，这反过来可能具有重要的现实动机。例如，生产也许是发生在不同的成员国之间，如果上下游厂商之间关于利润的纳税义务不同，那么厂商可能就具有强烈的激励去在某一个国家报告其会计利润，而在另外一个国家不报告会计利润。

第三个困难是由于时间差。如果成本和收入不是发生在同一时间范围内，以及准备账目的时间范围也可能不同，这些可能导致在会计成本与经济成本之间存在重要的差异。为了进一步说明，假设当前购买并被支付的一家工厂，在接下来的 30 年里对于生产将是有用的，但是必须逐年加以记录。该工厂在这 30 年中每年的花费是多少呢？以经济学家的观点来回答这一问题，就需要讨论以下概念：（1）机会成本，（2）接下来两期内的经济折旧。

3.1.1.2 机会成本

机会成本就是投入品的最佳替代用途的价值。当存在投入品市场时，最佳替代用途的价值就是投入品的市场价值，由此不需要附加其他判断来取得机会成本。当不存在投入品市场时，经济学家必须计算这些投入品由替代用途带来的收益的最大值。例如，产品额外生产能力的投资的机会成本就是当所使用的资本投

资于次优替代用途时的全部收入，再适当地以风险收益加以调整。类似地，研发支出的机会成本就是研发总支出被用于最有利可图的替代选择时可能取得的收入，再扣除类似风险收益。

机会成本不仅仅伴随着资本品而发生。例如，公司所有者的工作的机会成本就是非资本性机会成本，就是该所有者在其他工作中所能得到的最高收益——工资性收入或非工资性收入，但是必须经过风险和努力程度的调整。一般所说的机会成本有时候以定性方式来表达而不是以货币方式定量表达。例如，也许会听同

---

① 拉姆齐定价目的在于给几种产品或厂商定价，以便在某些预设的利润约束下最大化社会福利。参见 Ramsey（1927）著作中对拉姆齐定价的原始阐述。在实际价格设定中，如果去评估这些参数，重要的是在脑海里记住拉姆齐定价最终是不同于垄断定价。超额经济利润的测量区别这两种情况，至少在原则上是这样的。在实践中，任何精密地这么做就要求大量的质量良好的数据以及细心的分析。基于这些理由，面临预算约束，任何机构都宁愿进行定性判断以确定价格是还是不是由拉姆齐式定价参数得出的。

事说，开发一个新产品的机会成本就是所放弃的另外一种产品质量的改进。在定量评估中，原则上将必须计算替代投资预期收益的货币价值。这样做显然是不容易的，在实践中，该机会成本计算将使用"恰当的"利率乘以所投资的货币额来实质性地进行近似；下面将加以讨论。

机会成本的另外一个重要用途有时候就在于对非出售产品存货的估价。会计从业人员也许有时候使用先进先出法（first-in-first-ont，FIFO）而不是后进先出法（last-in-first-out，LIFO）来进行估价。采用 FIFO，是将生产最早单位存货的历史成本分配到所用光的单位存货中去。显然，这不能反映重置这一单位存货的机会成本，后者更多的是与当前的生产成本相关。

尽管机会成本存在广泛的实用性，在实践中，机会成本的计算问题可能在计算资本性支出时更为常见，这一过程接下来将加以描述。

3.1.1.3 折旧和资本成本

资本的例子对于说明经济成本和会计成本的差异是很有用的。会计从业人员倾向于将资本成本报告为账目中的折旧费，折旧费可能依照不同的公式加以计算。如果厂商以借入资本的方式为所购买的资本品融资，资本成本也包括以利息方式支付的财务费用。

图 3—1 说明了关于资本估价中不变折旧规则的影响。图（a）部分表明了当采用两种相互替代的折旧安排时，资本的账面价值。直线折旧是采用资本品价值的某个固定比例来将成本分摊到年度利润中去。虚线表明了采用加速折旧法时资本的价值；在资产的使用寿命期内的早些年度提取了较高的折旧费。图（b）部分表明了当采用直线折旧法时每年所提取的（不变的）折旧费。

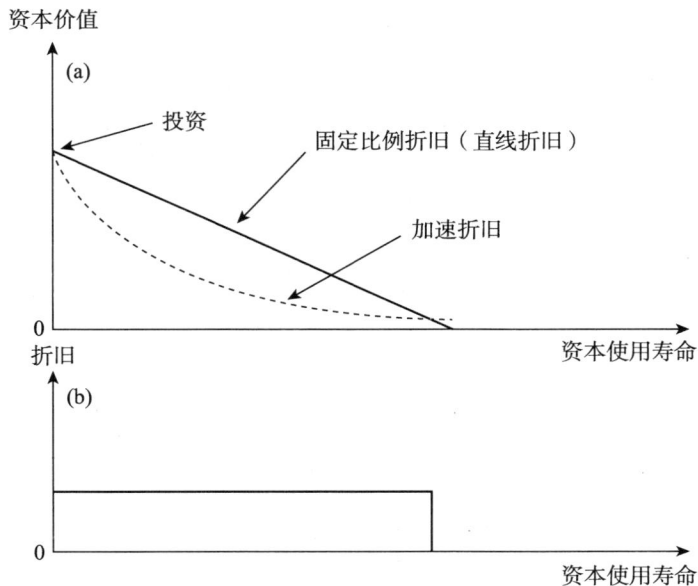

图 3—1 折旧表

资料来源：汤姆·斯托克（Tom Stoker），麻省理工学院斯隆商学院（MIT Sloan）。

128

对于不变的折旧规则，资本的会计成本就是

$$资本成本_t = \delta K_t$$

其中 K_t 为初始资本投资额。

另一方面，经济学家理想地将资本使用者的成本（user cost of capital，用 UCC 表示）定义为所使用资本（无论是由债务或股权融资）的机会成本加上经济折旧：

$$UUC_t = 机会成本_t + 经济折旧_t$$

机会成本就是适当的利息率乘以所使用的资本总额，即：

$$机会成本_t = rV_t$$

其中 V_t 是资本品在时间 t 内的价值。由于投资所面临的风险是不相同的，"适当的"利息率是指控制了风险后的利息率。接下来的问题就是何为适当的利息率。最为通俗的答案就是厂商的加权资本平均成本（weighted average cost of capital，WACC）。[①]

129

资本成本的第二个组成部分就是经济折旧，经济折旧可以被计算为在使用期间内资产价值的（预期）变化值：

$$经济成本 = V_t - V_{t+1}$$

经济折旧和会计折旧之间的差异可能就是经济利润和会计利润的一个实质差异来源。事实上，存在许多会计方法用来"冲抵"资本。一般地，厂商每年扣减一定份额的投资，要么是以一个固定的比例，要是是一个递减的比例（见图 3—1）。抵扣资本的方法的选择，可能会对年度成本数据具有重大的影响，从而导致利润在不同期间进行实质性的再分配。会计折旧很少为负，但是当资产涨价时，经济折旧当然可能为负。

为了说明这其中的差异，假设一个厂商购买了一辆新车。会计处理可能是通过利用直线折旧法在十年内来抵扣该投资的价值，于是每年的折旧就是购买价格的十分之一。然而，当考虑经济折旧时，经济学家可能会立足于二手汽车市场中的价格，比较新车与款式相同但有一年车龄的二手车之间的价格差异。这样做将给出经济折旧——资产价值的下降的估计——这就是持有一年的结果。例如，通过 2007 年比利时的一份汽车杂志，一款新的大众帕萨特舒适型汽车售价为 28 050欧元，然而，一年车龄的同款二手车花 21 000 欧元就能买到。[②] 可以计算

① 最基础的做法，WACC 选取的是各种各样来源的资金（通常是债券和股票，但是可能存在不同类型的债券和股票：绩优债券和次级债券或者普通股和优先股），选取的被加权的平均收益是每种资金的收益，其中每种收益分配的权重就是债券和股票的比例。出现在税务处理中的一个很重要的复杂问题可能是资金来源不同，特别是在某些行政管辖区公司税是将利息作为一种费用在扣除利息后支付，这意味着利息是被记为一项费用，而公司税是归结为是对股东收益征税。然而，在 WACC 计算中可能由各种来源的资本总额来确定其权重，当然，每种来源的资本的潜在收益必须加以计算。债券成本通常能由会计报表中来获得，但是获得股票成本需要借助某些方法，比如那些与 CAPM 相关的方法（例如，参见 White et al. (2001)）。

② 参见 Le Moniteur Automobile，2007 年 9 月。

经济成本或 UCC 为：

$$UUC_t = 机会成本_t + 经济折旧_t = rV_t + (V_t - V_{t+1})$$
$$= r \times 28\ 050 + (28\ 050 - 21\ 000)$$

其中 V 是资本品的市场价值，r 经常是使用 WACC 加以测量。[①] 当 $r = 10\%$ 时，资本使用者的成本为 9 855 欧元。也能够通过下面的等式计算得出：

$$UUC_t = (r + 折旧率)V_t$$

其中

$$折旧率 = \frac{V_t - V_{t+1}}{V_t} = \frac{28\ 050 - 21\ 000}{28\ 050} = 0.251\ 33$$
$$UUC_t = (0.10 + 0.251\ 33) \times 28\ 050 = 9\ 855$$

如果希望新车能使用五年，厂商第一年的会计成本可能是 $\frac{28\ 050}{5} = 5\ 610$ 欧元。在使用的第一年中该车的市场价以 25.1% 的折旧率快速下降，经济成本将为 9 855 欧元。

3.1.2 成本与收益的比较：贴现的资金流

有时候想要将投资的成本与其预期收益的价值加以比较。计算收益流的通常做法就是计算由投资带来的现金流的贴现值。这意味着计算由当前资本支出产生的未来收益流的现值。

现金流贴现值（discounted cash flow，用 DCF 表示）可以计算为：

$$DCF = \sum_{t=1}^{T} \frac{R_t}{(1+r)^t} + FV_T$$

其中 R_t 为投资在第 t 时期内带来的收益，r 为贴现率，通常为厂商的资金成本，FV_T 为投资在项目结束期 T 时的最终估价。

当（收益流与成本流）的时间路径不同时，现金流贴现值能够被用于比较收益流的价值与成本流的价值。在竞争调查中，这样的计算是很普通的。例如，在对生产中涉及对昂贵的耐用资本品投资产业（例如，通信行业中厂商对网络的投资）的调查中，当评估价格是成本的反映时，这些计算是很有用的。另外的例子就是对掠夺案例的调查，在掠夺案例调查中，许多司法部门采用"牺牲"试验或

---

① 这么做包括，依照股权和债权在公司价值中的份额，计算股权成本和债务成本的加权平均值。$WACC = \frac{D}{V}(1-t)r^d + \frac{E}{V}r^e$，其中 $\frac{D}{V}$ 和 $\frac{E}{V}$ 分别为债权和股权在公司价值中的比例，r^d 是债权成本，r^e 是股权成本，t 是公司税的边际税率（假设债券不必缴纳公司税）。经常对于债券使用账面价值来计算 D 而对于 E 使用市场价值（流通股数乘以股票价格所得的值）来计算股票价值，根据定义有 $V = E + D$。对于一个给定的厂商，债券的成本 r^d 能够由利息费用除以债务总额得到，股票成本通常由资产定价模型得出，虽然在某些情形下，这些也能由公司文件得出。

"赔偿"试验。其意思就是，一个主导型的厂商依照牺牲当前利润的策略，在当前索要一个低价将其竞争对手驱赶出市场。牺牲试验的意思就是，如果当前的牺牲伴随着未来的较高的利润，那么当前的牺牲可能是理性的。

3.2 生产函数与成本函数的估计

131 　　传统的成本函数与生产函数的估计可能是一项复杂的工作，会引发很多困难。在获得恰当的数据的同时，必须利用恰当的计量经济学技术耦合出一个合理的理论框架来构建一个或多个估计方程。接下来介绍在成本估计中主要的经验性问题，接着讨论某些有创意的解释性例子，以有助于解释这些问题和这些方法的有用性。

3.2.1 生产函数和成本函数估计的原则

　　生产函数与成本函数理论以及经验估计文献是文献的重要部分。第 1 章包含了作为成本函数经验估计的基础的理论框架。这里，我们回顾这些讨论的基本结论，然后给出成本函数估计的某些实际例子，毋庸置疑，这些例子是说明这些应用是如何进行的最好方法。

3.2.1.1　理论框架和数据应用
　　直观地，对成本进行简单加总。然而，正如下面将看到的，这一简单的景象通常也是复杂的，因为厂商的投入品具有替代的可能，例如，他们有时候用资本替代劳动。存在替代的可能意味着，不得不比简单加总厂商在生产中所要求的投入品成本所要考虑的难度更大。为了明白是为什么，假设由于不存在替代的可能，成本确实仅仅是加总而已，也就是生产遵从一个固定的投入比例。
　　对于固定比例的情形，再假设一个例子。为了生产蛋糕，假设需要 1 公斤面粉、6 个鸡蛋和某一固定数量的牛奶等。忽略可分性问题，生产 1 个蛋糕的成本可能就是简单地将材料的价格乘以材料的数量进行加总。一个固定比例的生产函数的形式为：

$$Q = \min \left\{ \frac{I_1}{\alpha_1}, \frac{I_2}{\alpha_2}, \cdots, \frac{I_n}{\alpha_n} \right\}$$

其中，I_1，I_2，$\cdots$，I_n 是指投入品，诸如面粉、鸡蛋和牛奶，而参数 α_1，α_2，$\cdots$，α_n 描述了生产一个蛋糕所要求的每一投入的数量。如果要求 1 公斤面粉和 6 个鸡蛋，$\alpha_1 = 1$ 和 $\alpha_2 = 6$，比例 $\frac{1}{6} I_2$ 给出了当有足够多的鸡蛋时所能生产的蛋糕数量。
　　然而，现在假设需要某些资本和劳动以生产蛋糕。要么是拥有少量的劳动和蛋糕搅拌器，要么是拥有大量的劳动与勺子。在此情形中，资本与劳动具有替代的可能，蛋糕生产者可能选择以一个不同的比例来使用它们，这取决于资本和劳动的相对价格。"固定比例"生产函数可能是满足生产函数的材料价格模型，但是这要求将价格嵌入到全面考虑到资本和劳动之间替代可能性的生产函数中去。

一般地，将生产函数表述为：

$$Q = f(I_1, I_2, \cdots, I_m; \alpha_1, \alpha_2, \cdots, \alpha_m)$$

其中，$I_1, I_2, \cdots, I_m$ 为投入品，如劳动、资本和其他材料，α 为参数。反映利用资本和劳动以不同的比例来进行生产的最有名的生产函数也许就是柯布—道格拉斯生产函数（Cobb and Douglas，1928）：

$$Q = \alpha_0 L^{\alpha_1} K^{\alpha_2}$$

首先，柯布—道格拉斯生产函数要求，在生产任何产品时，每一厂商必须至少使用某些资本和某些劳动。其次，必须注意，在写出计量经济学模型时，经常假设至少存在一种不被观察者所观察到的可变投入。为了清晰地加以表述，在该理论最简单（静态）形式中，厂商通常被假定没有选择余地，通过引入投入变量，以区别观察到和未被观察到的投入品。[①] 未被观察到的投入变量将成为计量经济学的误差项，有时候被描述为所测量厂商的（全要素）"生产率"。用 u 来表示厂商（全要素）的生产率，$\alpha = (\alpha_1, \alpha_2, \cdots, \alpha_m)$。

给定一个生产函数，可以把一个既定产出厂商的最小成本描述为：

$$C(Q; \alpha, u) = \min_{I_1, \cdots, I_z} p_1 I_1 + p_2 I_2 \cdots + p_m I_m$$

$$s.t. \ Q \leqslant f(I_1, I_2, \cdots, I_m, u; \alpha)$$

其中，$Q \leqslant f(I_1, I_2, \cdots, I_m, u; \alpha)$ 描述了产出数量必须不超过生产函数的可行值这一事实。

通过采用这一方法对产品成本进行描述，明确地表明成本和技术可能性（暗含在生产函数中）根本是相互关联的。这种相互关系的依据在第1章已经进行了适当的讨论。这一事实，对于理论工作者以及对决定产业中厂商成本结构信息感兴趣的研究者来说，都具有重要的影响，也就是说，这些信息可以通过几种方法得到。如果试图了解成本随产出变化的路径，就可以要么直接检验成本函数，要么替代地研究生产函数，间接地估计成本。最后，读者可能回想起，在成本函数和投入需求方程之间存在一种关系，借助谢泼德引理，在某些合理的假设下，求解成本最小化安排中的投入品需求问题可能被描述为：

$$I_j = \frac{\partial C(Q, p_1, p_2, \cdots, p_n; \alpha, u)}{\partial p_j}$$

因此，投入品需求方程和成本方程也是密切相关的，结果，有时候能够通过估计投入品需求方程来推断出更多有关技术的信息。

对于投资者来说，一个极其重要的事实就是用这三种技术中的每一种去了解成本都要求在数据集中有某些不同的变量。例如，为经验地估计生产函数

---

① 在模型中，厂商真正进行了投资，以促进其生产率，参见 Pakes and Maguire（1994）。

$$Q = f(I_1, I_2, \cdots, I_m, u; \alpha)$$

其中，I_1，I_2，$\cdots$，I_m 为投入品，如劳动、资本和其他材料，需要不同数量水平的产出 Q 的投入数量数据。另一方面，成本函数将与一定的产出数量和投入品价格下的最小可能成本相关，于是采取以下形式：

$$C = C(Q, p_1, p_2, \cdots, p_m, u; \alpha)$$

投入需求表叙述的是与产出数量和投入价格相关的最优投入 $I_j = D_i(Q, p_1, p_2, \cdots, p_m, u; \alpha)$。谢泼德引理清晰地表明，投入品需求方式包含了成本函数的一阶导数的信息，而不是成本水平。基于此，并不是所有的成本信息能够从投入需求中推断出来。

在讨论某些实际应用前，首先讨论当调查者试图使用计量经济学知识研究成本或技术时，其必须直接面对的四个实质性的问题。下面对每一问题逐一加以介绍，然后进一步加以探究。

3.2.1.2　成本函数与生产函数估计中的经验问题

在成本函数或生产函数估计的实践中，存在四个可能出现的问题：内生性、函数形式、技术变化和联产品厂商。

首先，在上面所描述的三种估计方法的每一种中，都可能面临内生性问题。为了说明为何如此，假设数据集包含了大量的厂商层面的产出、投入的观测值，试图利用这些观测值来估计生产函数：

$$Q = f(I_1, I_2, \cdots, I_m, u; \alpha)$$

对于 OLS 估计，即使假设真实的模型是参数线性的，未被观测项（生产率）也被假设为是附加可分离的，在回归中生产率必须与自变量（也就是，所选定的投入）是不相关。例如，如果高生产率的厂商具有较高的未被观察到的生产率 u，其对投入品的需求也大，那么就面临着内生性问题。一方面，依据模型，有效率的厂商可能要求较少的投入来生产给定水平的产出。另一方面，也许是主要的，认为有效率的厂商规模会很大，他们具有竞争优势。结果，有效率的厂商倾向于具有更高的生产率和要素使用水平。这些观察结果表明，保证 OLS 估计得出的是一致估计量的关键条件将得不到满足。也就是说，OLS 要求 u_i 和 I_j 是不相关的，但这些讨论表明他们是相关的。如果忽略不计这些内生性问题，那么具有内生性的原始数据将导致系数估计向上偏离。[1] 如果通过采用工具变量回归来解决这一问题，那么需要找到一个识别变量来解释厂商的投入需求，并且该识别变量与厂商的生产率无关。在 Olley and Pakes（1996）的论文中所描述的方法包含了关于生产函数估计文献的新近进展，他们建议使用投资作为生产率的替代变量，以控制内生性。[2] Levinsohn and Petrin（2003）建议采取一个替代的方法，

---

　　① 事实上，在第 2 章讨论过的直觉仅仅对单一的内生性投入的情形是有效的。如果存在多元内生性问题，构建 OLS 有偏实质上是很困难的。

　　② 当生产函数中包含了资本时，作为资本改变量的投资至少导致了资本在下一期间的资本增加。

但是，Ackerberg et al.（2006）的重要的论文中批评前面所提及的论文中的识别参数，特别是 Levinsohn and Petrin（2003）所建议的替代方法。

第二个需要考虑的就是，必须基于生产流程的技术现实性，小心仔细地指定函数形式。特别是，函数形式必须反映貌似合理的投入替代的可能性，以及关于规模报酬的貌似合理属性。如果不能确定有关行业的规模报酬属性，应该采取一种足够灵活的函数形式，以满足数据能够决定规模效率的存在性。通常不怎么施加约束条件，诸如要求生产函数在全部产出范围内具有相同的规模报酬，该潜在约束假定应该仅在当假定对于在全部数据范围内的分析被认为是合理的时候才作出。另一方面，过度灵活地指定函数形式可能导致不能可信地估计出成本函数或生产函数，例如，出现负的边际成本。其原因在于数据集通常是有限的，不能识别过度形式灵活函数的参数。显然，在开始估计前，想要使用关于生产过程中的任何真实知识，但是不会想当然地强加超出认知的东西于数据之上。

第三，特别地，当成本函数和生产函数估计所用的数据是来自时间序列数据的时候，需要考虑产业中的技术变化，该变化会导致一部分数据变异。技术进步将导致新的生产函数与成本函数，如果不控制这一变化，在这一期间内与产出相关的成本和投入价格不能直接比较。基于这一原因，在利用时间序列数据时，一个或多个试图考虑技术进步影响的变量通常被引入指定的方程。毫无疑问，对于不同地区之间的厂商，很少可能存在技术进步的直接问题，但是，同样地，如果厂商使用不同的技术或以不同的能力水平使用相同的技术，那么试图去考虑这些差异将会是很重要的。

最后，当一个厂商涉及生产一种以上的产品或劳务的时候，成本和投入可能难以分配到不同的产出中去，构造不同产品的数据序列就可能成为一种挑战。通过增加估计参数的数目来估计联产品成本函数或生产函数将更为复杂。当然，这些努力可能依然是很值得的。

在接下来的小节中，利用一些有名的估计实例来讨论以上问题和其他一些问题，这些问题在实际成本估计实践中都会经常遇到。

3.2.2 成本函数估计的实际例子

大量的经验性实践已经表明，成本函数能够被用于估计生产过程中的技术特性，提供有关产业中的技术属性信息。因为，在最好的情形下，成本估计将所有关于生产的相关信息都归入到一个简单的来自常见的理论模型的函数中，相对于其他方法有时候更愿采取这种方法成本。这样做，当然只有在那些厂商以模型假定的方式来表现其行为时才能这么做：他们必须是最小化其成本的，在投入品市场中是价格接受者（参见第 1 章中的讨论）。接下来，讨论两个经验实例。所提供的这些例子并不必定是综合性的或是反映文献中的技术要求，而是介绍方法的基本原理和表明那些可能发生的计量经济学问题。同时也希望为探究更为高深的技术提供一个坚实的基础。

3.2.2.1　规模经济的估计

使用成本函数去试图估计规模经济时，一个有趣的实践例子就是由 Nerlove（1963）进行的关于美国电力产业的经典研究。他估计了一个以常见的柯布—道格拉斯生产函数为基础的回归模型，$Q = \alpha_0 L^{\alpha_L} K^{\alpha_K} F^{\alpha_F} u$，其中 Q，K，L 和 F 分别被定义为产出、资本、劳动和燃料：

$$\ln C = \beta_0 + \beta_Q \ln Q + \beta_L \ln p_L + \beta_K \ln p_K + \beta_F \ln p_F + V$$

136　　　　这表明，依照柯布—道格拉斯生产函数，就意味着成本函数具有以下形式：

$$C = k Q^{1/r} p_L^{\alpha_L/r} p_K^{\alpha_K/r} p_F^{\alpha_F/r} \upsilon$$

其中，$\upsilon = u^{-1/r}$，$r = \alpha_L + \alpha_K + \alpha_F$，$k = r(\alpha_0 \alpha_L^{\alpha_L} \alpha_K^{\alpha_K} \alpha_F^{\alpha_F})^{-1/r}$。参数 r 可以理解为规模经济的程度（参见下面的讨论）。模型要求规模经济对于所有的产量水平保持不变。

对成本函数进行自然对数变换，Nerlove 得到一个参数线性且能轻易地用标准回归软件包估计的等式：

$$\ln C = \beta_0 + \beta_Q \ln Q + \beta_L \ln p_L + \beta_K \ln p_K + \beta_F \ln p_F + V$$

其中，$\beta_0 = \ln k$，$\beta_Q = 1/r$，$\beta_L = \alpha_L/r$，$\beta_K = \alpha_K/r$，$\beta_F = \alpha_F/r$，以及 $V = \ln \upsilon$。

上面的成本等式是一个无约束的模型，也就是说，不存在对成本函数施加约束。另一方面，在理论上希望成本函数满足某些条件。例如，Nerlove 就施加了理论上的"齐次"约束，在估计等式之前，成本函数应该对于投入价格是一次齐次的。[1] 也就是，他施加的约束为：

$$\beta_L + \beta_K + \beta_F = 1$$

等同于 $\beta_K = 1 - \beta_L - \beta_F$。利用现代的计算机技术，通过回归软件包直接施加这些约束，就能估计这一受约束的模型。另一方面，Nerlove 同时估计了约束模型的非约束公式：

$$\ln C - \ln p_K = \beta_0 + \beta_Q \ln Q + \beta_F (\ln p_F - \ln p_K) + \beta_L (\ln p_L - \ln p_K) + V$$

该约束的结果就是一个参数很少被估计，也就是，β_K 能够从其他参数推导出来。直观地，在实践中，如果这些变量相对于资本数据来说是杂乱的，导致难以估计无约束的 β_K，那么这样做可能是有帮助的。另一方面，既然资本价格被用于标准化其他投入的价格和成本，参数约束并没有真正地从等式中移去资本价格。因此，在直觉上，这些争论依赖于这些思想，即，即使拥有所介绍的在等式中保留的每个相对价格变量的测量误差，仍然保留了足够的相对价格的信息（对数差分的方式）以推断 β_L 和 β_F。

Nerlove 采用 OLS 方法，利用在 1955 年 145 个厂商的成本和投入价格数据，

---

① 例如，如果让所有投入品的价格提升为原来的两倍，那么生产相同的产出的总成本也将提升为原来的两倍。

估计了该模型。其估计结果呈现在表 3—1 中。

表 3—1

变量	参数	$|t|$ 统计量
$\ln Q$	0.72	(41.33)
$(\ln p_L - \ln p_K)$	0.59	(2.90)
$(\ln p_F - \ln p_K)$	0.41	(4.19)
常数项	-4.69	(5.30)
R^2	0.927	——

资料来源：估计结果来自于 Nerlove（1963）中的模型。因变量为 $\ln C - \ln p_K$。估计中采用的数据是来自 145 个厂商 1955 年的数据。全部数据在原文中可见。

正如已经描述的那样，OLS 仅仅是一个在强假定条件下对成本函数进行适当估计的技术，该假定认为，厂商的效率未被观察到，特别是，生产效率是与生产数量的选择无关的条件均值。值得一提的是，Nerlove 的初始估计相当令人惊奇地表明：$\beta_K = 1 - 0.59 - 0.41 = 0$，该值就是将要返回的值。

可以回代得出规模经济 S 的测量值：

$$S = \left(\frac{\partial \ln C}{\partial \ln Q}\right)^{-1} = (0.72)^{-1} = 1.39 > 1$$

当 $S > 1$ 时，可以得出生产函数呈现出规模经济的结论。

为了说明为何如此，假设

$$\frac{\partial \ln C}{\partial \ln Q} = \frac{Q}{C} \frac{\partial C}{\partial Q} = \frac{MC}{AC}$$

于是有

$$S = \left(\frac{\partial \ln C}{\partial \ln Q}\right)^{-1} = \frac{AC}{MC}$$

因此，估计的成本函数意味着 $S > 1$ 时，$AC > MC$，也就是说，AC 是下降的，所以存在规模经济。

对数线性成本函数的规模经济与规模不经济是成本函数的整体属性，就其本身而言，不取决于所考虑的产出的精确水平。在下面将考察更为一般的成本函数，其规模经济的 S 值将取决于产出水平。

图 3—2 呈现了 Nerlove 的数据（取自然对数）和产出函数所估计出的成本。注意到该模型中包含有价格，所以拟合值并不是以简单的直线来进行标绘。

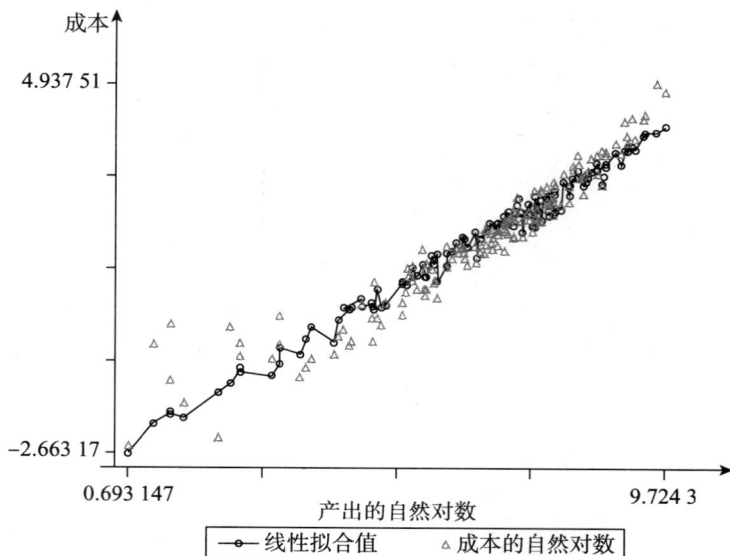

图 3—2 Nerlove 的基本模型数据和拟合值

资料来源：作者根据 Nerlove（1963）给出的数据加以计算得出的。

对于估计的任何回归方程的基本设定检验涉及对所估计的回归残差的图示。残差就是真实值与被解释变量估计值之间的差。例如，使用 OLS 估计，残差需要被预期为在解释变量条件下其期望值为 0。在图 3—3 中，显然残差依赖于产出水平，这违反了 OLS 生成一致性估计值的要求。在较高或较低的产出水平上，残差为正，于是真实成本系统地高于估计值。另一方面，对于产出的中间值，成本的真实值低于估计值。残差图呈现出明显的 U 形模式。

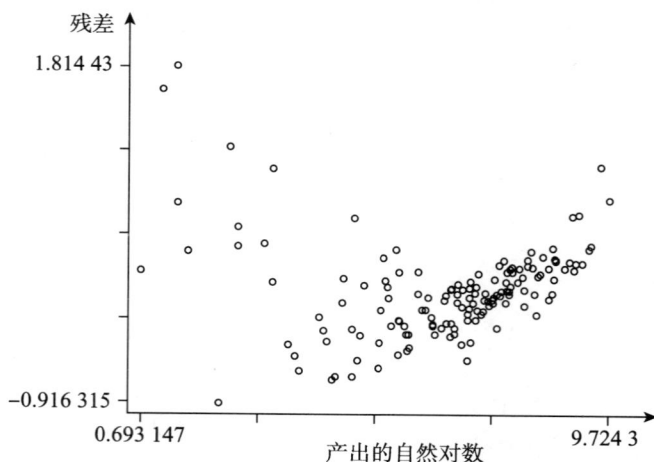

图 3—3 利用 Nerlove 的数据计算的残差图

该残差诊断表明假想的成本函数形状是不对的，真实的成本函数形状更可能具有像图 3—4 的形状。

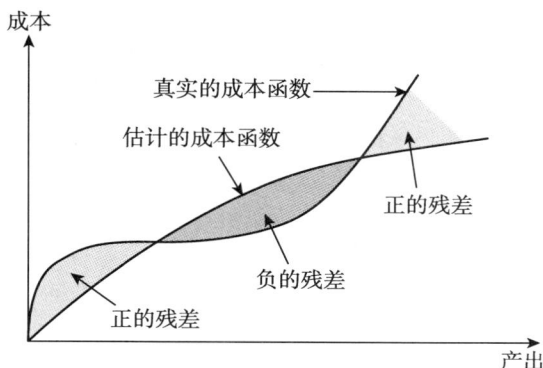

图 3—4　估计的成本函数与真实的成本函数的逼近

资料来源：作者通过对 Nerlove（1963）中的图 3 推演出的。

　　事实上，这些数据表明，存在在某一产出水平上将会耗尽的递增的规模经济，超过该产出水平后就存在递减的规模经济。Nerlove 认为，通过在对数产出属性中引入一个二阶项，以作为附加解释变量，函数指定形式可能是正确的。这样就生成了一个更为灵活的成本函数，该函数将允许成本随产出水平的增加，以先是规模经济然后是规模不经济的方式变化。这样就有以下函数形式：

$$\ln C = \beta_0 + \beta_Q \ln Q + b \ln Q^2 + \beta_F \ln(p_F - \ln p_K) + \beta_L(\ln p_L - \ln p_K) + \ln p_K + V$$

从而 $S = (\beta_Q + 2b \ln Q)^{-1}$，$S$ 随着产出水平 Q 的变化而变化。例如，如果 $b > 0$，$\beta_Q < 1$，那么

$$S > 1 \Leftrightarrow 1 > (\beta_Q + 2b \ln Q) \Leftrightarrow (1 - \beta_Q) > 2b \ln Q \Leftrightarrow \ln Q < (1 - \beta_Q)/2b$$

成本函数在低的产出水平上具有规模经济，在较高的产出水平上，一旦 $\ln Q > (1 - \beta_Q)/2b$，就具有规模不经济。改良后的模型更为灵活，所得出的结果呈现在表 3—2 中。

表 3—2　　　　　　　　采用灵活指定的 Nerlove 成本函数估计结果

变量	参数	$\lvert t \rvert$ 统计量
$\ln Q$	0.15	(2.47)
$(\ln Q)^2$	0.05	(9.42)
$(\ln p_L - \ln p_K)$	0.48	(2.98)
$(\ln p_F - \ln p_K)$	0.44	(5.73)
常数项	−3.76	(5.36)
R^2	0.96	—

　　资料来源：作者利用来自 Nerlove（1963）数据计算的结果。因变量为 $\ln C - \ln P_K$。估计中采用的数据是来自 145 个厂商 1955 年的数据。

　　注意现在 $\beta_K = 1 - 0.48 - 0.44 = 0.08$。图 3—5 重现了 Nerlove 的诊断检查——解释变量的残差图。与先前得出的结论相对照，该图表明回归残差预期值确实与产出水平不相关，当透过图形观察时，正如 OLS 估计中所要求的一致性

估计那样，回归残差似乎分布在 0 附近。另一方面，残差的变化确实好像与产出相关，这表明存在异方差性问题。异方差性相对于方程形式设定错误来说是一个小问题，因为异方差性并不意味估计是非一致性的。然而，异方差性的存在确实意味着将不得不小心地计算标准误，标准误就是与参数估计不确定性相关的测量。特别地，在传统公式中假设是同方差的，如果存在异方差性，即使有参数自身的一致性估计，生成标准误也将是非一致性估计。幸运的是，构建异方差的一致标准误差（HCSEs）是可能的，也就是说，标准误的估计对于存在异方差的情形是稳健的。参见第 2 章中的异方差性的讨论。

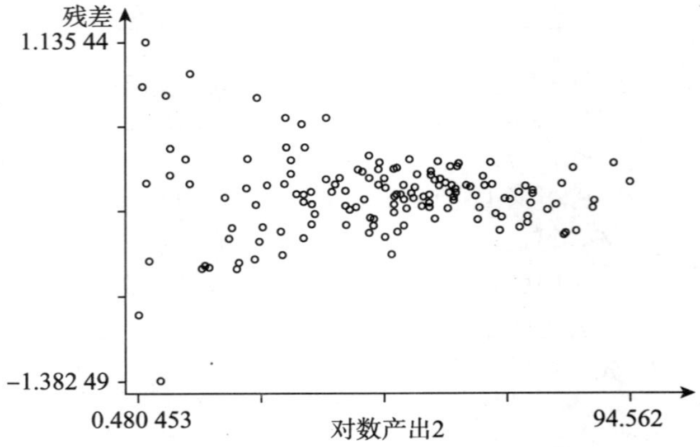

图 3—5　Nerlove 的更为灵活的函数形式的残差诊断图

Christensen and Greene（1976）通过调整 1955 年的数据且添加了 1970 年的数据，重新估计了同一成本函数。他们尝试了各种模型，某些模型的结果通过图 3—6 加以阐明了。

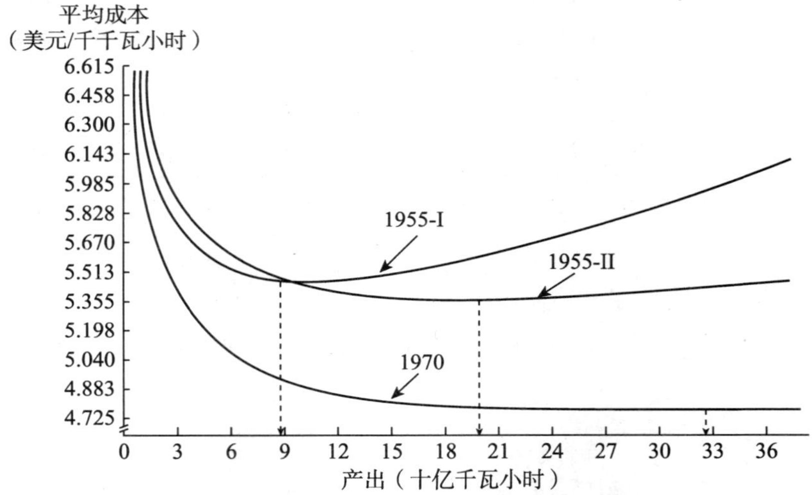

1955-I	88	26	11	7	3	4	2	2		1		1										
1955-II	76	15	8	8	3	7	2	2		2	1		1									
1970	26	22	7	10	9	1	6	4	3	2	1	4	1	1	1	2	1	2	1	1	1	2	1	3

厂商的规模分布

图 3—6　成本函数的演化

资料来源：Christensen and Greene（1976）。

在图中最低的这一条线是利用 1970 年的数据估计出的成本曲线，而最上面的两条线是利用不同的模型设定对 1955 年的数据估计得出来的。首先，注意到在高水平产出处，1955 年数据模型的差别是很大的。观察图形下面的表格，该表格报告了每一数据集中在每一产出规模上的观测值数目，这就很容易看出是为什么。在高水平产出时，仅仅存在很少的数据点，因此，在高水平产出的情形下，有关曲线形状的信息就很少。在较低水平产出的情形下，存在大量的数据，有关 1955 年的两个回归结果似乎是相当一致的。图形第二个良好的特性就是，它清楚地展示了技术进步伴随着时间的影响。首先，技术进步似乎改变了运行的最小有效规模（MES）。可以通过向右移动平均成本函数达到最小的点来表示 MEC 的增加。其次，在图形中更为引人注意的明显事实就是，技术进步使得 1970 年的平均成本函数向下移动了。在所有的产出水平上，在 1970 年生产 1 000 瓦小时的电力的平均成本，相对于 1995 年来说要低些。

到目前为止，在呈现 Nerlove 的研究中，已经仔细地检验了这些计量经济学结果，但是为了简化呈现，遗漏了适当分析中的重要步骤，在经验实践中，这些步骤通常需要在着手检验之前就加以考虑。也就是说，没有检查理论模型的基础假设的有效性。在此情形下，可能想要知道关于厂商行为的貌似合理的观点就是：（1）对于给定的时点上给定的产出水平，厂商会最小化其成本；（2）在投入品市场上，厂商是价格接受者。通过对所研究的产业相关知识的了解，通常会很好地考虑了这些基本的模型框架性假设。在电力产业中，事实上，电力一般不能被贮存，所以必须根据需求来进行供给，因此，市场交易力量倾向于相当直接地发生作用。[1] 厂商确实是试图以最低的可能成本来供电。[2] 然而，考虑到投入品市场，价格接受者行为假设有时候可能更难以激励厂商了。另一方面，尽管 Nerlove 注意到燃料是按照长期合约来加以购买的，相对小的发电站在资本和燃料市场上除了成为价格接受者外不太可能有其他选择。再者，劳动强烈地受到了工会的影响，工资也是通过长期合同谈判来确定的。如今，除了假设把该假定作为一个近似情形外（例如，参见 Manning 2005），许多劳动经济学家可能不接受"价格接受"是协商劳动市场产出的相关假定。另一方面，当厂商在决定使用多少劳动、资本和燃料时，如果有效地固定了投入品价格，即使它们是通过长期合约加以固定，而不是基于"价格接受"这一理念而固定厂商投入品价格，那么厂商将投入品价格视为固定，选择投入品的组合，以最小化任何给定产出水平的成本，那么假定可能不是那么难以置信的，即使不是按照理论家最初预想的那样激励厂商。

此外，对于一些直接关注者来说，大量的其他因素也可能导致一些需要仔细考虑的问题。例如，在电力生产中，在一些产业中可能存在供给者使用瓶颈而使

---

[1]　现在的研究者可能相对困难些，因为现在通过使用水力发电而与一般规则有些例外。然而，电力是难以贮存的，工厂人员知道水既能被贮存，也能被用于发电。例如，位于英国威尔士的 Dinorwig 水力发电站自 1984 年起就已经采用了双向涡轮。利用便宜的非峰值电能向高山上抽水，然后又利用这些水去驱动涡轮在峰值时期发电。

[2]　另一方面，在严重管制的部门情形可能不是这样的。

得生产能力战略性的退出因素，这将导致产出独立于需求和成本而变动。[1] 同时，一份如同 Nerlove 一样使用厂商间变异的研究表明，重要的是，厂商间的投入品价格变化足够充分，足以指明为响应投入品价格相对变化而造成的成本差异。也就是说，如果主要的投入品是一些常见品，那么不太可能观察到足够大的厂商间投入品的变化。

3.2.2.2 联产品厂商的规模以及规模效应的估计

在联产品厂商的情形下，效率可能不仅仅源自于规模经济也可能源自于范围经济，范围经济带来的效率就是在于同一生产实体生产多种产品与服务。在一篇有趣的论文中，Evans and Heckman（1984a，b）试图经验地估计美国电信巨人 AT&T 的成本函数，以判定在本地和长途电话服务的生产中，规模经济与范围经济是否证明了单一全国供应商的存在是正当的。[2]

在 1982 年，美国政府指责 AT&T 通过利用其垄断的地方电话交换，封锁了长途电话市场，决定将该公司拆分不同的地方电话交换供应商和长途电话服务供应商。这最终导致提议组建"小贝尔"公司，以提供所有的地方性电信服务，但是不准进入长途电信服务市场，而将 AT&T 作为长途电信服务商。AT&T 声称：由一个公司提供所有的电信服务存在明显的管理效率，将 AT&T 公司的经营区域和经营活动拆分将对这些效率造成不可挽回的损失。

Evans and Heckman（1984a，b）（后面简称 EH）试图通过检测成本函数的"次可加性"来经验地检验这一申明，成本函数的次可加性意味着当由一个厂商进行生产时，生产成本会比由多个小厂商进行生产时的生产成本更低。下面将正式定义次可加性，它足以确保由单一厂商进行生产将比多个厂商进行生产获得更高的生产效率，从而可能为允许"单一的大厂商来既提供地方电信服务又提供长途电信服务，而不是由两个专业厂商分别提供服务"提供论据。

定义如下两产品成本函数：

$$C = C(q_L, q_T, r, m, w, t)$$

其中，q_L 是市话 L 的产出水平，q_T 是长话 T 的产出水平。通常，成本函数取决于投入品价格，于是 r 为资本回报率，w 是工资率，m 是材料价格。再者，EH 使用的是时间序列数据，于是他们必须修正由跨时期带来的成本函数的改变。基于此，t 是用以表示技术趋势的变量。EH 通过以市话服务和长话服务各自的平均价格来区分两种不同服务带来的收益得出其产出数据。

上面所定义的成本函数是两产品成本函数。更为一般地，可能定义一个 J 种投入、M 种产出的成本函数。例如，EH 利用两种产品、三种投入变量的一般联产品超越对数成本函数：

---

[1] 例如，参见 Joskow and Kahn（2001）的讨论。他们注意到在 2000 年的夏天，加利福尼亚的电力价格比其 1998 年或 1999 年相同年份的价格几乎高出 500%。也参见 Borenstein et al.（2002）的讨论。如果供给和需求是非弹性的，供给小于需求，那么价格将飙升。

[2] 参见 Evans and Heckman（1984a，b，1986），最后面的文章纠正了某些重要的潜伏在作者最初报告的结果中的某些重要的误差。

$$\ln C = \alpha_0 + \sum_{j=1}^{J} \alpha_j \ln p_j + \sum_{m=1}^{M} \beta_m \ln q_m + \frac{1}{2} \sum_{j=1}^{J} \sum_{k=1}^{J} \gamma_{jk} \ln p_j \ln p_k$$
$$+ \frac{1}{2} \sum_{m=1}^{M} \sum_{i=1}^{M} \delta_{mi} \ln q_m \ln q_i + \frac{1}{2} \sum_{j=1}^{J} \sum_{m=1}^{M} \rho_{jm} \ln p_j \ln q_m$$
$$+ \left(\sum_{j=1}^{J} \lambda_j \ln p_j \ln RnD + \sum_{m=1}^{M} \theta_m \ln q_m \ln RnD + \mu \ln RnD + \tau (\ln RnD)^2 \right)$$

显然，该成本函数比由 Nerlove 采用的柯布—道格拉斯成本函数更具有一般性。该成本函数表现出极大的灵活性，其可以表现为任何成本函数的局部近似。对于 EH 的应用，设定 $J=3$ 作为投入品种类，$M=2$ 作为产出种类。此外，依照 EH 的设定，通过利用贝尔实验室的研发支出的滞后项来表示技术进步，表示为 RnD。

所提出的超越对数成本函数是一个非约束的等式。在估计中，可能希望依据理论建议而对成本函数施加约束。例如，在估计中，EH 对投入品价格施加了齐次性约束，以策略性地类同于上面讨论过的 Nerlove 的方法。此外，对于投入品价格施加了对称性约束。

事实上，EH 估计了一个包含了超越对数成本函数和三种投入成本分摊等式的方程组：

$$s_j = \alpha_j + \sum_{k=1}^{J} \gamma_{jk} \ln p_k + \sum_{m=1}^{M} \rho_{jm} \ln q_m + \lambda_j \ln RnD$$

利用 Evans 和 Heckman 的等式进行实际估计。为了这么做，回想谢泼德引理，该引理表明，可以通过对成本函数关于投入品价格求导，得出投入需求方程。

定义 I_j 为投入需求方程，由谢泼德引理有：

$$I_j = \frac{\partial C(q_1, q_2, p_1, p_2, p_3, t)}{\partial p_j}$$

于是投入品 j 占全部成本的份额为

$$s_j = \frac{p_j I_j}{C} = \frac{p_j}{C} \frac{\partial C}{\partial p_j} = \frac{\partial \ln C}{\partial \ln p_j}$$

对多元超越对数模型的三种投入品应用谢泼德引理，得到三种投入品的成本份额等式：

$$s_j = \alpha_j + \sum_{k=1}^{J} \gamma_{jk} \ln p_k + \sum_{m=1}^{M} \rho_{jm} \ln q_m + \lambda_j \ln RnD$$

值得注意的是，投入品份额等式具有许多与成本函数相同的参数。结果，能够将它们与超越对数成本函数一起估计为：

$$\ln C = \alpha_0 + \sum_{j=1}^{J} \alpha_j \ln p_j + \sum_{m=1}^{M} \beta_m \ln q_m + \frac{1}{2} \sum_{j=1}^{J} \sum_{k=1}^{J} \gamma_{jk} \ln p_j \ln p_k$$
$$+ \frac{1}{2} \sum_{m=1}^{M} \sum_{i=1}^{M} \delta_{mi} \ln q_m \ln q_i + \frac{1}{2} \sum_{j=1}^{J} \sum_{m=1}^{M} \rho_{jm} \ln p_j \ln q_m$$
$$+ \left(\sum_{j=1}^{J} \lambda_j \ln p_j \ln RnD + \sum_{m=1}^{M} \theta_m \ln q_m \ln RnD + \mu \ln RnD + \tau (\ln RnD)^2 \right)$$

无论施加理论约束与否，可以使用诸如似然不相关估计量（seemingly unrelated

regression estimator，SURE）等来同时估计这四个等式。当然，如果数据在理论上支持系数 γ、ρ 和 λ 方程组间的相等性，那么就能施加交叉等式约束，在估计中这样做更有效率。① 作为通常情况，如果数据不能满足理论约束条件，事实上，为尽力达到估计效率，牺牲了一致性，估计是有偏的。

也得注意到，能够利用谢波德引理从成本份额等式的参数中得出投入品需求的生产要素价格弹性。特别地，既然 $s_j = \dfrac{p_j I_j}{C}$，那么有 $\ln I_j = \ln s_j - \ln p_j + \ln C$，于是：

$$\frac{\partial \ln I_j}{\partial \ln p_k} = \frac{\partial \ln s_j}{\partial \ln p_k} - \frac{\partial \ln p_j}{\partial \ln p_k} + \frac{\partial \ln C}{\partial \ln p_k} = \frac{1}{s_j}\frac{\partial s_j}{\partial \ln p_k} - \frac{\partial \ln p_j}{\partial \ln p_k} + s_k$$

$$= \begin{cases} \dfrac{\gamma_{jk}}{s_j} + s_k, & j \neq k \\[2ex] \dfrac{\gamma_{jk}}{s_j} - 1 + s_k, & j = k \end{cases}$$

146 Evans 和 Heckman 想要知道单独生产 q_L 和 q_T 的成本是否不同于联合生产这两种产品的成本。他们首先的检验涉及比较 $C(q_L，q_T)$，事实上这仅仅是一个近似受限的成本方程，所施加的约束条件为：

$$C(q_L，q_T) = C(q_L) + C(q_T)$$

根据超越对数方程，一个重要的近似论证表明，这一限制可以通过施加参数约束 $\delta_{mi} = -\beta_m \beta_i$ 来进行。（参见 Evans and Heckman（1984a，b）对于限制的讨论）。显然，这是一个参数约束，可以利用标准的计量经济学方法中关于非线性参数约束检验方法加以检验）。

如果该联产品检验被拒绝，仅仅表明了不能分开来考虑这些生产活动。EH 可能愿意表达得更多。特别地，他们想要思考使用单一厂商进行生产是否能够取得生产效率。为了这么做，他们应用了如下的"次可加性"检验。假设试图生产全部行业的产出 $(\bar{q}_L，\bar{q}_T)$，但是不是让一个厂商去生产全部的产出，而是多个小厂商都生产一部分。称 s_{ij} 为第 i 个厂商生产的第 j 种产品的份额。相关问题就是，由多个厂商生产全部产品是否比一个厂商生产全部产品花费得更多。如果在多个厂商间分割生产确实花费得更多，那么 AT&T 就是一个自然垄断者，尽管 AT&T 生产的是联产品。

特别地，EH 检验了是否有：

$$C(\bar{q}_L，\bar{q}_T) < \sum_{i=1}^{I} C(s_{i1}\bar{q}_L, s_{i2}\bar{q}_T)$$

其中

$$\sum_{i=1}^{I} s_{ij} = 1，\ s_{ij} > 0，\ j = L，T$$

---

① 存在大量的联立方程技术，调查者应该考虑该背景条件。SURE 和极大似然估计是两个有用的方法，但是它们不能处理内生性问题。基于此，GMM 系统估计技术一般可能是最为适当的技术。

Evans 和 Heckman 试图对次可加性争论进行一个局部检验，该争论就是不存在局部次可加性与拒绝全局次可加性是否相关。既然通常不能观察所有可能水平的产出，那么这一局部检验是重要的。确实，关于 AT&T 数据的一个主要困难就是，该数据不包含最直接相关的数据点；在进行拆分之前，不能简单地观察到在单独提供市话和长途电话服务的成本情况。Evans 和 Heckman 仅仅使用那些产出组合在事前确实已经被观测到的成本函数的区间，也就是说，就是那些在数据集中存在数据的区间，因此，很轻易地证明了局部检验的情形。

为了这么做，EH 限制了每种产品的总产出水平，以使得这些产出数量落入到他们拥有的数据的总产出水平之内。换句话说，由假想的多个厂商所生产每种产品的总的产出数量必须落在真实垄断条件下所观察到的总产出的范围内。同时他们还要求按照比例混合的产品组合在所观察到的（q_L, q_T）以内。值得注意的是，如果知道方程 $C(q_L, q_T)$ 的形式，那么可以简单地通过模拟对垄断者进行拆分计算多个小厂商的假想产出水平对应的成本 C，以进行该检验。然而，因为通常仅仅只有某些产出组合（$\bar{q}_L$, $\bar{q}_T$）以及与其对应的成本数据 $C(\bar{q}_L, \bar{q}_T)$，这样做通常仅仅识别出所假定的成本函数的形式。对超出可用数据范围外的地方进行外推明显是很冒险的做法。

在图 3—7 中的阴影部分说明了由 EH 施加约束后所界定的区域。约束条件集界定的阴影区域是所观测到的来自产出相关比例的范围，表示在图 3—8 中。尽管两种产出水平都随着时间增长，但是长途电话在所有的时间内都以一个更快的速度增长。图 3—9 显示出，在产出组合中存在一个明显的可能由于需求改变和技术进步导致的时间趋势。产品组合中存在变异这一事实是很有帮助的，但是该变异是随时间而出现的事实，使得人们对于是否是在估计一个单一的成本函数感到怀疑。至少意味着必须将成本函数随时间而变化这一现象模型化，这就是促成 EH 在回归中引入一个技术进步指数的原因所在。

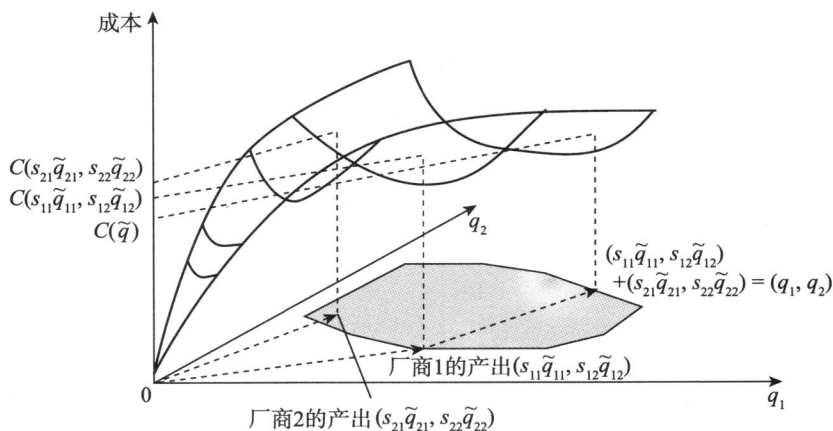

图 3—7　在 Evans 和 Heckman 研究中的估计接受区域

资料来源：作者通过由 Evans and Heckman （1984a，b）提供的图进行推断得出。

地方电话/总电话

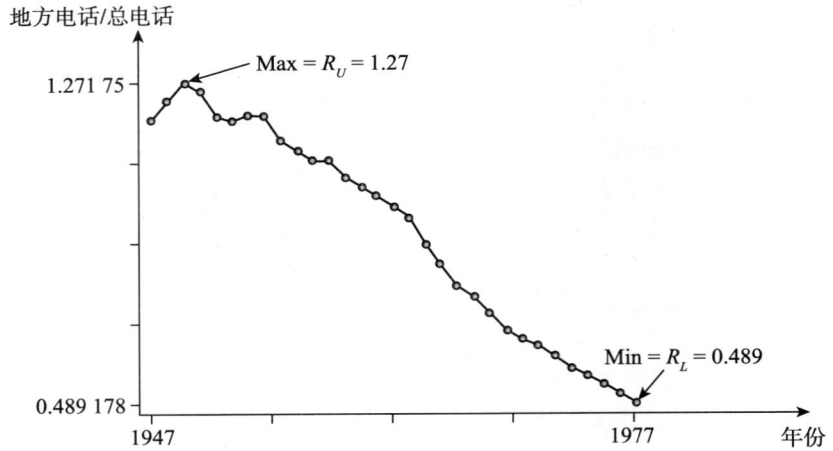

图 3—8　业已实现的地方电话/总电话产出组合

资料来源：作者通过来自 Evans and Heckman（1984a，b）的数据推断得出。

地方电话呼叫产出

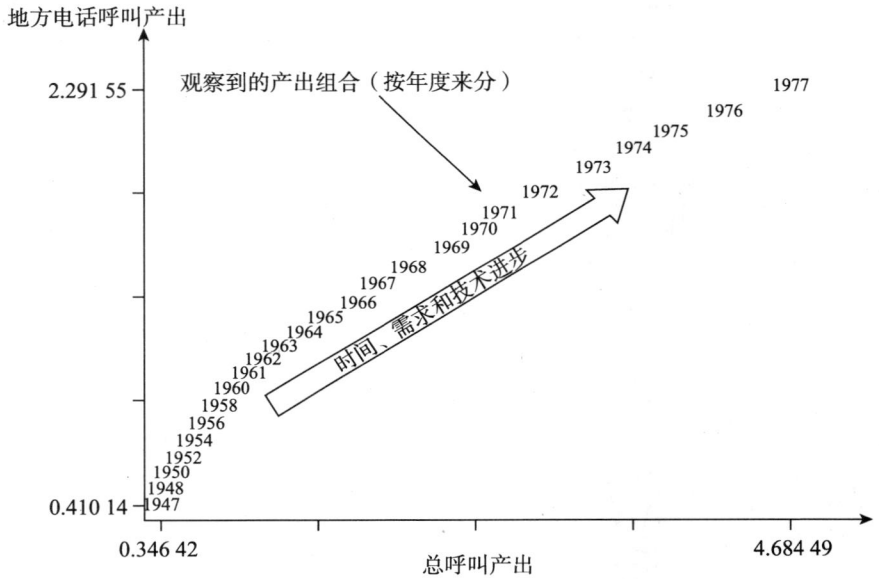

图 3—9　地方电话呼叫和总呼叫的相对权重趋势

资料来源：作者通过来自 Evans and Heckman（1984a，b）的数据推断得出。

Evans and Heckman（1984a，b）为我们在联产品情形下估计规模经济和范围经济提供了很好的例子。然而，随后的研究指出，他们所估计的成本函数似乎是以一个奇特的方式表现出来的，不满足成本函数的某些让人满意的特性。Röller（1990a，b）在要求估计的成本函数满足一个成本函数的某些"适当"特性的条件下，再次进行了 EH 的次可加性检验。特别地，Röller 对成本函数施加了非负性、线性齐次性、凹性、价格非增和正的边际成本约束。同时他认为，超越对数成本函数在评估多个拆分厂商的过程中，并不是一个具有吸引力的函数形式。问题在于他们包含了产出的自然对数值，在零产出水平上，自然对数值变为负无穷大，这恰好是拆分 AT&T 后会包含的情况（要么在长途电话，要么在市话上具有专长）。基于此，Röller 提议使用一种不同的成本设定形式：他应用了一种二次 CES（对于二次项具有不变替代弹性）成本函数。

149 　　在此已经给出了对这些估计方程的技术的大量而有趣的讨论和改进方法。Sueyoshi and Anselmo（1986）重新界定了在考虑到满足对称性条件后的估计接受区域。Shin and Ying（1992）对市话交换供应商建立一个全局次可加性检验，并利用横截面数据估计了该模型。Salvanes and Tjøtta（1998）给出了一个程序，用于计算满足 Evans and Heckman 所采用的超越对数成本函数所要求的范围，即要求满足正的成本、正的边际成本、齐次性、单调性和投入价格凹性。

3.3　替代方法

　　虽然上面所提到的传统成本函数估计是在许多经验调查中采用的方法，但是存在大量的相关替代方法。首先是将成本函数或生产函数视为将要估计的"理想状态"或"前沿状态"。效率前沿面分析（EFA）将理论构造视为厂商可能能够达到也可能达不到的理想状态，而不是将对成本函数的偏离视为一个均值为 0 的随机项。在通常的管理中，两个经常用到且广受欢迎的经典模型就是数据包络分析（DEA）和随机前沿面分析（SFA），每个模型的重点就是考虑厂商特有的非效率。在本节，主要分别讨论这两个经典模型以及两者的关联方法。然后，继续讨论非计量经济学的方法，这一方法主要是通过与有关产业专家（也许是工程师）直接讨论成本和效率问题等等，来重现厂商特别的详细信息。该方法有时候被称为生产"工程"工艺估计。

3.3.1　厂商特有的非效率计算

　　Farrell（1957）认为，尽管理论假定厂商最小化其成本，但是，在实际中观察到的是厂商不可能准确地做到成本最小化。[①] 自然地，基本的理念就是：厂商常常仅仅是接近理想状态，而不会达到理想状态。结果，一些技术得到了开发，

---

　　① Greene（1997）对此给出了一个相当深入的调查。在 Kumbhakar and Knox-Lovell（2000）以及 Coelli et al.（2005）的书中给出一个综合的处理方法。

于是在本节所探索的一些构想可能会被应用于各种背景：（1）利用生产与投入数据估计生产前沿；（2）利用成本、产出和投入价格数据去估计成本前沿；（3）甚至是利用成本、产出和投入价格数据去估计利润前沿。在每一情形中，所使用的数据都是不同的，但是所应用的原则理念是相同的。为了加以解释说明，回想生产函数描述的是，对于任何给定的投入水平所能达到的最大产出，现实中的厂商可能并不能到达该最大水平的产出。如果如此，可能就希望估计一个有效的成本前沿或生产前沿，而不是本章中前面部分所描述的成本函数或生产函数。在管理中该方法特别流行。因为在管理中，标杆竞争被用于促进有效地生产，但是这要求具有对所管理的厂商的相关效率进行评估和比较的能力。

当考虑可能的效率来源时，既有文献通常区分三种不同的可能非效率来源，分别为：配置非效率、技术非效率和规模非效率。

配置非效率，当厂商在生产时，因为相对于价格信号不恰当地调整了投入，使用了错误的投入组合，就会出现配置非效率。

技术非效率，与配置非效率相反，技术非效率测量厂商虽然使用了正确比例的投入品，但是他们没有达到尽力去生产一个有效率的厂商所能生产的那么多产品的程度。正如将要看到的，技术效率通过既定厂商生产所需要的最小可行投入与该厂商实际使用的投入水平的比例来测量。例如，如果生产函数表明雇佣 4 个售货员运营一个给定规模的商店是可能的，而一个商店雇佣了 6 个售货员获得相同的产出，那么该商店的技术效率就是 $\frac{4}{6}=\frac{2}{3}$，或 67%。在理论上，这表明厂商应该能节约 33% 的人工成本。

规模效率，当厂商在规模报酬递减（生产前沿）或规模不经济（成本前沿）的产出水平上运营时，规模效率因素就会出现。在生产环境下，继续以上的例子，假想该商店有 4 个售货员时是有效率地运营的，但是能仅仅通过再增加 2 个售货员而使得产出加倍。这意味着如果雇佣了 6 个售货员并且要使得是技术有效的，那么就应该仅雇佣 3 个售货员来生产当前由 4 个售货员生产的产出。规模效率可以被测量为 $\frac{3}{4}$ 或 75%。

可能能够以多种方法来估计实际运营厂商的系统非效率，最为流行的方法就是通过使用非参数模型（例如，DEA）和参数模型（例如，SFA）。在传统论述中认为真实厂商效率都是异质的，以系统的观点来看，厂商具有完全的效率仅仅是一个理论所预期的结果。如果如此，那么在数据集中的真实厂商，相对于理想状态将系统地倾向于具有低效率。事实上，如果任何相关的东西都被适当地加以测量，那么厂商的成本和产出业绩都将位于理想的成本函数的下方。

在接下来的两小节将简短介绍这两种方法的基础，讨论它们主要的优点与不足。

3.3.2 非参数前沿法（DEA）

生产前沿（投入方向模型）：基于一种投入和一种产出的 DEA 模型考虑每一数量的有效投入的最大或前沿产出（见图 3—10（a））。[1] 用曲线图得出的一个基础 DEA 模型将找到一条包含（包络）了全部数据的前沿，在形式上，就找到了包含了所有数据点的最小凸集。为了检验车间或厂商（其在图中标记为 B 点）的技术效率可以试图测量 $\dfrac{AB}{AC}$ 这一比例，该比例表示，厂商利用所使用的投入所达到的产出数量与厂商在利用该水平的投入条件下估计的生产前沿产出数量的比值。

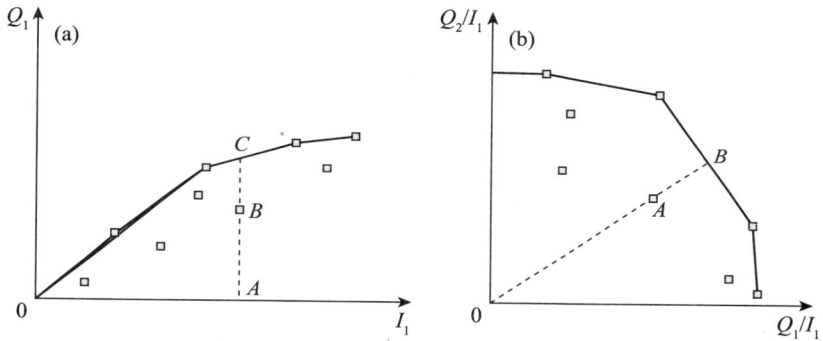

图 3—10 （a）一种产出一种投入的 DEA 模型
（b）两种产出一种投入的 DEA 分析

对于多种投入和多种产出的情形，分析变得难以形象地加以表示，但是对于单一投入（如员工）两种产出的情形，DEA 分析能够有效地画出各个车间或产品的每单位投入对应的产出（参见图 3—10（b））。例如，假设电话服务中心的话务员可以承担两项工作：（1）电话销售，（2）顾客售后服务。因为在同一时间任何给定的话务员只能明确地与一个人通话，这样在每天所能处理的每种类型的呼叫间就存在一种替代关系。为了检验呼叫处理的效率，开始可以画出公司一些地区呼叫中心每个话务员的呼叫销售量与每个话务员的售后服务数的关系，可以得出诸如在图 3—10 中所显示的那样的结果（在图中数据点代表了一个地区呼叫

---

① DEA 的发展经常归功查恩斯等（Charnes et al.，1978）。对于这一方法截止 20 世纪 90 年代中期的一个概述参见费尔等（Fare et al.，1995）。关于最近的综合处理参见库柏等（Cooper et al.，2007）。DEA 和生产前沿分析的相对优势在一系列的文章中被讨论过，这些文章都是由艾格纳和储（Aigner and Chu，1968）那篇最初出版的论文展开的。现在对于这些讨论主要是基于历史兴趣，但是有兴趣的读者可以参见 Schmidt（1976，1978）和 Chu（1978）的研究。最早的 DEA 方法没有报告统计的不确定性的测量以及在应用中没有报告标准误差、t 统计量或 R 平方值，这一事实导致了大量的差别。DEA 方法经典地作出凸性假定，虽然该方法被称为对于非凸生产集的自由处置外界法（Free Disposal Hull，FDH），参见 Deprins and Tulkens（1984）。

中心，通过找出包络所有数据点的最小的凸集画出了前沿；前沿包络了数据）。该图表明，存在某些"技术有效"的呼叫中心（它们在前沿上）；某些呼叫中心在前沿的下方，它们可能存在提高其技术效率的空间。有时候（相对的）技术效率被测量为比例：$\frac{OA}{OB} \times 100\%$，其中 OA 和 OB 分别为 A 点和 B 点到 O 点的距离，于是在 B 点运行的呼叫中心将具有 100% 的技术效率，然而那些在前沿内部的点上运行的厂商将会在一个较低的技术效率水平上运行。在这种情形下，分析就能够通过手工来进行。在更为复杂的情形下，当是一种产出多种投入或同时是多种产出多种投入时，分析就不能仅仅使用图形来进行，但是，对于多种投入多种产出的情形，可以采取数值方式进行类似的分析，以确定任何既定投入水平下的技术效率生产前沿。

为了加以说明，考虑一种产出多种投入的情形，其中厂商 i 的产出定义为 q_i，使用的 J 种投入的厂商 i 的投入向量为 $\underline{I}_i = (I_{1i}, I_{2i}, \cdots, I_{Ji})$。对于个别厂商，例如厂商 k，其效率的 DEA 估计值 Q_k，可以通过求解最小化问题来加以构造：

$$\min_{\theta, \gamma_1, \cdots, \gamma_i} \left\{ \theta \mid \frac{q_k}{\theta} \leqslant \sum_{i=1}^{n} \gamma_i q_i ; \ I_{jk} \geqslant \sum_{i=1}^{n} \gamma_i I_{ji}, \ j = 1, 2, \cdots, J \right.$$
$$\left. \theta > 0; \ \gamma_i \geqslant 0, \ i = 1, 2, \cdots, n \right\}$$

为了理解这一最小化问题，首先注意到所观察到的数据是每个厂商的投入和产出水平，非负的加权和 $\sum_{i=1}^{n} \gamma_i q_i$ 和对于 $j = 1, 2, \cdots, J$ 的 $\sum_{i=1}^{n} \gamma_i I_{ji}$ 定义出了一个"虚拟"厂商的产出和投入水平。也就是说，虚拟厂商是通过实际厂商的投入和产出组合的非负权重 γ_i 来加以定义。第二，在 $\frac{q_k}{\theta}$ 中，递减 θ 控制着从厂商 k 中按照比例抽取的实际产出。因此，最优程序要求应该尽可能多地从厂商 k 中按比例抽取产出组成一个最小的虚拟厂商，并且要求满足：对于在数据集中观察到投入和产出的实际组合，该最小虚拟公司能够真实地生产出较高水平厂商的产出。计算每个厂商的 Farrell 效率指数 θ_k，即对数据集中的每个厂商求解 1 个总共求解 n 个最优程序。[1]

库马尔和拉塞尔（Kumar and Russell，2002）利用总体数据（事实是国家级别）给出了一个强有力的实际应用。他们的结论呈现在图 3—11 中，该图给出了从 1965 和 1990 年世界生产前沿的演进路径。[2]

---

[1]　关于厂商可行组合的约束，界定了虚拟厂商的属性。例如，希望假定现有厂商仅能收缩而不能扩展，于是附加约束 $0 \leqslant \gamma_i \leqslant 1$，或者希望假定虚拟厂商仅能按照既有厂商规模的加权组合来构建，那么可以附加约束 $0 \leqslant \sum_{i=1}^{n} \gamma_i \leqslant 1$。详细的讨论参见班克等（Banker et al.，1984）。值得注意的是，文中所描述的程序中我们已经禁止了 k 指标。既然得出的是每个厂商的参数集，所估计的全集就包含效率指标 θ_k 和权重集 $\gamma_{1k}, \gamma_{2k}, \cdots, \gamma_{nk}$，对 $k = 1, 2, \cdots, n$。

[2]　如果读者想要数据集去试图进行试验，在 Thanassoulis（1993）表 1 中给出了一个数据集。该数据集是关于 15 个假想的医院的数据，在谢尔曼（Sherman，1984）和布瓦林（Bowlin et al.，1985）的研究中也使用过。

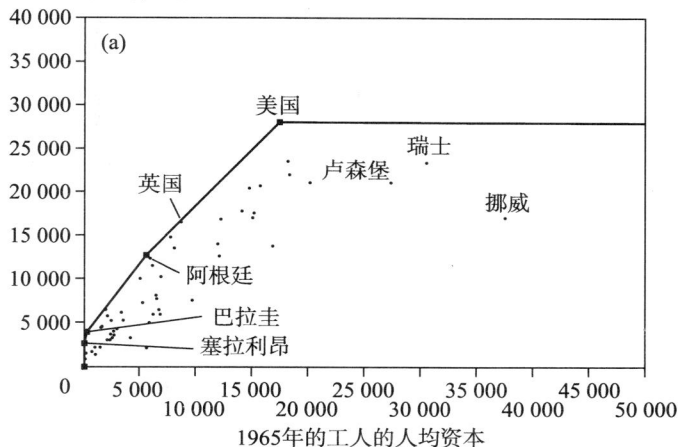

1965年的工人的人均产出

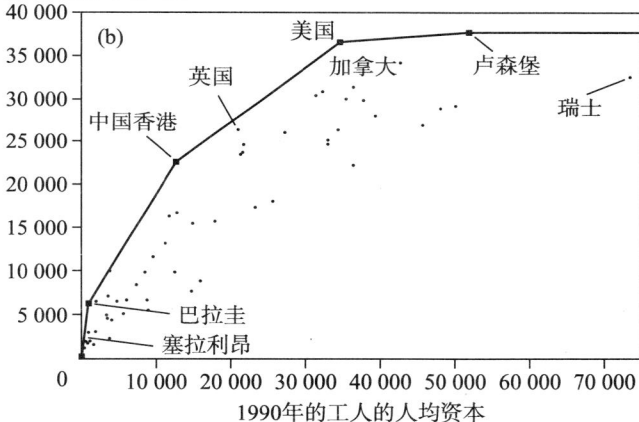

1990年的工人的人均产出

图 3—11 世界生产前沿

资料来源：Kumar and Russell（2002）。

成本前沿（产出方向模型）。上面所描述的决定厂商生产前沿的基本技术可以直接转化为成本前沿模型。特别地，如果厂商 k 的投入品 $j=1，2，\cdots，J$ 的价格向量被定义为 $p_k=(p_{k1}，p_{k2}，\cdots，p_{kJ})$，下面用上标"obs"表示观察数据的变量，保持先前的产出和投入的符号，一个有效的成本前沿可以通过求解以下问题来界定。

$$\min_{\substack{I_{k1}，\cdots，I_{kJ} \\ \gamma_1，\cdots，\gamma_J}}\left\{\sum_{j=1}^{J}p_{kj}^{\text{obs}}I_{kj}\,\Big|\,q_k^{\text{obs}}\leqslant\sum_{i=1}^{n}\gamma_iq_i^{\text{obs}}；I_{kj}\geqslant\sum_{i=1}^{n}\gamma_iI_{ij}^{\text{obs}}，j=1，2，\cdots，J\right.$$
$$\left.\gamma_i\geqslant0，i=1，2，\cdots，n\right\}$$

这就是说，对于每个厂商 k，最小虚拟厂商（最小的 γ_is）所要求的投入品的最小成本向量 $(I_{k1}，I_{k2}，\cdots，I_{kJ})$ 满足：（1）虚拟厂商的产出等于或大于所观察到

的厂商 k 的产出，（2）所支付的投入是（最少是）虚拟厂商所要求的投入。[①] 该程序将得出最优成本水平 C_k^*，将 C_k^* 与所观察的成本水平 C_k^{obs} 进行比较，得出总效率的测量 $OE_k = \dfrac{C_k^*}{C_k^{\mathrm{obs}}}$。该方法也可以测量配置效率，因为在给定观察到的投入价格下，能够观察一个投入组合与最优投入组合之间的差异程度。一个应用的实例，例如，参见 Sueyoshi（1991）的研究，他利用埃文斯和赫克曼（Evans and Heckman，1984a，b）中 AT&T 剥离的数据集，估计了一个 DEA 模型，在本节前面部分的对估计传统成本函数的探讨中已经探究过这一剥离。

支持 DEA 的人认为，该方法对于成本前沿（生产前沿）的函数形式作出了较少的假设，但是其批评者认为 DEA 可能严重依赖于实际数据。[②] 其原因在于基本的 DEA 模型是利用极端数据点来界定可能结果集，例如，什么是最小可能成本。如果错误地记录了某一单一的数据，那么在数据中可能出现一个具有相当高效率的厂商，这样该前沿错误地给出其他厂商是非效率的结论。对异常值的敏感可能导致实质性的问题。另一方面，该方法避免了对成本或生产函数施加特定的参数方程形式约束。为了协调 DEA 模型方法和更为标准的参数模型方法，既有文献已经为 DEA 模型开发出了一个统计基础。特别地，考察一个给定的 DEA 模型的方法之一就是，对数据集中的每个厂商定义一个残差项。在我们成本估计的实例中，定义 u_k 为对最优成本水平的偏离，$u_k = C_k^{\mathrm{obs}}(1 - OE_k) = C_k^{\mathrm{obs}} - C_k^*$。这样就允许引入双侧误差，这与下面将要进行讨论的 SFA 文献中使用的方法类似（例如，参见 Post et al.（2002））。

3.3.3　参数前沿模型：SFA

155　　　　参数前沿模型可能为更多的读者提供一个更为熟悉的方法：构建参数模型。艾格纳和储（Aigner and Chu，1968）认为并建议，为了估计前沿模型应该最小化残差的平方和（OLS 式的），以满足模型预测的产出数量必须大于观察的产出数量这一要求。如果生产前沿模型是参数线性的，那么这些规划就是服从一组线性约束的简单二次规划，利用标准的软件包（Gauss、Matlab、Mathematica），这些规划是很容易求解的。替代地，既然所有的残差都为正，就可以简单地选择一个模型的参数来最小化预测误差的和，这是一个满足线性约束的线性规划问题（也参见 Kumbhakar and Knox-Lovell（2000））。

为了说明，假设具有 $\ln Q_i = \beta_0 + \beta_L \ln L_i + \beta_K \ln K_i + \beta_F \ln F_i - u_i$ 形式的柯布—道格拉斯前沿模型。该模型适合单一横截面数据集，该数据集包含了 n 个厂商的观测值，$i = 1, 2, \cdots, n$，通过求解下面问题：

[①]　作为生产前沿，包含被视作标杆的虚拟厂商集的约束可能是合适的。如同前面一样，可能希望去考虑附加约束 $0 \leqslant \gamma_i \leqslant 1$ 或 $0 \leqslant \sum_{i=1}^{n} \gamma_i \leqslant 1$。

[②]　Monte Carlo 的 DEA 估计假定数据实际是产生于一个柯布—道格拉斯生产前沿，参见 Pedraja-Chaparro et al.（1999）。

$$\min_{\beta_0, \beta_L, \beta_K, \beta_F} \sum_{i=1}^{n} u_i(\beta_0, \beta_L, \beta_K, \beta_F)$$

$$\text{s. t. } u_i(\beta_0, \beta_L, \beta_K, \beta_F) \geqslant 0, \quad i=1, 2, \cdots n,$$

其中，$u_i(\beta_0, \beta_L, \beta_K, \beta_F) = \beta_0 + \beta_L \ln L_i + \beta_K \ln K_i + \beta_F \ln F_i - \ln Q_i$，要求该项为正，以确保预测的生产前沿模型总是位于实际所能达到的产出的上方。基本模型强调所有的误差位于前沿的一侧。

这一模型（以及基本 DEA 模型）强调误差总是位于一侧，该技术所估计的前沿对应的好处之一在于：误差对于个体观测值可能是很敏感的，对测量误差也很敏感。在实践中，既然测量是有瑕疵的，我们有可能得到较少的观测值位于"真实"生产前沿的上方，要是这仅仅是一个测量问题就好了。

为了避免这一问题，SFA 通过引入一个源于附加"双侧"来源测量误差的不确定性，来一般化基本的参数前沿模型。因此，SFA 模型描述了两部分：（1）未被观测到的厂商特有的低效率的异质性，（2）测量误差。这些差异呈现在图 3—12 中，在图中东南方向最远的那个单一数据点使得"单侧误差"前沿估计显示出：在高产出水平上存在实质性的规模不经济。这种情形可能是真实的，也许是因为，特殊的观测值是由于某种原因而被错误地测量的。"双侧"误差模型允许某些数据点因测量错误而位于成本前沿的"下方"。

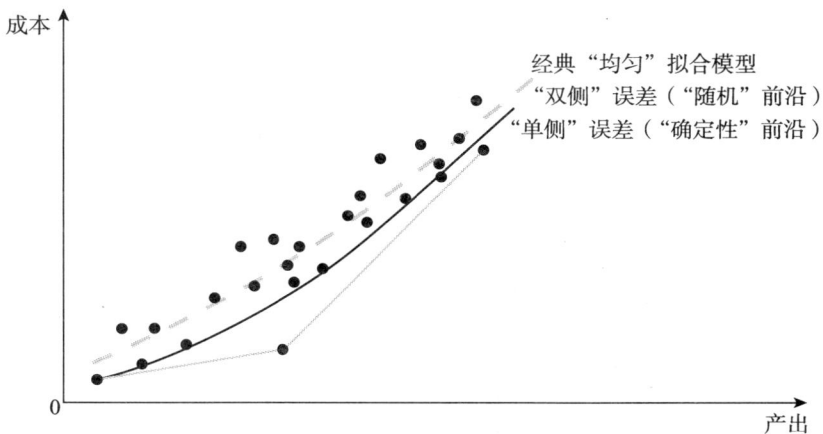

图 3—12 双侧"随机"前沿模型与单侧"确定性"前沿模型

为了解释，假设成本函数的 SFA 是一个具有两个误差项的函数形式，模型为 $C_i = f(q, p; \alpha) + \upsilon_i - |u_i|$，其中 p 定义为投入品价格，q 定义为产出，υ_i 和 u_i 分别假定代表厂商特有的非效率和测量误差。

u_i 是一个代表厂商特有的全局（非）效率的项。通常，因为它仅仅能取正值，这一误差被假定具有指数、半正态或截断的正态分布，然后再取负号，这表明，相对于前沿来说厂商将被测量为是低效率的。另外一个误差项 υ_i 是一个随机冲击，描述的是测量误差，假定服从正态分布，$\upsilon_i \sim N(0, \sigma_\upsilon)$。有关文献的一些作者宣称，没有最后这一误差项（也就是，$\sigma_\upsilon = 0$）的模型为"确定性前沿模型"，这样说似乎有点奇怪，因为在模型中依然存在随机因素。我们已经使用了

"单侧误差模型"这一术语。在这一情形下，模型将厂商间的全部差异归入预测到的效率水平的差异。事实上，这些差异很可能仅仅是由于其他随机因素（测量误差、大量设备的失效，等等）

为了更为完整地讨论，假设存在具有替代误差设定的生产前沿模型，$\ln q_i = \ln f(I_{1i}, I_{2i}, \cdots, I_{mi}; \alpha) + \ln u_i + v_i$。如果指定冲击模型，$u < 1$，那么技术效率项的对数值又变为负数，$\ln u < 0$。对于给定 u 和 v 的假定分布，最常用的近似估计方法就是极大似然估计（例如，参见霍尔和斯蒂芬森（Hall and Stephenson, 1990））。许多分布都是可能的，但是最流行的是半正态分布，该分布假定 $\ln u_i \sim (-1) | N(0, \sigma_u) |$。因为模型将观察到的生产前沿和预测到的前沿之间的差异分解为两个误差项的组合，$\ln u_i + v_i$，分别描述为技术非效率和测量误差，作出充分的假设总是必要的，以将模型中的误差项分解为这些组成部分。特别地，即使数据中没有关于测量误差和的直接信息，但是，如果假设测量误差是来自对称分布并且技术非效率 $\ln u_i$ 是来自负值的分布，也可能能够分解这些影响。[1]

总之，SFA 不同于传统的成本函数分析之处仅在于，该方法中的厂商特有的不可观测变量在厂商间被假设为不同的。在原则上，厂商特有的有效率（非效率）的异质性的替代假设是可检验的。前沿法真正的好处在于，其允许调查者或机构讨论异质的厂商和不同水平的效率。通过这些讨论，增加了评估个别厂商效率水平的可能性。然而，调查者必须总是小心地从根本上注意的是，在评估过程中，人为地对不可观测量值施加了结构和术语。例如，在 SFA 中对测量和效率的分割，仅仅是等同于用于将误差项"拆分"为技术效率和测量误差两个组成部分的假定。

最后，相对于 SFA 方法，DEA 方法有时候表现得"很"不一样，因为前沿估计是通过典型地求解最优问题来计算，而不是采用标准估计算法。事实上，DEA 有时候被说成是"运筹学"方法，与"计量经济学"方法区别开。在实践中，这两种方法确实不同，但是历史文献似乎过分地强调了它们的不同点，过去 20 年中有一个实质的综合期（尽管，在 DEA 支持者和 SFA 支持者以及以其他模型为基础的前沿法之间，确实存在广泛的争论）。例如，SFA 的支持者最早观察到：DEA 方法似乎确实没有统计基础，然而，现在越来越多的作者解释，以上说法是不对的，现在 DEA 方法通过使用一种被称为"辅助程序（bootstrap）"的经典方法，标准地计算了标准误差和置信区间。（参见 Simar and Wilson (1998)）。[2]

---

[1] 并没有意识到文献中的结论，该结论给出了足以保证能够识别组成总误差项的两个部分的最低限度的假设，尽管这并不意味着它们不存在。

[2] 在"辅助程序"中通常的想法是选取所有的数据样本，然后采取放回抽样的方法从真实数据样本中选取一个"新的"相同容量的样本，再来估计所希望的结果（例如，效率的测量）。通过多次这样做，得到大量不同的估计集，就能通过计算不同估计的标准误差来测量给定的数据集测量中的不确定性。如果希望估计技术效率水平，Simar and Wilson (1998) 建议对估计的技术效率得分的分布进行辅助程序运算（参见下文以及 Simar and Wilson (1998)）。在很一般的假设下，这一过程就会得出真实标准误差的一致估计。对于辅助程序的由其发明者进行的一般性介绍，参见 Efron and Tibshirani (1994)。

3.3.3 工程法

在本节的最后，讨论成本估计的最后一个方法——工程法。这一用以确定规模经济性质的方法是由贝恩（Bain, 1956）倡导的。该方法是基于同熟悉工厂和产品规划设计的工程师直接详细地面谈获得产业特有的数据（也参见 Stennek and Verboven（2001））。正如其名称所暗示的那样，该主题就是通过从对他们企业自身的成本和规模方面知识了解的人手中收集第一手的特别且详细的信息，以确定成本函数的形状或生产函数的性质。

工程法的最近的一个应用是加斯米（Gasmi et al., 2002）对电信市场的研究。基于一个工程程序模型，收集详细的行业特有且结构特别的成本数据，他们估计了市话交换网络中双头垄断市场的各种成本函数，然后检验成本函数的次可加性，以检验该行业是否比垄断市场更有效率。由奥夫卡（Ofcom, 2007）进行的工作提供了另外一个例子，该工作用以评估移动电话终端服务的适当价格。[①] 奥夫卡利用基于工程估计的成本模型，估计了适当的移动电话终止率（当某一移动电话网络终止另外一个服务提供商的网络的呼叫时所索要的价格）。电信设备投资倾向于是"粗笨的"，并且，同一个设备能够既用于发起电话呼叫，也可以用于终止电话呼叫。在本质上，奥夫卡模型试图找出，传送给定数量的进出的电话呼叫、文本和数据服务所要求的电信设备套数。该模型也包含了地理纬度因素，所要求的电信设备数量取决于信号是在完全开放空间里自由传送或更多地受限于城市环境中的建筑。给定所需要设备的价格数据，以及必要的资产，工程师们就能构造出一个与每一时期、每一地区的每一任何给定水平服务的产出相关的成本。当然，该方法的运用，要求的信息都必须是真实的。例如，如果资产是粗笨的，那么资产购买的最佳时间将取决于资产价格的预期走势和产出水平。一份观察报告表明，虽然固定系数生产技术高度服从于工程法，但是当厂商能够基于投入品的相对价格在投入品之间进行替代选择时，就难以反映成本结构。

3.4 成本与市场结构

本章已经讨论了多种测量成本函数的方法。然而，在成本方面存在许多引人关注的问题，本章以讨论维纳（Viner, 1931）的有关厂商规模的成本理论和市场结构开始，所以简要讨论这一主题的文献结论作为结束是很自然的。基本而显著的结论就是，经验研究往往发现，最小有效规模（MES）并不是一个好的市场集中度指示器。更多的是，厂商规模经常显得比使得技术有效率所必要的厂商规

159

---

① 参见英国竞争委员会的报告，www.competition-commission.org.uk/appeals/communications_act/completed-cases.htm。

模要大。萨顿给出了大量的实例（Sutton，1991，p.382，1998）。其中一个经典的例子是由安德森等（Anderson 等，1975）给出的，他们认为在美国的食糖产业中，当时建成一个有效率的甜菜加工厂大约需要花费 3 000 万美元。作者认为无论是在甜菜还是甘蔗加工中，厂商单独建设一个满足最小有效规模的工厂将不超过平均市场区域中精制糖总销售量的 3%～6%。相比之下，作者指出市场集中度远高于通过最小有效规模所能解释的水平，因为在美国，四厂商集中度比例由西部的芝加哥的 52.7%变化到下游的太平洋地区的 95.3%，而八厂商集中度比例由 79%变化到 100%。（参见原始论文或 Sutton（1991，表 6.3））。

对于这一分析的反应是多层面的，从而带来了一系列的替代性议题，其中某些议题将在后面的章节中进一步加以探究。为了使得对这一难题的讨论更为深入，谢勒等（Scherer et al.，1975）认为在他们所考虑的许多产业中，诸如烟草、啤酒酿造或石油精炼等产业，在一个低于规模有效的状态运行的工厂的成本劣势是很低的。[1] 这些作者认为在许多产业中，实际运行规模并不明显地被技术效率所证明。最近，一些作者，如福斯特等（Foster et al.，2008），对一个给定产业中厂商间的规模和生产率方面的大量差异等进行了文献综述。

在后来的研究工作中，其中最为显著的是由萨顿进行的工作，认为市场结构理论不必仅仅考虑一个市场的成本方面，而更应该考虑像价格竞争强度、广告的效果或研发策略对零散（低集中度）行业响应效果（参见 Sutton（1991））。例如，如果价格竞争很激烈，那么将倾向于发现高的集中度。凭直觉，考虑到第二个厂商进入市场的激励，如果当第二个厂商进入了市场，这两个厂商将处于纯伯德川德均衡状态。一个潜在的进入者确信它将面临非常激烈的价格竞争，必须支付某种形式的进入成本，从而它从不真正进入市场。具有讽刺意味的是，如果厂商在进入后进行激烈的价格竞争，那么可能真正看到的市场结果是：垄断者索要垄断价格，并不承担进入的风险。从本质上讲，既有文献已经恰当地推断出"技术—成本结构"——对于很多问题来说可能是重要的，但是绝不是厂商规模或实际市场结构的仅有决定因素。

3.5　结　论

160
● 成本信息可能与各种各样的竞争政策和规制调查高度相关。例如，成本信息可能揭示了利润率和效率。

● 厂商的会计和财务数据能够提供关于成本和利润的有用信息。然而，这些数据需要细心地加以调整，以正确地表示经济成本和经济利润，而不是会计成本和会计利润。尤其是，机会成本是经济成本的一个重要组成部分。经济折旧也可能与会计折旧存在实质性的差异。

---

① 除了那些在小于规模状态下运行代价很高的那些产业外，例如水泥产业。研究也考虑了起源于最优运行工厂数量的多工厂生产的规模经济效率测量。

● 通过估计生产函数和成本函数，就能够使用有关的概念。这是一件具有非凡意义且确实可行的行为。在这样做的过程中，必须小心常见的计量经济学难题，如函数形式、内生性和异方差性等。当使用横截面数据时，如工厂或厂商的横截面数据，必须确保了解到厂商使用的是适当近似的生产技术。当使用时间序列数据时，必须特别注意考虑技术变化所使用的方法。

● 当评估规模效率或范围效率的性质时，一个重要的限制就是仅能在经验范围内合理地进行评估。如果对于某些产出组合没有数据来为单一产品或联产品成本函数的形状提供信息，那么将仅仅了解到假设的成本函数模型的形状，这些成本函数模型是通过可得数据假设而来的。

● 在既有文献和实践中，存在确凿的证据表明厂商和工厂层面的效率方面的异质性。已经开发出一种明确整合厂商独有的特性和特殊非效率的替代方法，最常用的模型是非参数的数据包络分析（DEA）类模型和参数的随机前沿分析（SFA）。在近些年来，每类模型都得到了显著的扩展。此外，有关模型间的联系和重叠的理解得到了实质性的提高。当然，从新而丰富的模型工具箱中进行选择将取决于调查案例的真实情况。

第 4 章　市场界定

在英国和美国管辖范围内，法院规定竞争当局在进行评估竞争影响前必须界定市场。[①] 此外，在许多司法管辖条文中使用市场份额或集中度阈值来界定并购安全港。这些外部力量的每一种都迫使竞争机构去界定市场。这些绝不是存在的唯一的力量。竞争机构在调查中经常采用市场界定作为第一步，因为厂商的市场份额被用作对调查者给出潜在问题可能性的首要暗示性的筛选装置。由于所有的这些原因以及其他原因，在竞争调查中，市场界定通常是重要的一步。

这就是说，花费大量的资源来执行一个复杂的市场界定分析，而仅仅是因为想象到可能存在问题，那么这么做通常是草率的。结果，那些直观而相对易于应用的方法比那些复杂的方法更受欢迎，复杂的方法在应用过程中一般需要精妙的处理。当市场界定方面小的变动对于评估结论来说是具有决定性影响的时候，该规则例外。此外，当竞争政策调查由"基于形式"或"结构"推理转变为更为集中分析并购的可能效果或市场行为时，市场界定问题可能就不怎么重要了，在"基于形式"或"结构"推理中，有时候最重要的问题就是市场份额的计算，从而最重要的问题就是市场界定。事实上，在"基于效果"的分析中，重要的一点就是，市场界定并不是为界定市场而进行界定的。例如，在并购调查中，虽然，恰如其分地讨论什么是正确的市场界定可能是一件让人心智着迷的事情，但是，

---

① 布朗鞋业公司诉美国案，联邦案例 370 卷第 294－344 页，1962。欧洲包装公司和大陆罐装公司诉欧盟委员会，案例 6—72（1973）。在随后案例的第 14 段，ECJ 认为"相关市场的界定具有十分重要的意义……"。

核心问题是当两个厂商并购后价格是否将会上升。

在并购案件中，市场界定是一项重要的活动，但是，这仅是众多重视市场界定的情形中的一种。例如，在本章中所给出的所有技术，都能够被用于确定某一特定厂商或一组厂商的支配程度，从而，这些技术与反垄断滥用调查衔接是很重要的。在本章，首先解释在市场界定中所用到的主要概念，然后探究竞争调查中关于界定相关市场所使用的数量技术。将按照复杂性的顺序回顾不同的技术，从价格相关性开始，到测量技术、冲击分析，最后是正式与半正式的检验，如：转移比分析、临界损失分析、假想垄断者检验——经常（错误地）等同于被称为小而显著的非暂时性价格上涨（small but significant nontransitory increase in prices，SSNIP）检验，以及最近提出的相关市场全部均衡（full equilibrium relevant market，FERM）检验，这些技术最初都与 1984 年以来的美国并购指南（U. S. Horizontal Merger Guidelines）相关。[①]

4.1 市场界定中的基本概念

在竞争调查中，市场界定通常是重要的一步，也是一个存在很多争论的问题。当界定相关竞争政策市场时，就是试图界定彼此间在价格上或其他竞争维度（质量、服务、创新）上互相约束的产品集。称基于这种竞争观点的产品集为市场产品集，或更为恰当地称之为"竞争政策"市场。产品面临着近似替代品的厂商仅仅具有有限的将其产品价格提高到其近似替代品价格之上的能力，厂商之间的竞争将确保其价格被压低至接近其成本。基于竞争政策目的而进行的市场界定直接与市场势力这一概念相关。事实上，一个竞争政策市场最常见的描述就是一个"值得垄断"市场。

在讨论经验调查中的市场界定工具前，先重温市场界定相关的一些基本理论概念，特别是市场势力这一概念。

4.1.1 市场与市场势力

有时候，市场势力被界定为一个厂商提高其产品的价格到竞争水平以上的能力。如果一个厂商的产品面临许多替代品，那么该厂商的市场势力将是有限的。为了说明这一点，假设存在一个垄断的电力供给者。如果消费者没有选择，并需要热量以维持生活，那么，无论他们付出代价是多少，都可能会乐于购买（电力）。在此条件下，一个垄断者将具有很强的市场势力，也就是说，能够自由地将其价格提高到竞争水平之上。消费者没有选择余地，该市场是一个电力交易的

---

① 伊瓦尔迪和罗瑞恩克茨（Ivaldi and Lorincz，2009）的工作论文介绍了 FERM 这一术语，然而他们随后放弃了这一提法，而更喜欢使用 US84 这一术语，我们更喜欢这一带有描述性的术语，所以在上面就使用这一术语。

市场，尽管只有一个供给者。另一方面，如果消费者能够相对容易地转换到替代能源，如石油或煤炭，那么垄断的电力供给者涨价的能力也许将受到强烈的抑制，它不能将其产品价格提高到让太多的消费者转换的那个点以上。直观地，如果这一约束足够大，以至于对电力生产者涨价能力构成一个显著的约束，那么该市场应该被界定为能源市场（电力加上石油或煤炭），在这一宽泛的市场中，电力垄断者将具有较小的市场势力。

163

在上一段落中，已经明确地区别了，随着价格上涨有较少消费者转移消费与有许多消费者转移消费两种情形。当然，在实践中，实际情况远不是黑白分明的，结果就可能会问对于界定一个狭义的市场来说，到底多少的价格敏感度才够；甄别能力什么时候会转化为市场势力；什么时候是"足够大的"替代；在两种产品被放入到同一市场时，到底需要它们之间具有多大的替代性。自然，对于这些问题，理论仅仅给出的是非常局部的答案，结果，实践者们通常采用普遍接受的定量标准（来加以判断），这些定量标准保证了在决策过程中的某些一致性。例如，在随后的许多讨论中，将考虑，在界定市场过程中5％或10％的价格上涨是否是有利的。即便如此，很重要的一点就是需要注意，在实践中，市场界定经常要求基于证据判断的活动，而这些证据可能具有不同的性质。

4.1.2　供给与需求的可替代性

限制市场势力——将价格提高到竞争价格水平以上的能力——的关键因素有需求的替代程度，以及供给反应的程度和性质，尤其是供给的可替代性。由于在市场界定中将详细检验这些概念，下面就先简要描述这些概念。同时给出，在市场界定中通常遵循的两个维度：（1）产品市场定义维度，（2）地域市场定义维度。在原则上，产品市场界定和地域市场界定应该一起来综合考虑。然而，处理实际问题过程中的一个习惯做法是，先检验产品市场需求和供给方面的替代行为，然后再继续从需求和供给方面考虑地域市场替代行为。在每种情形下，市场界定行为通常是从单一候选产品开始，偶尔也从一批候选产品开始。

需求可替代性就是，购买者作为对价格上涨的反应而替代到替代产品（产品市场界定）或替代地点（地域市场界定）的程度。例如，如果黄金价格上涨，那么消费者可能通过减少对黄金的购买，而可能购买更多的白银来转换其消费组合。当一个厂商试图提高其价格时，如果有"足够多的"消费者转向购买其替代品，那么显然该厂商的涨价能力将严重受限。本书试图在竞争政策市场中包含进替代产品，无论"足够多的"购买者何时将转换其购买以响应价格上涨，在某种

164

意义上讲，这样界定的市场将更为精确。当然，那些在价格上涨时消费者不进行转换的商品应该排除出该市场。需求方面的地域市场界定考虑的是，当一个地区的价格上涨时，可能导致消费者从替代的地点购买的程度。

在估计需求可替代性这个表面上简单的行为中，存在很多难题，同时这也正是其魅力所在。在实践中，常见的困难之一就是，有时候可能仅仅是没有真实的

近似替代的产品，或者有时候存在大量的替代品。① 在缺乏可确认的独立的可能替代品的情形下，竞争当局在调查的市场界定阶段，通过忽略替代行为，而可能并不将需求替代行为特性反映为一个发散的替代选择集。在这样做的过程中，必须确保在随后的竞争评估调查过程中对其进行适当考虑。该方法可能导致所界定的市场相当狭窄，但是，这并不意味着机构将会发现竞争问题，因为，垄断者可能面对一条富有弹性的需求曲线而不具备提价的能力。特别是，当如果试图去这样做就会遭遇到对其他行为的支出替代时，情况更是如此，即使一般仅仅存在一个特定的"外部"替代。

供给可替代性描述的是，供给者对某一产品价格上涨的反应。当价格上涨时，消费者会加以反应（减少消费），但是存在如此之多的竞争性供给者，那么既然较高的价格是可能的，竞争性的供给者就有更强的激励去生产产出。例如，在液蛋市场中②（诸于，这些液蛋被用于生产鸡蛋饼），这些用于进行（液蛋）产品加工和装箱的设备也可以作为生产水果冰沙的容器。这一事实意味着，如果液蛋的价格上涨的足够大，那么冰沙供应商可能潜在地用其生产能力去生产液蛋。另外的一个例子就是红油漆与黄油漆，如果能够很容易地将生产红油漆的机器设备转变为生产黄油漆的机器设备，那么，在这两种产品的生产中进行往返，可能从来就是不可分离的，如果黄油漆盈利性更强，那么对于红油漆的生产者来说，就有足够的诱惑转向生产黄油漆。

165

正如所有表面上简单的概念一样，对于供给的可替代性到底真正是什么含义，存在许多疑问。例如，最新的竞争委员会关于市场界定的公告③中不要求案件负责人为市场界定目的而考虑将潜在进入者作为供给可替代性的来源，尽管该进入可能轻易地以更为一般化的观念被认为会产生供给的可替代性。恰恰相反，指南建议最好将受潜在竞争约束的分析留在调查的后面阶段进行。理由就是，除了其他原因，进入的影响不太可能是即刻的。尽管如此，经济理论认为在某些受限的环境下，实际上潜在进入者可能对既有的市场参与者施加了价格约束（参见 Baumol et al.（1982）；Bailey（1981））。例如，当在位者的价格难以调整时，潜在的进入者将当前价格视为其进入后情形下的价格时，就会发生上面所说的情况。在这一情形中，在位者需要维持进入前的价格，该价格是一个足以阻止进入的低价。因此，在个别案例和来自各种司法管辖指导文件中，围绕供给的可替代性经常做出一些重要的判断。回到我们早些时候的例子，人们对于红油漆和黄油漆的反应可能证明，供给的可替代性意味着恰当的市场界定应该包含为"油漆"市场。这一论证可能有些勉强，但是，这种类型的证据的市场界定的适用范围，存在明显的限制。为了说明这一点，转向液蛋和冰沙的例子。在该情形中，原始

---

① 有关后者的一个例子就是美国竞争委员会对被称为"足球六合彩"的"软"赌博产品的调查。调查从一项消费者调查中收集证据，这些消费者就是那些基于其自身原因在最近不再购买"足球六合彩"的人。调查发现有65％的退出的消费者并没有将支出转换到其他任何种类的赌博产品上去，而是节约下这笔钱以应付多种替代用途，这些替代用途中的大部分最好不被认为是潜在的替代品（参见 www. competition-commission. org. uk/inquiries/ref2007/sportech/index. htm）。

② 例如，参见 Stonegate Farmer Ltd/Deans Foods Group Ltd 关于液蛋市场的讨论（www. competition-commission. org. uk/inquiries/ref2006/stonegate/index. htm）。

③ 竞争委员会关于市场界定的公告，政府官方公告（OJC 372 9/12/1997）。

的供给逻辑可能表明，市场界定应该既包含液蛋也包含冰沙。然而，既然它显然是两种不同的产品，那么这一结论显得有点古怪。事实上，机构可能采取的观点就是，恰当的反应应该是，将可能的包装和设备加工活动视为在液蛋市场内的供给反应。毕竟，由于是机械能力被转移去液蛋市场而不是液蛋与冰沙真正进行了竞争，所以导致了对液蛋生产者的约束，即使有可能生产液蛋和冰沙的厂商是相互竞争的。例如，依照美国的并购指南，2009 年英国并购指南草案使用该逻辑（the draft 2009 U. K. merger guidelines）提议：虽然，供给的替代性可能表现出一致性（尤其是在刻画市场中的潜在竞争者方面），但是，需求的可替代性应该在市场界定中扮演最主要的角色。因此市场应该是液蛋市场，但是潜在竞争者集合可能包括液蛋制造者和（先前的）冰沙制造者。

最后，伴随着价格上涨，竞争者的反应可能是进入或扩大生产，但是理论表明，既然价格是策略互补的，他们的反应也可能是提高价格。竞争对手对价格上涨的数量反应可能减少其试图涨价的盈利性，而竞争对手对于价格上涨的价格反应可能增加其盈利性。不考虑其背景，非对称地对待价格反应和数量反应，就显得似乎是一个怪异的市场界定实践行为。因此，实践已经发展到了，承认供给可替代性可能会发挥作用，并且也承认其作用对于市场界定来说是有限的。（参见欧盟《共同体竞争法》（Community Competition Law）相关市场界定的公告，该公告同样显著地约束了在市场界定中供给可替代性的作用。）

4.1.3　定性评价

在着手考虑进行市场界定的数量技术前，值得强调的是，在多数时候市场界定至少部分依赖于定性评估。确实，定性评估普遍是任何市场界定实践的起始点。例如，为了得到冰激凌的价格对锤子的价格是不敏感的这一结论而进行的任何正式的市场分析，显然是不必要的。事实上，如果定性评估是不可能的，在每一调查中那就需要，在最大权限地利用既有资源水平下，做大量的工作去检验每种可能性以及不可能性。在实践中，可以缩小那些貌似合理且实质存在的可能性集合。例如，很少量的产品可能并不对竞争评估造成过大的差异。在这样做的过程中，最好从产品特性和预期用途出发。这样做允许调查者定义一个宽泛且貌似合理的需求替代可能集。那些在用途上是替代的产品，有时候被称为"功能性"替代品集。

基于本书的目的，市场界定这一概念，首先被描述为约束厂商定价决策的产品集。因此，对于被包含进一个市场中的产品，仅仅是功能替代品还是不够的，它们还必须是，关于其他产品的价格彼此间实际约束方面是足够好的需求替代品或（适当程度的）供给替代品。为了说明这一区别，假设存在两种海产品：熏鲑和鱼子酱。尽管后者并不是餐桌上的常规项目（并不常见），依旧认为这两个产品是大家熟悉的东西，至少在实践中是这样的。因为鱼子酱是制作沙拉的原材料的一部分，所以鱼子酱是熏鲑的潜在功能性替代品。这是否足以应该将熏鲑放到一个更为宽广的包括了鱼子酱的市场中呢？为了回答这一问题，必须首先考虑在竞争价格上需求可替代的程度，基于当前这一目的，可以选取当前价格作为竞争价格。现今在欧洲，100 克熏鲑的零售价格，可能是在 1.5 到 2 欧元之间波动。100 克鱼子酱的价格可能达到几百欧元。直观地，既然熏鲑的价格远远低于鱼子酱的价格，那些认为这两种产品是密切替代的消费者在吃沙拉的过程中将会吃到熏鲑。同样地，那些并不真正喜欢鱼子酱的消费者将吃熏鲑，仅仅那些对于鱼子酱有特别强烈的偏好的消费者，才准备为鱼子酱额外支付大量的钱。[1] 另一方面，许多熏鲑的消费者可能喜欢鱼子酱，假设鱼子酱最少在某些用途（例如，餐前夹鱼子小面包）上是完全合意的功能替代品，但是可能不是在当前价格上的实际替代品。在仅有这两种产品的情况下，虽然事实上，对于当前熏鲑消费者来说，在许多用途上鱼子酱确实是功能性替代品，但是，在当前价格水平下，熏鲑可能应该被单独考虑为一个市场。注意到该论证的支持力取决于当前的价格差异，该价格差异使得，现有的熏鲑消费者集包含了：那些虽然认为鱼子酱是一个十分好的功能性替代品，但是由于鱼子酱太贵以至于它不是一个需求替代品的消费者。由于商品间的需求替代可能性的程度取决于商品的相对价格，那么，如果价格是有差异的，合意的竞争政策市场界定也应该是有差异的。

该直观而松散的论证，可能有助于正式和非正式的市场界定实践，这些实践通过使用假想垄断者检验（HMT，参见下面 4.5 节中的进一步讨论），来作为进行结构性判定的有用框架。HMT 检验认为，市场应该被界定为能够被垄断的最小产品集。基本观念就是，该市场外的厂商（或产品）由于不能约束市场中所有产品的假想垄断者，从而不能显著地约束市场内厂商的行为。通常，HMT 是依照价格来进行描述，于是要求无论假想垄断者是否能够表现出实质性的市场势力，也就是说候选市场中商品的一个小但是显著的数量的价格上涨。当然，既然厂商能够以质量、服务、产量甚至是创新等方式来竞争，那么在原则上，利用以上任何竞争变量，都可能使得该检验受到"伤害"。

有时候定性分析足以满足界定相关市场的要求，事实上，有时候需要依赖于纯粹的定性分析。这就是说，更为明确的市场数据数量分析，常常有助于为在该领域的判断提供信息，并加以补充。

4.1.4　定性分析的补充

在本节接下来的部分将详细探究市场界定中一整套数量技术。然而在开始这么做之前，值得注意的是，定性评估的一个重要因素往往包括消费者将产品视为功能性替代品的程度的评估。定性评估一般涉及：（1）商品的各种生产属性，（2）消费者对商品的使用；该定性评估通常是有益的，有时候所有这些是完全可能的，通常利用进一步的数量证据来补充该定性证据是可能的。

---

①　当然，读者将知道应该注意到熏鲑和鱼子酱是否不需要等量地被消费是重要的。为了有助于讨论，先将这一问题搁置一边。保留下的关键问题是当熏鲑的价格上涨时，消费者将要从熏鲑替代到鱼子酱的数量是否有足够多到让熏鲑无利可图。

为了加以说明，考虑由欧盟委员会在其对在瑞安航空公司（Ryanair）与爱尔兰航空公司（Aer Lingus）提请的并购审查中所给出的证据。① 瑞安航空公司认为伦敦机场并不是需求替代品，至少对那些对于时间比较敏感的旅客来说是如此。考虑表4—1，该表记录了采用不同的交通模式从不同的城市中心到伦敦机场所花费的时间，与该表给出的数据有关的一个问题就是，对于那些想从伦敦到都柏林的消费者来说，这些机场是否是"太不相同"，以至于不能被视为是功能性替代品。瑞安航空公司认为他们是功能性替代品，然而欧盟委员会注意到，除了其他原因外，英国民用航空当局认为"两小时地面达到时限"是机场对闲散旅客汇聚区的相关基准。所以，欧盟委员会给出的结论就是，表中所列示的从都柏林到伦敦希斯罗机场、盖特威克机场、斯坦斯特德机场、卢顿机场和城市机场的点对点的旅客航空运输服务属于同一个市场。注意到，尽管欧盟委员会已经量化了潜在替代产品的一组重要特性，该量化方式有助于理解商品间的可替代性程度，但是，最后必须作出的判断就是，基于这些或其他的证据，这些产品是否是足以相似到可以被认为是在同一个市场中。

表 4—1 伦敦各机场的特性

机场	到城市中心的距离（km）	私家车（min）	公共交通		瑞安航空公司网站上的机场名称以及到城市中心的公交服务
			巴士（min）	铁路（min）	
斯坦斯特德	59	85	75	45	伦敦（斯坦斯特德），瑞安航空巴士服务
希斯罗	28	65	65	55	瑞安航空不提供服务
盖特威克	46	85	90	60	伦敦（盖特威克）
卢顿	54	44	60	25	伦敦（卢顿）；瑞安航空巴士服务
伦敦市	14	20	—	22	瑞安航空不提供服务

资料来源：瑞安航空公司和爱尔兰航空公司提请的并购，案例编号：COMP/M. 4439，p. 33。

消费者偏好分析也可能有助于为可替代性问题提供信息。继续对瑞安航空公司与爱尔兰航空公司案例的讨论，例如，假设欧盟委员会所选取的是都柏林机场的旅客服务。在都柏林机场的样本顾客被询问："你是否曾经考虑将从贝尔法斯特机场起飞或者降落的飞机作为使用都柏林机场的一个替代选择？"结果呈现在表4—2中，仅有15%～20%的旅客将贝尔法斯特机场视为都柏林机场的功能性替代品，累积百分比为16.6%，但是认真地选取小数位可能包含了对正确的精确度水平持乐观的态度。纯粹的功能性替代问题是相当难以询问消费者的，因为

---

① 案例编号：COMP/M. 4439，可以从以下网址找到 http://ec. europa. eu/comm/competition/mergers/cases/decisions/m4439 _ 20070627 _ 20610 _ en. pdf。

这一问题可能超出了消费者的经验，但是这一问题"曾经考虑过"因素似乎使得它是证据确凿的，至少在一个那些与消费者认知相差不大的条件的范围内是这样的（例如，在大多数消费者经历中的价格差异问题）。①

表 4—2　　　　　　　　贝尔法斯特机场旅客关于机场使用的反应

有效（回答）	频数	百分比	有效百分比	累积百分比
是	445	16.6	16.6	16.6
不是	1 751	65.5	65.5	82.1
不知道	388	14.5	14.5	96.6
不予回答	90	3.4	3.4	100.0
总计	2 674	100.0	100.0	—

资料来源：瑞安航空公司和爱尔兰航空公司提请的并购，案例编号：COMP/M. 4439. P. 365。

在下面的部分将进一步考虑调查证据的使用。在下面的一节中，将检验使用价格信息进行市场界定。价格在消费者眼中被视为是区别哪些产品是"类似"或"有差异"的一种方法，传统的竞争政策领域已经强调了其重要性。在这样做的过程中，值得注意的是，厂商不总是进行价格竞争，他们也可能通过广告、服务、产品质量、数量或创新来进行竞争。如果如此，那么从这些角度来分析市场比单独从价格来分析市场更为重要。例如，并购没有导致价格上涨，而是导致大量的服务条款的弱化，这相对于导致价格上涨的并购来说，可能潜在的更为不合意。②

4.2　价格相关与价格水平差异

对用于构建产品市场中所包含的生产集来说，价格差异与价格相关的估价也许是最为普通的经验方法。因为相关性分析仅仅需要很少数量的数据，计算也很简单，在市场界定过程中它们相当经常地被表述为经验证据。相关性分析依赖于相当直观的假设，即相互替代的产品的价格会一起变动，在本节将检验这一假

170

---

① 值得注意的是，当大多数的回答是"不"的时候，这一普遍且所包含的测量问题，如"曾经考虑"是很有用的证据。然而，当多数回答是"是"的时候，这可能不能明显地有助于市场界定，由于不能简单地了解到"曾经考虑"是否意味着显著的约束，或这仅仅是消费者面对着调查者时想象他们能够可信地采用贝尔法斯特机场来替代都柏林机场的情形。

② 依照并购的福利分析，由于服务或质量的下降导致的内在需求的位移将导致消费者（和/或者总的）福利损失，有时候比当价格上升所导致的沿着需求曲线移动带来的损失更大。特别是，无谓损失有时候被估计得很小。参见第2章讨论的哈伯格（Harberger，1954）所进行的经典的跨产业研究。

设。尽管这一命题很朴素，但是应用相关性分析并不总是直接的，像其他任何诊断工具一样都可能是相当危险的，如果这些诊断工具应用中对于错误结论的危险没有加以充分考虑。在本节中，介绍在市场界定中使用相关性分析的基本原理，讨论有效应用这一方法的相关注意事项。

4.2.1 一价定律

一价定律（law of one price）表明同质产品的大规模销售者必须按照统一的价格来销售其产品。如果某一个销售者降低价格，那么他就会得到全部的需求量，其他的销售者的销售量为 0。如果某一个销售者将价格提高到比其竞争对手的价格水平要高，他的销量将为 0。既然仅有那些销售价格最低的销售者在销售，均衡的结果就是大规模销售的销售者以相同的价格进行销售，共同分享市场。

形式上，如果商品 1 和商品 2 是完全替代的，厂商 1 的需求表就是

$$D_1(p_1, p_2) = \begin{cases} 0, & \text{如果 } p_1 > p_2 \\ D(p_1), & \text{如果 } p_1 < p_2 \\ \frac{1}{2}D(p_1), & \text{如果 } p_1 = p_2 \end{cases}$$

其中需求表中的后者的价格规定了分享法则；在这一情形中描述了，如果价格都相等，那么需求将在这两个参与者之间进行等分。

在该案例中，当商品在不同地方进行分配且消费者考虑的是交货价格的时候，广义的一价定律表明，当套利机会被利用的时候完全替代品的价格将收敛于仅仅相差运输成本的点。套利就是市场参与者利用价格差异的好处，通过从价格相对便宜的地方购买，到价格相对昂贵的地方销售来赚钱。套利行为既有迫使两个地点的价格联系在一起的趋势，又有导致更大的相对价格敏感度的趋势。由于套利行为可以作为两个地域分离的市场绑定在一起的重要标志，所以应该搜寻套利行为的证据。例如，由于有效套利的存在，世界市场中未受管制的商品或货币的价格保持着相当的同质性（不考虑运输成本）。

一价定律仅仅适用于那些完全替代的商品，至少是曾经被输送到相同地区的商品。当然，大部分商品不是完全替代的，但是尽管如此可能是紧密替代的，足以确保需求是紧密相关的，从而价格也是紧密相关的。一价定律的直觉就是价格水平的相似性能够表明商品是紧密替代的。进一步深究这一思想，价格相关性分析是基于紧密替代的商品的价格将会一起变化的思想。下面将通过使用正式的经济学模型来彰显这一思想，直观上，这意味着预期跨时间或跨地区的替代商品的价格会一起移动。因此，当试图了解商品间的替代程度时，价格水平的相似性和价格的联动变化可能是有帮助的。

4.2.2 价格相关性的实例

价格相关性分析涉及比较两个价格序列。该比较可能是跨时间的，在该情形下，比较的是产品价格的时间序列。但是，也可能是跨地区的比较，在此情形下，比较的是产品价格的横截面样本。

4.2.2.1 雀巢—毕雷

在雀巢与毕雷的并购中，关键问题是相关市场是否是瓶装水市场、水市场或者非酒精饮料市场。价格相关性是通过不同类别品牌的商品来计算得出的，计算结果呈现在表 4—3 中。这些品牌是通过 A 到 I 加以标示。该表报告了独立品牌商品的价格之间的相关系数，从瓶装水（A~C），苏打水（D~F）到软饮料（G~I）。

表 4—3　不同品牌的瓶装水（A~C）、苏打水（D~F）和软饮料（G~I）之间价格相关系数

	A	B	C	D	E	F	G	H	I
A	1								
B	0.93	1							
C	0.91	0.94	1						
D	0.91	0.85	0.86	1					
E	0.94	0.97	0.95	0.92	1				
F	0.93	0.99	0.96	0.88	0.99	1			
G	0.11	0.05	−0.01	0.33	−0.02	0.01	1		
H	−0.57	−0.55	0.25	0.16	0.24	0.27	0.17	1	
I	−0.77	−0.75	−0.81	−0.86	−0.86	−0.79	0.33	−0.11	1

资料来源：查尔斯河国际（先前的 Lexecon），"Beyond aryument：defining relevant markets"，该论证报告了在欧盟竞争委员会调查法国水市场过程中所执行的分析，OLL356。参见 www.crai.com/ecp/assets/beyond_argument.pdf，在该表中报告了 15 种牌子的商品，而不是在此节录的 9 种商品。OJ L 356。在欧洲经济共同体管辖下的案件，4064/89。案例编号：IV/M 190 Nestlé/Perrier（1992）。虽然判决文件中由于保密原因而省略了所有的相关表格，判决的有关段落（16）给出了表中有关品牌特性的信息。尤其是，它告诉我们："不同品牌的水之间实际价格的相关系数在最小值 0.85（Badoit 与 Vittelloise）和最大值 1（Hépar 与 Vittel）之间。"

从这些结果中，相当清楚地显示出，证据表明相关市场是水市场，包括了瓶装水和苏打水，不包括软饮料。不同品牌的瓶装水和苏打水之间的价格相关性与瓶装水品牌组内的相关性具有相似的数量大小，在0.9左右。这是一个相当高的数量，充分地接近于1，这样似乎对于其解释没有留下多大的疑问。相比较而言，水和软饮料之间的正相关性较低，在0到0.3之间。这就是说，该表在软饮料和水之间建立起来了负的价格相关，这可能表明，如果水的价格上升，那么软饮料的价格将下降，反之亦然。这是一个相当奇怪的结论，进一步深入了解导致这一相关的原因可能会是很有趣的。尽管存在各种可能的原因，一个可能的解释就是软饮料和水是互补品。在软饮料组内较低的相关性没什么价值。从这些数据中也许可以论证品牌软饮料表现为一个自我独立的市场。

172

即使具有很高的价格相关性，其他证据可能比相关性分析更为重要。例如，也可能发现来自消费者的调查证据表明，消费者明显地分割了，要么强烈地偏好于瓶装水，要么强烈地偏好于苏打水。直观地，供给的可替代性似乎也是如此，但是不妨假想存在来自公司文件或证言的证据表明制造每种类型水的机器不可能交叉转移生产其他产品，也可能发现公司定价政策是受其他原因的诱导而使得价格高度相关的证据，也许简单地就是正好相同的人给这两种产品定价。价格普遍相关这一事实也许不能消除的疑虑就是如果对于苏打水来说提价是有利的，而价格就会真的增加。例如，这一疑虑导致了英国竞争委员会2007年对生活用品市场的调查，因为大部分连锁超市采取一种"国民"定价策略，这样价格在全国范围内是完全相关的。[①] 尽管如此，因为没有需求可替代性的证据，对于供给的可替代性的证据也很少，英国竞争委员会坚持界定地方市场是适当的，然而，委员会持有的观点是，如果放弃这一定价政策是有利可图的，那么超市可能潜在地放弃这一政策。

4.2.2.2 大马哈鱼之争

在英国，在一个并购案例中，需要判断是否苏格兰人工养殖的大马哈鱼市场是一个独有的市场或者是应该，特别是包含挪威人工养殖的大马哈鱼的同一个市场之内。[②] 两种大马哈鱼都是大西洋大马哈鱼，但是不太清楚的是英国的购买者是否实际上对不同类型的大马哈鱼具有足够近似的偏好，从而可以将市场视为在英国内销售的大西洋大马哈鱼市场，而不是视为在英国国内销售的苏格兰大马哈鱼市场。

图4—1描绘了苏格兰和挪威人工养殖的大马哈鱼的价格序列。

---

① 参见英国竞争委员会对于生活用品市场进行的市场调查，网址 www. competition-commission. org. uk/inquiries/ref2006/grocery/index. htm。

② 参见英国竞争委员会报告"泰高控股 NV 和海德鲁海产品黄金海岸有限责任公司：关于所提请的并购报告"（Nutreco Holding NV and Hydro Seafood GSP Ltd：A report on the proposed Merger）（2000）。参见 www. competition-commission. org. uk/inquiries/completed/2000/index. htm。竞争委员会后来在 2006 年再次调查了关于 Pan Fish 与 Marine Harvest 所提请的并购。参见 www. competition-commission. org. uk/inquiries/ref2006/panfish/index. htm。

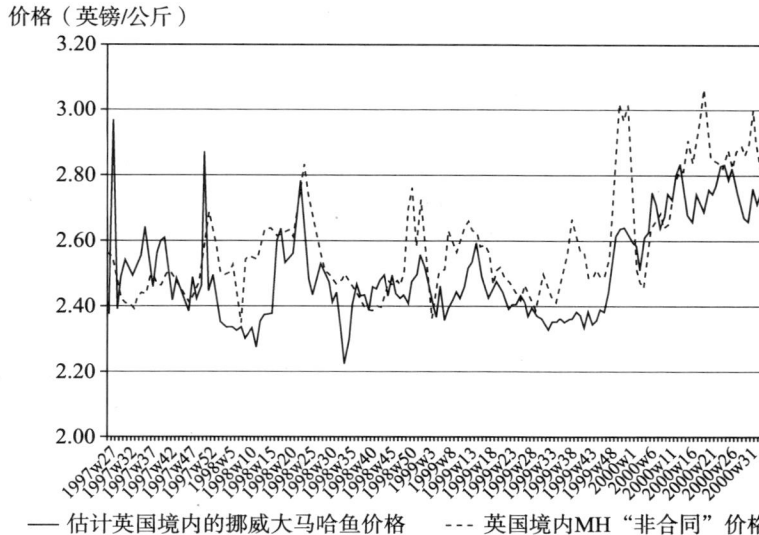

価格（英镑/公斤）

—— 估计英国境内的挪威大马哈鱼价格   - - - 英国境内MH"非合同"价格

图 4—1   在英国境内销售的苏格兰的大马哈鱼和挪威的大马哈鱼的价格序列

（MH：Marine Harvest Scotland Ltd，该公司是 Nutreco 公司在苏格兰经营大马哈鱼养殖的公司。）

资料来源：图 4—7（竞争委员会 2000）。进而，竞争委员会描述了在调查中给出的 Lexecon 报告的出处。

计算价格序列之间的相关系数，得出结果为 0.67（参见委员会报告的附录 4.4。）显然，与先前例子中所得到的 0.90 这一结果相比，这些数字更加难以加以解释。这一情况给出了一个难题：显然，相关系数为正，但是这一相关系数足够大到能表明这两种产品在同一个市场吗？在大马哈鱼的案例中，顾问们建议进行一个"相似性"检验，该检验涉及与在该市场中明显是替代品的相关系数的比较。通过在对比选择中引入一定的弹性空间，这样做似乎是一个非常明智的实用方法。在这一案例中，顾问们选择比较不同重量的大马哈鱼的英国价格得出的相关系数进行对比。结果呈现在表 4—4 中。

表 4—4   英国内 MH 的不同重量类别的（大马哈鱼）之间的相关系数

	2～3kg	3～4kg	4～5kg
2～3kg	1.00	—	—
3～4kg	0.76	1.00	—
4～5kg	0.52	0.87	100

资料来源：Lexecon。表 1（竞争委员会 2000）。进而，竞争委员会描述了在调查中给出的 Lexecon 报告的出处。

174

在本案例中，0.67 稍低于相近重量单位对应的价格相关系数，但是稍高于相距两个重量单位的大马哈鱼的价格相关系数。

除了关注相关性外，该序列的图形也能进行目测，相当清晰地表明两个价格至少是某种程度相关的。从时间上看两个价格水平也存在类似的图形（这两个序列几乎就是一个位于另一个的上面），在该过程中，当至少某些冲击在时间上明显一致时，这两个序列就一起移动。自然地，在从诸于这样的表面上的相关（视觉上或数值上）中得出草率的结论时，需要相当的小心。在下面的一小节，将解释为什么表面的相关分析可能出错，在使用价格相关进行市场界定时，如何不落入最为常见的陷阱之中。

4.2.3 价格相关分析的使用与局限性

为了理解什么是价格相关的原因，需要理解什么是两种差异化产品价格背后的原因。[①] 产品的价格是由生产过程中的成本、所面临的需求水平、可获得性和替代品的价格等决定的。当使用价格相关性来确定两种商品是否是在同一个市场时，我们假定导致价格共同移动的决定因素主要是商品价格对于消费者行为的影响。然而，存在可能导致共同变化的其他因素，从而导致价格方面正的相关，并且这些因素与消费者在产品间的替代行为无关。特别地，成本因素可能共同变化，并且与需求冲击相关，所表现出的趋势可能造成一种错觉就是价格是相互影响的。下面讨论这两种可能的情形。

假设两种差异化产品的需求由两条线性需求等式刻画，表示为：

$$q_1 = a_1 - b_{11} p_1 + b_{12} p_2 \quad \text{和} \quad q_2 = a_2 - b_{22} p_2 + b_{21} p_1$$

假设每种产品由不同的厂商来生产，它们各自为最大化其利润而进行价格竞争，可以计算出每个厂商的反应函数，能够通过求解两个反应函数方程来求解出纳什均衡。特别地，在进行价格竞争条件下，在第1章中表示出的厂商的反应函数为：

$$p_1 = \frac{c_1}{2} + \frac{a_1 + b_{12} p_2}{2 b_{11}} \quad \text{和} \quad p_2 = \frac{c_2}{2} + \frac{a_2 + b_{21} p_1}{2 b_{11}}$$

其中 c_1 和 c_2 分别为产品1和2的边际成本。进行一些代数变换后，纳什均衡价格可以通过下面的公式加以描述：

$$p_1^{NE} = \left(\frac{4 b_{11} b_{22}}{4 b_{11} b_{22} - b_{12} b_{21}} \right) \left(\frac{c_1}{2} + \frac{a_1}{2 b_{11}} + \frac{b_{12}}{4 b_{11}} \left(c_2 + \frac{a_2}{b_{22}} \right) \right)$$

$$p_2^{NE} = \left(\frac{4 b_{11} b_{22}}{4 b_{11} b_{22} - b_{12} b_{21}} \right) \left(\frac{c_2}{2} + \frac{a_2}{2 b_{22}} + \frac{b_{21}}{4 b_{22}} \left(c_1 + \frac{a_1}{b_{11}} \right) \right)$$

首先得注意到价格依赖于需求方程的截距（a_1 和 a_2）、自价格效应（b_{11} 和 b_{22}）和交叉价格效应（b_{12} 和 b_{21}）。价格也取决于两种产品的成本。

假设 $b_{12} = b_{21} = 0$，产品对于需求可替代性来说是完全不相关的。纳什均衡价格公式简化为

$$p_1^{NE} = \frac{c_1}{2} + \frac{a_1}{2 b_{11}} \quad \text{和} \quad p_2^{NE} = \frac{c_2}{2} + \frac{a_2}{2 b_{22}}$$

从该表达式中我们能够知道，存在多种方法能够发现正的价格相关性，即使产品在需求方面是不相关的，也不是可替代的。

---

① 对于使用价格相关分析的一个评论，例如，参见 Werden and Froeb (1993a)，以及由 Sherwin (1993) 作出的回应。

4.2.3.1 误报：相互关联的投入或需求冲击

如果两种产品使用相同的投入品并且投入品的价格发生变化，将得到生产这两种产品的成本正相关。例如，航空旅行和合成橡胶都是燃料投入密集型的产品。当石油价格变化时，提供航空旅行服务和生产合成橡胶的成本也会发生变化，从而 $\mathrm{cov}(c_1, c_2) \neq 0$。而且，上面的方程表示了一个直觉性的结论，就是价格随着边际成本而变化，投入品、航空旅行和合成橡胶的成本也将会是相关的。在这一特别的情形下，想当然式地应用价格相关分析可能发现，合成橡胶和航空旅行的价格是相关的，从而认为他们是位于相同的产品市场。自然地，这一结论是错误的，该正相关是市场界定的一种"误报"，因为不能真正从价格的正相关性中得出这些产品是需求替代的结论。换句话说，不能合理地认为航空旅行对于合成橡胶是需求替代的，如果合成橡胶的价格上升，人们会增加其对于航空旅行的需求！

*176*在"大马哈鱼之争"中英国竞争委员会试图排除由共同的投入品价格导致的成本方面的正相关性造成误报风险。特别地，大马哈鱼的饲料可能是在全球市场中进行销售。如果如此，那么即使英国的大马哈鱼和挪威的大马哈鱼不是真正的需求可替代的，生产这两种产品的边际成本肯定会一起变化。为了检验这一假设，英国竞争委员会考虑了挪威和英国大马哈鱼饲料的相对价格。这样做弄清楚了，在考察期间内，英国境内的饲料的成本相对于挪威的饲料成本来说是在下降的。

图 4—2 清楚地表明，虽然在价格数据中所观察到的正相关性很可能通过成本方面的正相关性加以解释，但是在这一案例中，成本表现为负相关性，所以可能误报的解释不被事实所支持。

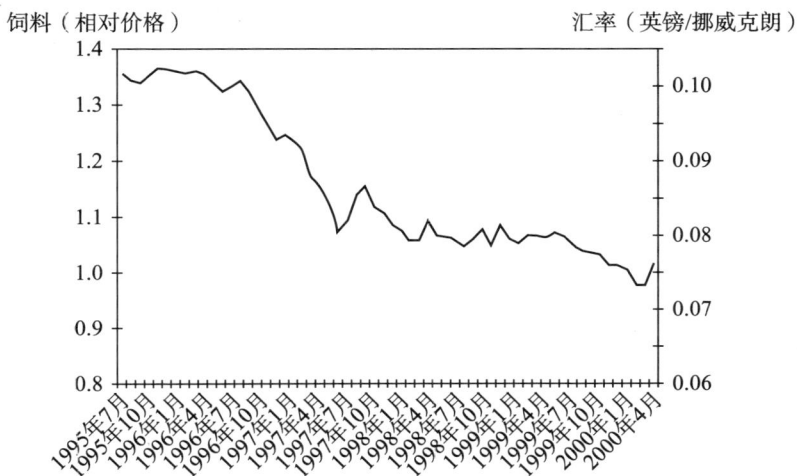

图 4—2　英国饲料价格相对于挪威饲料价格的比

资料来源：英国竞争委员会大马哈鱼报告。

在价格相关性运用中误报的相关原因是，当 $cov(a_1, a_2) \neq 0$ 时，就出现了共同的需求冲击。为了加以说明，假设任何两种正常的商品，汽车和休假。当经济形势很好时，常常看到这两种商品的需求很旺，价格也高，自然地，不能将两种产品界定为同一个市场。收入是需求变换的因素之一，可能表现为普遍的价格变化，自然存在许多潜在的其他可能导致产品价格关系误报的因素，它们使得产品价格遭遇的是相同的需求变换而不是需求的替代。毫无疑问，在许多案例中存在有关对正相关性应用进行激烈争论的空间。

4.2.3.2 伪相关性与非平稳性

在通过时间序列测量价格相关性时，围绕价格相关性争论的另外一个问题常常被称为"伪相关"。当两个序列显得是相关的，但是仅仅是因为它们具有一个趋势而显得是相关的，那么就会出现伪相关。在这一情形下，这种相关性是一种"巧合"，而不是两种产品之间真实相关关系的结果。这一思想由优勒（Yule，1926）进行了探究，他指出，对于任何两个分别具有上涨趋势的时间序列而言，其相关系数收敛于 1，也就是完全相关。类似地，如果一个时间序列具有向上的趋势，而另外一个时间序列具有向下的趋势，就会得到一个趋向于 -1 的相关系数。这些事实能够导致某些严重的推理问题。例如，在过去的三个世纪中，大西洋的海盗数量减少了，而单个人的身高也增加了。这两个变量就趋向于负的方向，给定一个足够长的时间序列，就会得到一个关于两个变量的高水平的负相关系数。海盗数量下降了，人们的平均身高增加了，自然地，认为海盗数量下降与人们的平均身高增加之间有关系是很荒谬的。[1] 基本经验就是在处理具有趋势的变量的相关性时，需要非常小心。表面上的高强度的相关性完全可能是虚假的，事实上两个变量也许是完全不相关的。

处理这一问题的正式方法就是评估该序列是否是"平稳的"。[2] 当对序列的冲击不再影响该序列的值的时候，最终该序列就是平稳的。[3] 作为一个最简单的例子，假设该序列每个点在时间上是完全独立于任何其他时期的这些点。在该情形下，如果知道变量过去某一天的值，这对于预测现在值的改变完全没有信息作用。特别地，如果发生了一个冲击，该冲击根本不会持久：在下一期，绝对不存在该冲击的痕迹。原始形态的平稳序列被称为一种"白噪声"形式。作为一个实例，定义 ε_t 服从均匀分布 $U[-1, 1]$ 的变量，ε_t 在每一期内在 -1

---

[1] 在优勒的最初的例子中，从 1866 到 1911 年，报告的关于英国教堂举行的婚礼的比例和死亡率相关系数为 0.95。假定这两个序列之间没有因果关系，作为一种立场，几乎很多热心于宗教阴谋论者都可能接受它。但是，格兰杰和纽伯尔德（Granger and Newbold，1974）在随机游走的条件下得出了类似的结论。

[2] 对于非平稳性的介绍参见罗伯特·恩格尔（Robert Engle）和克莱夫·格兰杰（Clive Granger）给出的指导，他们由于在该领域的研究而赢得了诺贝尔经济学奖，参见 http://nobelprize.org/nobel-prizes/economics/laureates/2003/eco-adv.pdf. 也存在很多关于这方面的教材（例如，参见 Stock and Watson (2006)，或者进一步的讨论见 Banerjee et al. (2003)、Johansen (1995) 和 Hendry (1995)）。

[3] 正式地，平稳过程是一个随机过程，该随机过程在任何固定时点上的可能分布不随时间而变化。这就是，如果时间序列 $(X_{1+s}, X_{2+s}, \cdots, X_{T+s})$ 的联合分布不依赖于 s。这意味着可以观察一个任何长度 T 的时间序列，开始观察的数据将不会影响数据的联合分布。该性质有时候被称为严格平稳，其他形式的平稳也是有可能的。例如，可能仅仅要求该序列的一次矩和二次矩不随时间而变化，这就可能是一个弱平稳形式。

到 1 之间按照均匀分布随机取值。通过这样的一个数据生成过程产生的时间序列看起来像图 4—3。

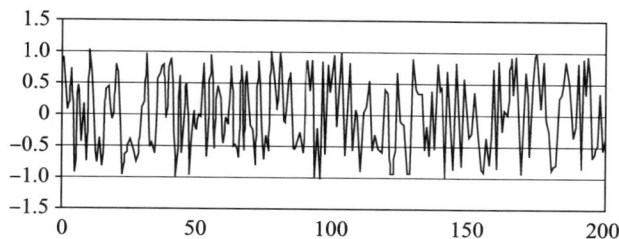

图 4—3 白噪声：$\rho = 0$

178　　　　　现在假设一个价格序列是由一阶自回归系列生成的，$P_t = \rho P_{t-1} + \varepsilon_t$，其中再次假设 ε_t 服从均匀分布 $[-1, 1]$。在此情形下，当期的价格是由上一期的价格和一个"白噪声"冲击共同决定的。观测在该序列中的冲击持续的程度是很有趣的。为了这样做，连续地迭代价格的表达式：

$$P_t = \rho P_{t-1} + \varepsilon_t = \rho(\rho P_{t-2} + \varepsilon_{t-1}) + \varepsilon_t = \rho^2 P_{t-2} + \rho \varepsilon_{t-1} + \varepsilon_t$$
$$= \rho^2(\rho P_{t-3} + \varepsilon_{t-2}) + \rho \varepsilon_{t-1} + \varepsilon_t = \rho^3 P_{t-3} + \rho^2 \varepsilon_{t-2} + \rho \varepsilon_{t-1} + \varepsilon_t$$
$$P_t = \rho^t P_0 + \rho^{t-1} \varepsilon_1 + \cdots + \rho \varepsilon_{t-1} + \varepsilon_t$$

通过这样做，可以看出序列中当期的价格由作为初始条件的起始期价格以及随后发生的所有的随机冲击决定，这些项通过参数 ρ 加权得出。如果 $\rho < 1$，作为初始条件的价格 P_0 和所有过去的冲击将随着时间而衰减。ρ 值越小，冲击的影响衰减的也越快，也就是，冲击持续的越短。当出现这样的情况时，就可以说时间序列是平稳的。反之，值得注意的是如果 $\rho = 1$，那么对序列的冲击将从不停止作用，无论时间过了多久，它们将总是对价格的值发生作用。在此情形下，冲击是持久的，过去的冲击从来没有消失，总是影响着价格的当前值。如果 $\rho = 1$，价格序列遵从"随机游走"，这样的序列就是一个单整或非平稳序列的例子。如果一个序列是一阶单整的，这意味着序列的一阶差分序列 $P_t - P_{t-1}$ 是平稳的。单整时间序列的一个例子和一些平稳时间序列呈现在图 4—4 中，一个是 $\rho = 1$ 的单整序列，其他三个是设定 ρ 取值分别等于 0、0.5 和 0.8 的平稳时间序列。

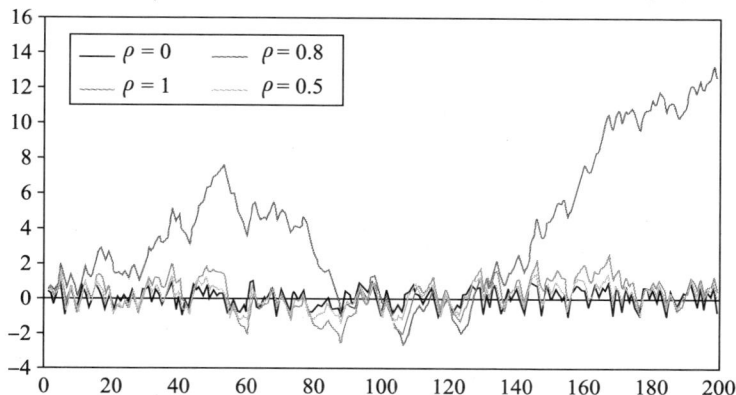

图 4—4　单整时间序列与若干平稳时间序列的实例

与平稳时间序列不同，单整时间序列趋向于游走，不会迅速回归到其长期值。为了说明为何如此，均匀分布于[－1，1]的变量总是具有 0 均值，该序列将从不会出现游离于该均值的情形。一个平稳序列能够少量游离该均值，但是，最终过去的取值点是重要的，也就是说，在序列的第 0 到第 100 期的行为不会与序列在第 100 到第 200 期的行为有什么不同。相对而言，一个单整序列没有如此的回归均值的趋势。这表明如果拥有两个由 $\rho=1$ 生成的价格序列，即使是对每个序列的冲击彼此之间是完全独立的，也将会发现 $\mathrm{cov}(P_t^1, P_t^2) \to \pm 1$，当变量具有某种趋势时，就会发现结果具有高度记忆性。因此，在单整时间序列中就面临着另外一个危险，那就是将会发现高相关的价格，但是这种相关关系完全是一种假象。

大马哈鱼的例子对于在竞争案例中有时候出现的这种类型的争论给出了一个解释。在图 4—5 中描绘了由英国和挪威生产的大马哈鱼在英国的市场价格点。特别注意，直到 2000 年的时候，时间序列显得受到了大量的短期冲击的影响，如果果真如此，这些短期冲击可以看做是不会持续很久。例如，注意到一个仅仅持续一期的大冲击。此外，序列像平稳序列一样围绕着均值上下波动。相反，自 2000 年后，序列似乎偏离了其原来的均值，表面看来更像是一个非平稳过程。如果先前得出的相关系数是由这部分数据得出的，那么结果也许就是不可靠的，这就是，时间序列这一部分的相关系数纯粹是由伪相关造成的。可能的反应之一就是分割样本，计算第一部分平稳部分的数据的相关性。

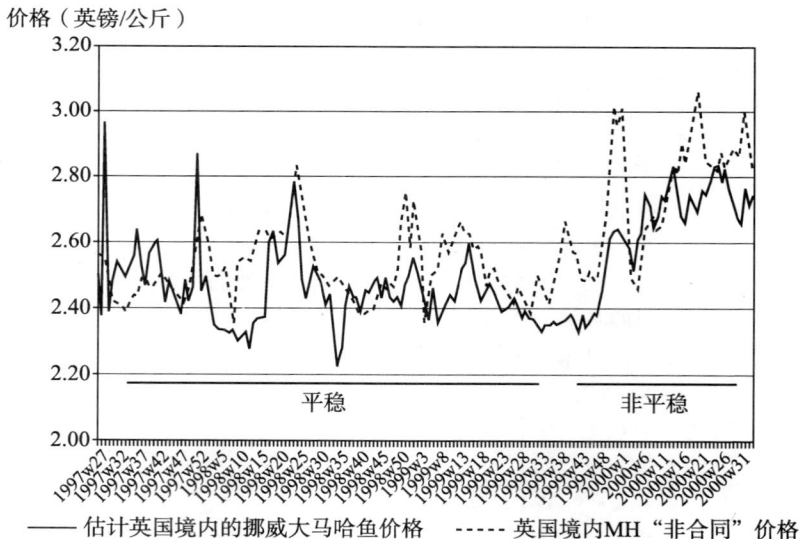

图 4—5　时间序列的平稳与非平稳片段
资料来源：英国竞争委员会大马哈鱼报告。原始资料来源：Lexecon。

另一个反应就是，通过检验价格比率的平稳性来检查两个价格是否是被绑定在一起的。假如，经济力量确保这两个价格在长期中彼此从来不相差太远，因为供给或需求的替代迫使"一价定律"被广义地保持着。那么可能期望发现产品间的相对价格应该具有长期回归特性。也就是，它们应该是平稳的。使用上面大马哈鱼例子中的价格序列，定义 $v_t = \dfrac{P_t^{苏格兰}}{P_t^{挪威}}$，其值绘制在图4—6中。

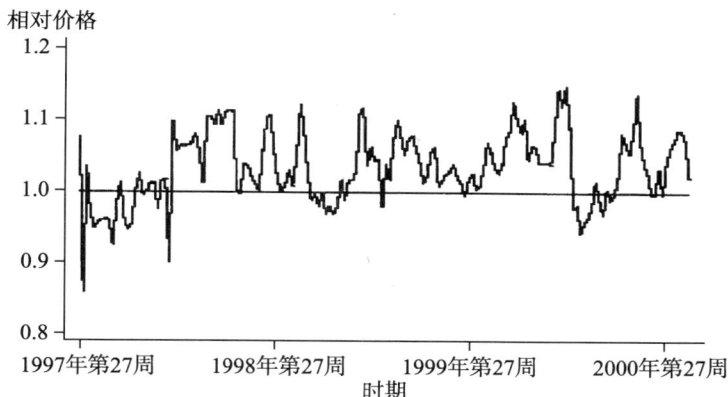

图4—6　相对价格

资料来源：英国竞争委员会大马哈鱼报告。原始资料来源：Lexecon。

初一看，似乎显示出在开始的几个时期，在考虑到了挪威的大马哈鱼价格的基础上苏格兰大马哈鱼的价格随着时间是上涨的，这表明他们可能不是完全替代的。对于余下的样本，该比率一般在1左右变动。当挪威的大马哈鱼和苏格兰的大马哈鱼是需求替代的时候，认为这两种产品的相对价格比率是平稳的说法似乎可信，但是事实上这是一个很强的断言。下面检验其理论基础。

在本节开始的时候定义了差异化产品价格的纳什均衡，纳什均衡价格的比率可以描述为：

$$\frac{P_1^{\mathrm{NE}}}{P_2^{\mathrm{NE}}} = \frac{\left(\dfrac{4b_{11}b_{22}}{4b_{11}b_{22}-b_{12}b_{21}}\right)\left(\dfrac{c_1}{2}+\dfrac{a_1}{2b_{11}}+\dfrac{b_{12}}{4b_{11}}\left(c_2+\dfrac{a_2}{b_{22}}\right)\right)}{\left(\dfrac{4b_{11}b_{22}}{4b_{11}b_{22}-b_{12}b_{21}}\right)\left(\dfrac{c_2}{2}+\dfrac{a_2}{2b_{22}}+\dfrac{b_{21}}{4b_{22}}\left(c_1+\dfrac{a_1}{b_{11}}\right)\right)}$$

$$= \frac{\dfrac{c_1}{2}+\dfrac{a_1}{2b_{11}}+\dfrac{b_{12}}{4b_{11}}\left(c_2+\dfrac{a_2}{b_{22}}\right)}{\dfrac{c_2}{2}+\dfrac{a_2}{2b_{22}}+\dfrac{b_{21}}{4b_{22}}\left(c_1+\dfrac{a_1}{b_{11}}\right)} \overset{?}{=} v_t$$

其中问号表明正要检验该比率是否导致了一个平稳过程。特别注意的是 $\dfrac{P_1^{\mathrm{NE}}}{P_2^{\mathrm{NE}}}$ 可能是平稳的，但仅仅是在非常严格的条件下才如此。特别是，注意到即使产品之间是相互替代的，两种产品的相对成本从广义上说需要保持不变，需求的相对截距、自价格弹性和交叉价格弹性等也要保持不变。所有这些需要在全部检验期间内从广义上保持不变，或者是以某种方式偶尔一起移动，否则，相对价格将不会显现为均值回归平稳序列。例如，如果仅仅有所有产品中的某一种产品的成本或需求的持久冲击，可能错误地计算出这些产品是不相关的。

另外，即使这些产品不是需求替代的，对于任何 $i \neq j$，有 $b_{ij} = 0$，当对这两种产品的成本或需求的共同的冲击正好彼此抵消，或者甚至这些冲击自身就是平稳的，那么就会可能错误地得出相对价格的平稳性。

所有这些就是说，当产品是完全替代的时候，期望能保持"一价定律"，应该近似地将这两种产品的价格视作同一个价格。这是相当强的直觉性的结论，但是这一节的经验教训在于价格相关性的运用是复杂的，自然不能当做市场界定的万能工具。在这一章已经多次看到了这些教训，在此再次加以观察：（1）拒绝平稳性未必就意味着不是相互替代的；（2）接受平稳性不是产品是需求替代的所必需的，这与表面看起来高相关系数一样。通常，试图通过检查在所考察期内产品的成本和需求发生了什么变化来证实有关平稳性和相关性的申明。如果这些冲击存在，如果仅一种产品受到冲击的影响，替代不是完全的，他们也许会导致错误的否定性结论。如果这些冲击对两种产品来说是共同的，那么这些冲击也许会导致错误的肯定性结论，产品可能显得比实际更为相关。

182

存在几种方法可以被用于检验平稳性的存在性。首先，是由斯蒂格勒和舍温（Stigler and Sherwin，1985）加以说明的，观察价格变化的相关性，即，价格的一阶差分：

$$\text{Corr}(P_t^1 - P_{t-1}^1, \ P_t^2 - P_{t-1}^2)$$

一个替代的检验平稳性的方法就是进行统计检验非平稳性是否可能是一个问题。为了这样做，可以对每个价格序列计算一个被称为迪基-福勒（Dickey-Fuller）检验的检验，用以观察每个价格序列是否是非平稳的。然后利用相同的检验观察相对价格是否是平稳的。如果两个独立的序列是平稳的这一假设被拒绝，但是相对价格序列确实显得平稳，那么就可以宣称结果是市场间联系是一致的，这表明这两种产品应该在同一个市场中，在某种程度上近似得到平稳的价格序列水平的相关性。当然，无论平稳与非平稳，相关分析都冒着极大的错误报告为真或为假的风险，结果就是通常错误地简单地计算一下相关性，从表面上接受其计算结果，以此作为进一步进行市场界定的有力证据。

最后值得注意的是，存在一个更为正式的计量经济学方法来检验价格协同运动这一问题，该检验包括"协整"检验。这种类型的分析既包括综合分析，又包括有时是精细的计量参数分析，这些分析经常以一种不被经济理论所能预知的方式加以应用。这些组合方法可能是相当危险的。例如，当所采用的是结果为协整序列的时候，一个结论表面上表明研究者不需要在意内生性，也就是说，OLS估计量是"超一致的"，单整回归量可能与误差项相关（参见 Stock（1987））。例如，机械地应用这一结论就会认为这一结论就意味着对产量进行价格回归是没有问题的。这一断言显然既是危险的，也是根本"错误"的，例如，可能依旧不知道是对需求曲线还是供给曲线进行回归。[1] 然而，在原则上，在特殊的环境下，

---

[1] 恩格尔和格兰杰（Engle and Granger，1987）研究了一种单协整关系，其结论表明应用 OLS 对 $Y_t = aX_t + \varepsilon_t$ 这一形式进行回归，其中 Y 和 X 是单整的（一阶），ε_t 是平稳的，回归得出一个超一致的估计量 α。概念"超一致的"用于表明估计量是一致的，其收敛于参数真实值的速度快于标准的 OLS 估计量（以比例 T，而不是 $T^{\frac{1}{2}}$）。OLS 估计量使用相关系数 $E[X_t\varepsilon_t]$ 来界定参数 α，因为 X_t 是单整的，而 ε_t 是平稳的，就出现了超平稳性的结果，于是直观上，它们之间的相关性将必然很小，因为 X 偏离其初始值，而 ε_t 会回归均值。

也许不存在内生性问题，自然也不会逃脱供给和需求曲线依赖于价格和数量这一基本识别问题。对于在协整方面知识有限的调查者，在对复杂的计量经济学参数进行精细应用时，需要特别小心。被表面极其迷人的计量经济学原理导向严重的歧途的风险是相当高的。另一方面，如果在进行处理过程中，内心牢记细心应用经济学与计量经济学理论，那么处理单整和协整时间序列的一些工具有时候能够有助于避免伪相关问题。[①]

4.2.3.3 漏报的风险

前面已经解释了在完全替代的情形下，即使产品可能是相当紧密替代的，对于需求或成本的非对称冲击可能导致价格序列彼此偏离。值得在本节最后提醒的是，当仅仅通过观察两种产品价格一起移动来了解它们之间的替代程度的时候，存在例外的一些情况。

特别是，如果信噪比（signal-to-noise ratio）很低，将会发现价格间具有较小程度的相关性，但是这一结果将会受到对于产品价格短期随机冲击的影响，表面上缺乏相关性将不会反映产品间潜在的结构关系。例如，假设两种产品的投入品实际上是不同的，投入品价格也变化很多。那么由于投入品价格冲击导致价格序列的变动，即使这两个序列可能表现出某种有限的协调运动，所观测到的价格相关性也将会很小。而且，如果由于数据质量较差或测量问题，导致数据比较嘈杂，在观测期内，实际价格变化并不多，由于仅仅会在序列中检出噪声，相关系数就会显得很小。在观察期内，当冲击相对于价格序列的移动来说较大时，由于"信噪比"会很小，这一问题将会恶化。

类似地，由价格的同期相关性导致的情景也许会误导调查者，例如，价格对市场条件变化的响应存在时滞。即使两种产品实际上是长期或中期需求替代的，也许只能看到价格具有稍微的同期相关性，从而错误地作出产品是不相关的这一结论。

4.2.4 价格相关分析中的竞争对手的成本与需求数据

在所有的定量分析中，任何人不可能通过分析就能获取多于数据已经呈现出来的信息。如果数据是噪杂的，无论产品实际上是多么地相关，也将只会发

[①] 在宏观经济学中这些工具特别重要，也很流行，但是并不缺乏其批评者（例如，参见 Greenslade and Hall (2002)）。这些作者认为"在有限数据集的一般现实模拟环境下以及在相当复杂模型的理论要求中，既有文献所给出的技术几乎不可能成功实施。"当这些工具与经济理论进行适当的结合的时候，该引证给出了一个比这些作者在实际应用要更为悲观的印象，但是，尽管如此，这对任何的调查者都给出了一个有用的警戒。识别过程中的困难，纯粹的统计分析方法必须以经济理论加以补充，适当的统计分析框架对于既有协整研究并不是独有的，在任何严肃的计量经济学分析中，他们各自都有必须面对和克服的困难。

现低水平的相关关系。如果目测表明价格是协同变动的，相关系数就会表明价格是协同变动的，尽管可能从数据自身获得关于协同变动规模的附加信息，有可能想要考虑任何相关性的统计显著性。[①] 无论相关的数值是多少，试图再三强调到彻底了解的中心问题在于，深入到数据的深处去识别协同变动的根源是很重要的。

在这一节将勾勒出识别好的价格协同变动的来源的"检验"。该检验包括识别潜在替代产品的需求或成本的变化，这些变化并不影响原来的产品。可能是仅仅只有替代品才使用的投入品的价格变化（即，成本移动），或者是由一组并不需要原来产品的使用者的需求强度的变化。这些变化可能影响潜在替代品的价格。值得注意的是，对最初产品价格的冲击应该能够表明这两种确实替代的产品的替代性大到足以影响彼此的价格。

为了明白为什么，回想经济理论所表明的当存在或不存在替代品时的不同的价格制定机制。特别是，在这两种情形下的各自的纳什均衡价格的表达式：

$$p_1^{\mathrm{NE}} = \left(\frac{4b_{11}b_{22}}{4b_{11}b_{22} - b_{12}b_{21}} \right) \left(\frac{c_1}{2} + \frac{a_1}{2b_{11}} + \frac{b_{12}}{4b_{11}} \left(c_2 + \frac{a_2}{b_{22}} \right) \right)$$

以及

$$p_1^{\mathrm{NE}} = \frac{c_1}{2} + \frac{a_1}{2b_{11}}$$

当分析价格相关性时，经常感兴趣的是想知道 b_{12} 是否是非 0 的。在检验这些等式的过程中，表面上对于这一关系进行检验的最好的方法就是，观察其他产品的需求或成本（a_2 或 c_2）的移动，假设这些变动不会同时是本产品自身需求或成本（a_1 或 c_1）同时变动的原因。如果这一移动对于 p_1 的影响是显著的，那么就能够得出 b_{12} 是非 0 的这一结论，虽然如同任何价格相关分析一样，上面的分析难以确定 b_{12} 是否真正足够大到可以确保认为这两种产品是在同一个市场。正如许多

竞争政策领域一样，最终做出决定的主体（规制者、竞争当局或法庭）在作出判断时，需要考虑各种各样的证据，这其中包括正确进行了市场界定的价格相关证据。

4.3 自然实验

通过估计两种产品价格一起系统地移动的程度，价格相关分析为我们试图估

---

① 正如前面已经提到过的，对非平稳时间序列数据进行的统计推断是非标准的，t 统计量为 2 通常不足以构成统计显著。例如，事实上依旧能够计算相关性、R 平方和 t 检验，它们经常会不具有我们通常所期望的那些分布。例如，能够计算出一个 t 检验，但是当数据集为一个单整序列时，所计算的统计量并不具备 t 分布。在实际的关系中，通常使用 2 的 t 值来评价统计显著性（以 95% 的显著性不等于 0），恰当的临界值通常要更高些，有时候相当高（也许以 5 或 10 来代替 2）。例如，参见由迪基和福勒（Dickey and Fuller, 1979）给出的单整检验的临界值。其他有关非平稳性常用的检验包括"增广迪基-福勒"（augmented Dickey - Fuller）检验和菲利普斯-佩隆（Phillips - Perron）检验。

计产品间替代程度提供了一种方法。一方面，价格相关性也给出了相当间接的比较证据，例如，试图估计两种产品之间的需求交叉价格弹性；另一方面，这一方法很简单，特别是当不得不去实际估计一个需求方程时就显得相对更简单。当对价格应用自然实验或"冲击分析"时，两者遵从类似的逻辑，但是对于结果来说控制用于识别替代性的数据的变化来源更为仔细些。冲击分析是观察伴随着一种商品（该商品是调查所关注的核心商品）的价格外生冲击其他商品价格的反应，而不是评估相关性然后检验其来源的解释。冲击分析是探索需求自价格弹性或交叉价格弹性大小的最简单的方法，不需要涉及更为复杂的计量经济学分析。任何存在进行恰当的冲击分析的可能性的时候，该方法将是大有帮助的，因为它既简单，又能给出丰富的信息，这使得该方法是一个强有力的方法。当然，调查者确实无论如何需要相当细心以确保导致最初价格移动的冲击真正是外生的，而不是由影响到消费者或竞争对手的市场条件决定的。

4.3.1 信息型的外生冲击

为了说明自然实验的逻辑，假定产品 A 价格（P^A）一个突然的意料外的外生的上涨，如同图 4—7 所示。例如，该变化可能是由厂商故意设计的，也许是为了进行一项市场实验以试图了解需求对于其自身价格的敏感性。产品 A 的价格的外生变化可能通过三个方面发生影响：（1）产品 B 的价格，（2）产品 B 的数量，（3）产品 A 的数量。

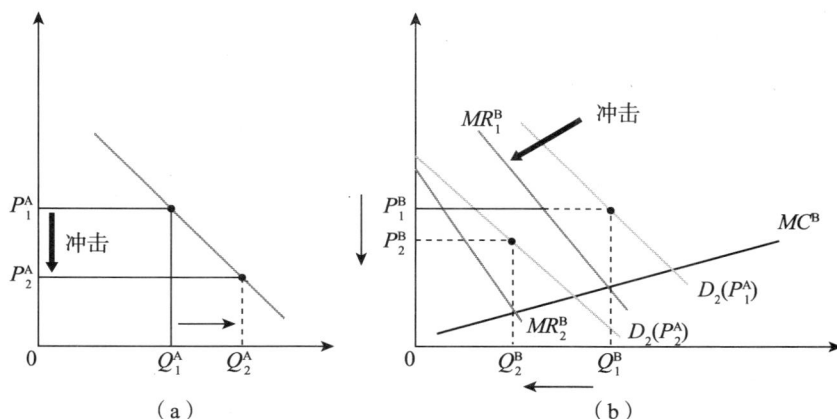

图4—7　一种商品价格变化对另外一种商品的冲击效应

一旦所观察到的 P^A 外生变化发生了，就能简单地观察随后的 Q^A 和 Q^B 的变化，并得到需求的自价格弹性和交叉价格弹性。如果对于 P^A 的下降的反应是 Q^A 急剧增长和 Q^B 急剧下降，那么就能自信地断言产品 A 和 B 是需求替代品。与先前讨论过的价格相关分析更为相关的是，产品 A 价格下降可能使得我们观察到产品 B 的价格也会下降。理想地，调查应该有关于所有价格和数量的数据，但是，事实是数据集经常可能是不完整的，也许仅仅只有价格数据变量。

　　该方法成功的一个关键因素就是价格的初始冲击是外生的，与产品 A 和 B 的需求无关，也与产品 B 的投入品的成本无关。不幸的是，并不是总是很容易地找到这样的情形，尽管冲击分析的机会确实发生了。

　　康涅狄格州纽黑文市的一家电影院在 1996 年的一个决定给出了一个实际例子，三星期的时期内，以 5 美元这一更低的价格向成人提供新近发布电影的晚上门票。这一不常见的变动被当地报纸广泛地报道了。对于给定的这一变动，可以观察降低价格的电影院所在地区电影院的反应。① 如果经常看电影的人把一些电影院视为是替代的，那么这些电影院就在同一个市场中。能够通过检查一组人对于可能考虑去观看电影的电影院的决定，轻易地猜想出人们对于一部电影的决定。如果某一电影院变得便宜，那么人们可能更愿意光顾该电影院，特别是，如果该电影院的电影与其他地方放映的电影是一样的时候。如果，电影院为争夺顾客而竞争，那么就存在一种促使竞争的电影院也降低其价格的激励（或者放映足够差异的、吸引人的电影）。观察一个地区的电影院在其中某一个电影院单方面价格下降后的反应，可能是确定哪些电影院可能是竞争相同的观众的一个好方法。

　　在纽黑文市该电影院（布兰福特 12）的附近地区，有 5 家电影院降低了它们的价格，呈现在图 4—8 中。

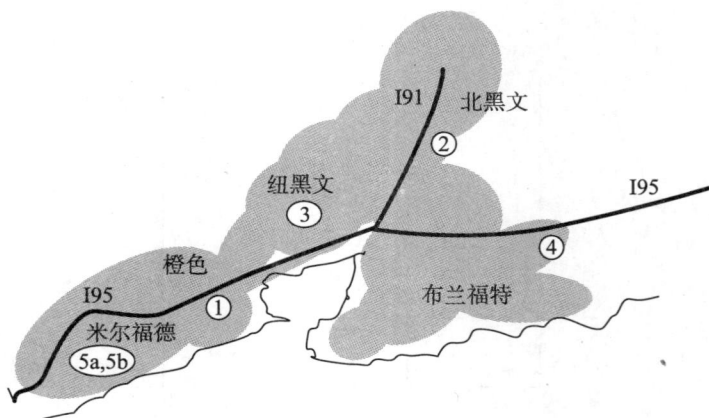

图 4—8　试验中所涉及的电影院的区位图

被标记为"4"的是布兰福特 12 电影院，其价格下降 3 周。

　　竞争的影剧院的定价反应报告在表 4—5 中。所有除了约克广场电影院（第 3 列）外的电影院都是首映，也就是这些电影院都是最新发布的电影院。

------

① 正如所提到的那样，外生数据变化对于估计需求也是有用的。来自该实验的价格以及销售数据被收集并使用在戴维斯（Davis，2002）的文章中。

表 4—5		电影院对于布兰福特 12 电影院定价实践的定价反应	
	电影院	连锁	定价策略/反应
1	橙色之窗	国民消遣	4.5 美元三周
2	纽黑文之窗 8	国民消遣	4.5 美元三周
3	约克广场	艺术剧院独立的	没有变化
4	布兰福特 12	霍伊特	5 美元三周
5a	米尔福德之窗 5	国民消遣	没有变化
5b	米尔福德国都	国民消遣	没有变化

资料来源：Davis（2002）.

表 4—5 为地域市场和产品市场的界定提供了有用的信息。首先考虑地域市场的界定。值得注意的是两个相隔最近的放映流行电影的电影院对于价格变化的反应类似，而更远的电影院的反应则不是这样的。橙色之窗和纽黑文之窗将它们的价格降低为 4.5 美元来应对，此外，它们保证价格使得竞争对手有再次削价的激励，这提供了一个很好的例子。位于（米尔福德）的两家影剧院（在表和图中标示为 5a，5b）对于起始于（布兰福特 12）的价格变化可以作出反应，但是它们没有改变其价格，这一事实与这两家影剧院与（布兰福特 12）不在同一个地域市场是一致的。另一方面，表面上可能更让人惊奇的是，他们并没有对于最近影剧院的价格加以响应，特别是橙色之窗的价格，橙色之窗在图中标示为 1。由于橙色之窗影剧院与米尔福德影剧院是连锁企业，都属于国民消遣，所以沿着海岸线进一步传导价格下降的激励大大地削弱了。由于电影院 1 和 2 导致的国民消遣连锁电影院收益的损失可能小于其每家电影院的价格下降将导致的收益损失，这表明标示为 5a，5b 的米尔福德的某些观众不是可以和其他电影院互换的，至少某些观众是如此。这些结果表明布兰福特 12 影剧院的地域市场包含的半径就是围绕该剧院大约 5 到 10 英里，特别地，并不是自始至终地沿着向米尔福德扩展。

其次，考虑产品市场界定。为了对这一方面加以说明，注意到在（纽黑文市）中心的艺术之家电影院并没有响应降价，尽管它也在那些降价电影院的距离范围内。这可能表明商业性电影和"艺术性"电影是两个不同的产品市场，这确实与用于区分首映电影的分离市场的美国竞争案例法律一致。例如，在这一个例子中，由于仅仅存在一个艺术电影院观测样本，得出这一结论就得相当谨慎。

4.3.2 一个回归的框架

在前面部分，已经考虑了通过设计导致价格外生性变化的营销实践的例子。

188

像这样得益于纯粹外生性价格移动的营销实践是相当少的，但是确实出现了，特别是在"局部性"零售市场上。局部市场可能意味着，相对于市场是面对全部国民时的情形来说，在潜在"错误"的经验水平上设定价格的成本也许会过小（局限于一个地区），如果该经验教训能够被应用于一个更大的市场集内，如在欧盟领域，乃至全球范围内，最大利润水平的价格信息的好处可能会是相当大的。有关营销实践的证据可能出现在公司的有关文件中。

当来自营销实践的有关外生价格变化影响的直接证据是不可用的时候，可能仍然能够利用来自影响某种产品的供给与需求因素"外生性"变动的证据来推断产品间的可替代程度。那些可能外生性移动（也就是多少与需求或供给变动有点无关的方式，从而导致不被调查者所观察到）且同时影响需求或供给的因素，可能包括进入事件、规制变化或真正更为标准的设备等等投入成本变动。自身或潜在竞争产品的需求方或供给方的变动对于理解市场产出相互联系的程度可能是有用的。

首先举例说明这一思想，然后考虑对其可能中肯的评论。特别地，考虑戴维斯（Davis，2005）所描述的回归分析，戴维斯在分析中利用了美国 101 个最大市场地区的所有电影院的规模和地点的电影院图谱和价格等信息的数据库。[①] 该数据是从 1993 年的第一季度到 1997 年第四季度的季度观测值，在这一时期内存在大量的新开电影院。对于一个给定的电影院，试图去描绘出市场结构影响其价格的方式。为了了解其原理，观察当进入发生在附近地区时价格发生了什么变化，以及当进入发生在更远地区时价格发生什么样的变化。通过利用进入实践来找出当局部市场结构变化时价格发生了什么变化，使用一个回归的框架来试图找出单个的电影院受到局部市场结构影响的方式。该想法基本上是基于，如果两家电影院对于相同的消费者来说是竞争的，也就是说它们是潜在的替代者，预期看到临近的进入将影响在位者所能索要的价格，然而，当进入发生距离某一电影院较远的时候，预期看不到任何的定价反应了。目的在于找到新进入者停止对在位者产生影响的距离。

对于每一电影院 h 考虑下面的回归方程：

$$p_{hmt} = \alpha_h + \tau_t + \gamma_m + x_{hmt}\beta + \xi_{hmt}$$

其中 x_{hmt} 是在市场 m 内 t 时间上对于给定英里内自身和竞争对手的屏幕计数。例如，可以测量 h 电影院所在位置的 1 到 2 英里内的竞争对手电影院所经营的屏幕数量。系数 β 测量的是在各种距离上的自己和竞争对手的屏幕数量对于一个给定电影院价格的影响。希望通过一个给定的电影在面对其所在的局部市场结构的结构变化时的经验，以此了解到市场结构影响价格的方式。在回归分析中，该类型的数据变化被称为"内部"电影院数据变化。为了确保正好使用这一类型的数据变化，回归使用了固定影响 α_h（参见在第 2 章的讨论）。数值结果以图形的方式在图 4—9 中加以呈现。

---

① 在一篇相关文章 Davis（2006e）中，检验的是收入而不是价格。

对自身屏幕的预计价格效应（美分）

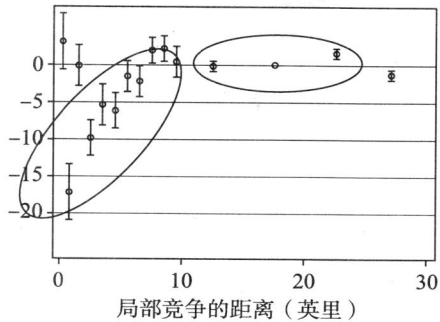

局部竞争的距离（英里）

（a）

对相对屏幕的预计价格效应（美分）

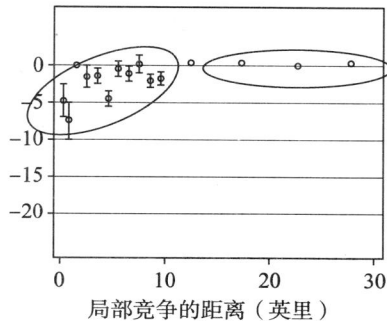

局部竞争的距离（英里）

（b）

图 4—9　局部市场结构对于定价的预计影响

点代表预计效应的数值，误差线表示围绕预计效应 95% 的置信区间。椭圆形表示具有一般特性的模拟结果。

资料来源：由 Davis（2005）的图 3 和图 4 改编而来。

　　结果表明，在距离一家电影院 10 英里范围内的其他电影屏幕的存在对于该电影院的价格具有负面作用。超过 10 英里后，另外电影院的存在似乎对于其价格不构成约束。有趣的是，由相同连锁企业拥有的屏幕的存在对于价格具有对等的斯塔克负面效应（even starker negative effect）。[①] 从第一眼看来这一结果有点让人奇怪；然而，这一表面上的悖论可能被解释为电影院与电影分销商之间的合同性质使然。特别地，电影院与电影分销商分享通过入场价所集聚的票房收益，而分销商保留所有的来自在电影院销售的饮料和食品的全部收益。因此，电影院具有强烈的激励去保持一个低的入场价，以此吸引更多的人到电影院，然后向他们出售爆米花。来自爆米花的额外一美元就意味着电影院额外的一美元收益，然而在给定的合同关系形式下，来自入场费的额外一美元意味着仅有大约 0.3 美分

---

　　① 对于这个一般规则的例外的就是在图 4—9（b）中底下的距离里的两个估计，所估计出的影响明显不等于 0。在 0～0.5 英里和 3～4 英里这两个特别的距离间隔里，好像相当缺乏数据；也许是由于考虑到附近收益的冲突，在这些距离内较少有属于同一连锁企业的电影院建立。

落入电影院的腰包。在本地拥有几家电影院的连锁企业在和分销商谈判过程中具有更强的议价能力，将利用该议价能力协商到较低的入场费。不幸的是，没有爆米花的价格数据以查证在该地区的爆米花的价格是较高的。但是对更低入场费的经济激励结果与数据所告知的情节是一致的，来自同一连锁电影院的入场费下降的压力要比来自竞争对手连锁电影院的更大。纵向合约也许解释了其他的违反直觉的结果。[1]

在诸如以上所描述的研究中，讨论进入或在该地区电影院的数量在模型中是否是一个内生变量是很重要的。在随后的章节中，尤其是在第 5 章中，将进一步粗略描述为市场结构设定工具所进行的尝试。在此，为了使得市场结构变量是外生的，需要论证在一个给定地区内电影院的较高密度集聚与难以控制的原因而导致电影高价的因素是不相关的。这些因素可能来自需求方面或者成本方面，它们任何一方都可能导致高价。自然实验是相当稀少的，例如通过使用仅有一家电影院造成的突然未被预期到的价格下跌这样的营销实践等得到的自然实验，但是自然实验是一个相当好的避免内生性问题的方法。不幸的是，自然实验并不总是可得的，自然实验有时候是一次性事件，不能被复制重现。当这些自然实验可得的时候，必须小心其内生性问题，内生性可能以多种伪装的方式出现。例如，假设一个制药公司对于新进入事件的反应，可能出现在药品专利到期之后。[2] 通常是由在位供应商来重新安排品牌产品，所以在位供应商的单位价格随着进入而实际显得会提高。如果如此，进入导致产品认知度的改变（也许是由于加强了广告宣传），如果变化的因素是不可"观测的"，那么当利用进入作为"自然实验"时，就会遭受内生性偏差的影响。在第 2 章已经讨论过处理内生性问题的计量经济学策略。核心经验在于，当考虑使用一个给定的自然实验来对市场界定作出合理的推断时，千万不能忽视所考虑的条件的经济学意义。

4.4 替代效应的直接估计

有时候可以直接估计某种商品与其潜在替代品之间的替代程度。为了直接估计替代程度，要么需要有消费者所面对的选择集数据和其实际作出选择的数据，要么有每种产品销售的加总数据。在每种情形下，既需要价格数据，又可能需要其他关于所销售产品特性的资料。在第 9 章将讨论直接估计需求的各种技术。在此先引入这一主题，讨论几个有利于试图量化替代效应的技术，它们与所试图得出的理论数量之间的联系，以及调查中在使用这些技术时所面临的问题。先从"转移比"来开始讨论。

---

[1]　Gil and Hartmann（2007）给出对于爆米花价格的相关论点和分析。
[2]　该例子由美国司法部（反垄断局）的 Greg Werden 给出。

4.4.1　转移比

4.4.1.1　市场份额和选择的可能性

转移比（diversion ration，用 DR 表示）试图回答以下问题：如果商品 1 的价格上升，产品 1 所丧失的销售量中转向商品 2 的份额有多大？某些经验研究试图回答这一问题的方法就是，通过直接观察竞争产品的市场份额和将竞争产品占全部销售量的份额解释为消费者平均选择的可能性。然而，市场份额对于真正打算测量的"商品间的替代模式"来说可能是一个误导性的代理变量。

假设一个地区有不同的商店，它们吸引了一定距离范围内的消费者。它们所能吸引消费者的地区被称为汇集区域。该情形如图 4—10 所示。

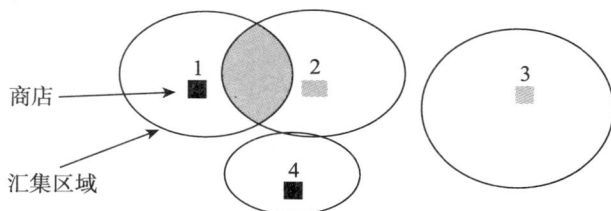

图 4—10　汇集区域

资料来源：基于英国竞争委员会对 2005 年索寞菲尔德公共有限公司和威廉·莫里森超市公共有限公司之间的并购调查。

从图中能够看出商店 1 和商店 2 仅仅在它们各自消费者集合的一个子集上是竞争的。商店 3 则处于另外一种情形，既没有任何来自其竞争者的约束，也不对其竞争者施加任何竞争约束。商店 4 受到商店 2 存在的少量影响。

如果仅仅对整个市区商业区来计算市场份额，就可能会极大地高估商店 3 和商店 4 对于商店 1 和商店 2 所索要价格的约束影响。另一方面，如果商店 2 拥有一个低的市场份额，可能低估了商店 2 对于商店 1 所能索要的价格的约束影响。因此，当试图了解商店之间真实的竞争约束时，对市内商业区水平上的市场份额的了解是有用的。

尽管在地域市场的情形中问题是相当直观清晰的，但是相同的情形也可能出现在产品存在差异的产品市场，也许出现在许多维度上，也许出现在消费者以不同的方法加以评价的方式上。对于对其某一个特性评价很高的消费者集的子集来说，两种产品可能是很好的相互替代品，然而对于其他更喜好产品其他方面特性的消费者而言，这两种产品就不是很好的替代品。

4.4.1.2　转移比与需求曲线

回顾试图回答的问题：如果商品 1 的价格上升，产品 1 所丧失的销售量中转向商品 2 的份额有多大？为了理解这一问题，着眼于以下差异产品的需求曲线：

$$q_1(p_1, p_2) = a_1 - b_{11}p_1 + b_{12}p_2 \text{ 和 } q_2(p_1, p_2) = a_2 - b_{22}p_2 + b_{21}p_1$$

系数 b_{11} 代表由价格 p_1 增加一单位（例如一欧元）所导致的产品 1 失去的销售额。系数 b_{21} 代表由价格 p_1 增加一单位（例如一欧元）所导致的产品 2 增加的销售额。那么转移比就是：

$$DR_{12} = \frac{b_{21}}{b_{11}} = \frac{\partial D_2 / \partial p_1}{-\partial D_1 / \partial p_1} = \frac{\partial D_2 / \partial \ln p_1}{-\partial D_1 / \partial \ln p_1}$$

193
最后的等式仅仅表明这一问题也能够按照价格增长百分率影响来提出。当价格 p_1 增长后，某些失去的销售额将转移到"外部商品"，也就是，当价格 p_1 上升后，消费者有时候会降低商品 1 和商品 2 的总的购买量。基于此，即使仅对两种商品而言，转移比极有可能会不等于 1。

估计转移比要求关于消费者将会在对所提供的商品价格发生改变时如何反应的知识。接下来的一节将讨论如何取得相关数据。

4.4.2 显示性偏好与陈述性偏好

有两种方式来得出消费者的偏好。方式一就是对于既定消费者的性质和消费者可得的可能选择集下，观察消费者的选择并试着去解释他们的选择行为。在此情形下，将用到有关消费者的显示性偏好的信息。方式二就是诉求于当消费者将要面临一个特殊的选择集时，消费者将会作出什么选择。在此情形下，将用到基于陈述性偏好的信息。

4.4.2.1 显示性偏好

首先，粗略地考虑到显示性偏好就是着眼于市场份额。市场份额易于取得，具有以非常直接的方式提供关于消费者选择信息的优势。然而，正如已经描述的那样，依赖于市场份额去了解替代模式最多只是一种粗略的近似，尽管在许多情形下，该方法可能是机构在实践中最好的选择。

理想状态下，应该利用更为全面的市场数据，而不是仅用市场份额。广义上，应该使用包括价格、产品特性以及市场份额等市场水平的数据，去估计加总的市场需求方程、市场需求弹性和替代模式等。否则，只能使用个体数据来估计个体需求方程和与其相关的替代模式。对于给定的后一情形，能够通过适当的权重加总个体需求方程得出市场需求曲线和价格弹性。

对于后一情形，对于分析需求有用的数据集应该包括个体水平上的每个消费者面对真实选择列表时的真实选择。理想的情形就是，应该拥有全部相关选择维度的信息：产品特性、价格和所处位置。最后，应该拥有可能决定消费者偏好的消费者特性的信息，例如年龄、收入或消费者所在的位置等。拥有这些信息后，就能试图去估计产品的需求方程，得出任何两种关联产品的交叉价格弹性。读者可以参阅第 9 章中关于需求估计的进一步的讨论。

4.4.2.2 陈述性偏好

194
并不是总是能得到必要的数据以可靠地预测消费者的选择。例如，可能想要去预测消费者处在一个还不存在的条件下的行为，自然没有相关数据。例如，一个厂商想要在一个新品牌出现前估计该产品的需求，如，电视或第四代（4G）电话。在这样的情形下，需要收集的信息大约为：消费者可能怎么做，在什么情况下这么做，需求的时间，完全假想的环境等等。其底线就是，在那些不能观察到消费者行为的条件下，必须要求消费者"陈述"出他们将会怎么做。

经常采取调查的方式去了解到消费者或生产者的偏好。选择一个具有代表性的消费者样本，在遵从每个人的个体特性的基础上，调查者询问每个人在假想的环境下他们想到会选择什么。所询问的问题可能会是：

我注意到你已经购买了品牌 A 的产品。如果 A 产品需要再花费 50 美分，你是否可能转向购买品牌 B 或 C 的产品作为替代？

如果番茄在邻近的大城市中每公斤便宜 10 美分，你是否会到该大城市去购买？

第一个问题将提供产品间替代模式的信息，而第二个问题可能会与地域市场界定相关。也可以利用询问以下问题去调查从而估计供给者对价格上涨的反应：

诱导你将生产红油漆的机器转向开始生产黄油漆的黄油漆价格应该必须达到多高？

欧盟委员会关于相关市场界定的通知（European Commission Notice on the Definition of Relevant Market）中申明，只有当调查环境所引致的调查证据被实际证据充分支持时，才可以加以考虑。[①] 当询问关于在从来没有真正发生的情形下可能会怎么做，有时候是很困难的。如果调查者期望依靠调查结论，他们必须尽全力使调查是高质量的。这样做包括确保调查样本足够典型，所询问的问题是清晰易懂的。需要特别小心地精确描述替代选择。一种商品的陈述性偏好调查问卷的例子呈现在图 4—11 中。

对在 SR91 上通行的被调查者构建了 8 个假想的通勤方案，那些表明其实际通勤少于 45 分钟的被调查者的方案就是赋值其旅行时间为 20 到 40 分钟，多于45 分钟的，则赋值为 50 到 70 分钟，一个解释性方案如下：

方案1

免费通道	快速通道
常用的行车时间：25分钟	常用的行车时间：15分钟
总计：0	总计：3.75美元
未预计的10分钟以及更长时间的迟延的频数：每5天中有1天	未预计的10分钟以及更长时间的迟延的频数：每20天中有1天
你的选择（单选）	
免费通道□	收费通道□

图4—11 陈述性偏好问卷调查

资料来源：Small et al.（2005）.

在该问卷中，所考虑的替代方案是清晰的，给出在所有替代方案下的所有相关特性的描述。此外，对于应答者方面存在很少的空间进行主观解释。因此对于

195

---

① 基于《共同体竞争法》（Community Competition Law）关于相关市场界定的委员会公告。OJC 372 9/12/1997。

应答者在各种选择间作出有意义的对比是可能的。也得注意可能性的仔细陈述。对于许多消费者来说，将可能性表述为在一周之内意外迟延的频率将比表述为迟延可能性等于 0.2 要易于理解，尽管想要向本书的读者（精心挑选的人口样本）传递的信息是相同的。调查设计很重要，小心问题措辞方式对于获得精确有用的结果是极其重要的。承担调查的竞争当局能持续获得这类工作问题的经验。

在竞争环境下执行调查陈述性偏好的一个例子是英国竞争委员会（CC）在 2005 年期间对由 Somerfield 并购 Morrison 的 115 家分支机构的研究。[①] 该研究界定 56 家商店呈现的可能竞争议题。在每家商店，消费者被询问道："如果这家商店今天不营业，你可能会到哪儿去购物？" CC 并没有直接询问消费者对于价格上涨的反应，因为他们认为一个超市的价格上涨对于被调查者来说太模糊，以致难以准确地加以描述。在超市中有许许多多的商品，询问"如果价格上涨 5％，你将会怎么做"这样的问题可能会带来"哪种价格"这一附加问题。不过，CC 所使用的这些结果好像他们获得了需求函数的价格敏感度参数，基于这些参数他们得出了预测性的价格效应，当然所得的预测性的效应具有争议。[②] 实际上，一种产品的进入或退出问题更类似于询问对于价格无穷大变化的反应。因此，需要相当仔细地想到这些结果，不应该立即假设是对小而显著的价格变化的影响是有代表性的。

为了精确地理解需要测量的是什么，假设 CC 测量的是由商店 A 转移到商店 B 的消费者占全部当前购买商店 A 的消费者数量的比例。相反，转移比（依据价格上涨进行的定义）实际测量的是在商店 A 的价格上涨（例如，5％）条件下，消费者可能从商店 A 转向商店 B 的比例。通过构造，那些随着微小的价格上涨而转移（购买）的人们常常是边际消费者——即认为在商店 A 的价格上涨前，商店 A 和商店 B 彼此是相当紧密替代的，但微弱偏好于去 A 商店。另一方面，CC 所调查的问题是去发现如果 A 商店完全退出将会发生什么这一问题。基于此，利用"如果该商店停止营业"这一类的调查问题所估计的转移比将得出是将 B 商店作为他们"次优选择"的消费者对于 A 商店的比例，然而，真实的转移比给出的是那些将 B 商店视为"次优选择，且对于这两个商店间无差异这点来说足够近"的商店 A 的消费者的比例。后者意味着商店 A 的一个小的价格上涨将使得这些消费者转移到 B 商店去购买。

由捷孚凯（GfK）为 CC 所进行的在 Sportech 对 Vernons 并购质询调查中，认为 Vernons 中 36％的（目标）消费者表示，如果 Vernons 不再是便利的时候，他们可能会转而使用另外一个足彩运营商的服务，然而，如果 Sportech 不再是便利的时候，19％的 Sportech（收购方）的消费者可能转向 Vernons（目标方）。[③] 作为转移比的一个估计值，20％～40％的消费者转移可能足以高到在并购调查中

---

① 参见 www. competition-commission. org. uk/inquiries/ref2005/somerfield/index. htm。

② 参见澳洲联储（RBB）在 2005 年 12 月在哥本哈根的竞争经济学家协会上的专题发言：www. tcd. ie/iiis/pages/links/3rdannualconferencepres. php. 也可参见在调查期间为 CC 准备的 NOP 消费者报告，可以从以下网址获得：www. competition-commission. org. uk/inquiries/ref2005/somerfield/pdf/consumer _ survey _ by _ nop. pdf.

③ 两家销售一种被称为"足球六合彩"的软赌博产品的公司之间的并购（见 www. competition－commission. org. uk/inquiries/ref2007/sportech/index. htm）。参见 5.38 节关于 Sportech/Vernons 并购的最终报告。也可参见 4.9 节。

要引起认真关注（尽管需要进行一个适当严格的损失分析以达到关于这一效应规模的最终判断）。然而，CC 的推论是，在这一案例中，存在很好的理由去认为所测量出的转移比夸大了实际可能的真实转移比。特别地，存在相当多的证据表明大量的消费者既忠诚于一个特别的品牌，同时也专心致力于把足彩作为一项活动。特别地，GfK 调查发现，仅有 2％的消费者确实在过去的两年里"因为别的公司提供更好的入账价格、奖金额或胜率等价值"而停止使用某一足彩公司的服务，然而在 GfK 的调查应答者中，有 85％的应答者已经玩足彩（主要是每周玩）超过了 10 年，有 70％的超过了 20 年。另外的 Swift 2 调查发现超过 50％的消费者对于他们当前还在玩的某一品牌的足彩已经玩了超过 20 年。总之，在 GfK 的调查中所采用的方法是基于全部消费者的一种品牌的产品撤离的方法，结果表明明显存在转换；而在另外调查和定性证据表明需求是无弹性的，仅存稍稍的可替代性，这两个调查之间存在明显的张力，这与先前的"对于其客户群存在大量的市场势力，并购可能会导致少量'额外'的市场势力"的说法是一致的。①

198   为了有助于给在该案例中所考虑到的大量的调查证据分析提供信息，在表4—6 中给出了证据汇总。特别值得注意的是，表中报告了 4 个独立调查的结果。调查公司承担这些调查后，分别命名为 Swift 1、ORC、Swift 2 和 GfK。前面的两个调查是向那些当前已经停止玩某个足彩商提供的产品的消费者（失效的消费者）进行的调查，后面两个调查则包括了当前依旧在玩的消费者。

表 4—6	在 Sportech 对 Vernons 并购质询中调查结果概要				
调查项	Swift 1	ORC	Swift 2		GfK
年	2006	2007	2007		2007
调查对象	结束玩利特伍兹者	结束玩足彩者	当前玩足彩者		当前玩足彩者
调查人数	250	300	250[a]		1 100
激励	无	无	价格上涨10%	当前运营商关闭	当前运营商关闭
不再继续玩或减少支出（%）	—	—	26	7.5	—
转向或将会转向替代的足彩提供商（%）	3.5	2[b]	1	36	6.5	24

---

① 在英国内，从属于《企业法案》（2003）的司法文本就是并购是否可能导致"实质性的弱化竞争"。该法律检验的一个重要的可能理由就是两个在并购前基于某种原因而竞争并不激烈的厂商可能会被允许进行合并。例如，由于存在高昂的转换成本，市场可能不会运营良好，也许由于消费者在获得产品比较信息上面临某些困难。在某些场合，如果竞争当局能够采取行动去降低转换障碍而不是批准并购，那么结局对于消费者来说可能会更好些。然而，在并购调查环境下，这些法案可能难以达到这一目的。

调查项	Swift 1	ORC		Swift 2		GfK
年	2006	2007		2007		2007
转向或将会转向其他（非足彩）的博彩（%）	31	5[c]	4.4	15	1.5[d]	11
不再或将会不再在博彩方面支出（%）	65	76	19	49		55

[a] 大约对 500 人进行了调查，但是被采用的比重较低，大约是一半，因此他们对于结果的影响很小。

[b] 停止或减少玩一种足彩游戏并增加或开始玩另外一种足彩游戏的人数。

[c] 由那些转向另外一种博彩产品的 7% 减去那些开始玩足彩的 2% 计算得出。

[d] 将不再购买现有或替代供给者提供的产品。该结果是基于在当前供给者提供的价格高于当前水平的 10% 的时候，额外有 1.15% 的人表示将不再玩足彩。

资料来源：竞争委员会报告中的 Sportech/Vernons 预期并购（2007，表 1，p. 23）。

依据后面两个调查，Swift 2 调查直接询问消费者对于价格上涨 10% 时[①]，他们将会如何响应，而 GfK 调查采用的样品卡的方式，消费者能够比较所提供的假设的产品。CC 发现，直接询问消费者"如果价格上涨 10% 时他们可能会做什么"有时候可能会导致所得结果难以解释。样品卡有时候也可能会导致意外的结果。例如，一部分 GfK 调查使用了样本卡，这就暗示着一个递增的需求表！

以获得转移比为目的的调查指向直接估计两种产品之间的替代效应。这些方法具有直接瞄准市场界定这一议题的优点，并不需要做出多少理论假定。但是这些方法高度依赖于通过高质量的调查所取得的高质量的数据。在这一领域的调查设计依旧显得发展不足。

无论替代模式的信息是来自调查还是需求估计，当然依旧需要利用这些信息去评估作为定价行为约束的竞争对手产品的重要性。在第 4.6 节，讨论当拥有高质量的数据时可能被用作数量分析的策略，以及当没有高质量数据时所进行的定性分析。在开始这些讨论前，简单地讨论对于地域市场界定有时候有用的附加技术。

4.5 利用货运数据进行地域市场界定

埃尔佐格和霍佳蒂（Elzinger and Hogarty，1973，1978）[②] 建议采用两阶段

---

① Swift 2 调查询问道："如果你所玩的那家足彩公司提高你玩足彩成本的 10%，你可能会做什么？"

② 布鲁门萨尔等（Blumentha et al.，1985）给出了美国在该领域（和其他领域）司法历史的一个很好的描述。也可参见 Werden（1981，pp. 82-85）。

检验来进行地域市场界定。这两个阶段分别被称为"由内而外的少量流出"（little out from inside, LOFI）和"由外而内的少量流入"（little in from outside, LIFOUT）。给定一个候选市场地域，LIFOUT 检验考虑的是无论所有的购买几乎全部是来自地区自身内部，还是无论存在大量的"进口"。类似地，给定一个候选市场地区，LOFI 检验考虑的是无论几乎所有的货物是运往该地区内部，还是无论存在从该地区发出的大量的"出口"。直观上，进口和出口行为显示出竞争的相互关联性。由于 LOFI 特别的与来自候选市场的产品购买的目的地相关，LOFI 有时候也被描述为"供给"因素检验；然而，由于 LIFOUT 与候选市场地区的消费者的购买相关，LIFOUT 有时候被考虑为"需求"因素检验。联合检验（LIFOUT＋LOFI）的全部思想就是扩大候选市场地区，直到市场地域中检验的"供给"和"需求"双方都满足。

为了施行检验，首先必须界定"少量"的含义是什么。埃尔佐格和霍佳蒂建议采用的基准就是如果在一个地区仅有 25%（或者他们后来建议改为 10%）的产品是"出口"或"进口"，那么就认为是"少量"，本文认为此处应该是单独对 LOFI 或者 LIFOUT 加以考虑。

为了应用 LOFI 检验，作者们建议从最大的厂商或工厂开始，找出工厂例如说 25% 的货运所到的地区。那么 LOFI 检验就是求：

$$\text{LOFI}=1-\frac{\text{从一个地区的工厂到内部的货运量}}{\text{候选地区的产量}}=\frac{\text{出口量}}{\text{候选地区的产量}}\leqslant 0.25$$

如果这样，由于来自工厂的"几乎全部"销售额发生在这一地区，那么就满足 LOFI 检验。如果检验失败，那么就必须扩张该地区，以找出一个真正满足检验的适当的地区。选择之一就是找到占所有先前候选地区所有工厂产出的 75% 时所需要的最小地区。如果该地区的扩张不包括合并任何新的工厂，那么这样的扩张清晰地衍生出的地区将满足 LOFI 检验。另一方面，为找到更多的所考虑工厂集的销售额而进行的扩张，有时候也可能将额外的工厂拉入进候选市场地区，那么应该立即回过来考虑这一观测结果。

LIFOUT 检验的是在候选地区的消费者的购买行为，计算是否满足

$$\text{LIFOUT}=1-\frac{\text{地区内消费者的购买量}}{\text{候选市场中的产出}}\leqslant 0.25$$

在某些条件下，特别是产品市场上，在过去的 30 年中，Elzinga - Hogarty 检验已经普遍深受政府机构、法院和竞争政策学术界的好评。然而，在 20 世纪 90 年代后期，该检验遭到了详细的审查，在美国政府和州当局对 1994 年到 2000 年间的从总数为 900 的医院合并中的七起并购提出了反对意见，这些案例中的全部 7 个都失败了！这些失败案例中的大部分，因为法院接受了并购方的利用病人流量数据进行的 Elzinga-Hogarty 检验申请。

通过大范围的听证和咨询，美国联邦贸易委员会（Federal Trade Commission，FTC）和司法部（Department of Justice，DOJ）经过一段时期的沉思和精

简的成果概括进了 FTC 及 DOJ（2004）中。① FTC 和 DOJ 的结论是"机构的经验与研究表明 Elzinga-Hogarty 检验在医院并购案件的地域市场界定中并不是有效或可信的"（第 4 章，p. 5）。

该检验的支持者很可能会认为这实际上是一个相当有限的结论，尤其是也许提到 FTC 和 DOJ 并不是说 Elzinga-Hogarty 检验不是有效且可信的，仅仅是 Elzinga-Hogarty 检验在医院并购中不是有效且可信的。然而，至少这些评论使得医院这一背景特别让人感兴趣，因此，我们特别关注这一背景。此外，难以回避的是，在该背景下对 Elzinga-Hogarty 检验的主要批判的监测报告确实显得应用得太宽泛了。

为了说明 Elzinga-Hogarty 检验在医院并购中是如何应用的，注意到位于候选市场地区而去该地区外的医院就医的患者被认为是候选地区医疗服务的"进口"，由于该患者是位于该地区内，而向该地区外购买医疗服务，所以被计量为 LIFOUT。另一方面，一个居住在候选市场外而来到该地区的医院就医的患者被认为是服务的"出口"，被计量为 LOFI。

对 Elzinga－Hogarty 检验的批判，首先是所存在的需求或供给流并不需要市场势力的信息。特别地，事实上许多患者当前使用地区以外的医院并不意味着如果候选市场地区医院的价格小幅上涨，"进口"水平将会大幅增长。FTC 和 DOJ 进一步注意到患者转移的多种原因，包括"感知和实际的质量变化、保险责任范围、实付成本、服务改进和家庭注意事项"（第 4 章，p. 8）。如果如此，某些患者转移就医的事实并不直接意味着那些当前没有转移的患者是价格敏感的。Capps et al.（2001）称这一逻辑跳跃为"沉默的多数谬误"。

批判之二就是，如果在一个给定的候选地区中 LIFOUT 或 LOFI 检验失败，这些算法包括扩大（所考虑的）地区和考虑更宽广的候选市场。然而，这样做既改变了消费者集，又改变了生产设备集（患者和医院），这样 LIFOUT 和 FIFO 检验可能会在一个更宽泛的市场中再次失败。在某些例子中，所得出的地域市场能够无限制地扩张。

正如在本章中所检验的许多技术那样，底线就是埃尔佐格和霍佳蒂的检验在涉及有关适当的地域市场界定时，能够提供一项有用的证据。然而，正如美国医院实践所暗示的那样，如果公式化地套用该检验，那么对其应用者也许会是严重的误导，必须清楚正在寻找的是相互关联性的证据，特别是，这种相互关联性实质上与市场势力缺乏是不同的。

4.6　定价约束的衡量

考虑定价约束——约束一家厂商涨价的能力的方式之一就是那些直接来自那

---

① 特别地，参见 FTC 及 DOJ（2004）第 4 章。

些在相同市场上竞争的竞争对手的约束。没有竞争对手的厂商并不面临定价约束，除非消费者决定根本不购买，因此这样的厂商将具有涨价的单边激励。这些观察结果表明，考虑市场界定的方法之一就是，如果厂商是垄断者，作为一组产品，起因于外部市场的弱替代品的约束可能不足以约束垄断者的涨价激励。一个反垄断市场那么就被设想为一批"值得垄断的"产品。这就是假想垄断者检验（hypothetical monopolist test，HMT）中蕴涵的思想。该检验所关注的核心一般是价格，但是原则上也可能同样地应用于相关的非价格条款。这就是说，价格通常是短期竞争的核心因素，所以经常考虑一个假想垄断者是否有激励去实施一个"小而显著的非暂时性价格上涨"（small，nontransitory but significant increase in price，SSNIP）。在实践中，当数据或相关弹性的可靠估计是不可得的时候，HMT 经常是被非正式地应用。非正式地 HMT 在为市场界定中作出结构化决定提供一个有用的框架方面起到了重要的作用。接下来我们更正式地介绍 HMT。

4.6.1 假想垄断者检验

HMT 基于价格的应用——SSNIP 检验是基于在一个市场内部的产品作为整体并不面对来自市场外产品的明显的定价约束。[①] 假设一个市场包含了各自品牌的瓶装水。蓄电池的价格不太可能受瓶装水价格的约束，因此能够立即排除为相关竞争市场的候选者。但是苏打水的情形如何呢？SSNIP 检验计算瓶装水垄断者是否可能在不损失苏打水生产者的利润的前提下上涨价格。如果如此，就可能推断苏打水与瓶装水不在同一个竞争政策市场上。如果不是如此，就可能推断出苏打水也必须包含进这一市场界定当中来。一个盈利的垄断者可能不得不既拥有瓶装水生产厂又拥有苏打水生产厂，这样才能实现其市场势力。

202　　　集许多"值得垄断"产品为一体的市场的逻辑表明，在反垄断调查中界定市场的方法是明确地抽象来自所提议的市场的定价约束，也就是对于一组产品来提出假想垄断者。那么市场就能被界定为一个假想垄断者可能具有涨价激励的最小产品集。如果所提请的候选市场过小，那么假想垄断者就会面临强烈的来自所提请市场的外替代的压力，该假想垄断者将不具有涨价的激励。

因此，假想垄断者检验试图测量对于一个给定的产品集是否存在明显的价格约束，该约束不是来自候选市场竞争的内部，而是来自能够对消费者提供有效替代选择的位于候选市场外部的其他生产者。[②]

---

　　① 可能不可避免地落入传统中的将 HMT 和 SSNIP 检验等同起来的做法中了。然而，SSNIP 是实际上的检验，该检验被视为 HMT 的一项特别应用——关注价格上涨的盈利性。在某些行业中，广告或产品质量竞争可能是策略互动的显性方式，这样一来，一个狭义聚焦的 SSNIP 分析也许完全遗漏掉一个假想垄断者"让市场值得垄断"的其他的机会。
　　② 在英国竞争委员会前主席保罗·罗斯基（Paul Geroski）教授和其合作者雷切尔·格里菲思（Rachel Griffith）教授的论文中给出了 SSNIP 的最好的处理方法（参见 Geroski and Griffith（2003））。

为了这么做，HMT 假设在所提请的市场界定内所有产品由唯一的一个生产者生产，该生产者将其产品价格设定在一个试图最大化利润的水平。如果假想垄断者涨价是有利可图的，那么就会发现来自所提请市场界定外的产品的约束对于该市场内部生产者设置无利可图价格并不是一个显著的约束。换句话说，市场内部的竞争抑制了价格。在实践中，为了使得该主意得以实行，除了其他应注意的事情外，必须稍微更适当严格地对待"价格上涨"的含义。基于这一目的，大多数司法管辖中应用到了 SSNIP 检验，观察一个"小而显著的非暂时性价格上涨"是否会对于假想垄断者是有利可图的。通常，"小而显著的非暂时"被假设为年度平均值的 5%～10%。①

4.6.1.1 HMT 下的决策

使用 HMT 时的决策可以通过图 4—12 所描写的方法来表现。

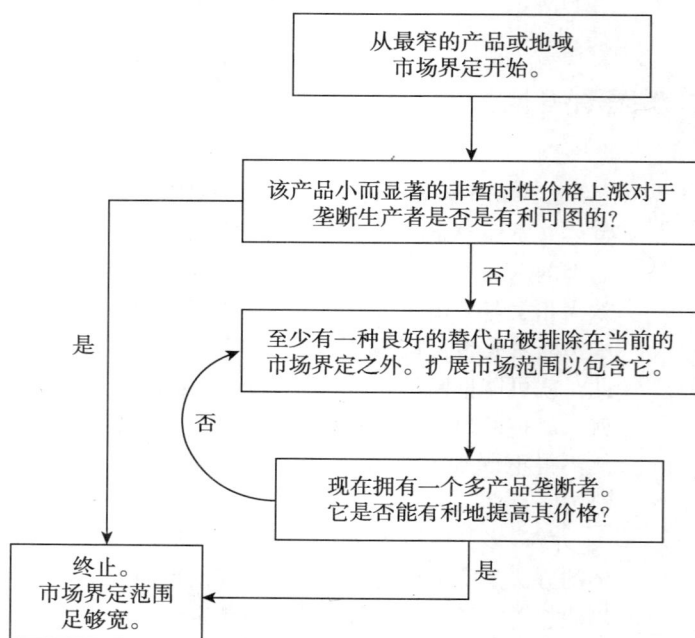

图 4—12 假想垄断者检验（HMT）决策树

首先从通常被称为"焦点产品"的狭义的产品或地域市场界定开始，实际上这通常也是调查的焦点产品。那么需要去评估该产品的垄断者是否会有利可图地在一年内价格上涨 5%～10%。如果如此，那么该单一产品就构成了反垄断市

203

---

① 在某些市场中 5% 的价格上涨可能符合盈利性完全大量的增长，在这一意义上说，在竞争政策领域这一"惯例"可能是危险的。例如，在那些容量大而销售利润率小的市场中（例如 1%），5% 的价格增长可能相当于 500% 的盈利的增长。与此相关地，与 5% 的价格上涨相关的消费者福利损失在某些情况下可能会很高（特别是在一个非常大的市场中）。在该情形中，也许应该恰当地担忧市场垄断化，即使是那些垄断能力仅仅导致价格上涨 1% 到 2% 的市场。通常情况下，对于分析者来说关键问题是认真考虑是否存在充足的理由去偏离使用为了该实践而进行的 5%～10% 涨价的惯例做法。

场。如果不是如此，就必须包括"最紧密"的替代品——那些给消费者面临价格上涨时提供最好的替代选择的产品。然后重新假设一个假想垄断者，这次是重新扩张过的候选市场中的产品集中的产品，对于该假想垄断者一年内 $5\%\sim10\%$ 的价格上涨是否是有利可图的？该过程持续到直到该问题的答案为"不"。"不"表明正在从当前的候选市场界定中失去至少一种好的替代品，遗漏的产品正是垄断者涨价的盈利性的约束。当拥有的产品集真正使得假想垄断者在不遗失消费者到市场外面产品条件下有利可图地涨价时，就停止增加产品这一进程。定义所得的反垄断市场为最终产品集，这一产品集就是"值得垄断"的产品集。

为了进一步说明，假设面临的条件是三个厂商生产三种产品，稍微一般化地称之为产品1、2和3。事实上这些产品彼此间都是很好的替代品；为了论述的方便，假设它们是完全替代的。同时假设存在其他两种产品，产品4和5，它们是相当弱的替代品。产品1为焦点市场。表4—7展示了在该案例中 HMT 的逐步应用。

表4—7　　　假想垄断者检验中的步骤。PMD 是提请市场界定

	步骤1	步骤2	步骤3
PMD	{1}	{1，2}	{1，2，3}
Q	产品1的垄断是否导致了定价势力？	产品1和产品2的（假想）垄断者是否有定价势力？	产品1和产品2以及产品3的（假想）垄断者是否有定价势力？
A	否，因为在所提议的市场中存在两种完美的替代品被遗漏。产品1没有涨价能力。	否，因为在所提议的市场中依旧有一种完美的替代品（产品3）被遗漏，该产品约束了假想垄断者提高产品1和产品2价格的能力。	是，如果产品4和产品5不是足够好的替代品。如果如此，那么{1，2，3}的市场界定就被接受。否则，如果产品4或产品5是足够好的替代品，约束了价格上涨的盈利性。在此情形下，继续检验。

204

假设在第三步不采用 HMT，仅仅考虑三个独立厂商的定价能力。由于来自所提请的市场界定**"内部的"**约束，这些厂商可能并没有定价能力。例如，由于商品1和2的生产者的存在，生产产品3的厂商将不具有市场势力。因此，通过聚焦于来自提的市场界定**"外部的"**定价势力的约束，HMT 就明确地发挥了作用。

4.6.1.2　SSNIP 检验的应用

SSNIP 检验评估候选市场中所有产品一个 $5\%\sim10\%$ 的价格上涨是否将会带来利润。考虑单一产品的候选市场。厂商的利润等于总收益减去总的可变成本和总的固定成本：

$$\Pi(p_t)=(p_t-c)D(p_t)-F$$

其中为了简单起见，假设边际成本不变。价格由 p_0 变化到 p_1 导致的利润改变可以表示为：

$$\Pi(p_1) - \Pi(p_0) = (p_1 - p_0)D(p_1) - (p_0 - c)(D(p_0) - D(p_1))$$

其中等式的第一项是涨价后在 p_1 价格上的销量带来的收入增长，第二项是涨价后销量下降带来的利润损失。核心问题是在新价格上销售额的下降（结果导致可变利润的丢失）是否大到足以超过仍能销售的商品带来的收入的增长。该权衡如图 4—13 所示。

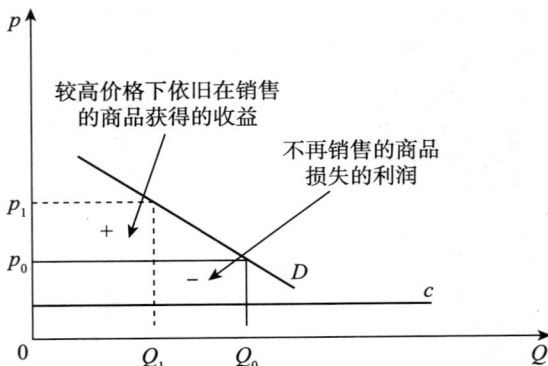

图 4—13　在评估价格上涨的盈利性时的得与失

显然，SSNIP 检验的决定性假设就是，当商品的可替代性是有效的时候，需求下降将会很大。事实上，垄断者在涨价时只要其利润率低于需求的自价格弹性的倒数，那么就显得是有利可图的。

在基准模型中，潜在差异产品市场中的单一产品假想垄断者模型就是求解最大化利润问题：

$$\max_{p_1} \Pi(p_1, p_2, \cdots, p_J) = \max_{p_1}(p_1 - c)D(p_1, p_2, \cdots, p_J)$$

只要涨价增加其利润，产品 1 的垄断者将涨价，也就是只要：

$$\frac{\partial \Pi(p_1, p_2, \cdots, p_J)}{\partial p_1} = (p_1 - c)\frac{\partial D(p_1, p_2, \cdots, p_J)}{\partial p_1} + D(p_1, p_2, \cdots, p_J)$$
$$\geqslant 0$$

重新整理该表达式得到：

$$\frac{p_1 - c}{p_1} \leqslant -\frac{D(p_1, p_2, \cdots, p_J)}{p_1}\left(\frac{\partial D(p_1, p_2, \cdots, p_J)}{\partial p_1}\right)^{-1}$$
$$= \frac{1}{\eta_{11}(p_1, p_2, \cdots, p_J)}$$

接下来，对于所有位于 $p_1^{\text{公司}}$ 与 $p_1^{5\%} = 1.05 p_1^{\text{公司}}$ 或 $p_1^{10\%} = 1.10 p_1^{\text{公司}}$ 之间的价格，评估该不等式是否成立，$p_1^{5\%}$ 或 $p_1^{10\%}$ 对应于 5% 或 10% 的价格上涨。在该模型中，SSNIP 检验执行所需的单一产品变异数据就是：（1）厂商在竞争条件下的利润率信息；（2）产品在候选市场中的需求自价格弹性（在区间 $[p_1^{公司}, p_1^{5\%}]$ 或 $[p_1^{公司}, p_1^{10\%}]$ 上）。[1] 基于应用，检验中单一产品变化的重要方面在于确实不需要全部的需求交叉价格弹性。可替代性的定价理论分析（通常与测量交叉弹性分析相关）变成了仅仅包含评估需求自价格弹性，以及与边际利润对比的问题。（下面将更为简单地加以说明。）

在地域市场界定中，SSNIP 检验的常用间接形式就是考虑货物从外部地区运往候选市场的运输成本。这样做所依赖的假定是商品是同质的且消费者对于商品的产地是无差异的。如果运输成本足够低，假想垄断者的涨价 10%，那么可能遭遇到其他地方廉价产品的流入，候选市场需要扩大范围，以包含那些所运来的货物的发运地区。有关存在货运行为和运输成本的证据经常被用于确定地域市场界定的实践中。

SSNIP 检验的目的在于检查假想垄断者从竞争水平开始在一个实质性的时间内（也许是一年）一个实质性的数量（也许是 5% 到 10%）的涨价行为是否是有利可图的。值得注意的是，该评估的参考价格通常被描述为"竞争价格"。正如在下面章节中将要说明的那样，检验的这一基准要素是重要的，有时候竞争价格证明是有问题的。

在正式的 SSNIP 应用中，也许要有一个边际成本的估计，也需要一个需求曲线的估计。这反过来描述出了盈利性决定因素，于是可以直接评估是否有：

$$\Pi(1.05p_1^{公司}, p_2, \cdots, p_J) - \Pi(p_1^{公司}, p_2, \cdots, p_J)$$
$$= (1.05p_1^{公司} - c)D(1.05p_1^{公司}, p_2, \cdots, p_J) - (p_1^{公司} - c)D(p_1^{公司}, p_2, \cdots, p_J)$$
$$\geqslant 0$$

简单地说就是，在此主要注意到对于观察报告存在的一个理论基础就是需求的自价格弹性能提供替代因素的信息。实际上，仅仅需要收入效应足够小以至于将自价格弹性解释为替代效应。对于许多快速消费品，收入效应将会是相当小的，于是当考虑需求的自价格弹性时，通常谈论的是所有交叉价格效应之和。在一般案例中，当试图评价替代品的约束时，只要确信收入效应在消费决策中并不是起到主要作用，考虑自价格弹性方是恰当的。

当一个方程是 0 次齐次的时候，正如产品 j 的个别需求方程的情形，可以应用欧拉定理：[2]

$$\sum_{k=1}^{J} p_k \frac{\partial q_j(p, y)}{\partial p_k} + y \frac{\partial q_j(p, y)}{\partial y} = 0$$

然后得到：

$$\frac{1}{q_j(p, y)} \left[\frac{\partial q_j(p, y)}{\partial \ln p_j} + \sum_{k \neq j} \frac{\partial q_j(p, y)}{\partial \ln p_k} + \frac{\partial q_j(p, y)}{\partial \ln y} \right] = 0$$

---

[1] 通常很难说明在该范围内自价格弹性是否发生了实质性的改变，通常仅仅报告一个用随着 5% 或 10% 的价格变化所预测的数量变化估计的数值。两个既定点之间估计的弹性也被称为弧弹性。

[2] 假设一个方程是 r 次齐次的，依照定义有：$q_j(\lambda p_1, \lambda p_2, \cdots, \lambda p_J, \lambda y) = \lambda^r q_j(p_1, p_2, \cdots, p_J, y)$。通过等式的两边对 λ 求微分得到欧拉的结果。

依次可以写为：

$$\eta_{jj} + \sum_{k \neq j} \eta_{jk} + \eta_{jy} = 0 \quad \text{或} \quad -\eta_{jj} = \sum_{k \neq j} \eta_{jk} + \eta_{jy}$$

这一关系表明当替代效应很大或收入效应很大时，需求的自价格弹性将会很大。收入效应很大的原因是由于价格上涨导致消费者的真实收入下降以及他们的收入弹性高。

最后值得注意的是，齐次性源于如果所有可能的产品的价格翻倍，收入也将翻倍。在实践中，也许将一种产品视为包含了"明确地看做潜在位于市场内部的商品集外部的所有产品"的复合产品，或更简单"外部产品"。经常并不拥有外部产品的任何价格数据，尽管可能会使用一般物价指数作为近似值。替代效应可能发生在外部产品上，于是，如果倍增所有内部商品的价格和收入，将会看到内部产品集的需求将会下降。如果是这样，那么自价格效应在数量上将比所有的替代效应之和（对于内部产品正常产品）要大。

当然，更为一般地，将会试图去评估一个产品集合的价格上涨是否是有利可图的。将在 4.6.3 节进一步讨论这一情形。首先考虑当在实践中应用 SSNIP 检验时的一种经常发生的——即使是在单一产品情形下——特别类型的困难。

4.6.1.3　玻璃纸谬误与逆向玻璃纸谬误以及其他难题

玻璃纸谬误。在 1956 年的美国政府诉杜邦公司案中[1]，关键是判定玻璃纸（"塑料包装"）是否代表了一个市场。在当时，杜邦公司销售了所有玻璃纸的 75％以及所有"软包装材料"中的 20％，"软包装材料"是市场界定的潜在替代选择。美国最高法院作出有利于杜邦公司的裁决，所接受适当的市场界定是"软包装材料"市场，澄清了杜邦公司试图垄断这一市场的行为。理由是在当时的价格水平下，法院找到了玻璃纸和其他包装材料（如防油纸）之间需求替代的实质性证据。

该案例导致了"玻璃纸谬误"。该思想很简单。如果法院考虑的证据是来自一个已经被垄断了的市场，那么价格可能已经上升到了大量消费者可能已经四处寻找非完全替代品的那一点上了，并确实转向购买这些替代品。此外，由于垄断者已经将其价格上涨到其需求变得有弹性的水平，如果价格再上涨一个微小的数量，剩下的消费者可能大量地转向消费替代品。只要需求弹性小于 1，涨价是有利可图的，垄断者可能已经做到了这一点。当在卡特尔、垄断和部门质询过程中利用观察到的替代水平来界定市场时，这就导致了一个实质性的困境。由于在垄断价格下价格已经上涨到消费者考虑转换（放弃购买）的水平，就会发现大量的替代品，这样一来，就会发现市场比如果将竞争价格作为基准时的市场要大。因为没有了解到这一点，法院可能已经错误地断定，杜邦公司在销售玻璃纸（软包装材料）时，防油纸约束了杜邦公司的定价能力。

---

① 美国政府诉杜邦公司案，351 us 377（1956）。

208

教训就是，对于假想垄断者检验重要的是评估从竞争条件开始的涨价的盈利性，也就是，从竞争价格和利润出发来进行评估。困难在于可能不知道什么是竞争条件——竞争价格水平的假设将决定着市场界定的结果。特别是，如果断定实际价格比未观察到的竞争市场价格要高 5%，那么将会推断出市场界定是充分的，断定厂商是一个垄断者。不幸的是，该方法可能完全是循环的——假设将会决定结论。这一难题难以解决，但是在第 6 章将会描述一系列的工具，以有助于在当所观察的价格是竞争价格时所进行的推断。

209　　　玻璃纸谬误在并购案例中仅仅很少地作为一个核心问题出现，但是尽管如此，玻璃纸谬误可能以至少一种伪装的方式发生。特别地，如果实际上厂商是事实上的垄断者，但是在高价位时产品间存在很少的替代性，那么在应用 SSNIP 检验过程中，由于在当前（垄断）水平上涨价被评估为是无利可图的，也许应该从考虑其他有关替代品开始这一过程。幸运的是，通常不会在这一过程出现错误的决策，即使最后以一个更宽泛的市场结束。因为竞争效应分析将通常导致一个准许性的结果，进一步涨价是无利可图的，因此在标准的分析一个特定的并购是否会"明显地妨碍了有效的竞争"（欧共体（并购）管制 2004 年第 139 条）或导致"实质性地削弱竞争"检验（英国《企业法案》（Enterprise Act）或美国《克莱顿法案》（Clayton Act）1914 第 7 章）条件下，并购可能会得到准许。[①]

逆向玻璃纸谬误。 Froeb and Werden（1992）指出当观察到的价格低于竞争价格时，紧密相关的难题可能就会产生。在低于竞争价格的价格下，消费者也许认为两种商品之间的选择差别是特别明显的，也许观察到产品间转换对于相关价格变动的响应很小。如果如此，那么将推断出被描述的市场过于狭义，即使在实际上定价约束是很严峻的。掠夺性定价调查是最可能发生这一难题的，同时在其他情形下也可能出现这一问题。例如，当公司在改变其价格过程中面临着重要的"菜单成本"时，所观察到的价格可能就是"太低"了。在 2007 年英国竞争委员会考虑的由 Sportech 对 Vernons 预期并购中，Sportech 最后在 1999 年改变了其价格，在该点上他们涨价了其正常价格的 25%。[②] 这一证据表明这一罕见而巨大的涨价的理由是这些价格变化"干扰"了客户群，导致消费者发生转换，不再玩正在销售的某种赌博产品（足球六合彩）。如果消费者通过对是否继续一个特别的行为（重新最大化）作出明确的评估，以此对新信息作出反应，然而在缺乏变化时，消费者将继续玩这一游戏，这如同菜单成本一样，对于一个厂商来说最优

---

① 值得注意的是，更准确地说，1914 年的《克拉顿法案》的第 7 章载明，"如果收购的影响可能是实质性地削弱了竞争，或者倾向于建立垄断，"那么该兼并与收购就应该被禁止。事实上，在该法律条文中最重要的法律词语之一就是"可能"，这意味着法院决定"第 7 章并不要求证明并购或其他的收购导致所影响到的市场中造成更高的价格。全部所需要的是并购在未来中造成一个显著的危险结果。要求一个预言式的判断，即必要的或然性的且判断性的断定而不是一个可论证性的判断"。美国医院集团诉美国联邦贸易委员会案 807 F. 2d 1281，1389（第七巡回法院 1986）。也参见美国政府诉费城国民银行案，374 U. S. 321，362（1963）。在欧洲，《欧盟委员会条例》（EC）2004 第 139 号第 2（3）款规定，委员会必须评价一个并购或者收购是否会"在共同体市场内部或其大部分地区里明显地妨碍有效地竞争，特别是结果将导致建立或加强优势地位"。

② 参见最终报告的 5.6 节。www. mmc. gov. uk/rep _ pub/reports/2007/533sportech. htm.

的选择可能会是以一个非经常性的离散的大数量的方式引入价格变化，而不是经常性的小数量的改变。其结果也许就是，所观察到的价格是低于竞争水平的，厂商似乎具有完全的涨价激励。市场界定的应用也许就是市场在该情形下被描述得太狭义了。

反事实的例子。 在并购调查中，核心问题常常是，并购是否会导致涨价能力的上升。这常常意味着，即使某些市场势力已经被运用，也能够使用现有的并购前数据，因为在许多司法管辖中，司法检验就是检验一项并购是否实质性地削弱了竞争。然而，存在当事方争论正确价格的使用的情形。例如，在 Sportech/Vernons 并购质询中，当事人在质询期间涨价了 25％（在 2007 年 8 月份开始这一滚动式的涨价过程），辩论称 SSNIP 检验应该在新的更高的价格水平上应用。他们的理由是：涨价是（1）在并购前已经被提请了，（2）不管怎么样不取决于并购被核准。对于每一理由，他们争辩道，执行 SSNIP 检验的相关基准应该包括涨价 25％后的价格。第一项理由意味着相关并购前结果包括 25％的涨价部分。第二项理由意味着竞争价格不应该认为是并购前的价格，恰恰应该视为是在将来不存在并购时盛行的价格。显然，这些理由需要竞争当局以极大的小心去加以处理。在这一案例中，文件证据回溯跟踪这一涨价提议到 2006 年 8 月，即使不能清楚在并购前是在危急的思考下，所以证据不能明确地支持这一观点。对于第二点，在 2007 年 8 月 Sportech 积极地对消费者展开涨价 25％（这些消费者可能签约每周玩一次足彩，例如为期八周或十周，于是价格上涨仅仅绑定了多周合约的续签者），其这一行为潜在地表明其涨价是不顾及并购而先行的。即使如此，在这一案例中，CC 并不把这些证据视为如果并购在事实被阻止了，涨价就可能翻转的完全有说服力的证据。

总之，如果竞争条件不可观测，那么有时候需要选择或估计竞争价格和利润。在卡特尔情形下或者部门、市场调查中，简单的分析，例如假设竞争价格是低于当前价格水平的 5％，那就是自动应用市场界定（涨价 5％可能是有利可图的）。在第 6 章将考虑如何处理这一问题，即使数据是在垄断条件下得到的，我们也能预测什么价格看起来像是竞争条件下的价格。这么做将包括构建产业中明显地或隐含地设定价格行为的一个模型，特别是如果改变市场结构，价格设定行为可能如何改变。不太正式地，在第 5 章中讨论的这些工具也许有助于这一目的。

4.6.2 临界损失分析

临界损失分析[1]在概念上与假想垄断者检验紧密相关。它也使用了有关需求以及特别是需求的自价格弹性的信息，以此推断由替代产品施加的价格约束。在

---

① 这一部分吸收了哈里斯和西蒙斯（Harris and Simons，1989）的研究成果，也包括奥勃良和威克尔格伦（O'Brien and Wickelgren，2003）以及卡茨和夏皮罗（Katz and Shapiro，2003）的工作论文。

临界损失分析中所提出的问题是：为了使得 $x\%$ 的价格上涨无利可图，需要降低多少的销售量？在标准的同质产品模型的条件下，这一问题通过如下等式给出答案：

$$临界损失百分率 = 100\% \times \frac{价格变化百分率}{价格变化百分率 + 初始利润百分率}$$

为了导出这一临界损失等式，需要计算给定初始需求 $D(p_0)$、初始价格 p_0 和在价格上涨后更高的价格 p_1 上的需求 $D(p_1)$，有：

$$\Pi(p_1) - \Pi(p_0) = (p_1 - p_0)D(p_1) - (p_0 - c)(D(p_0) - D(p_1)) = 0$$

重新整理有：

$$(p_1 - p_0)[D(p_1) - D(p_0) + D(p_0)] - (p_0 - c)(D(p_0) - D(p_1)) = 0$$

$$(p_1 - p_0 + (p_0 - c))(D(p_1) - D(p_0)) + D(p_0)(p_1 - p_0) = 0$$

$$\frac{D(p_1) - D(p_0)}{D(p_0)} = \frac{\dfrac{p_1 - p_0}{p_0}}{\left(\dfrac{p_1 - p_0}{p_0} + \dfrac{p_0 - c}{p_0}\right)}$$

这就是：

$$临界损失百分率 = 100\% \times \frac{价格变化百分率}{价格变化百分率 + 初始利润率百分率}$$

为了说明这一等式的应用，假设在一个在当前价格下利润率为 60% 的市场中，价格上涨了 5%：

$$临界损失百分率 = 100\% \times \frac{价格变化百分率}{价格变化百分率 + 初始利润百分率}$$

$$= \frac{100\% \times 5\%}{5\% + 60\%} = 7.7\%$$

如果随着价格上涨 5% 需求数量下降大于 7.7%，那么涨价就是无利可图的，候选市场必须扩大。

在应用临界损失检验中，至少有三个问题经常发生。第一，5% 的价格上涨是无利可图的事实并不意味着 50% 的价格上涨是无利可图的。然而，让人感兴趣的是市场势力，如果发现假想的垄断者能够涨价 50%，就会明确地希望画出精确的市场边界。

第二，参与者经常争辩道，临界损失有可能比实际执行涨价 5% 下降的销售量要小的多，因此涨价 5% 可能会是无利可图的。当接受随着价格上涨而实际销售量下降的证据，机构需要小心的是潜在的价格和销售变化的内生性。

第三，当计算临界损失时，重要的是要记住，如果并购前利润率很高，也就是如果 $\dfrac{p_0 - c}{p_0}$ 较大，每一单位销售量的减少就对应着大量的利润下降，将得到一个小的临界损失销售量。为了加以说明，在价格上涨 5% 的情形下所得到的临界损失的值呈现在表 4—8 中。

表 4—8	5%的价格上涨下不同利润率的临界损失的计算		
利润率	40%	75%	90%
临界损失	11.1%	6.3%	5.3%

这一问题与玻璃纸谬误有关，因为如果利润率很高，这就意味着市场势力大概已经被运用，当得出关于替代性和市场界定的结论，依赖于一个已经是位于竞争价格水平以上的价格的变化的影响时必须小心。如果厂商拥有市场势力，它就会涨价到利润率很高的这一价格水平，因此临界损失就显得小。

在这一分析中的"谬误"就在于处理弹性和利润率，似乎它们彼此之间是相互独立的。事实上，根据标准模型，利润率给出了涨价前的自价格弹性。如果利润率很高，就意味着一个低的价格弹性，这反过来也许明确地表明将存在较少的基于价格上涨带来的实际损失。厂商有时候争辩道，因为他们的临界损失小而实际损失也许会更大，市场应该更大些。这些争辩不应该不加辨别地加以接受，但是当事人应该被要求去解释为什么他们具有被高利润率所证明的低需求弹性以及伴随着价格上涨而具有大的实际需求损失。

更为一般地，这是"数据"构成（利润率和价格上涨可能导致的实际损失）和模型之间的紧张关系的一个例子，该模型表述了勒纳指数（Lerner index）与需求自价格弹性反向相关。每当模型与数据构成之间难以协调时，就要去质询其中的每一个。通过发现一个或多个数据构成是"错误的"，或替代的数据是正确的但是标准模型对于这一产业来说不适合，也许可以协调这一明显的紧张关系。临界损失精确形式明确地依赖于所使用的垄断模型对于产业特性的描述，注意到这一点是很重要的。因此，表 4—8 描述的结果仅仅是临界损失分析实践的一个特别类型。

最后，注意到按照产品特性而不是价格来进行临界损失分析是合适的，有时候也是恰当的。例如，在 Sportech/Vernons 并购中，Sportech 的顾问们呈递的临界损失分析是评估降低所销售的赌博产品的质量是否是有利可图的，特别是对赢得头奖的人的支付以及全部赌金总额中作为奖金部分的支出。[①]

213

4.6.3 差异产品的 SSNIP 检验

上面所讨论的 SSNIP 检验以及临界损失分析针对的都是单一产品市场。在实践中经常需要正式或非正式地在多产品市场中采用 SSNIP 检验。

这样做就必须做出大量的决策。例如，必须考虑候选产品集的假想垄断者是

---

① 参见英国竞争委员会的报告 Sportech/Vernons (2007)，特别是这一最终报告的附件 F 的 32 - 38 段以及附件 1，给定一组关于头奖与利润相关的方式的假定，在附件中推断出了类似的公式。该报告可以从以下网址中获得：www. competition-commission. org. uk/rep _ pub/reports/2007/fulltext/533af. pdf。

否有激励去实质性地涨价，通常假设在候选市场中所有的价格都平均增长 5%。另一方面，既然 SSNIP 检验的核心是考虑给定一组候选产品的假想垄断者实质性的涨价是否是有利可图的，那么所有的产品都涨价 5% 也许是不恰当的，对所有的产品都以相同的比例涨价并不总是利润最大化的，或者即使通常在事实上是这样的。并购当局在调查一个特别质询影响时也许判定实质性的价格上涨实际上仅有 1%，或者价格上涨也许是非均衡地发生。

在联产品的情形下，最简单的方法就是假设市场中所有的商品是完全有效的替代品。在此情形下，仅仅存在一个适当的价格，这样 SSNIP 检验就归结为评估候选市场的自价格弹性是否足够高，以至于 5% 的涨价是无利可图的。例如，当考虑恰当的鸡蛋市场是否就是"自由放养"的鸡蛋市场，还是应该扩张到包括"有机"的鸡蛋，合理的方法就是检测一个自由放养的鸡蛋的假想垄断者所面临的（候选市场）需求的自价格弹性。这样做自然要比考虑自由放养的鸡蛋的所有许多差异性变化的垄断价格简单得多，即使事实上存在一定数量的品牌化的鸡蛋。如果这样的近似在所调查的环境下并不是适当的，那么 SSNIP 就能够在各种方式上更为正式地加以应用了。

将候选市场的需求弹性表示为：$\eta^{M_1}(p_1, p_2, \cdots, p_J)$，评估在保持所有候选市场外部的产品价格（$p_2, \cdots, p_J$）固定情况下，在 $p_1^{公司}$ 到 $p_1^{5\%} = 1.05 p_1^{公司}$ 范围内是否满足：

$$\frac{p_1 - c}{p_1} \leqslant \frac{1}{\eta^{M_1}(p_1, p_2, \cdots, p_J)}$$

作为通常情况，如果弹性很低，就会有提价的激励。在这一情形下，近似地假设候选市场中的产品是同质的，于是，存在单一的价格、候选市场需求方程和相应的弹性，于是

$$\eta^{M_1}(p_1, p_2, \cdots, p_J) = \frac{\partial \ln D^{M_1}(p_1, p_2, \cdots, p_J)}{\partial \ln p_1}$$

事实上，许多市场将包括差异化的产品，给定充足的数据的情况下，当测定一组产品的一般物价水平上涨是否对于假想垄断者来说是有利可图的时候，也许能够（正式或非正式地）注意到在候选的产品组内的替代模式。

在联产品情形下，这一问题的正式方法包括更多的数据，使得在一定程度上接近全并购模拟模型。为了市场界定目的，接下来我们表明通常并不需要采用全并购模拟，但是即便如此，了解联产品的 SSNIP 检验和全并购模拟模型之间的深层次的相互联系是非常有用的。并购模拟本身是一个很大的主题，将在第 8 章加以广泛地讨论，在这一节仅仅给出一个介绍。在 4.6.4 节将勾勒出在 1984 年美国并购指南中推荐并且最近由伊瓦尔迪和洛林茨（Ivaldi and Lorincz，2009）应用的相关市场充分均衡检验（full equilibrium relevant market，FERM）的轮廓，该检验与全并购模拟应用相当接近，该检验"恢复出"市场界定。最后，在 4.6.5 节将跟随贝克和布雷斯纳汉（Baker and Bresnahan，1985，1988）讨论在联产品情形下为进行市场界定的"剩余需求"的应用。

4.6.3.1 联产品的利润最大化

假设所提议的候选市场包含着几种差异化的产品。将考虑假想垄断者将是否有激励去提高界定的市场中所有产品的价格。在开始，考虑包含两种产品的候选市场，考虑这两种产品之一的价格上涨的盈利性。假设假想垄断者在候选市场外的那些产品价格固定的条件下，选择价格以最大化其利润：

$$\max_{(p_1, p_2)} \Pi(p_1, p_2; p_3, \cdots, p_J)$$

其中

$$\Pi(p_1, p_2; p_3, \cdots, p_J)$$
$$= (p_1 - c_1)D_1(p_1, p_2, p_3, \cdots, p_J) + (p_2 - c_2)D_2(p_1, p_2, p_3, \cdots, p_J)$$

假想垄断者将会发现如果满足

$$\frac{\partial \Pi(p_1, p_2; p_3, \cdots, p_J)}{\partial p_1} \geqslant 0$$

对产品 1 涨价是有利可图的，也就是说，

$$(p_1 - c_1)\frac{\partial D_1(p_1, p_2, p_3, \cdots, p_J)}{\partial p_1} + D_1(p_1, p_2, p_3, \cdots, p_J)$$
$$+ (p_2 - c_2)\frac{\partial D_2(p_1, p_2, p_3, \cdots, p_J)}{\partial p_1} \geqslant 0$$

不等式的最后一项表示价格 p_1 上涨对于产品 2 的需求所强加的影响。独立的产品 1 和产品 2 的生产者可能会无视这一交叉产品的影响，联产品厂商（或者此处的假想垄断者）可能会识别出产品 1 销售额的损失，但是会区别地对待那些彻底离开的消费者和那些仅仅是因涨价而转向产品 2 的消费者。特别地，联产品厂商可能会考虑由消费者从产品 1 变为产品 2 的购买者这一转换导致的收益。如果产品 1 和 2 是替代品，微分的最后一项为正。基于此，相对于仅仅拥有产品 1 的厂商所设定的价格来说，假想垄断者将希望提高其价格 p_1。

如果产品 1 和 2 是需求替代的，假想垄断者将有当 p_1 涨价时提高价格 p_2 的激励。

在第 1 章，已经得出的一般结论就是厂商反应函数（即给定竞争对手行为下的利润最大化选择行为）的斜率取决于厂商利润函数的交叉偏导数的符号。正式地，如果

$$\frac{\partial^2 \Pi(p_1, p_2; p_3, \cdots, p_J)}{\partial p_2 \partial p_1} = \frac{\partial}{\partial p_2}\left(\frac{\partial \Pi(p_1, p_2; p_3, \cdots, p_J)}{\partial p_1}\right) \geqslant 0$$

这意味着当 p_1 上涨时，p_2 的最大化利润选择将上涨。反过来，如果

$$\frac{\partial^2 \Pi(p_1, p_2; p_3, \cdots, p_J)}{\partial p_1 \partial p_2} = \frac{\partial}{\partial p_1}\left(\frac{\partial \Pi(p_1, p_2; p_3, \cdots, p_J)}{\partial p_2}\right) \geqslant 0$$

这将增加 p_1 上涨的盈利性。由于交叉导数不依赖于微分的顺序，这两个导数要么同时为正，要么都不为正。我们已经表明，在差异化产品定价中，交叉导数关键取决于产品间是替代品还是互补品。特别地，当产品 1 和 2 是替代品时，产品 1 的价格上涨将导致厂商 2 具有提高产品 2 的价格的激励，反过来将导致进一步提高商品 1 的价格的动机。这些互相加强效应一直持续着，但是数量较小，直到发现这两种商品呈现出一个新的更高的价格。

在实践中，评估市场中每一种产品的价格上涨的盈利性需要自价格弹性、转移比（DR）、相关价格和每种产品的利润率的信息。事实上，利润最大化的一阶条件表明，如果满足：

$$\frac{p_1-c_1}{p_1} \leqslant \frac{1}{\eta_{11}(p_1, p_2, \cdots, p_J)} + \frac{p_2-c_2}{p_1}DR_{12}$$

涨价将会是有利可图的；类似地，如果满足：

$$\frac{p_2-c_2}{p_2} \leqslant \frac{1}{\eta_{22}(p_1, p_2, \cdots, p_J)} + \frac{p_2-c_2}{p_2}DR_{21}$$

产品 2 的价格上涨将会是有利可图的。并购指南在许多司法管辖中建议，为了检查将价格 p_1 和 p_2 从竞争价格水平上涨 5% 是否是有利可图的（或者更精确地说，既然存在一阶条件，去评估当价格高于竞争水平价格 5% 时，再进一步地涨价是否是有利可图的），通过让

$$p_1 = p_1^{5\%} \equiv 1.05 p_1^{公司} \quad 和 \quad p_2 = p_2^{5\%} \equiv 1.05 p_2^{公司}$$

来应用这些公式是适合的。值得注意的是，像 $\frac{p_2-c_2}{p_1}$ 这样的一些项能够写成产品利润率乘以相对价格：

$$\frac{p_2-c_2}{p_1} = \frac{p_2-c_2}{p_2} \frac{p_2}{p_1}$$

为了更为完整，上面的公式可以推导如下。定义 $p=(p_1, p_2, \cdots, p_J)$，那么设定产品 1 价格的利润最大化的一阶条件：当

$$(p_1-c_1)\frac{\partial D_1(p)}{\partial p_1} + D_1(p) + (p_2-c_2)\frac{\partial D_2(p)}{\partial p_1} \geqslant 0$$

时，p_1 应该增加。重新整理得到：

$$(p_1-c_1) + \frac{\partial D_1(p)}{\partial D_1(p)/\partial p_1} + (p_2-c_2)\frac{\partial D_2(p)/\partial p_1}{\partial D_1(p)/\partial p_1} \leqslant 0$$

其中不等式由于 $\frac{\partial D_1(p)}{\partial p_1} < 0$ 改变方向。不等式两边除以 p_1，应用转移比的定义得到：

$$\frac{p_1-c_1}{p_1} + \frac{1}{\partial \ln D_1(p)/\partial \ln p_1} - \frac{p_2-c_2}{p_1}DR_{12} \leqslant 0$$

对于商品 2 也能容易地写出类似的公式。

值得注意的是，在两产品候选市场中的检验要求估计利润率、价格弹性和转移比。然而，这些信息的精确估计总是难以获得的，也不是总是不可能的，于是这一公式能够积极地应用于实际，以有助于了解联产品假想垄断者的激励。在表4—9 中给出了这一应用的一个实例。

表 4—9　　　　　　　　SSNIP 检验的联产品应用的计算实例

	产品 1	产品 2
利润率	10%	20%
转移比	0.29	0.5
需求的自价格弹性的绝对值	2	4
价格比 p_2/p_1	1	1

盈利性计算：

$$\frac{p_1-c_1}{p_1} \overset{?}{\leq} \frac{1}{\eta_{11}(p_1,\ p_2,\ \cdots,\ p_J)}+\frac{p_2-c_2}{p_2}\frac{p_2}{p_1}DR_{12},\ 0.1\leq\frac{1}{2}+0.2\times1\times0.29=0.56$$

$$\frac{p_2-c_2}{p_1} \overset{?}{\leq} \frac{1}{\eta_{22}(p_1,\ p_2,\ \cdots,\ p_J)}+\frac{p_1-c_1}{p_1}\frac{p_1}{p_2}DR_{21},\ 0.2\leq\frac{1}{4}+0.1\times1\times0.5=0.30$$

4.6.3.2　超过两种产品的检验运用（并购模拟）

SSNIP 在形式上能够被应用于普遍的联产品的情形。[①] 为了这么做，希望评估在候选市场中的产品是否给假想垄断者带来垄断利润。这就是，必须有效地试图去评估在竞争价格下的盈利性，然后与如果市场内部所有商品的价格都以一个 SSNIP 数量上涨（一般意味着在一年内大约 5％到 10％的幅度）的利润进行比较。如果该涨价是有利可图的，那么候选市场就可以被确定为是一个中肯的竞争政策市场。

正式地，假设定义 $(\bar{p}_1,\ \cdots,\ \bar{p}_M)$ 为包含了产品集 $\mathfrak{I}_M$ 的候选市场中产品的竞争价格。SSNIP 检验考虑的是这些产品的价格上涨到 $((1+\kappa)\bar{p}_1,\ \cdots,\ (1+\kappa)\bar{p}_M)$，其中 $(1+\kappa)=1.05$ 或 1.10，对于假想垄断者是否是有利可图的。假定这些产品集的假想垄断者的利润函数为：

$$\pi(\bar{p}_1,\ \cdots,\ \bar{p}_J)=\sum_{j\in\mathfrak{I}_j}(\bar{p}_j-c)D(\bar{p}_1,\ \cdots,\ \bar{p}_M,\ \cdots,\ \bar{p}_J)$$

通过质询是否满足：

$$\Delta\pi=\pi((1+\kappa)\bar{p}_1,\ \cdots,\ (1+\kappa)\bar{p}_M,\ \bar{p}_{M+1},\ \cdots,\ \bar{p}_J)-\pi(\bar{p}_1,\ \cdots,\ \bar{p}_J)\geqslant0$$

---

① 在这一节基于伊瓦尔迪和洛林茨（Ivaldi and Lorincz，2005）文章中提出的 SSNIP 检验的数学公式。在伊瓦尔迪和洛林茨（2009）的文章中给出了改进版。在以后的章节中进一步讨论这一有趣的文章。现在关注的是并不是所有的实践者都认可对于 SSNIP 检验来说是恰当的定义。例如，正如上面所讨论的，在某些环境下，允许价格不是一致地都上涨到高于竞争价格的 5％也许是恰当的。

很容易地就评估出价格变化是否是有利可图的。SSNIP市场就是满足涨价是有利可图的最小产品集 $\mathfrak{I}_M$。

解析地，能够评估方向导数是否为正，也就是，

$$\frac{\partial \pi((1+\kappa)\bar{p}_1, \cdots, (1+\kappa)\bar{p}_M, \bar{p}_{M+1}, \cdots, \bar{p}_J)}{\partial \kappa} \geqslant 0$$

对多种产品执行假想垄断者检验需要具备的知识包括并购前的边际成本以及假想垄断市场内部产品和外部产品的价格等等。这一实践能够从使用并购模拟模型开始，在第8章将讨论这些模型。布郎克斯和韦柏韦恩（Brenkers and Verboven，2005）的文章中给出了在这样做的过程中所浮现的多种问题的一个好例子。在该文章中，作者使用多种产品的SSNIP检验去界定零售汽车产业市场。他们发现用SSNIP检验界定的市场并不符合标准产业分类（Standard Industry Classification，SIC）的描述。

SSNIP检验假设在涨价时假想垄断市场外部的商品价格保持不变。事实上，如果商品是相关的，那么它们可能会对这一价格变化作出反应。接下来的一节检查放松这一假定的后果。

4.6.4 相关市场全均衡检验

相关市场全均衡检验（full equilibrium relevant market test，FERM）是在1984年由美国在横向并购指南中提出来的，作为假想垄断者检验（HMT）中常用的SSNIP检验的替代方案。其思想是基于观测到由于SSNIP检验不比较两种均衡的条件，因此，SSNIP检验并不比较两种在真实世界中将会找到的情形，从而不是一种均衡检验。为了说明为何如此，值得注意的是SSNIP检验假定候选市场中的垄断者考虑单边价格上涨——**假设候选市场外的产品生产商对于这一价格上涨不做反应**——的盈利性。相比较而言，FERM允许候选市场外的商品对于这一价格变化作出反应，于是转向正在销售的所有产品的一个新的价格"均衡"集，但是在候选市场汇总产品价格是由假想垄断者来设定的。[①]

219

因为假想垄断者提高价格一般会伴随着候选市场外部的替代品价格上升，所以存在的一个趋势就是，在FERM下的市场较SSNIP下的市场要窄。反过来这倾向于加强最初涨价的盈利性，从而将我们推向更为狭窄的市场界定。注意，对于是否保持固定竞争变量（例如候选市场外产品的价格或数量）这一问题，与在市场界定中是否考虑供给替代这一问题是相关联的。当考虑由供给替代所施加的约束时，当事人经常认为候选市场外的厂商产出的扩大会使试图涨价失败。当事人争辩道这意味着市场界定应该扩大到包含其他产品。与此相反，在市场外厂商以价格进行博弈反应中，具有加强假想垄断者涨价的趋势，

---

① 对于这一方法的详细描述，参见伊瓦尔迪和洛林茨（Ivaldi and Lorincz，2005），以及论文的2009年修订版。在前一论文中介绍了被恰当地描述为FERM的方法，在后一论文中更倾向于用名称US84。本文采用更具描述性的FERM术语。

因为厂商倾向于以对其自身产品涨价来对价格上涨作出反应，也就是，限制其自身的供给。

上面来自伊瓦尔迪和洛林茨（2009）文章中的例子说明在允许候选市场界定内部和外部的生产者对涨价作出反应的条件下，在候选市场中销售所有产品的假想垄断者涨价的影响，所使用的数据是来自电脑服务市场的数据。应用这一检验的工具与并购模拟所采用的工具是一致的，并购模拟这一主题将在第8章进一步加以讨论。因此，在这里仅限于报告伊瓦尔迪和洛林茨的研究结果。

表4—10报告了对来自欧洲计算机服务数据估计的模型应用传统的 SSNIP 检验得出的结果。所应用的检验采用的是10%的价格上涨。在 SSNIP 检验中，在0～2 000欧元范围内的计算机服务市场是被拒绝的，因为在这一范围内的10%的价格上涨的尝试被估计为是无利可图的。另一方面，对于定价在0～4 000欧元的所有服务，应用 SSNIP 确实发现对所有的价格上涨10%是有利可图的。因此，SSNIP 检验表明对于比较低端的电脑存在一个竞争的政策市场，特别是对于定价在0～4 000欧元的服务集而言。此外，这些结果表明存在一个介于4 000～10 000欧元的中间计算机市场以及价格高于10 000欧元的高端计算机市场。

表 4—10 　　　　　　　　　　**市场中服务的 SSNIP 检验**

较低的价格限制（欧元）	较高的价格限制（欧元）	产品数	利润变动百分比（$\Delta\pi_M^{SSNIP}$）
0	2 000	27	−1.2
0	3 000	55	−1.5
0	4 000	123	1.7
4 000	5 000	58	−5.6
4 000	6 000	112	−2.1
4 000	7 000	134	−2.0
4 000	8 000	166	−1.2
4 000	9 000	191	−0.3
4 000	10 000	229	2.6
10 000	12 000	21	−24.7
⋮	⋮	⋮	⋮
10 000	1 000 000	272	−10.1

资料来源：Ivaldi and Lorincz（2009）。

表4—11报告了对市场界定应用 FERM 检验得出的类似的结果。在这样做的过程中，伊瓦尔迪和洛林茨对低端计算机服务竞争政策市场界定得出了相同的结果，但是中端市场被一分为二。具体是他们得出一个市场范围是4 000～6 000欧元，另外一个是6 000～10 000欧元。

220

表 4—11　　　　　　　　　　市场中服务的 FERM 检验

较低的价格限制 （欧元）	较高的价格限制 （欧元）	产品数	平均价格变动百分比 (Δp_M)
0	2 000	27	4.3
0	3 000	55	7.6
0	4 000	123	2.1
4 000	5 000	58	5.1
4 000	6 000	112	11.0
6 000	7 000	22	0.2
⋮	⋮	⋮	⋮
6 000	300 000	357	9.8
6 000	400 000	365	10.4
40 000	500 000	9	0.004
⋮	⋮	⋮	⋮
400 000	1 000 000	24	0.2

资料来源：Ivaldi and Lorincz (2009)。

在 SSNIP 检验的传统应用中，所有的价格都是成比例地增长。与此相反，在 FERM 检验中，假想垄断者设定候选市场中商品子集的价格以最大化利润。这意味着，所有的价格可能以不同的数量上涨。SSNIP 检验也可能类似地用来处理这一问题，但是作为另外一种方法，作者建议将市场界定选择建立在产品候选集价格以平均百分比变动的基础上，当候选产品集由竞争（最初的均衡）转向局部勾结均衡，在局部勾结均衡中所有的价格被假想垄断者进行了重新设定。当产品价格的平均百分比变动超过 10% 时，他们对于检验的应用规定了作为一个市场的产品集。

4.6.5　剩余需求函数法（评估市场势力）

斯契夫曼和斯皮勒（Scheffman and Spiller，1987）针对同质产品市场以及贝克和布雷斯纳汉（Baker and Bresnahan，1985，1988）针对异质产品市场提出了一种相关的方法。该方法被命名为剩余需求函数法，它对于评估市场势力的程度或某些特定环境下的市场界定是有用的。然而，这些模型明确地不是应用标准的 SSNIP 检验，即使其所依赖的假设是正确的，于是这些结果并不需要与由 SSNIP 检验得出的结论一致。另一方面，既然这些方法对于评估厂商的市场势力是有用的，剩余需求法就能够以与 FERM 检验不相关的方式用于市场界定。为了说明为什么，首先回顾剩余需求曲线的概念。

首先，依照兰德斯和波斯纳（Landes and Posner，1981）以及斯契夫曼和斯皮勒（Scheffman and Spiller，1987）考虑的支配厂商模型。在模型中，支配厂商面临的市场需求为 $D^{市场}(p)$ 和竞争性的外围供给，竞争性的外围供给厂商是价格的接受者，基于市场所提供的价格愿意供给某一数量 $S^{外围}(p)$ 的产品。剩余需求就是在竞争性的外围供给厂商在每一价格下供给其愿意的数量后留下给支配厂商的需求数量：

$$D^{支配}(p)=D^{市场}(p)-S^{外围}(p)$$

在第1章中已经表明，支配厂商的需求价格弹性是

$$\eta^{支配需求}=\frac{1}{Share^{支配}}(\eta^{市场需求}-Share^{外围}\eta^{外围供给})$$

这就是剩余需求弹性，就是市场需求弹性通过考虑竞争性的外围厂商供给加以调整得来的。由于 $\eta^{市场需求}<0$，剩余需求弹性一般会随着市场需求弹性的数量增加而增加；以及由于 $\eta^{外围供给}>0$，剩余需求弹性一般也会随着来自竞争性的外围厂商的供给弹性的数量增加而增加。[①] 由于将竞争性的外围厂商的供给响应归入一个经过仔细界定的厂商需求函数中（不同于市场需求曲线），然后可以利用标准的垄断定价公式来得出，只要其利润率略高于"剩余"需求弹性的倒数，支配厂商就会试图提高其价格。

剩余需求函数法的洞见在于剩余需求函数捕捉到了其他厂商暗含着的相关约束信息，这些信息被表达为剩余需求弹性。特别地，考虑到任何厂商（对于这一实例，不失一般性称为厂商1）涨价的盈利性，能够用均衡公式代替这些价格 $(p_2,\cdots,p_J)$，于是结果对于局部剩余需求曲线弹性是有效的。只要

$$\frac{p_1-mc_1}{p_1}\leq\frac{1}{\eta_{11}^{剩余}}$$

厂商1就有涨价的能力。值得注意的是，这完全不同于 SSNIP 检验对于单一产品市场界定得出的结论。SSNIP 检验对于单一产品市场界定是在保持其他产品价格固定条件下，通过考虑是否满足

$$\frac{p_1-mc_1}{p_1}\leq\frac{1}{\eta_{11}}$$

来评估单一产品的候选市场。关于剩余弹性的推导和更深入的技术描述，参见下面的 4.6.6 节。

以上分析清晰地给出了关于支配厂商实际的市场势力的信息，特别地，表明面临高供给弹性的竞争性的外围供给的支配厂商未必具有太多的定价能力。另一方面，该分析确实没有对于任何候选市场应用 SSNIP 检验（或者至少不是按照惯例来加以应用）。为了说明为什么，值得注意的是，对于市场界定应用 SSNIP，"支配厂商"一般应该保持竞争性供给者所索要的价格不变，然而，按照定义假定单一的价格以推导支配厂商需求曲线，特别是，假定如果支配厂商提高其价格，那么竞争性供给者也面临着一个提高后的价格，于是候选市场（支配厂商）

---

① 值得注意的是，当使用这一方法审查剩余需求时，将来自竞争性厂商的供给替代合并进行分析了。

"外部"的厂商的价格不是保持固定的。类似地，由于在这一情形下，所使用的是（市场）需求曲线 $D^{市场}(p)$，这一分析与包含了支配厂商和竞争性的外围供给者的候选市场的 SSNIP 检验不一致。另一方面，这一方法与作者所建议的市场界定的 FERM 方法很接近。该方法明确地考虑了候选市场外的竞争者的反应。

在检验候选市场中仅仅包含支配厂商还是有支配厂商加上竞争性的外围供给者这两个假设时，可以利用剩余需求曲线法进行市场界定。外围供给者的供给弹性较高可能表明竞争政策市场比仅由支配厂商产出的市场宽。正如当考虑 FERM 检验时所讨论的那样，允许候选市场外产品的价格上涨的事实将倾向于加强候选市场内部价格上涨的盈利性。结果，当采用差异产品价格竞争来应用该方法时，该方法可能导致的结果是所得出的市场要比传统的 SSNIP 分析得出的市场要更窄。

4.6.6　差异产品的剩余需求

贝克和布雷斯纳汉（Baker and Bresnahan，1985）的文章建议剩余需求函数法能够被用于评估差异产品的市场中的市场势力。特别地，他们考虑的是以下参数线性差异产品系统：

$$\ln q_1 = \eta_{10} + \eta_{11}\ln p_1 + \eta_{12}\ln p_2 + \eta_{13}\ln p_3 + \cdots + \eta_{1J}\ln p_J + x'_1\beta_1 + \xi_1$$
$$\ln q_2 = \eta_{20} + \eta_{21}\ln p_1 + \eta_{22}\ln p_2 + \eta_{23}\ln p_3 + \cdots + \eta_{2J}\ln p_J + x'_2\beta_2 + \xi_2$$
$$\ln q_J = \eta_{J0} + \eta_{J1}\ln p_1 + \eta_{J2}\ln p_2 + \eta_{J3}\ln p_3 + \cdots + \eta_{JJ}\ln p_J + x'_J\beta_J + \xi_J$$

其中，x'_1，x'_2，$\cdots$，x'_J 分别为每个方程的需求转换向量，$\beta=(\beta_1，\cdots，\beta_J)$，$p=(p_1，\cdots，p_J)$、$q=(q_1，\cdots，q_J)$ 分别表示以 $j=1，\cdots，J$ 标示的每一商品的价格与数量。在这一等弹性需求系统中，η一个 J^2 个参数构成的 $J\times J$ 的矩阵，这些参数是方程系统中需求的自价格弹性与交叉价格弹性。

为了说明这一思想，假设这些厂商生产单一的产品，面临的是不变的（投入）边际成本，通过选择价格来实现利润最大化：

$$\max_{p_j}(p_j - mc_j(w_j；\gamma))D_j(p_1，\cdots，p_J，x_j，\xi_j)$$

于是得到每种产品的（供给）定价方程，产品定价依赖于市场中所有产品的价格，通过检查厂商利润最大化问题的一阶条件：对于 $j=1，\cdots，J$，

$$(p_j - mc_j(w_j；\gamma))\frac{\partial D_j(p_1，\cdots，p_{Jj}x_j，\xi_j，\eta，\beta)}{\partial p_j}$$
$$+ D(p_1，\cdots，p_{Jj}x_j，\xi_j，\eta，\beta)=0$$

其中，w_j 表示产品 j 的边际成本（供给）转换变量，γ 是边际成本函数中的参数向量。可以求解每个方程，对于 $j=1，\cdots，J$，

$$\ln p_j = g_j(p_1，\cdots，p_{j-1}，p_{j+1}，\cdots，p_{Jj}x_j，\xi_j，w_j，\eta，\beta，\gamma)$$

于是求解第 j 个方程得出第 j 个价格。以上这 J 个方程与 J 个需求方程联立得到

$2J$ 个方程，可能求解出 $2J$ 个未知变量来——市场中所有的 J 种产品的均衡价格和均衡数量。在第 8 章中对于并购模拟的讨论中，讨论如何针对任意的所有权结构和一般需求系统明确地求解全套的 $2J$ 个方程。

剩余需求函数法的思想是求解所有产品的需求和供给方程，除非这些商品不是调查的核心。首先假定，希望去评估作为商品 1 的拥有者的厂商 1 的市场势力。或者更准确地说，假设希望去检验由厂商 1 组成的假想垄断者是否拥有足够的市场势力来涨价 5%。剩余需求函数法表明能够通过求解对于产品 $j = 2, \cdots, J$ 的 $2(J-1)$ 个需求和定价方程来解决。这就是，对于 $j = 2, \cdots, J$，可以求解

$$\ln p_j = E_j(p_1; x_{[2,J]}, w_{[2,J]}, \xi_{[2,J]}, \eta, \beta, \gamma)$$

其中定义 $x_{[2,J]} = (x_2, \cdots, x_J)$，$w_{[2,J]}$ 和 $\xi_{[2,J]}$ 也类似地进行定义。这些方程给出了关于厂商 1 选定价格下均衡价格条件的描述。[①] 将这些方程代入产品 1 的需求函数得出产品 1 的"剩余"需求函数：

$$\ln q_1 = \eta_{10} + \eta_{11} \ln p_1 + \sum_{j=2}^{J} \eta_{1j} E_j(p_1; x_{[2,J]}, w_{[2,J]}, \xi_{[2,J]}, \eta, \beta, \gamma) + x_1' \beta_1 + \xi_1$$

值得注意的是，普通需求价格弹性 η_{11} 是经过厂商 1 的竞争对手对于厂商 1 提议的任何价格变化的响应因素调整过的。

$$\eta_{11}^{\text{剩余}} = \frac{\partial \ln q_1}{\partial \ln p_1} = \eta_{11} + \sum_{j=2}^{J} \eta_{1j} \frac{\partial E_j(p_1; x_{[2,J]}, w_{[2,J]}, \xi_{[2,J]}, \eta, \beta, \gamma)}{\partial \ln p_1}$$

厂商 1 的市场势力和其涨价的能力可以利用其一阶条件加以评估。也就是，只要利润率小于（剩余）需求弹性：

$$\frac{p_1 - mc_1(w_1; \gamma)}{p_1} \leqslant \left(\frac{\partial \ln D_1^{\text{剩余}}(p_1; x_{[2,J]}, w_{[2,J]}, \xi_{[2,J]}, \eta, \beta, \gamma)}{\partial \ln p_j} \right)^{-1}$$

那么涨价就是有利可图的。值得注意的是，该方法的核心假定就是候选市场外部的产品的价格（如果是数量设定竞争模型，那么就是数量）充分地进行了调整以对候选市场中产品价格的任何变化进行响应。如果是数量竞争博弈，应该考虑供给的可替代性。由于是价格竞争博弈，厂商在选择其最大化利润策略时，将考虑市场外产品的价格以及厂商基于这一调整而设定市场内产品的价格。

假定产品 1 和 2 组成了候选市场界定。贝克和布雷斯纳汉（Baker and Bresnahan，1985）将上面所描述的剩余需求法扩展应用到该情形，创立了"局部剩余需求曲线"这一概念。产品 1 和 2 的假想垄断者将求解其利润最大化问题，

$$\max_{p_1, p_2} (p_1 - mc_1(w_1; \gamma)) D_1(p_1, \cdots, p_J, x_j, \xi_j)$$
$$+ (p_2 - mc_2(w_2; \gamma)) D_2(p_1, \cdots, p_J, x_j, \xi_j)$$

对于这一问题在 4.6.3.1 节已经给出了一阶条件，其一阶条件表明 5% 的价格上涨是否是有利可图的取决于每种产品的利润率、在均衡价格时的自价格弹性和转

---

① 值得注意的是，在斯塔尔伯格（Stackleberg）均衡中，厂商 1 是价格领导者，可以求解这些方程，让厂商 1 选择最大化其利润的均衡产出。

移比。

　　按照单一产品情形下的逻辑，贝克和布雷斯纳汉（Baker and Bresnahan，1985）的文章建议求解 $2(J-2)$ 个（产品 $j=3$，…，J 的）需求和定价方程以得出在任意给定产品 1 和 2 条件下的位于候选市场中产品的均衡价格。也就是说，假设对于一个给定的候选市场内部产品的价格集，求解候选市场外部产品的均衡价格，对于 $j=3$，…，J，

$$\ln p_j = E_j(p_1, p_2; x_{[3,J]}, w_{[3,J]}, \xi_{[3,J]}, \eta, \beta, \gamma)$$

将这些方程代入产品 1 和 2 的需求曲线中，就得出这两种产品的"局部剩余需求曲线"：

$$
\begin{aligned}
\ln q_1 =\ & \eta_{10} + \eta_{11}\ln p_1 + \eta_{12}\ln p_2 \\
& + \sum_{j=3}^{J} \eta_{1j} E_j(p_1, p_2; x_{[3,J]}, w_{[3,J]}, \xi_{[3,J]}, \eta, \beta, \gamma) \\
& + x_1'\beta_1 + \xi_1 \\
\ln q_2 =\ & \eta_{20} + \eta_{21}\ln p_1 + \eta_{22}\ln p_2 \\
& + \sum_{j=3}^{J} \eta_{2j} E_j(p_1, p_2; x_{[3,J]}, w_{[3,J]}, \xi_{[3,J]}, \eta, \beta, \gamma) \\
& + x_2'\beta_1 + \xi_2
\end{aligned}
$$

正如贝克和布雷斯纳汉（1985）文章中描述的那样（将产品 1 和 2 的假想垄断者处理为厂商 1 和 2 进行了并购的单一生产者），"由于厂商 3 到厂商 J 的行为已经给予了考虑，这就是**剩余**需求曲线。因为对于每个厂商潜在并购参与者的行为仍然是特定的，所以他们是**局部**剩余需求。"对局部剩余需求曲线求导，可以将局部需求弹性描述为：[①]

226

$$
\begin{aligned}
\eta_1^{PR} =\ & \eta_{11} + \eta_{12} + \sum_{j=3}^{J} \eta_{1j} \frac{\partial E_j(p_1, p_2; x_{[3,J]}, w_{[3,J]}, \xi_{[3,J]}, \eta, \beta, \gamma)}{\partial \ln p_1} \\
& + \sum_{j=3}^{J} \eta_{1j} \frac{\partial E_j(p_1, p_2; x_{[3,J]}, w_{[3,J]}, \xi_{[3,J]}, \eta, \beta, \gamma)}{\partial \ln p_2}
\end{aligned}
$$

实际上，该方法可能涉及局部剩余需求方程系统逼近问题，对于一个对数线性（需求）系统而言，可能应该估计

$$
\begin{aligned}
\ln q_1 &= \eta_{10} + \eta_{11}^{PR}\ln p_1 + \eta_{12}^{PR}\ln p_2 + \sum_{j=3}^{J}\lambda_{1j}x_j + \sum_{j=3}^{J}\delta_{1j}w_j + \upsilon_{1j} \\
\ln q_2 &= \eta_{20} + \eta_{21}^{PR}\ln p_1 + \eta_{22}^{PR}\ln p_2 + \sum_{j=3}^{J}\lambda_{2j}x_j + \sum_{j=3}^{J}\delta_{2j}w_j + \upsilon_{2j}
\end{aligned}
$$

---

　　① 一般地，HMT 可以通过考虑假想垄断者利润函数的方向导数而加以应用。参见大学微积分课本中关于方向导数的结论（例如宾默尔（Binmore，1983））。设 $p(1+t)p^0$，其中 p^0 给定，$p=(1+t)p^0$ 定义为一条过 p^0 的直线，同时位于矢量 p^0 的方向。考虑二元函数 $f: \mathbb{R}^2 \to \mathbb{R}$，假设 $p^0=(p_1^{商}, p_2^{商})$，从而，

$$\frac{\mathrm{d}f(p^0+tp^0)}{\mathrm{d}t} = \frac{\partial f(p)}{\partial p_1}\frac{\partial p_1}{\partial t} + \frac{\partial f(p)}{\partial p_2}\frac{\partial p_2}{\partial t} = \frac{\partial f(p)}{\partial p_1}p_1^{商} + \frac{\partial f(p)}{\partial p_2}p_2^{商}$$

通过设定 $t=0$ 可以估计一个微小但成比例的价格上涨：

$$\frac{\mathrm{d}f(p^0+tp^0)}{\mathrm{d}t} = \frac{\partial f(p^0)}{\partial \ln p_1} + \frac{\partial f(p^0)}{\partial \ln p_2}$$

但是将这个估计参数解释为"局部剩余"需求弹性，而不是通常的需求弹性。给定这些需求方程的估计，就具备了所有信息，如价格从竞争价格上涨 5%，允许候选市场外商品的价格随着这一新的、更高的候选市场内部产品价格而变化，可以计算假想垄断者的利润是否会增长。

该方法是相当可行的，确实甚至不需要候选市场外部产品的价格数量数据。然而，该方法在实践中并不是没有问题的。为了加以说明，第一，在非常强的假设条件下，对数线性需求系统将退化为仅仅是价格对数线性的形式。第二，候选市场外部所有产品的所有成本和需求转换变量在原则上必须被包含在每个方程中。例如，这似乎意味着必须知道并没有估计过的需求方程的需求转换变量。即使知道包含了哪些变量，但是这些变量太多，这可能意味着局部剩余需求函数的估计是不严密的。[1] 第三，在回归过程中适当地考虑了候选市场内部商品的价格的内生性，于是按照惯例，对于回归中所包含的价格（即候选市场中的每一价格）要求采取工具变量策略。这一方法在斯契夫曼和斯皮勒（Scheffman and Spiller，1996）的文章中给予了进一步的讨论，在福禄波和沃登（Froeb and Werden，1991）以及沃登和福禄波（1992）的文章中给予了批评性的讨论。

4.7 结 论

● 在大部分竞争调查中，市场界定依旧是一个重要的法律要件。然而，在竞争调查中市场界定通常不是以其自身为结束。结果就是不要对于市场界定花费不成比例的时间和资源是重要的，对于实质估计来说重要的问题就是在市场调查中行为的效果。

● 假想垄断者检验（HMT）为市场界定分析提供了一个标准的概念框架。然而，存在多种可能的方法来实施这一检验。许多方法在分析中将保持候选市场外部的所有条件不变，而其他的一些方法并不如此。所得到的结果也许依赖于在司法管辖中采取哪种方法。如果假想垄断者的产品对候选市场外的产品存在明显的需求或供给替代，或假想垄断者的产品面临着候选市场外的产品明显的需求或供给替代，那么该假想垄断者将不具备市场势力。因此，界定一个市场要求限定那些彼此间具有一定程度的需求（有时候是供给）替代的商品，这些商品彼此之间对于市场势力的利用施加了约束。

● 理论上，当厂商采取价格竞争时，HMT 检验能够被正式地用于评估一个假想垄断者是否有利地实行涨价。相关的 SSNIP 检验评估对于候选市场小而显著的非暂时性价格上涨（SSNIP）是否是有利可图的。在实践中，该评估一般是

---

① 尽管这可能加剧已经提到的不精确这一问题，但是原则上非参数法也可能被引入到均衡函数中。例如，一系列估计值应该包括每个需求和成本位移变量的多项式。虽然这一方法在理论上是可行的，但是重要的是要注意一般这些非参数方程似乎依赖于候选市场外部商品的未被观测到的变量以及所有外生的观测到的变量。该注意事项使得用非参数法逼近这些简化形式很困难。

"全面进行的",这就是,基于所收集到的所有证据而不是单一模型的预测来进行评估。存在大量的非正式的有用工具。

● 相关分析是一种简单的工具,它是基于导致商品价格联合变化的商品替代性。对于市场界定,相关分析可能是一个强有力的工具,但是有效地应用相关分析一般要求进行反复检查,以确保价格确实是由替代性导致一起变化,而不仅仅是由普通需求或成本冲击导致的。

● 自然实验("冲击分析")基于外生冲击对于价格等结果变量的影响而给出的另一个有用的工具。最好的情形下,自然实验提供了一种有用的计量经济学式的外生变异。不幸的是,自然实验并不是总是可得的,无论自然实验适合处理诸于进入实践等事件与否,作为事实的计量经济学式的"外生性"在环境中必须小心地加以评估。

● 此外,通过分析购买模式和进行调查来直接估计需求的替代效应是合适的。自价格弹性或交叉价格弹性也可以运用计量经济学方法加以估计,尽管要足够稳健地这样做以经得起公正、详细审查绝不是一件容易的事。

● 为了正式评估一个 SSNIP 检验,仅仅估计需求的自价格弹性和交叉价格弹性是不够的。进一步说,需要一个标准来评估自价格弹性和交叉价格弹性是否足以使得把价格上涨到竞争水平以上是有利可图的。临界损失分析对于这一评估给出了一个方法。检验定价模型的一阶条件给出了另一个紧密相关的方法。

● 在差异产品情形下正式应用 SSNIP 是一项重要的实践。最后,必须判断在相同的相互关联的竞争政策市场中的一组产品彼此间是否是充分约束的。即使当大量的数量证据证明各种各样的因素与市场界定问题有关,在大多数情形下,最终必须判断出什么是内部因素、什么是外部因素。定性证据和定量证据给出了判断,但是它们仅仅在很少的案例中是完全地替代判断。

● FERM 检验在实践中未被广泛地应用,尽管该方法对于市场势力的评估与剩余需求曲线法紧密相关(剩余需求曲线法已经被提倡用于界定市场),剩余需求曲线法反过来是 1984 年版美国横向并购指南的思想之一。在每种情形下,与 SSNIP 检验的惯例性应用的核心差别在于允许候选市场外部的供应商调整其竞争变量。如果厂商进行产出竞争,可能自然想到考虑供给替代的影响。但考虑供给替代时,重要的是注意到厂商生产的是替代品、通过价格进行竞争,那么市场内部价格上涨的盈利性将倾向于导致候选市场界定外的价格上涨,市场内部价格上涨也将被候选市场界定外的价格上涨所加强。

● 在第 8 章中将说明模拟模型原则上能够被用于完全"省略"市场界定中的明显、预备考虑。替代地,模拟模型表明可以先界定一个宽的市场,然后直接考虑竞争效应。虽然该方法具有潜在的理论上的吸引力,但是该方法与长期存在于大量有效的司法管辖(包括美国以及欧盟)的法律信条不相符合。

● 在那些市场界定判断特别困难的情形下,当开始分析市场中一组产品之间的竞争时,通常试图密切关注相关市场界定外发生的事情。特别地,比较明智的做法就是评估一个以上的潜在界定市场下的行为的竞争效应,以得出一个有根据的观点,是否有:(1)市场界定是否是质询"结果"的核心,(2)调查中的实际竞争约束(这不同于假想垄断者面临的竞争约束)对于抑制价格上涨是否是充分的。

第 5 章　市场结构与价格之间的关系

230

　　并购调查力图确定由并购导致的市场结构变化是否将对于消费者的市场结果具有明显的影响。更为直接关注的结果将会是价格，尽管数量或者选择效果也是重要的，但是一般意义上后两者是长期的并且通常上难以进行评价。从而并购评估的核心是市场中运行厂商的数量和规模之间的关系，以及竞争过程导致的市场结构、价格或者数量。

　　经济理论表明市场结构影响着价格。在一般合理的条件下，参与者数量的下降将导致市场中所有其他对手的市场价格增长。这一预示构成了并购"单边效应"的基础，并购后，新的并购后厂商通常具有单边激励将价格提高到其并购前的价格水平以上。该单边效应反过来导致其他厂商具有提价的激励，再反过来通常加强最初涨价的单边激励。由于单个厂商有激励单边提高价格，我们称之为"单边"效应。由于后面的影响包含多方参与者非独立的行为，伴随着并购，每个参与者都分享着涨价的激励，称后面的影响为"多边"激励。下面将说明这些影响在包含了彼此生产替代品的厂商的并购中是相当普遍的。

　　本章探究有助于竞争机构在实践中试图鉴定这一影响的框架。实际上，所有的竞争模型表明市场结构的变化将对于市场价格有影响。尽管如此，经验地估计结构与价格之间的实际关系并不总是一件容易的事。但是，将看到几个经验策略可以被用于粗略地估计当发生市场集中时将导致的价格上涨程度。为了设计一种经验地测量结构和价格之间影响的合适的方法，理解结构和价格之间关系的理论原理基础将会是重要的，所以将花费一些时间来描述这一基本理论基础。然后我

231
们给出估计价格关于市场结构影响的一些方法论实例。所设计的实例基于适当的

数据集和技术，提供实际指导，这些数据集和技术应该被考虑为是为了分析而作的，同时它们也指向了先前的调查者在试图识别价格可能随着市场结构而变化的方法时所面临的大量潜在问题。

由于多种原因，识别价格和市场结构之间的关系是困难的。例如，无论选择哪种特殊的方法，都将需要处理识别市场结构和市场结果（特别是价格）之间的因果链这一难题。此外，如果采取长期视角，在位厂商的数量和潜在进入者的数量和类型也可能在有些时候约束了定价能力。如果如此，那么在评估市场结构变化的可能影响也就是试图评估潜在竞争者的约束。这些仅仅是竞争机构的分析师经常遇到的大量潜在困难中的两个。下面列出大量的其他困难，然后继续描述既有文献对于这些问题的潜在解决方法。

5.1　分析市场结构对于价格影响的框架

首先通过讨论基于竞争性质作出各种假设，并在市场均衡价格支配下在位厂商的数量的影响，开始分析市场结构和市场结果之间的关系。然后进一步检验那些可以被用于将模型由纯粹的理论分析转向一个适合于经验工作的框架的方法。特别地，在下一节中，我们检验决定进入一个市场的潜在驱动力，考虑该进入对于竞争过程的影响，以及如何通过观察该进入决定来了解市场势力。

通过考虑一下两阶段博弈，构建市场结构对价格影响的研究。在阶段 1，厂商决定是否进入市场。如果进入，他们就会遭受一个在阶段 2 沉没（不可收回的）的成本。称在阶段 1 决定进入的厂商数为 N。在阶段 2，这 N 个在位厂商内部之间相互通过价格或数量进行竞争。该博弈描绘在图 5—1 中。在下文中，下一节密切关注分析这一博弈的经济文献，从检查阶段 2 开始，然后"逆向"去讨论阶段 1，即进入阶段。[①]

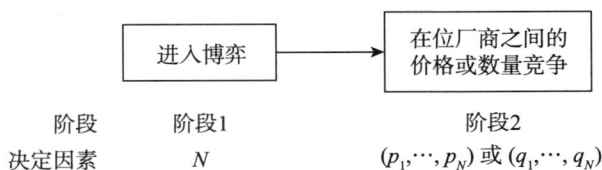

阶段	阶段1	阶段2
决定因素	N	$(p_1,\cdots,p_N)$ 或 $(q_1,\cdots,q_N)$

图中方框：进入博弈 → 在位厂商之间的价格或数量竞争

图 5—1　两阶段博弈

5.1.1　结构对于价格影响的理论预测

许多的竞争经济模型能够被嵌入到这个一般的两阶段结构中，每个阶段都将预测出一个市场结构和市场价格之间的关系。将通过三种重要的情形来得出这一

---

① 从学术上说，通过"逆向归纳"去找到博弈的纯策略子博弈完美纳什均衡来检验该博弈的均衡；参见博弈论教科书。

结论，这三种重要的情形也就是模型中的厂商分别是：（1）价格接受者，（2）以价格竞争的垄断供给者，（3）以数量竞争的垄断供给者。通过检验这三种情形，能够检验市场结构影响均衡价格的可能机制。例如，通常将会看到，两个生产替代品的厂商之间的并购将倾向于导致更高的价格。这些结果构成了进行并购单边效应和多边效应调查的理论支柱。

5.1.1.1　价格接受者厂商中的市场结构

在厂商是价格接受者的条件下，生产过程通常与生产任何水平的产出所发生的总成本有关，因此市场供给结构对于厂商是价格接受者环境下的经济效率来说是重要的。也就是说，进行生产的厂商的数量通常对生产的总成本有影响。因为厂商面临的定价压力是由市场需求和市场供给交互作用决定的，而在价格接受者条件下市场供给是由行业生产的边际成本决定的，从而这是依次影响的。除了在特定的环境下外，厂商数目的下降将降低市场总供给，从而导致价格上涨。较高的价格反过来会导致至少依旧保留在市场中的厂商供给增加，如果该厂商遭受规模不经济，它将会发现涨价后尽管有较高的单位成本，扩大产出也是有利可图的。由于潜在的规模不经济，厂商的数量较少也许导致为保持一个既定的产出而要求较高的价格。因此一般地，假设需求价格敏感、厂商处于规模不经济的生产水平，包含了减少后的厂商集的均衡将包含着较低的均衡数量和较高的均衡价格。

> 　　一个价格接受者厂商在一个同质产品环境下运营，产出数量通常是厂商的决策变量。求解如下利润最大化问题：
>
> $$\max_{q_i}(p_i q_i - C(q_i))$$
>
> 其中 C 是总的成本函数，用于描述生产给定产出 q_i 条件下的总成本，例如
>
> $$C = \begin{cases} cq_i + \dfrac{1}{2}dq_i^2 + F & \text{如果 } q_i > 0 \\ 0 & \text{如果 } q_i = 0 \end{cases}$$
>
> 在该模型中，超过第一单位的产出后，边际成本随着产出的增加而增加，对有效的生产规模存在一个限制。求解最大化问题描述了厂商在每一价格下想要供给的最优数量：
>
> $$q_i^* = \begin{cases} \dfrac{p-c}{d} & \text{如果当 } q_i^* = \dfrac{p-c}{d} \text{ 时 } p_i q_i^* - C(q_i^*) \geqslant 0 \\ 0 & \text{其他} \end{cases}$$
>
> 接着，假设存在 N 个对称的在位厂商，每个厂商生产一个大于 0 的产量，于是他们（厂商）的供给函数可以概括为 $q_i = \dfrac{p-c}{d}$，加总得出市场供给函数为：
>
> $$Q^{\text{市场供给}} = N\left(\dfrac{p^*-c}{d}\right)$$
>
> 如果进一步假设线性的个别需求，S 个完全相同的消费者，于是市场需求就是 $Q^{\text{市场需求}} = S(a-bp)$，均衡价格 p^* 由供给和需求的交点决定，我们可以写出

233

$$Q^{\text{市场供给}} = N\left(\frac{p^* - c}{d}\right) = S(a - bp^*) = Q^{\text{市场供给}}$$

这是一种均衡关系，可以明确地给出均衡价格：

$$p_i^* = \frac{Nc + Sda}{N + Sbd}$$

特别值得注意的是，均衡价格依赖于 N，这就是市场结构，也取决于成本和包括市场规模的需求参数。也应该注意到对于对称单一产品厂商，市场结构可能完全被描述为厂商数量。更为丰满的模型将要求更为细致的描述。

本节的主要目的在于关注各种模型暗示着价格是市场结构的函数，让人欣慰的是，所得分析结果与直觉是相符的，直觉表明当竞争者数量增加时，价格应该下降。事实上，考虑价格接受者环境下均衡价格方程，难以直接看出 N 值的明显下降总是导致价格上涨。幸运的是，如果考虑常见的线性市场供给方程和线性市场需求方程（留给读者画出图，作为练习），结果就是显而易见的了。N 值下降和厂商退出市场向左移动市场供给曲线，这一般将明确导致均衡市场价格上涨。与此相反，进入将向右移动总市场供给曲线，这样做将降低均衡价格。对于爱好代数的人来说，很容易就能计算出均衡价格关于厂商数量 N 的导数，从而看到例子中两者之间的负相关关系。[①]

5.1.1.2　二次成本函数古诺竞争中的市场结构

接下来考虑在寡头市场中，进入市场的厂商以同质产品进行数量竞争，即古诺模型。在这样的市场中，退出导致两件事。第一，退出减少了厂商的数目，总的市场产出倾向于下降。第二，退出将增加任何在位厂商将生产的数量，该数量取决于每个单个厂商的均衡供给函数。因此，对于总产出以及随后价格的净效应可能是模糊不清的。该净效应依赖于厂商产出增加和厂商数量减少的相对影响。通常的预期是，失去一个厂商的影响并不被继续存在的竞争对手的产出扩张所补偿。在该情形下，随着一个在位厂商的退出，价格将上涨；随着新的参与者的进入，价格将下降。

将总市场需求记为

$$Q = S(a - bp)$$

其中 S 是市场规模，于是相应的反总需求方程为：

$$p(Q) = \frac{a}{b} - \frac{1}{b}\frac{Q}{S}$$

假设二次成本函数为：

$$C(q_i) = cq_i + \frac{1}{2}dq_i^2 + F$$

---

① 这样做，允许我们检查参数（a，b，c，d）所要求的条件，以确保线性供给曲线与线性需求曲线相交。

N 个利润最大化厂商按照以下利润最大化的一阶条件来生产：

$$p(Q)+p'(Q)q_i-C'(q_i)=0$$

其中 $Q=\sum_{i=1}^{N}q_i$ 。对 q_i 求解该方程，得出厂商的反应函数为：[①]

$$q_i=\frac{S(a-bc)-\sum_{j\neq i}q_j}{2+bSd}$$

该式对于每个 $i=1$，…，N 都是相同的。

根据对称性，采用古诺—纳什均衡假设，假定每个厂商在均衡时将生产相同数量的产出，$q_1=q_2=\cdots=q_N=q^*$。对称性假定意味着 N 个一阶条件都是完全相同的，

$$q^*=\frac{S(a-bc)-(N-1)q^*}{2+bSd}$$

求解一个方程得出 q^* 就能求解出所有的解。利用少量的代数知识就可以表示出每个厂商供给的均衡数量：

$$q^*=\frac{S(a-bc)}{1+N+bSd}$$

将生产的总数量 Nq^* 代入需求函数，就能求出均衡市场价格：

$$p^*=p(Nq^*)=p\left(\frac{NS(a-bc)}{1+N+bSd}\right)=\frac{a}{b}-\frac{1}{bS}\left(\frac{NS(a-bc)}{1+N+bSd}\right)$$

$$=\frac{a}{b}-\frac{1}{b}\left(\frac{N(a-cb)}{1+N+bdS}\right)$$

正如价格接受者厂商，价格一般依赖于市场结构。

价格和厂商数量之间的代数关系并不明显地为负。模型实际预测值的大小将再次取决于对于厂商成本对称性和需求曲线形状的假定。在规模报酬递减的对称厂商和线性需求这一简单情形下，厂商数量的下降导致总产出下降、价格上升。

5.1.1.3　异质产品价格竞争中的市场结构

作为第三个例子，考虑异质产品的伯川德竞争模型情形，厂商生产异质产品，通过价格来竞争潜在的消费者。

在价格竞争博弈中，厂商生产相互替代的产品，最优价格在相当弱的条件下随着竞争对手的价格增长而增长。这意味着，如果一个厂商的竞争对手提高其价格，该厂商的最优反应就是也提高其自身产品的价格。两个生产替代品厂商的反应函数和价格竞争描绘在图 5—2 中。

---

① 一阶条件可以被表示为：

$$\frac{a}{b}-\frac{\sum_{j\neq i}^{N}q_i}{bS}-\frac{1}{bS}q_i-c-dq_i=0 \quad\Longleftrightarrow\quad aS-\sum_{j\neq i}q_j-2q_i-bSc-bSdq_i=0$$

从上式中就可以立即得出文中的表达式。

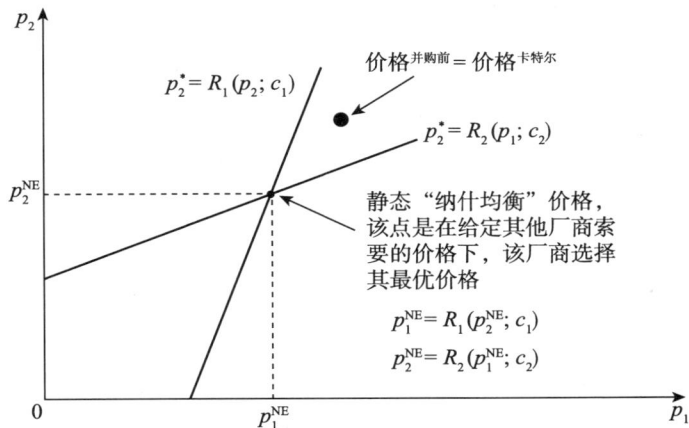

图 5—2 两厂商产业以及单一厂商产业的反应曲线和静态纳什均衡

假定厂商 1 以边际成本 c_1 生产产品 1，它的利润最大化问题可以表示为：

$$\max_{p_1}(p_1-c_1)D_1(p_1,p_2;\theta)$$

其中 $D_1(p_1,p_2;\theta)$ 是对产品 1 的需求，θ 是消费者的偏好参数。这一问题的一阶条件可以写为：

$$\frac{\partial\Pi_1^{\text{单一}}}{\partial p_1}=(p_1-c_1)\frac{\partial D_1(p_1,p_2)}{\partial p_1}+D_1(p_1,p_2)=0$$

求解该方程，可以将厂商 1 的反应函数描述为：

$$p_1^*=R_1(p_2;c_1,\theta)$$

这就是，任何给定厂商 2 的价格后厂商 1 的最优价格选择。依据相同的方法，可以得出厂商 2 的反应函数：

$$p_2^*=R_2(p_1;c_2,\theta)$$

销售替代品的竞争厂商的最优价格之间的正相关关系是上面所描述的单边效应的基础，并购后厂商提高其所生产的替代品价格后，生产其他替代品的竞争对手将跟随着涨价，将涨价变成一个全市场现象。

接下来分析为什么联合生产两种替代品的并购后厂商具有提高并购后价格的激励。这一结果是源于，如果第一种商品的价格上涨，并购后厂商可以占有第二种替代品需求增加带来的利润。在其他所有的情况相同的条件下，获得两种商品的产生利润的能力将导致两种商品较高的均衡价格。

假设联合生产两种产品 1 和 2 的多产品厂商。该多产品厂商将求解如下利润最大化问题：

$$\max_{p_1,p_2}(p_1-c)D_1(p_1,p_2)+(p_2-c)D_2(p_1,p_2)$$

该问题的一阶条件是：

$$\frac{\partial \Pi^{多产品}}{\partial p_1} = (p_1 - c)\frac{\partial D_1(p_1, p_2)}{\partial p_1} + D_1(p_1, p_2) + (p_2 - c)\frac{\partial D_2(p_1, p_2)}{\partial p_1} = 0$$

以及

$$\frac{\partial \Pi^{多产品}}{\partial p_2} = (p_1 - c)\frac{\partial D_1(p_1, p_2)}{\partial p_2} + D_2(p_1, p_2) + (p_2 - c)\frac{\partial D_2(p_1, p_2)}{\partial p_2} = 0$$

通过求解这两个联立方程计算出解（$p_1^{多产品}$，$p_2^{多产品}$），然后考虑这些价格如何与（$p_1^{单一}$，$p_2^{单一}$）有关。在第 8 章中将对一个一般的案例这样处理。然而在此处，采用另外一种处理方法。也就是说，不是直接计算均衡价格，而是估计价格位于（$p_1^{单一}$，$p_2^{单一}$）的多产品厂商涨价的边际利润率，（$p_1^{单一}$，$p_2^{单一}$）应该是被两个单一产品厂商已经选择的价格。这样做能够评估多产品厂商是否将具有涨价的激励。由于在 $p_i = p_i^{单一}$ 处，单一产品利润是最大的，满足单一产品利润最大化的一阶条件，可以写出

$$\frac{\partial \Pi^{多产品}(p_1^{单一}, p_2^{单一})}{\partial p_1} = 0 + (p_2^{单一} - c)\frac{\partial D_2(p_1^{单一}, p_2^{单一})}{\partial p_1}$$

以及

$$\frac{\partial \Pi^{多产品}(p_1^{单一}, p_2^{单一})}{\partial p_2} = (p_1^{单一} - c)\frac{\partial D_1(p_1^{单一}, p_2^{单一})}{\partial p_2} + 0$$

于是有：

$$\mathrm{sign}\left(\frac{\partial \Pi^{多产品}(p_1^{单一}, p_2^{单一})}{\partial p_1}\right) = \mathrm{sign}\left(\frac{\partial D_2(p_1^{单一}, p_2^{单一})}{\partial p_1}\right)$$

以及

$$\mathrm{sign}\left(\frac{\partial \Pi^{多产品}(p_1^{单一}, p_2^{单一})}{\partial p_2}\right) = \mathrm{sign}\left(\frac{\partial D_1(p_1^{单一}, p_2^{单一})}{\partial p_2}\right)$$

其中 sign 表示符号函数。这些方程给出了一个重要的结果，即为，如果商品是**需求替代的**，那么

$$\frac{\partial D_1(p_1^{单一}, p_2^{单一})}{\partial p_2} > 0 \quad 和 \quad \frac{\partial D_2(p_1^{单一}, p_2^{单一})}{\partial p_1} > 0$$

从而这种合二为一的并购一般将导致两种产品较高的价格。例如，

$$\frac{\partial \Pi^{多产品}(p_1^{单一}, p_2^{单一})}{\partial p_1} > 0$$

意味着如果多产品厂商将产品 1 的价格提到高于单一产品价格水平以上，那么它将拥有更高的利润。

该涨价激励就是通常归纳为"单边"效应，或者更为精确地说就是单边激励并购厂商在并购后涨价。该激励建立的事实是并购后厂商将保留在价格跃迁后消费者转向替代产品的收益。与此相反，也能够得出一个结论就是，如果两种商品是**需求互补的**，那么并购后价格通常将下降。

可以形象地描绘出生产替代品的厂商合二为一的并购的单边效应（参见图 5—2）。

当商品是相互替代的时候，通过商品 1 和 2 赚得的联合利润最大化对应的价格高于这两种商品各自独立生产时利润最大化所对应的价格。

正如上面所解释的，如果在市场中存在其他厂商生产其他产品，该结论将依旧成立。如果价格 p_1 和 p_2 上涨，只要其他厂商具有关于价格 p_1 和 p_2 向上倾斜的反应函数，那么他们将也会提高其产品的价格。这反过来将导致价格 p_1 和 p_2 进一步上涨的激励，如此反复直到这一过程中所有的替代产品都位于一个较高的价格上。这一价格到底相对于单一产品厂商情形时的价格高多少将取决于市场集中度和所有权结构，也就是，取决于哪个厂商生产哪种产品或哪些厂商生产哪些产品。一般地，在其他条件不变的情况下，更为集中的所有权结构将导致较高的价格。

在并购模拟的环境下，这一重要的预测将被更为严密地加以分析，在第 8 章中将给予一个相当一般的案例来将这一结论正式化。并购模拟有某些劣势，但是并购模拟确实具有的优势就是使得我们能够模拟依赖于需求曲线形状的并购效应。通过细心地这么做，能够反映消费者面临的选择范围和既定选择偏好下所存在的选择机会。第 9 章将讨论对于并购模拟实践有帮助的需求函数的各种模型的估计。

在本节，已经说明了最为普通的理论框架如何被用于描绘竞争预测，市场结构（特别是参与者的数量）应该被预期为会影响市场的价格水平。特别地，在替代产品之间是价格竞争的情形下，有关所有权集中度的增加对于竞争产品价格水平影响的明确预见的就是价格将上涨。由于并购后厂商面临的竞争压力下降，欧盟并购管理委员会（European Commission Merger Regulation）在当并购对于竞争（从而对于价格、产量或者质量）具有负面影响的时候明确地提到这一情形。[①] 特别地，管制申明：

> 然而，在某种环境下，集中度涉及并购参与方彼此施加的重要的竞争约束的消除，以及余下的竞争者竞争约束的下降，即使是在寡头成员之间协同可能性缺乏的情形下，也可能导致明显的竞争阻碍。

在实践中，引起价格变化的性质和程度是一个经验问题，需要利用与每个案例相关的事实来加以处理。并不是所有的并购都是发生在生产特别紧密地替代产品的厂商之间，有些并购甚至是生产互补品的厂商之间的并购。结果，市场结构对于价格可能影响的大小必须加以评估。在下文中，描述几种在特殊的案例中经验地决定市场结构和价格之间关系的关联性的方法。尽管执行这些详细的定量评估并不是总是可能的，这些技术突出了与单边效应情形相关的证据类型，对于如何在既定事实上缺乏数量资料时评价市场证据给出了指导。

5.1.2　关于市场结构影响的横截面证据

考虑市场结构和价格之间可能关系的方法之一就是考虑不同市场结构状况下

---

① 欧盟并购管理委员会，管理委员会关于企业间集中度的控制，2004/1。

的市场结果（如价格）。这就是，评估一个"三并为二"的并购是否将影响价格的直觉性的方法就是检验所有三个厂商竞争的一个市场或一组市场，然后考虑仅有两个厂商竞争的一个市场或一组市场。通过比较市场之间的价格，可能希望看到由三个有效竞争者到仅有两个有效竞争者的改变所带来的影响。正如将会看到的，这一方法虽然是凭直觉的，在实践中需要特别加以小心地应用，因为该方法将涉及比较可能是存在本质性差异的市场。这就是说，如果确实拥有不同数量在位供给者的市场数据，考虑厂商数目与所导致的市场价格之间是否存在负相关关系，可能是一个良好的分析开端。

5.1.2.1 利用横截面信息

倘若可能认为被比较的不同的市场结构至少明显地在成本结构和需求方面相似，利用横截面信息可能是市场结构对于价格影响的经验性评估的一个良好开端。下面假设一个稍微极端但是具有说明性的例子。假设试图分析北京地区的自行车商店的数量对自行车价格的影响。利用在斯德哥尔摩的自行车价格的数据就相当不太可能是有帮助的，因为在斯德哥尔摩自行车商店较少，不足以得出自行车商店集中度对于自行车价格的影响。斯德哥尔摩相对于北京，可能自行车商店数量较少，而价格更高。即使是忽略监管环境中可能存在的国别之间的大量差异，可能存在的偏好、市场规模方面的差异，以及自行车所涉及的在成本和质量方面的差异，将会使得比较可能实际上是无意义的。无论北京的自行车市场变得如何集中，没有明显的理由让人相信均衡价格将会给出一个有意义的、相当于斯德哥尔摩价格的、基于评估发生在斯德哥尔摩或北京两者之一的并购的比较。即使是比较巴黎和阿姆斯特丹这两个更多的人偏好将自行车作为交通工具的城市，可能也是不适当的。

经验在于，当比较跨市场的价格时，需要确保所比较的市场是相似的。将该警示谨记于心，虽然如此，许多跨市场比较情形将表明竞争厂商数量和价格之间的真实联系。

在美国使用该方法的一个著名案例涉及史泰博与欧迪办公之间的并购，该方法是与一些更为复杂的方法一起使用的。[①] 该并购在 1997 年被联邦贸易委员会（FTC）起诉[②]。法院的该判例结果一般被认为是美国第一次在判案中大量的计量经济学分析被法庭采用为证据。并购参与方通过大型商店销售办公用品（因此他们是被称为"仓储商店"零售商的零售商集合中的成员），以一个专门零售商来加以运营，至少与一般的百货商店比起来是零售商。他们的消费者通常小或者是中等规模的企业，太小以至于难以以个体的名义与原始生产商建立直接的关系。FTC 认为市场应该被界定为"以办公超市及连锁店销售的消费性办公用

---

① 在这一节中所述的关于联邦贸易委员会（FTC）诉史泰博案，引发了学术界热烈的讨论。特别地，参见在案例中涉及的那些讨论 Baker（1999）；Dalkir and Warren-Boulton（1999），以及 Ashenfelter et al.（2006）。存在许多关于法庭关于计量经济学证据信任程度的讨论。Baker（1999）的观点使计量经济学家起到了核心作用。其他人强调计量经济学证据是其他更为常用的书面证明和证词的补充。

② 联邦贸易委员会诉史泰博有限公司，970F. supp. 1066（美国哥伦比亚特区地方法院，1997）（托马斯·F·霍根（Thomas F. Hogan）法官）。

品"。例子包括纸张、订书机、信封和文件夹等消费性办公用品。该市场界定是有争议的，由于：（1）排除了在相同商店中销售的耐用性商品，如电脑和打印机，因为这些商品是"非消费性的"；（2）排除了那些在很小的"妈妈宝宝"店、超市和像沃尔玛（非专门卖办公用品的厂商）这样的普通大型商店等销售的消费性办公用品。基于对于该市场界定的这些质疑，FTC的律师温和地建议，对于判决，"一次走访（办公用品超市）抵得上一千份誓书"（强调实际调查所得更具实际意义）。[①] 由于已经在前面的章节中广泛地考虑了进行市场界定的过程，在此将略过市场界定，代之以关注所出现的经验证据。然而，某些经验证据是与市场界定相关的，其焦点在于经验地测量并购的竞争性定价影响。地域市场被认为是在大都市统计区（Metropolitan Statistical Area，MSA）水平上的，这是与由一些郡或县组成的局部市场相对的。[②]

在1996年以前，市场中仅有3个主要的参与者：史泰博，销售收入为40亿美元，其中20亿为办公用品销售收入，在28个州拥有550家商店；欧迪办公，销售收入为61亿美元，其中30亿为办公用品销售收入，在38个州拥有500家商店；马克斯办公，销售收入为32亿美元，其中13亿为办公用品销售收入，在48个州拥有575家商店。该并购远远超过了美国依照赫芬达尔-赫希曼指数（Herfindahl-Hirschman Index）HHI和市场份额的审查门槛值，至少对于既定的市场界定是如此的。

FTC着手比较在给定的时间点上全美国范围内的跨地方市场之间的价格，以此观察在所索要的价格与市场中当前供给者的数量之间是否存在一种关系。对于这一调查他们采用了三种不同的数据来源。第一数据集来自内部文件，特别是史泰博的"1996年战略更新"。第二个数据集包含了所有供应商（产品）在最少存货单位（SKU）库存水平上的价格。最后一个数据集来自一篮子商品以及和既定产品中特别类似的商品的平均价格比较调查。

242

第一个跨市场比较数据集来自参与方的内部策略文件。日期位于并购前的内部策略文件的好处在于，它们由商业的普通进程期间产生的数据构成，特别地，不是经过"修改"以有助于平滑所考虑的并购被批准的过程的证据。如果厂商需要的某一特定文件中的信息是可靠的，因为厂商打算利用这些文件作出涉及大量金钱的决策，那么通常会适当地给该文件以相当大的证据性权重。特别地，在一个给定的并购审查过程中，这些文件作为证据相对于抗议来说或许赋予了太多的权重，可能存在明显的激励以一个特别的视角来介绍这一案例。在这一案例中，内部战略文件通过市场结构提供了一个非正式的价格跨市场比较。比较结果呈现在表5—1中，结果表明，当仅有史泰博位于其中的市场与史泰博和欧迪办公的商店都位于其中的市场进行比较时，那么在集中度较低的市场中的价格要低11.6%。

[①] 证据表明Hogan法官确实开车四处走访不同类型的商店，例如沃尔玛、电子商品超市和其他普通供给品商店。他得出的结论就是，"当你看过一个大型办公用品超市时，自然就了解它"，也就接受办公用品超市销售的办公用品市场为一个相关的"亚市场"。参见史泰博，970F. supp. 1079，在贝克和皮托夫斯基（Baker and Pitofsky，2007）中也有引用。

[②] 尽管如此，一些MSA是相当大的。例如，得克萨斯州的休斯敦MSA横跨约150英里（大约240km）。

表 5—1	非正式的内部跨市场价格比较	
市场结构基准	比较：OSS市场结构	价格下降
仅有史泰博	史泰博＋欧迪办公	11.6％
史泰博＋马克斯办公	史泰博＋马克斯办公＋欧迪办公	4.9％
仅有欧迪办公	史泰博＋欧迪办公	8.6％
欧迪办公＋马克斯办公	史泰博＋马克斯办公＋欧迪办公	2.5％

资料来源：达凯尔和沃伦·博尔顿（Dalkir and Warren-Boulton, 1999）。原始资料：史泰博的"1996年战略更新"。

除了内部文件外，FTC还从地方报纸中检查了广告价格，以开展跨市场价格对比。特别地，FTC通过利用1997年1月地方周日报纸副刊的封页，对欧迪办公的广告价格进行了比较。在这样做的过程中，FTC试图选择给出适当对比的两个市场。理想地，除了两个市场中一个的集中度高于另一个市场的集中度外，这些市场将会是完全相同的。某些观点认为找到"类似的"市场是很容易的；例如可能相当容易地找到类似人群的市场加以比较。然而，在该实践中最先想到的是如果两个市场是完全相同的，那么为什么会观察到这一不同的市场结构？内心谨记这一疑问，这些结果呈现在表5—2中，结果表明在没有来自其他办公用品供给商的超市或连锁店竞争的市场中的价格非常高。

表 5—2	跨市场的价格比较		
	奥兰多，佛罗里达（三个厂商）	李斯堡，佛罗里达（仅有欧迪办公）	差异百分比
打印纸	17.99美元	24.99美元	39
信封	2.79美元	4.79美元	72
夹子	1.72美元	2.99美元	74
资料夹	1.95美元	4.17美元	114
油性笔	5.75美元	7.49美元	30

资料来源：原告的"支撑临时约束与初步禁令行为的关键点以及权限备忘录。"公开摘要位于：www. ftc. gov. os/1997/04/index. shtm。

5.1.2.2 跨市场多产品价格水平比较

每当当局比较多产品零售商之间的价格时，调查者立即陷入决定哪些价格应该被加以比较的难题之中。如果被比较的产品很多，重要的是并购评价的各方并没有选出最有利的比较而忽略其他的灵活性。在这一节考虑明确意识到跨市场定价比较的多产品特性研究的因素。

在史泰博案例中，第三个跨市场研究是采用保诚证券定价调查，该调查是比较（三个参与者的）Totawa和新泽西市场的价格与（两个参与者的）帕拉默斯和新泽西市场的价格。因为该调查难以将 5 000 个项目与 7 000 个项目进行比较，所以构建了一篮子的普通办公用品，包括那些在超市及连锁店通过提供低廉价格的最常见的项目。调查发现对于这些"最为常见的"项目，在三个参与者市场中的价格较两个参与者市场中的价格要低 5.8%。

当跨零售商或跨多产品厂商进行价格水平比较时，人们总是面临着试图测量与许多产品相关联的价格水平这一问题，经常是成千上万的产品。有时候，不同的厂商或供给者不是正好供给相同的产品或者是供给某些组合的产品，于是比较就显得不是直截了当的。可能的解决办法就是构建一篮子产品，计算其物价指数。价格指数的最著名的例子就是斯通价格指数，以理查德·斯通（Richard Stone）先生的名字命名，可以以下列公式计算单一商店 s 的价格指数，

$$\ln P_{st} = \sum_{j=1}^{J} w_{jst} \ln p_{jst}$$

其中，w_{jst} 是支出份额，p_{jst} 是产品 j 在商店 s 中 t 时点上的价格。该公式对每个商店给出一个价格指数，其值将取决于在该特定商店中所销售的产品结构。基于跨商店比较价格的目的，可能更愿意采取权重不依赖于特定商店的产品结构的价格指数，而是更愿意采取依赖于市场内部支出一般份额的指数，例如：

$$\ln P_{st} = \sum_{j=1}^{J} w_{jt} \ln p_{jst}$$

其中，w_{jt} 是产品 j 在市场中的支出份额，而不是在一个特定商店的支出份额。自然地，存在大量规模的关于"正确"价格指数的争论[①]。例如，人们可能适当地认为应该保持篮子的组成不随时间而变化，虽然价格上涨可能使得人们转向更便宜的产品。在这样的情形下，价格指数可能不能反映所有的价格上涨，也可能不一定揭示出数量的减少。在 FTC 诉史泰博的案件中，据说 FTC 通过选择对立方的专家证人自己提议的方法来解决指数选择问题，因此，这样做使得很难对指数选择做太多的批评。由于存在相当数量的关于价格指数的文献，但是并不是所有的指数在所有的情形下是同等有效的，这样策略而积极的选择可能不总是可用的，即使这样做可能不是令人满意的。

关于"正确"价格指数的讨论对于非专业人士来说可能显得是难懂的，因此一般原则或许就是通过探索采用稍微差异的（产品）目录得出的数据来检查结论的稳健性。如果调查者对于数据模式导致的任何实质性差异的反应很小，这样做将有一个好处，就是有助于调查者理解数据模式。

为了构建价格指数，需要涵盖大范围内的产品和供给者的典型而大量的数据。价格数据可以通过调查者的直接调查获得，只要供给者没有觉察到该调查行为，或者调查当局清楚对所观察的价格不存在策略操作的激励。或者可以求助于公司内部文件，这些文件可能有不同时点不同商店或市场上产品的自身价格表。厂商确实倾向于拥有综合目录价格文件（和数据库）。不幸地是，在某些行业，

① 对于价格指数文献的回顾，例如参见 Triplett（1992）、Konüs（1939）、Frisch（1936）和 Diewert（1976）。最近的贡献，参见 Pakes（2003）。

一旦考虑到回扣和折扣，目录价格与实际价格是弱相关的。如果在该行业中折扣是很重要的，当计算最终净价格时，考虑折扣是明智的选择。将回扣摊销到销售中去可能是一项挑战性的活动，应该毫不犹豫地向公司索要数据和关于什么回扣适用于哪些销售的说明。有时候，数据的质量将决定关于所使用的产品单位和时间单位的最小加总可能性水平。最后，也应该质询关于市场的内部文件，这些文件通常会揭示关于竞争对手可观测行为的相关信息。

除非价格数据是来自产生于销售终端的内部计算机记录，调查团队不太可能拥有产量或支出数据。不幸地是，这些数据对于价格比较来说通常是重要的，无论是对于明确地计算价格指数，还是更一般地有助于向调查者关于特殊的价差证据提供适当的权重。如果价格比较说明了一个问题，但是价格包含的商品仅仅占商店销售总额的 0.000 01%，也许不必将太多的权重单独赋予这一单件证据。另一方面，很可能适合检验与相当少数量商品相关的价格，而且知道这些少量的商品销售是大量销售的先期交付部分。

在 2000 年，英国竞争委员会[1]（CC）进行了一项关于超市部门的研究[2]。有几种数据资源可以被用于比较特定产品的价格和跨连锁店与商品的一篮子产品的价格。为了构建这一篮子，CC 向 24 倍于杂货零售商的销售者，如特斯科、阿斯达、塞恩斯普利、莫里森、阿尔迪、玛莎百货和本德根斯等，索要了关于 1999 年 1 月 28 号星期四这一调查日期前某一特定日子里每家公司的 200 种产品在 50 到 60 家商店的零售价格。篮子由两部分产品构成：第一部分由 100 种位于销售列表的前 1 000 位的产品构成，选取横跨每一种类的"知名"产品；第二部分随机地从其余 7 000 种产品中选取了 100 种产品，"尽管该选择后来被加以调整以反映参照产品目录的范围。"[3] 主要的困难在于可比性：在所有的超市链之间找到"类似的"产品。CC 还索要了每种产品的销售数据，以构建价格指数的销售权重。

调查还使用了厂商用于监测竞争对手价格的公司内部文件。例如，阿尔迪拥有用于检查主要竞争对手的日度价格数据，以及所选择的竞争对手的某种商品价格的周、月和季度报告，涵盖了全部的折扣商店。阿斯达拥有竞争对手的三种不同的周或月度价格调查。[4] 收集这些数据的目的在于比较具有不同市场结构的地方性市场的价格。为了达到这一目的，CC 的经济学雇员将所有的商店描绘在一个地图上，形象地选择了面临着"激烈的"、"中等的"或者"较小"程度的局部竞争的 50 到 60 家商店。如果是稍微特别具有确实生产了横截面的变异优势的方法，那么这种做法就显得是一种实用主义的做法。地理定位软件（称为地理信息系统）的新近发展极大地促进了对局部竞争的描绘。

一如既往地在经验分析中，获得正确的数据是重要的第一步。采用很高质量的相关样本数据，诸于横截面比较这样的简单实践能够被真实地展示出来。在

---

[1] 其早先的称谓是英国垄断与并购委员会（Monopolies and Mergers Commission）。

[2] 从以下网址可以获得：www. competition-commission. org. uk/rep _ pub/reports/2000/446super. htm。

[3] 参见 CC 关于超市的最终报告的附录 7.6，第二段。

[4] 参见 CC 关于超市的最终报告的附录 7.4。

FTC诉史泰博办公用品案例中，来自横截面比较的结果表明集中度对于价格具有不利的影响。拥有三个供给者的市场比拥有两个供给者的市场的价格要便宜，反过来拥有两个供给者的市场比拥有单个供给者的市场的价格要便宜。这一结论得到了利用不同数据来源的跨市场比较的支持。该证据足以指出依据最终消费者支付的价格证据，并购可能是不利的。

虽然，美国的局部市场（特别是相邻的市场，例如那些被用于进行比较的市场）很可能足够接近以使得比较有意义，但是并购当事方依旧宣称价格差异是起因于在不同的地区的成本差异，特别地，价格差异并不是由缺乏额外的竞争而导致的。任何证据的力量都需要加以评估，"成本差异"评论表明市场结构和价格之间跨市场相关可能是真实的，但是对于该相关性的解释可能不是市场势力。为了处理这一可能有效的批评，FTC采取了进一步的计量经济学分析以考虑可能的市场差异，这就是接下来将讨论的内容。

5.1.2.3 横截面分析中的内生性问题

如果能从具有不同市场结构的市场进行的简单横截面比较结果中获得信息，那么比较是有益的。然而，由于这些研究容易受到批评性的攻击，很少是自身独立具有决定性的。尽管在市场结构和价格之间也许存在一种联系，但是这种联系不是因果联系。例如，如果两个市场真具有成本差异，那么将倾向于在高成本市场中看到较少的商店和较高的价格。在这样的情况下，调查者可能轻易而错误地得出增加集中度的并购将增加价格的结论。由于成本通常是难以观察的，这样的情形是特别困难的，然而也给出了"内生性偏离"的又一个例子。

为了概括说明这一问题，假设一个回归方程试图将价格解释为市场结构的方程：

$$p_m = \alpha + N_m \gamma + \varepsilon_m$$

其中 p_m 是在市场 m 中的价格，N_m 是在市场 m 中的厂商数量。假如真实的数据生成过程（DGP）是紧密相关的：

$$p_m = \alpha + N_m \gamma^{真实} + u_m$$

该价格决定于不同"市场结构" N_m，u_m 表示的是未被观察到的组成部分。例如，成本将影响到价格，但是成本未被明确地加以控制，所以成本的影响就是误差项的一个组成部分了。如果高成本导致了高的 u_m，并且因此高价格也导致了低进入（低的 N_m），从而有 $E[u_m, N_m] < 0$，也就是，方程的"随机项"将不独立于解释变量。这违反了采用OLS标准技术得出无偏的回归参数估计的基本条件（参见第2章）。将会发现拥有较少厂商的市场将与较高的价格联系在一起，但是真正导致高价的原因不是市场结构而是较高的成本。因此当采用跨市场数据变异来识别市场结构和价格之间关系时，必须提防"误报为正"。存在诸如高成本这样的因素，该因素明确地对价格产生正影响而非独立地对进入和厂商数量产生负面影响，此时误报为正是可能的。如果发生了这样的情况，将会发现价格和市场结构之间存在负相关关系，这种负相关是由成本（或其他

变量）变异造成的，**而不是**定价势力的差异造成的。

当使用跨市场数据变异时，误报为负的情况也可能发生。当存在一个在市场中既增加价格又增加厂商数量的因素的时候，就会发生这样的情况。例如，一个未被观察到的高额需求（例如，人口特征和偏好）将导致高价格，同时也导致大量的厂商。在这种情形下，将倾向于发现一个归因于跨市场的需求变异导致的价格与供给者之间正的相关关系。同样，这一正相关**不是**归因于定价势力的差异，但是可能使得定价势力更难识别。特别地，当事实上存在归因于定价势力的负相关关系时，而我们可能发现根本无相关关系。这是因为"内生性"偏差作用使得上移了 $\gamma^{真实}$ 的估计值，移向了零，甚至是移到大于零处。

当存在一个没有考虑对价格和厂商数量都有影响，或者将影响价格和进入的组成时，具有不同市场结构的市场的横截面比较中最后就会发生内生性偏差。

为了说明在使用理论模型时，内生性问题来自哪些地方，假设二次成本的古诺模型的均衡价格描述如下：

$$p_m = \frac{a_m}{b} - \frac{1}{b}\left(\frac{N_m(a_m - c_m b)}{1 + N_m + dbS_m}\right)$$

其中 S 是市场规模，a 和 b 是需求参数，c 和 d 是成本参数。需求参数与成本参数是不可观察的，他们的影响因此就被包含在定价回归方程中的误差项中。这一模型中，如果采取自由进入假设来求解厂商 N 的均衡数量，将得到：

$$N_m^* = \frac{a_m - c_m b}{2}\sqrt{\frac{2S_m(2 + dbS_m)}{bF}} - 1 - dbS_m$$

值得注意的一点就是，p 和 N 是与需求和成本相关的。因此，未被观察到的需求和成本构成都将出现在定价方程的残差中，也是厂商数量 N 的一个决定因素。

有时候，分析者将也能够令人信服地认为内生性不是一个问题。通常，明智的做法就是试图去控制内生性。在下面的章节中将说明试图控制内生性的一种方法。

5.1.3 利用跨时变化：固定效应技术

在第 2 章已经介绍了固定效应技术，该技术与在第 4 章中讨论过的自然实验技术是紧密相联的[①]。在这两种情形下，人们观察随着解释变量的某些而非全部的观测值的改变，类似观测值的兴趣点（如价格）的结果如何随时间而变

[①] 固定效应估计量的计量经济学分析和其他面板数据技术在既有文献中广泛地给予了讨论。例如，读者可以参阅 Greene（2007）、Baltagi（2001）或 Hsiao（2003）。

化。从而识别解释变量对兴趣点的结果的影响。这些技术的最大优势在于确实不需要控制所有的其他解释变量，其他解释变量被假定为保持不变。固定效应在技术上实施起来是很简单。当该固定效应技术应用得当，它是一种强有力的经验技术，能提供可靠的证据。但是在许多经验实践中，利用易于操作的软件得出回归结果的能力可能意味着该技术显得看似很简单。实际上，调查中必须确保该技术有效性的必要条件得到满足。在本节将讨论固定效应，强调在什么时候该相当吸引人的技术可能被适当地加以应用，反之人们在什么时候必须提防应用这一技术。

5.1.3.1 作为内生性偏差解决方案的固定效应

为了识别市场结构对于价格水平的影响，必须控制价格的每个决定因素，得出纯竞争者数量对价格的影响。困难在于，需要控制的变量个数可能会很大，至少有些变量（特别是成本数据）似乎难以观察。因此综合数据未必是可得的。面对这一问题，进行处理的方法之一就是选择一个合理而同质的观测值子集，着眼考虑市场结构变化对该子集的影响。例如，可能随时间变化地考虑影响某一特定商店市场结构变化的影响。该方法使用"商店内部"和"跨时"数据变异。这种数据变异很不同于跨商店或跨市场数据变异，跨商店或跨市场数据变异在前面的章节中被用于识别价格和商店数量之间的关系。如果仅仅有一家商店，可以利用来自这一商店的数据变异，仅有的数据变异可能就是"商店内部随时间流逝产生的"。然而，如果有许多商店被随时间流逝而被观测，那么就能够把横截面信息与所拥有的每家商店的时间序列信息相结合。一个特别的（企业，个体或商店）样本随时间流逝而形成的轨迹数据被简称为面板数据。因为可以利用横截面数据变异或跨时数据变异来识别市场结构对价格的影响，面板数据有时候为识别提供了很好的机会。价格的面板回归模型能被写为：

$$p_{st} = \alpha_s + x_{st}\beta + \varepsilon_{st}$$

其中 s 表示横截面指标（在此指商店），t 表示时期，于是 p_{st} 就是以商店—时间为特性的解释变量 x_{st} 的函数。在回归中，让商店固定效应 α_s 以控制与每个商店相关的特别价格水平。通过引入该商店特有常数以及考虑关于商店结构变化（也就是，在 x_{st} 中的可变因素）的影响，控制所有商店特有的不随时间变化的商店特性。例如，如果数据是很高频的数据，成本变化很慢，那么商店的成本结构可能是跨时足够不变的，就是一个合理的近似。类似地，固定效应可能成功地控制商店特性的影响，例如，一个特别好的位置一贯地影响需求，从而影响到价格。通过利用固定效应商店来控制那些未被观察到的特性，将有助于处理利用横截面证据高度关注的事情，例如，特别位置的成本很高，从而就与高价格和低进入相关。因此，固定效应商店可能有助于缓和"内生性偏差"。当研究者拥有面板数据时，该缓和内生性的方法通常被采用。[①] 当然，还需要考虑时变影响，但是跨

---

① 面板数据计量经济学历史回顾，参见 Nerlove（2002）。（特别是参见该书的第 1 章，标题为 "The history of panel data econometrics，1961—1997"。）

商店的参数结构差异至少得考虑。为了更清楚地说明，固定效应技术将仅仅在不存在任何实质性的商店内部的影响到局部商店数量和价格的需求或成本的时变（time-varying）变化的范围里才发挥作用。如果存在实质性的时变，那么固定效应方法可能无助于解决与内生性偏差有联系的问题。

为了说明这一方法，重新回到对FTC诉史泰博/欧迪办公案的讨论。在该案例中，FTC获得了42个城市的428家史泰博商店中23个月的有效的水平数据。为了使得数据集易于管理，基于一篮子商品，构建了每个商店的月度价格指数。FTC提出了以下固定效应回归：

$$p_{smt} = \alpha_s + x_{smt}\beta + \varepsilon_{smt}$$

250

如前面一样，s表示商店；t表示时期；m表示市场或城市；p是价格变量；在此情况下，x是一组虚拟指标，表示附近商店的存在性，例如在5英里范围内的欧迪办公商店（$OD_{smt}^{5英里}$），或者表示地方沃尔玛或其他潜在的相关竞争商店的存在性。如果后者的系数结果是显著的，那么将集中关注欧迪办公商店的影响。值得注意的是，回归中有商店特有的固定效应α_s，它意味着x变量的改变"通过保持商店的影响不变"而被加以考虑了。特别地，如果单独某个商店经历了附近的进入，将看到其价格下降或不会降价。对于那些随着时间流逝价格不变的商店，商店固定效应将承受所有的价格变化，于是变异将不被用于帮助识别β中的参数值。与横截面数据变异形成对比，这就是虽然采用的是全部样本中的商店内部数据变异，但是商店固定效应回归主要利用"商店内部"数据变异（参见在第2章中关于这一点的讨论）。

在该案例中，因为在数据中存在足够有益的变异，固定效应回归是有意义的。价格跨时、跨商店变化，但是这些变化中跨商店变化并不明显地比跨时变化多。由于商店固定效应将考虑跨商店的非时变变异，一旦固定效应被允许，仅仅相当少量的内部商店数据变异可能被保留。幸运的是，在一个商店内部存在某些价格跨时变异，以及某些商店所在的市场中竞争者的存在。有足够的商店经历了附近竞争商店的进入，这确保识别市场结构变化对价格的影响是可能的。

竞争对手（也就是，一个欧迪办公商店）的存在对于史泰博价格的影响可以通过如下表达式加以计算：

$$100\% \times \frac{\hat{p}_{smt}(OD_{smt}^{5英里}=1) - \hat{p}_{smt}(OD_{smt}^{5英里}=0)}{\hat{p}_{smt}(OD_{smt}^{5英里}=0)} = 100\% \times \frac{\hat{\beta}^{OD}}{\hat{p}_{smt}(OD_{smt}^{5英里}=0)}$$

其中，$\hat{p}_{smt}(OD_{smt}^{5英里}=1)$表示当与表示是否在5英里以内存在欧迪办公商店的指标相关的x变量取值为1的时候，在市场m中的商店s在时间t上的预计的价格水平；$\hat{p}_{smt}(OD_{smt}^{5英里}=0)$的定义类似。该表达式表明起因于在5英里以内存在欧迪办公商店而其他情况一样的史泰博商店的价格预计下降百分率。

被告方的专家仅仅发现办公用品供应超市的存在性有1%的影响，宣称横截面估计结果的差异是由于估计不同市场中的商店导致的内生性偏差造成的。[①] 他

---

① 特别地，$100\% \times \dfrac{\hat{\beta}^{OD}}{\hat{p}_{smt}(OD_{smt}^{5英里}=0)} = 1\%$。

认为横截面估计和固定效应估计之间出现了差异，因为面板数据估计控制了特别商店不可直接观测到的成本，在横截面回归或面板回归中都没有进行该控制，除非在其中包含了固定效应。然而，在此情况下，贝克（Baker，1999）争辩道被告方的专家的回归存在几个问题。第一，FTC 的意见是专家对于围绕商店画出 5 英里、10 英里和 20 英里的圆并构建在该范围里商店的存在性的虚拟变量有些武断。FTC 认为内部文件表明，公司定价所遵循的定价区域不是圆圈，有时候是相当大的区域，有时候和 MSA 区域一样大。然而，一般围绕商店画圆的方法似乎是貌似可行的方法，回归的目的在于反映价格的数据生成过程。文件揭露出竞争相互关系的性质，于是具体事项应该受到文件证据的指导。包括了在 MSA 区域内的商店数量后价格影响有三倍那么大，范围在 2.5%～3.7%。因此，FTC 认为并购参与者偏好的结果是：（1）对于具体事项微小变化非稳健；（2）不能反映文件证据。此外，贝克（1999）报告指出被告方的专家抛弃了来自加利福尼亚、宾夕法尼亚和少量其他完全理由不清楚的地区的简单样本观测值。当包括后向数据集的时候，该影响重新被估计到三倍大小了，介于 6.5%～8.6% 之间，取决于具体事项的细节。总之，FTC 的专家得出的结论就是，合理的估计就是当有一个欧迪办公商店在该 MSA 里的时候，史泰博商店的价格平均要低 7.6%，这也与仅仅采用横截面数据变异得出的结果是一致的。

5.1.3.2　固定效应的局限性

固定效应回归试图控制由于存在内生性或遗漏解释变量而导致的偏差。在横截面比较中这些问题可能潜在地是很严重的，面板数据的使用为处理内生性问题提供了一个机会，至少是部分地如此。固定效应回归控制特定厂商（或特定商店）的特性，仅仅对特定厂商（或商店）计算关注的变量改变的影响。然而，因为强制让该影响仅仅在厂商（或商店）内部进行测量，即使是很谨慎，也没有充分利用横截面变异。

例如，假定随着时间变化，市场结构存在很小的变异，也就是，没有进入或退出，估计一个包含附近商店数量 x 的方程。当估计

$$p_{st} = \alpha_s + x_{st}\beta + \varepsilon_{st}$$

时，由于商店固定效应将解释价格中所有未被观察到的变异，在数据中不存在附加的变异来区分特别商店固定效应和对于任意给定商店没有任何变化的局部市场结构的影响，所以将估计 $\beta = 0$。在极端的情形下，当市场结构在表面上没有时间序列变异，那么回归软件要么会失效，要么倾向于给出标准误差实际很大的估计量。其缘由在于已经试图去估计一个未被简单识别的模型，除非在局部市场结构变异中存在时间序列变异。相当重要的就是要明白该发现并不必定意味着跨市场价格变异在一定程度上至少不是由市场结构变异造成的。在办公用品供给的例子中，附近有竞争对手的商店可能具有更低的价格，这是仅仅表现为商店固定效应 α_s 数值水平上的差异。横截面变异可能由被遗漏的变量来加以解释，但是这也可能归因于在某些商店附近缺乏竞争的缘故。因此，当大部分数据变异是横截面数据变异时，将固定效应估计作为低端估计值可能是适当的。

总之，通过利用一组观测值内部的数据变异，固定效应回归识别了 β 中的系数，例如，对于一个给定商店的跨时以及跨商店变异程度达到方程约束倾斜系数与跨商店对倾斜系数的约束相同（见第 2 章进一步的讨论）。如果没有足够充分的商店内部数据变异，回归将对于倾斜系数无意义。事实上，如果由于各组内部变化少，数据的大部分变异是跨组变异，那么利用固定效应，实际上将数据中的所有信息遗留到了固定效应。教训之一就是当在选择适当的计量经济学分析技术的时候，分析者必须清楚信息来源，也就是数据集之中的变异来源。固定效应估计量将有助于纠正内生性问题，但这样做要求数据在组内有足够的变异。教训之二就是固定效应估计量能被用于检验横截面证据，但是其结果必须小心解读，市场结构和价格之间横截面关系引起的关注事项可能不会由于发现该关系在固定效应模型中不存在而得到缓和。一个错误的信念就是，当事实上在事件处理者的数据集中的解释变量存在很少的可用于识别的变异的时候，该情形可能意味着事件处理者错误地发现并购不存在问题。

5.1.4　利用时变和横截面变异

当数据中的变异主要是横截面变异的时候，随着时间流逝而密切关注一个商店或厂商的固定效应技术可能并不是很有意义。而且，已经证明过当通过引入固定效应来评估并购影响的时候，去掉数据中所有的横截面变异可能是错误的。可能控制了内生性，但是在这样做的过程中可能提取了太多的所关注问题的影响。由此，重新讨论横截面数据变异有时候是有用的。为了这么做，可以使用面板数据集，但是得小心地选择技术以确保使用数据中的横截面变异以适当地识别市场结构对价格的影响。

5.1.4.1　数据中变异的解释

253

方法之一就是将样本中的价格变异分割为随时间而变化的部分、厂商或特别商店的部分以及特别属于时间和厂商或商店的特殊部分。这样做，可以运行如下回归：

$$p_{st} = \alpha_s + \tau_t + \varepsilon_{st}$$

其中对于每个观测值，α_s 是特别商店 s 的影响，τ_t 是特别时间 t 的部分，ε_{st} 是特别商店和特别时间的部分。那么可以对一组回归量运行特别商店效应，包括测量来自竞争对手的竞争：

$$\hat{\alpha}_s = x_s \beta + u_s$$

该方法将具有利用数据中的所有变异的优点，但是如果遗漏了与竞争结构相联系的部分和与价格相联系的变量，那么将正如横截面分析一样，依旧有内生性问题。特别地，如果回归量 x_s 和误差项 u_s 之间的协方差不是 0，那么 OLS 回归量将是有偏的。假设仅在一个变量中有内生性问题，那么内生性偏差的符号将就是该回归量与误差项之间协方差的符号。工具变量技术可能有助于缓和该偏差。

5.1.4.2　莫尔顿偏差

回归分析通常假设样本中的每个观测值是独立同分布的（i. i. d）。这意味着样本（Y_i，X_i）中的观测值是独立地取自可能结果的总体。如果采用跨时横截面的面板数据，变量随时间而变化很小，那么观察值不是真正独立的，而是事实上紧密相关的。如果这样，那么在进行某个分析的时候近似于是每期从相同的观察值中来抽取。例如，拥有 20 个商店为期两年的月度数据，但是竞争结构和价格在这两年里只有很少的变化。回归假定有 24×20＝480 个独立的观察值，但是事实上，更接近事实的是，仅有 20 个独立的观测值，因为随着时间变化几乎不存在任何变异，数据中的信息主要来自这 20 个商店之间的横截面变异。480 对观测值（p，N）不是独立同分布的，其中 p 为价格，N 为竞争者的编号。结果就是，利用回归软件包中的标准公式计算的标准误差将低估了与估计相关的不确定性的真实值，也就是，估计效果的精度将被夸大。结果，更可能发现一个实际上没有足够充分的信息构建的效应。校正这一问题涉及对误差结构进行建模以考虑观测值之间的相关。① 或者，上面所描述的技术——计算在结果变量（例子中的价格）中预计的横截面变异以及描述过的价格决定因素（包括所关注的可变因素（在例子中就是竞争者的数目）），给出一个确保标准误差的计算是基于相当数目的独立观测值的方法。

5.1.5　最佳做法的小结

通过以上的讨论，希望已经对识别价格—集中度之间的关系这一挑战给出了一个集中讨论。遵照这一方法，该讨论已经说明了当试图用经验技术去识别一个变量对另一个变量的影响的时候，最佳做法的某些重要部分。由于这些最佳做法对于确保结果的质量是非常重要的，接下来总结如下：

收集有意义的数据。 从调查开始，从一个代表性的样本中获得相关变量的数据是重要的。应该毫不迟疑地对比不同来源的数据，检查诸于来自公司文件等的其他证据是否与经验分析所呈现出的结果相符。

检查在数据中有充分的变异用于识别某一影响。 经验工作的质量仅仅与其采用的数据的质量一样好。如果在调查的样本中所关注的变量不存在大量的变异，确定该变量对任何结果的影响将会是很难的。变异可能是横截面的或跨时的，变异可能是可解释的，或者是特异的（不可解释）。对生成数据的过程给予相当的考虑，也就是，考虑所观察到的结果的决定因素，这对于理解数据和决定最好的计量经济学方法的采用都是至关重要的。

提防内生性。 一旦证实在数据中存在充分的变异用于估计一个影响，就必须

---

① 参见 Kloek（1981）和 Moulton（1986，1990）。在实践中，统计软件包有选项以有助于修正莫尔顿偏差。例如，STATA 在"回归"命令中就有选项"群"。关于莫尔顿偏差更为技术性的讨论，例如可以参见 Cameron and Trevedi（2005）。

能够证明解释变量和结果之间的因果关系。为了这么做，重要的是确保结果的所有其他重要的可能导致解释变量系数有偏的决定因素都得到了控制。如果这些因素没有得到控制，就必须试用其他的识别方法，或者必须解释为什么内生性不太可能会是一个问题。通常，标示出从一种特殊的估计技术显露出的预期偏差是可能的。当改变估计技术以控制内生性的时候，估计结果可能在预期方向上发生改变。

执行稳健性分析。一旦运行一个回归，重要的是确保所得结果的系数对于具体事项的合理变化是相对稳健的。例如，所得结果不应该关键地依赖于样本的精确组成，除了也许是特意或众所周知的方法外。结果也不应该取决于测量解释变量的特殊方法，除非确实知道该方法是测量解释变量的正确方法。一般地，好的结果是稳健的，也在许多明智的回归方程之间以一个更高或更低的程度加以揭示。

采用多种方法。给经验分析的结果带来信心的一种好的方式就是采用多种方法，并且说明这些方法都倾向于相同的结论。如果不同的方法导致有差异的结果，应该对为什么发生这样的情况有一个令人信服的解释。

不要将计量经济学证据与调查"分开"。第一，证据的多种来源很可能是完全可比的，一般地，尤其是计量经济学证据冒着被那些极可能不是计量经济学专家的法官怀疑的风险。当结果以一种神秘的"黑箱"分析的某种形式出现的时候，该风险将会增加。多寻求图形，以解释数据变异产生计量经济学结果。第二，当计量经济学分析是凭空进行的时候，脱离了案例的其他组成，从而脱离了案例的事实，那么所得结果不太可能反映数据生成过程的核心元素，结果，分析相当地不太可能是特别有帮助的或者稳健的。

在所研究的案例——FTC 对办公用品供应超市及连锁店并购的评估中，FTC 确实设法得出了令人信服的证据，参与者的数量和价格是负相关的。他们的发现汇总表呈现在表 5—3 中。

该表显示的结果令人信服，两个超市之间的合并将使得价格上涨超过 5%，与在实际情形中可能的上涨一致。所得结果满足一致性和稳健性要求，因此易于被非（计量经济学）专家的法官接受为可信的证据。事实上，在 1997 年 6 月 30 日，FTC 收到了联邦特区法院判决——承认了初步禁止所提请的史泰博和欧迪办公之间的并购。后来，当事人放弃了他们的并购计划。对于反垄断中的经验分析工作，这听起来像是个好消息。然而，在形成该观点前，对于所有人来说重要的是要明白，该行为在除了那些最重要的案例外或许不能成为反垄断当局所要求的证据水平的基准。对史泰博的分析由 2 位专家证人和大约 6 个博士经济学家来承担的事实意味着该分析是资源密集型的。虽然是万事开头难，但是最近的瑞安航空和爱尔兰航空案①（该案给出这一分析的一个欧洲实例）的决议有一个 500 多页的仔细分析。

---

① 案例编号 Comp/M. 4439。可从以下网址得到该讨论，http://ec. europa. eu/comm/competition/mergers/cases/decisions/m4439 _ 20070627 _ 20610 _ en. pdf。特别是参见附录Ⅳ：回归分析技术报告。

表 5—3	利用不同资源估计并购影响
预测方式	预计由并购带来的价格上涨
非计量经济学式的预测：内部战略文件	5%～10%
不同城市平均价格水平简单比较得出的估计， （史泰博有/没有欧迪办公的竞争）	9%
控制非超市零售商的存在性的横截面估计	7.1%
加权平均两地区估计（加利福尼亚与美国其他 地区）	9.8%

资料来源：Baker（1999）报告来自 FTC 的各种规格的结果。

5.2　进入、退出和定价势力

在前面的章节，已经讨论某些确定市场结构对于价格水平所具有的影响的技术。围绕着内生性问题进行了大量的讨论，或者讨论了一个事实，即厂商数目可能不是外生性地决定，而是部分地由厂商认为如果他们进入某一个市场时他们所想到的预期收益决定的，而这又反过来可能与价格相关。成本和需求因素可能同时会影响价格和市场结构。在进入被假设为相对地不受进入壁垒影响的简单计量经济学模型中，高利润将引起进入，反过来导致较高的市场产出和较低的价格。如果进入是相对自由的，那么期望竞争过程将发挥作用，迫使价格下降，给消费者带来极大的福利。这就是说，存在各种各样来源的进入壁垒。某些进入壁垒是自然的——除非拥有接近金矿的通道，否则你就不能进入金矿开采业务。某些进入壁垒是由于管制——如果没有必要的资格证书，就不能进入处方药市场。[①] 另一方面，寡头厂商可能策略地寻求提高进入壁垒，从而阻止进入。例如，厂商可能以一种可能阻止该进入的方法来试图影响潜在进入者感知的利润，即使是现有厂商取得了实质性的利润。这一节转向进入、潜在进入分析，特别检查策略进入威胁可能发生的方法。在这样做的过程中，期望说明如何报告有时候是困难的问题——进入是否起到了有效的惩罚力的作用。

5.2.1　进入和退出决策

进入是厂商首先面临的决策。进入一个市场涉及对资产的投资，至少有部分

---

① 当然，该管制壁垒可能目的在于解决另外一个问题。可以自由进入处方开具市场可能会降低一个患者获得处方的成本，但是人们可能会担忧处方的适合性和处方的总成本，如果患者的药物成本受到国民保健系统的资助。

投资成本通常会变成沉没成本。另一方面，厂商可能选择不进入，这样将节约沉没成本，使得其资源用于其他目的。厂商进入行为最简单的模型中假定，如果进入能得到净利润，其净利润量与其资本在替代选择用途上获得的利润至少一样大时，那么厂商将进入市场。当然，由于进入在今天发生的沉没成本通常在未来某个时间范围内产生一个利润流，在估算净利润的时候，将常常想要考虑厂商希望在未来产生的利润流的净现值。该方法将是被会计人员所熟知的现金流贴现（discounted cash flow，DCF）方法，近似于评估利润机会，也近似于财务分析师评估股票是否是被适当估价。标准会计和这里的金融市场实践之间的一个差异就是，我们通常必须在策略的环境中研究进入机会。最后，在这一节研究那些可能有助于分析该策略局面的方法。

以研究两厂商博弈的一个实际例子开始，在该博弈中，如同一个进入博弈，每个厂商必须作出一个 1 或 0 的决策，在该例中就是退出或保留在市场中。恰好，相同的方法可以应用于进入博弈的分析，尽管如果一个厂商还没有决定进入市场那么所要求必须是更为未来的数据。在这个解说性的例子后，转向考虑进入博弈。

为了说明，假设两个航空公司精航（Prime Air）和贫航（Lean Air）考虑进入洲际航线的竞争。[1] 假设在最初，Prime Air 被授予唯一的用于连接两个机场的航线。由于被授予为垄断者，Prime Air 期望获得可观的利润。然而，Lean Air 很快宣布它将开始飞行一个足够近的机场，该机场已经为国际航班更新其设备。Prime Air 的管理人员已经想到考虑中的机场太小、太偏远，因此，竞争者的进入实际上是不可能的。然而，更小的机场以新的设备设法解决其问题，从而能够有助于 Lean Air 的进入（见表 5—4）。

表 5—4	两竞争者之间的策略矩阵表示	

		Prime Air	
		竞争	退出
Lean Air	竞争	$(V_{竞争}^{Lean}, V_{竞争}^{Prime})$	$(V_{竞争}^{Lean}, V_{退出}^{Prime})$
	退出	$(V_{退出}^{Lean}, V_{竞争}^{Prime})$	$(V_{退出}^{Lean}, V_{退出}^{Prime})$

假设接下来在该案例中接踵而至的惯常现实就是在位的 Prime Air 和新进入的 Lean Air 之间的消耗战，其中 Prime Air 已经预先认为是一个垄断者，而 Lean Air 是也许具有更低成本的新进入者。例如，在 Lean Air 宣布进入后，可能会看到 Prime Air 和 Lean Air 都急于增加其在航班和营销上的投资，花费大量的金额。或者，在这一过程的结尾，可能看到这两个公司的并购动议。一旦为分析提出一个合适的分析框架，考虑以下各种可能性。

---

[1] 细心的读者将发现这是一个虚构的例子，但是它是许多现实世界中案例的对应物，特别是在航空产业和地方公共汽车市场。在实际环境中这些种计算的有趣而富有历史性的说明，参见哈佛商学院的案例，英国天空广播与天空电视的案例（哈佛商学院案例第 5－799－078）。

5.2.1.1 净现值

通过检验 Prime Air 和 Lean Air 继续保留在该市场中彼此对抗而不是退出该市场的激励，能够研究这一策略情景。特别地，将采用在表 5—4 中描绘在（2×2）矩阵中的博弈的标准形式，其中 $V_j(a_j, a_{-j})$ 是厂商 j 在其竞争对手选择行动 a_{-j} 时选择行动 a_j 的支付。

现在假设，每个厂商小心地构建一个财务模型，以详细描绘其在每个情况下的经济利润的预期净现值（net present value，用 NPV 表示）。作为在一项调查中的证据，一个厂商的财务预测可能是可信的证据，但是可能可信的条件是：这些财务预测不是为了调查而准备的，而是为了给实际投资提供一个基础；或者也可能，这些预测是由更新后的数据建立的，但是假设这些更新是在调查之前进行的。在这些情形下，不存在明显的直接激励去"管理"所提供的信息，同时由于真实的货币是利害攸关的，存在强烈的激励去使得预测尽可能可信。

为了加以说明，为了将数值代进（2×2）支付矩阵中，需要一个财务模型来计算在每个策略情景下每个厂商的支付。例如，Lean Air 在进入时的净现值能够被计算为，在保持其行为但是他们的市场份额下降情形下的净现值，假设在 Lean Air 进入后他们的市场份额下降到了 70％。如果如此，净现值通过下面的公式而被计算：

$$NPV = \sum_{t=1}^{T} \frac{\Pi_t}{(1+r)^t} - S_0$$

其中，Π_t 是当两个厂商决定保持其行为并竞争时在 t 时期末实现的经济利润，S_0 是在开始的 0 时期将沉没的最初成本，r 是反映公司货币时间价值的贴现率。为了这种计算的目的，由于并不想要经过人工会计调整以表明经济利润，采用现金流量通常是合适的。

该现金流量数值能被用于真实地将数值放入到被所有经济学家常常视为理论结构的标准型博弈当中。显然，任何由存在一个失效的厂商的并购案例中某一公司提供的净现值预测，将需要相当仔细地进行审查。

5.2.1.2 静态框架下纳什均衡策略

一旦计算出预期利润的净现值或支付，就可以利用该值去求解诸如呈现在表 5—4 中那样的博弈。依靠由支付的值得出的纳什均衡，两个厂商可能选择都留在该市场，或者他们中的一个将退出。

假设 Prime Air 对进入的反应就是非常迅速地投入大量的金钱，也许花费在营销上，或者是追加扩大产出的掠夺策略上。该策略可能的目的在于，通过增加其自身的预期支付同时减少 Lean Air 的收益，从而改变博弈的支付。该策略的解释之一就是，该策略可能的目的在于可信地给出（竞争，竞争）这一结果。通过可信地发出倾向于竞争的信号，Prime Air 可能反过来使得 Lean Air 确信其面临的是一个策略性现实，几乎必定被挤出市场。如果如此，那么来自 Prime Air

的并购（接管）动议相对于由成本引发的消耗战来说对双方都是有吸引力的。[①]

5.2.1.3 多重均衡与均衡选择

根据布雷斯纳汉和莱斯（Bresnahan and Reiss，1990，1991a，b），考虑进入博弈的一般形式，该博弈呈现在表5—5中。

表5—5		进入博弈	
		厂商2	
		进入	不进入
厂商1 $\{$	进入	Π^D，Π^D	Π^M，0
	不进入	0，Π^M	0，0

首先，贯穿分析始终的是假设 $\Pi^D < \Pi^M$。如果 $\Pi^D > 0$，纳什均衡是唯一的，两个厂商都进入市场。如果 $\Pi^M < 0$，那么在市场中不存在利润，没有任何厂商进入市场。但是，对于实例，如果 $\Pi^D < 0 < \Pi^M$，在市场中存在两个可能的均衡，其一就是厂商1单独进入，其二就是厂商2单独进入。因此一般地，由于至少存在某些固定的支付（双寡头博弈中的 $\Pi^D < 0 < \Pi^M$），在进入博弈中将存在几个可能的纳什均衡（在 $\Pi^D < 0 < \Pi^M$ 的 N 个厂商博弈中，将有 N 个均衡）。这意味着，不幸的是，厂商行为模式对于实际将会发生的预测结果不是一个结果，而可能是几个，至少对于某些参数值来说是这样的。

处理该情况的方法之一就是，对厂商的行为施加比纳什均衡所要求的假设要更强的假设。纳什均衡要求每个厂商对其竞争对手的行为作出最优的反应，从而没有参与者有改变其行为的激励。在多重纳什均衡的情形下，为了进一步约束预测行为，可能需要作出附加假设，以移去一个可能的结果。这就是说，有时候确定精确的均衡结果可能并不是必须的。例如，反垄断调查者满足于仅有一个厂商将存留于市场的这一预测结果，可能不需要精确地知道哪个厂商将幸存。

实际上，许多情形将导致多重纳什均衡，厂商的支付在不同的结果之间将会是不同的。基于这一原因，期望厂商将试图影响那些实际发生的结果。例如，厂商有时候将进行相当复杂的博弈，在博弈中他们试图影响其竞争对手关于他们的支付是什么的感受，以影响他们的选择，增加某一特别偏好的均衡的可能性。通过进行这样的博弈，厂商可能能够增加进入他们市场的可感知的壁垒，成功地限制其竞争对手的进入。

该行为的一个重要的例子包括，在实际行动前公告产品。例如，某些软件公司宣布软件的新投放，有时候提前几个月甚至是几年进行宣布。某些评论员评论说在这样做的过程中软件公司是在玩"FUD"游戏，也就是散播有关其竞争对手的产品将是否会成功的"恐惧、不确定性和怀疑"信息。该策略将包括将向潜在

---

① 例如，英国竞争委员会在公共汽车并购质询中经常考虑该问题。参见 www. competition-commission. org. uk/inquir-ies/subjects/bus. htm。

消费者发送某一特定的厂商将是市场中的最后"赢家"的信息,于是消费者就没必要冒风险购买那些最后不会成功的产品。可以进一步地举出例子,这一行为发生在 20 世纪 80 年代,当时微软的操作系统 MS-DOS 在操作系统市场上取得成功。MS-DOS 的价格从 1981 年的每份 2～5 美元上涨到 1988 年的每份25～28美元,尽管宣称产品被进行了相当少的改进。竞争对手公司——数字研究公司(Digital)开发了替代的 DR-DOS,在 1988 年 3 月发布了其 3.31 的版本。在 1990 年 5 月当 DR-DOS 第 5 版发布的时候,报道称微软公司宣称 MS-DOS 的第 5 版将在不久的将来几个月中发布。事实上,MS-DOS 5.0 直到 1991 年 6 月都没有发布。结果,如果消费者推迟对新版操作系统的购买,等待宣布的新产品,那么也许提前宣布 MS-DOS 5.0 的发布就是有效的。已经可以断言,在 1991 年微软公司宣布其新发布的 Windows 3.1 操作系统将不能在 DR-DOS 上运行的时候,微软采用了类似的策略。数字研究公司宣称在 1991 年发布的 Windows 3.1 的 beta 版本,当其在 DR-DOS 上运行时,包含了导致错误信息的代码。[①]

诸于提前公告或表面上的沉没投资等策略的目的是改变消费者和(或)竞争者对最后可能的竞争结果的看法。当存在几种可能的均衡的时候,使消费者或竞争对手相信某一特别的结果是最为可能的,是使得该结果实际发生的一方法。当进行经验分析的时候,应注意到厂商选择行为的动机以及这些选择如何影响到竞争过程。对厂商来说唯一目的和收益是潜在地排斥其他参与者的行动,应该严密地加以审查。

5.2.2 市场势力和市场结构

在前面章节中,已经看到在市场中可能存在几种可能的均衡结果。在这一小节,集中讨论利用在不同规模的市场中所观察到的进入决策来提取信息的方法,这些信息是:(1)进入可能性的影响,(2)固定成本的大小,(3)市场势力的程度。

5.1.2.1 进入的决定因素

依照在布雷斯纳汉和莱斯(Bresnahan and Reiss,1990,1991a,b)中列出的框架,能够利用进入的两阶段博弈结构,然后利用现有厂商之间的竞争,该竞争关系已经在本章的开始加以了概述(见图 5—1)。这样做使得可以考虑博弈在

如果 N 个厂商在阶段 1 决定进入的阶段 2 的结果,与阶段 2 的均衡相关的均衡价格 P_N 和销售水平 $D(P_N)$。这反过来使得能够描述每个厂商在 N 个厂商进入市

---

① 参见所谓的竞争理由,在网站 http://en. wikipedia. org/wiki/DR-DOS♯Competition _ from _ Microsoft 中。也参见 http://news. bbc. co. uk/2/hi/business/600488. stm、http://news. bbc. co. uk/1/hi/sci/tech/159742. stm 和 www. nytimes. com/2000/01/11/business/microsoft-and-caldera-settle-antitrustsuit. html。Novell 在 1991 年收购了数字研究公司,DR-DOS 后来在 1996 年被卖给了卡尔德拉(Caldera),该购买是由 Caldera 提出的。不过该事件直到 2000 年才得到解决,处置条款是保密的,尽管在凯思克和凯尔曼(Chissick and Kelman,2002,p. 8,第 1 章)中被报道为价值 2.75 亿美元。

场时的利润。特别地，定义

$$\varPi_N = [P_N - AVC]D(P_N) - F$$

其中 AVC 表示平均成本，$D(P_N)$ 表示厂商的需求，F 表示固定成本。如果边际成本保持不变，那么 AVC 等于边际成本，独立于产出和价格。如果进一步假设 S 为总的市场规模，（1）市场需求是典型个别需求的加总，（2）子博弈均衡是对称的，于是总需求是在现有厂商之间进行均分，那么可以写出厂商的需求：

$$D(P_N) = d(P_N)\frac{S}{N}$$

其中 $d(P_N)$ 代表每个消费者所需求的数量。

利润如同预期的那样，取决于价格，进而决定于竞争者的数量和成本。但是，利润也关键地取决于市场规模。我们看到随着市场规模的增加，厂商潜在的总利润将增加。如果厂商进入直到利润不再为正，忽略整数约束，于是有 $\varPi_N = 0$，可以重新整理表达式以描述每个厂商进入所必需的最小市场规模：

$$S_N = \frac{S}{N} = \frac{F}{[P_N - AVC]d(P_N)}$$

最小市场规模就是对于 N 个有效厂商提供足够充分的消费者以使得每个厂商都能在海外运营成本和固定成本后获得利润的市场规模。所有其他条件相同时，更高的固定成本就需要更大的潜在市场。类似地，保持其他条件不变，进入能够从每个消费者身上取得的利润越高，进入所需要的市场规模也就越小。

在图 5—3 中对市场规模在进入决策中的作用进行了进一步的描述，其中 S^M 是单个厂商分得的最小市场规模，S^D 是市场中两个厂商运营的最小市场规模。每单位销售的可变成本假设为不变，这意味着价格和边际成本不随市场规模而变动。V_N 是市场中有 N 个厂商运营时每个典型消费者对应的可变利润，

$$V_N = (P_N - AVC)\frac{d_N(P_N)}{N}$$

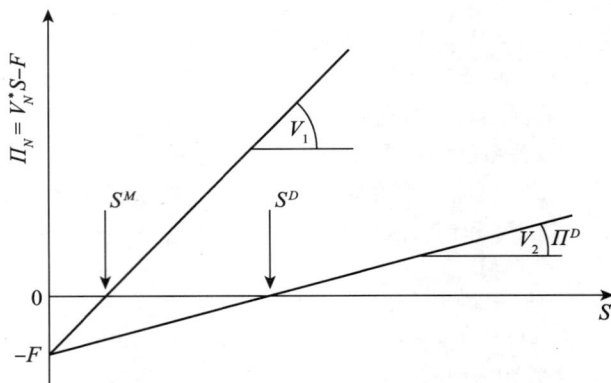

图5—3　市场规模与进入决策

资料来源：基于 Bresnahan and Reiss（1990）中的图 1。

在本章早些时候已经看到，大量类型的描述子博弈中竞争的寡头模型将预示着，对于每一给定的潜在市场规模 S 而言，额外的参与者将使得价格下降、产出增加。直觉上看，由于利润落向了额外的参与者的进入，垄断者也许愿意在 S^M 的市场规模下选择进入，取得垄断价格。然而，第二个厂商可能会不进入，因为仅仅只能取得双寡头价格，它们的每个消费者的利润可能更低。结果，为取得足够的收益以弥补其固定成本，双寡头垄断者将不愿意在 $2S^M$ 规模的市场下进入，但是当然将愿意在某些更高的 $S^D > 2S^M$ 规模下进入。依照图 5—3，每个消费者的可变利润将随着价格下降而减少，通过双寡头利润线的斜率小于垄断利润线来在图中加以反映。对于给定固定成本，第二个进入者因此要求比在位者需求的进入市场的规模更大的市场规模。对于进入来说，由于更高的固定成本将向下移动双寡头利润线，从而将进一步恶化这一情境。类似地，如果进入者的边际成本更高，也将强化这一影响。

值得注意的是该图也表明，厂商也许能够通过大量的策略行为方法来阻止或推延进入。例如，垄断者可能试图改变其竞争对手对每个消费者的平均利润，增加所需要的固定成本 F（这些成本进入后将沉没），或者增加扩张的成本，于是进入所必要的运营规模相对于实际市场规模来说太大了。频繁的广告或特定顾客设施投资都可能潜在地导致这一结果。所得到的是一个策略地向减少每个消费者平均收益方向移动，这给出了垄断者在给定市场规模下的一个可行的替代选择。通过策略地提高成本，在位者降低了其自身利润，但是阻止或推延了竞争对手的进入。即使其自身利润更低，但是相对于双寡头垄断的替代选择来说，垄断者的状况还是更好些。由于进入恶化了在位者的盈利性，一个市场中的厂商可能会致力于策略行为以减少其自身的支付以及潜在进入者的支付，以此增加所必需的有利可图的最小市场规模。图 5—4 原则地说明了如何做到这一点。

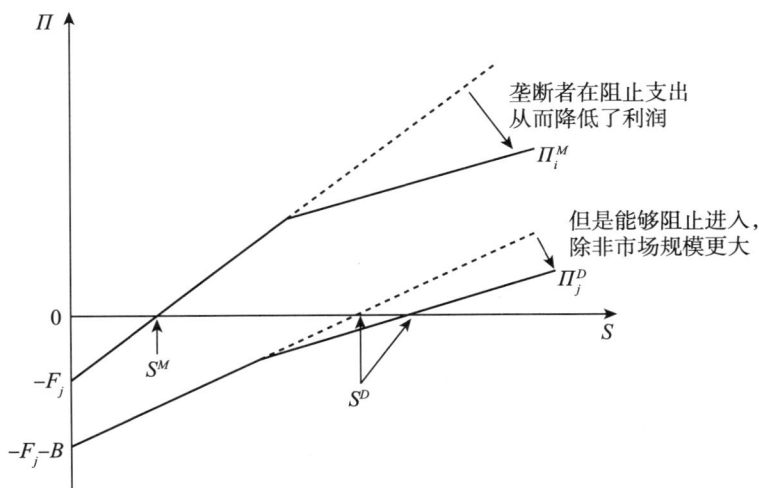

图 5—4 阻止进入的策略行为

资料来源：基于 Bresnahan and Reiss（1990）文章中的图 2。

当进入明显地减少了在位者的市场势力的时候，新进入厂商将需要一个比能够从高的利润率上受益的最先进入者所需要的更大的运营规模。下面更为正式地探究进入的可能性与不同竞争环境下的市场规模之间的关系。

5.2.2.2 进入与市场规模

在本小节，描述如何利用市场规模和边际行为的信息来预测将要进入市场的厂商数量。同时也将看到，可以替代地利用市场规模和厂商数量信息来了解边际行为，也就是市场势力被利用的程度。

理论表明，更大数量的厂商将通常与更低的价格以及更低的利润率相联系，如果市场需求是价格敏感的，那么也与更高数量的需求相联系。更大数量的厂商那么也通常与更高的需求和更低的每个消费者盈利率相联系。这等同于说，期望足够大的市场将与更多的厂商的联系要强于更小的市场，当厂商数量增加的时候，每个额外厂商将需要更大的市场规模的增加量来弥补其固定成本。在简单的假设下，与进入相联系的更大的市场规模增量的充分条件就是，每个消费者利润率随市场中厂商数量增加而减少。如果如此，如果市场足够大到在更低的每单位利润水平上容纳它们，新厂商将能够进入。反之，如果每单位利润不变，独立于参与者的数量，那么将发现支持 N 个厂商所需要的市场规模与厂商数量是线性相关的，均衡的厂商数量将成比例地随着市场规模增加而增加。或许期望出现厂商被卷入进高度竞争的市场的情形，由于如果那样利润率将不再随着厂商数量增加而下降。后面将通过考虑价格接受者厂商的博弈来说明这一情况。如果随着新厂商的进入，每单位利润下降得很快，将需要越来越大的市场规模以支撑一个额外的厂商。这一情形在图 5—5 中加以了说明。

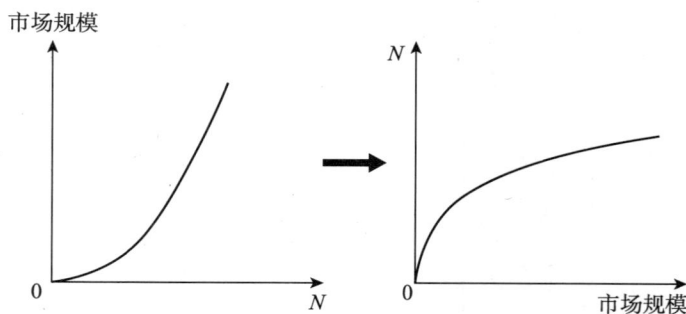

图 5—5　市场结构与市场规模之间的关系

现在介绍一般概念上的进入决策与市场规模之间的关系。定义一个通用方程来描述利润随厂商数量而改变的方式，$p_N - AVC_N \equiv h(N)$。由于利润通常随着竞争对手的进入而下降，于是假设 $\frac{\partial h}{\partial N} < 0$。在此情形下，如果假设对于博弈的阶段 2 是一个对称均衡解，那么可以将厂商 i 的销售量描述为：

$$q_i = d(p_N)\frac{S}{N} = g(N)\frac{S}{N}$$

其中 $d(p_N)$ 是在价格 p_N 上厂商的每个消费者需求，取决于 N，于是可以定义一个方程 $g(N) \equiv d(p_N)$。进一步定义 $f(N) = h(N)g(N)$，表示总的每单位销售利润乘以每个厂商需求的规模。0 利润条件，也就是损益平衡点被定义为：

$$\Pi_N = (p - AVC)q_i - F = f(N)\frac{S}{N} - F = 0$$

该等式可以被重新整理来求解内生的、可能构成数据集重要组成的变量——市场规模：

$$S = \frac{NF}{f(N)} \equiv \phi(N; F)$$

值得注意的是，这一关系表明支撑 N 个有效厂商所要求的市场规模 $S = \phi(N; F)$ 随厂商数量而增加，正如预期那样，只要

$$\frac{\partial \phi(N; F)}{\partial N} = F\left(\frac{f(N) - Nf'(N)}{(f(N))^2}\right) > 0$$

这一条件反过来保证，假如 $f(N) - Nf'(N) > 0$，也就是假设正的每个消费者利润，也就将保证了无论何时都有 $f'(N) < 0$。这就是，如果每个消费者利润随着厂商数量的增加而下降，那么，当 N 增加的时候，每个消费者利润 $f(N)$ 就变得更小，支撑 N 个有效厂商所需要的市场规模将增加。如果 $f(N)$ 保持不变，不随 N 而变化，那么厂商数量将随市场规模而成比例增加。另一方面，如果 $S = \phi(N; F)$ 对 N 是凸的，那么该反向关系将意味着 N 将对 S 是凹的，也就是，所观察到的厂商数量将是市场潜在规模的凹函数。将得出当 N 增加的时候每个消费者利润 $f(N)$ 下降足够快这样的结果。接下来在本章开始的时候已经检验过的三个模型内来说明这一影响。

5.2.2.3 价格接受者竞争中的进入

在价格接受者的环境中，在当前价格下，了解到市场中的价格将不受厂商进入的影响，厂商必须决定是否进入。随着某一单个厂商的进入，价格不会下降，该事实促进了将其他竞争环境视为某一给定价格水平的进入。另一方面，更低价格和利润一般出现在价格接受者市场中，这将阻止低效率厂商的进入，仅仅鼓励有效率厂商的进入。

如果对厂商假设一个有效规模，这意味着假设存在递增的边际成本和一定量的固定成本，那么在价格接受者且自由进入环境中的理论预测就是，厂商数量将与市场规模成比例地增加。如果市场规模翻倍，市场中厂商均衡数量也将翻倍。

为了说明为何如此，回顾在价格接受者模型中，进入市场的厂商设定其产量来解决其利润最大化问题：

$$\max_{q_i} p_i q_i - \left(cq_i + \frac{1}{2}dq_i^2\right) - F_i$$

于是 $q_i^* = \dfrac{p-c}{d}$，其中已经假定 $C(q_i) = cq_i + \frac{1}{2}dq_i^2 + F_i$。均衡价格和均衡产品分别为：

$$p_i^* = \frac{Nc + Sda}{N + Sbd} \quad \text{和} \quad q_i^* = \frac{1}{d}\left(\frac{Nc + Sda}{N + Sbd} - c\right)$$

其中 S 是市场中消费者的数量。给定这些值，能够将均衡价格和均衡产量代入利润方程来求解市场中的均衡厂商数量：

$$\Pi_i = p_i^* q_i^* - \left(cq_i^* + \frac{1}{2}dq_i^{*2}\right) - F = (p_i^* - c)\left(\frac{p_i^* - c}{d}\right) - \frac{d}{2}\left(\frac{p_i^* - c}{d}\right)^2 - F$$

$$= (p_i^* - c)^2\left(\frac{1}{d} - \frac{1}{2d}\right) - F = \frac{1}{2d}\left(\frac{Nc + Sda}{N + Sbd} - c\right)^2 - F = 0$$

于是利用少量的代数知识，厂商均衡数量能被描述为：

$$N^* = Sd\left(\frac{b(c + \sqrt{2dF}) - a}{c - (c + \sqrt{2dF})}\right)$$

该等式是一个关于市场规模 S 的线性函数（其他条件不变），其斜率由需求和技术参数来给出。

在转向研究寡头垄断情形前，值得提醒的是，该线性结果在规模报酬不变条件下，不会立即在价格接受者情形得到保证，一旦固定成本得到补偿，不存在进一步的效率要求，从而成本函数不再对工厂或厂商规模施加限制。在此情形下，厂商数量可能在一个低于市场规模增长速度的速度增长，事前不能确定多少厂商将在市场中运营。基本困难就是，如果厂商在任何产出水平上保持规模报酬不变，厂商规模简直根本上就不是由已经呈现的这一简单理论模型所决定。在该情况下，可能得出有效地反驳明确的行为假设的预测，例如，模型可能预报出一个垄断者，然而，已经假定该垄断者是一个价格接受者厂商。

5.2.2.4 古诺竞争中的进入

在古诺竞争中，厂商的进入将导致产出的增加，产出增加将降低均衡市场价格和市场中所有厂商的预期利润。结果，依次进入的潜在进入者将需要越来越大的附加市场规模来支撑其盈利性。在古诺竞争中，利润部分地是由市场中竞争厂商数量决定。当更多的厂商进入的时候，价格向边际成本方向降低，利润下降。由于当消费者利润随着厂商数量增加而下降时，厂商需要不断增加的更大数量的消费者来达到接近进入的盈亏平衡点。基于此，厂商数量将以小于市场规模增长比例的比例增长，所以，如果市场规模翻倍，那么厂商数量将小于两倍。该情形在图 5—6 中加以了说明。

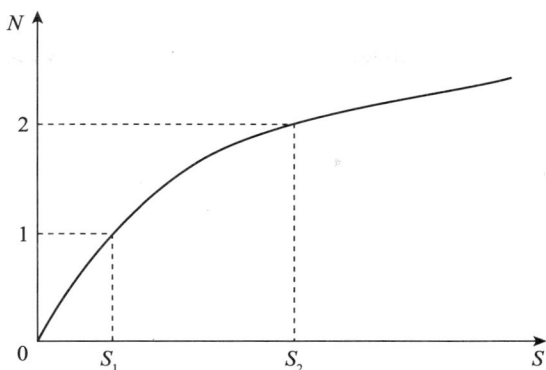

图 5—6　古诺模型中的厂商数量与市场规模之间的凹关系

为了正式引出这一问题，假设市场反需求方程为：

$$p(Q) = \frac{a}{b} - \frac{1}{b}\frac{Q}{S}$$

不变的边际成本函数：

$$C(q_i) = cq_i + F$$

厂商利润最大化问题就是求解：

$$\max_{q_i} p_i(Q)q_i - cq_i - F_i$$

在对称的均衡中，可以分别描述均衡价格和均衡产出为：

$$p_i^* = \frac{a}{b} - \frac{1}{b}\frac{Nq_i^*}{S} \quad 和 \quad q_i^* = \frac{S(a-bc)}{N+1}$$

正如前面的章节一样，将最优数量代入利润方程：

$$\Pi_i = p_i^* q_i^* - cq_i^* - F = \left(\frac{a}{b} - \frac{N}{bS}\left(\frac{S(a-bc)}{N+1}\right) - c\right)\left(\frac{S(a-bc)}{N+1}\right) - F$$

$$= \left(\frac{a-bc}{N+1}\right)^2 \frac{S}{b} - F$$

厂商收支平衡，至少需要 $\Pi_i = 0$。如果求解相应的厂商均衡数量，得

$$N^* = (a-bc)\sqrt{\frac{S}{bF}} - 1$$

厂商数量对市场规模是凹的。

上面推导出的古诺均衡多少有点太特殊了，为了进行代数简化，假设了不变的边际成本。不变的边际成本是规模报酬不变的结果，正如前面已经注意到

的那样，该技术有效地对厂商规模施加了非约束条件。一个替代的假设是引入凸成本，也就是可以假设最终是规模报酬递减的。在此情形中，对更小的市场将依旧得出相同的凹形结论，将发现随着市场规模的增加，以上关系变成近似线性。诸于市场规模变大等特征强调了这一限制，古诺模型变得接近竞争性的（模型），古诺模型接近于被描述为收益递减的价格接受者厂商的情形。当存在大量的公司时，规模不经济的影响就发生了，个别厂商的规模决定于技术因素，但是有效厂商的数量取决于市场规模。

5.2.3 进入与市场势力

前面章节解释了进入博弈的基本要素，特别描述了市场规模、需求、技术以及竞争相互作用的性质将决定预期收益率，这反过来决定了可观测到的厂商数量。这些结果的一个有趣的后果是，它们启发我们能通过观测进入决定是如何发生的而潜在地了解到竞争的强度。布雷斯纳汉和莱斯（Bresnahan 和 Reiss，1990，1991a，b）通过其经典模型研究表明，如果我们建立起对于在位厂商运营的所要求的最小市场规模和与一个竞争者进入的最小规模，我们可以潜在地推断出在位厂商的市场势力（大小）。或者说，我们能潜在地通过利用所观测到的企业数量与市场规模的关系来了解厂商的收益率。特别地，我们能潜在地找到市场信息和固定成本的重要性。结果，我们能了解到当进入发生和市场规模扩大时，利润率和市场势力的侵蚀程度。

5.2.3.1 市场势力与进入门槛

在这一小节，我们检验当 N 增加时第 N 厂商的最小市场规模值 s_N 的变化。特别地，我们关注进入者需要的最小市场规模与先前厂商进入需要的最小市场规模的比例 $\frac{S_{N+1}}{S_N}$。如果进入厂商与在位厂商面对同样的固定和可变成本，进入不改变竞争的性质，那么一个厂商要获得收益率的最小市场规模的比例等于 1。这意味着第 $N+1$ 厂商保持盈利所需要的运行规模与第 N 厂商一样。另一方面，如果进入增强了竞争，降低了销售利润率，那么 $\frac{S_{N+1}}{S_N}$ 将大于 1；当 N 增加 $\frac{S_{N+1}}{S_N}$ 将趋向于 1，销售利润率向下收敛于其竞争水平。如果固定成本或边际成本对于进入者来说是较高的，进入所必需的市场规模将对于新进入者来说是较高的。如果 $\frac{S_{N+1}}{S_N}$ 大于 1，随着 N 的增加，我们能得出推论：进入逐步降低市场势力。

给出前文中提到的进入所需要的最小市场规模 S_N：

$$S_N = \frac{S}{N} = \frac{F}{[P_N - AVC]d(P_N)}$$

我们有：

$$\frac{S_{N+1}}{S_N} = \frac{F_{N+1}}{F_N} \frac{[P_N - AVC_N]d(P_N)}{[P_{N+1} - AVC_{N+1}]d(P_{N+1})}$$

如果进入期间，市场边际成本和固定成本不变，那么方程简化为：

$$\frac{S_{N+1}}{S_N} = \frac{[P_N - c]d(P_N)}{[P_{N+1} - c]d(P_{N+1})}$$

这个比例精确地描述了与每个消费者相关的边际利润演变。

5.2.3.2 进入门槛的经验估计

布雷斯纳汉和莱斯（Bresnahan and Reiss，1990，1991a，b）利用来自地方市场的横截面数据证明了在一个行业中估计连续进入的方法。在原则上，我们能通过观察随着竞争企业数量的增加对应的收益率而回溯出进入的连续市场规模门槛。然而，收益率通常是难以被观测到的。尽管如此，利用观测到的在不同横截面市场的市场规模下进入者的数量数据，我们或许能了解这一关系。

首先，布雷斯纳汉和莱斯制定了一个递减形式的利润函数来代表当有 N 个在位厂商时进入市场的收益的净现值。通过在利润函数中引入 N 个在位厂商之间在两阶段竞争时的均衡数量和价格，递减的形式得到了强调，依照在图 5—1 中所示的博弈，假定这些厂商是价格接受者，或是采取前面所提到的古诺竞争模式。如果 N 个企业决定进入市场，一个企业的有效利润那么能表示为一个结构参数方程，被模型化为：

$$\Pi_N(X, Y, W; \theta_1) = V^N(X; \alpha, \beta)S(Y; \lambda) - F^N(W; \gamma) + \varepsilon = \bar{\Pi}_N + \varepsilon$$

X 是代表个别需求和可变成本的变量，W 是代表固定成本的变量，Y 代表市场规模影响的变量。误差项 ε 代表了由其他未被观察到的市场特别因素决定的实际利润组成部分。如果我们直接遵从布雷斯纳汉和莱斯的想法，那么我们将假定不同市场间的 ε 是正态的独立同分布的，于是，连续进的可能性仅仅被期因观察变量的变化而变异。既然公式假定厂商是同质的，也是适合分析市场水平的数据集。贝里（Berry，1992）证明了一个适合厂商水平数据而且允许厂商在这个博弈的进入阶段存在差异利润率的普遍性情形。

布雷斯纳汉和莱斯应用他们的模型分析了几个数据集，这些横截面数据集记录了小地域市场的市场规模估计和厂商数量。例如包括水管工和牙医等市场。为确保交叉市场独立性，他们把他们的分析限制在地域上明显独立的市场，关于潜在决定市场规模的因素也能收集到。表示潜在市场规模的变量 Y_m，它包括市场范围的人口、邻近的人口、人口增长和流动人口。表示厂商活动的固定成本的变量是资源的价格 W_m。变量 X_m 表示影响每个消费者利润率的那些因素。例如，人均资本收入和影响边际成本的因素。允许可变成本和固定成本随着市场中厂商数量的变化而变化，这样后来的进入者或许是更有效率或是要求更高的固定成本。

记市场 $m = 1, 2, \cdots, M$，通过假定，我们参数化模型为：

$$S(Y_m;\lambda) = \lambda' Y_m$$

$$V_N = X_m' \beta + \alpha_1 - (\sum_{n=2}^{n} \alpha_n)$$

$$F_N = W_m \gamma L + \gamma_1 + \sum_{n=2}^{N} \gamma_n$$

为了在可变利润函数中确定一个常数，至少一个 λ 必须是标准化的，设定 $\lambda_1 = 1$。考虑了截距在固定成本方程中 γ 的变化以刻画连续进入厂商的利润水平发生的变化，同时 α 的变化影响了市场中每个潜在消费者利润率。特别地，α 表达了随着厂商数量的增加而导致销售利润率也许会下降。因为模型中所有的变量是市场水平的变量，所以在模型中不存在厂商水平差异。这使得模型估计变得很容易，在数据方面需要的少。（我们已经提及由贝里（Berry，1994）证明的允许厂商是异质的一般性情形。）参数模型被估计为：

$$\Pi_N(X_m, Y_m, W_m, \varepsilon_m; \theta_1)$$

$$= \bar{\Pi}_N + \varepsilon_m = V^N(X_m; \alpha, \beta) S(Y_m; \lambda) - F^N(W_m; \gamma) + \varepsilon_m$$

$$= (X_m' \beta + \alpha_1 - \sum_{n=2}^{N_m} \alpha_n)(\lambda' Y_m) - W_m \gamma_l - \gamma_1 - \sum_{n=2}^{N_m} \gamma_n + \varepsilon_m$$

ε_m 是包含在模型中的未被观察的市场水平。如果第 N 厂商进入市场是盈利的而第 $N+1$ 厂商没有进入利润，那么市场中在均衡时将有 N 个厂商运行。正式地我们将在一个市场中观察 N 个厂商，如果

$$\Pi_N(X_m, Y_m, W_m; \theta_1) \geqslant 0 \quad 和 \quad \Pi_{N+1}(X_m, Y_m, W_m; \theta_1) < 0$$

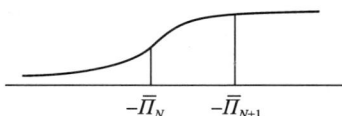

图 5—7　累积分布函数 $F(\varepsilon)$ 和 N 个厂商正好将进入市场的局部分布

272　给定 ε_m 的假定分布，对于任意值的 N，实现这一条件的概率能被估计。

$$P(\Pi_N(Y, W, Z; \theta_1) \geqslant 0 \ 和 \ \Pi_{N+1}(Y, W, Z; \theta_1) < 0 | Y, W, Z; \theta_1)$$

$$\Rightarrow P(\bar{\Pi}_N(Y, W, Z; \theta_1) + \varepsilon \geqslant 0 \ 和 \ \bar{\Pi}_{N+1}(Y, W, Z; \theta_1) + \varepsilon < 0 | Y, W, Z; \theta_1)$$

$$= P(-\bar{\Pi}_N(Y, W, Z; \theta_1) \leqslant \varepsilon < -\bar{\Pi}_{N+1}(Y, W, Z; \theta_1) | Y, W, Z; \theta_1)$$

$$= F_\varepsilon(-\bar{\Pi}_{N+1}; \theta_1) - F_\varepsilon(-\bar{\Pi}_N; \theta_1)$$

此处的最后等式随后证明了特别市场变动 ε_m 是有条件地独立于我们的市场水平数据 (Y_m, W_m, Z_m)。这一模型可以利用标准的有序离散选择模型来估计，例如有序分对数或是有序概率模型。例如，有序概率模型 ε 将被假定为服从零均值正态分布。特别地，模型的参数 $\theta_1 = (\lambda, \alpha, \beta, \gamma, \gamma L)$ 将被选来用于最大化观察数据的可能性（见任何描写离散选择模型和最大似然估计的教科书）。

如果随机参数 ε 具有累积密度函数 $F_\varepsilon(\varepsilon_m)$，那么（观察市场中的 N 个厂商）

这一事件就相当于 ε_m 取某一定值。图形 5—7 描述为 ε_m 依据假定的累积分布模型。考虑到这一情况，如果图代表了来自数据集的真实估计界限，那么 ε_m 表示一个区间，N 个厂商由模型观察所预示，特别注意到这一显示的区间是相当大的：当 $F(-\overline{\Pi}_{N+1}; \theta_1)$ 非常接近于 1 时，累积分布函数值 $F(-\overline{\Pi}_N; \theta_1)$ 几乎接近于 0。例如，当数据集中最多只有三个厂商和在主要市场中 $N=2$ 时，很有可能是这一情形。

总之，为了估计这一模型，我们需要编号为 $m=1$，2，3，…，M 的市场的横截面数据。对每个市场我们需要观察 (N_m, Y_m, W_m, Z_m) 等数据，其中 N 是市场中厂商的数量将作为被解释变量，而 (Y, W, X) 作为解释变量。精确的估计将要求我们观察的独立市场的数目 M 足够大。可能在大部分应用中最少需要 50 个。如果我们假定 ε_m 是标准正态分布 $N(0, 1)$，且对于观测值是独立的。我们能把这一模型当做一个有序概率模型来利用极大似然估计进行估计。[1]

回归得出的参数允许我们估计市场规模的利润率变动、可变收益率和固定收益率。代表医生市场中可变收益率的决定因素的部分结果在表 5—6 中作了展示说明。这一结果表明，在垄断和双寡头市场中存在显著的利润率变化。然而，三个厂商以后，再进入就似乎不会改变厂商的平均利润率。

表 5—6 | 医生市场收益率变量的估计

变量	参数	标准差
$V_1(\alpha_1)$	0.63	(0.46)
$V_2-V_1=(\alpha_2)$	**0.34**	**(0.17)**
$V_3-V_2=(\alpha_3)$	—	
$V_4-V_3=(\alpha_4)$	0.07	(0.05)
$V_5-V_4=(\alpha_5)$	—	

资料来源：Bresnahan and Reiss (1991a) 中的表 4。

从这些结果中我们能看出厂商的连续进入的市场规模 S_N。我们将结果呈现在图 5—8 中。

首先来看由水管工和轮胎销售商市场分析的结果，结果表明水管工市场无论他们有多少人都不存在市场势力。N 和 S 之间估计的关系基本是线性的。事实上，结果表明甚至是一个垄断的水管工市场也没有多少市场势力，不过就算是只有一个水管工在市场中，他也没有多少销售额。与此相反，轮胎销售商随着第二个进入者的进入似乎失去了其垄断租金，此后厂商数量和市场规模呈现出在竞争

---

[1] 对模型的计量经济学描述，见 Maddala (1983)。用 Guass 或是 Matlab 能容易地进行模型程序设计，经典布雷斯纳汉和莱斯数据集能在产业组织研究中心的网页上找到，www. csio. econ. northwestern. edu/data. html（2007 年 3 月 2 日证实过该网页可用）。

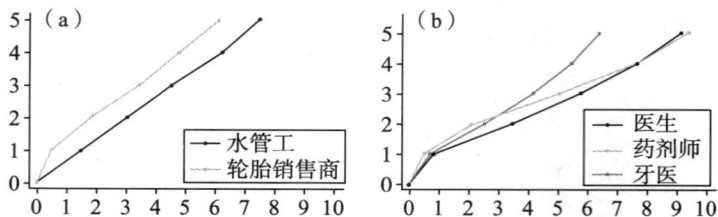

图 5—8　市场规模与进入

(a) 水管工和轮胎销售商以及 (b) 医生、药剂师和牙医市场 (N, S) 关系的估计。在每一情形下，纵坐标表示市场中预计的厂商数，横坐标表示市场规模（以千人计）。由作者通过布雷斯纳汉和莱斯的结论计算出来的。

行业所预期的那种近似线性。对于医生、药剂师、水管工和轮胎销售商分析的结果看起来与 Bresnahan 和 Reiss 的理论不谋而合。与此相反，直到我们观察了两个厂商后，对牙医分析的结果不再是凹性的。三个进入者之后，牙医的曲线事实上表现为凸性的，这表明在有三个进入者之后利润率是增加的。由于相对于更大的市场来说数据太少了，这一图形可能仅仅是一个有缺陷的结论，可以当做是统计不显著的而忽略掉。然而，这也许可以归因于牙医执业是在更大规模的市场中来组织的这一特质，如果是这样的，那么就要进一步的确认以特别弄清楚模型没有遗漏决定牙医进入决策的重要的因素。对于一个较大的市场来说，存在的一个问题就是地域范围差异是一个具有重大作用的因素，如果是这样的，未预计到的 (N, S) 关系模式就会出现。如果模型数据不能满足 Bresnahan 和 Reiss 模型的环境要求，随后的研究者已经从多种方法上扩展了模型：贝里（1992）允许厂商异质、马萨奥（Mazzeo，2002）和谢伊姆（Seim，2006）通过假定产品异质扩展了分析，估计了进入博弈。戴维斯（Davis，2006c）假定以产品差异化的形式以及在特别环节进入，例如，这样每个厂商能拥有一个以上的商店，取代厂商的 0/1 选择为 0，1，…，N。尚克曼和韦伯韦恩（Schaumans 和 Verboven，2008）有意义地扩展了马萨奥（Mazzeo）的模型为戴威斯（Davis，2006c）所命名关于这些模型的"两指数"版本的一个实例。然而，大部分关于进入的文献是利用完全信息的纯策略均衡来表述的，谢伊姆（Seim）的文章介绍一个概念，即不完全信息（例如厂商拥有它们关于自己的成本的私人信息），它可能对模型引入了现实主义的方法，并且另外有助于降低与多重均衡相关的难度。稍有疑问的是在这一思想下发展的模型类似将进一步被扩展，为应用提供一个有用的工具箱。

布雷斯纳汉和莱斯（1990）的一个令人惊奇的一般性结果就是，他们发现在相对小规模的市场中市场势力消失了，并且这一性质是相当一致的，这也许归因于他们所考察的市场对于进入来说存在很小的固定成本和适当的障碍。尽管结论受限于他们所考虑的数据，当市场势力有可能被利用时，他们的研究为我们的研究提供了一个有力的工具来分析市场势力有可能被利用的情形，在该市场势力没被利用时该工具至少也是重要的。

由布雷斯纳汉和莱斯（1990）创立的分析框架假定市场中厂商是同质对称的。这一假定有助于保证对于给定的市场规模存在一个唯一最优厂商数目。然

275

而，方法论不能预见个别厂商的进入，也不能综合体现公司特别利润来源的影响，例如给定厂商的特别成本优势带来的高效率。但是如果我们想模拟异质厂商的进入情况，对的计算结果要求比较大，整个过程变得更为复杂，这对调查时间安排是一个挑战。有时候这一投入是值得的，但是当前一般情况而言，研究与开发阶段要求应用比直接于实际案例采用更为精确的方法。

尽管在相当小的数量的案例中，情况较布雷斯纳汉和莱斯的结果走得更远，后来的产业组织文献是重要的，至少足以值得在本书中加以大概介绍。例如，如果代理机构确实允许厂商异质，那么贝里（1992）的研究提供了一个有用的研究框架。特别地，他令人信服地论证了对于观察到和未被观察到的厂商在利润率方面异质的构成，例如依照成本差异，因此任何模型应该适当地说明这一原因。如果不是全部，那也是许多的厂商、代理机构和从业者认同这一原则：厂商在重要的方面存在不同。进一步说，厂商的异质性对于观察市场规模和厂商数量具有重要的意义。如果市场规模增大，有效率的厂商倾向于先进入，那么我们也许观察到 N 和 S 之间存在更深的凹性关系。贝里强调未被观察到的（对计量经济学家来说）厂商异质性的作用。在其模型中潜在进入者的数量在告诉我们未被观察到的厂商异质性所近似起到的作用中扮演了重要的角色。特别地，如果厂商异质性是重要的，我们事实上将倾向于观察到市场中更多真实的进入者，因为有更多的潜在进入者，这其中的道理同我们摇的骰子的次数越多我们就越是能观察到更多的 6 一样。对于随后文献的回顾见贝里和莱斯（Berry and Reiss，2007）。

5.2.4　对于进入我们到底知道什么？

产业经济学家对于进入了解的很多，本书不是一个试图全面总结我们所知道的全部的恰当地方。然而，一些显著的主题确实来自这些文献，因此，选择性地以这些显著的主题结束本章是有价值的。首先，进入和退出是极其重要的，一般存在大量的进入和退出。其次，有时候识别出那些倾向于使得厂商特别喜欢进入市场的厂商特性是可能的，任何救济部门主管都能够告诉你这些情况。再次，进入和进出实际上经常地，但不是唯一地，最好被视为增长和扩张的一部分，这也许伴随着萎缩和退出而不是仅为一次性事件。本节回顾产业经济学中关于进入文献中的少数重要文章。这么做的目的在于，强调至少一般性的观测结果一个重要来源，找出那些为寻找布雷斯纳汉和莱斯文章结论的一般性的作者们所面对的模型挑战，以及刻画出经常被反垄断调查的动态市场环境。

5.2.4.1　美国工业中的进入与退出

邓恩、罗伯特和萨缪尔森（Dunne、Roberts and Samuelson，1988）（以下简称为 DRS）通过利用美国从 1963 到 1982 年的工业普查数据，对美国工业的进入与退出进行了一个综合性的描述。美国工业普查每五年进行一次，数据来源于四

276

数字产业分类标准中的 387 个厂商中的每个厂商所运营的每个工厂资料。[①] 一个四数字产业分类标准的例子就是"金属易拉罐"、"刀具"和"除了机床和手锯外对等手工具及其他有刃工具",这些都是三数字产业分类中的"焊接金属产品"。在 20 世纪 80 年代早期,大量的工作被用来转换这些数据到一个纵向数据库中去,纵向研究数据库(Longitudinal Research Database)允许工厂和厂商横跨时间。一些其他的国家也有类似的数据库,例如英国类似的数据库叫做年度响应数据库(Annual Respondent Database)。

对这些数据研究的第一项发现就是有时候存在高比例的进入和退出。为了经验地检验进入和退出比例,DRS 定义进入比例为:给定年度的新生厂商总数除以前一年度的在位厂商总数,

$$进入比例 = \frac{本次普查期间新进入的企业数量}{t-1 期在位企业数量}$$

同样地,DRS 定义退出比例为:最后调查年度的退出厂商总数除以最后调查年度的厂商总数,

$$退出比例 = \frac{自上次普查以来退出企业数量}{t-1 期在位企业数量}$$

表 5—7 呈现了按照这一做法得出的 DRS 的结果。

表 5—7	美国制造业部门的进入与退出变量			
	1963～1967	1967～1972	1972～1977	1977～1982
进入比例（ER）				
所有厂商	0.414	0.516	0.518	0.517
剔除最小厂商	0.307	0.427	0.401	0.408
进入者的市场份额（ESH）				
所有厂商	0.139	0.188	0.146	0.173
剔除最小厂商	0.136	0.185	0.142	0.169
进入者的相对规模（ERS）				
所有厂商	0.271	0.286	0.205	0.228
被删除的最小厂商	0.369	0.359	0.280	0.324
退出比例（XR）				
所有厂商	0.417	0.490	0.450	0.500
剔除最小厂商	0.308	0.390	0.338	0.372

---

① 美国标准工业分类代码（SIC）已经由作为北美自由贸易协定（NAFTA）的一部分的北美工业分类系统（NAICS）替代了。现在这一系统普遍应用于墨西哥、美国和加拿大,相对于 SIC 的四数字而言在六数字水平上提供了标准定义（www. census. gov/epcd/www/naics. html）。对等的欧盟的分类系统是（Nomenctalure Slatirtiqus des Activités Économiques dams la Communauté Européene,NACE）。

	1963～1967	1967～1972	1972～1977	1977～1982
退出者的市场份额（XSH）				
所有厂商	0.148	0.195	0.150	0.178
剔除最小厂商	0.144	0.191	0.146	0.173
退出者的相对规模（XRS）				
所有厂商	0.247	0.271	0.221	0.226
剔除最小厂商	0.367	0.367	0.310	0.344

资料来源：Dunne et al.（1988，表2）。该表报告了美国制造业部门进入和退出的有关变量（由387个四数字产业分类标准产业平均而来）。

首先，在制造业中观察到进入比例很高，至少美国如此。在给定的调查年度里自上一调查年度以来**所有在位厂商**的41%到52%是进入者，也就是说，所有的这些厂商仅仅进入（存续）了5年；同样地，退出率也很高，事实上对于所有厂商数而言存在类似的退出率。忽略最小厂商的进入和退出，结果显得更为真实。另一方面，如果我们检验进入者和退出者的市场份额，我们发现进入者平均占产出市场当前厂商平均规模的25%到15%，因此，他们在调查年度里仅占全部市场份额的14%到17%。退出的厂商具有较为相同的特性。事实上进入和退出的厂商规模都小，这让我们得出我们的第一个结论，成功的厂商在进入后得到成长，除非他们保持其成功，否则接着他们将收缩直至最后退出。同时，其他的厂商从来都不是特别成功的，他们的进入和退出影响小，对于一个产业的动态竞争没有实质性的改变。小规模的进入对于竞争调查将起到重要作用，在位厂商声称小规模厂商的进入证明他们不能拥有市场势力，这通常与其表面声称的价值是不相称的。

在表5—7中的数字报告了单个工业产业的平均（中值）比例，邓恩等（Dunne等）也报告大部分行业的进入比例在40%到50%之间。例外的情形包括烟草行业仅有20%的进入，食品制造业也仅有24%的进入。他们发现"仪器"行业是进入比例最高的行业，达60%。最后，我们注意到DRS发现在进入和退出观测结果之间存在显著的关系，随后我们将讨论这一发现。

5.2.4.2 潜在进入

存在大量的方法去鉴定在一个市场中的潜在进入者的集合。商学院的战略管理老师经常建议采用SWOT（优势、劣势、机遇和威胁）分析方法，这一方法确实在某些时候进入到公司（决策）文件。在一个公司采取这一方法后，那些被认定为潜在进入者的企业经常被认定为"威胁者"，然而市场所呈现的潜在进入机会也许是由机会范围来命名的。因此，调查期间的潜在进入者的信息也许来自于公司文件，也许是来自对消费者、竞争对手（可能会考虑后向一体化的主体）或是资深管理者（前任者也许具有必要的经验和技术来考虑竞争性的公司）的调查。或者，有时候我们能经验地检验这一问题，为做到这一点，在本小节我们准备了大量的著名例子。

首先，让我们转向邓恩等的研究，他们发现一般厂商生产超过四数字产业分类中的一种以上的产品，单一生产的厂商占全部厂商数的93％到95％，但仅占全部产值的15％到20％。后来的数据表明大公司占全部产出份额的80％到85％。这一观测结果表明通过将潜在进入者分为三个类型来检验进入和退出：新厂商、通过新工厂进入市场以使得产品多样化的厂商和利用既有工厂进入市场使得产品多样化的厂商。

表5—8表明了进入类型。注意在任何调查年度里，很多进入者是开设新工厂的新厂商，然而，通过开设新工厂来使得产品多样化是一个相对稀少的事，更一般的厂商是通过利用他们既有的工厂来多元化产品而进入。另一方面，在所考虑的三个调查年度内，现有厂商的范围高达90％或是比平均范围要大得多的范围内。当通过开设新工厂来多元化企业产品进入时，进入者的规模较其他形式来说一般较大，由此，开设新工厂来多元化的厂商进入是一件相对稀少的事件，当其发生时，常常表示出现了一个新的显著的竞争者。

表5—8	按照厂商类型与进入方式分类的进入变量			
厂商类型/进入方法[a]	1963～1967	1967～1972	1972～1977	1977～1982
进入比例				
总计	0.307	0.427	0.401	0.408
NF/NP	0.154	0.250	0.228	0.228
DF/NP	0.028	0.053	0.026	0.025
DF/MP	0.125	0.123	0.146	0.154
进入者市场份额				
总计	0.136	0.185	0.142	0.169
NF/NP	0.060	0.097	0.069	0.093
DF/NP	0.019	0.039	0.015	0.020
DF/MP	0.057	0.050	0.058	0.057
进入者相对规模				
总计	0.369	0.359	0.280	0.324
NF/NP	0.288	0.308	0.227	0.311
DF/NP	0.980	0.919	0.689	0.896
DF/MP	0.406	0.346	0.344	0.298

[a] NF/NP分别为新厂商和新工厂；DF/NP分别为多元化厂商和新工厂；DF/PM分别为多元化厂商和最大产出。

资料来源：Dunne et al.（1988，表3）。按照厂商类型和进入方式对进入变量进行了分类。（由387个四数字产业分类标准平均而来。）

作为这一机制发生作用的例子，考察英国竞争委员会关于已业完成的格雷夫（Greif）联合公司对布莱登包装集团的"新铁桶与包装"业务的收购的调查。在这次并购中新的大规模进入扮演了一个非常重要的角色。[1] 竞争委员会注意到在表面上该并购似乎导致并购后（英国的新铁桶与包装公司）占有 85％的市场份额，增加了 32％。表面看来，既然在并购前进口是微不足道的，该并购明显会导致实质性的关注，除非存在一些缓解因素，例如高的需求弹性。然而，对于并购进程回顾的最终结果是新进入者建立一个全新的工厂：舒茨集团在荷兰的摩尔迪克建了一个新工厂，该工厂有一条具有相当生产能力的铁桶生产线。该公司是这样描述这一工厂的，占地 60 000 m²，位于鹿特丹市与安特卫普市之间[2]，每年每班产能达 130 万只铁桶。[3] 在 2006 年英国全部的新大铁桶份额规模大约为 370 万。新进入者一旦真的在 2007 年末或是 2008 年初运营（在竞争委员会最后报告时，这一工厂还没运营），被认为很可能是对在位者是一个重要的竞争约束。[4] 尽管多元化是与英国的地理市场相关而不是与厂商自身活动相关，这似乎是一个意图多元化的厂商通过建立一个具有相当产能的新工厂来进入市场的一个例子。

有趣的是，进入并不经常发生在行业的平均运营规模上，这一事实与 U 形平均成本曲线假定多少有些差异。U 形平均成本曲线表明大多数厂商在长期具有大致相同的效率规模，这就是瓦伊纳（Viner，1931）所提出的关于厂商规模的成本结构理论。[5] 其实，最后的争论就是支持这一理论的数据仅仅足于数据的 2％。

贝里（1992）对产业的研究证明提供关于哪些可能成为潜在进入者的群体集的证据是可能的。他通过利用"起点和目的测量"中的数据进一步描述航空公司的进入活动，这些数据包含了由美国所有航线发出的机票的 10％组成的样本。但是 Berry 的数据仅仅包括 1980 年第一到第三季度的数据，这使得他只能从这个相对较短的 9 个月的时期里建立进入和退出数据。特别地，为观察在这期间的进入和退出，他构造了 1 219 个连接美国 50 个主要城市的"城市组"市场。城市组市场被定义为发售的两个城市间的直航机票和不一定是直航的机票，但是事实上假定 10％的机票样本给我们一个完整的飞行路线图，这使得进入和退出数据能够被构造出来。表 5—9 给出了这一结果，这一结果再次揭示出发生了大量的进入和退出活动。

---

[1] 封装系统是一种能倒进或抽出的能再密封的桶构成的机器装置。竞争委员会发现封装系统是全球化的，这儿考虑的焦点仅仅是铁桶。竞争委员会（2007a）发现："在过去的五年中，Greif 和 Blagden 公司较世界其他竞争者失去了更多的顾客。"

[2] 有一新闻稿件是有用的：www. schuetz. net/schuetz/en/company/press/industrial _ packaging/english _ articles/new _ location _ in _ moerdijk/index. phtml。

[3] 见竞争委员会（2007）8.4 节部分。

[4] 见竞争委员会（2007）表 2 部分。

[5] 参见第 2 章，特别是，第 4 章中瓦伊纳（1931），再现于斯蒂格勒和鲍尔丁（Stigler and Boulding，1950）中。

表 5—9			航空公司进入和退出大城市航线的数量与份额		
	航空公司	服务市场数	进入市场数	退出市场数	进入市场 %	退出市场 %
1	达美航空	281	43	28	15.3	10.0
2	东方航空	257	33	36	12.8	14.0
3	联合航空	231	36	10	15.6	4.3
4	美国人民航空	207	22	12	10.6	5.8
5	美国航空	201	20	17	10.0	5.8
6	环球航空	174	22	23	12.6	13.2
7	布兰尼夫航空	112	10	20	8.9	17.9
8	西北航空	75	6	7	8.0	9.3
9	共和国航空	69	9	6	13.0	8.7
10	大陆航空	62	9	5	14.5	8.1
11	皮埃蒙特航空	61	14	2	23.0	3.3
12	西部航空	51	6	7	11.8	13.7
13	泛美航空	45	1	1	2.2	2.2
14	密苏里航空	28	18	4	64.3	14.3
15	得克萨斯航空	27	3	6	11.1	22.2

资料来源：Berry（1992，表 II）。航空公司进入和退出大城市航线的数量与份额。

281

特别地，如果我们从市场的角度来观测这一结果，我们发现进入和/或退出事件的发生超过了全部市场的三分之一，由于这种进入仅与 9 个月的时期相关，这意味着在行业中存在明显的推动力。进一步地，表 5—10 表明 3.37% 的市场（41 个城市组）在 9 个月期间同时经历了进入和退出。进入和退出显著性地同时存在说明厂商的异质性对于市场产出可能扮演了一个重要的角色：某些厂商更适合在某些市场中去竞争。

贝里（1992）验证了一个城市有机场是否使得航空公司更可能进入与该城市相关的市场。他发现事实确实如此。正如表 5—11 所说明的，由于一些航空公司没有真正进入至少一个相关城市的运营，那么就仅仅存在较少的进入。既然这样，如果某人想估计短期进入的可能性，那么潜在进入者就应该被定义为至少在一个城市已经运营的承运者。

282

总之，虽然说 DRS 的研究描述的仅仅是美国从 20 世纪 60 年代到 80 年代经济中的工业部门，该研究仍然是重要的、显著的，具有一般性。特别是，该研究为我们刻画了相当短的时期里的大量进入和退出的情形。如果进入和退出促进了竞争和更重要的生产率增长，那么保护这一动态进程对于市场经济发挥作用是相当重要的，如果新进入是革新的动力，那么该保护就更是生死攸关的。凸显出来的事实部分地说明，反垄断当局在考虑市场集中是否应被允许存在时能扮演一个重要的短期甚至是中期的角色，市场集中度上升增强了市场势力所带来的影响也许持续仅仅较少的年度，这证明不存在实质性的进入障碍来阻止竞争对手由于高利润吸引而进入。新厂商或是企业多元化能潜在地探究出这一有利可图的进入机会的确定性，也就是说，确保有效率的进入至少得面对一个相当公平的竞争环境，这证明了竞争政策的最重要的职能。

表 5—10　　　　　　　　航空线路市场进入与退出的联合频率分布

市场进入的数量（%）	退出市场的数量（样本中总市场数的百分比）				
	0	1	2	3+	总计
0	68.50	10.01	1.07	0.00	79.57
1	15.09	2.63	0.41	0.00	18.13
2	1.96	0.25	0.00	0.00	2.05
3+	0.16	0.08	0.00	0.00	0.24
总计	85.56	12.96	1.48	0.00	100.00

资料来源：Berry（1992）。

表 5—11　　　　城市组内部城市服务的潜在进入者数量，进入的绝对数与百分比

服务的城市数	潜在进入者的总数	进入数	进入百分比
0	47 600	4	0.01
1	12 650	45	0.36
2	3 590	232	6.46

资料来源：Berry（1992）。

5.3　结　论

● 大多数的标准的竞争模型预测市场结构对价格水平的影响。一般地，其他条件相同，可以预测集中度的增加或是市场中运营厂商数量的下降将会提高市场价格或降低产出。在厂商通过需要替代的差异化产品的价格来展开竞争的情形下，有简单模型所推出的影响是模棱两可的。无论是价格上涨还是产出下降事实上是重要的，也是包括市场结构变化在内的竞争调查核心问题，其他现象事实上是等价的。

● 检验市场结构变化对结果的数量效应（例如价格和产出）的方法是交叉比较相似市场上所关注的结果。这一（不可能的）想法目的在于找出他们所列示的仅仅在集中度上存在差异的市场。事实上，我们所搜索的市场差异"并不大"，要么就是采用了错误的方法。特别地，任何分析必须注意不同市场中的成本差异和需求差异，当解释这一交叉市场证据时，任何分析者必须质询为什么其他相近的市场呈现出不同的供给结构。用计量经济学专业术语来说，我们分析中没有控制的交叉市场的成本与需求差异会导致我们的估计受到内生性问题的影响。如果是这样，那么我们所观察到的市场结构与价格之间的相关性不能说明存在因果关系，很可能该相关关系是由非独立的第三方因素引起的。

● 当数据允许时，处理内生性问题的计量经济学技术对于试图将相关关系从因果关系中分离出来是非常有用的。这些技术包括使用工具变量和固定效应。然而，任何区分同一现象的两个潜在解释的技术依赖于识别哪个竞争性的解释是事实上的真正的解释的假定。例如，当利用固定效应技术时，必须在两个方面处于最小值：(1) 组里跨时变异；(2) 没有其他明显的未被观察到但对我们的分析起解释作用的时变变量。特别地，当利用时间来识别诸于相邻竞争对手进入等事件时，后者可能是一个问题。例如，当厂商根据进入追求产品差异时，有时候价格伴随着进入而上升。

● 在寡头垄断市场环境下，进入使得市场中厂商的数量增加，一般认为会降低价格和市场利润率。那些将影响我们是否观察新进入的因素也许包括新进入者进入后的预期利润率，这些反过来由以下因素决定：新进入者相对于在位者的成本、市场的潜在规模以及额外厂商参与后对市场势力的侵蚀。此外，在位厂商能够在某些时候采取策略博弈来改变潜在进入者的感受或是真实的报酬以阻止进入。

● 静态进入博弈的经济学文献表明市场规模和厂商数量关系可能预示着在位厂商所喜好的市场势力的程度。然而，为了通过这一方式来了解市场势力，我们必须对竞争的静态性质做强的假设。特别地，这一分析主要把进入看做是"一次性"事件，然而最好把进入经常考虑为一个厂商小规模进入、成长（当他们成功时）、收缩（当他们不成功时），以及可能最终退出的过程。

● 相对而言，许多市场是动态的，经历着大量的进入和退出。被观测到的大量的进入和退出包括处于市场边缘的小厂商。然而，许多市场确实存在在相对短时期范围内大规模的进入和退出。大量进入和退出的存在可能减轻由实际在预期并购事件、潜在市场集中等所引起的关注。然而，作为惩戒在位厂商的策略的进入的重要性也重点标明了对竞争当局的需要，以保持创造能力和让有效率的新进入厂商取代无效率的在位厂商。

第 6 章 行为识别

284

在前一章里，我们讨论了用于评价市场结构对定价和市场力量的影响的两个主要的可行方法，这也是关于公司兼并研究的核心问题。竞争策略更加广泛的领域也包括一些厂商的共谋或者某个占优势的厂商对市场力量的滥用。例如，1890年的美国《谢尔曼法案》（Sherman Act，1890）就是有关垄断的。[1] 在欧洲，自从 1957 年的《罗马条约》（Treaty of Rome，1957）包括了对"占优势的"厂商的说明，共谋行为被认为是对联合的或共有的垄断权力的行使，而后者（具体是指某个占优势的厂商对市场力量的滥用）是"单一的"垄断力量。[2] 任何一个这样的案例显然要求找到具有垄断力量的证据，并且为了辨别一个厂商（或者一群厂商）是否是占优势的，我们需要知道单独的（或者共有的）市场力量的程度。

---

① 关于美国针对反托拉斯的思想演化的代表作，请参阅 Shapiro and Kovacic（2000）。

② 术语"垄断力量"（dominance）出现在《罗马条约》中，而该条约是欧洲共同市场（European Common Market）于 1957 年成立时签署的，并且从那以后它在欧洲竞争政策中扮演了很重要的角色。大部分经济学家都不怎么使用这个术语，因为他们对卡特尔、垄断和寡头垄断更加熟悉。当今，存在着两个相关的条约，它们被更新和兼并成为一个公文，被称作兼并版的欧洲联盟（European Union）条约和欧洲共同体（European Community）条约。这个公文作为 OJ C. 321 E/1 29/12/2006 被刊登在官方杂志（Official Journal）上。第二个条约是罗马条约的重命名和更新的版本。这个条约的第 81 和 82 项条款的内容跟美国第一个反托拉斯法案——1890 年的《谢尔曼法案》，后来被 1914 年的《克莱顿法案》（Clayton Act，1914）更新替代——的内容基本上相似。然而，欧盟的法律和美国的法律在一些重要的地方有所不同。特别地，在《谢尔曼法案》下，可能索要垄断价格是合法的，而在欧盟的法律下却是不合法的。而且，针对特定类型的侵害，法理学引入了不一样的合法性测试方法。

在这一章里，我们讨论识别市场力量存在性的方法。具体地，我们设法利用数据来区分共谋的结果、占优厂商的结果、像寡头垄断那样行动的竞争厂商的结果以及充分接近完美竞争的结果。也就是说，我们问是否能够从市场结果看出是厂商之间相互施加真实的竞争约束给对方，还是厂商们拥有显著的市场力量并因此单独地或者共同地削减产量提高价格从而损害消费者。

垄断力量（单一的占优势）的滥用在欧洲是被禁止的，而且也被美国的竞争法所禁止。但是，这些滥用被禁止的范围在不同的刑事管辖区下有所不同。特别地，在欧洲，排他（比如，消灭新进入者）和剥削（比如，索要一个高价）的过度使用大体上都受竞争法限制；而在美国，只有排他的过度使用被禁止，这是因为《谢尔曼法案》陈述，"实施垄断或者企图实施垄断"，构成了重罪，但是这并不意味着成为一个垄断者就是犯罪。言下之意是：一个垄断者可以要任何它喜欢的价格，只要垄断厂商随后不利用排挤试图赢得业务的其他厂商的手段来保护自己的垄断地位。在欧洲，一个垄断者或者一个共同地索取高价导致"过多的利润"的行业，可以在原则上成为被调查的对象。

当讨论共谋（联合的垄断）时，重要的是要区分明显的共谋（卡特尔）与隐性的共谋，因为前者在越来越多的刑事管辖区下都被认定是刑事犯罪。在澳大利亚、加拿大、以色列、日本、韩国、英国和美国，最严重的卡特尔垄断权滥用行为现在都被认定是刑事犯罪。因此，相关的人也许会因为他们的行为而坐牢。[1] 由于明显的或者隐性的共谋对竞争过程和消费者福利都有负面的影响，因此能够增加它们发生的可能性的事件被竞争管理当局密切关注着。例如，公司兼并可以被阻止，如果它被判定为很可能会导致"协同效应"，即增加行业内隐性共谋发生的可能性。

我们先从回顾"结构—行动—绩效"模式（the structure-conduct-performance paradigm）的历史和传统这一重要的话题来开始我们的讨论，须知这一模式曾经主导了产业组织理论，直到博弈论的出现。虽然这种方法目前被广泛认为是老式的，但是我们这样做有两个原因。第一，它提供与主要依据静态博弈理论的很多最近的研究作比较的基准。第二，利用动态博弈分析随着时间的推移而缓慢地发生市场占有率的变化的研究以及关于成熟产业中先行动者优势（early mover advantages）的经验证据的研究，从长期来看，也许会重现"结构—行动—绩效"模式的一些内涵。[2] 例如，一些有影响力的评论家现在号召回到"结构的推测"（structural presumption），例如，在评估公司兼并时给市场占有率以更大的权重（特别是，参阅 Baker and Shapiro，2007）。

---

① 自《谢尔曼法案》于 1890 年颁布以后，组成卡特尔组织已经变成刑事犯罪（事实上是一项重罪），美国的卡特尔参加者已经饱受了多年的牢狱之苦。在美国以外，在这一领域的刑事检控经验也正在增长。即使在美国国内机关的积极执法有所限制的地方，在很多情况下，通过立法认定卡特尔是犯罪行为的事实使得美国当局能够在美国法庭上追查非美国公民。其原因是，双边引渡条约有时候要求那项被指控的罪行在两个刑事管辖区内都是犯罪行为。

② 请参考，例如，Sutton（1991）、Klepper（1996）以及 Klepper and Simons（2000），关于策略的著作可以参阅 Markides and Geroski（2005）以及 McGahan（2004）。

6.1 结构性指标的作用

结构—行为—绩效（SCP）框架——它假定市场结构、竞争的性质以及有关价格、产出和利润的市场结果之间存在因果关系——在产业组织理论中有着悠久的历史。的确，竞争策略依赖于这样的结构性指标，这些指标能被用于对在一个市场中的厂商其市场力量实施的程度作初步评估。例如，涉及那些市场占有率小于一定门槛的小公司的行动与兼并，通常不会引起竞争方面的关注。类似地，那些不会将市场集中度（the concentration of a market）增加到一定门槛以上的兼并被假设为只可能会对消费者造成极小的伤害，并且正是出于这个原因，立法中我们视其为"避风港"。① 这提供了法律上的确定性，其好处可能超过任何潜在的竞争损害。那些结构性的阈值有利于给竞争管理当局提供一些歧视机制，让他们将精力集中于那些更可能有害的案件上。然而，"结构性指标"，如市场占有率，现在正在被只以指标看待，就像它的名称所强调的那样，而不被认为是市场力量的确凿证据。在未来，钟摆向着"给结构以更多的假定的权重"的方向稍微地摆回一点是有可能的，即使现在不清楚它目前会这么做。但是，即使它这么做了，主导现在的实践并且我们下面会概述的静态博弈理论的经验教训，将仍然是极其重要的。具体来说，在某些特定的情况下，高的市场占有率也许只能给在位者提供很小的市场力量。

6.1.1 市场力量的结构性代理工具

竞争管理当局在建立调查的原因或者表达他们的顾虑时要考虑的大部分结构性指标是从古诺模型预测的关系而来的。例如，根据静态古诺模型，对市场占有率、集中度（concentration ratios）以及著名的赫芬达尔—赫希曼指数（Herfindahl - Hirschman index，简称 HHI）的重要性的信赖，从理论上讲都是合理的。

6.1.1.1 经济理论以及"结构—行为—绩效"框架

在反托拉斯时，边际成本的确切信息是很少见的，因此，从行业的层面上直接估计利润率以判断市场力量的存在性，经常是困难的。但是，如果我们准备做一些假设，我们也许有其他的方法。具体的，我们也许能够利用结构性的指标去推断概率。例如，在假设古诺博弈抓住了一个行业内的竞争性质的条件下，一个厂商的利润率就等于它的市场占有率除以市场需求弹性：

---

① 关于欧洲和英国（这里应该是美国，译者注）的法律中大量的有关市场占有率的门槛的很好的描述，请参阅 Whish
(2003)。

$$\frac{P(Q)-C_i'(q_i)}{P(Q)} = \frac{s_i}{\eta^D}$$

其中，s_i 是这个厂商的市场占有率，η^P 是市场需求弹性。更进一步地，在古诺模型下，加权平均的行业利润率等于个体的市场占有率的平方和除以市场需求弹性：

$$\sum_{i=1}^{N} s_i \left(\frac{P(Q)-C_i'(q_i)}{P(Q)} \right) = \frac{1}{\eta^D} \sum_{i=1}^{N} s_i^2$$

为了得到这些关系式，回忆在一般的古诺模型中，对于一个有多个厂商的市场，一阶条件为

$$\frac{\partial \pi_i(q_i, q_{-i})}{\partial q_i} = P\left(\sum_{j=1}^{N} q_j \right) + q_i P'\left(\sum_{j=1}^{N} q_j \right) - C_i'(q_i) = 0$$

如果我们记 $Q = \sum_{j=1}^{N} q_j$ 并重新整理一下一阶条件，我们就可以得到厂商的利润率指数，也被称作勒纳指数（Levner index），它是厂商的市场占有率和市场需求弹性的函数：

$$\frac{P(Q)-C_i'(q_i)}{P(Q)} = q_i \frac{P'(Q)}{P(Q)} \Leftrightarrow \frac{P(Q)-C_i'(q_i)}{P(Q)} = \frac{q_i}{Q} \frac{QP'(Q)}{P(Q)} = \frac{s_i}{\eta^D}$$

这种关系可以被以各种不同的方式使用。首先，请注意，如果我们准备依赖于这个理论，那么古诺-纳什均衡（Cournot - Nash equilibrium）使我们能够利用市场占有率数据和市场需求弹性推测出厂商的利润率。厂商的利润率越高，它的市场占有率越高。但是，标记却会随着市场需求弹性的增大而减小。这就是说，高的市场占有率将与高的利润率有关系，但是高的市场占有率并不能确保高的利润率。甚至，一个高市场占有率的厂商可能没有市场力量，没有将价格提高到成本以上的能力，如果市场需求充分地有弹性的话。一个重要的基本含义是，虽然高的市场占有率是潜在的市场力量的合理的信号，市场占有率不应该立即被反托拉斯管理当局转化为找到市场力量的证据。"当然，测量价格敏感性的性质有助于我们的判断，如果在我们所考虑的具体情形下，它只是事实上相关的抗辩或者仅仅是一种理论上的说法。"

现在已经有很多行业的平均利润率的估计，它们经常是利用公开地可利用的数据算得的。例如，Domowitz et al.（1988），利用制造业统计数据来估计美国的不同行业的平均利润率，他们发现，在 1958 年到 1981 年间，制造业的平均勒纳指数为 0.37。

6.1.1.2　赫芬达尔—赫希曼指数和市场集中度

从行业的结构性指标来推断市场力量的强弱的方法，有着悠久的传统。厂商
的规模和产业的集中度是最常用的判断盈利性的结构性指标，它们都被认为跟市场力量和利润率存在正相关关系。产业集中度的两个最常用的指标是 K—厂商集中度（K-firm concentration ratio）和赫芬达尔—赫希曼指数（HHI）。

K—厂商集中度（CR）涉及最大的 K 个厂商的市场占有率的计算，因而，

$$C_K = \sum_{i=1}^{K} s_{(i)}$$

其中，$s_{(i)}$ 表示第 i 大的厂商的市场占有率。

HHI 是利用市场占有率的平方和来计算的：

$$HHI = \sum_{i=1}^{N} s_i^2$$

其中，s_i 表示第 i 个厂商以百分比表示的市场占有率，因此 HHI 可以在 0 到 10 000（$=100^2$）之间取值。正如上面解释的，在古诺模型中，HHI 与产业的盈利性成比例，因此也与厂商的市场力量有关。

市场结构越不对称，HHI 值会越高。表 6—1 中的例子说明对于这样一个市场（在这个市场中，有更多的厂商并且存在一个规模相对于它的所有竞争对手都要大得多的厂商），HHI 值会越高。而且，在给定对称性的条件下，厂商数量的增加会使得 HHI 值减小。

表 6—1 HHI 测量市场集中度：$CR(4)$ 与 HHI 测量市场集中度的比较

市场 1			市场 2		
厂商	份额	份额^2	厂商	份额	份额^2
1	20	400	1	50	2 500
2	20	400	2	20	400
3	20	400	3	5	25
4	20	400	4	5	25
5	20	400	5	5	25
—	—	—	6	5	25
$CR(4)$	80		$CR(4)$	80	
HHI	2 000		HHI	2 950	

一个只有少数厂商的市场，或者其中有一两个规模很大的厂商的市场，也许会是一个厂商可以通过涨价来实施市场力量的市场，这一结论是很直观的。正因如此，在有关兼并之后的情况的数据无法被观测到的情形中，HHI 被当做兼并控制的初步的基准。美国和欧盟的兼并准则都利用 HHI 检查哪些兼并是不需要担心的，以及哪些是该被详细检查的。可以这样去执行，利用兼并前后的市场占有率计算兼并前后的 HHI 值，分别为

$$HHI^{\text{Pre}} = \sum_{i=1}^{N} (s_i^{\text{Pre}})^2 \quad \text{以及} \quad HHI^{\text{Post}} = \sum_{i=1}^{N} (s_i^{\text{Post}})^2$$

其中，因为兼并后的市场占有率是不可观测的，我们需要一个实用的且容易应用的规则，于是兼并后的市场占有率被简单地假设为参与兼并的厂商在兼并前的市

场占有率的总和。在初步审查兼并时，这些值被假定为被提议的并购之前和之后的利润率的大小以及此并购对于这一利润率的影响的指标。具体而言，在欧盟的兼并准则中，导致产生了一个市场占有率低于25%的公司的兼并多半是被认定为豁免于反竞争效应（anticompetitive effects）的。[①] 法律规章上将40%这一指标性的阈值作为兼并吸引密切的调查的转折点。[②]造成了市场的 HHI 指数低于1 000的公司兼并也被假定为与反竞争效应无关。对于兼并后的 HHI 水平在1 000到2 000之间的情况，那些使 HHI 水平增加低于250的兼并也被认为对竞争没有负面影响。HHI 水平超过2 000时，HHI 值低于150的变化也被声明不会引起关注，特殊情况除外。类似地，美国司法部的横向兼并准则（Horizontal Merger Guidelines）[③] 也使用1 000作为阈值和1 000～1 800的范围来标示一个适度集中的市场，而且"在兼并后的 HHI 超过1 800时，我们认为，导致 HHI 值超过100点的增加的兼并很可能会建立或加强市场力量或者使它的行使变容易。"

　　为了说明这些计算操作，接下来我们列举使用从英国起飞的飞机的航空货运市场的例子。这个市场中第一和第二的公司，分别占有市场份额19.4%和15%的空中旅游公司（Airtours）和第一选择公司（First Choice），合并成了这个行业中最大的公司，拥有合并的34.4%的市场份额。[④]。HHI 指数从合并前的接近1 982跳到了合并后的2 564左右，增加了582。不论在欧盟还是在美国的准则下，这样的合并肯定会招致仔细审查。当然，在使用这样的审查中，我们只能以一个具体的被提议的市场定义为根据来计算市场占有率。在实际设定中，那往往意味着，对于兼并是否吻合了阈值的检验的实质上的讨论是留有大量余地的，即使数据的缺乏意味着甚至计算准确的 HHI 值不总是可行的，所以接近但是在阈值两侧的结果被不恰当地视为重大不同的结果。

290

表 6—2	航空货运行业的一个兼并中的 HHI 值计算		
公司名称	s_i	s_i^2	兼并的调整
Airtours	19.4	376.36	−376.36
First Choice	15.0	225	−225
合并后	34.4	1 183.36	＋1 183.36
Thomson	30.7	942.49	

　　① 在关于企业间的集中度的控制的理事会规则（Council Regulation）下，评价横向兼并准则，2004/C 31/3，欧洲联盟官方杂志 C31/5（2004 年 2 月 5 日）。

　　② 同上。在英国，2002 年《企业法案》（Enterprise Act）授权 OFT（Office of Fair Trading，公平交易办公室）将兼并移交 CC（Competition Commitment，竞争委员会）处理，若兼并的公司创造了或者超过了 25%的供给份额或者所收购的英国公司的营业额超过 7 000 万英镑。顺便说一句，"供给的份额"实际上跟"市场占有率"意义相同这一事实不是立刻就清楚的。

　　③ 参阅美国横向兼并准则，参见 www.justice.gov/atr/public/guidelines/hmg.htm，部分 1.5。

　　④ 空中旅游公司（Airtours plc）诉讼欧洲共同体委员会，案例 T‐342/99（2002）。

续前表

公司名称	s_i	s_i^2	兼并的调整
Thomson Cook	20.4	416.16	
Cosmos Avro	2.9	8.41	
Manos	1.7	2.89	
Kosmar	1.7	2.89	
其他（每个都少于1%）	8.2	$9 \times (8.2/9)^2$	
合计	100	1 982	2 564

资料来源：考察的市场占有率的数据来源于尼尔森（Nielsen）并在 1999 年欧洲委员会判决空中旅游公司和第一选择公司的表格 1 中列出。这些计算把"其他"公司的市场占有率看成是 9 个同样大小的公司组成的，其中每一个占有份额 8.2/9＝0.83。关于小公司的数量确切的假设并不会在实质上影响分析。

HHI 的一个实践上的缺点是，它需要所有公司的销售量（或销售额）的信息，这有别于市场占有率，它要求对总销售额以及合并公司的主要方（参与合并的公司）的销售额做出估计。有权力去收集来自主要和第三方的信息的竞争管理机构也许通常能够计算 HHI，至少在可以接受的近似程度以内，假如他们能收集所有大型和中等规模的参与者的资料。很小的公司通常不能显著的影响结果。另一方面，一些重要的机构（例如，英国公平交易办公室）现在没有权利强迫第三方透露信息（即使他们也许不情愿使用它们），于是甚至计算 HHI 值有时也会面临实际的困难。

重要的是要注意，仅仅依赖 HHI 的结果就禁止合并不是实际的做法。把 HHI 作为一个筛选机制是很有用处的，但是，在竞争管理当局可以采用的措施实施之前，潜在的市场力量的根源应该被理解。这就是说，当决定合并是否会在实质上减少竞争，市场占有率和 HHI 必将在权衡证据时发挥作用。

6.1.1.3　SCP 框架之外

产业组织理论的发展，特别是静态博弈理论，清楚地说明了 SCP 分析的重大的限制。特别地，静态博弈理论认为，结构、行为和绩效之间的关系一般最好不要被认为是单方向的因果关系。具体地，市场占有率和市场力量之间的因果关系是没办法自动建立的。尽管古诺竞争模型预测利润率是联系到企业的市场占有率的，重要的仍然是要注意，高的行业利润率不是因为高的 HHI 值，即使它们伴随着高的 HHI 值。相反，在古诺模型中，集中度和价格—成本加成（price-cost markups）在均衡中被同时决定。这就是说，它们最终都被厂商关于价格、产量以及诸如广告等其他变量的策略选择和市场的结构性参数所决定，特别是，这些参数包括需求的性质和影响成本的技术的性质。如果市场的需求和成本结构使得个体厂商的优化行为导致了一个集中的市场，那么即使最强大的和干预主义的竞争管理当局也可能很难避免高的利润率。例如，在古诺框架下，低成本的生产商将会有较高的市场占有率，因为它们是有效的。它们较高的利润率是其高效率的直接结果。

单纯的 SCP 的世界观一直受到很多严厉的批评，这一观念是，结构有效地决定行为，而行为反过来决定绩效。特别是，如图 6—1 所示，博弈理论家认为，在标准静态（行动一次）经济模型中，市场结构、行动和市场绩效有代表性地同时作为一个模型联合地决定的结果而出现，并非由相互之间的因果关系决定。这些分析表明，一个有用的分析框架是从简单的 SCP 分析转移到一种厂商可以内生地选择它们的行为并反过来影响市场结构的分析框架，在 SCP 分析中，结构和市场力量之间的联系被假定为是单向的和确定的。

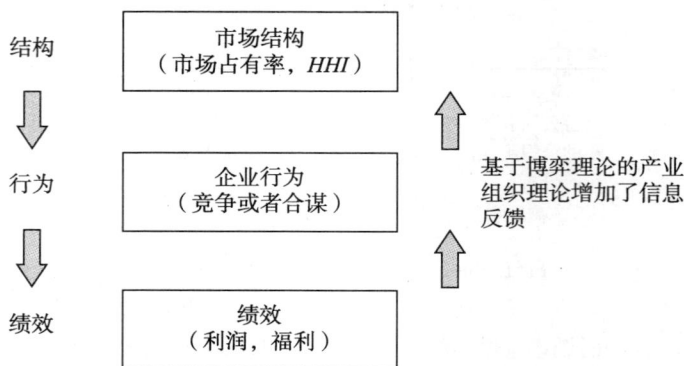

图 6—1　SCP 与博弈理论的比较

292

虽然我们一直强调在静态模型中结构和绩效之间的既定的因果关系的缺乏，重要的是要注意，许多动态的经济模型在其他方向上显著地回到了原来。例如，在上一章里，我们研究了最简单的两阶段模型，其中企业在阶段 1 进入然后参与竞争，也许是利用价格。在那个模型中，结构——就决定进入市场的厂商的集合而言——在阶段 1 被决定，然后在阶段 2 去决定价格。于是，对 SCP 分析的彻底的抛弃也许会将组织机构引到错误的方向上，但是，SCP 的极端版本，即持有"结构"足以决定一项合并是否应该被批准的观点，很难与（至少）相当大数量的经济理论相符。

在判定市场力量的程度以及一项合并的反竞争效应时，结构性指标的重要性在逐渐减小，因为当局越来越依赖于详细的行业分析来得到结论。然而，由于它们显著的简单性和它们与经济理论的联系（有些时候是被误解的），结构性指标对于实际工作者和决策者仍然很重要。

6.1.2　来自结构—行为—绩效的经验证据

简单的 SCP 框架的普及依靠这样一个事实，它提供了一个基于通常容易获得的数据做决策的工具。它在竞争政策上有真正的优势，这不仅仅因为基于结构性的标准的法律规则可以为正在考虑特殊的事务会被竞争制度怎样对待的当事人提供一定程度的法律上的确定性。然而，批评者指出了缺点，尤其是，简单但是不恰当的规则的应用的确定性，会导致比接受由依赖于仔细调查中的详细调查结果而引起的事前不确定性还要更加严重的后果。

考虑到对于 SCP 式样的分析法的倡导者和批评者之间的辩论以及它在竞争策略的实践中的应用，弄清楚这场在产业组织领域持续了 60 年的辩论的概况，是有用的。我们下面就来概述一下这场辩论。[1]

6.1.2.1 结构—行为—绩效的回归

在 19 世纪 50 年代，当那些提供行业层面（industry level）信息的最新的美国统计数据被提供给研究人员的时候，SCP 分析法获得了本质上的兴起。这些新数据促进了以行业间的比较为基础的经验研究的蓬勃发展。贝恩（Bain，1951）[2]的那篇很有影响的研究，比较了不同模式的行业中的厂商的盈利性，并且试图将行业集中度联系到行业的盈利性。

贝恩主要比较了高低集中度的行业的分组平均值，其中集中度是用 8 厂商集中度（eight - firm concentration ratio）C_8 来衡量的，而每一个厂商的利润率由会计数据"年度所得税后的净利润对于年初的资产净值"的比例来衡量。在 8 厂商集中度高于和低于 70% 的产业之间的平均行业利润率的比较，显示出了在平均利润率上 12.1% 和 6.9% 之间的显著性差异，与此同时，均值的差异性检验表明存在着 p 值小于 0.001 的显著性的差异。

随后的学者们，在控制了影响盈利性的其他的潜在因素的条件下，做了如下简单的跨行业回归：[3]

$$y_i = \beta_0 + \beta_2 H_i + \beta' X_i + \varepsilon_i$$

其中，y 表示盈利性（绩效）的度量，比如勒纳指数（$P\text{-}MC$）/P 或者关于资产的会计上的回报。变量 H_i 表示产业集中度的度量，也许是 HHI 指数，而 X_i 表示度量被认为影响利润的其他因素的变量集合，例如进入障碍（barriers to entry）、研发强度（the intensity of R&D）、最小的有效规模（the minimum efficient scale）、买者的集中度（buyer concentration），或者广告额与销售额之比（the advertising-to-sales ratio）所代理的产品差异性（product differentiation）。文献资料一致地但不完全普遍地发现[4] $\beta_2 > 0$ 并把正的系数看作是更加集中的行业中的企业利用的市场力量的证据。假如它抓住了指示结构会导致高的利润率和利润的因

---

[1] 关于利润—市场力量的关系的经典回顾以及其他的被研究 SCP 历史的学者记载的经验规律，请参阅 Bresnahan（1989）。

[2] 这篇论文（在随后的一篇文章中提出了微小的修正）检验了 Bain（1950）提出的一个可验证性的假设。贝恩的工作也在他的那本关于产业组织理论的经典的书籍（Bain，1956）中体现了。具体来说，贝恩使用了产业集中度的数据，这些数据来源于对制造业中的 340 个产业的 1935 年的统计调查，其中 149 个产业有利润的数据，这些数据可在美国证券交易委员会（Securities and Exchange Commission，SEC）的出版物"1936～1940 年美国上市公司调查"（Survey of American Listed Corporations 1936 - 40）中找到。为了解决地理市场（geographic market）的定义问题，他进一步只选择了一些产业，这些产业不仅被归类为"国家的"，而且这些产业中的每一个制造商"作为一个规则"都只生产所有属于某个产业分类的产品，这个分类是美国的出版物"美国经济的结构"（Structure of the American Economy）中所定义的。这样做就剩下了 83 组关于利润和集中度的产业层面的观测值。它们又进一步减少到一共 42 个产业（包含 355 个企业），例如，因为美国证券交易委员会的利润数据没有包含大部分的产业总产出。

[3] 关于 19 世纪 50 年代到 70 年代的文献的综述，请参见 Scherer（1980）。

[4] 就像 Pelzman（1977）描述的（并且被 Clarke et al.（1984）引用），"除了很少的例外，市场集中度和产业的盈利性是正相关的。"

果关系，这种关系的一个潜在的含义将会是，如果我们将企业拆分以降低集中度，利润和利润率都会下降，而且这会有利于消费者的福利。这样的策略性结论非常严重地依赖于结构和利润率或盈利性之间预测的关系的因果性质。现在我们跟随研究这种关系是否是因果关系的文献资料，尤其是 Demsetz（1973）。

294 　　为了建立那种我们也许会有的对于那个回归的关注，让我们跟随 Cowling and Waterson（1976）并研究古诺竞争模型，其中厂商通过设定产量的方式竞争。我们先前就说明了，在古诺均衡描述的一个产业中，盈利性的一个指标勒纳指数，与市场占有率之间的相关关系应该是正的。而且，根据理论，系数的估计值是 1 除以市场需求的价格弹性。

　　为了抓住利润率和市场占有率之间的关系，我们也许会想象进行一个反映厂商利润的决定因素的回归，利用下式

$$y_{if} = \beta_0 + \beta_1 s_{if} + \beta X_{if} + \varepsilon_{if}$$

其中，i 表示行业，f 表示厂商。变量 s_{if} 表示厂商的市场占有率，而 X_{if} 表示厂商盈利性的其他决定因素。

　　当时，贝恩和他的追随者们主要基于行业层面而非企业层面（firm-level）的数据进行研究，这是因为在当时，只有行业层面的数据是可以从统计数据中获得的。不管怎样，我们可以加总到行业的层面并考虑从它们的回归式中我们应该期望得到什么。在厂商之间加总的传统方式，是用市场占有率作为权数在一个行业内的厂商之间产生一个加权的总和。这样做，得到

$$\sum_{f=1}^{F} s_{if} y_{if} = \beta_0 \left(\sum_{f=1}^{F} s_{if} \right) + \beta_2 \sum_{f=1}^{F} s_{if}^2 + \beta \sum_{f=1}^{F} s_{if} X_{if} + \varepsilon_{if}$$

其中，$\sum_{f=1}^{F} s_{if} y_{if}$ 是行业 i 的盈利性的测度，并且 $\sum_{f=1}^{F} s_{if}^2$ 就是 HHI 指标。也要注意到 $\sum_{f=1}^{F} s_{if} = 1$。

　　明显地，事实上这就是贝恩和他的同事们利用行业层面的研究所做的关于平均行业利润的回归。因而，对于这个文献中的回归的一个解释是，它正是你所期望见到的，假如世界能被古诺模型描述的话。尽管古诺模型说明我们会在市场绩效（盈利性）和市场集中度之间观察到正相关关系，根据从集中度到盈利性的思路，这种关系不是因果的。特别是，因为在古诺模型中厂商能相异的唯一方法就是去表现得更加有效率，而且较低成本的厂商将会赢取较高的市场占有率，所以，事实上，任何试图降低集中度的政策，充其量将会以把生产从有效率的低成本厂商转移到无效率的高成本厂商的结果而告终。SCP 的反对者认为，这样的政策非常不可能会改善福利，而且事实上很可能会极大地损害消费者并导致更高的价格！

295 　　为了完整性，在继续讨论之间，一定要注意到，根据此静态经济模型，市场需求弹性也是行业盈利性的一个决定因素。这一点有着重要的应用，那就是，对于某个行业中的厂商是否很可能能够利用市场力量的判定，集中度的度量指标不能单独地决定。在需求对于价格非常敏感的市场中，一个高的市场占有率也许不能赋予厂商以市场力量。

6.1.2.2 SCP 分析的经验警告

我们已经注意到 SCP 框架的合理性非常强烈地依赖于，将结构和利润之间的关系（即在我们的行业回归估计中正的系数 β_2）解释为因果关系的能力。如果它是因果的，那么集中度会导致高的利润率。我们已经明白，至少在静态模型中，厂商的数量、集中的程度（the degree of concentration）以及盈利性，在一个市场中被同时决定，这个市场中原始的基本因素有决定需求的一些变量、技术以及厂商作出的策略选择。静态博弈理论的出现和应用自然地导致了这样的结论。

这就是说，关于 SCP 分析的一些批判在实证研究中有所应用。因为这些批判在反托拉斯和产业经济学中的历史中有着重大的推动作用，所以在下一章节中我们会展开说明这些批评意见，正是它们导致了识别并量化市场力量的新方法的产生。

6.1.3 对结构性指标的影响的经验估计的批评

对关于将盈利性联系到诸如产业集中度的结构性指标的研究，主要有来自两方面的批评。一个是计量经济学的批评，它声称产业集中度和市场力量之间的因果关系通常不能由简单的相关关系来建立。另外一个批评涉及厂商利润的经济学上有意义的测量值的获取的困难性。后者是所有试图测量厂商盈利性的竞争机构经常会遇到的问题。

6.1.3.1 厂商的异质性

对 SCP 框架最极端的批评完全否认了在决定厂商盈利性时市场结构起到的任何独立的作用，并且如我们已经叙述过的，这种批评追随了 Demsetz（1973），将这种正相关完全归因于效率。Demsetz 接着说明了，市场力量和效率对于这一观测到的相关关系的相互矛盾的解释可以通过行业内部数据的差异观测出来。具体说来，他认为效率假说（efficiency hypothesis）应该会导致大小厂商分别赚取的回报率之间的不同。另一方面，至少在同质性产品（homogeneous product）的市场中，若所有的厂商效率相同，则大厂商和小厂商将会赚取同样高的回报率。Demsetz（1973）提供了一个支持效率假说（而它被 Bond and Greenberg（1976）所批评）的结论。

Ravenscraft（1983）利用了公平交易办公室 1975 年针对个体厂商的关于业务范围的横截面数据，做了如下的回归：

$$y_{if} = \beta_0 + \beta_1 H_i + \beta_2 s_{if} + \beta X_{if} + \varepsilon_{if}$$

这里 H 又一次表示 HHI，而这个回归有别于行业之间的回归，事实上它利用了厂商层面的数据，因而它可以包含市场占有率，也可以包含行业集中度。

将那个极端的具有英雄气概的假设放下，该假设是指所有产业都能很好地被一个单一的、特别地只有一个单一的价格的需求弹性的古诺模型来近似，这个回归也许能帮助我们区别集中度的影响和由具有高市场占有率的低成本的厂商导致的间接影响。原因是，在勒纳指数和市场占有率之间的厂商层面的古诺关系中，

这儿没有关于 HHI 的角色，即使后者在行业层面的关系上控制了厂商的异质性。这个回归包含比较处于不同集中程度的行业中有着相近的市场占有率的企业所获取的利润。

SCP 模型预测 β_1 是一个正的系数，这暗示着行业集中度和厂商的利润有正相关关系。每个厂商可能拥有很多业务，并且上述数据显示有厂商拥有 47 项不同的业务。平均每个厂商拥有 8 项业务。一共有 261 项业务被考虑进来。Ravenscraft 的结论的概述见表 6—3。

表 6—3　　　　基于厂商层面的数据的市场占有率与盈利性之间的关系

变量名	行业的数据	厂商层面的数据
行业集中度	0.003 5	−0.022 2
	(1.67)	(−1.77)
厂商市场占有率	—	0.147 6
		(5.51)

资料来源：Ravenscraft（1983），t 统计量的值在括号中标出。

首先考虑在表 6—3 的左边展示的关于行业层面的回归。结果表明行业集中度对厂商的利润有一个较弱的正的影响。然而，当我们转到厂商层面的数据并且厂商的市场占有率也包含在回归式中时行业中集中度水平的影响好像消失了。事实上，它有一个不显著但是为负的系数。SCP 框架的批评者认为这提供了进一步的证据，盈利性可能会跟厂商的市场占有率有关但是却与行业集中度无关，一旦我们控制了市场占有率的显著的不同，这些不同又会反过来反映厂商间的成本不同。他们建议的解释是，越有效率的厂商是越能获利的并且也趋向于规模更大，因而在厂商的市场占有率和盈利性之间会产生正相关关系。因此，盈利性和市场占有率的常见的驱动因素不是产业结构而是效率。

作为对 SCP 的批评，这样以极其粗糙的形式存在的观点显得相当极端。首先，文献资料表明，对于观察到的盈利性与市场占有率之间的行业内的关系，有很多潜在的与效率无关的解释。比如，在需求方面的产品差异性会赋予厂商市场力量并且也产生在市场占有率上的差异，然而在成本方面的经济规模可以产生在本质上可以被实施的市场力量，因而我们能够从生产的有效性（生产的低成本）中获益但是却会遭受与分配的效率相关的后果（即，高市场占有率的厂商也许会设定高的涨价幅度）。[1] 补充说来，在一个行业中，需要承受巨大的固定成本进

---

[1] 对于这一话题的讨论，请参阅克拉克等（Clarke et al., 1984）提供的对于这个模型和英国数据所做的分析，例如，他们注意到，古诺模型的一个 U 形的总可变成本函数的引入，表明测量的勒纳指数（利用观测到的平均利润率——请看下面）会与市场占有率水平和市场占有率的平方都有相关关系，因此单单依据市场占有率来拟合线性模型会导致遗漏变量偏误。他们得出结论，"不管怎样，证据……比支持 Demsetz 的观点还要更加支持传统的在行业层面市场力量对于盈利性—集中度的关系的解释。我们没有发现证据表明在英国大小厂商盈利性上的差别在高集中度的产业中趋向于更大"（第 448 页）。他们也得出结论，（总利润与收益之比）与 HHI 指数之间的关系是正的但是斜率是下降的，$(\Pi/R)_j = (1/\eta_j)(0.170 + 2.52H_j - 1.682H_j^2)$，其中 η_j 表示产业 j 的市场需求弹性。

入并经营的厂商，只有在它们能得到很多的经营利润和很大的经营规模的条件下，它们才会进入。这会限制进入者的数量并且创造集中度与经营的盈利性之间的联系，而盈利性不是必须与市场力量的实施策略有关的。

其次，就像我们在第 5 章中看到的，许多简单的动态经济学模型确实预言，在寡头竞争下，利润会随着厂商数量的增加而减少。在任何被古诺竞争模型描述的存在进入的两阶段博弈模型中，理论上的预言是，在其他条件一样的条件下，集中度是一个趋于增加市场力量的因素（特别地，请参见 Sutton（1991）的 1.4 部分）。

这种观念上的辩论的结论似乎是，盈利性与市场结构之间的正相关关系对于不同的行业是稳健的，但是这种关系很可能有着复杂的原因，这些原因也许对于不同的行业差别显著。因此竞争管理当局必须谨慎地注意市场力量，同时也要确保这一点被考虑了，即凭借产品和生产流程的创新而取得的市场集中所带来的效率上的提高的证据到底从哪儿可以获取。一个有关的问题仍然是这些效率上的提高有多少能被转变成实际的消费者的获益。

6.1.3.2　测度盈利性

298
　　测度盈利性也许是很困难的。经济意义上的利润率很少被很清晰地观察到。从公开的会计报表上得到的利润率和盈利性的数值，经常包含固定成本的估计和折旧率的估计，它们也许与用以计算经济上的成本的经济学上的概念之间没有多少相关性。此外，会计利润也许受到跨期的和跨产品的收益和费用的分配的影响，这些收益和费用不符合有意义的经济学的概念。（请参考第 3 章关于会计上的和经济学上的利润的不同之处的讨论。）

　　举一个具体的例子，SCP 研究一般用 $(R-TVC)/R$ 来近似价格—成本利润率（price-cost margins），其中 R 是指收益，TVC 表示总的可变成本。如果我们将这个比值的两个因子都同时除以产量 Q，我们得到 $(AR-AVC)/AR$，其中 AR 是单位产量平均收益，AVC 表示平均可变成本。当且仅当平均可变成本与边际成本相近时，这个比值与勒纳指数相近。

　　固定成本也许在决定市场结构、竞争者的数量以及厂商的盈利性的时候也起到了一定的作用，因为厂商需要收回投资并在投资上赚取回报。忽略固定成本会把分析简化为短期的比较静态分析，并且也许是一个不合适的用于比较行业间的结构性均衡（structural equilibria）的框架。例如，如果我们分析制药市场，我们将会同时发现高的集中度和高的利润率，但是它们也许是（也许不是）被很高的研发、药品审批和营销成本驱动的。与此相关，Sutton（1991，1998）挑战专家，提出他的观点，即固定成本的水平通常是决策变量（choice variables），因此市场结构以及那些通常被看作进入障碍（研发和广告的水平）的变量的大小也许被一起决定了。

　　这些观点及其他一些观点都是在被广泛引用的由 Fisher and McGowan（1983）所作的贡献中做出的。这篇文章有时被认为有效地使得产业组织理论的经济学家得到这样的结论，即在测度盈利性上的努力都是无望的和应该被摒弃的。[①]　在谈到所有这些观点的时候，值得注意的是，金融市场定然在财务会计数

---

① 关于有些相反的观点，请参见 Geroski（2005）和 OTF（2003）。

据上投入了很大的重视，尽管竞争管理当局一般来说也能得到管理会计的数据，这种数据至少是部分地被经常用来在组织内部传达投资决策。对于产业组织理论的学术性的质疑，只是没有被其他的专业群体所分享，而这种质疑导致了利润数据很少被产业经济学术界所利用。大部分其他团体的反应是试图利用财务数据来为他们试图测度的经济数量提供证据。例如，在金融领域，现金流数据经常被用在公司估值模型中，而不是从损益表中直接得来的数据，而且有些企业专门培训其他领域的分析师，以使得他们会从这样的会计证据中获取有用的信息。（例如，全球特许金融分析师（chartered financial analyst，CFA）资格，相当普遍地被认为是个人在投资环境下有能力做这些的证明。）

6.1.3.3　一个近期的案例：英国杂货店

英国竞争委员会在其对超市部门的调查中做了商店的利润率对当地集中度的回归。[①] 竞争委员会做回归试图将商店的（可变）利润率与当地的集中度联系起来，而后者是用多种当地集中度的指标来度量的。竞争委员会参考两阶段博弈来支持此回归，其中进入在阶段 1 发生，随后竞争在当地范围内发生，即第 5 章中研究过的那个博弈形式。具体来说，它建立了在一个截面的商店间以形式

$$\pi_j = \left(\frac{商店的可变利润}{商店的收益} \right)_j$$

度量的可变利润率。这些利润率的数据涉及 2005 年 5 月到 2006 年 4 月期间的乐购（Tesco）、阿斯达（Asda）、莫里森（Morrisons）以及塞恩斯伯里（Sainsbury），这些超市的净营业面积都超过 280 m^2（且小于 6 000 m^2）。竞争委员会利用工具变量（具体说来，当地人口数量）来估计回归方程，试图利用外生的相关的人口数来控制内生的市场结构。竞争委员会对参数的估计值中的一些报告在表 6—4 中，它们表明竞争委员会发现商店的利润率与当地的市场结构是正相关的。特别地，竞争委员会考虑这个证据，市场是本地的。关于这种关系的效率解释的问题被明确地考虑过，尽管与当地成本条件有关的变量是不能得到的因而也不能被包括。

表 6—4	在英国的超市中，利润率与当地市场结构			
	十分钟里程内超过 280 m^2 的相互竞争的店面数量	十分钟里程内相互竞争的商店的数量	十分钟里程内的竞争对手的净营业面积合计	十分钟里程内竞争对手的净营业面积占总的净营业面积的比例
对商店利润率的影响	−0.009 6[a]	−0.003 4[a]	−0.002 6[a]	−0.154 5[a]
t 统计量	（−3.05）	（−2.93）	（−3.06）	（−2.99）

[a] $p < 0.01$。

资料来源：竞争委员会杂货市场调查（CC's Groceries Market Investigation，2007），附录 4.6 表 1。

[①]　竞争委员会杂货店市场调查（2007）。特别地，请参见附录 4.6 关于竞争委员会的临时调查（"当地竞争对杂货店的利润率的影响"），见 www.competition-commission.org.uk/inquiries/ref2006/grocery/provisional_findings.htm。

Slade（2006）[1] 为评估竞争委员会所做的回归提供了一个专业的报告。她指出：（i）盈利性分析是很难进行，因为利润和市场结构是同时被决定的，于是很难确定因果关系；（ii）在一定的假设下这一回归形式是没有内生性问题的，而其他的假设则不一定；但是（iii）所有他们进行过的统计检验都表明内生性问题已被"克服或者很小"。[2] 她得出结论，"尽管有潜在的困难，我发现竞争委员会做的回归对于市场结构的变化、等式的函数形式以及工具变量的选取令人惊奇地稳健。因此证据支持了这样一个假设，即非常本地化的市场条件是杂货店利润的重要决定因素。"

玛格丽特·斯莱德（Margaret Slade）的观点符合一个常见的主题，这个主题经常出现，在思考计量经济学上的证据的合适的对待方式的时候：我们要么需要结果的稳健性要么需要清晰地证实回归的一个证据集合显著地好于其他的选择。面板数据在超级市场的情形中是得不到的。然而，重要的是要注意，在面板数据可利用的情形中我们可以利用识别策略（identification strategies），在第 5 章审查价格对于市场结构的回归之时，我们已经广泛地讨论过这些识别策略。

在接下来的部分，我们讨论新的方法，这一方法已经被发展到，通过观察一个厂商在其所处行业中的行为，试图识别该行业内的市场力量的程度。这种分析利用有关不同竞争环境下厂商行为的经济理论的预测，通过厂商可观测的行为，来识别竞争的性质、厂商的成本以及所产生的盈利性。

6.2　竞争性质的直接识别

行业层面的回归分析依赖于所有行业都被相似的经验关系刻画的假设。[3] 但是，博弈论很快让研究者确信，明显地，诸如机构上的或技术上的特征的行业特征上的很小的细节，至少在理论上，在决定行业均衡结果的时候可以是很重要的。例如，有多少市场信息能受到厂商的影响，这一点在合谋结果的可能性或者至少它的性质中发挥着重要的作用（例如，参见 Stigler，1964；Green and Porter 1984）。如果如此，那么贝恩式的回归分析中的跨行业比较，将难以弄清可观测的市场特性与市场结果之间的关系，因为它们比较的是那些事实上不容易比较的环境。经过思考后，电脑、制药、飞机制造和洗发液制造是令人难以置信的不同的产业，因此在唯一的等式中抓住所有这些不同的经验研究或许是一个过于乐观的做法。[4]

---

① 可以查看 www. competition-commission. org. uk/inquiries/ref2006/grocery/pdf/expert_report_margaret_slade. pdf.
② 特别地，地方市场的人口的测量也许潜在地跟商店的盈利性有关。如果这样的话，当地人口会不会是一个正确的工具。
③ 一个很好的关于某个重要的革新者发明的识别方法的回顾，请参见 Bresnahan（1989）。
④ 那就是说，对研究 SCP 传统领域的学者们所做出的贡献的认可中，重要的是要注意，那样解释性的特征，事实上至少对于这一研究领域开展的最好的经验研究，是漫画似的夸张。

结果，自 19 世纪 70 年代末期以后，产业组织理论大部分的实证研究，已经演变为侧重于特定行业的研究。有一些例外，特别是 Sutton（1991，1998），但是它们仍然是相当少见的行为，如果这有可能增长的话。我们对于结构、行为和绩效之间的关系的兴趣依然存在，但是如今，产业组织理论主流的方法涉及对于特定行业大量细节的仔细审查。[①]

为此，产业组织理论的经济学家们已经发展了具体的方法，这些方法利用观察到的关于成本动因（cost drivers）、价格和产量的数据来推断市场竞争的性质。这些建立在许多可行的理论模型基础之上的实证模型，在给定恰当的识别策略的条件下，能用来区分这些潜在的竞争环境。任何此类分析的出发点是对于组织架构、市场的历史以及数据显示出来的基本模式的仔细审查。一旦研究人员准备开始模拟数据生成过程，做法就是指定一个基于潜在的行为的假设的结构模型，而这些假设是我们想要区分的。例如，我们也许会考虑一个竞争的模型，在这个模型中，厂商分别进行利润最大化，然后决定厂商的决策变量（价格或者产量）的数值，这些变量将明确地刻画出纳什均衡下的决策结果。另一方面，我们也许会对厂商间的共谋表示怀疑，于是关于数据生成过程的一个可选的模型是一个共谋的模型，在这个模型中，厂商们选择产量以试图最大化行业的盈利性。当我们想区分两个已经产生了相同数据的模型的时候，数据的某些特征必须能让我们把它们区分开。我们称之为"识别策略"（参见第 2 章）。

在接下来的部分，我们首先通过审查经典的关于在方程组结构系统中的需求和供给的等式的识别问题，回顾识别的主要概念。然后我们进一步解释从一些经典的产业组织理论的模型发展而来的方法的扩展。例如，当我们想把标准竞争模型与共谋模型区分开来的时候。我们将研究一些经典的问题，但是许多有关识别的经验教训，更为一般的来说，是很重要的，因为识别分析正好可以让我们在竞争经济的模型之间进行检测。

6.2.1　供给和需求的结构模型

识别的研究对于区别经济模型是很重要的。我们从第 2 章中知道，供给和需求的识别，展示出在制定识别策略时经常遇到的困难的一个典型例子。我们通过对于在结构模型中供给和需求的识别的回顾开始这一部分。这样做，为利用数据识别厂商行为的问题的分析提供了一个重要的踏脚石。

[①]　这种对细节的进展，有时带有乐趣或者甚至有时候带有挫折感地，被来自于经济学其他领域的学术上的同仁注意到了，这些同仁私底下将会评论说，著名的产业组织理论研究员们从事于非常细致的工作，而表面上看起来好像是在经济学的边缘戏耍，他们将这些研究员们称之为"广播、电视、电影、早餐谷物、水泥人、女人"。当我们比较产业组织理论的论文与研究"知识经济"（the knowledge economy）的论文或者贸易经济学家研究的"世界贸易流动"（world trade flows）的时候，这样的观点震惊了许多经济学家。另一方面，本土的研究有时候能解释很大的问题。例如，对于技术扩散（diffusion of technology）这一常见的话题的研究往往追溯到 Grilliches（1957）对于杂交玉米的研究。

6.2.1.1 供给和需求的结构模型的形式化

组成任何关于一个行业的结构模型的基本要素是需求方程和供给方程，在这里，读者会回想起在寡头垄断的设定中，"需求"方程最好被看成是"定价方程"（pricing equation），因为它表示厂商愿意提供一个给定数量的产出的价格。[①] 在一个同质性产品的行业，我们会面临唯一的市场需求曲线，并且相似地我们可以得到唯一的市场供给曲线。我们观察到市场均衡结果，一个价格—产量的组合，它使得厂商的总供给和消费者的总需求相等。这个市场结果是影响需求和供给方程的所有因素导致的。

理论上的分析（我们在第 2 章识别的讨论中已经叙述过其著名的起源）[②] 将表明，当一个变量既影响需求又影响供给时，只有在特殊情形下，我们才能单独地识别出需求曲线的移动以及供给曲线的移动对于价格—产量结果产生的影响的大小。与此相反，我们通常能够观察到所谓的"退化形式"的影响，即，外生变量的移动对于均衡的市场结果（价格，产量）的加总效应。退化形式的影响将告诉我们需求的外生变化和成本决定因素是怎样影响市场的均衡结果的，但是我们只能在一些特殊情况下才能追溯到需求和供给方程的实际参数。

让我们假设下面的需求和供给方程，其中 a_t^D 和 a_t^S 分别表示在 t 时期的需求和供给曲线的位移因子的集合：

$$需求：Q_t = a_t^D - a_{12}P_t$$
$$供给：Q_t = a_t^S + a_{22}P_t$$

进一步，我们假设只有唯一的需求的位移因子 X_t 和唯一的供给的位移因子 W_t，因此

$$a_t^D = c_{11}X_t + u_t^D \quad 以及 \quad a_t^S = c_{22}W_t + u_t^S$$

供给需求系统于是可以被写成下面的矩阵形式：

$$\begin{bmatrix} 1 & a_{12} \\ 1 & -a_{22} \end{bmatrix}\begin{bmatrix} Q_t \\ P_t \end{bmatrix} = \begin{bmatrix} c_{11} & 0 \\ 0 & c_{22} \end{bmatrix}\begin{bmatrix} X_t \\ W_t \end{bmatrix} + \begin{bmatrix} u_t^D \\ u_t^S \end{bmatrix}$$

让 $y_t = [Q_t \quad P_t]'$ 为内生变量向量，以及 $Z_t = [X_t \quad W_t]'$ 为以需求和成本的位移因子为形式的外生变量向量，它们不被系统所决定。我们可以将**结构系统**写成形式 $Ay_t = CZ_t + u_t$，其中：

$$A = \begin{bmatrix} 1 & a_{12} \\ 1 & -a_{22} \end{bmatrix} \quad 以及 \quad C = \begin{bmatrix} c_{11} & 0 \\ 0 & c_{22} \end{bmatrix}$$

而 u_t 表示冲击向量：

---

① 参见第 1 章关于市场结果的决定。在寡头垄断竞争模型中的供给方程被看作是一个定价方程，用来区分它与完全竞争下的供给方程，它由边际成本曲线给定。在寡头垄断市场，供给方程不是边际成本曲线，因为利润最大化暗示在任何产量下定价都高于边际成本。

② 在线性系统中关于识别的更加正式的处理，请参见，比如 Johnston and Dinardo（1997）。

$$u_t = \begin{bmatrix} u_t^D \\ u_t^S \end{bmatrix}$$

"退化形式"的方程将内生变量与外生变量联系起来，而且可以通过对（2×2）矩阵 A 求逆并做一些简单的矩阵代数运算得到：

$$y_t = A^{-1}CZ_t + A^{-1}u_t$$

让我们定义 $\Pi \equiv A^{-1}C$ 以及 $v_t = A^{-1}u_t$，因而我们可以将退化形式写为

$$y_t = \Pi Z_t + v_t$$

这样做得到了一个左边的内生变量关于右边的外生变量的方程。给定足够的数据我们就可以知道 Π 中的参数。具体说来，我们可以通过 Z_t 的变化弄清楚这些参数，而外生变量 Z_t 要么影响供给，要么影响需求。

6.2.1.2 定价方程的识别条件

304

识别的一个重要问题是我们是否能够知道这个模型的结构方程中的结构参数，此结构方程即供给与需求方程组。这就是说，我们想要知道，在给定足够数据的条件下，我们是否能从根本上将供给与需求方程组从数据中复原出来。我们先考察让这一点成为可能的必要条件，然后，在接下来的部分里，我们继续考察我们能够何时以及怎样去检索关于厂商行为的信息，这些行为基于定价方程（供给）以及未发现的需求方程。

需求与供给方程中的结构性参数是有用的，因为我们经常想要弄清一个或者多个变量对于需求或供给，或者两者的影响。例如，为了弄清"脂肪税（fat tax）"是否能有效地减少巧克力的消费量，我们想知道价格的变化对于需求量的影响。然而我们也想弄明白扩展到任何税收都将由供应商承担的情形。为此，要想理解税收的影响范围及其影响大小，我们必须能够分别识别需求和供给。

就如第 2 章所述，传统的识别需求和供给方程的条件是，在结构方程中必须存在一个不会影响供给的需求的位移因子和一个不会影响需求的供给的位移因子。正式地，方程中被排除在外的外生变量的个数必须至少与式子右边包含的内生变量的个数一样多。通常，排除限制条件（exclusion restrictions）是从经济理论得到的。例如，在传统的分析中，成本的位移因子通常不会影响需求而影响供给。识别也要求一个标准化的限制条件，这个条件重新调整了参数使其标准化于式子左边的解释变量的规模。

回到我们关于供给需求系统的例子：

$$Ay_t = CZ_t + u_t$$

对于退化模型的估计将会产生一个这样的矩阵 Π：

$$\Pi = A^{-1}C = \begin{bmatrix} 1 & a_{12} \\ 1 & -a_{22} \end{bmatrix}^{-1} \begin{bmatrix} c_{11} & 0 \\ 0 & c_{22} \end{bmatrix} = \frac{1}{-a_{22}-a_{12}} \begin{bmatrix} -a_{22}c_{11} & -a_{12}c_{22} \\ -c_{11} & c_{22} \end{bmatrix}$$

因此，我们从退化模型的估计中得到

$$Q_t = \frac{-a_{22}c_{11}}{-a_{22}-a_{12}}X_t - \frac{a_{12}c_{22}}{-a_{22}-a_{12}}W_t + v_{1t}$$

$$P_t = \frac{-c_{11}}{-a_{22}-a_{12}}X_t + \frac{c_{22}}{-a_{22}-a_{12}}W_t + v_{2t}$$

识别问题就是，我们是否能够从退化模型的参数估计值寻回矩阵 A 和 C 中的参数值。这个例子中，Π 中有四个参数，都是我们能估计的，而潜在地，在矩阵 A 和矩阵 C 中最多有 8 个参数。为了识别，我们的充分条件是

- 在我们的例子中，标准化限制条件（normalization restrictions）要求 $a_{11}=a_{21}=1$；
- 在我们的例子中，排除限制条件意味着 $c_{12}=c_{21}=0$。

例如，我们知道只有成本的位移因子应该在供给方程中因而被排除在需求方程之外，而需求的位移因子只能在需求方程中因而被排除在供给方程之外。

在我们的例子中，标准化和排除限制条件的应用使得我们能够还原结构性参数。例如，给定退化形式参数的估计量（π_{11}，π_{21}，π_{12}，π_{22}），我们能算得

$$\frac{\pi_{11}}{\pi_{21}} = \left(\frac{-a_{22}c_{11}}{-a_{22}-a_{12}}\right) \Big/ \left(\frac{-c_{11}}{-a_{22}-a_{12}}\right) = a_{22}$$

并且类似地，π_{21}/π_{22}（应该是 $-\pi_{12}/\pi_{22}$，译者注）就是 a_{12}。我们能很容易地得到 c_{11} 和 c_{22}。

直觉上得，排除限制条件跟这样一个要求是等价的，这个要求是我们有外生的需求或者供给的位移因子，能分别追踪或者识别供给或者需求方程（仍然可以参见第 2 章关于识别的内容）。通过将出现在结构方程组中的某一个方程而不出现在其他的方程中的变量包括在回归中，我们能够在保持其他方程不变的条件下移动结构方程组中的某一个方程。

6.2.2 行为参数

Bresnahan（1982）[1] 美妙地提供了一个条件，在这个条件下，通过一个结构的供给与需求系统（其中，前者表示一个定价方程），厂商行为可以被识别。更加确切地，他展示了这样的条件，在这样的条件下，我们能利用数据来辨别三个经典的关于厂商行为的经济学模型，即伯川德竞价模型（Bertrand price competition）、古诺竞量模型（Cournot quantity competition）以及共谋模型。我们从

---

[1] 技术上的条件出现在 Lau（1982）中。

Bresnahan 的经典论文开始来说明这些技术。[①] 我们将会看到，对于结构的供给与需求系统的成功估计典型地不足以去识别市场中厂商行为的性质。

在 Bresnahan 考虑的所有三种竞争设定下，厂商通过让边际收益与边际成本相等来最大化静态利润。然而，在这三种不同的模型之中，厂商的边际收益方程是不同的。结果，厂商对影响价格的市场条件的变化的反应，都与具体的模型相关。在一定的假设之下，Bresnahan 表明这些不同的反应能够区分这些模型，从而识别行业中厂商行为的性质。

为了解释清楚，例如，可以考虑一个固定成本为零的完全竞争模型。在这种情形下，厂商的定价方程就是它的边际成本曲线，因此需求的移动或者转动将不会影响供给（定价）曲线的形状，因为它完全由成本决定。相反地，在垄断竞争或者合谋的行为下，在成本之上的加价（the markup over costs）——从而定价方程——会依赖于需求曲线的性质。

6.2.2.1 市场结构下的边际收益

跟随 Bresnahan（1982），我们首先确定，在同质性产品的环境下，我们能够将完全竞争的、古诺寡头垄断的和垄断的模型合并到一个一般的结构中，在这个结构中，边际收益方程可以用下面的一般形式表达：

$$MR(Q) = \lambda Q P'(Q) + P(Q)$$

其中，参数 λ 在不同的竞争模式下取不同的值。具体地，

$$\lambda = \begin{cases} 0 & \text{在价格接受者竞争条件下} \\ \dfrac{1}{N} & \text{在对称的古诺模型下} \\ 1 & \text{在垄断或者卡特尔条件下} \end{cases}$$

考虑下面的市场需求方程：

$$Q_t = \alpha_0 - \alpha_1 P_t + \alpha_2 X_t + u_{1t}^D$$

其中 X_t 表示决定需求的外生变量的集合。需求方程的逆可以写成

$$P_t = \frac{\alpha_0}{\alpha_1} - \frac{1}{\alpha_1} Q_t + \frac{\alpha_2}{\alpha_1} X_t + \frac{1}{\alpha_1} u_{1t}^D$$

厂商的总收益 TR（total revenue，TR）是价格和总销售量的乘积。它等于

（ⅰ）$TR = q_i P(Q(q_i))$　　对于古诺模型，

（ⅱ）$TR = QP(Q)$　　对于垄断或卡特尔模型，

（ⅲ）$TR = q_i P(Q)$　　对于价格接受者竞争模型，

---

① 我们这样做，同时注意到 Perloff and Shen（2001）表明，若我们利用对数线性的需求曲线代替为了解释的清晰而使用的线性需求曲线，则模型会得到更好的性质。这样到对数线性需求的扩展只需要一些简单的代数运算。那些学者们将初始的模型归功于 Just and Chen（1980）。在他们的论文中，Just 和 Chen 利用一个外生的供给冲击（番茄采收的机械化）来检验需求的竞争性（the competitiveness of demand）。

其中 Q 表示市场总产量而 q_i 表示厂商的产量，在对称的古诺模型中， $q_i = Q/N$。给定这些收益方程，边际收益可以分别算得

（ⅰ） $MR = q_i P'(Q) + P(Q)$　对于古诺模型，

（ⅱ） $MR = QP'(Q) + P(Q)$　对于垄断或卡特尔模型，

（ⅲ） $MR = P(Q)$ 对于价格接受者竞争模型。

所有这些表达式都可以归并到下面的形式：

$$MR(Q) = \lambda QP'(Q) + P(Q)$$

6.2.2.2　定价方程

利润最大化意味着厂商会使边际收益等于边际成本。利用边际收益的表达式，我们得到描述三个模型中的任何一个模型的利润最大化的一阶条件：

$$\lambda QP'(Q) + P(Q) = MC(Q)$$

在一种解释下，参数 λ 提供了这些厂商通过限制产出来提高价格的程度的指标。如果是这样，那么参数 λ 可以被解释为价格与观察到的厂商的边际收益的接近程度的指标（参见 Bresnahan, 1981）。如果这样，那么 λ 是市场力量的一个指标，越大的 λ 表明市场力量的程度越高，而 $\lambda = 0$ 表示厂商在厂商是价格接受者的环境下经营，此环境中边际收益等于市场价格。这种解释流行于 19 世纪 80 年代早期，但是它有一个缺点招致了对这一研究领域的怀疑（参见 Makowski, 1987; Bresnahan, 1989）。更加常规地，假设我们能够识别参数 λ，那么我们会看到我们能够将行为的识别问题完全地认为是在这三个模型之间进行区分的标准的统计检验问题。

定价方程或者供给关系表明了在厂商销售的产品数量给定的条件下的要价，而且在三个模型的每个模型中它会被这样一个条件决定，这个条件是厂商会提高产量直到相关的边际收益与产品的边际成本相等。涉及这三个模型的定价方程不仅依赖于产量而且依赖于成本的变量。定价方程的参数由需求方程的参数（α_0， α_1， α_2）、成本函数的参数以及厂商的行为参数 λ 共同决定。

假设线性的逆需求方程和边际成本曲线，则（供给）定价方程可以被写成形式：

$$P(Q_t) = \beta_0 + \gamma Q_t + \beta_2 W_t + u_{2t}^S$$

这里，γ 是成本参数、需求参数和行为参数的函数，而 W 表示成本的决定因素。

给定逆需求方程，

$$P_t = \frac{\alpha_0}{\alpha_1} - \frac{1}{\alpha_1} Q_t + \frac{\alpha_2}{\alpha_1} X_t + \frac{1}{\alpha_1} u_{1t}^D$$

以及下面的线性边际成本曲线：

$$MC(Q) = \beta_0 + \beta_1 Q + \beta_2 W_t + u_{2t}^S$$

其中，W 表示成本的决定因素，于是，所有这三个模型都适用的一阶条件，$\lambda QP'(Q) + P(Q) = MC(Q)$，可以写成

$$-\frac{\lambda}{\alpha_1}Q_t + P(Q_t) = \beta_0 + \beta_1 Q_t + \beta_2 W_t + u_{2t}^S$$

移项，可得厂商的定价方程：

$$P(Q_t) = \beta_0 + \frac{\lambda}{\alpha_1}Q_t + \beta_1 Q_t + \beta_2 W_t + u_{2t}^S$$

它可以写成将会被估计的式子：

$$P(Q_t) = \beta_0 + \gamma Q_t + \beta_2 W_t + u_{2t}^S$$

其中，$\gamma = \beta_1 + \lambda/\alpha_1$。

我们希望研究由两个线性方程构成的系统：（i）逆需求函数；（ii）定价（供给）方程。在第 2 章以及前面的讨论中，我们已经明白，当我们有一个不包含在定价方程中的关于需求的位移因子时，我们就可以识别定价方程中的参数。类似地，如果我们有一个只会移动定价方程而不会移动需求方程的关于成本的位移因子，那么我们就能识别需求函数。那样的话，我们就能从定价方程中识别参数 γ 也能从需求曲线中识别参数 α_1。不幸却又重要的是，这对于识别行为参数 λ 是不够的，而参数 λ 才能让我们区分关于厂商行为的这三个标准的模型。给定 (γ, α_1) 我们不能分别识别 β_1 和 λ。

在接下来的部分，我们会研究使得我们能够识别行为参数 λ 的条件。

6.2.2.3　成本信息可用时的行为识别

在研究者能够做出一些关于成本的假设的情形下，行为参数是可以识别的。首先需要注意的是，若边际成本不随产量而改变（因而，我们知道 β_1 的真值，在这个例子中 $\beta_1 = 0$），那么如果我们能估计需求参数 α_1 和回归参数 γ 我们就能识别行为参数 λ，因为 $\gamma = \beta_1 + \lambda/\alpha_1 = \lambda/\alpha_1$。然后我们就能在统计上检验 λ 是接近于 0 从而指示价格接受的环境，还是接近于 1 从而指示一个垄断的或者卡特尔的行业。在那个特殊的情形下，同时识别定价和需求方程以及行为参数的条件是我们能找到：（i）一个供给的位移因子，它能让我们识别需求曲线，即参数 α_1；（ii）一个识别定价曲线的关于需求的位移因子，从而识别 γ。

或者，如果我们对我们的成本数据有信心，那么我们能够估计出一个成本函数，也许利用在第 3 章中讲述的方法，或者边际成本函数从而等价地直接估计出参数 β_1。再加上 α_1 和 γ 的估计值，我们就能得到行为参数 λ。

6.2.2.4　在成本信息不可用时行为的识别：需求移动

在很多情形下，令人满意的成本信息是无法得到的，从而不能对厂商层面的边际成本函数做出估计或者假设。一个重要的问题就是是否还能识别行为。在没有成本信息的条件下，唯一可以用来识别的市场事件（market events）就是需求的变化。在这一部分以及接下来的一部分，我们将分别考虑需求的平移和需求的转动，以及特别地，这样的数据上的变化是否能让我们得到对于边际成本函数的估计以及对于需求函数的估计。例如，需求向上平移，是因为消费者用于消费的可支配收入的增加。另一方面，需求的转动必须是能够影响消费者的价格敏感性的因素。有很多的例子，例如包括，对于雨伞的需求的价格敏感性在下雨时很可能会下降，而对用于空调设备的电力的需求，在天气很热时，会表现得高度的价格不敏感。

首先考虑需求的平移。我们已经确定，需求的位移因子提供了有用的数据变化，帮助我们识别供给（定价）方程。我们也已经在代数上表明，这样的需求位移因子一般来说对于识别市场中行为的性质是无用的。在这一部分，我们首要的目标是首先要建立关于需求的位移因子一般不足以识别行为的原因的直觉。我们接着会在下一部分证明需求的转动因子通常足以识别。

假定我们观察到了由可支配收入的变化引起的市场需求上的变化。这样的需求变化将会描绘出定价曲线，即，在不同产量水平下供给者的最优价格。此情形表示在图 6—2 中，它表明了由需求从 D_1 到 D_2 的移动引起的市场的价格和产量的变化。注意，特别是，需求的位移描画出了定价方程，从而给出了如（Q_1，P_1）和（Q_2，P_2）这样的数据点，但是这样的定价方程与市场中不同形式的竞争才是一致的。首先，在定价方程就是边际成本曲线的情形下，它与边际成本随产量递增的厂商设定 $P=MC$ 是一致的。其次，相同的定价曲线可以由这样一个更加有效率的厂商给出，这个厂商通过限制产出来实施市场力量，因而边际收益与边际成本相等，但它却与价格不相等。如果定价曲线就是边际成本曲线，那么我们是在价格接受者的环境之下。如果厂商面临一个较低的边际成本曲线并设定 $MR=MC$ 从而索取涨价额，则厂商具有市场力量。使得观测到的价格和产量的数据能够得到合理解释的两种方法已经在图 6—2 中给出。这幅图的目的就是论证需求的位移不能区分这两种潜在的模型（除非我们有关于成本水平的额外信息），尽管需求的位移成功地为我们勾画出了定价方程。

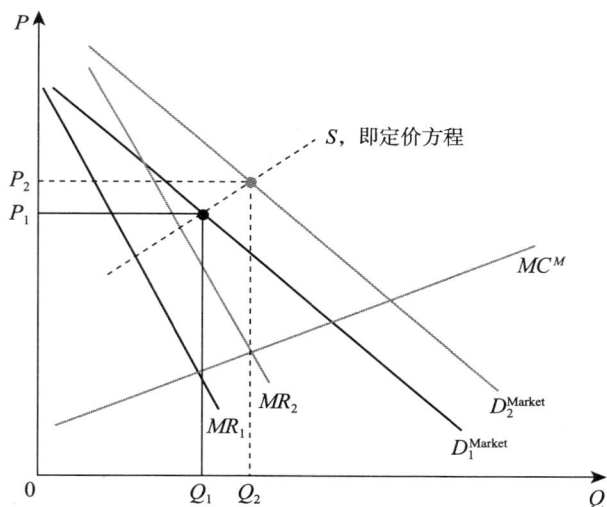

图 6—2　需求的移动不能识别行为

资料来源：作者对 Bresnahan（1982）中的图 1 的再现。

6.2.2.5 在成本信息不可用时行为的识别：需求转动

在被考察的三个模型中，基本的行为假设都是：厂商最大化利润，并且为此它们让边际收益与边际成本相等。这三个模型（竞争的，古诺以及垄断）各不相同仅仅因为，它们有着不同的边际收益的算法，而这对定价曲线的决定产生了直接的影响。每一个模型认为（逆）需求曲线的斜率对于定价方程的重要性是有区别的。这可以从描述定价方程的一阶条件的第一部分的形式中直接看出来，$\lambda QP'(Q)+P(Q)=MC(Q)$。或者我们可以重新整理这个方程，以强调价格就是边际成本加上一个依赖于需求曲线的斜率的涨价额，$P(Q)=MC(Q)+\lambda Q|P'(Q)|$，而这个涨价额在不同模型之间是不一样的。

这个等式指明了一个实现识别的方向。具体来说，若一个变量影响需求的斜率，那么这三个模型，在任意给定的边际成本之下，会对价格应该发生的变化做出很不一样的预测。一个最清楚的例子，注意在完全竞争的情形下，涨价额不会发生任何变化，而垄断者会利用需求弹性的下降来提价。给定这样的直觉，我们接下来讨论当需求曲线转动时行为是否可以被识别。

需求曲线的转动改变了寡头厂商的边际收益。更加平坦的需求和边际收益曲线会导致具有市场力量的厂商降低他们的价格。另一方面，价格接受的厂商会保持价格不变，因为降低价格会导致价格低于边际成本从而亏本。图6—3利用图解释了这一点，通过考虑在初始的均衡点 E_1 的需求转动。特别地，这个图让我们能够比较价格接受的厂商的反应的缺失，即他们以点 E_1 描述的价格和产量开始也以它结束，而垄断者的反应是，他们从 E_1 点开始，在需求的转动发生以后，却以在 E_2 点不同的价格和产量结束。

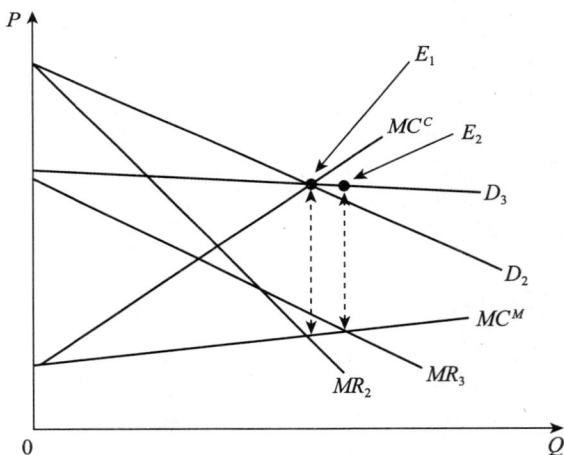

图6—3 竞争厂商和垄断厂商对于需求转动的反应

资料来源：作者对 Bresnahan（1982）中的图2的再现。

直觉地，需求的转动让我们能够识别行为，即使在我们没有任何关于成本的信息的时候，因为这样的变化在完全竞争的情形下不会导致任何反应，古诺市场下会有一些反应，而在一个完全合谋的情形下会有一个大得多的反应。如果需求变得更加具有弹性，在一个具有高程度的市场力量的市场中，价格将会下降而产量会上升。另一方面，如果需求变得更加不具有弹性，并且消费者在应对价格变化时更加不愿意调整他们消费的数量，那么，对于寡头垄断或者卡特尔市场，价格将会上升。如果市场是完全竞争的，厂商定价接近于他们的边际成本，那么在上述两种情形下，价格都会保持不变。

图形虽然直观，但是简单的图形不能说明，给定任意足够数量的数据的条件下，一个需求的转动因子就足以区分这三个模型，而这正是我们在识别时要建立的观点。因而，我们来研究需求转动因子的代数基础。

让我们来看看利用需求的转动进行识别的代数基础。正式地，我们可以设定需求方程，使它含有影响需求的斜率（并且潜在地，水平）的变量 Z 的集合：

$$Q_t = \alpha_0 + \alpha_1 P_t + \alpha_2 X_t + \alpha_3 P_t Z_t + \alpha_4 Z_t + u_{1t}^D$$

对于我们的这三个模型，定价方程变为

$$P_t = \left(\frac{-\lambda}{\alpha_1 + \alpha_3 Z_t}\right) Q_t + \beta_0 + \beta_1 Q_t + \beta_2 W_t + u_{2t}^S$$

为了研究识别，请注意，若我们可以估计需求方程并得到参数 α_1 和 α_3 的真值，则我们可以建立变量 $Q^* = -Q/(\alpha_1 + \alpha_3 Z)$。于是，在这种情况下，在估计如下的方程时，行为参数将会是 Q^* 的系数：

$$P_t = \beta_0 + \lambda Q^* + \beta_1 Q_t + \beta_2 W_t + u_{2t}^S$$

在需求转动的方法中一个重大的挑战是寻找这样一种情况，在这个情况下，我们相信我们有一个能导致需求对于价格的敏感性发生变化的变量。另一方面，这一需求的估计方法的一个很好的特点就是，在估计需求曲线时，我们能够检验一个变量事实上是否引起了需求曲线的转动，还是仅仅使曲线平移了。在一定的价格水平上，能改变一种产品的价格弹性的事件包括该产品的新替代品的出现以及它的主要替代品的价格变化。例如，从网上下载音乐的普及也许提高了对于CD唱片的需求的弹性，因为消费者变得更加价格敏感了，而且当CD唱片的价格上升时他们更加愿意减少CD唱片的购买。在数字化音乐的例子中，也许有人会说既存在需求的转动也存在需求的平移，于是，在给定的价格下，对于CD唱片的需求下降了。只有需求的转动才能帮助我们识别行为。类似地，天气会影响

雨伞的需求水平，并且在下雨天，需求会更加不具有弹性。虽然当同一个变量同时影响需求的水平和斜率时，在理论上是没有困难的，然而我们会面临来自于多重共线性的实证上的困难，多重共线性会使得在实证上区分需求的移动和需求的转动变得非常困难。经验研究具有挑战性同时也需要创造性。

第二个重要的实际问题在于向非技术人员解释颇为技术性的问题时所面临的困难。然而，这是可以被克服的，通过理解原理并利用朴素的语言正确地解释。通过需求转动因子，我们试图利用这样一个事实，拥有市场力量的厂商会适应他们的市场力量水平的变化，而没有市场力量的厂商会制定接近于边际成本的价格

并且不会对市场需求弹性的变化做出反应。根据他们的模型，定价接近于边际成本的厂商不会对需求的价格敏感性的变化做出反应，而拥有一些市场力量的厂商会根据这些变化相应调整价格。

第三个问题是，是估计 λ，还是通过特定的值来识别模型。如果我们估计 λ，则我们很少（或者从来没有）得到 0 或 1，而很可能是处于它们之间的某个数值。在实践中，我们也许会得到一个估计值，例如，$\lambda=0.234352$，然后我们可以检验假设 $\lambda=0$、$\lambda=1$ 或 $\lambda=1/N$，其中 N 表示厂商的数量，因为我们知道它们分别对应着竞争、完全共谋和古诺模型。比如，我们可以利用，比如说似然比检验（特别是，请参阅 Vuong，1989），来检验数据是否支持参数值更加接近于一个或是另一个参数值。这样的方法可以让我们在给定足够数据的条件下，检验数据是否与那三个模型中的某一个吻合。

偏好于 λ 具体取值的原因是，因为从居于 0 和 1 之间，并且跟我们概述的理论模型预测的任何一个值都不相等的某个 λ 的取值，想得到一个具体的结论，是很困难的，因此我们通常尝试去检验那三个特定模型中的哪一个与数据匹配得最好。具体来说，通常没有一个模型能与估计的类似于 $\lambda=0.234352$ 的数值直接相对应。正因如此，大部分学者偏好于在完全竞争、完美的卡特尔模型以及对称的古诺模型之间进行检验，而不是过度地解释处于中间值的 λ。也就是说，对于那样的实践的一个挑战，Kalai and Stanford（1985）给出了一个模型，这个模型可以解释处于完全竞争和垄断结果之间的任何均衡解。

最后，我们注意，在利用从理论模型中得到的一阶条件去识别边际成本的时候，特别是在理论模型涉及一定程度的市场力量的时候，研究者所面临的困难。我们所描述的估计方法说明，研究者可以识别供给方程和需求方程以及随后的边际成本。现在有一些关于我们利用源自理论的一阶条件去识别边际成本的能力的不同评价。Genovese and Mullin（1998），通过比较 19 世纪末期和 20 世纪初期美国甘蔗制糖产业的真实成本数据与利用估计的行为和需求结构推算出的成本，测试了这种方法。他们首先发现，不使用任何成本数据估计的行为参数跟利用真实的成本信息得到的结果差别并不大。不过，估计的成本对特定的静态竞争模型的假设表现得非常敏感。他们支持在规范的定价方程中定义一个"不严密的"行为参数。Corts（1999）以及 Kim and Knittel（2006），当特定的竞争的设定被强加的时候，他们对于估计的成本的正确性的评价并不是很关注。与估计的需求弹性和价格水平相一致的估计的边际成本，有时候会是负的。原因是很清晰的：如果需求被估计成无弹性的而观察到的价格事实上却相当低，于是可以预见利润率很高，以至于唯一能理性化这样高的利润率的边际成本只能是负的。在近期的一篇文章中，Kim and Knittel（2006）发现，在电力市场中，行为参数的方法很差地估计了涨价额以及涨价额对成本冲击的调整。

Corts 主张，在以上的方法中，对行为参数的估计经常不能正确地测量市场力量，这不仅仅是因为 Bresnahan 强调的完美共谋模型并不是依据某个具体的关于共谋的动态定价模型，还因为它只是许许多多潜在的共谋模型中的某一个（其他的共谋模型也许具有一些特性，诸如使得市场力量很难实施的价格刚性）。Salvo（2007）主张，厂商面临的未观察到的约束会限制它们的定价水平，这导

314

致了对于因市场条件的变化而引起的价格的变化做出反应的能力的低估。具体地，他指出，进入威胁使得巴西的一个水泥产业的卡特尔的价格要低于基于它的市场力量预测的价格水平。在那个特殊的例子中，行为参数的方法错误地计算了成本并且低估了市场力量的程度。另一方面，Salvo 提供了一个解决进入威胁难题的潜在的方法，同时 Puller（2006）和 Kim（2005）都分别至少针对 Corts 的批判的某一方面提出了解决方法。

总之，产业组织理论的这一分支的文献，其贡献就是提高了我们检验各种各样的关于厂商行为的模型到底哪一个与数据能匹配得最好的能力。为了在一个模型与另一个模型之间进行检验，我们必须有一些适当的资源去识别数据的变化。在我们研究的例子中，被要求的数据变化的源头被分成（1）需求位移因子，（2）成本位移因子，以及（3）需求转动因子。除了在非常特殊的情况下，这三个因子都是需要的。

更一般说来，理论以及实证上对于这种方法的主要的挑战是，去理解这种数据变化，这种变化会帮助我们区分一种经济模型和另一种，然后找到一个实际的变量或者变量集，这个变量或者变量集为我们手头上的这个具体的例子提供了数据变化的原因。虽然现在人们已经很好地理解了 Bresnahan 所研究的同质性产品的伯川德、古诺以及完美合谋的模型，但是，为标准的产业组织模型发展许多识别方面的成果的重任，还没有被产业组织理论的学术界广泛地担负起来，而且很多关于识别结论的重要的例子还有待探讨和检验。例如，监管机构和竞争管理当局当然应该弄明白的一件事情，就是拉姆齐（Ramsey）价格和垄断价格的差异性的识别问题。只有在标准的产业组织模型的一个比较小的子集中，才有识别的结论。[①] 正因如此，在今后的产业组织理论研究的主要和重要的议题涉及识别的研究。

6.2.3 隐性合谋的识别

当某个行业的厂商协同作用以最大化（或者至少增加）行业的联合利润而不是个体的利润的时候，合谋就发生了。在标准的寡头竞争模型中，厂商最大化他们自己的利润而忽略了他们的行为的后果对竞争者的盈利性的影响。这种基本的水平性外部性导致的结果就是，厂商在不顾它们对于竞争者的利润的负面影响的情况下采取行动（例如，增加产量或者减价），行业总利润没有得到最大化，并且相对于如果他们以共同筹划的方式一起行动的话，厂商最终会产出更多价格却更低。因此，经济学理论断言，个体厂商的这种自私行为（ⅰ）最终会不利于自己，并且（ⅱ）最终会以较低的价格和较高的产出的方式给消费者带来很大的利益。

在对于合谋的任何研究中，区分卡特尔或者说显性的合谋以及隐性的合谋，是非常有用处的。在显性的卡特尔中，厂商会跟其他厂商直接交流关于他们期望

---

① 这一研究路线（即识别结论的发展）中更加活跃的领域，就是拍卖理论（例如，请参见，Athey and Haile，2002）。

的行为和反应，并且会联合起来一起决定关于市场的结果。[1] 相反地，在隐性合谋中，不会有直接的交流，但是在制定产量和价格的时候，厂商们不论怎样都会知道他们的对手可能的反应。如果一个行业中足够大的比例的参与者都明白，自私的行为最终将不利于自己并且他们也明白他们的对手们知道这一点，那么我们也许会发现，即使没有直接的交流，合作的行为在他们之间也发生了。在这样的隐性合谋下，期望的竞争对手对于价格和产量变化的反应，将是他们也会跟随这样的变化。利用通过媒体、供应商或者客户传递的策略信息，以及还有可能专注于偶尔的出版物，厂商即使不需要直接的交流最终也能够提高利润率和行业总利润，于是厂商在隐性合谋下也许会取得成功。不论是隐性的还是显性的合谋的非正式的证据都可能来自企业的关于定价和战略的文件。

在法律上，对这两种形式的共谋的处置在本质上是不同的，因为卡特尔本质上是非法的，甚至在许多司法管辖区（包括美国、英国、以色列、韩国以及澳大利亚）中被认为是刑事犯罪；而隐性的合谋不是典型的犯罪行为，却至少在原则上，受制于反垄断执法工作。例如，在欧盟，某些形式的隐性合谋行为会被第81条（Article 81）涵盖，其中禁止"相互配合的行为"。此外，隐性合谋将被列入"联合垄断"（collective dominance）的概念，这一概念已经被法庭解释为一种特殊形式的"垄断"，而垄断力量的滥用是被法律所禁止的，例如第82条（Article 82）。[2] 并且，被认为会导致"联合垄断"增加的企业合并是被欧洲的法律所禁止的。进一步来说，部门调查（在欧洲）和特别是市场调查（在英国）可以被用于审查被怀疑发生了这些行为的行业。

隐性的和显性的合谋在法律上的区别也许反映了经济学上的事实，因为显性的和隐性的合谋区别在于，在卡特尔组织中，合谋的形式和性质都清晰地达成了一致，因此它能够比只是隐性的合谋的厂商们组成的集合体更加有效率地提高价格或者限制产量。具体而言，隐性合谋者必须找到在他们之间间接地传达足够多的信息的方法，而且他们还必须克服由其他厂商会单独行动所带来的不确定性，因为那种在卡特尔中可能的直接的——也许面对面或者甚至被独立的会计审查所证实——再保证一般不会出现在隐性合谋者之间。这样的交流上的困难也许要么降低合谋协议的有效性要么降低它的存续性。特别地，直接交流的缺乏会降低隐

---

① 关于卡特尔成功的决定因素的扩展讨论，请参阅格鲁斯曼编辑的书（Grossman，2004）。关于美国 20 世纪 90 年代著名的三个案例（赖氨酸、维生素以及柠檬酸的卡特尔）的详细讨论，请参见康纳的报道（Connor，2001）。这件事起因于1993 年美国的阿彻—丹尼尔斯—米德兰公司（简称 ADM——译者注）的总裁詹姆斯·兰德尔与他的赖氨酸卡特尔盟友日本的 Anjinimoto 公司的一次会议中的臭名昭著的讲话。兰德尔先生被 ADM 公司的一名员工（他与美国联邦调查局（FBI）签订了一份扮演在他们的调查中的线人的协议）秘密地录了音。一个完整的版本说（参见 Eichenwald，1997，1998）："在这个公司里，我们有一种说法"，兰德尔先生说，"我们的竞争者是我们的朋友，而我们的客户是我们的敌人。"

② 具体地，请参见 Laurent Piau v. Commission T－193/02，它确认了，联合垄断可以是第 82 条所规定的垄断的一种形式，而这一观点已经存在于欧共体自从旅行者航空案之后的合并制度中。另一方面，隐性合谋的案例至今还未曾出现过，而且它确实会成为一个异常困难的案例，因为它会同时既是一个（i）"联合垄断"的案例，又是一个（ii）"剥削过度"（exploitative abuse）的案例（即，价格很高）。每一种案例都很罕见。具体来说，Laurent Piau v. Commission 涉及一个足球行业的组织 FIFA，它在企业之间引入了结构性的联系，但是隐性合谋的案例是不会涉及直接的关联的。进一步来说，对（个体的）垄断厂商有害的剥削过度的案例，与"排挤过度"（exclusionary abuse）的案例（例如涉及以掠夺市场为目的的定价的案例）相比，是罕见的。于是，一个纯隐性合谋的案例似乎从原理上得到了发展但是还需要克服两个潜在的困难的障碍。

性合谋的厂商们对市场条件的变化做出最优反应的能力。

卡特尔和隐性地合谋的达成都是不稳定的。成功的协调一致的行为会产生高价格、高利润率和低产量，结果每个厂商都会有一个自私的短期的激励去提高它的销售额，以利用此较高的利润率。但是，它必须毫无察觉地做这些，以至于竞争对手们没有采取任何行为，来消除由这些偏离行为所带来的好处。如果竞争对手们以增加它们的产量的方式做出反应并导致价格降到完全竞争的水平，由偏离带来的好处以及由此产生的偏离的激励都将消失。于是合谋协议稳定性的潜在的缺乏与这样的可能性有关，即厂商可能会采取既重大又毫无察觉的偏离或者做出可以察觉到的偏离，而这种偏离会给它带来足够多的利润，以至于比补偿了卡特尔的好处的损失还要多。另一方面，自 20 世纪 70 年代以后，博弈理论家已经证明了，存在可信的惩罚机制，它能消除偏离于合谋协议的激励并导致稳定的隐性合谋的均衡。[①] 而且，一些"稳定的"协议表现得相当复杂。例如，某些会涉及"价格战"的周期性发生，但是，事实上，这只是稳定的协议的一部分，用以处理偶发的由低需求导致的低价格问题（Green and Porter，1984）。

一个行业中任何形式的合谋都会损害消费者，因为它会导致市场价格朝着垄断结果的方向上升（以及产出下降），在垄断市场中，厂商能够榨取市场活动产生的许多价值而有害于消费者。然而，当显性合谋的证据缺乏或者不存在的时候，我们很难检测合谋行为。我们怎样从价格竞争中识别卡特尔行为？我们又怎样区分隐性合谋与合法的寡头垄断竞争？

6.2.3.1 直接识别隐性合谋的困难

识别隐性合谋或者隐性合谋的可能性是非常困难的。证明联合垄断存在性的一种直接方法是，试图建立任何一个厂商的价格对于市场需求对价格变化的敏感性的依赖程度，这种敏感性有别于厂商自身所面临的需求对于价格变化的敏感性。

为了理解这一直接方法的逻辑，首先要知道，来自公司文件的一个证据，即厂商的价格是在考虑了消费者的反应的条件下被设定的，是市场力量的表征（尽管每一个厂商都有一定程度的市场力量，而且并不是每一个厂商都会牵涉到竞争管理当局对于定价行为的调查之中）。如果个体厂商的价格被发现是通过将预期到的市场需求而不是厂商自己的需求的所有反应都考虑进来而设定的，那么我们也许找到了某一行业合谋的迹象。的确，从表面上看，如果厂商监控并考虑它的行为对于其他市场参与者的盈利能力的影响，那么我们可能得到了隐性或者显性合谋的直接证据。在实践中，这样的证据必须小心地解释，因为许多厂商会参与监控对手们的行为并且这也是正常的策略行为，区别于那种导致合谋结果的动态的策略行为。监视对手这一行为本身当然不是隐性合谋的证据。我们必须找到这样的证据，即厂商做出或者试图做出积极迎合它的对手们的需要以及特别是他们可能的盈利性的决定。这样的直接证据也许可以从公司文件或者证词中获得，但是甚至在专业的法律人士的干涉下，清晰可见的直接的文本证据也能表现得模棱两可的。证据也许还能从计量分析中得到（跟随本章第一部分在强调"需求转动

---

① 弗里德曼（Friedman，1971）和阿布勒（Abreu，1986）将这一点正式化了。

因子"对于识别简单模型的功用时所提出的方法，去进行合谋的识别），但是这样的证据很少不是模棱两可的。在实践中进行这样的辨别时所面临的困难不应该被低估。

为了进一步理解直接建立隐性合谋的难处，请注意厂商们可以进行取得不同程度上的成功的隐性合谋。第一，如果厂商是异质性的，那么它们不能直接从最优的隐性合谋行为中获利很多。例如，考虑这样的情形，一个拥有两个工厂的垄断者也许有时候通过只利用它的最有效率的工厂而不是没效率的工厂来最小化成本。两个都只拥有一个工厂的厂商之间的隐性合谋协议，这个协议约定一个厂商什么也不生产，至少在不存在某些形式（很可能非直接的）的一方对另一方的补偿支付的条件下，这样的协议很难被约定不进行生产的工厂的厂商的所有者所接受。这些支付也许通过行业的联营、行业层面的营销费用的分摊或者其他市场上的商业活动。第二，环境发生了变化，并且隐性合谋的厂商必须拥有应对这样的变化的策略。比如，需求或者成本也许会变高或者变低，而在厂商行为的标准模型中，合谋的价格会随着成本和需求条件而变化。如果是这样，那么隐性合谋的厂商也许需要非常经常性地重新建立关于合谋的价格水平的新的隐性协议。然而，如果这些变化威胁到稳定性，那么合谋协议也许会只包括定价和市场规模的非常少见的变化。由于这些原因，隐性合谋协议的结果可能稍微或者很大程度上区别于竞争的或者完全合谋的结果。

我们已经说到由 Corts（1999）提供的对计量经济学测度市场力量的尝试的评论。然而，这一评论在很大程度上也适用于非计量经济学的证据。大体上，问题就是，动态博弈理论只成功地证明了隐性合谋也许是一个稳定的市场结果，并接着为我们提供了（潜在复杂的）可能会产生的各种各样的关于定价策略的例子。该理论还没有为一般类别的合谋模型与竞争模型的区分提供一个便于理解的"识别"方法。大量的市场历史事件似乎与合谋相一致，并且也和其他的竞争环境相一致。比如，合谋可以产生稳定的价格或一系列价格战，这取决于不确定性的水平或者惩罚的性质。合谋也可以产生顺周期或者逆周期的价格，比如，这取决于产能利用水平或者我们是否处于商业周期的转换点上。[①] 一些调查已经出现了，在更有可能促进合谋的条件下：参与者数量较少、需求稳定以及厂商对称。[②] 但是这些性质大部分都是指示性的，因为在这些性质不满足时合谋仍然是可能的。比如，在差异性产品市场中，对称性很少得到满足，并且我们将会发现，至少从某种重要的意义上来说，厂商的非对称性使得合谋变得更加困难，但是另一方面，通常它并没有排除当合谋可能被维持住时所出现的情形。

因为经济理论对合谋存在的预测表现出明显很弱的能力，大部分检查合谋的实证工作重点在于证明，非常基本的条件在给定的市场中被发现，这些条件都是使得合谋存在所必需的。推测是这样的，如果这些必要条件存在的话（于是厂商同时拥有能力和动机去合谋），那么合谋就是可能的。在反垄断的设定下，对合

319

---

① 特别地，请参见 Rotemberg and Saloner（1986））以及 Haltiwanger and Harrington（1991）。还可以参见 Garcès et al.（2009）关于随后的合谋方面的文献的一个详细的回顾。

② 关于文献的总结，请参考 Ivaldi et al.（2003）。

谋的分析现在趋向于由将近 50 年以前 Stigler（1964）提出的三个必要的点所组成的分析，我们将展示如下。

6.2.3.2　评估协议、监控与执法的条件

Stigler（1964）提供了一个一般的框架，来评估很可能促进向合谋移动的市场特征。随后这个框架已经在大部分司法管辖区下被广泛地采用，即使不同的指导下确切的技术方法有所不同。[①] 这取决于这样的观点，即为了让合谋变得切实可行，以共谋的形式达成某种**协议**对于参与者而言必须是可行的；同时合谋厂商执行协议必须能够**监控**并且发生偏离的厂商必须加以惩罚，在隐性合谋的情形下，就是这种惩罚机制的公信力保持了合谋协议不瓦解，也即是强制执法。此框架对于显性或者隐性合谋都同样适用，但是具体的形式也许有所不同。比如在卡特尔的情形中，协议也许通过讨论而达成，监控也许通过信息的交换而发生，也许甚至通过会计公司以及/或者交易协会的独立报告，然而在某些情况下，由于那些类似于隐性合谋中出现的机制，强制执法也许在某些情况下会保持。[②] 在其他情况下，此机制也许非常不同。比如，在合法的卡特尔的极端情形下，强制执法也许起因于通过法院执行合同。值得注意的是，出口产品的卡特尔在许多司法管辖区下仍然是合法的。下面我们分别讨论 Stigler 的框架的每个要素。

320

协议　合谋者必须对于协作到底意味着什么有一定形式的理解。这意味着必须对协作发生的地方的范围大小以及期望的行为的迹象有一个了解。在隐性合谋中，协议将不会是显性的，但是它可以被市场参与者从它们可利用的信息中推断出来。厂商可以公布它们的定价单，并做出公开的宣布，为市场提供关于潜在的焦点的信号，在这个焦点附近，协作行为将会发生。当市场监管者怀疑合谋行为时，这些信号的施行通常不被他们所关注，但是另一方面，公布的价格信息并非不常见，而且在其他情况下它也是被竞争管理当局所积极鼓励的，比如，为了方便消费者查阅。这个焦点也许还可以从过去的行为或者历史的价格中推断出来，在这样的情况下，市场也许会趋于表现出更强程度的价格刚性。一个交易复杂的或者交易是定制的市场将更不容易受到一些厂商的影响，这些厂商能够找到一个相互都能接受的关于隐性合谋的理解。类似地，有着非常不同的产品的市场将更难以达成协作，比如说不同的品牌以及特定产品的不同的版本。因为复杂性将使得关于合谋将意味着什么的协议很难达成，所以有时候我们看到厂商采取这样的行动，即"简化它们针对消费者的价格"或者调整交易的条件。一个例子，关于定价结构的，它也许被一些监管人员认为是潜在地促进合谋的方法，请回顾在某个时期，美国的一些航空公司建议利用每英里历程定价，于是任何城市之间的路线就很容易被所有参与方来定价。[③] 这样的倡议也许是以促成合谋的结果为最终

---

① 例如，协议、监控与执法（Agreement, Monitoring, and Enforcement）的分类有时候被一致意见、侦查与惩罚（Consensus, Detection, and Punishment）的术语所取代。

② 例如，在赖氨酸的案例中，销量被上报给一个贸易协会，并且每年一个会计师事务所都会审计伦敦以及伊利诺伊州迪凯特市的销售额。

③ 比如，请参见 O'Brian（1992）。为了理解这样的建议也许不能成功，比如，请参见 McDowell（1992）。

目的，因为协作在很大程度上减少为只用在一个数字上达成隐性的协议，即每英里价格。最后，当厂商们拥有非常不同的动机时，也许源于规模或者效率的不同，要想让每个人都同意一个特定的市场结果将会变得更加困难。在变化缓慢发生的行业中，也许向协议的演化会更加容易，因为对厂商来说，理解或者赞同于对某一变化的协作反应，并不总是那么显然的。

在协作效应的并购案例中，表明合谋协议也许会是怎么样的，是值得的，但是很可能不应该是必需的，因为竞争管理当局不可能会花费与厂商所花费的同样的努力程度去寻找解决一个困难的问题的巧妙方法，假如他们有足够强的激励去合作。因此，在他们的指导方针下，大部分竞争监管当局不会给予 Stigler 的框架中的协作这个要素与他们给予监控和执法要素一样多的权重。即使显性协议的揭露是极其困难的。在著名的"月相"（phases of the moon）卡特尔案例中，被两个巨型企业通用电气和西屋电气所主导的电气设备市场中的 29 个合谋的企业设计了数字列表组成的密码本，它确定了对于一个具体的合同，卡特尔中的每个厂商将投标多少。价格范围为的是给人以竞争的假象，并且企业之间价格的差异是轮转的事实导致这个卡特尔被人们称作月相卡特尔。这样的卡特尔总共持续了七年之久，而且操纵了估计总计 70 亿美元的投标。[1]

321   **监控**   动态寡头理论表明，为了合谋，厂商必须注意它们的竞争对手的行为。它们必须能够观察到它，或者至少以一定程度的自信来推断它。特别地，他们必须能够看出对盛行的行为的偏离，目的是对协商的价格的欺骗者能够被认出来。监控在这样的市场中是更加困难的，其中价格以及/或者产量的抉择很难被观察到，需求或者成本的冲击很大，或者当订单起伏很大于是价格和产量趋于易变之时。但是，经济学文献已经断言了，隐性合谋在没有完全透明的条件下当然也是可以发生的。具体来说，来自于 Green and Porter（1984）的文献已经证明了隐性合谋是可能的，即使没有对厂商的价格和产量的完全监控。比如，每次当市场价格下跌到某个阈值以下的时候，一个将暂时转化为价格战的策略可以维持住隐性合谋。[2] 在这种情况下，隐性合谋的形式将会是改变价格稳定性以及价格战。

尽管有这些贡献，透明性、复杂性以及监控竞争者的行为和价格的能力等方面的问题，通常被认为对于合谋或者协作效应的寻找是非常重要的。同时通过采访证据和书面证据，来审查监控的程度以及信息的透明性和复杂性的程度，是可能的。价格表、价格公告以及行业协会的出版物是公开个体行为的明确的途径，但是需要更多的途径以侦查小规模的偏离。定价或者"价格表"有时候可以促成合谋，因为它们可以显著地改善竞争对手可得到的信息量。如果消费者主要支付定价，或者定价与交易价格高度相关（在极端情形下，交易价格也许是从定价的某个固定的折扣得来），那么这样的价格表也许可以帮助厂商找到它们通向合谋的方法。价格表不必是纸质版的价格表，并且在一些著名的案例中价格表是电子

---

① 对于关于现在被称作巨大的电气密谋的事件的一个完美的描述，请参考"巨大的密谋"（The great conspiracy），《时代》（*Time*）新闻周刊，1961 年 2 月 17 日。

② 对 Green 和 Porter 模型的第一个检验，请参见 Porter（1983）。

版的。比如，在美国航空公司收费表的定价案例中，参与到美国航空业的公司可以对特定的路线收取不受限制的机票票价，这种路线要在初期是消费者很难会使用上的。事实上，它们利用电子收费系统作为信号工具。① Baker（1996）提供了关于网络空间里信息交换的一个有趣的评论。但是，在谴责价格表之前，人们必须牢记，最好的结果是，价格单可以在很大程度上改善消费者可利用的信息，这反过来可以为消费者节省搜寻成本，增加需求对价格的敏感性，并促使厂商的要价比它们的竞争对手低。

在消费者—供给者的关系稳定的情形下，消费者与供给者之间的信息流动，可以成为获取具体的市场信息的重要方式，特别是当消费者从不同的供货商购买产品之时。合同和市场份额变化的可见性对于侦查潜在的偏离是很有用处的。调查者当然应该专注于评价透明性和监控机制的水平，而它们也许意味着协作的结果是可以实施的。

Scheffman and Coleman（2003）提供了关于实证上的研究的一个很好的综述，这些研究也许被采用以评价协作。这些作者强调，协作可以以许多方式发生，并且它也许涉及关于价格、产量、产能或者一些形式的市场分割（比如，按经营区域或者消费者的类型分）的协作。结果，依据价格水平叙述的下面许多的评论都与协作的其他潜在的方面同等程度地相关。例如，Scheffman and Coleman指出，我们也许希望从实证上研究下面的问题：

1. 定价单与交易价格之间的相关关系的不同或形式。图6—4给出了一个例子，其中定价单对于实际的交易价格几乎没有预测力。在这个例子中，定价并没有承载足够的关于实际市场价格的信息，并且不能作为一个监控工具。

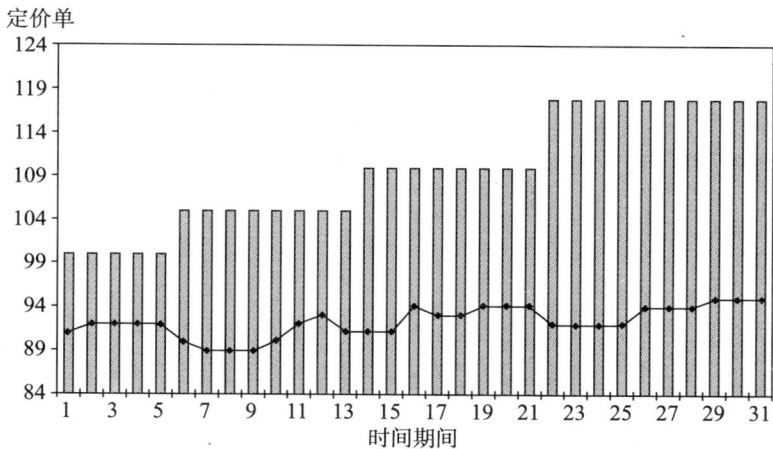

图6—4 定价与实际价格

资料来源：Scheffman and Coleman（2003），图4。

2. 消费者之间的价格差异，通过消费者的类型或产量产地及特征等可观测

---

① United Stated v. Airline Tariff Publishing Co.（哥伦比亚地方法院，1994年8月10日）（最后同意的判决）。

的不同之处来进行控制。我们可以审查变量的系数以及不同消费者所支付的价格范围。为此，可以进行价格对销售额、产地以及消费者特质的交易层面的回归，以弄明白并评估不同消费者或者消费者组别之间价格差异的程度。

3. 同一个消费者对于不同供货商所提供的同种产品的交易价格的差异。我们也许还想审查同一个客户对不同供货商的价格变化的百分比差异，比如说，高于5%。我们也许，比如，想通过消费者的类型来分解这一差异。

4. 消费者之间关于交易价格的变化的差异性，这些差异性由他们可观测的不同之处来控制。

在所有这些研究中，至关重要的是要牢记，纯粹的定价与交易价格的同向变化的存在性并不能证明协作的存在，因为我们将会预期此同向变化归因于很单纯的原因，比如成本变化。然而，这样的分析所依据的基本的直觉就是，如果发现厂商的价格改变是显著变化的，那么我们也许会预期协调的配合很可能会更加困难。我们将进一步研究这一方法（请参考 6.2.3.4 节），通过审视在索尼—贝图斯曼合并案（Sony‐BMG merger case）中的欧盟委员会的实证证据。

我们也许还想审视透明性，直接通过比较一个厂商对于竞争对手的销量的估计值与他们的竞争对手的实际销量。这样的分析如表6—5所示，它说明了竞争对手 X 的估计与真实情况差别非常显著。

表 6—5   **某个厂商对竞争者行为的估计的例子**

	竞争者 Y	竞争者 Z
厂商 X 识别出其拥有		
的客户数量	55	46
认为他是其拥有的客户但并不是	22	12
他是其客户但并没被识别出来	12	8
对其销量的估计，厂商 X 低估		
超过 20％消费者的占比	75％	82％
低估超过 60％的消费者的占比	39％	47％

资料来源：Scheffman and Coleman（2003），图5。

执法   在隐性合谋理论中，涉及卡特尔的成员的执法行为（内部执法）具有的形式是可信的惩罚的威胁，这种威胁要么直接针对偏离的厂商，要么无针对性地对所有的厂商，如果他们在一个偏离行为被侦查出时从隐性合谋的结果移开了。一个成功的惩罚制度将消除从欺骗其他的参与者得来的潜在的收益。当对合谋协议的欺骗很容易被侦查出来并且针对这样的行为存在一个可信的惩罚的时候，隐性合谋的环境被认为是稳定的。而且，在一些（至少是理论的）条件下，没有任何实际发生的惩罚曾经被观察到，这使得竞争监管当局的侦查变得相当困难。

另一方面，虽然许多理论模型很容易就能产生隐性合谋，但是看上去，甚至显性的卡特尔无疑地会解散，而在显性的卡特尔中，直接的交流是可能的。在审查我们所知的卡特尔的一个很大的集合时，Suslow and Levenstein（1997）发现，显性的卡特尔的平均存续期大约为五年，但是其分布具有双峰值：其中一些卡特尔可以持续几十年，而许多其他的卡特尔却只能持续不到一年。

除了强制执行合谋协议的内部稳定性机制，这里必须还存在强制执行"外部的"稳定性的机制。特别是，其他条件不变的情况下，高利润很快会吸引新进入者，因而有必要拥有实际的进入障碍或者惩罚进入者的能力，以剥夺他们因进入而得到的收益（从利润的意义上）。例如，在赖氨酸卡特尔案例中，其中一个卡特尔成员，阿彻-丹尼尔斯-米德兰公司（Archer-Daniels-Midland）很快建了一个新工厂作为它阻碍新进入者的策略的一部分（Connor, 2001）。要想隐性合谋成为一个反垄断问题，行业必须能够同时从内部的和外部的稳定性中获益。

除了说明一个可信的惩罚机制是很重要的之外，经济学理论还给出了一些关于这样的惩罚的性质的建议。一个特别简单的惩罚就是回归到静态的竞争。理论表明，永久的或者暂时的价格战的威胁可能是一种很有效的惩罚，假定卡特尔的参与者是足够有耐心的，并且这样的惩罚有时候会包括比回归到竞争的价格"更加严厉的"惩罚。[①] 此理论上的结果声称，与惩罚的效率相关的关键变量是实施惩罚的厂商迅速扩张产量的能力，于是价格会大幅下降，足以产生阻止机会主义的偏离的利润损失。结果，这里存在很重要的文献，关于超额生产能力在欺骗的动机与惩罚的能力中所扮演的角色。超额产能通常被认为可以促进隐性合谋（比如，请参见 Brock and Scheinkman, 1985；Davidson and Deneckere, 1990）。另一方面，对产能的高非对称的持有，很可能但不是必然地，阻碍了合谋（Compte et al., 2002；Vasconcelos, 2005）。

其他形式的惩罚尤其会存在于多产品的市场，即使 Bernheim and Whinston（1990）证明了在厂商或者市场存在非对称性的条件下，多个市场之间的联系会积极地帮助维持合谋。这样的非对称性看上去可能会常常出现在真实世界的市场中，使得多个市场之间的联系变成了一个潜在的相关考虑事项。直觉地，在厂商和市场完全对称的条件下，合谋的动机和欺骗的动机，对所有市场中的所有厂商来说，将会是相同的，那么多个市场之间的联系的假设几乎什么也不能改变。但是，在厂商以及/或者市场非对称的条件下，合谋和欺骗的动机在多个市场的条件下对于不同的厂商通常是不同的。在市场内部，厂商的非对称性意味着不同的厂商都必须分别发现市场的吸引力。多个市场之间的联系意味着激励约束将以市场间加总的方式被评估，而非在单一的市场内部。结果，比如，惩罚机制被认为效果最明显。

惩罚机制应该是有效的，不仅在于阻止参与合谋的厂商欺骗（内部稳定性），而且在于阻止市场上潜在的进入者（外部稳定性）。因为在一个行业中，在任何时候都要惩罚大量的可能进入的厂商，是很困难的，因此隐性合谋在表现出一些进入障碍的市场中会更加有效。确实，在他们对历史案例的回顾中，Sulow and Levenstein（1997）发现，即使有时候卡特尔因为在位者的欺骗行为而偶然地瓦解了，进入以及对于市场地位的改变的反应能力才是更大的问题。相应地，并不

325

---

① 请参见 Abreu et al.（1990）。更加严厉的惩罚将包括价格低于竞争的水平，而有时候稳定性可以被保持住，利用严厉而短时的惩罚。

是行业中的所有厂商都必然地卷入到一个特定的卡特尔中，并且如果那些在卡特尔组织中的厂商的客户通过转移到没有参与卡特尔的供给商的方式做出反应，那么这将会帮助破坏合谋均衡的稳定性。

Stigler（1964）引入了我们所描述的协议、监控和执法的框架，同时存在一个重要的问题，即关于可能的协议形式的分析的必要程度。特别地，欧洲初审法院（European Court of First Instance）对于航空旅游公司案件的判决总结如下：[①]

联合垄断地位的创建需要三个必要条件，这种地位明显地妨碍了共同市场或者其中相当大一部分市场中的有效竞争：

第一，寡头垄断组织中的每一个成员必须有弄清其他成员怎么行动的能力，以监控它们是否采取了共同的策略。于是，寡头垄断组织中的每一个成员只注意到相互依存的市场行为对它们所有厂商都是有利可图的，是不够的，每个成员还必须拥有一种方法弄清其他经营者是否采取了相同的策略以及它们是否正在维护着它。因而，这里必须存在充分的市场透明性，以使得寡头垄断组织中所有成员能够非常准确并且快速地注意到其他成员的市场行为演进的方式。

第二，隐性合谋的情况必须随着时间的推移是可持续的，这就是说，这里必须存在激励使得它们不偏离于市场上共同的策略。只有寡头垄断组织中所有成员保持类似的行为，所有成员才能受益。在这种条件下，针对偏离于共同策略的行为的报复的想法因而是固有的。在这样的情形下，欧盟委员会并不是必须证明，这里存在一个具体的具有一定严重性的报复机制，但是不管怎样，它必须证明威胁是存在的，这种威胁使得寡头垄断组织中的任何成员都不值得去背离于共同的行为而损害到其他的寡头。为了让联合垄断的情形是可行的，必须存在足够的威胁以确保存在长期的激励不背离于共同的策略，这意味着寡头垄断组织中的每个成员必须注意到，旨在增加其市场份额的高度竞争性的行为将会引起其他厂商相同的行为，于是它将从这种主动行动中得不到任何好处。

第三，也必须证明，现在和未来的竞争者以及消费者的可预见到的反应将不会危及共同的策略所预期的结果。

大体上，第一个条件直接与监控相关，而第二和第三个直接与内部和外部的执法相关。于是，Stigler框架中的协议要素在目前欧盟的法律环境中正在被淡化，这大概是出于我们在这一节前面的内容所讨论过的原因。

在建立这些条件的过程中，竞争案件的处理者将需要仔细审查一个行业的具体事实、对于多个市场下联系的性质的理解、非对称性的程度、团购或订购，等等。在分析师能对隐性合谋到底可能还是不可能是可行的下定论之前，她也将继续尝试去至少定性地理解一个行业中的厂商维持合谋的动机，于是以及它们这样做的能力。

6.2.3.3　与隐性合谋的存在性的推断有关的其他潜在证据

并购是否可能会增加隐性合谋发生的可能性的问题，大部分情况下当然会包

---

① Airtours ple v. Commission of European Communities, Case T－342/99.

326

括有关以上三个方面的证据的评估，特别是在欧洲，就像初审法院 2002 年关于航空旅游公司的案件的裁决所规定的。关于隐性合谋的存在性的评估，初审法院在它的因帕拉判决书（Impala judgment）中说道：

> 在评估联合垄断地位的存在性的情形中，尽管初审法院在航空旅游公司案件中所定义的那三个条件……确实也是必需的，它们也许，然而，在合适的情况下，根据这些被间接地建立起来，即可能的一系列迹象以及与信号、表象、现象有关的多条证据，这些都是在联合垄断地位存在的条件下所固有的。（§251 Impala v. Commission）[1]

欧洲法院（European Court of Justice，ECJ），在宣布初审法院的裁定无效的判决中，维护了自由地评估不同条目的证据的权利。它还认为违背了对上面详列的所谓的航空旅游公司条件的中规中矩的应用，但是它仍然让这些标准与"一个假设的隐性协作的所有经济学上的机制"相关。[2] 因而，指向隐性合谋的任何证据都是可接受的，但是与合谋的经济学理论相一致的现实的合谋机制也必须被列示出来。

这可以被认为是一种诱因，它导致了使用可利用的证据去直接识别合谋的结果，此结果有别于由竞争的寡头所产生的结果。我们已经知道，这是很难做到的，部分原因是缺乏来源于隐性合谋的理论框架的预测的多样性。牢记这两点是特别重要的。第一，从实施完美合谋的市场结果的意义上来说，协作并非必须是完全的。第二，为了维持合谋，信息并非必须是完美的。隐性合谋的大部分真实的版本假设了一定程度的不完全信息，然后它也许反映在协作的厂商所做出的反应的某些无效性上。

然而，当然人们能够关注并给一定的权重于这样的事情上，便利的行为的存在性：可观测的市场行为，它们似乎没有其他的目的，就是为了使得信息流通或者促成一项协议。例如，Kühn（2001）建议，在给定在推断价格是寡头竞争的结果还是隐性合谋的结果的过程中所固有的困难的条件下，关注于厂商之间某些形式的交流的抑制是更加有意义的，这些交流并没有带来生产效率的提高，并且很可能维持住合谋均衡。他的文章包含了关于交流在合谋中所扮演的正面角色的实验证据方面的综述。也请参见 Cooper 和 Kühn（2009）中所报告的更加近期的实验证据。

价格刚性的程度也许与隐性合谋的这样的评价以及/或者市场中不可解释的价格战的存在相关，在这个市场中，对这样的结果常规的解释可以被排除。当不存在显著的需求或者成本上的原因时；如果价格在某些时候大范围地摆动，那么竞争管理当局将会想要考虑其他潜在的解释，这些解释之一就是隐性合谋。

因为所有关于隐性合谋的真实的例子都很可能发生在一个不完美信息的环境下，协议将很可能不会在所有的时间内总是平稳地起作用。厂商也很少会是完全对称的，并且协议一旦达成，也许不会稳健地满足所有参与方的野心。一些厂商

---

[1]　Impala v. Commission of the European Communities，Case T－464/04（2006）.

[2]　在案件 C－413/06P 中特别是第 117~134 段中，欧洲法院 2008 年 10 月 7 日的规定。

很可能比另一些拥有更大的激励去欺骗，并且这样做他们将更有可能利用需求或者成本的突然变动，以降低价格并销售出多于他们协议的份额。不能够在需求变化和欺骗所导致的结果之间进行区分的竞争对手，也许会反击，并且所有这些不稳定性也许在数据中表现得很明显。这是有可能的，即对价格序列的观察表现出价格稳定时期和价格下降产量扩张时期的交替。如果这样的价格稳定和价格浮动的序列不能被需求、成本或者制度环境的外生变化所解释，那么在合谋和竞争相互交替的行业中，人们也许会考虑竞争制度变化的可能性。比如，Suslow and Levenstein（2006）发现，随着市场条件的变化，卡特尔组织的参与者所进行的讨价还价博弈的求解中所出现的问题经常在卡特尔瓦解中扮演着重要的角色。

Porter（1983）、Bresnahan（1987）和 Baker（1989）都建议，对行为随时间变化的方式的观察能够提供关于隐性合谋的可能性的一个有用的信息来源。例如，Baker（1989）从实证上发现，在 1933 年到 1939 年之间美国的卡特尔化的钢铁行业中，在未预料到的负面需求冲击后发生的竞争制度的变化引发了对于卡特尔的欺骗，并且导致了竞争的暂时性恢复。

一般来说，运行良好的隐性合谋协议有时候，也许甚至是经常，会趋于稳定价格以及/或者产量，特别是在协议形式很复杂并且重新商定目标结果的交易成本很大的时候。而且，在市场演变存在很大的不确定之时，交流并达成新的联合行动可能是很困难的。因此，合谋的行业与竞争的市场相比，有时候对观测到的成本或价格的变化的反应较少，因为它们也许趋于继续做它们所知道的事情直到它们在针对此变化的联合调整上获得了成功（或者没有）。在面对市场条件的变化时，过度的价格刚性于是也可能是行业合谋的信号，特别是如果没有特别的效率上的收益可以被归因于价格的高稳定性。

Abrantes-Metz et al.（2006）研究了在冷藏海产品行业中操纵投标的密谋的瓦解对于价格水平及其离差的影响。此卡特尔的瓦解导致了价格下降 16%，同时价格的方差超过了原来的两倍。根据这些结论，Abrantes-Metz 等人设计了一种检验，他们把这种检验应用到 1996 年到 2002 年肯塔基州路易斯维尔市汽油零售市场中，并没有在数据中发现特别低的方差的特征。Connor（2005）提供了关于合谋和价格离差之间的关系的经验证据和理论方面的文献综述。从原理上说，价格离差的减小有时候被预期发生于合谋设定中，理由包括：生产也许被分配得更加有效率；冲击也许会引起协作反应；购买者搜寻成本的不同对于他们最终面临的价格水平的影响消失了。在实践中，少量的分析合谋期间的价格离差的研究中的大部分都发现了合谋期间价格方差的减少。Bolotova et al.（2008）未能发现柠檬酸卡特尔期间价格方差的这种减少，尽管这些作者在赖氨酸卡特尔中发现了这一点。然而，这样的发现大部分都是与显性卡特尔相关的，其中交流可能比隐性合谋的环境中的要好。

一个可选的且明显更加复杂的用于评估隐性合谋的可能性的方法涉及，通过一种明显被理论模型所支撑的方法从实证上估计出合谋的激励和能力。Kovacic et al.（2006）明确地建议在厂商的各种各样的子集之间计算合谋的收益，以评估合谋的激励。他们建议从实证上评估从聚在一起进行合谋的各种各样的厂商集合上可得到的利润，凭借科斯的观点，即当在合适的情况下存在足够大的激励时，厂商将会擅长于求解协同问题。这种方法只需要应用用于多边效应的并购模拟中的框架，我们在第 8 章中详细地讨论过这种框架。

Davis and Sabbatini（2009）走得更远。[①] 这些作者建议在 Friedman（1971）以及单边效应的并购模拟的文献（请参考第 8 章）的基础上建立模型。具体来说，他们建议不仅要在合谋成功的条件下计算出合谋的激励，而且还要（i）评估其他的潜在的相关激励，比如"欺骗"的激励，以及（ii）评估一个给定的厂商组成的群体维持协作的能力。为此，他们注意到，一个标准的动态寡头博弈表明，只有在合谋的支付的净现值大于欺骗（脱离）的支付扣除竞争对手所强加的任何惩罚的结果之后的净现值之时，厂商 f 才能够维持合谋。

跟随 Friedman（1971），设合谋、脱离、竞争的每期支付分别为 $\pi_f^{合谋}$、$\pi_f^{脱离}$ 和 $\pi_f^{竞争}$。净现值（NPV）的激励相容约束可以写成：

$$V_f^{合谋}(\delta_f) > V_f^{脱离}(\delta_f) \quad \Longleftrightarrow \quad \frac{\pi_f^{合谋}}{1-\delta_f} > \pi_f^{脱离} + \frac{\delta_f \pi_f^{竞争}}{1-\delta_f}$$

其中表示厂商 f 的折现因子，并且惩罚被假设为恢复纳什竞争。

Davis and Sabbatini（2009）跟随 Friedman（1971）的隐性合谋模型，同时允许厂商的异质性和差异化产品。主要地，他们的微薄的贡献在于，提议在差异性产品（并且多个市场）的情形下实际上从实证上实施这个模型，在此情形下前面的作者只使用了可能促成合谋的因素的清单以得到其中合谋或多或少是可能的观点。在给定了上面的方框中所发展的技术的条件下，他们证明了（并且我们将在第 8 章中看到），在单边效应的并购模拟模型中 $\pi_f^{合谋}$ 和 $\pi_f^{竞争}$ 是可以得到的，而且理论表明我们也可以相当简单地计算出 $\pi_f^{脱离}$，作为欺骗竞争对手厂商而得到的支付，这些竞争对手合作而选择了合作价格，并且这还可以通过使用单边效应的并购模拟的文献中所发展的技术方法而计算出来。Davis and Huse（2009）通过利用来源于网络计算机服务器市场的数据实施了这一方法，并评估了惠普—康柏合并案（HP‐Compaq merger）中的协作的激励（请参考第 8 章）。

6.2.3.4 联合垄断的实证评估：索尼—贝图斯曼合并案

索尼—贝图斯曼合并案提供了关于市场中联合垄断的可能性的实证上的评估的一个重要的近期案例。欧盟委员会针对被宣布的索尼音乐和贝图斯曼之间的合资进行了评估，此合资将使得这两个影音产业的主要企业合并全球的唱片业务。此项并购在 2004 年被委员会宣布无罪，但是这一决定随后于 2006 年 7 月被初审法院宣布无效，它断定委员会在考虑这个案件时犯了明显的评估错误。在 2007 年此并购又被重新提出，随后在同一年经过深入的调查之后欧盟委员会第二次宣布它是无罪的。最终欧洲法院在 2008 年推翻了初审法院的判决，使得最初的判

330

---

① 这篇合写的论文结合并扩展了两篇较早期的研讨文章，每个作者都贡献了一篇：第一篇是 Sabbatini（2006），而第二篇是 Davis（2006f）。

决生效。[①]

在并购之前，这个行业被五家影音大公司所垄断着：环球、索尼、贝图斯曼、百代和华纳唱片。这里还存在显著的"独立的"唱片公司，但是存在一件令人担心的事，即这些唱片公司不能够或者没有激励去挑战这些大公司在音乐 CD 价格上潜在的合谋。于是，此并购的评估集中于证实市场上的条件是否足以促成隐性合谋。Stigler 的三个条件（并且于是航空旅游公司三个条件）——协议、监控、执法——被审查了，但是评估的核心集中在音乐唱片市场中是否存在足够的透明度以使得一个协议可以被监控从而得到加强。为了分析这个问题，欧盟委员会收集到了它曾经所收集的数据库中数量最大的数据库。具体而言，它要求来自于并购方和第三方的交易层面的数据，这些数据表明哪版 CD 以什么价格在 2002 年 1 月到 2006 年 6 月期间的具体哪一天或哪一周被卖给了哪个消费者。[②] 而且，这些唱片被分类，根据在交易发生时它们是否位列唱片的每周排行榜以及它们在市场上已经发售了多久。这些数据同时提供了定价以及交易净价的信息。此数据量庞大的数据集使得委员会能够进行稳定性以及折扣的可预测性的全面的数据分析。

331
在任何时点上，市场上热卖着成千上万张代表不同的艺术家、风格和流行程度的 CD 唱片。然而，因为它们以类似的形式被销售并且以类似的方法被分配，委员会承认这样的可能性，即人们也许会认为 CD 是相当通用化的产品。它还承认这样的事实，即唱片业务的大部分销售实际上来源于数量非常有限的每周排行榜中的 CD，于是只通过在这些"少数"高销售量的 CD 的价格上进行协作，合谋就会是有利可图的。而且，因为唱片的大部分销售额都是在它发行之后的前几周内产生的，委员会关注于在发行的那一天以及之后的一小段时间内价格上是否存在协作。

为了评估价格透明性的程度，委员会提出的基本问题是：一个具有充分知识的市场参与者是否能够从可观测的交易特性上推断出交易净价？一项交易的可观测的特性是唱片、客户、时点、唱片是否位列每周排行榜、唱片是否正处于发行的第一周以及唱片的定价。不可观测的是公司向零售商（客户）所保证的折扣，并且问题就是这些折扣是否是充分地系统性的从而是充分地可预测的。

为了回答这个问题，委员会根据上面所提到的可观测的特性：定价（向经销商公布的价格）、唱片是否正处于发行的第一周、是否位列每周排行榜以及客户的身份，将每个公司的唱片分组。对于每个这样的组别，计算出平均的折扣以及折扣水平在组内的加权平均标准差。唱片组然后被分成两类：折扣的变化分别被认为是很大和很小的那些唱片。具体而言，大（小）被定义为那些展现出加权标准差大于（小于）两个百分点（percentage point, pp）的唱片。针对公司和客户的一个具体的组合，有着四个唱片组的结果的综述如表 6—6 所示。

---

① 2008 年 10 月 7 日欧洲法院案件 C-413/06P。

② 客户是各种类型的零售商（唱片专卖店，非专卖的商店例如电子产品连锁店，大型批发商以及超市）或者中间分配商，比如超市批发商。

客户	CD唱片的数量	向经销商公布的价格（PPD）	是否位列每周排行榜	是否在发行首周	平均总折扣	加权平均标准差	是否是低离差的
A	500	12.5 欧元	是	是	15%	1 pp	是
A	100	12.5 欧元	是	否	10%	3 pp	否
A	200	12.5 欧元	否	否	15%	5 pp	否
A	200	10.0 欧元	是	否	8%	1 pp	是

表 6—6　　　　　在索尼—贝图斯曼并购案中欧洲委员会所使用的方法

资料来源：欧洲委员会。

332

然后用低离差的组别中总的单位数去除以这家公司所销售的总的单位数。在我们的例子中，在假设只存在这一个客户的条件下，在折扣的低离差的"标准"下销售的单位总数占销售量的70%。①

委员会的结果表明，在并购之前，对于大部分公司来说，在"折扣稳定"的标准下的销售量占到总销量的低于60%的部分。这就是充分的证据，使得委员会认为极其不可能的是，CD唱片的价格上存在着协作，根据它们是否位列每周排行榜或者是否是最新发行的。为了达成协作的一个程度更复杂的产品分割也被认为是不可能的，因为它会涉及关于CD分组的一个更加复杂的定义。

6.2.3.5　投标操纵：拍卖中的联合垄断

投标市场通常是协作调查的对象。当一个市场是这样的市场之时，即客户通过拍卖或者来自于供应商以拍卖采购的投标的方式授予合同，供应商也许同意协作以保持高价。在这样的情况下，厂商提前决定谁将会赢得哪个拍卖，并且那些没有被选择的人承诺在这个特定的拍卖中将会主动叫出较高的价格，通常为的是换得在其他的拍卖过程中获胜。在这样的合谋中，竞争者的价格或者出价有时候并不能被竞争者直接观测到，但是拍卖结果通常却是可以的。② 于是厂商可以监控任何竞争者是否通过降低它的具体出价的方式进行欺骗，在它本身不应该这么做之时。

在这样的市场中要想察觉合谋是困难的，因为交易有时候并不那么经常，并且涉及的商品也许是唯一的，使得比较价格或者甚至建立一个市场价格是困难的。比如，请考虑政府购买多少艘航空母舰：非常少。不管怎样，在拍卖市场中，几种策略被建议用于侦测合谋。一个相当近期的调查，请参见 Bajari and Summers (2002)、Porter (2005) 或者 Harrington (2008)。

利用关于拍卖的经验应用来识别合谋的努力现在已经有着悠久且卓越的历

---

① （第1和4行的总销售)/(第1至4行的总销售)＝(500＋200)/(500＋100＋200＋200)＝700/1 000＝0.7，即70%的销量是低离差的。

② 有时候，特别是在政府部门举行的采购拍卖中，存在一种趋势，即在拍卖中告知所有参与者所有人的出价。尽管这是以增加政府透明性为形式的很好的行为，在这个平衡点上，这样的行为可能导致严重的问题致使协作瓦解，结果，采购有时候只会在非常高的价格上发生。在一些采购领域，比如，军事设备，政府可能是非常无弹性的需求者。

史，尽管这些技术通常并不是专门的尝试。在这一实证的传统领域的作者包括 Porter and Zona（1993，1999），Baldwin et al.（1997），以及更加近期的 Bajari and Ye（2001）。比如，后者断言，实现识别的最好方法是，注意拍卖应该满足两个条件，如果被违反了，它将会排除竞争的行为。[①] 第一，一旦我们考虑所有公开可观测的决定出价总额的条件期望值的成本信息，与此出价期望值的偏离值在投标人之间不应该是相关的。这就是说，我们在任何时点上都不应该观察到许多厂商都出价特别高。[②] 他们的第二个条件是可交换性：一个厂商的出价不应该受到下一个较低成本的厂商的身份的影响。一个竞争的厂商总是出一个这样的价格以覆盖它的成本并打败下一个成本最高的厂商，并且在竞争存在时，它不应该在意超过它的成本的最接近的竞争者是谁。相反地，当最接近的竞争者是卡特尔的一个成员之时，那么厂商将有可能定价超过这个竞争者的成本并且还赢得了投标。在这种情况下，最接近的竞争者的身份，它是否为卡特尔的一个成员，将会影响到厂商出价的总额。Bajari 和 Ye 提议了统计的方法以检验这些条件，它们每个都组成了识别数据是由这个模型还是其他模型产生的方法的基础。特别是，他们断言，对这些条件的违反不符合竞争市场。如果市场是这样的，其中出价看起来不相关并且竞争者之间存在"可交换性"，那么没有证据表明竞争发生了，但是竞争也不能被拒绝。我们留给读者这样的非常不完整的介绍以及这些作者的论文的进一步信息的脉络，但是请注意他们的拥护者表明了，这些类型的检验的能力是可以被证明的，因为，比如，Porter and Zona（1993，1999）以及 Pesendorfer（2000）都分析了这样的数据集，其中众所周知合谋已经发生了，并且他们发现（1）卡特尔成员倾向于比非卡特尔出价更加不激进，并且（2）卡特尔成员的出价之间倾向于比非卡特尔成员的出价之间更加具有相关性。

6.2.4　单一垄断：差异性产品下的市场力量

合谋通常在这样的市场中出现，其中产品是相对同质性的，于是在竞争行为下，厂商相互之间强加了显著的竞争约束。因为厂商单独地几乎不能拥有市场力量，他们有激励去合谋以联合地榨取租金。在差异性产品下，厂商有着一定程度的市场力量，这归因于这样的事实，即消费者对不同的厂商所提供的特定的产品存在着偏好，并且与其他类似的产品相比，他们通常会愿意为他们所喜欢的特定产品支付更多。厂商肯定在它们相互之间施加了定价约束，因为若他们所偏爱的产品变得相对而言太昂贵了消费者最终将会偏离，但是此约束的程度可以差别很大。在许多司法管辖区，最显然的是在美国，通过产品差异所获得的市场力量的执行本身并不是竞争政策监视的对象，但是在其他的司法管辖区，包括欧洲，垄断厂商对这样的剥削的滥用是可潜在地招致控诉的，因而过度的差异化可能会产生问题。而且，厂商为了消除显著的竞争约束并保持或者增加它的市场力量所采

---

① 一个非技术性的阐述，请参见 Bajari and Summers（2002）。

② 这样的识别策略似乎严重地依赖于，投标的厂商知道的"公开的"信息并不比调查者多。

取的行为是不被允许的，当这些行为严重地损害了消费者（排他性的滥用）之时。尽管为防止剥削的滥用所采取的行为的适当范围是一个有争议的问题，许多司法管辖区会研究厂商购买或者兼并对手的决定所导致的结果，因为这样的行为有可能潜在地导致市场力量的实质性增加，而这会有害于消费者。在这一节中，我们开始对产异性产品的市场中厂商的定价权进行分析，在这个市场中厂商在价格上竞争。我们所描述的框架在第 8 章中会更加详细地讨论，在第 8 章中我们展示了并购模拟模型检验多变效应的分析。然后我们在差异性产品定价的设定下讨论协作的识别。这样做使得我们能够研究怎样把 Bresnahan（1982）在同质性产品的情形下（前面已经讨论过）的识别结果扩展到差异性产品的情形。Nevo（1998）提供了一个数量上的例子，而我们跟随 Davis（2006d）所提供的更加正式的识别结论。然后我们通过 Bresnahan（1987）所利用的一个实证上的例子来进行说明。

6.2.4.1 定价方程

在差异性产品的市场中，为了识别厂商的竞争行为，我们必须弄清楚不同的市场参与者所做的定价决策以及它们是怎样相互影响的。我们将会看到，（静态的）经济学理论表明，厂商将会通过定价更加激进的方式对竞争对手拥有的相近的替代产品的存在做出反应。对厂商定价方程的识别可以帮助我们测量出在一个特定的市场内个体厂商所面临的市场力量的水平。

考虑一个简单的理论的例子，涉及两个差异性的却又相互替代的产品，它们的价格必须被确定下来。我们比较下面两种情况下设定价格的激励（i）在一个标准的差异性产品的伯川德模型中的相互竞价的两个厂商，以及（ii）两种产品都生产的厂商（相关的背景，请参考第 1 章和第 5 章中介绍性的讨论）。当比较由这两个不同的模型产生的两个一阶条件集合时，厂商联合利润的最大化考虑了商品 j 的价格变化对于所有商品的产量的影响，而不只是对于产品 j 的产量的影响。如果商品 1 的价格的增加导致了商品 2 的需求的增加，这一源于商品 2 的销售的收入增加将会减轻商品 1 的较低销量的影响。于是，与单一产品的厂商相比，最大化联合利润的厂商将有更大的激励去增加价格。

一般地，我们可以写下同时包括这两个模型的一阶条件：

$$\text{对于商品 } 1: (p_1 - c_1)\frac{\partial Q_1(\underline{p})}{\partial p_1} + Q_1(\underline{p}) + \Delta_{12}(p_2 - c_2)\frac{\partial Q_2(\underline{p})}{\partial p_1} = 0$$

$$\text{对于商品 } 2: \Delta_{21}(p_1 - c_1)\frac{\partial Q_1(\underline{p})}{\partial p_2} + Q_2(\underline{p}) + (p_2 - c_2)\frac{\partial Q_2(\underline{p})}{\partial p_2} = 0$$

其中，Δ_{ij} 指示产品 j 的需求数量的变化是否将会影响产品 i 的定价（请参考方框）。在单一产品的厂商的情形中，$\Delta_{12} = \Delta_{21} = 0$。在一个厂商同时生产两种产品的情形中，我们设定 $\Delta_{12} = \Delta_{21} = 1$。在一个几个厂商生产不同的产品的行业中，我们针对每种产品将会得到一个定价方程，并且矩阵 Δ 表示此行业的所有权结构。我们将会在第 8 章中考虑这个博弈的常见版本。

假设每个厂商的需求函数对参数和价格都是线性，于是产品 j 的需求可以表示为

$$Q_j = \alpha_{j0} + \alpha_{j1} p_1 + \alpha_{j2} p_2$$

如果两个单一产品的厂商进行一个伯川德—纳什定价博弈，那么它们将通过价格来最大化利润

$$\max_{p_j} \pi_j(p_1, p_2) = \max_{p_j}(p_j - c_j) Q_j(\underline{p})$$

其中，$\underline{p} = (p_1, p_2)$ 表示价格的向量，并且这将会产生最优定价方程的集合：

$$\text{对于厂商 } 1: (p_1 - c_1)\frac{\partial Q_1(\underline{p})}{\partial p_1} + Q_1(\underline{p}) = 0$$

$$\text{对于厂商 } 2: (p_2 - c_2)\frac{\partial Q_2(\underline{p})}{\partial p_2} + Q_2(\underline{p}) = 0$$

下面让我们假设一个厂商现在同时生产这两种产品。它将会最大化来自于两种商品的联合利润：

$$\max_{p_1, p_2} \pi_1(p_1, p_2) + \pi_2(p_1, p_2) = \max_{p_1, p_2}(p_1 - c_1)Q_1(\underline{p}) + (p_2 - c_2)Q_2(\underline{p})$$

产生的最优定价方程为

$$\text{对于商品 } 1: (p_1 - c_1)\frac{\partial Q_1(\underline{p})}{\partial p_1} + Q_1(\underline{p}) + (p_2 - c_2)\frac{\partial Q_2(\underline{p})}{\partial p_1} = 0$$

$$\text{对于商品 } 2: (p_1 - c_1)\frac{\partial Q_1(\underline{p})}{\partial p_2} + Q_2(\underline{p}) + (p_2 - c_2)\frac{\partial Q_2(\underline{p})}{\partial p_2} = 0$$

在线性需求的情形下，导数项中的每一个都会是参数值 α_{j1} 和 α_{j2}。

请注意，不同的所有权结构或者不同的竞争模型针对均衡价格会有不同的结果。在这个不变边际成本的例子中，成本和需求的冲击对价格的影响将会取决于 $\triangle_{ij}$ 的值，而 $\triangle_{ij}$ 指示进入到给定厂商的利润最大化函数的产品。

如果我们可以估计出需求方程，那么我们将得到需求参数 α 的估计值。从关于线性方程估计的传统分析，我们知道我们可以针对需求方程进行这些操作，若我们拥有与我们在需求方程中所拥有的内生变量一样多的被排除的成本变量（或者，更加一般的，供给（定价）方程的位移因子）。在边际成本不随产量变化的情形下，我们于是能够以非常类似于在同质性产品的情形中一样的方式还原行为参数 $\triangle_{ij}$。需求和成本的位移因子是识别所必需的，并且在这些因子足够多的情况下足以相对于竞争的类似模型检验我们的合谋模型。在这种情况下，并非单一的需求和单一的定价方程，我们将拥有 J 个需求和 J 个定价方程组成的系统。与同质性商品的例子很相似，我们可以将定价方程中的产量代入需求方程，将系统减少到一个"仅仅"涉及 J 个等式的系统。刻画了需求和成本的位移因子对于其他产品的影响的被估计的参数，将为我们提供关于这些产品约束被分析产品的价格的程度的信息。

我们使用我们关于均衡价格的方程的一个非常简单的例子来解释。假设产品的线性需求函数为：

$$Q_j = \alpha_{j0} + \alpha_{j1} p_1 + \alpha_{j2} p_2$$

定价方程变为：

$$(p_1-c_1)\alpha_{11}+(p_2-c_2)\Delta_{12}\alpha_{21}+Q_1(\underline{p})=0$$
$$(p_1-c_1)\Delta_{12}\alpha_{12}+(p_2-c_2)\alpha_{22}+Q_2(\underline{p})=0$$

它可以被写成矩阵形式：

$$\begin{bmatrix} \alpha_{11} & \Delta_{12}\alpha_{21} \\ \Delta_{21}\alpha_{12} & \alpha_{22} \end{bmatrix}\begin{bmatrix} p_1-c_1 \\ p_2-c_2 \end{bmatrix}+\begin{bmatrix} Q_1(\underline{p}) \\ Q_2(\underline{p}) \end{bmatrix}=0$$

差异性产品的设定将我们从在同质性产品的设定下通常的需求和（定价）方程转移到了带有总共 J 个需求和 J 个供给曲线的情形，其中 J 是所出售的产品的种数，而在同质性产品的设定下，我们只分析两个联立的方程。在这种情形下，这样的方法会留给我们 4 个需要求解的等式。$2J$ 个等式形成了差异性产品模型的"结构形式"。或者，我们只需要两个方程的系统若我们替代掉需求系统

337

$$\begin{bmatrix} Q_1(\underline{p}) \\ Q_2(\underline{p}) \end{bmatrix}=\begin{bmatrix} \alpha_{11} & \alpha_{12} \\ \alpha_{21} & \alpha_{22} \end{bmatrix}\begin{bmatrix} p_1 \\ p_2 \end{bmatrix}+\begin{bmatrix} \alpha_{01} \\ \alpha_{02} \end{bmatrix}$$

而得到

$$\begin{bmatrix} \alpha_{11} & \Delta_{12}\alpha_{21} \\ \Delta_{21}\alpha_{12} & \alpha_{22} \end{bmatrix}\begin{bmatrix} p_1-c_1 \\ p_2-c_2 \end{bmatrix}+\begin{bmatrix} \alpha_{11} & \alpha_{12} \\ \alpha_{21} & \alpha_{22} \end{bmatrix}\begin{bmatrix} p_1 \\ p_2 \end{bmatrix}+\begin{bmatrix} \alpha_{01} \\ \alpha_{02} \end{bmatrix}=0$$

少量的矩阵代数计算让我们能够求解出均衡价格：

$$\begin{bmatrix} p_1 \\ p_2 \end{bmatrix}=-\begin{bmatrix} 2\alpha_{11} & \Delta_{12}\alpha_{21}+\alpha_{12} \\ \Delta_{21}\alpha_{12}+\alpha_{21} & 2\alpha_{22} \end{bmatrix}^{-1}\begin{bmatrix} \alpha_{01} \\ \alpha_{02} \end{bmatrix}$$
$$+\begin{bmatrix} 2\alpha_{11} & \Delta_{12}\alpha_{21}+\alpha_{12} \\ \Delta_{21}\alpha_{12}+\alpha_{21} & 2\alpha_{22} \end{bmatrix}^{-1}\begin{bmatrix} \alpha_{11} & \Delta_{12}\alpha_{21} \\ \Delta_{21}\alpha_{12} & \alpha_{22} \end{bmatrix}\begin{bmatrix} c_1 \\ c_2 \end{bmatrix}$$

一个数量上的例子也许是有用的。假设 $\alpha_{11}=\alpha_{22}=-2$，$\alpha_{12}=2$，$\alpha_{21}=1$。那么在竞争的情形下，两个单一产品的厂商将会产生如下的价格：

$$\begin{bmatrix} p_{1t} \\ p_{2t} \end{bmatrix}=\frac{-1}{14}\begin{bmatrix} -4 & -2 \\ -1 & -2 \end{bmatrix}\begin{bmatrix} \alpha_{01t} \\ \alpha_{02t} \end{bmatrix}+\frac{1}{14}\begin{bmatrix} 8 & 4 \\ 2 & 8 \end{bmatrix}\begin{bmatrix} c_{1t} \\ c_{2t} \end{bmatrix}$$

而在合谋的情形下价格将会通过下式决定：

$$\begin{bmatrix} p_{1t} \\ p_{2t} \end{bmatrix}=\frac{-1}{7}\begin{bmatrix} -4 & -3 \\ -3 & -4 \end{bmatrix}\begin{bmatrix} \alpha_{01t} \\ \alpha_{02t} \end{bmatrix}+\frac{1}{7}\begin{bmatrix} 2 & 2 \\ -2 & 5 \end{bmatrix}\begin{bmatrix} c_{1t} \\ c_{2t} \end{bmatrix}$$

请注意在合谋下，在设定产品 1 的价格时，厂商在另一种产品的需求的位移因子的影响上有 $\frac{3}{7}$ 的权重。然而，在完全竞争下，厂商只在产品 2 的需求的位移因子上加上了 $\frac{2}{14}=\frac{1}{7}$ 的权重。

就像我们的数量例子所说明的，在这个模型中，共有的所有权结构或者协作

的行为在设定它的价格时在其他产品的需求上加上了更大的权重。结果，差异性产品的伯川德模型表明，在合谋下比在完全竞争下，对手产品的需求的变化会更大地影响到产品的价格。这样的结论也许是直观的，因为合谋的协议"内部化"了产品之间的影响。在给定需求估计以及一种所有权结构的条件下，我们可以估计出这些传播是怎样发生的。为此，我们可以比较多少权重被真正地加在了对手的需求或者成本位移因子上。这种对需求的位移因子的反应的传导上的不同足以识别出厂商是否独立地进行产品价格的设定。在计量模型中，这可以被看成是识别的出发点，但是在给定情形下收集其他证据（比如，文本证据）的时候，这也可能是很有用的。另一方面，这样的观察也许会使我们担忧，因为我们前面注意到，有时卡特尔经常会导致价格相对较小的变化，这也许出于稳定性的考虑。就像 Corts（1999）所注意到的，不同的合谋模型关于观测到的合谋价格将会存在不同的解释。

6.2.4.2 在差异的市场中定价方程和需求方程的识别

在一个完全类似于同质性产品的情形下，行为的识别通常要求，需求方程和定价方程的参数是可识别的。即使如果在差异性产品的行业中需求的转动因子也可以以一种相同于我们在同质性产品下所用到的方法被用于识别行为，需求仍需要被估计出以确认或者验证假设。这提出了一个挑战，因为差异性产品的行业针对每种销售的产品都拥有一个需求曲线和一个定价方程。相反，在同质性产品的情形下，只存在一个市场需求和一个市场供给曲线需要估计。现在我们将必需估计与产品种类一样多的需求方程以及与产品种类一样多的定价方程。当然在这样的情形下，识别变得更加困难，并且一些限制将必须被引入以使得分析变得容易。在第 9 章中我们会详细地讨论差异性产品的需求估计。

识别任何线性方程系统的一个一般原则是，在每个等式中参数上的限制条件的个数应该等于，或者大于，这个等式中所包含的内生变量的个数。一个标准化限制总是被加于任何方程的具体形式中，因而在实际操作中，除此之外的限制条件的个数必须等于或者大于内生变量的个数减 1。[①] 这等价于说，限制条件的个数必须等于或者大于任何给定的等式"右边的"内生变量的个数。在结构模型中，内生变量的总个数也就是等式的个数。这一通常的原则被称作"阶条件"，并且是在线性方程系统中识别的必要条件。然而，在某些情形下，它并不是充分的。在前面，我们遇到了基本的供给和需求的两等式模型，其中我们的两个结构的等式中含有两个内生变量：价格和产量。在那种情况下，为了识别，我们需要标准化约束以及每个方程至少有一个参数限制条件。我们从理论中得到参数的限制：为了识别需求方程，方程中必须含有使得供给而不是需求发生移动的变量，反过来也成立（这些排除性的限制条件通过将参数限制为 0 的方式被引入）。在差异性产品的市场下，关于需求方程和定价方程的一个更加技术性的讨论，见本章的附录（第 6.4 节）。这些内容也参见 Davis（2006d）。

---

① 通常标准化的限制这样被隐性地引入，通过在方程左边的内生变量中的任何一个的前面不加参数。

6.2.4.3　行为的识别：一个实证的例子

当行为未知时，我们将要评估厂商在对某种特定的商品定价时在何种程度上考虑了定价决策对其他产品的影响。在这种情况下，一种策略就是，估计出结构方程的退化形式，并通过利用从一般的结构的具体形式中得到的退化形式和结构式的参数之间的一致性，还原出未知的结构参数。假设需求参数被识别了并且边际成本是固定不变的，我们会需要足够多的需求位移因子被排除在定价方程之外，以便能够识别出行为参数（请参见 Nevo，1998）。特别是，我们在需求方程中将需要与厂商所生产的产品种数一样多的外生的需求位移因子。尽管行为的识别在技术上是可能的，在实际操作中，提出足够多的外生的需求和成本的位移因子，也许是很困难的。

试图从实证上识别差异性产品的市场中竞争的性质的一个早期和重要的例子是由 Bresnahan（1987）提供的，其中他研究了 1953 年到 1957 年期间美国的汽车行业。Bresnahan 考虑了在美国所卖出的汽车的价格和数量，并试图解释在1955 年为什么价格显著地下降了并且销量明显地上升了。特别是，他检验了这一段小插曲是否表示厂商的行为使得行业暂时从一个协作的行业变成了一个竞争的行业。Bresnahan（1987）试图解释的数据如表 6—7 所示。要注意的关于数据的重要特征是，1955 年是一个非典型的带有低价格和高产量的年份。实际价格下降了 5%，产量上升了 38%，并且收入增加了 32%。

表 6—7		在美国汽车市场中竞争的性质			
年份	汽车生产（单位）	实际汽车价格/CPI	经质量调整的价格的百分比变化	销售收入以 1957 年十亿美元计	产量指标（1957 年=100）
1953	6.13	1.01	—	14.5	86.8
1954	5.51	0.99	—	13.9	84.9
1955	7.94	0.95	−2.5	18.4	117.2
1956	5.80	0.97	6.3	15.7	97.9
1957	6.12	0.98	6.1	16.2	100.0

资料来源：Bresnahan（1987）。

为了着手建立一个模型，我们必须设定需求。Bresnahan 设定了这样的需求函数，其中每种产品的需求取决于两种邻近的产品：稍低品质和稍高品质的产品。他通过利用一个特定的基础的离散选择需求模型来推导他的需求方程，但是最终他的需求函数具有形式，

$$q_i = \delta \left[\frac{P_j - P_i}{x_j - x_i} - \frac{P_i - P_h}{x_i - x_h} \right]$$

其中，P 和 x 表示产品的价格和品质，并且 h、i 和 j 是品质递增的产品的指标。在这个模型中，品质是一个维度，但是刻画了许多因素，比如马力、汽缸的数量和负荷。请注意，在其他都不变的条件下，需求对于商品 h、i 和 j 的价格是线

340

性的，并且给定价格差异，价格差的斜率将会随着品质 x 的差的减小而增加。在这个相当有限制性的需求模型中，只存在唯一的需要估计的参数 δ。

为了建立定价方程，他假设了一个成本函数，其中，边际成本对于所生产的产量是固定不变的，但却随着这些产品的品质提高而增加，于是对产品 j、i 和 h 有 $x_j \geqslant x_i \geqslant x_h$。这些假设表明，整个结构可以被看成某个模型的一个特例，其中需求对价格是线性的并且边际成本对于产出是不变的。通过写出一个对参数呈现线性的需求方程，$q_i = \alpha_{i0} + \alpha_{ii} p_i + \alpha_{ij} p_j + \alpha_{ih} p_h$，我们可以看到，对于固定的品质指标 x_i、x_j 和 x_h 的值，通过利用 Bresnahan 的需求模型对定价博弈的分析可以被纳入我们在前面为线性需求模型所发展的理论上的构架，其中方程中的参数事实上是关于数据和某个目标参数的函数。（更确切地，我们上面研究了两种产品下的线性需求模型，并且我们将在第 8 章中研究一般的模型）具体而言，线性需求的参数具有形式，

$$\alpha_{ii} = -\delta\left[\frac{1}{x_j - x_i} + \frac{1}{x_i - x_h}\right]$$

$$\alpha_{ij} = \delta\left(\frac{1}{x_j - x_i}\right)$$

$$\alpha_{ih} = \delta\left(\frac{1}{x_i - x_h}\right)$$

首先，Bresnahan 估计了这些方程的系统，通过假设这里存在纳什竞争，于是矩阵 Δ 描述了产品的实际所有权结构（即，这里不存在合谋）。接着，他针对一个卡特尔估计了同样的模型，通过将矩阵 Δ 的所有元素都设定为 1，于是整个行业的利润也得到了最大化。然后，他可以利用著名的被称作"考克斯检验"（Cox test）的模型比较检验对这两种设定的相对解释能力进行了检验。[①] Bresnahan 得出结论，卡特尔的设定解释了 1954 年和 1956 年的情况，而纳什竞争的模型最好地解释了来自 1955 年的数据。由此，他得出结论，1955 年表现了行业中的协作的暂时破裂。

直观地，Bresnahan 检验了接近的替代品之间相互进行限制的程度。如果厂商联合地最大化两种产品的利润，则与厂商想要仅仅最大化关于一种产品的利润并且忽略降低价格对于接近的替代产品的销售的负面影响的情形相比，这里存在更少的竞争压力。于是，在图 6—5 中，如果接近的替代产品 2 和 3 被竞争对手所拥有，那么它们在竞争下将会拥有一个很低的利润率，但是在合谋下却有高得多的利润率。

给定他所提出的这样的关于成本和需求性质的假设，Bresnahan 发现，1995 年期间价格的下降的解释是汽车市场中接近的替代品之间的竞争水平的增加。

有助于识别参数估计值的需求的位移因子，以及行业的会计上的利润，如表 6—8 所示。然而，会计上的利润并不与 Bresnahan 的理论相符，就像他所注意到的。如果厂商在 1954 年和 1956 年进行了协作，那么行业的利润应该比恢复到竞

341

---

① 我们已经证明了，Bresnahan 所写下的两个模型被包含在同一个模型类中，于是我们可以利用标准的检验方法来区分这两个模型。在 Bresnahan 的例子中，他选择利用考克斯检验，但是通常来说，经济学的模型之间可以被检验，形式上这与模型是嵌套的还是非嵌套的并不相关（例如，请参见 Vuong，1989）。

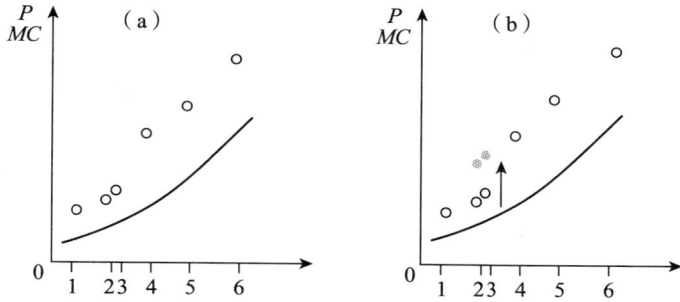

图6—5 在(a)竞争和(b)合谋下所预期的结果

资料来源：作者对 Bresnahan（1987）中的图 2 的复制。（a）在竞争下，带有接近的替代性的由竞争对手所生产的产品获得了高于边际成本上的非常低的利润率。（b）在合谋下，竞争对手所生产的接近的替代品获得了高于边际成本上的高得多的利润率。

争的 1955 年的利润要高。Bresnahan 的解释是，会计上的利润并不代表经济学上的利润，而且是不值得信赖的。于是我们必须在这种情况下作决定，是相信会计上测量的利润还是计量上的分析。在其他情况下，人们也许希望这里的每一种证据能够允许我们将其建立在一个条理清晰的故事之上。

表6—8　　　在美国 1953～1957 年间，汽车市场的需求和成本的位移因子

年份	每人可支配收入		利率	耐用品消费（非汽车）	会计利润以 1957 年十亿美元计
	水平	增长率			
1953	1 623	—	1.9	14.5	2.58
1954	1 609	−0.9%	0.9	14.5	2.25
1955	1 659	3.0%	1.7	16.1	3.91
1956	1 717	3.5%	2.6	17.1	2.21
1957	1 732	0.9%	3.2	17.0	2.38

资料来源：Bresnahan（1987）.

6.3　结　论

342

- 诸如市场份额和集中度水平的结构性指标仍然被常常使用在对于行业行为和绩效的最初评价中，尽管在关于竞争的问题上应用了基于影响的分析的情形中，它们通常并不是决定性的。然而，它们不是决定性的这一事实并不意味着市场份额对于竞争的评价就是不相关的，并且许多学者认为它们应该承担一些证据的权重。
- 静态的经济学理论和数据的可获取性的发展，表明了市场集中度和行业盈利性之间的因果关系并不能被简单地推断出来。然而，建立在动态模型上的经济学理论经常与较早期的 SCP 文献有着相当多的共同特征。比如，Sutton（1991，1998）强调了，在两阶段博弈中价格确实被认为是市场结构的函数，其中进入决策是在阶段 1 做出的，然后在阶段 2 活跃的厂商以某种方式（在价格或者产量上）进行竞争或者合谋。

- 博弈理论的一个明显的教训是，竞争环境的非常细节的元素能够影响到重要的竞争分析。进行详细的市场分析的一般方法的目的在于，从表面上直接识别竞争的性质以及任何合并或者所谓的反竞争行为的影响。

- 技术上，识别问题涉及提出这样的问题，即两个行为模型是否可以依据数据而相互区分开来。在识别中，困难的问题是，弄清楚到底数据中的哪些变化有助于将我们带领到这样一种状态，其中我们可以区分我们的各种模型中的一些。识别问题的学术研究趋于在计量模型中发生，但是这些做法的经验通常直接指向了揭示证据，竞争管理当局应该寻求更普遍的证据类型，比如来自公司的文件。

- 厂商对市场需求条件的改变的反应程度可以直接提供关于厂商的市场力量程度的证据。正式的计量模型可以在结构模型中使用涉及行为参数估计的方法，来决定厂商对于价格变化的反应是与竞争的、竞争的寡头还是合谋的设定相符。然而，更一般的经验是，需求弹性的变化可以为行为的识别提供有用的数据差异性。比如，我们也许（至少可以想到地）发现文本证据说明了，厂商的定价行为以某种方式考虑到了价格，即这种反应与厂商内部对市场需求的敏感性的估计（而不是厂商需求的敏感性）是一致的。

- 我们在同质性产品的市场中以及随后在差异性产品的市场中研究了识别的结果。在前一种情况下对于识别的分析表明需求转动因子是识别的关键。在差异性产品的情形下，结果表明（ⅰ）研究差异性的却又相互替代的产品的利润率是有用的，并且（ⅱ）当研究市场中合谋的程度时，研究需求和成本对邻近产品的冲击的强烈程度也许是有帮助的。

- 在研究合谋的可能性时，人们必须评估合谋的必要条件是否存在。遵循 Stigler（1964），这些条件包括协议、监控和执法。对这些条件中的每一个的评估通常会涉及相当多的定性的证据，尽管相当多的定量的证据可以被用于解决这三个条件的每一个中的部分问题。比如，欧盟委员会在索尼—贝图斯曼案中研究了在给定定价时交易价格多大程度上是可预测的，以弄清楚市场的透明度。

- 除了对能影响合谋的可能性的因素的定性分析外，有时候发掘一个对于竞争、合谋以及从合谋环境中脱离的激励的理解，是可行的，当然也是值得的。

6.4 附录：差异的市场中行为的识别

在这个附录中，我们跟随 Davis（2006d），他提供了一个关于识别（ⅰ）差异性产品的市场中的定价方程和需求方程以及（ii）此市场中厂商的行为的技术方法的讨论。特别是，我们更加细节地设定我们的两厂商和两种差异化产品的市场的例子。定义边际生产成本，它取决于诸如原材料的成本的变量的集合 w 而与产量无关，于是

$$\begin{bmatrix} c_{1t} \\ c_{2t} \end{bmatrix} = \begin{bmatrix} \gamma'_1 & 0 \\ 0 & \gamma'_2 \end{bmatrix} \begin{bmatrix} w_t^1 \\ w_t^2 \end{bmatrix} + \begin{bmatrix} u_{1t} \\ u_{2t} \end{bmatrix}$$

类似地，假设需求的位移因子取决于诸如收入和人口规模的变量的集合 x，它影响每种产品的需求水平：

$$\begin{bmatrix} \alpha_{01t} \\ \alpha_{02t} \end{bmatrix} = \begin{bmatrix} \beta'_1 & 0 \\ 0 & \beta'_2 \end{bmatrix} \begin{bmatrix} x_t^1 \\ x_t^2 \end{bmatrix} + \begin{bmatrix} \varepsilon_{1t} \\ \varepsilon_{2t} \end{bmatrix}$$

然后这两种产品的线性需求方程可以写为

$$\begin{bmatrix} q_1 \\ q_2 \end{bmatrix} = \begin{bmatrix} \alpha_{01} \\ \alpha_{02} \end{bmatrix} + \begin{bmatrix} \alpha_{11} & \alpha_{12} \\ \alpha_{21} & \alpha_{22} \end{bmatrix} \begin{bmatrix} p_1 \\ p_2 \end{bmatrix}$$

而由一阶条件得到的定价方程是

$$\begin{bmatrix} \alpha_{11} & \Delta_{12}\alpha_{21} \\ \Delta_{21}\alpha_{12} & \alpha_{22} \end{bmatrix} \begin{bmatrix} p_1 - c_1 \\ p_2 - c_2 \end{bmatrix} + \begin{bmatrix} q_1 \\ q_2 \end{bmatrix} = 0$$

方程的完整的结构系统形式是

$$\begin{bmatrix} \alpha_{11} & \Delta_{12}\alpha_{21} & 1 & 0 \\ \Delta_{21}\alpha_{12} & \alpha_{22} & 0 & 1 \\ -\alpha_{11} & -\alpha_{12} & 1 & 0 \\ -\alpha_{21} & -\alpha_{22} & 0 & 1 \end{bmatrix} \begin{bmatrix} p_1 \\ p_2 \\ q_1 \\ q_2 \end{bmatrix} - \begin{bmatrix} \alpha_{11}\gamma'_1 & \Delta_{12}\alpha_{21}\gamma'_2 & 0 & 0 \\ \Delta_{21}\alpha_{12}\gamma'_1 & \alpha_{22}\gamma'_2 & 0 & 0 \\ 0 & 0 & \beta'_1 & 0 \\ 0 & 0 & 0 & \beta'_2 \end{bmatrix} \begin{bmatrix} w_t^1 \\ w_t^2 \\ x_t^1 \\ x_t^2 \end{bmatrix} = \begin{bmatrix} v_{1t} \\ v_{2t} \\ v_{3t} \\ v_{4t} \end{bmatrix}$$

或者，更加紧凑地，写成矩阵形式为

$$A y_t + C x_t = v_t$$

其中误差向量实际上是不同产品的成本和需求的冲击项的组合，

$$\begin{bmatrix} v_{1t} \\ v_{2t} \\ v_{3t} \\ v_{4t} \end{bmatrix} = \begin{bmatrix} \alpha_{11} & \Delta_{12}\alpha_{21} & 0 & 0 \\ \Delta_{21}\alpha_{12} & \alpha_{22} & 0 & 0 \\ 0 & 0 & 1 & 0 \\ 0 & 0 & 0 & 1 \end{bmatrix} \begin{bmatrix} u_{1t} \\ u_{2t} \\ \varepsilon_{1t} \\ \varepsilon_{2t} \end{bmatrix}$$

根据我们通常的方法，这个结构模型也可以写成退化形式的模型：

$$y_t = -A^{-1}C x_t + A^{-1} v_t = \Pi x_t + V_t$$

标准化限制被反映在这样的事实上，即每一个方程都有一个内生变量前的系数为 1。这设定了退化形式中的参数的范围，于是解是唯一的。如果我们没有任

何标准化的限制，参数矩阵 Π 可以等于 $-A^{-1}C$ 或者等价地（根据可观察的变量）等于 $-(2A)^{-1}(2C)$。

在我们的结构系统中，我们拥有四个方程和四个内生变量。于是，我们的识别的必要条件是，除了标准化限制以外，每个方程我们至少拥有三个参数限制条件。一般说来，在一个 J 种产品的需求方程和定价方程的系统中，我们拥有 $2J$ 个内生变量。这意味着除了通过设计而引入的标准化限制以外，每个方程我们至少需要 $2J-1$ 个限制。

这里存在加于参数上的排除限制，它们来源于模型的设定。第一，我们在从一阶条件获得的矩阵 A 上有排除项。矩阵 A 的任何一行都存在 $2J$ 个元素，其中 J 是商品总种数。所有产品的每个价格和每个产量都对应一个元素。但是每个定价方程最多只包括一个产量变量，于是对于每个方程，我们将其他商品的产量的参数设定为 0，立刻便得到了 $J-1$ 个排除限制。

第二，对于很多模型，所有权结构将会提供排除限制。具体而言，在定价方程中，每一行中只有 J_i 个参数，其中 $J_i = \sum_{j=1}^{J} \Delta_{ij}$ 是厂商 i 所拥有的产品的总种数（或者，在合谋模型下，就是厂商 i 的利润最大化问题中所包括的产品的总种数）。这意味着我们会拥有 $J-J_i$ 个限制。

第三，在矩阵 A 中的每一个需求方程中，我们也拥有 $J-1$ 个排除限制，因为只有一个产量进入了每个需求方程（以及所有的 J 个价格变量）；其他 $J-1$ 个产量的参数设定为 0。

第四，我们在矩阵 C 中拥有排除限制，此矩阵来源于需求和成本的位移因子的存在性。需求的位移因子只会通过所需求的产量的改变来影响价格，并且不能独立地影响定价方程。类似地，成本的位移因子在决定消费者对某种产品的需求时不能起到直接的作用；它们只能通过它们对于价格的影响来影响需求的数量。这些成本和需求的限制被矩阵 C 中的那些 0 所描述了。定义 k^D 是需求的位移因子的总数，k^C 是成本位移因子的总数。对于 C 中的每个定价方程，我们有 k^D 个排除限制，因为没有需求的位移因子直接影响到定价方程。类似地，对于每个需求方程，我们拥有 k^C 个排除限制，因为没有成本位移因子进入到需求方程。

而且，即使矩阵 C 中的任何一行将拥有与外生的成本变量和需求位移因子数目之和一样多的元素，定价方程中却只有与这个产品的定价方程中的成本位移因子数目一样多的新参数。类似地，需求方程中只有与此产品的需求方程中的需求位移因子数目一样多的新参数。

除了我们刚才所描述的排除限制，这里还存在跨方程的限制可以加于模型之上。跨方程的限制会出现，比如，当一个厂商生产多种产品之时。在这样的情况下，因为价格被设定以最大化厂商得到的联合利润，因此它们的定价方程将会是相互影响的。理论预测，产品 j 的需求影响产品 i 的定价方程的方式与产品 i 的需求影响产品 j 的定价方程的方式不是相互独立的。这导致了潜在的跨方程的限制。比如，我们所写下的矩阵 A 总共有 16 个元素，但是事实上它只有四个结构参数。我们可以加上限制，退化形式的参数满足某些潜在的结构上的（理论的）关系。比如，第 1 和 3 行的第一个元素是符号相反的相同的参数。这可以被引入，当决定结构参数事实上是否从退化形式的参数中被识别出来之时。市场中产品的所有权越集中，我们将会得到越多的跨方程的限制，但是我们所拥有的排除限制会越少，因为 Δ 的元素中我们会有更少的 0 值。而且，为了识别所包含的所有的需求参数，我们在每个定价方程中将需要更多的排除限制。

第 7 章　损害估计

347　　　损害估计属于反垄断经济学的一个领域，其中定量分析已经得到了广泛的应用。大部分工作已经在这样的国家进行了，在这些国家里，法庭设置罚金或者基于由实施侵害的厂商所导致的损害的估计值而提供补偿性支付。例如有别于对个体的刑事定罪，利用罚金的有效制止措施，要求设定的罚金至少与厂商从所要被制止的行为中得到的期望的额外利润一样高。期望的利润是很难测量的，在卡特尔情形下，如今通常用对受到影响的消费者造成的损害来近似衡量。这一章讲述调查者在估计卡特尔实施市场力量所造成的损害时所面临的问题。我们也会详细地讨论由单一厂商造成的损害的计算。

7.1　卡特尔损害的量化

　　　反垄断法的一个推定是，卡特尔对消费者是有害的。反垄断当局和消费者都认为，卡特尔增加价格并且减少市场上的供应量。正因如此，卡特尔在很多司法管辖区都是违法的。例如，美国的《谢尔曼法案》、欧盟的《第81条》以及英国的《竞争法》（1998）第1章都禁止厂商协同作用以减少竞争。不管怎样，因为卡特尔能使得利润很高，因此只要市场条件允许，就会有合谋的趋势。当不存在至少一个潜在的惩罚，能有希望地抵消参与卡特尔所得到的期望收益的时候，违法行为定位本质上是不足以制止卡特尔的。现在越来越多的卡特尔被处以实质上的罚金，并且在包括美国和英国等一些司法管辖区中，卡特尔行为是刑事罪行。[1] 为了让罚金成为有效的威慑，它的预期值必须与从卡特尔中所提取的预期收益值相关。在美国很常见的而在欧洲正处于发展之中的私人执法，它伴随着对于受害的消费者的补偿支付。[2] 在美国，那样的支付一般与那些消费者遭受的损害有关。在那样的情形中，评估和量化卡特尔的影响以及计算卡特尔给厂商带来的利润和它给下游消费者带来的害处，变得很有必要。接下来的一部分讨论了卡特尔的影响，而再往后一部分进一步解释用于定量分析损害的不同的技术方法。传递性的保护措施被讨论，最后，关于判定卡特尔的存续期的问题被更加详细地阐述。[3]

7.1.1 卡特尔的影响

根据传统地被看成是给卡特尔成员强加制裁的根本的逻辑所依据的经济学理论，卡特尔对福利有两方面的影响：首先他们减少了由市场产生的总福利，其次他们将来于消费者的租金重新分配给厂商。原理上，卡特尔导致的损害是因这两个因素的组合给消费者带来的总的福利减少。事实上，在实践中，损害是以一种更加严格的方式定义的，它通常表示消费者为了他们的购买物而必须支付的加价额（overcharge），而这只是消费者遭受到的损失的一部分。

7.1.1.1 卡特尔的福利影响

当厂商形成了一个卡特尔，他们便会协同作用以便增加也许甚至是最大化联合的利润。如果厂商们成功地最大化了联合的利润，那么卡特尔价格会近似于一个垄断厂商的价格，垄断厂商设定总的产出水平，使得总的边际收益等于卡特尔的边际成本。与价格被设定到接近于边际成本的竞争市场相比，这样既减少了产量又提高了价格。因为在卡特尔中价格更高，厂商能够霸占一些在竞争市场中本来应该归属于消费者的消费者剩余。此外，总的产出数量的减少会导致总福利的减少并产生无谓损失。卡特尔对竞争市场的影响如图7—1所示。字母A所表示的区域代表由消费者转移到生产者的租金。消费者支付价格P^1而不是P^0，并且，与完全竞争下的Q^0相比，他们只能购买到Q^1。区域B表示净福利损失，即

---

① 在英国，《英国企业法》（2002）的第188节为合谋引入了犯罪行为。例如，它规定，如果个体"跟一个或者多个个体不正直地商定"，特别是，直接或者间接地固定价格，那么他就是有罪的。请注意词语"不正直地"是用来修饰词语"商定"的，因此不是所有关于固定价格的协议都立刻是不正直的并且是不是所有的卡特尔违法都是刑事罪行。这个词语"不正直地"在刑法的其他部分被经常使用，它已经具有了明确的法律身份，既与一个人的行为根据大部分人的标准是否是正直的有关，也与个体自身是否相信这样的行为是否是正直的有关。后者也许被告知，比如说，关于秘密地召开会议的证据以及寻找隐藏的合谋行为的证据，因而这些会区分刑事的和民事的卡特尔违法行为。在美国，自1890年以来，就已经有了卡特尔行为的刑事制裁。2008年6月，英国第一起卡特尔刑事制裁被正式宣判，罪犯是"海洋软管"的卡特尔。海洋软管是一种柔性管类，被用于从储存处到油轮的石油运输。涉案的三个人每人受到了两到三年的监禁，而这类犯罪的最高监禁是五年。在既有刑事处罚又有民事处罚的司法管辖区内，执法通常会平行地进行，因为刑事制裁和民事制裁是不能相互替代的。

② 例如，英国对于有限制的私人行为有发挥的余地，而欧盟现在正在商讨私人行为的合适的范围。

③ 有关损害估计的问题的一个非技术的讨论，可参见Ashurst（2004）。

无谓损失。这就是由产出的限制导致的消费者福利的减少却没有被卡特尔得到的部分。

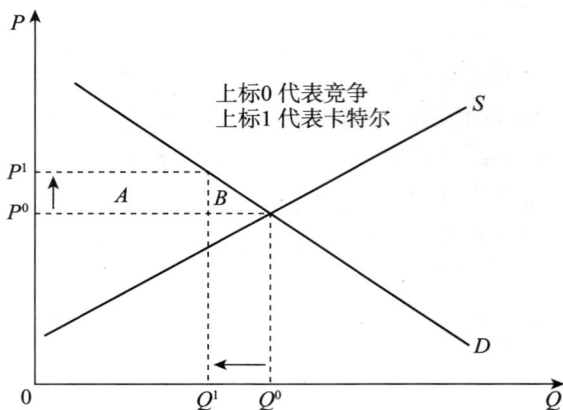

图7—1　卡特尔的福利影响

卡特尔引起的总福利减少可用区域 B 表示。消费者总的损失是区域 $A+B$ 所表示的部分。卡特尔给厂商带来的利益是区域 A。虽然总的消费者损失是 $A+B$，在计算给消费者带来的损失时，区域 B 表示的损失通常被忽略了。即使在原则上我们想要估计所有的，损失一般却被定义为厂商非法霸占的利润，即区域 A 表示的部分。基于实证上的目的，我们假设厂商的非法获利和消费者遭遇的损失是等价的，并且这个数值通常被称作加价额。单位产量上的加价额是 P^1 与 P^0 之差。总的加价额就是 $Q^1(P^1-P^0)$。如果区域 B 表示的无谓损失效应与区域 A 表示的从消费者转移到厂商的利益的规模相比很小的话，那么这样的近似通常不是那么差。（但是，请参加第 1 章关于哈伯格三角的讨论。）

7.1.1.2　直接和间接的损害

许多卡特尔存在于为下游厂商提供投入品的厂商之间，这些下游厂商然后出售最终产品给客户。为了理解这种情况的后果，考虑这样的情形，一个下游厂商是某一卡特尔行业的客户，因而卡特尔的价格就是（或者影响）下游厂商的边际成本。

跟随 Van Dijk and Verboven（2007），我们下面展示下游厂商的损害分解成的三个方面：[1]

● 第一点描述了下游利润的下降源于从卡特尔购买投入品的成本更高。这是在卡特尔化的投入品上的加价额。

● 第二点描述了在卡特尔下不再销售的产出上失去的利润。若没有卡特尔，我们会多卖出 (q^0-q^1) 单位，并且这每单位上都能赚取 $(p^0-c^{竞争})$ 的利润。这样的"产出"效应在损害计算时很少被考虑到。

---

[1]　Van Dijk and Verboven（2007）的文章还提供了一个很有用的讨论，关于欧盟和美国所用的法律框架中有关个人和厂商的合法地位受到价格制定的直接或者间接的影响。

● 第三点是，通过向下游厂商索要一个更高的价格的利润增加额，以及捕捉从卡特尔传递到下游厂商的消费者的成本的增加。这就是传递效应，它减弱了下游厂商遭受的损害。它也被称作对最终消费者的间接效应，因为它衡量的是那些最终消费者而不是卡特尔的那些实际消费者（即下游厂商）所遭受到的加价额或者损害。不论是在计算中间厂商遭受的损害还是计算最终消费者遭受的潜在的损害时，间接效应的处理被法律框架所确定了。

正式地，在卡特尔下，这个下游厂商的利润可以如下表示：

$$\pi^1 = (p^1 - c^{卡特尔})q^1$$

其中上标"1"表示在卡特尔环境下的下游厂商的价格、产量和利润。在上游市场是完全竞争的条件下，下游厂商的利润会是

$$\pi^0 = (p^0 - c^{竞争})q^0$$

其中上标"0"表示在完全竞争下中间商的价格、产量和利润。下游厂商的这两个利润之差为

$$\pi^0 - \pi^1 = (p^0 - c^{竞争})q^0 - (p^1 - c^{卡特尔})q^1$$

经过某些代数的操作，我们得到了利润之差与上面的关键点所涉及的三个方面相对应的表达方式：

$$\Delta\pi = \pi^0 - \pi^1$$
$$= (p^0 - c^{竞争})q^0 - (p^1 - c^{卡特尔})q^1 + (q^1(c^{竞争} - c^{竞争}) + q^1(p^0 - p^0))$$
$$= -q^1(c^{竞争} - c^{卡特尔}) + (q^0 - q^1)p^0 - (q^0 - q^1)c^{竞争} + q^1(p^0 - p^1)$$
$$= -q^1\Delta c + (\Delta q)(p^0 - c^{竞争}) + q^1(\Delta p)$$

7.1.1.3 实证问题

卡特尔损害的计算，对于建立给予卡特尔的受害者的补偿的恰当水平，或者为了强加一个合适的罚金而去估计卡特尔产业的非法利润和合谋带来的好处，都将是很重要的。不管哪种情况，损害的量化都提出了一些重要的概念的和实证的挑战。

为了开始着手这个问题，首先必须定义被量化的概念。在许多情况下，损害被定义成卡特尔化的厂商对直接消费者的加价额。这样的损害不管在什么时候都将是卡特尔真实的损害的一个下界，因为产量的减少和由此产生的无谓损失被忽略了。

其次，如果我们考虑潜在的动态效应，损害的估计会变成一些非常复杂的问题的主题。动态效应也许会增加损害，若完全竞争对质量或者创新有积极的影响的话。另一方面，如果高利润涉及了在产品质量或者研发上投入的增加，那么，至少在原理上，损害也许会减少，即使有人会觉得研究卡特尔化的环境下创新的动机才是合适的。由于加入动态效应和他们经常投机的本性后问题的复杂性，这样的效应在损害计算时一般都忽略了，即使有人能清

楚地认识到这样做的优点和缺点。一般说来，大多数地区的政策立场反映了一种预期，即卡特尔将会长期地损害消费者。人们应该牢记，这样的动态的负面效应可能发生，而且在那些它们很可能会非常重要的行业中，它们加深了估计的由卡特尔导致的损害。

总的损害或者索赔者遭受的潜在的损害的定量分析中，对传递效应的处理，一般来说都被法律框架所定义了。传递效应是否能够减少对中间商的潜在损害的赔偿？最终消费者是否能够弥补损害？问题的答案帮助定义了进行损害估计的合适的理论框架，并且明显地，这些问题的答案在经济分析师进行量化之前必须先弄清楚。

损害估计中最重要也是最困难的部分就是对加价额的真实的定量。计算价格由于卡特尔的存在而导致的增加额度，要求分析师估计在假设上游是完全竞争市场的条件下价格会是多少。一些技术方法可以被用于构建什么是"若不是"的价格——若不是卡特尔的话，将会盛行的价格水平。很不幸的是，此"若不是"的价格假设了一个违背事实的世界，因为不存在卡特尔的世界根本就没有发生。这样的情形在竞争政策的领域里不是不熟悉——合并在它们发生之前就必须被类似地估计——但是违背事实的情形总是既涉及估计又涉及利用统计或者利用模型的预测。这些步骤都必须慎重地执行并基于合理的假设之上。

最后，为了定义卡特尔的非法利润和损害，就必须先定义卡特尔的存续期。卡特尔的损害必须在卡特尔的整个存续期内进行计算，因为一旦价格上升并且在价格人为地保持高水平的期间内，消费者会受到损害而合谋的厂商会从中获利。准确地测定卡特尔的存续期也许会是一件非常棘手的任务。通常，你会在卡特尔开始结成时看到价格大幅的无法解释的上升，而在卡特尔瓦解时这一价格会逐渐地崩溃，有时也会瞬间崩溃。然而，有时价格的模式又不是那么明显。卡特尔也许需要时间形成，也许会有弄虚作假的事件和暂时性回到完全竞争的时候，而且卡特尔的松懈需要时间，因为厂商发现卡特尔不再能支撑下去是需要时间的。另外，供给和需求的结构性移动会阻碍卡特尔产生的价格模式的影响力，这一价格模式如不仔细的分析是不容易被解释的。

因为损害可能在一个相当长的时间内都有发生，必须考虑时间价值，从而使罚金在价值上等价于造成的损害。索赔者是否被允许私底下接受罚金，也是一个法律的问题，需要分析师加以澄清。

上面提到的每一个问题在经济学家进行损害估计时，都必须被讨论。在接下来的章节，我们会讨论直接损害的量化问题。

7.1.2　直接损害的量化

损害的量化涉及在卡特尔期间要是没有卡特尔将会出现的价格水平的估计。清楚地，我们需要的这一价格现在不会以后也从来不会是可观测的，那么估计的进行就会总是依赖于假设和一定程度的推测。这就是预测的本性。不同的方法将依赖于不同的假设条件，而且调查者不仅关注假设还得清楚地说明这些假设到底是什么，这一点是非常重要的。具体的假设的合理性，以及最好的方法，也许强烈地依赖于事情所面临的具体环境。然而，一旦卡特尔毫无疑问成功地抬高了价格，通过不止一种方法，比如那些已经被正确使用了的方法，卡特尔的影响将会是显而易见的。在实践中，勤勉的经济学专家有时需要建立一个估计的框架，将这些不同的方法结合起来。这样做有时候有利于确保那些能为"若是不"价格的估计提供信息的可用的数据都被利用到。正如任何计量经济学工作，测试结果对于具体的微小变化的稳健性将会是很重要的，又如其他任何种类的证据，任何计量经济学工作都不会是完全稳健的。

353

损害的量化的实施必须被深度的行业数量化分析所支持，这样的数量化分析会为我们提供选择具体方法和详细计划的正当理由。为了具有影响力，在给定已知的关于行业的事实的条件下，任何计量经济学的结论都会是似乎可能的。

7. 1. 2. 1　利用一个竞争模型

给定一个有关基于产业结构的定价方式的经济模型，通过分析而得到从竞争到卡特尔对于价格的影响，是很有可能的。例如，在不存在固定成本的完全竞争的条件下，价格将会等于或者接近边际成本。在这样的市场上形成的卡特尔的加价额，就会是卡特尔期间观察到的价格与产业的边际成本之差。卡特尔的价格是可以观测的，而竞争的价格在我们拥有成本信息的条件下是可以在理论上计算出的。请注意，如果在卡特尔期间成本改变了，那么竞争条件下盛行的价格在卡特尔期间也会随之改变。

为了使这些观察明确化，让我们回顾在竞争条件下以及卡特尔条件下的最简单的定价公式。如果我们假设边际成本为 c_t，线性反需求函数为 $p_t = a_t - bQ_t$，那么卡特尔的利润最大化将会涉及设定边际收益等于边际成本：

$$MR_t(Q) = c_t \qquad \Leftrightarrow \qquad a_t - 2bQ_t = c_t \qquad \Leftrightarrow \qquad Q_t = \frac{a_t - c_t}{2b}$$

将这个卡特尔的产量选择代入需求函数，我们得到卡特尔下的价格为：

$$p_t = a_t - bQ_t = p_t = a_t - b\left(\frac{a_t - c_t}{2b}\right) = \frac{1}{2}a_t + \frac{1}{2}c_t$$

在完全竞争下，价格将会是 $p_t = c_t$，而均衡产量将会满足 $p_t = a_t - bQ_t$。在这种情况下，每单位上的加价额将会是价格与边际成本之差，即：

$$每单位上的加价额 = p^{卡特尔} - p^{竞争}$$
$$= \frac{1}{2}a_t + \frac{1}{2}c_t - c_t$$

在许多情形下，诸如古诺模型的寡头竞争也许能提供比完全竞争更加符合实际的"若不是"价格的版本。显然，古诺模型或者其他的寡头模型的"若不是"价格都可以通过分析得到，而且这样做提供了定价方程的详细说明。然而，合谋厂商生产的产量，以及不存在卡特尔的条件下将盛行的均衡价格下的产量，都会对需求的变化非常敏感，因为不管是在古诺模型下还是在卡特尔下，在设定价格或者产量时，都会明确地考虑市场需求条件，这样的事实使得模型更加复杂化。在其他条件相同的情况下，竞争的寡头市场的价格也许没有完全竞争的价格稳定。

7.1.2.2 之前和之后

"之前和之后"（before - and - after）的方法利用卡特尔下的商品的价格的历史时间序列数据作为主要的信息来源。它关注卡特尔之前和之后的价格水平，并将它们与卡特尔期间盛行的价格进行比较。然后损害 $Damanges_t$ 是由卡特尔价格 $P_t^{卡特尔}$ 与竞争条件下的价格 $P_t^{竞争}$ 之差与卡特尔期间的销售量 $Q_t^{卡特尔}$ 的乘积来计算的：

$$Damages_t = (P_t^{卡特尔} - P_t^{竞争})Q_t^{卡特尔}$$

这是一个极其简单的方法，也许甚至是过于简单化的，但是却可能为这样的情形提供了一个足够好的近似，在这个情形下，卡特尔是稳定的，而且供给和需求的基础条件不怎么变化。在这样的情形下，价格随时间走势图也许像图 7—2 所示的那样。

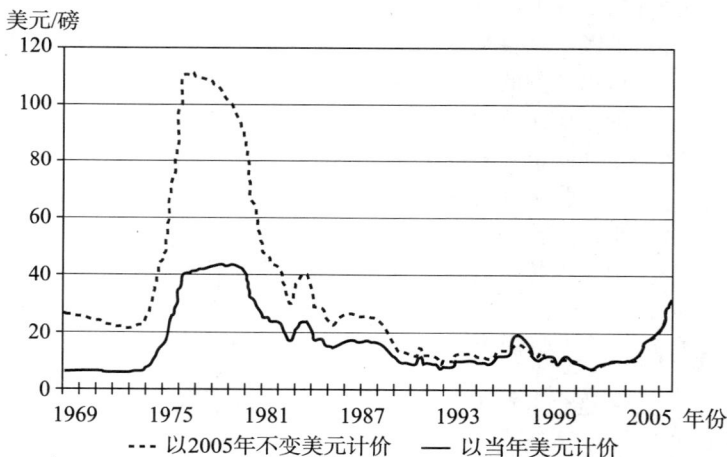

图 7—2 可疑的卡特尔下的价格时间序列图

资料来源：uxc. com。每磅铀 308 的价格。读者也许很想推测图中卡特尔存在的期间。

之前和之后的方法将卡特尔发生之前和之后的价格水平用一条直线联系起来。在数据存在潜在的趋势的情况下，可以考虑利用这一趋势来决定假设的完全竞争下的价格水平。在上面所述的铀 308 行业的卡特尔的例子中，看起来好像刚好在卡特尔之前铀 308 的价格水平（以 2005 年不变美元计价）存在一个下降的趋势。当竞争重新建立时，以当年美元计价的价格，设定在略低于卡特尔发生之前一刻的价格水平。在这个例子中，简单的之前和之后的方法的损害估计结果，以当年美元计价计算，就是类似于某条线以上的区域，这条线存在于 1974 年的竞争的价格大约 21 美元每磅和 1989 年的竞争的价格大约 18 美元每磅这两点之间。重要的是要注意，然而，这种计算方法有

经济科学译丛·竞争与反垄断中的数量技术

一个很重要的警示：这个卡特尔声称只存在于 1972 年到 1975 年之间，虽然高价格水平明显地持续了更长时间。因此，一个重要的问题就是，那些较高的价格是否能存留持久，因为相互协作的协议在显性的合谋期间就已经达成从而在隐性安排中也能继续此协议，或者，也许更加简单地，在那些年竞争成本因为其他的原因而升高了很多。有一件事是确定的，取决于法院对于合谋的价格的结束日期的看法，损害的计算明显地看起来是显著地不相同（对于这一情况更加详细地描述，请参见 Taylor and Yokell, 1979）。

有一些价格序列甚至不能清楚地解释。[1] 例如，图 7—3 展示了从 1991 年到 1996 年期间，在美国和欧盟市场中，一种农场饲料添加剂赖氨酸的交易价格。图中显示了价格大幅下降之后又大幅上升的连续区间。就其本身，价格的时间序列并不能为"若不是"价格应该是多少，或者甚至卡特尔存在的确切时期，给出清晰的描绘。人们必须在知道关于事件的一些事实之后才能开始弄清图表的含义。

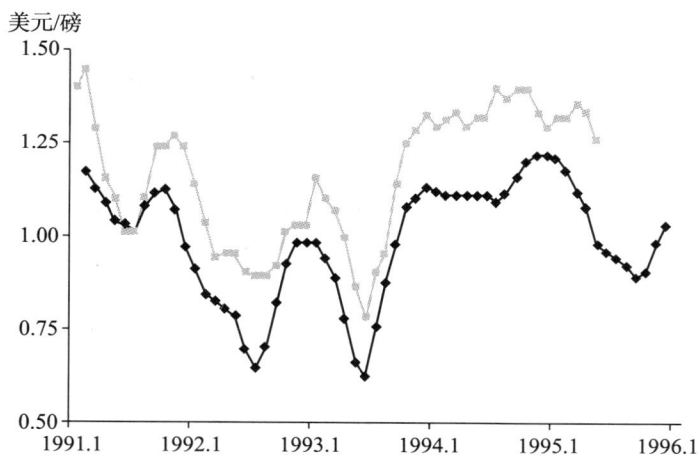

图 7—3　美国和欧盟市场中，1991～1996 年赖氨酸的交易价格
资料来源：Connor（2008）。

在 1991 年，ADM 公司进入了赖氨酸市场，它为赖氨酸的生产建立了一个规模巨大的工厂，使得全世界的生产能力翻倍了。[2] 在以一个很低的价格开始销售以后，ADM 公司开始传达这样的信息，它愿意与竞争对手们协调它进入市场的产量。ADM 公司利用它的巨大的生产能力的威慑力，使竞争对手们确信，它们在某个协同的协议之下要比竞争的环境之下得到更多利益。ADM 公司甚至给竞争对手们提供到它的巨大的新工厂里参观的机会，来强调这一点。这个卡特尔运行得非常好，但是最终还是引起了当局的注意。在美国，涉及美国联邦调查局的密探、间谍以及秘密录音等轰动一时的调查，于 1995 年公开了。

---

① 这方面的讨论，参见 Conner（2008）。
② European Commission Decision 2001/418/EC, 7/6/2000, L 152/24.

知道这些事实之后，也许图 7—3 更容易理解了。在 1992 年价格第一次试图上升，随后这一密谋有一个暂时性的瓦解，直到 1993 年中期才开始恢复。卡特尔继续愉快地向前迈进，直到 1995 年早期那个调查被公之于众之时。当然，即使我们能够建立一套对于图 7—3 中所示的价格数据的样本的清晰的解释，它也不能立刻给出一个"若不是"价格应该是多少的问题的清楚的答案。例如，在 ADM 导演的我们所知的第一次试图协作之前，价格就有一个急剧的下降，这是由 ADM 公司进入市场所导致的。然而，ADM 公司是否以人为的低价格进入，或者是否也许是极端的暂时性的超生产能力的产出保持了进入之后的人为的低价格？另一方面，人们也许会怀疑在进入之前 1991 年的价格是否是竞争的，或者操控价格的活动是否已经发生了。事实上，据称，有一些证据表明，赖氨酸的主要生产商在 1991 年已经协作了并精心设计了的价格的急剧上升。在这些数据中，这一市场确定地处于竞争均衡的具体时间并不是清晰的，于是，只有在经过恰当地仔细和严密的分析之后，之前和之后的方法才可能被使用。在审判之中，原告使用了 1992 年 5 月到 6 月和 1993 年 4 月到 7 月期间作为"若不是"价格的计算区间，声称在这些期间市场重回到了完全竞争。另一方面，被告声称在这样的集中的寡头垄断的行业，激烈的竞争并不是"若不是"情形的最有可能出现的均衡。[①]

"之前和之后"的方法几乎没有相关的经济理论支撑，即使在一些具体的例子中，它的结论是非常直观的，而且也许甚至还非常正确。在其他的章节，在一些情形中，纯统计的预测方法有时比建立一个经济模型并基于模型预测表现得还要好。而不论哪种方法都需要假设条件。例如，之前和之后方法最初的形式就明确地假设了，市场条件不会改变，因为如果在卡特尔期间或者在竞争和卡特尔之间的期间，需求和供给条件发生了改变，那么至少在一定程度上，就必然不正确了。当然，如果卡特尔存续期很长，那么在此期间，市场条件更有可能发生重大变化。如果卡特尔已经存在了很长时间，那么实施非法行为以外期间的价格水平将不太可能可以预示出，要是卡特尔期间完全竞争市场盛行的话将会发生什么。

7.1.2.3 多变量方法

通过将需求和供给条件的变化考虑进来，人们就能试图克服对于"之前和之后"方法最简单的版本的批评。通过进行价格水平对于需求和成本要素的退化形式的回归，这些需求和成本因素会影响价格但是不受卡特尔的控制，而且还包括基于卡特尔的存续期的虚拟变量。我们希望，这个虚拟变量将能捕捉到卡特尔期间发生的未解释的价格增量的大小。回归方程如下所示：

$$p_t = \alpha + \gamma D_t + x_t \beta + \varepsilon_t$$

其中，D_t 是虚拟变量，若卡特尔在时期 t 是活跃的那么它取值为 1，否则取值为 0，而 x_t 表示需求和成本的因素组成的向量，这些因素会影响价格但是没有受到

---

① 在此赖氨酸卡特尔的案例中，关于加价额估计的一个很好的讨论，参见 Connor（2004）。

卡特尔控制。系数 γ 会给出每一时期的加价额。

　　为被告工作的经济学专家，具有代表性地，会想要将许许多多的变量包含在 x 中，以试图减小系数 γ 的大小以及显著性，从而表明没有或者很少的损害是需要负责的。重要的是，这个回归中没有包括不相关的变量，特别是那些也许与卡特尔虚拟变量 D_t 虚假地相关的变量。而且从退化模型得到的回归结果对于回归式的具体形式的微小变化，应该是稳健的。在第 2 章中，我们更加详细地讨论了回归分析的问题。

　　当然，这种方法带来了一个问题，卡特尔造成的冲击是否能很好地被卡特尔期间的价格的一个离散的向上的移动所刻画出来。虚拟变量前的系数 γ 将会衡量在整个被选择的卡特尔期间价格增加的平均值，且独立于在此期间市场条件也许会发生的变化。但是很有可能的是，需求和供给的变化将会影响到卡特尔对于价格的影响，而且更加丰富的回归式将会捕捉到更加复杂的效应。此外，卡特尔组织会慢慢地松懈下来，于是在卡特尔最后的几个月或者甚至是几年时间里，加价额会渐渐地下降。虚拟变量给所有年份里的卡特尔影响力以相同的重要性，于是只能得到整个期间内的平均值。虽然执行更加复杂的回归仍然是比较少见的，重要的是，从退化形式得到的结果至少应该与其他可选择的设定下得到的结果相比较，以检验稳健性。

　　第二种多变量的方法就是预测，卡特尔期间要是没有密谋将会盛行的"若不是"价格。利用卡特尔之前和卡特尔之后的数据，需求和成本的位移因子的决定因素对于价格的影响就可以被估计出。那些参数值可以被用于预测卡特尔期间的"若不是"价格。实际价格与此预测价格之间的差值就给出了加价额的一个预测值。与简单的之前和之后的方法不同的是，通过多元回归预测价格，可以允许需求和供给条件的改变。然而，它假设变量之间的结构上的关系保持不变。特别是，它假定厂商的行为以及需求和成本影响价格的路径都会保持稳定。当发生非常大的技术变化或者消费者的偏好发生根本的变化之时，这样的假设显然会被违反。

358　　　在 20 世纪 90 年代，一个"若不是"估计在维生素的卡特尔的背景下进行了。在他关于维生素反垄断诉讼的专业性报告中，伯恩海姆（Bernheim，2002）教授利用退化模型的回归，估计了要是没有合谋将会盛行的价格。价格回归方程具体如下：

$$P_t = \alpha P_{t-1} + \beta x_{t-1} + \varepsilon_t$$

其中，P_t 是 t 月时维生素产品的价格，x_t 表示外生的供给和需求的变量。外生的供给决定因素有，生产维生素所需的原材料的成交价格、行业的工资指数、利率以及工厂所在地现金的汇率。许多潜在的需求决定因素也被考虑进去：人口规模、单位资本收入、不同的用此维生素喂养的被屠宰的动物的磅数、药品的生产量以及将维生素作为原材料的产品的生产量，比如化妆品、奶酪以及牛奶。替代品的价格也被包含进来，比如小麦、玉米、大豆、蔬菜和水果系列，以及其他的食物产品。

　　与我们先前的模型相比，这个具体形式的一个新因素就是滞后的价格变量。

引入一个滞后的内生变量给模型带来了一些动态，这意味着，例如，关于价格的冲击会是持久的。事实上，滞后的价格项不仅包括所讨论的产品的滞后价格，还包括其他所有的在同一家族里的维生素的相关产品的滞后价格。为了估计这个模型，伯恩海姆使用了卡特尔形成之前的数据，以及那些产品的卡特尔组织结束之后十二个月的数据，这些产品有多于两个的制造商并且假设卡特尔组织瓦解后的隐性合谋并没有起作用。利用伯恩海姆的模型预测的卡特尔期间一种产品维生素E的价格如图7—4所示。

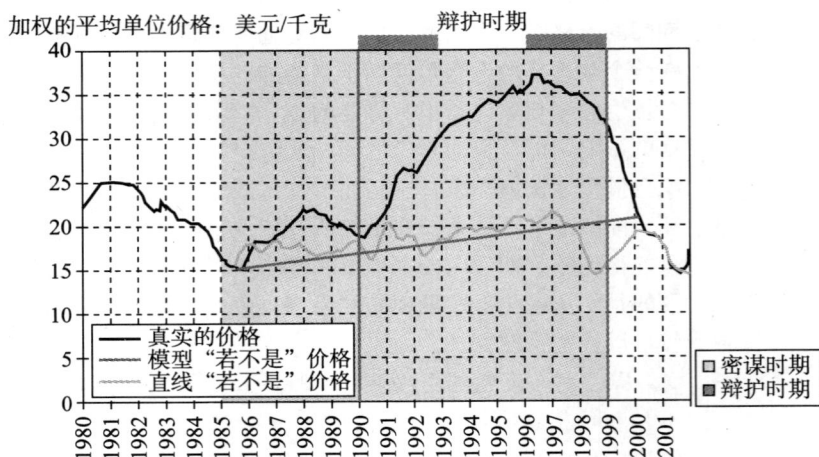

图7—4 符合美国药典（USP）标准的维生素E醋酸酯的价格和"若不是"价格
资料来源：Bernheim（2002）的图14—2，Connor（2008）也有引用。

伯恩海姆的报告中的具体模型包括了大量的解释变量，虽然真实的回归结果并没有在公众可得到的陈词中报告。在真实价格实际上升高之前，"若不是"价格的巨大的向上移动，例如，必须归因于模型中的一个或者多个变量。在任何类似这样的实践中，看看这个模型能多好地预测卡特尔之前的时期里的价格水平，将是一件非常有趣的事情。这个方法表面上看起来产生了合理的结论，但是因为观察者没有进入到细节的问题，我们很可能断定：此结论是合理的，至少部分上是因为由此产生的"若不是"价格事实上与通过简单的利用直线的"若不是"价格的"之前和之后"的分析得到的估计价格的差别不是那么大。

相同的结论不能立刻适用于对符合美国药典标准的维生素A醋酸酯500的"若不是"价格的预测，它如图7—5所示。在整个卡特尔期间，预测的价格似乎可以推断出卡特尔之前时期价格水平的趋势。在这个例子中，卡特尔之后时期的价格没有被用于模型估计，因为只有两个生产商生产此种产品于是不能假定在卡特尔结束之后市场会恢复完全竞争。当然，为了相信产生于这个模型的结论，我们确实必须相信，驱使预测的"若不是"价格趋于下降的任何变量都抓住了竞争价格的一个真正的驱动力。

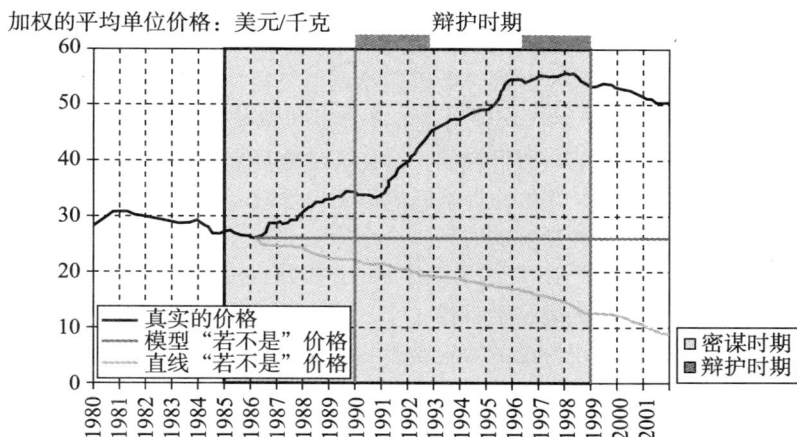

图 7—5　符合美国药典标准的维生素 A 醋酸酯的价格及其"若不是"价格
资料来源：Bernheim（2002）的图 14—6，Connor（2008）也有引用。

这些例子有助于说明，利用多元回归对"若不是"价格的估计，给明理的人们留下了许多展开关于损害的正确测量方法的争论的空间。这就是说，当被正确地应用时，它将成为一个非常有效的工具。就跟任何强有力的工具一样，它必须以非常谨慎的态度来使用，特别是要带着对数据的极好理解、直觉以及案例的相关事实。

7.1.2.4　衡量标准

当卡特尔的各年份里它没有表现得一样地稳定时，或者当在卡特尔期间需求和供给条件波动很大时，从卡特尔之前和之后期间盛行的价格推断"若不是"价格将不会产生正确的结果。一个可以选择的方法就是，选一个与之相关的产品的价格，这个产品没有被包括在卡特尔之中，然后用它作为分析的基准去构想，要是竞争的条件的话，卡特尔产品的价格将会发生什么。如果所选产品跟所研究的卡特尔的产品相关性很密切，那么它的价格将会是一个很好的基准。在需求、成本和市场结构方面，它都必须与卡特尔产品很相似。一般说来，它必须处在相同的地区或者国家，于是主要的冲击和制度因素会很相似。所选产品的市场必须期望与某种形式表现得很相似，这种形式就是卡特尔化的市场如果没有被卡特尔化它将会出现的形式。

让我们来讨论一个基于钢铁产业的卡特尔的例子。[①] 据说，在 20 世纪 90 年代，在钢铁行业举行了一系列的会议，会上竞争者们交换了许多很敏感的信息。欧盟的一些钢铁产品的数量信息和价格目标被讨论了。经济学的专家们做了如下的回归：

$$Price_{ijklt} = \alpha + \beta Costs_{ijklt} + \gamma Demand_{ijklt} + \delta Bargaining\ power_{ijklt}$$
$$+ \lambda Discussions_{ijklt} + \theta_k Trend_t + \rho_i + \eta_j + \mu_k + \tau_t + \varepsilon_{ijklt}$$

其中，i 表示产品，j 表示子公司，k 表示地区或者国家，l 表示客户，t 表示时

---

① 这个例子是基于，2005 年在哥本哈根举行的竞争委员会经济学家年会（Association of Competition Economists Conference）上 David Sevy 代表 LECG 公司发表的演讲。

期。数据既是跨时间的又是跨产品的，于是这个回归可以综合利用这些数据的变化，这些数据的变化既可用于"之前和之后"的方法，又可用于上面所述的找基准的方法。此外，数据还是跨子公司、地区或者国家和客户（消费者）的。系数 λ 抓住了一次会议讨论对于产品价格水平的影响。具体说来，此影响被假设成是同时期的，因而期间 t 的会议讨论 $Discussions_{ijklt}$ 被假设能影响时期 t 的价格 $Price_{ijklt}$。卡特尔的直接影响将会由系数 λ 的大小给出，人们希望在数据足够多到抓住了此种影响的时候这个系数会是显著的。这样的假设当然为争论和计量上具体的检验敞开了大门。例如，分析师也许想要探究，这种设定下所刻画的卡特尔对价格的影响是否就像一个这样的示性变量，当卡特尔成员举行会议时取值为 1，或者会议讨论的效应是否相似于某些与投资相近的事物，它能随着时间积累，但是也有可能以某一利率贬值。关于卡特尔的会议讨论对卡特尔结果的影响的合适的"建模"，这样的问题在理论上很难评价，只有放在具体的例子中考虑，而这样的问题的正确答案依赖于这个例子的某些具体事实。我们故意在"建模"上加上引号，是因为我们必须要一直牢记于心，这是一个退化形式的回归方程，而不是一个结构性的价格方程。从原理上，价格的结构方程也能被建立，并且提供了损害估计的另一种方法，我们将在下面讨论它（参见 7.1.2.6 节）。

请注意，这个回归在产品、子公司、客户以及地区或者国家上都有分离的固定效应，这与在给定的子公司为给定的客户提供的给定的产品上的固定效应相对，而后者会涉及多得多的固定效应。这样的设定给数据变化的特征以更多结构性，并且利用数据变化的不同的来源识别参数 λ。为了独立出那些有助于识别参数 λ 的数据变化的来源，尝试关于不同类型的固定效应的设定很可能会有帮助。这样做有助于我们，例如，理解我们是像在"之前和之后"的方法中一样主要利用时间序列的变化（time-series variation），还是更加类似于标准的做法而使用横截面的变化（cross-sectional variation）。弄清楚是什么导致了我们发现的结论的一个好方法就是，在不加虚拟变量的条件下做回归，然后依次加入虚拟变量，一次只考虑数据变化的一个维度。首先，我们可以先控制产品，然后是国家，接着是子公司，最后是客户。很自然地，参数 λ 的估计值对回归方程的变化越不敏感，则数据在所有方向上的变化就越有可能，于是我们就能够相信我们已经识别出了正确的效应。然而，如果参数 λ 的估计值随着所包括的固定效应的类型而变化，就像在许多场合下一样，那么它将帮助我们理解，数据的变化表明了卡特尔的"坏的"效应到底来源于什么，反过来这也许可以帮助我们去评价我们是否相信这些结论真正地捕捉了卡特尔的会议讨论对于价格的影响。

为了计算损失，我们需要利用已经估计出的系数并将系数 λ 设成 0，去估计每一个产品、子公司、地区或者国家和客户的价格。在这个例子中，用下面的式子来计算预测的"若不是"价格：

$$Price_{ijklt}^{竞争} = \hat{\alpha} + \hat{\beta}Cost_{ijklt} + \hat{\gamma}Demand_{ijklt} + \hat{\delta}Bargaining\ power_{ijklt}$$
$$+ 0Discussions_{ijklt} + \hat{\theta}_k Trend_t + \hat{\rho}_i + \hat{\eta}_j + \hat{\mu}_k + \hat{\tau}_t$$

于是，在某个具体的时间点，每一个特定的产品和客户上的损害将如下计算：

$$Damages_{ijklt} = (Price_{ijklt}^{卡特尔} - Price_{ijklt}^{竞争})Q_{ijklt}^{卡特尔}$$

等价地，当然，因为根据我们的定义，$\lambda = (Price_{ijklt}^{卡特尔} - Price_{ijklt}^{竞争})$，人们可以用卡特尔期间的销售量乘以 λ 就可以得到加总的卡特尔导致的损害。

7.1.2.5　成本加成法

另一种建立"若不是"价格的方法是在厂商的成本上加上一个利润率。这一方法假定专家能够（1）估计厂商的成本以及（2）估计不存在密谋时厂商的盈利能力，因为这个方法通常涉及利用成本数据并在其上加上一个"合理的"回报率。一般说来，不论是成本还是合适的利润都不容易估计。

利润不仅与市场结构有关，而且给定垄断竞争的具体的形式利润还会随着市场的供给和需求的条件而变化。高需求时期也许倾向于增加单位产品利润。[①] 模块化的投资所产生的固定成本也是相互关联的，而且难以被考虑到，因为它们超出了进行分析的最佳时期。例如，经济学相当清晰地确信，诸如医药的行业不仅趋于存在高的利润率，而且也承担了进行高风险的研究与开发的大量费用，正因如此，必然要求一个"合理的"回报率（例如，请参见 Ashurst，2004）。当然，某一分市场的卡特尔组织也许会认为，为了给它们的生产线融资，这些回报是必需的。这种形式的投资组合的影响以及模块化投资的费用使得损害估计在这样的情形下变得极其困难，即使有些公司的内部系统也许可以帮助解决这类问题。例如，某一些企业利用以活动为基础的成本计算方法（activity-based costing methods，ABC）来计算它们在每一项活动上的成本分配，包括固定成本。其他的情形也许会有其他方面的困难。例如，在一个没有卡特尔的世界中，厂商可以获得的回报率将取决于厂商所面临的竞争的类型。如果取代卡特尔的是完全竞争，"合理的"回报应该会低于这样的情形下的回报，即厂商们发现自己参与了古诺博弈模型或者某些其他的寡头竞争的形式。经济学专家将必须为任何"合理的回报率"的选择清晰地作出辩解，但是这样的判断也许很难，即使目标就是实事求是地确定一个数量级。

然而"合理的"回报率在实践中也许很难，甚至概念上，成本测量的正确选择也许就很难。基于经济学理论，某些人也许会声称损害估计中的合适的成本是边际成本或者也许是长期边际成本。或者，某些人也许合理地断定，平均成本才是最好的测量工具，因为市场中幸存的厂商不可能长期亏损。[②] 作为一般的准则，在给定，比如说，在技术变动的条件下，不应该包括不可回收的成本，即那些沉没成本以及在竞争条件下不能弥补的成本应该被排除在成本计算之外，因为

运作良好的市场是前看的，它不可能补偿这些类型的沉没成本。然而，有些沉没成本是可以合理地弥补的。为了弄清原因，请考虑，例如，一个两阶段博弈，阶段 1 厂商决定是否沉没一个进入成本，然后相互竞价。对于给定数量的活跃的参

---

① 事实上，单位产品利润趋向于随着商业周期而变化的现象，也激发了一些讨论合谋的文献（例如参见，Rotemberg and Saloner，1986）。

② 竞争的厂商定价在边际成本，这样的通常的预测忽视了利润必须为正的要求。例如，如果边际成本固定，并且厂商通过在利润至少为 0 条件下最大化利润来设定价格，那么在有固定成本的条件下，我们所熟知的预测 $p=c$ 将不会覆盖固定成本，于是将不会是最优的。决定什么时候考虑"利润必须非负"的约束是很重要的，因为当存在生产的固定成本时，它会从根本上改变通常的理论对于价格的预测值。

与者，阶段 2 的价格将不会与沉没成本的多少有关。但是，如果没有对于包含风险溢价的合理的回报的期望，厂商将不会沉没这种投资成本。因而，有理由预期，一个需要大量沉没成本的产业，将会伴随一定程度的市场力量，从而允许厂商弥补初始投资成本的价值。

底线是，如果超额利润总体上来说在进入阶段就因过度竞争而消失了，那么厂商们也许就只能在他们的投资上赚取一个整体的回报，包括他们沉没的投资成本。另一方面，前瞻性地来说，进入的沉没成本减少了，也许因为技术进步减少了修建新工厂的成本，那么事实上，竞争的市场将不会完全补偿沉没成本。因此，也许公正地来讲，大部分竞争监管机构也认为，允许收回一部分沉没成本是合理的，但是不可能允许收回全部的沉没成本。至于一个厂商应该被允许收回多少，将取决于具体的案例。

除了概念上的困难之外，寻找富有经济学意义的成本数据和成本测量的方法，绝不是一件容易的工作。成本信息经常通过会计文件得到，而会计上的成本可能大大偏离经济学上的成本。第 1 章讨论了经济的和会计的成本之间的一些差异，以及为了获取经济学上有意义的成本数据而必须做出的一些调整。

即使所有这些困难都被克服了，我们还面临另外的概念上和实践上的障碍。例如，除了同质性厂商的完全竞争等极少数情形，其中价格等于所有活跃的厂商的边际成本并且利润为 0，在其他的竞争模型中，价格和成本之间的关系并不是简单明了的。例如，更加有效率的厂商将会有更高的利润并赚取更高的回报，确实即使在完全竞争下，有效率的厂商也会赚取超额利润。这个原因——在一个行业中，价格将趋于被"设定"在最没有效率的活跃厂商的边际成本上——可以被简单地解释，通过考察不同边际成本的两个厂商的伯川德模型。在那个模型中，均衡下，有效率的厂商将会定价在低效率的对手的边际成本处或之下。因而，合理的利润，只能在考虑到自己的成本以及对手们的成本的基础上才能被决定。

人们也许会争辩，当"成本加成"的方法被应用时，应该用最有效率的厂商的成本，以免出现对竞争价格的过度估计。但是，给定我们先前的观察，即就算在完全竞争的设定下，价格也会趋于被对手的成本所决定，这样的建议显然是不正确的。例如，假如我们用最有效的厂商的成本去衡量生产成本，然后加上一个"合理的"利润率，我们也许会得到一个低于实际的竞争价格的价格，而这个竞争价格是被低效率厂商的成本决定的。类似地，如果我们过高地估计了利润率或者在低效率的厂商上加了一个合理的回报率，我们将会过高地估计竞争价格，从而过低地估计了卡特尔导致的损害。没有一般的方法能绕过所有这些困难，但是利用最有效的厂商的建议，也许确实可以阻止对竞争价格的过高估计（但不是过低估计）。同样的逻辑可能可以被用来争论，利用行业里的最低效厂商的数据也许能帮助我们避免低估竞争价格。

重新回到维生素行业卡特尔的例子，原告的专家假设在产品价格和可变成本之间存在一个固定的百分比差异。利用固定利润率方法（constant margin method）预测的维生素 E 的产品的竞争价格，如图 7—6 所示。

364

加权的平均单位价格：美元/千克

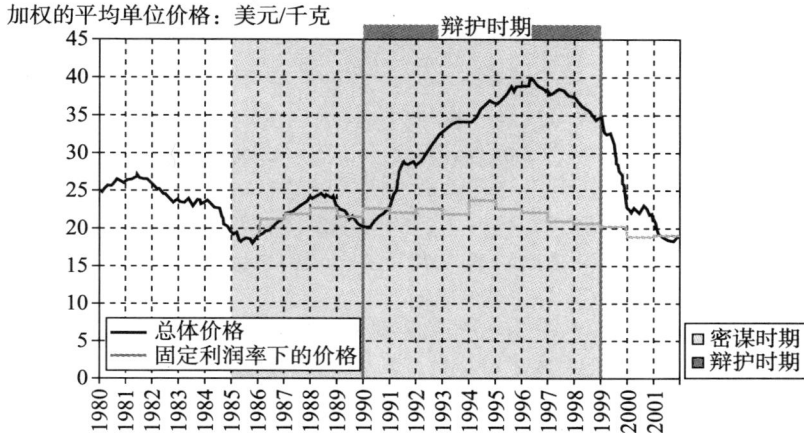

图7—6　维生素 E 100%总体价格以及固定利润率下的价格

资料来源：Bernheim（2002）的图14—4，Connor（2008）也有引用。

7.1.2.6　模拟

计算损害最成熟的方法就是，建立一个结构模型并模拟竞争的和合谋的价格间的差别。一个模拟模型，将会要求我们完全具体化一个关于行业的模型，而且这种方法依赖于关于竞争性质的结构性假设，此竞争的性质被明确地强加于数据上。作为这种方法的一部分，调查者也将需要，也许在经过估计后，具体化需求函数和成本函数。竞争的性质被行为规则所描绘，比如一个静态的纳什博弈模型，其中决策变量是价格或者产量。一旦模型被设计出来，竞争条件下的均衡价格就能被计算出来，并与协作的行为下所得到的均衡价格相比较。这样的方法听起来很复杂，但是经过一些实践后，对于一个受过这种方法的恰当训练的内行的经济学家（至少假设，经济学家愿意去认可一个普遍适用的模型类型而不是从头开始构建一个）来说，会相当容易运用。

例如，在一个像典型的古诺博弈一样正常地竞争的行业中，模拟一个卡特尔的影响从原理上是相当简单的。让我们假想一个同质性产品的行业，其中，厂商在考虑对手们的产量的条件下选择他们将要生产的产量。要想计算这个均衡价格，只需要有市场份额、市场需求弹性以及边际成本的信息。或者，我们可以观察到需求弹性、HHI 指数以及行业的边际成本（即所有厂商的加权平均边际成本，权数由厂商的市场份额决定）。想知道原因，就请回顾第 1 章，我们从古诺博弈的均衡得到：

厂商的利润率方程：$\dfrac{P-MC_i}{P}=\dfrac{s_i}{\eta}$

份额加权的行业利润率方程：$\dfrac{P-MC}{P}=\dfrac{HHI}{\eta}$

其中，η 表示市场需求弹性，s_i 表示厂商 i 的销售额的市场份额，而且在后一个方程中定义了 $MC \equiv \sum_{i=1}^{N} s_i MC_i$。基于需求和市场份额的足够信息，"若不是"利润率可以很容易地通过上述任何一个方程来计算，于是在拥有边际成本的估计值的条件下，我们也能计算出厂商的"若不是"价格。这一点可以在厂商层面实现，此情形下，利润率的差别都将由观察到的市场份额的差别引起，这也许合理，也许并不合理。或者，这一点也可以在行业层面实现，但是这样一来，我们在计算"若不是"价格时，需要一个对于行业的加权平均边际成本的合理近似值。

在应用这种方法时，我们要敏锐地意识到这个世界的一个重要的特征，那就是这样一个事实，即卡特尔也许会分配产量，于是厂商的市场份额也许由卡特尔决定。若是这样，那么为了使这样的模拟是正确的，人们应该要么利用卡特尔形成之前或者解散之后的市场份额，要么能说明为什么卡特尔的市场份额，是在假设竞争环境的条件下，厂商的相对规模的一个很好的近似。

关于成本和需求的参数的信息，允许我们在其他简单的竞争框架下进行模拟。考虑，例如，厂商们生产两种差异性产品的行业，在这个行业中，厂商们相互竞价，并面临对差异性产品的线性需求以及固定的（以产量计）边际生产成本。这个"供给"（即，定价）和需求方程的结构模型可以用下面的矩阵形式来表示（参见第6章关于结构方程矩阵形式的推导）：

$$\begin{bmatrix} \alpha_{11} & \Delta_{12}\alpha_{21} & 1 & 0 \\ \Delta_{21}\alpha_{12} & \alpha_{22} & 0 & 1 \\ -\alpha_{11} & -\alpha_{12} & 1 & 0 \\ -\alpha_{21} & -\alpha_{22} & 0 & 1 \end{bmatrix} \begin{bmatrix} p_1 \\ p_2 \\ q_1 \\ q_2 \end{bmatrix} - \begin{bmatrix} \alpha_{11}\gamma_1' & \Delta_{12}\alpha_{21}\gamma_1' & 0 & 0 \\ \Delta_{21}\alpha_{12}\gamma_2' & \alpha_{22}\gamma_2' & 0 & 0 \\ 0 & 0 & \beta_1' & 0 \\ 0 & 0 & 0 & \beta_2' \end{bmatrix} \begin{bmatrix} \omega_t^1 \\ \omega_t^2 \\ x_t^1 \\ x_t^2 \end{bmatrix} = \begin{bmatrix} v_{1t} \\ v_{2t} \\ v_{3t} \\ v_{4t} \end{bmatrix}$$

期望值（将随机项设为0）的退化形式如下：

$$\begin{bmatrix} p_1 \\ p_2 \\ q_1 \\ q_2 \end{bmatrix} = \begin{bmatrix} \alpha_{11} & \Delta_{12}\alpha_{21} & 1 & 0 \\ \Delta_{21}\alpha_{12} & \alpha_{22} & 0 & 1 \\ -\alpha_{11} & -\alpha_{12} & 1 & 0 \\ -\alpha_{21} & -\alpha_{22} & 0 & 1 \end{bmatrix}^{-1} \begin{bmatrix} \alpha_{11}\gamma_1' & \Delta_{12}\alpha_{21}\gamma_1' & 0 & 0 \\ \Delta_{21}\alpha_{12}\gamma_2' & \alpha_{22}\gamma_2' & 0 & 0 \\ 0 & 0 & \beta_1' & 0 \\ 0 & 0 & 0 & \beta_2' \end{bmatrix} \begin{bmatrix} \omega_t^1 \\ \omega_t^2 \\ x_t^1 \\ x_t^2 \end{bmatrix}$$

给定参数的估计值（α，γ，β），计算卡特尔情形下的价格，将会涉及对上述系统的估计，通过利用将 Δ_{12} 设定为1后得到的方程，以获取卡特尔的最优价格和产量。计算在竞争情形下的"若不是"价格，将会需要利用相同的结构参数估计值而设定 Δ_{12} 为0。或者，也可以先估计竞争期间的结构模型，然后利用得到的参数估计值来计算密谋期间的"若不是"价格。

模拟的方法在模型中植入了很多结构性假设，在这个方面，与试图通过在退化模型的回归中引入一个虚拟变量来识别卡特尔结果的方法，区别很大。模拟的方法得到的结论，对所做的假设很敏感。特别是，结论将依赖于对成本和需求参数所做的处理以及成本和需求影响价格的方式。而且，结果将对关于卡特尔成功抬高价格方面的假设以及"若不是"世界里的竞争环境的假设非常敏感。在上面说到的例子中，例如，卡特尔被假设在它存续期间运行得非常完美。这可能并非总是如此，而且确实，讨价还价问题以及卡特尔的瓦解，表明并非这样。进一步说来，人们也应该相当自信，为行业不存在卡特尔时所选择的竞争框架基本上是符合实际的。"若不是"模型的可变通性也提供了一些其他的选择。例如，在赖氨酸卡特尔的案例中（Connor，2000）：

（被告人）陈述相关数据证明赖氨酸市场是高度集中的（$HHI = 3\,500$）、具有高进入壁垒、无产品的差异性以及大量分散的买方……被告人接着声称，在这样的市场条件下，"条件有助于隐性寡头协作的形成，这样的协作将价格保持在明显高于长期（竞争的）价格水平之上。"

这句话似乎表明，被告人断言，即使没有显性合谋，价格也会最终趋于预期的"合法的"隐性合谋的价格水平。假设隐性合谋事实上是合法的（这一点在很多案例下并不显见），那么这样的情形在极端的情况下将意味着，绝对不会有任何损害，因为显性的和隐性的合谋会导致完全一样的价格水平。我们也许会说，如此断言似乎显得有点乐观，即使在理论上是很可能的。

被告人还辩解，"若不是"价格应该基于古诺模型，而不是同质性产品的伯川德模型。这儿明显存在一个动机让被告人这么做，因为古诺模型对"若不是"价格的建议将会高于伯川德模型下会出现的价格水平，结果估计的损害水平就会下降。

因为备择世界下的竞争价格是无法观测到的，我们必然不可避免地依赖于关于市场若没有形成卡特尔将会怎样运行的假设。必须采取一些措施去核查选择的模型是否与所分析的目标市场相关。一般说来，诸如古诺或者伯川德博弈的标准模型被用于模拟实验，但是这会将模拟置于这样的批评之下，它依赖这样简单的静态模型，这些模型对现实世界过度简化了。这些模型在一些情形下也许是对现实世界很好的近似，但是有时候，他们不能与行业的事实情况相匹配。重要的是，分析师要利用良好的判断力来断定，什么时候一个特定的理论框架是对现实的某一行业的价格确定过程的合适的表述。一般地，这些假设的一些明确的特性往往有点讽刺地使得结构性模型更容易受到法律的挑战，因为它们要求它们的支持者辩解什么将会不可避免地成为嵌入模型假设中的重要的近似。表述假设的科学理想很容易成为一个障碍，除非一个人准备好了去积极地保护你的模型假设，基于在给定的背景和给定的经济学知识的条件下它们仍然是合理的假设。这样做，对于被建议的模型不会明显地被卡特尔时期之前、之中和之后的数据所拒绝，通常是有用的。

底线是，所有的方法，包括那些乍一看非常灵活的方法，都依赖于假设，而且通常是很强烈的和往往令人难以置信的假设。一些方法强加了很多结构性假设，于是只能当这些假设正确的时候才能识别卡特尔的效应。另一些方法允许更多的灵活性，并且不会只单一的在数据上强加一个结构形式。然而，在运用这样的方法的时候，经济学家必须能够非常清晰准确地解释，什么样的数据模式识别了卡特尔对于价格的影响，以及，例如他们怎么才能够确定他们所刻画的不是其他变量在测量卡特尔对价格的影响方面起到的作用。同时，法官和案件的其他决策者们应该认识到，必须做出一定的假设以估计损害，即使这些假设没有被明确地陈述。因此，他们应该仔细地评估，相对于假设不那么清晰的方法，清晰表述了假设的以模型为基础的方法的优点。最终，你会发现假设既是不切实际的，也是必须的。这样的事实使得经济学的分析变得有趣，但对于竞争监管部门的分析师和随后的法官而言，会很困难。

7.1.3 传递保护

当卡特尔的客户是下游的厂商时，这些客户也许会将投入品价格上涨的一部分转移到他们的最终客户身上。这样，由于这种传递效应，这些客户就不会遭受由卡特尔导致的价格上涨的全部。在损害索赔案件中，被告人从原理上可以利用"传递保护"，并辩称传递效应应该减少原告的索赔数额。让一个中间商有权得到由卡特尔造成的所有损害，似乎是没有道理的。事实上，是否允许传递保护取决于当地的法律。

7.1.3.1 传递效应

测量传递效应，就是要测量下游厂商卖给最终客户的产品的价格增加额度。对于一个下游厂商，由上游的卡特尔造成的价格增加额，等价于其边际成本的增加额。[1] 从本章前面的内容，我们知道传递效应的大小可以表示为：

$$传递效应 = q^1 \Delta p = q^1 (p^1 - p^0)$$

其中 q^1 表示在卡特尔期间下游厂商卖出的产品的数量，Δp 表示卡特尔期间下游厂商卖给最终客户的产品的价格增加额。我们依照 Van Dijk 和 Verboven (2007)，并表明，随着上游市场由竞争变为卡特尔，这将成为下游厂商利润变化的三个组成要素之一。具体说来，如下

$$\Delta \pi = -q^1 \Delta c + (\Delta q)(p^0 - c^{竞争}) + q^1 \Delta p$$

我们说传递效应是完全的，若 $\Delta p = (p^1 - p^0) = (c^{卡特尔} - c^{竞争})$，其中 $c^{卡特尔}$ 表示当投入品被卡特尔化时下游厂商的边际成本，$c^{卡特尔}$ 是它受益于竞争的上游厂商时的边际成本。如果下游厂商能够提高商品的价格与边际成本增加额相同的额度，那么将会有 100% 的传递效应，于是厂商遭受的卡特尔造成的损失将只限于不再卖出的产品上的利润。在这种情况下，第一和第三部分抵消了，因此下游厂商的利润变化为

$$\Delta \pi = (\Delta q)(p^0 - c^{竞争})$$

对卡特尔价格的完全传递将只会在一些特殊的下游市场的供给和需求条件下发生。更加经常地，厂商只能传递一部分的价格增加额，并遭受在继续卖出的产品上的利润率的减少。拥有市场力量的厂商将更容易传递成本增加的效应。若传递保护是被允许的，那么这种还存在的效应，即卡特尔下遭受的销量减少导致的利润减少，往往是不计算在内的，但是如果这种产出效应很大，人们会想要将它包含在损失的计算之内，否则，被告人将会很大程度上通过利用传递保护逃过惩罚（请参见 Van Dijk and Verboven，2007）。

在完全竞争的下游市场条件下的传递效应可以用图 7—7 来说明。假设卡特

---

[1] 比包含简单的统一定价的合约更加丰富的垂直合约将会对这一等价性提出质疑。我们将会在第 10 章中讨论这一问题。

尔增加投入品的价格的额度为 A。如果下游厂商每单位产出需要一单位这种投入品，这会导致边际成本增加相同的额度，于是供给减少，价格增加。最终客户对价格增加作出的反应是，减少购买量，以减缓价格的实际增加额而获利。下游厂商的最终的价格增加额如图中 B 所示。增加的成本传递到客户身上的传递率或者百分比为：

$$传递率 = 100\ \frac{q^{卡特尔}(\Delta p)}{-q^{卡特尔}(\Delta c)} = 100\ \frac{B}{A}$$

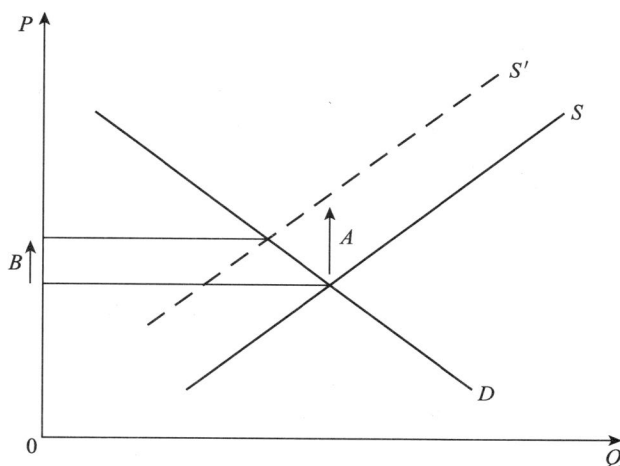

图 7—7　完全竞争的下游市场条件下的传递率

　　传递这种影响的能力将取决于，厂商向它的客户提高价格以弥补更高的成本对利润的影响的能力。就像在直接损害的例子中，也存在两种基本的估计传递效应的方法：退化形式方法和结构模型方法，我们接下来将分别讨论。

7.1.3.2　计算传递的退化形式方法

　　退化形式方法测量在卡特尔期间，投入品的成本上升对于中间商的价格的影响。就像前面一样，一个退化形式的具体式子将会控制住其他所有的影响供给和需求的外生因素，并试图识别卡特尔导致的投入品价格的增加对于索赔人产出的价格的影响。[①] 一种方法是利用实际的卡特尔价格直接度量"传递"效应：

$$p_t^{索赔人} = x'_t \beta + \alpha_1 p_t^{卡特尔化投入品} + \varepsilon_t$$

在此具体式子中，我们假设卡特尔化的投入品的价格由卡特尔化的产业外生决定，于是，它不会，例如，取决于索赔人购买的数量。那样的限制条件将，例如，表明这种方法在存在补偿的买者力量的市场中也许不会运行得很好。请注意，产量的变量没有出现在式子中，因而系数 α_1 不仅包含了成本增加对于价格的直接影响，而且还包括了随之而来的产量调整的影响。在像这样没有结构模型

---

　　① 退化形式不会控制住内生变量，例如产量，因为如果价格和产量是在均衡中被决定时，那些内生变量只能进入到结构模型中。

支撑的退化形式中，我们不能识别这种调整的特性。事实上，我们只能评估卡特尔价格的外生变化对于下游厂商均衡价格的影响。

如果退化形式的具体式子是完全的，那么虚拟变量或者卡特尔化的投入品价格的系数，可以被解释为传递效应的大小，以从每单位直接损害中潜在地扣除。

7.1.3.3 计算传递的结构的方法

结构方法给下游市场指定一个竞争的模型。它必须具体化需求方程和定价方程。Verboven 和 Bettendorf（2001）给出了这种方法的一个例子，他们考察了咖啡豆市场中所谓的卡特尔，并想弄清楚咖啡豆价格增加额有多少被传递到了咖啡的最终消费者身上。

根据他们的模型，假设一个线性咖啡需求的模型：

$$Q_t = \alpha_{0t} - \alpha_1 p_t$$

以及一个不随产出变化的边际成本方程：

$$mc_t = \beta_0 \omega_t^{其他投入品} + \beta_1 \omega_t^{咖啡豆} + \beta_2 \omega_t^{劳动}$$

其中 ω 表示各种投入品的价格。根据第 6 章中为了将卡特尔、古诺以及完全竞争模型的定价方程嵌入一个式子而发明的方法，我们可以将囊括所有这三种模型的定价方程写为：

$$P_t = \left(\frac{\lambda}{\alpha_1}\right)Q_t + mc_t$$
$$= \left(\frac{\lambda}{\alpha_1}\right)Q_t + \beta_0 \omega_t^{其他投入品} + \beta_1 \omega_t^{咖啡豆} + \beta_2 \omega_t^{劳动}$$

其中，λ 表示咖啡市场的行为参数。注意，$\beta_1 = \partial mc_t / \partial \omega^{咖啡豆}$，于是系数 β_1 告诉我们咖啡豆价格的增加将会导致咖啡的边际成本增加多少。边际成本增加对于均衡价格的影响不能独立地从这个式子中算得，因为它只代表了市场的供给（定价）方面。边际成本的任何变化将会体现在供给曲线的移动中，但是我们不只对在新成本下厂商必须要价多少才愿意卖出原来的产出水平感兴趣。我们想要的是计算新的均衡价格水平。于是，为了计算咖啡豆价格的变化对于咖啡价格的所有影响，我们需要估计上面所描述的需求以及供给（定价）方程。

正式地，上面描述的结构性的供给和需求系统可以表示如下：

$$\begin{bmatrix} 1 & \lambda/\alpha_1 \\ \alpha_1 & 1 \end{bmatrix}\begin{bmatrix} P_t \\ Q_t \end{bmatrix} = \begin{bmatrix} 0 & \beta_0 & \beta_1 & \beta_2 \\ \alpha_0' & 0 & 0 & 0 \end{bmatrix}\begin{bmatrix} x_t \\ \omega_t^{其他投入品} \\ \omega_t^{咖啡豆} \\ \omega_t^{劳动} \end{bmatrix} + \begin{bmatrix} u_t^S \\ u_t^D \end{bmatrix}$$

上式给出了均衡结果（价格，产量）的退化形式的方程组：

$$\begin{bmatrix} P_t \\ Q_t \end{bmatrix} = \begin{bmatrix} 1 & \lambda/\alpha_1 \\ \alpha_1 & 1 \end{bmatrix}^{-1}\begin{bmatrix} 0 & \beta_0 & \beta_1 & \beta_2 \\ \alpha_0' & 0 & 0 & 0 \end{bmatrix}\begin{bmatrix} x_t \\ \omega_t^{其他投入品} \\ \omega_t^{咖啡豆} \\ \omega_t^{劳动} \end{bmatrix} + \begin{bmatrix} 1 & \lambda/\alpha_1 \\ \alpha_1 & 1 \end{bmatrix}^{-1}\begin{bmatrix} u_t^S \\ u_t^D \end{bmatrix}$$

请注意，在这个例子中，具体形式是从结构模型中得到的，因此参数是可以被解释的。也请注意估计此两个方程系统让我们可以计算咖啡豆价格的增加对于咖啡的均衡价格的影响。这种影响将由微分 $\partial P_t / \partial \omega_t^{咖啡豆}$ 给出，明确地说，它将与定价方程中 $\omega_t^{咖啡豆}$ 的系数 β_1 不同。$\partial P_t / \partial \omega_t^{咖啡豆}$ 表明了投入品价格的变化对于咖啡的均衡价格的影响，而 β_1 说明的是投入品价格的变化对于产出的定价方程的影响，即，让产量固定。

选择这样的结构性系统的优点是，它让我们能够在三种流行的下游市场的竞争模式：完全竞争、对称的古诺或者（一般地）寡头下，计算传递效应。

7.1.3.4　传递效应的决定因素

结构性的估计方法之外的另一种选择是，估计决定更高的传递效应的可能性的因素。我们已经知道传递的程度取决于成本增加对于供给方程的直接影响，以及它对于需求和供给的价格弹性的直接影响。特别地，对于任何给定的成本增加和供给曲线的移动，当供给曲线更加有弹性和需求曲线更加无弹性时，传递效应将会更大。

图7—8比较了有弹性和无弹性的需求下的竞争市场中的传递率。我们这样做，通过在供给和需求相交的点上转动需求曲线，并观察在每种情形下当供给移动时会发生什么。这幅图表明，当需求无弹性时，产量效应更小，因而在其他条件一样的情况下，边际成本的增加额比需求有弹性时将更多地传递给消费者。弹性的需求使得价格的增加变得对于生产者没那么有利可图，因而较少的成本增加额将会以较高价格的形式传递给消费者。

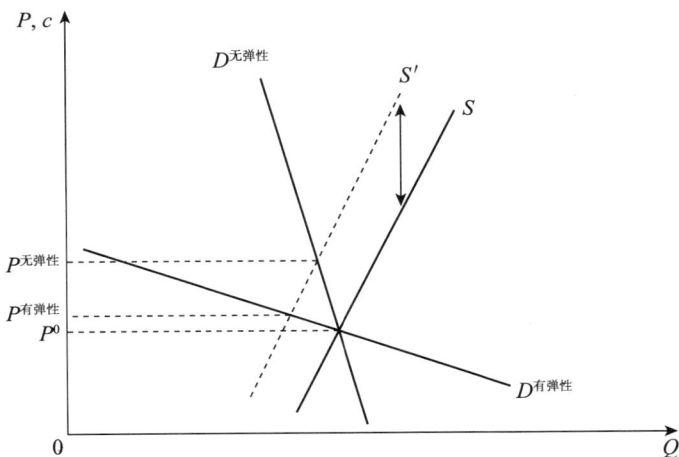

图7—8　完全有弹性和无弹性的需求下的传递

373

一个正式的证明，请考虑一个价格接受者厂商，求解：

$$\max_q pq - C(q;c)$$

其中 $C(q;c)$ 表示总成本函数，c 是一个成本驱动因子。从这个问题我们可以得到厂商的供给方程 $q=s(p;c)$，然后从这个式子出发，给定 N 个相同的厂商，我们便可以得到行业的供给曲线 $S(p;c)$，它随 p 增加，随 c 减小。现在我们可以定义如下方程：

$$F(p;c) \equiv D(p) - S(p;c) = 0$$

它将均衡价格隐性地定义为我们的成本驱动因子 c 的函数。于是我们可以利用隐函数定理（Implicit Function Theorem）来得到传递效应 $\partial p / \partial c$ 的一个表达式。具体来说，全微分给出，

$$\frac{\partial D(p)}{\partial p} = \frac{\partial S(p;c)}{\partial p} + \frac{\partial S(p;c)}{\partial c} \frac{\partial c}{\partial p}$$

这进一步说明，当下游市场是完全竞争的时候，传递效应可以被表示为

$$\frac{\partial p}{\partial c} = \frac{\partial S(p;c)}{\partial c} \Big/ \left(\frac{\partial D(p)}{\partial p} - \frac{\partial S(p;c)}{\partial p} \right)$$

$$= \left(-\frac{\partial \ln S(p;c)}{\partial c} \right) \Big/ \left(-\frac{\partial \ln D(p)}{\partial p} + \frac{\partial \ln S(p;c)}{\partial p} \right)$$

其中，第二个等式成立，第一点请注意 $D(p)=S(p;c)$；第二点是，对于任何非零可微函数 $f(p)$ 我们有

$$\frac{\partial \ln f(p)}{\partial p} = \frac{1}{f(p)} \frac{\partial f(p)}{\partial p}$$

以及第三是，式子上下同时乘以 -1。最后，请注意 (i) 需求弹性为负而供给弹性为正，于是分母将会为正，以及 (ii) 当成本上升时供给将会下降，于是分子也是正的，使得这个比率为正因而均衡价格随成本而增加，即 $\partial p / \partial c > 0$。进一步来说，我们断定传递效应取决于需求和供给的弹性以及供给的成本弹性。不管是弹性需求或者弹性供给都会使分母变大，从而传递率减小，趋向于 0。类似地，并且直觉上的，当供给的成本弹性很小于是成本趋于不对下游厂商的产品供给能力造成影响，那么传递率将会很小。

Verboven and Van Dijk（2007）得到了在完全竞争市场以及寡头竞争市场的条件下的传递率的解析形式。进一步来说，他们评价了不同设定下的传递效应以及产出效应的相对重要性。他们发现，当索赔者在一个充分竞争的环境下经营时，传递效应应该被应用，并且加价的额度应该被这种效应打折扣了。然而当索赔者的产业——下游的产业——是不完全竞争的时候，产出效应和索赔者的销量的减少，开始减轻传递效应对于索赔者利润的影响。产出效应在这种情况下应该限制了由传递保护产生的对于损害的折扣。他们的文章在同时考虑传递效应和产出效应的条件下，提供了应用于卡特尔的加价额的折扣的分析表达式。

定量的古诺竞争中，定价方程具有形式

$$P(Q) + P'(Q)q = mc$$

它在对称性厂商的假设下变为

$$P(Q)+P'(Q)\frac{Q}{N}=mc$$

或者

$$1+\frac{1}{N\eta(Q)}=\frac{mc}{P(Q)}$$

其中，η 表示需求的价格弹性，

$$\eta(Q)\equiv\frac{\partial\ln Q}{\partial\ln P}=\frac{P(Q)}{Q}(P'(Q))^{-1}$$

这一方程隐性地定义了我们的均衡产量

$$F(Q,mc)\equiv1+\frac{1}{N\eta(Q)}-\frac{mc}{P(Q)}=0$$

375

它又意味着，在给定需求方程的条件下，我们可以计算出暗含的价格水平，因为逆需求曲线表明 $p=P(Q)$。首先，请回顾，若 $p=P(Q(mc))$，那么

$$\frac{\partial p}{\partial mc}=\frac{\partial P(Q)}{\partial Q}\frac{\partial Q(mc)}{\partial mc}$$

其中，前者是逆需求函数的属性，而后者我们可以通过在古诺均衡方程中应用隐函数定理来计算得到：

$$F(Q,mc)=0$$

请注意[①]

$$\frac{\partial F(Q,mc)}{\partial Q}\equiv-\frac{1}{N(\eta(Q))^2}\frac{\partial\eta(Q)}{\partial Q}+\frac{mc}{(P(Q))^2}\frac{\partial P(Q)}{\partial Q}$$

以及

$$\frac{\partial F(Q,mc)}{\partial mc}\equiv-\frac{1}{P(Q)}$$

我们可以利用隐函数定理，注意到

$$\frac{\partial Q(mc)}{\partial mc}=-\left(\frac{\partial F(Q,mc)}{\partial mc}\right)\left(\frac{\partial F(Q,mc)}{\partial Q}\right)^{-1}$$

于是，给定上面的式子，有

$$\frac{\partial p}{\partial mc}=\frac{\partial P(Q)}{\partial Q}\frac{\partial Q(mc)}{\partial mc}$$

$$=\frac{\partial P(Q)}{\partial Q}\frac{\left(\frac{1}{P(Q)}\right)}{\left(-\frac{1}{N(\eta(Q))^2}\frac{\partial\eta(Q)}{\partial Q}+\frac{mc}{(P(Q))^2}\frac{\partial P(Q)}{\partial Q}\right)}$$

---

① 利用前面所定的 F 的具体表达式。

重新排列可以得到，

$$\frac{\partial p}{\partial mc} = \frac{\partial P(Q)}{\partial Q}\frac{\partial Q(mc)}{\partial mc}$$

$$= \frac{1}{\eta(Q)Q}\left(-\frac{1}{N(\eta(Q))}\frac{\partial \ln\eta(Q)}{\partial Q} + \frac{mc}{P(Q)}\frac{1}{\eta(Q)Q}\right)^{-1}$$

于是，消项可得

$$\frac{\partial p}{\partial mc} = \left(-\frac{1}{N}\frac{\partial \ln\eta(Q)}{\partial \ln Q} + \frac{mc}{P(Q)}\right)^{-1}$$

其中 η 是需求的价格弹性。请注意，在古诺模型中，需求的价格弹性对于产出水平的敏感性影响传递效应。我们利用这个表达式不能预测古诺下的传递效应会比完全竞争下的高还是低。

7.1.4 测定卡特尔的时间

376 　　我们还未曾研究的领域是卡特尔的存续时间的测定。我们需要弄明白卡特尔开始活跃的时间点，因为从那时之后的一个时期内损害将会发生。事实上，使得存续期间能够充分近似地正确，也许与确定任何给定的时期内合谋的和竞争的价格之间将会存在什么差异，对于最终的损害值的测算至少是一样重要的。另外，大部分方法至少在某种程度上依赖于卡特尔之前和卡特尔之后的数据，以提炼出关于竞争性质的信息，于是这一点非常重要，即被视为竞争结果的数据事实上就是真实的竞争结果，或者有时候非常接近它。

　　大部分调查员通常使用从公司管理层得来的直接数据来测算卡特尔的时间，这些数据来源包括：工作日程记事本、会议记录、与会议相关的或者交流信息的邮件以及描述定价方案的备案。这些都是测算卡特尔存续期也是证明它存在的第一手材料。因为它们一般都很简单，而且也是争议不大的证据，所以迄今为止它们是首选的信息来源。这些信息可以通过突然搜查公司的办公室或者管理人员的家庭所在地而得到。或者，它也许会因为现在广泛使用的从宽处理制度而出现，而这种宽大处理（特别是在给定的案例中，对于第二次或者随后的宽大处理的使用）有时候可以取决于提供卡特尔运作的证据。

　　然而，如果没有足够的确凿的文件证据去准确地测算卡特尔的存续期，调查员可能需要考虑从数据上寻找结构上的中断。想法就是，寻找行业中正存在的竞争模式的改变，而直觉是，我们预期，行为的改变会与不能被解释的价格水平的改变和（或）卖出的产量的改变有关。这样做的一种方法就是指定虚拟变量，这些虚拟变量允许多种可能的起止日期。例如，一个人也许会进行如下的回归：

$$p_t = x_t'\beta + \alpha_1 D_t^{2006年4月至5月} + \alpha_2 D_t^{2006年6月至7月} + \varepsilon_t$$

这一具体形式涵盖了可供选择的有着不同开始日期的两个存续期。若 $\alpha_1 = 0$ 且

$\alpha_2>0$，则卡特尔的开始日期为 2006 年 6 月。若 $\alpha_1=\alpha_2>0$，则卡特尔的开始日期为 2006 年 4 月。

我们可以对卡特尔的结束日期做类似的操作，但是相对于开始日期，结束日期通常更加难以确定下来。最终恢复到竞争也许是一个循序渐进的过程，但是它并不总是被一个诸如高管的会议等离散的事件所标识出。因为欺骗、新进入者、利益的分散或者竞争主管机关的审查，卡特尔经常会一点一点地瓦解。人们也许会观察到价格的下降，并伴随着一些重新建立协作的尝试，但只有有限的成功。记录然后合并这些数据到分析当中也许并不是直接的。

另外，我们有理由认为，卡特尔也许会被并不一定是真正意义上的竞争的竞争模式所替代。卡特尔显性地解决了同意原本打算共谋什么的问题的事实，意味着关于隐性共谋的斯蒂格勒第一条件（the first of Stigler's conditions）也许被满足了，即协议（请参见第 6 章中相关的讨论）。有许多迹象表明，显性合谋一段时期以后也许很可能会出现隐性共谋，被广泛引用的例子包括 20 世纪 50 年代末期电气行业的卡特尔崩溃以后出现的市场模式。[①] 或者说，那些正面临损害索赔要求的并且是以前的卡特尔化的行业中的一员的厂商，也许有时候会有激励在卡特尔期间之后定一个高于非合谋的价格水平，以尽量减少他们的罚金（Harrington，2003）。

最后，值得一提的是，在讨论卡特尔的损害时，对下游厂商要求赔偿的关注，至少在欧洲部分地反映了一个法律现实。这一现实就是，最终消费者组成的群体经常发现共同创造一个成功的损害索赔是很困难的。在关于损害索赔的案件中，即使监管机构已经组建了一个确认了卡特尔的存在的民事案件，法律费用会很大，而且每个消费者的损害可能很小。例如，在英国的足球衫案件（JJB Sports 公司）中，消费者的某个组织代表这些消费者向竞争上诉法庭（Competition Appeals Tribunal）申诉，每个消费者从那家公司得到了 20 英镑的赔偿。然而，因为在英国，这种类型的私人诉讼需要消费者选择成为某个消费者群体的一员，并由消费者的某个组织所代表，于是只有将近 1 000 位消费者每人可以收到 20 英镑的补偿，而估计大约有一百万件衬衫的价格受到了卡特尔的影响。[②] 那种有限制的美国式的集体诉讼程序的可能性正在被大量的欧洲的司法管辖区所考虑，在这个程序下，消费者群体可以选择退出这个案件，而不是选择进入。[③]

---

① 具体说来，通用电气—西屋案例提供了一个这样的例子，后来据称，隐性合谋取代了 20 世纪 50 年代末期的显性合谋（请参见 Porter，1980）。

② 例如请参见，"Thousands of football fans win 'rip-off' replica shirt refunds"（http：//business. timesonline. co. uk/tol/business/law/article3159958. ece）。代表消费者处理这样的案件的另一方面的激励就是成本的分配。若某一消费者组织赢了一个案件，它将收回其成本；然而，如果法院裁定，基于损害的索赔是没有法律依据的，这种"失败者买单"的原则使得消费者组织面临了相当大的负面风险。

③ 英国对私人诉讼的咨询请参见 www. oft. gov. uk/news/press/2007/63 - 07，关于欧盟的请参见 http：//ec. europa. eu/comm/competition/antitrust/actionsdamages/index. html。

7.2　优势地位的滥用案中损害的量化

对于卡特尔的侵害，损害通常都是显式地计算的。但是，垄断的情形（或者用欧盟的语言讲，优势地位的滥用案中）也会损害竞争的制度并最终损害消费者。因为传统的私人诉讼制度尚未完全在欧洲发展，因而不会存在太多的计算个体的与定价无关的不当行为导致的损害的情况。本节仅简单地介绍这个话题，这个话题从 Hall and Lazear（1994）以及 Ashurst（2004）对于欧盟委员会的研究中而来。

378

7.2.1　损失的利润

优势地位的滥用通过剥削的滥用（高价格）直接伤害消费者，但是同时也会经常发生对消费者附加的伤害，这是因为竞争已经在某种程度上受损了。比如，竞争对手已经被阻止在整个市场中经营，或者也许它们的经营规模已经下降。不论在哪种情况下，我们可以说它们遭受了排他性的滥用。谁（如果存在的话）有权要求损害赔偿，是一个法律问题，而且在不同的司法管辖区下有所不同。

由优势地位的滥用引起的损害的计算，对于竞争管理当局来说，是一个相当罕见的事情，远比卡特尔的损害计算还要罕见。其中一个原因可能是，只要存在排他性的滥用这一重要因素，由占优厂商强加于消费者身上的损害以及由滥用的行为产生的额外的利润，就会难以计算。确实，对于由排他性的滥用导致的损害的估计，虽然从原理上可以利用模拟的方法，但是几乎没有便于理解的方法。通过它的特性，在存在新加入的活跃的厂商的条件下，估计竞争模式会变成什么样子，是一件非常困难的工作。由滥用产生的额外的利润的量化，另一方面，也许是有趣的，如果管理当局想要评估是什么激励使得厂商参与到某种形式的滥用行为。

当受害方是一个竞争对手而不是消费者时，损害的估计甚至会更加不容易。通常情况下，损害将会表示为，若滥用没有发生，厂商将会获得的额外的利润。这样的反事实比消费者受到的影响还要难以建立，因为这将会涉及，若厂商在市场上面临了不同的条件，它的业绩表现将会如何。虽然我们现在的模拟模型的版本也许可以用来包括个体的滥用行为，并在有和没有这种行为的条件下产生比较静态的结果，但是稳健地进行这一实验所需的数据将很可能得不到。

反事实的条件的设计以及有和没有这种行为导致的利润差异的量化，是进行损害估计中最重要的也是最棘手的部分。然而，还存在其他相关的实证问题。比如，如果原告可以从过去的损害中收到利息，那么必须计算过去的损害的现值。类似地，不可弥补的损害引起的未来损失将必须除以一个合适的折现率，以便以净现值的形式表示。理论上合适的利率和折现因子的选择，要考虑到厂商的性质

379

以及投资的风险。虽然这种一般性的说法被广泛地认为是标准的做法，但是它们还是不同于为任何一个给定的情况指定一个正确的数字。要想满怀信心地这样做，需要相当大的努力。最后，也许损害的存续期与违法行为的存续期会不一致，因为损害可以扩展到违法行为以外，并且自从滥用行为发生以后，索赔人也许没有受到过它的直接影响。

7.2.2 损失的利润的价值

由另一个厂商的优势地位的滥用导致的损失的利润的量化，也许主要会涉及，利用会计的数据和会计上的概念来建立一种盈利状况，这种盈利状况是在没有发生滥用行为的反事实的世界里出现的。一种方法是将损害的计算立足于索赔者厂商的利润：损害将会是估计的现金流量变化的现值。现金流量是指厂商实际收到的利润减去实际发生的成本。现金流量的计算会排除折旧，因为折旧成本并没有实际支付。必须做出关于成本怎么随着不同的产量和收入而变化的假设。"若不是"现金流量的计算，必须谨慎地依赖于损害发生之前厂商的情况以及它可能的市场前景等方面的信息。特别地，后者意味着，对于这样的计算，以及（或者至少）做出合理的假设的意愿，需要对厂商和行业的充分深入的了解。

第二种估计损失的利润的方法是利用基于市场的方法。损害可以被这样估计，计算由损害导致的销量的减少，然后乘以类似厂商的股票市场的价值，作为它的销量的乘子。如果一个类似厂商的股票价格说明其价值两倍于销量的收入，那么损失的销量所代表的损害将会是销量的两倍。虽然这种方法消除了对不同时期利润的损失的折现的必要，但是销量损失的估计提出了与"若不是"现金流量的计算或者一般的"若不是"版本相同的问题。一个类似的资产相关的方法用侵害前后的资产的账面价值的变化来计算损害。当然，要让这种方法成一种合适的方法，分析师必须相信，资产价值的变化是滥用行为的结果并反映了损害的价值。

这些技术方法中的每一个都有着优点和缺点，并且它们都提出了建立可信赖的"若不是"世界的挑战。实例的处理人员也许必须利用一系列职业诸如行业专家、会计和战略经理的知识和专业能力去建立对于这种损害的合理的估计。

7.3 结 论

380

● 卡特尔提高价格并削减产量，导致总福利减少并使得一部分福利从消费者转移到生产者身上。与竞争的市场相比，在卡特尔下，利润会上升而消费者剩余一般会减少。

● 卡特尔引起的对消费者的总的损害，包括以增加价格的形式对从卡特尔那里购买商品的消费者的直接影响，以及限定产量对于那些决定在给定高价格的条件下不从卡特尔那里购买的消费者的间接影响。如果卡特尔卖给下游厂商投入品，然后下游厂商接着卖给最终消费者，那么下游厂商通过利用将成本的增加转移到最终消费者身上的能力，下游厂商遭受的损害也许会被减轻。

● 在实际操作中，卡特尔的损害通常用直接损害或者对消费者的加价总额来近似。这就是价格的增加额乘以卡特尔期间实际售出的产量。

● 损害的量化需要估计若不存在卡特尔将会出现的价格水平。当市场条件变化不大时，可以这样做，即观察历史的时间序列，并将竞争期间的价格作为卡特尔期间本该出现的竞争价格的基准。若市场条件随时间变化很大，尽管如此，一个人可以利用回归的框架来预测卡特尔期间的"若不是"价格。对市场的结构模拟也是一种可能的方法，但是它要求对需求的特性和卡特尔期间本该出现的竞争的类型作出合理假设。

● 利用相似的产品的价格趋势来推断卡特尔化的市场中的价格也是有可能的，假设这样的基准是可以利用的。在卡特尔期间的卡特尔化的行业的成本上应用一个"合理的"利润率，也可以提供一个"若不是"价格，当这样的"合理的"利润率可以从行业的历史或者其他的基准市场中推断出来的时候。

● 测算卡特尔的存续期是损害估计的必要部分。这最好是利用文件性的证据，但关于无法解释的定价模式的结构上的间断的证据，有时候也可以提供一个有用的指导。

● 在损害的计算中，对于传递效应的对待取决于法律框架。传递的程度将取决于厂商的供给方程对于成本变化的敏感性，也取决于它所面临的需求和供给的弹性。当产出效应很大时（于是下游厂商的利润会遭受损失，因为它们会损失本来可以在竞争下的产量上赚取的利润），传递成本上升的影响的能力也许不能成功地减轻下游厂商遭受的损失。

● 除了卡特尔案例中的难处，在优势地位的滥用（试图垄断）的案例中，量化损害更加复杂，由于难以定义"若不是"世界。很难涵盖的动态的以及策略的因素也许在这样的设定中非常关键。例如，假设一项损害的索赔在欧盟反对微软滥用优势地位的案件里被提出。为了评估竞争对手们遭受的损害，我们也许需要考虑计算机行业的反事实的演进——通过任何手段都是一项非常艰巨的任务。

381

第 8 章 　并购模拟

　　用于预测并购对于价格的单边影响的市场模拟，已经显著地变得越来越流行，因为这种方法被完善了，通过 20 世纪 90 年代一系列的论文，其中一些著名的论文包括 Farrell and Shapiro（1990）、Werden and Froeb（1993b）以及 Hausman et al.（1994）。这样的方法，被称作并购模拟（merger simulations），被用于两个目的。首先，它们可以作为一种筛选机制。在此情形下，一个标准的模型通常被认为是对带有某个预期的世界的无可否认地粗略的近似，这个预期就是，这一模型产生的模拟的并购至少提供了与单独使用市场份额或者集中度指标一样好的甄别机制，于是它也是对这些简单的方法的一个补充的评估工具。并购模拟的第二个目的涉及建立一个更加实质的模型，此模型明确的目的就是为并购的可能影响的"最佳猜测"的预测提供了一个现实的基础。

　　虽然现在大部分反托拉斯的经济学家对于并购模拟都很熟悉，并且它已经被应用于大量的调查案例中，但是监管当局在利用这些模拟产生的结果作为证据时仍然保持着谨慎。一个重要的原因就是监管当局的决定受限于法官的观点，并且法院还没有普遍接受并购模拟作为可靠的证明材料。反过来讲，司法关注的理由是，并购模拟模型是基于消费者需求的性质、厂商行为的性质以及成本结构等重要的结构上的假设。评估模拟模型是否可能正确，意味着决定那些假设是否正确。不幸的是，通常存在有关市场上价格的设定机制、需求的性质以及成本的性质等显著的不确定性。然而，一个建模者必须建立关于并购模拟模型的每个重要因素的明确假设。

另外一个实证的方法是，试图利用"自然实验"。在某些情况下，自然实验只需要很少的明确假设就能做出实证的评估。我们已经在第 4 章中详细地讨论了这种重要的方法。然而，这种方法不总是便于使用的。因此，许多调查同时利用理论的观点、数量的指标以及对行业特性的定性的描述，去决定一个并购是否会导致竞争的大幅减少（a substantial lessening of competition，简称 SLC），并引起价格的上升。这样的方法，就像模拟模型的支持者指出的，通常不会涉及结构的和建模的假设的明确表述，而 SLC 的确定会基于这些假设。没有注明的假设从科学上来讲显然不是一个令人满意的方法，但是很不幸的是，它似乎存在法律的战术优势，这使得这种分析不容易受到挑战。至少，这似乎是目前的事态。同时，一个调查的证据的合适的标准，很可能不应该包括引入一个基于绝对现实的假设的模拟模型。在许多情况下，无论是特有的静态的还是动态的市场特征都会使得建立详细的规范下的模拟模型变得异常困难。确实，这样的过程往往对于并购调查时间和预算是不现实的，特别是在监管当局调查相对较小的并购案的时候。

大部分温和的调查者认为，底线是，一个精心设计的模拟模型潜在地可能是信息非常丰富的，并且甚至在某些情况下提供了一个对并购影响的令人满意的近似。通过整合对于该行业定性方面的广泛分析所得到的结果，并购模拟可以为并购对于竞争的影响提供进一步的证据。定性的和描述的分析可以被用于完成这样一项艰巨的任务，即通过仔细的审查和"现实性核查"（reality checks）或者至少"合理性核查"（sanity checks）来审查从模型得到的输出结果，比如预测的价格。

合适的建模假设的不确定性有着丰富的含义。第一，它意味着，一个人永远不可能声称已经毫无疑问地阻止了并购的影响。第二，它意味着，在我们考虑的模型类别包含了"实际情况"的假设下，不确定性的测度最好以适当的谨慎心对待。第三，于是，它通常至少需要进行预测的稳健性检验，在所作的假设发生背离的情况下。在知道这些重要的警示的条件下，我们转向一个对于模拟模型的详细研究。我们首先展示并购模拟的执行中一般的逻辑以及一个简单的解释性的例子。然后我们提供一个更加复杂的讨论以深入研究技术的复杂性。最后，我们讨论利用并购模拟的技术方法来评估并购对于协作的激励的影响。

8.1 并购模拟的最优方法

如果应用某些最优的方法，并购模拟的执行将会产生可信的结论。[1] 那样的方法与选择的假设、使用的数据以及更加宽泛的分析中的大致结果相关。

实践者们需要证明他们对于建模的假设的选择是合理的。利用"标准模型"中的一个，并声称它被广泛使用的事实证明了它的实用性，这样做是远远不够的。确实，一个人必须要能够说明为什么理论上的假设是对于真实情景的合理的近似。

---

[1] 关于并购模拟的评价的讨论，可以参考 Werden et al.（2004）。

比如，如果厂商们似乎主要是在广告上竞争而不是在价格上，那么差异性产品的伯川德模型也许并不能很好地吻合行业的现实。这样的情况也许会在音乐行业中发生，其中巨额资金被用于推广一些艺术家和歌曲。将我们建模的所有焦点集中在 CD 光盘或者 MP3 文件的价格上，这大概是不明智的，虽然当我们选择伯川德竞价模型作为这个行业中价格被决定的方式时，我们必须那样做，类似地，在存在重要的技术扩散效应的行业中，静态的定价模型也许会错失重要的关于竞争的动态的维度。比如，厂商也许想要管理这种扩散，以进行定价歧视，并在价格下降以服务于大众市场之前，赚取有着高价值的"最先采用者"的高价格。或者，他们也许想要通过补贴最先采用者的方式加速推广这一技术。不管在哪个例子中，简单的伯川德模型将会错失驱动行业中的经济上的结果的主要经济因素。

类似地，在一个消费者确实在意厂商的身份的行业中，这样做是为了质量或者制度上的原因，那么古诺模型也许很可能提供了对现实的一个很差的近似。其他的也许对于模型的选择非常重要的因素有，合同关系的性质、买者的身份、创新的程度以及上游或者下游的竞争的性质。在他评论并购模拟的模型的文章中，Walker（2005）提出，在保卫他们的沃尔沃—斯堪尼亚并购的模拟时，经济学专家们指出，他们预测的利润率也许高估了实际的利润率，因为厂商也许会在均衡价格以下出售产品，以通过增长的次级市场上的销量来弥补降低了的利润。Walker 指出，如果这种说法是正确的，那么也许这种定价行为就应该被模型中的定价方程所涵盖（也可参见 Crooke et al.，1999）。确实，在建立并购模拟的模型时，调查者们需要不间断地提醒他们自己，他们试图抓住，如果建议的行业的结构方面的变化是被允许的，那么到底会发生什么。最好的模型也许不会是一个"标准的"模型。这就是说，对于任何调查者，显然存在可用的时间和资源上的限制，并且任何人曾经建立的任何模型只是对现实的一个近似。如果预测的价格的可能偏差可以被指出，那么一个模拟模型不管怎样将能提供有用的信息。

所有这些例子都表明了，在一些（或许是很多）模拟活动中，将需要专为具体行业定制模型。如果建立这样的有着充分好的解释力的模型证明在并购调查的可利用的时间里完成是很困难的，那么分析师们也许应该依赖于仔细的和基于实际情况的广泛的定性的评价。然而，有时候，在给定充足的资源的条件下，建立一个与市场充分吻合的模型也是很可能的。

385　　　若一个并购模拟的模型被建立起来了，那么调查员将必须证明，它将能非常合理地预测一个行业的事实。特别地，预测的价格、成本以及利润的行为必须与这个行业的现实情况相一致。于是，在进行并购预测的程序之前，花费时间去充分地完善和核查这个模型是极其重要的。核查模拟模型的正确性的方法包括利用"样本内的"和"样本外的"预测值。比如，考虑一个差异性产品的伯川德模型。一方面，以样本内的预测的价格的形式核查模型的匹配性，将会是很有用处的。我们也许还会核查"样本外的"预测值，通过在数据的某个子集上估计这个模型，然后利用这个模型在余下的样本中进行价格预测。然而，这样的直接核查的方法，通常并不标志着事情的终结。例如，如果价格弹性的估计是错误的，那么伯川德模型通常将会产生负的边际成本估计值，这显然不可能是正确的。这样的预测的核查能提供额外的重要的对合理性的核查，或者甚至可能提供对现实性的核查。

当理论框架被选择了以后，参数需要被估计或者校准。如果有足够可用的市场数据，那么计量的估计也许是可能的，并且计量的和回归的分析也是适用的。如果数据不够多或者事实上是可用于估计的时期不够长，并且这个模型只被用作一个粗糙却有效的筛选手段，那么标的参数可以利用可观测的变量之间的预测的结构关系来校准。一个差的模型将不会成功地预测可观测的变量之间的关系，并且在对准确性和检查有充足的耐心的情况下，这一点通常将会变得非常明显。当然，重复检查的另一面就是，确保使用的数据是有代表性的和准确测量的。特别是，利润率、边际成本或者需求弹性等这些从行业信息中得到的数据，必须检查其一致性以及合理性。

最后，必须牢记，现在大部分的并购模拟涉及静态的模型，而没有包括动态的效应。厂商也许会通过发行新产品、重新定位它们现在的产品或者创新的方式对并购做出反应（例如，请参见 Gandhi et al.，2005）。而这些反应都没有被并购模拟所刻画。如果有很多的证据表明，所谈论的市场在过去以一个非常动态的方式运作，并且竞争的环境受到不间断的变化的影响，那么并购模拟的施行一定会失去对于行业结果的中间时期的预测。在那样的情况下，关于对市场的潜在的动态反应的证据，需要给予合适的权重，即使这些反应也许会超出并购调查的通常的时间跨度，这是因为我们经常预期新厂商的进入或者其他竞争方面的反应至少能在几年的时间里减轻由并购引起的问题。

总之，在评估并购的影响时，并购模拟的结果通常来说只是所有证据根据的一部分。对于决定价格行为的因素的定性分析，特别是对于那些没有被任何并购模拟的施行所考虑的竞争方面的问题的定性分析，必须被恰当地引入到我们的分析中。只有当并购模拟中用到的模型与事实完美地匹配并且对影响的预测与余下的证据相一致时，并购模拟才能被用作证据的一部分。最后，分析师会想要注意到，毫无疑问地，法官不喜欢"黑盒子"产生的证据，于是必须做出一切努力，使得分析变得清楚和透明。

这一章接下来的部分会利用简单和常用的模型来阐述并购模拟的逻辑。目的就是概述这些常用的选择，并且将注意力集中在基本原则上，这些原则允许调查员们使用个性化建模以及采取利用这些流行的建模方法所做的模拟。毫无疑问，在未来，更好的模型将会出现，以针对不同的具体情况。而且，在单边效应的并购模拟中，更好的需求系统以及更好的估计成本的方法将会被用于产生真正意义上的数据驱动的结果。经验以及对于相关的经济学知识的理解将会帮助进行调查的经济学家区分各种各样的选择，并从中选取合适的模型。

8.2 单边效应介绍

这一部分将利用一个简单的框架来介绍并购模拟的逻辑以及实施时所需要的方法论上的基础。为了简化论述，我们将使用一个熟悉的框架。实际上，这一节的主要目的就是，将这些趋向于用数字表达的模拟模型，转变成标准的经济学框架，不但所有专业的经济学家都完全熟悉它，而且它也是分析中的普遍工具。实证上的并购模拟主要是将这些模型放入计算机中，并对模型的参数做出估计或者猜测或者"猜测的估计"。在这个过程中，我们希望清晰地阐述这种分析并购的单边效应的方法的贡献、假设以及局限性。

8.2.1　一个介绍性的模型：同质性产品的古诺模型

在一个厂商们提供同质性产品的行业中，厂商们基于最大化利润的目的而进行产量上的竞争，并且消费者不会区分不同的供货商，于是竞争可以用古诺博弈来模仿。在这个设定下，厂商在给定它们的竞争对手供应的数量的条件下选择它们将要生产的商品的数量，然后在由加总的需求和供给决定的价格下卖出这些商品。厂商可以通过它们的产出决策来影响价格，并可以通过限量的方式提价或者增产的方式来减价。在这样的市场中的并购的影响可以很容易地被描画。Farrell and Shapiro（1990）提供了对于古诺设定下的并购分析的一个很好的讨论。下面，我们通过一个非常简单的例子来描画并购模拟，这个例子就是，在一个同质性产品的市场中，一个双寡头垄断合并成一个完全垄断。这一情况的简单性将帮助我们解释在实证的并购模拟的实施中涉及的概念。

8.2.1.1　古诺行业里的并购

在任何博弈的理论背景下，包括古诺模型，经济学家通过它们的最优反应方程来刻画厂商的行为。于是，对并购影响的模拟，会包括计算并购前后的环境下的最优反应方程以及求解相应的均衡价格和产量。在古诺模型下，如果厂商在成本上是对称的，那么并购前后的情形的唯一的区别就是市场中总的经营的厂商的数量，于是这就是反应方程中需要调整的变量。对称性假设简化了分析，因为，在此 N 个参与者的情形下，古诺模型中出现的 N 个反应方程变成了同一个待求解的方程，因为此时所有的反应方程都是一样的。如果厂商是异质性的，那么一般来说，我们需要通过求解所有的 N 个反应方程来求解均衡产量。我们将在这一介绍性的章节中，多次地看到这一求解过程所起的作用。

不管假设厂商是否是对称性的，我们将会需要边际成本的估计以及关于需求函数的参数的估计。一旦这些参数被估计出了，我们可以利用与并购前的世界里存在的厂商的数量相对应的市场的反应方程来计算并购前的产量和利润。接着我们计算并购后的产量和利润。为了便于说明，考虑一个只有两个厂商的行业里的并购案，我们将只需比较并购前的情形即古诺双寡头下出现的产量和价格，与并购后完全垄断下将出现的产量和价格。

我们为同质性产品市场条件下的二变一的并购发展一个分析的模型，这个市场中，决策变量包括产量。

并购前的模型。 让我们来考虑双寡头垄断的情形。利润最大化涉及在给定的需求函数、竞争对手的产出以及厂商所面临的成本的条件下选择最优的产量：

$$\max_{q_j} \Pi_j(q_1,q_2) = \max_{q_j}(P(q_1+q_2)-mc_j)q_j$$

其中，下标 j 表示厂商 1 或者厂商 2，并且我们假设不变的边际成本。最大化的一阶条件为：

$$P(q_1+q_2)-mc_j+\frac{\partial P(q_1+q_2)}{\partial q_j}q_j=0$$

假设线性逆市场需求函数，并具有下面的形式

$$P(q_1+q_2)=a-b(q_1+q_2)$$

由此可得

$$\frac{\partial P(q_1+q_2)}{\partial q_j}=-b$$

将逆需求函数以及它的微分代入到一阶条件中，最优反应方程简化为

$$q_1=\frac{a-bq_2-mc_1}{2b} \quad \text{以及} \quad q_2=\frac{a-bq_1-mc_2}{2b}$$

求解这两个方程可以得到古诺—纳什均衡的产量，

$$q_i=\frac{a+mc_j-2mc_i}{3b}$$

在厂商之间加总，我们可以算得行业总产出：

$$Q=\frac{2a-mc_1-mc_2}{3b}$$

然后将总产出代入到逆需求函数中，推得市场价格为

$$P=\frac{a+mc_1+mc_2}{3}$$

因而，均衡下，每个厂商生产的产量由需求的参数、厂商自己的边际成本以及竞争对手的边际成本决定。请注意，更加有效率的厂商将会生产更多的数量并占有较大的市场份额。

并购后的模型。 现在假设这两个厂商合并成了一个拥有两个工厂的垄断厂商。新厂商的利润最大化考虑这两个工厂的总利润。在评估价格增加对于盈利性的影响时，来自第二个工厂的销量上的收入变化现在也要被考虑进来：

$$\max_{q_1,q_2} \Pi_1(q_1,q_2) + \Pi_2(q_1,q_2)$$
$$=\max_{q_1,q_2}(P(q_1+q_2)-mc_1)q_1+(P(q_1+q_2)-mc_2)q_2$$

在对并购后的世界建模之时，我们总是必须弄清当它们合并时厂商之间的差异会发生什么。这里，每个工厂有着不同的不变边际成本，于是垄断厂商也许会有利可图地选择关掉一个工厂，即那个效率较差（高边际成本）的工厂。为了方便起见，也许还为了更贴近实际，在这第一个例子中，我们于是假设两个工厂的边际成本相同，并且等于其中的较低者，假设是 mc_1。比如，当最好的生产方法

被引入到第二个工厂，或者在这个不变边际成本的例子中第二个工厂被完全地关闭了而所有的生产都是用更加有效的工厂之时，就会出现假设中的情形。（我们将会发现，当一家工厂的边际成本最终随着产出而增加之时，这也未必是正确的。更一般说来，如果每个工厂都面临着递增的边际成本函数，那么垄断厂商就会在工厂之间有效地分配生产以最小化给定任何产出水平下的总成本。因为古诺模型是一个同质性产品的模型，因而不存在需求方面的回报使得两个工厂都营业，但是从工厂的层面上，规模的不经济的存在也许是因为成本上的好处。）在那样的情况下，厂商的利润最大化问题简化为：

$$\max_{q_1, q_2} (P(q_1+q_2)-mc_1)(q_1+q_2) = \max_Q (P(Q)-mc_1)Q$$

其中，等式成立是因为上面的优化问题只取决于总产出 $Q=q_1+q_2$。利润最大化的一阶条件是，

$$P(Q)+P'(Q)Q=mc_1$$

代入需求函数以及它的倒数，我们可以得到完全垄断的最优产量，它也依赖于需求的参数以及厂商的成本

$$a-bQ-bQ=mc_1$$

于是，合并后市场的产出为

$$Q=\frac{a-mc_1}{2b} \quad \text{以及} \quad P=\frac{a+mc_1}{2}$$

比较。 比较并购前后的产量，

$$Q^{\text{并购前}}=\frac{2a-mc_1-mc_2}{3b} \geqslant \frac{a-mc_1}{2b}=Q^{\text{并购后}}$$

$$\Leftrightarrow 4a-2mc_1-2mc_2 \geqslant 3a-3mc_1$$

$$\Leftrightarrow a \geqslant 2mc_2-mc_1$$

因此，如果厂商在合并前是同样有效率的，即 $mc_1=mc_2$，那么上述条件变为，$a \geqslant mc_1$，它简单地要求，第一个单位的产出上的边际价值 a 要大于它生产的边际成本，这是一个在活跃的市场中一般都会成立的条件。

这一结果说明并购后的产量将会低于并购前的产量，而价格将会相应地较高。

如果厂商在合并前不是同样有效率的，情况将会稍微复杂一些，并购后的产量将会减少，如果 $a \geqslant 2mc_2-mc_1=mc_2+(mc_2-mc_1)$。这就是说，如果第一单位的需求对于消费者的价值，高于在工厂 2 中生产它的边际成本与合并后在工厂 1 中生产它因效率增加带来的好处之和。这种特定的结果显然取决于假设的需求函数的线性形式，但是它说明了一个普遍的结论，即并购引起的成本的减少可以抵减并购导致的价格升高和产量下降的不利影响。我们下面会解释这种"效率保护"（efficiency defense）效应。我们接下来还会研究边际成本随产量而增加的情形。在那样的情形下，垄断厂商也许会选择在并购后同时运营这两个工厂，并且我们也能清晰地将并购对于价格的影响分解成为限制产量产生的影响和成本减少的影响。

在对称性厂商的假设下，对古诺双寡头和完全垄断的情形下的总产量的比较

表明了，完全垄断下（即并购后）的产出较低，于是在需求曲线向下倾斜的一般情形下，市场价格将会较高而消费者将会处境更糟。

在古诺情形下，一个厂商产量的增加会减少竞争对手的最优产出。完全垄断厂商的最优产量与并购前的双寡头之一当竞争对手选择零产出时会选择的产量相同。一旦第二个厂商开始生产一个正的产量，第一个厂商就会减少它自己的产出，然而行业的总产出会增加，这是因为减少的量要小于新增加的产量。图 8—1 表示出了对称的双寡头各自的最优反应函数，以及 q_1^m 和 q_2^m 之间的可能产量线，在对称性假设下，完全垄断下的结果只取决于总产量，而具体哪家工厂生产多少无关紧要。垄断厂商只有一个总的均衡产出水平，它可以在这两个成本相同的工厂之间以不同的方式分配，最后总成本都是一样的。

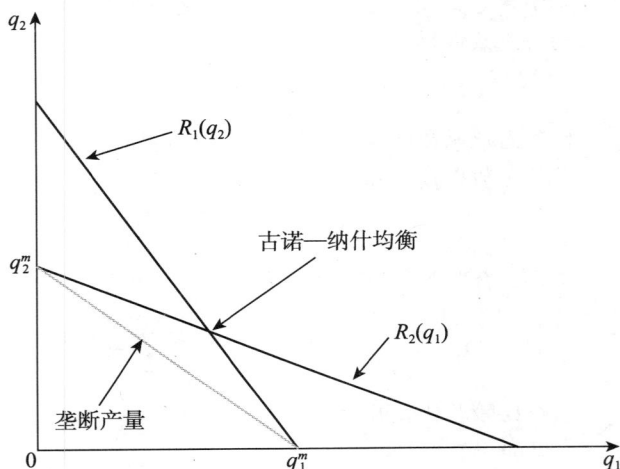

图 8—1　在古诺设定下，二合一的并购的模拟：对产量的影响

就像代数上的建议，图 8—2 表明了二合一的并购对于价格的影响，并且还解释清楚了并购导致了总产出的减少，于是增加了消费者所面临的价格。在完全垄断下，边际成本上的加价额要高于双寡头下的。

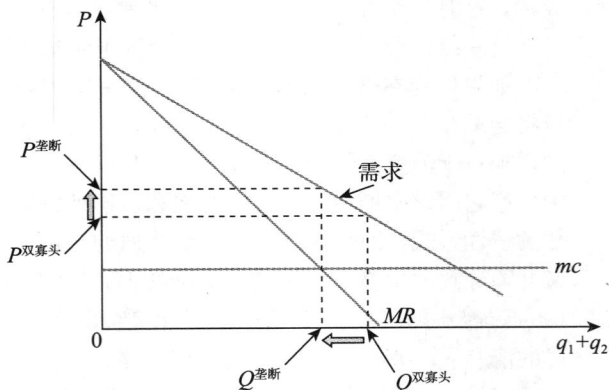

图 8—2　在古诺设定下，两合一的并购的模拟：对价格的影响

对称的古诺模型可以很容易地被扩展到有着任意数量的厂商的寡头市场中。在存在 N 个对称厂商的市场中，厂商的反应函数为

$$q_i = \frac{a - mc}{b(N+1)}$$

并且市场价格将会是

$$P = \frac{a + Nmc}{N+1}$$

此均衡的价格函数对 N 的微分表明，古诺类型的竞争下的并购总是会导致均衡产量下降和均衡价格上升，除非并购引起的生产成本的减少足够抵消这种效应。价格的上升是因为这样的事实，通过并购，厂商在工厂之间联合地最大化利润，并在计算中加上所有的生产中心的利润损失，这些损失都与任何一个工厂的产出增加而导致的价格下降相关。也就是说，古诺模型作为一种并购模拟的模型，拥有一些奇怪的性质。例如，Salant et al.（1983）证明了，如果我们假设市场结构的变化是外生的，古诺博弈下的许多并购将会减少合并厂商的联合利润。[①] 这种情况直接对该模型提出了挑战，因为它质疑了完成那样的并购的利润动机。在极端情况下，可以说那样的结果最终意味着，要么是模型错误，要么是模型只与动机是效率增加的并购相一致。这样的问题将不会出现在所有的并购都潜在地有利可图的竞价博弈中，而且根据你的观点的不同，这也许是一个问题（基于权威机构选择的模型，厂商被判有罪），也可能是一个优点（权威机构可以审视到底多少效率上的获益才能抵消当相互替代的产品的生产商合并时可能出现的价格增加）。下面进一步，我们讨论"内生并购"的约束，即并购应该被预期是有利可图的。

8.2.1.2 数字表示的例子

一个简单的实际例子对于说明怎样实施并购模拟，是很有用处的。假设一个拥有三个对称厂商的行业和一个如下的需求函数：

$$P = a - b(q_1 + q_2 + q_3) = 1 - (q_1 + q_2 + q_3)$$

在这个例子中，我们简单地假设，$a = b = 1$。在实践中，在并购模拟之前，需求函数就应该被估计出来或者被校准。[②] 这通常既是最关键的也是最棘手的部分。我们在这一章整个过程中假设需求函数总是知道的，并且建议读者参考第 9 章中关于当调查者试图估计需求时所遇到的问题的讨论。仅仅是为了简单起见，我们还假设，边际成本为零，即 $mc = 0$。

---

① 事实上，他们证明了，在古诺模型中（以及在效率缺失的条件下），两个厂商之间的合并总是有害于合并的公司，除非这个合并是一个创造一个完全垄断的厂商的二合一合并。原因就是，合并的参与方总会限制并购后的产量，然而它们的那些没参与合并的竞争对手对它们的限量行为的反应是增加产出，因为产量博弈是策略替代的博弈。

② 如果需求的价格弹性的估计量是可获取的，也许从早先的计量研究而来，那么一个简单的校准需求函数的方法是，首先得到价格和产量的观测值，然后注意到 $\eta = (P/Q) \times (\partial P/\partial Q)$，因而，对于线性需求函数有 $b = [(Q/P) \times (-\eta)]$，于是 $a = bQ + P$。这就是说，如果知道了 (η, P, Q)，我们就能同时算得 a 和 b。

在 N 个对称厂商的市场中（$Q=Nq_i$），第 i 个厂商的纳什均衡产量为

$$q_i = \frac{a-mc}{b(N+1)}$$

于是，在我们的例子中，

$$q_i = \frac{1-0}{1(3+1)} = \frac{1}{4}$$

因为厂商具有对称的成本，因此并购前市场上产出的总量为

$$Q^{前} = 3 \times \frac{1}{4} = \frac{3}{4}$$

相应的价格为

$$P^{前} = 1 - \frac{3}{4} = \frac{1}{4}$$

每一个厂商都占有市场三分之一的份额。

并购前的 HHI 指数为

$$HHI^{前} = 10\ 000 \sum_{i=1}^{N} s_i^2 = 10\ 000 \left(\left(\frac{1}{3} \right)^2 + \left(\frac{1}{3} \right)^2 + \left(\frac{1}{3} \right)^2 \right) = 3\ 333$$

现在让我们来考虑两个厂商的合并。为了甄别的目的而计算新的 HHI 指数为

$$HHI^{后}_{非均衡} = 10\ 000 \sum_{i=1}^{N} s_i^2 = 10\ 000 \left(\left(\frac{1}{3} \right)^2 + \left(\frac{2}{3} \right)^2 \right) = 5\ 555$$

HHI 的增加值或者 Δ 为 2 222。在欧盟委员会或者美国横向兼并指南下，这样的 HHI 水平和 HHI 指标的变化将会使得这里假设的并购受到竞争监管当局的仔细审查。

393

接下来我们计算并购后的均衡价格和产量。利用古诺均衡的等式并注意到现在只有两个厂商（$N=2$）的事实，我们得到每个厂商的产出水平为

$$q_i^{后} = \frac{1}{3}$$

总的市场产出为

$$Q^{后} = \frac{2}{3}$$

于是市场价格为

$$P^{后} = 1 - \left(\frac{1}{3} + \frac{1}{3} \right) = \frac{1}{3}$$

就像理论预测的，这两个合并的生产单位（合并前的厂商，合并后的工厂）现在的总产出变低了，因为它从 $\frac{1}{2}$ 变成了 $\frac{1}{3}$。较高的价格使得未参与合并的厂商扩张了它的产出作为对此的反应，并且它的产出从 $\frac{1}{4}$ 变成了 $\frac{1}{3}$。请注意，基于新的

均衡产出和市场份额计算的 HHI 明显地低于通常用于甄别并购的粗糙计算的 HHI 值：

$$HHI_{均衡}^{后} = 10\,000\left(\left(\frac{1}{2}\right)^2 + \left(\frac{1}{2}\right)^2\right) = 5\,000$$

利用古诺模型的并购模拟在 Farrell and Shapiro（1990）的论文中被提出并且被讨论。[①] 在这篇文章中，作者讨论了非对称的成本和规模，以及存在规模经济的成本函数。他们证明了古诺行业里的并购总会导致更高的价格，除非存在效率上的获益。当存在效率上的获益时，并购也许会降低价格。然而，Farrell and Shapiro 断言，导致那样的结果所必需的有效性或者规模经济必须足够大。

8.2.1.3 静态模型与动态模型

并购分析是基于对均衡结果的比较静态分析，这意味着，两种均衡结果相比较：合并前的均衡结果和合并后的均衡结果，并且合并后某个厂商在市场上营运得较少。这样的方法隐性地假设了并购决策是外生的，比如，不是由对市场条件的动态反应所引起的。反事实的基准假设若不合并那么环境将不会改变。[②] 事实上，并购可能会发生，正是因为市场没有处于均衡状态，并且对现实存在的条件的最佳反应也许就是购并一个竞争者。在这样的情况下，将并购前的状况当成是并购若没发生的条件下将会盛行的情形，是潜在地有问题的，因为并购前的情况是不稳定的。类似地，竞争者们也许会通过合并来对并购做出反应。[③]

这种通常被竞争机构用于筛选并购的 HHI 值的计算方法，是忽略竞争的动态特征的极端例子，因为它们假设那些并购以外的厂商并购后的市场份额没有变化，而参与并购的厂商的市场份额就简单地是合并前它们的市场份额的加总。在古诺模型中，并购被预期会导致参与并购的厂商减少它们的产出，而竞争对手们作为对此的反应增加了它们的产量。毫无疑问地，市场份额会发生变化，于是通常情况下，以前计算的 HHI 值于是会趋于系统性地高估并购后的市场集中度的水平。然而，这并不能否定 HHI 是一个很有用的甄别手段，因为即使准确的 HHI 计算值也将仍然只是关于并购是否可能有问题的一个粗略的指标。市场份额的"黏性"越大，这也许是因为消费者在生产商上的改变只能在长期内发生，那么至少在短期内，近似得就会越好。

将市场的动态性考虑在内是极其困难的，因为数值动态博弈（numeric dynamic games），虽然学术界在活跃地研究着它，却仍然处于起步阶段。而

[①] 这篇文章还讨论了古诺行业中并购的总福利影响。

[②] 并购的调查人员和并购相关方的顾问之类的人都喜欢反事实这个词语。它被用来表示合并若不发生时可能会出现的情形，这也许是因为并购被禁止了。为了评估兼并，正确的衡量基准也许就是现状，或者它也可能是一个更合适的基准，这取决于案例的具体事实。比如，如果一个厂商倒闭了，那么并购不发生的正确的反事实不是相互竞争的两个厂商，而是一个倒闭的厂商和一个活跃的厂商，有时候，通过证明一个厂商确实是要倒闭，竞争机构将会允许并购，而在其他情形下这是将会被阻止的。

[③] 现在我们知道，在实证上，并购以"波浪"的方式出现。而且，理论上的研究表明，并购最好被看成是策略互补的，即一个并购会使得另一个并购变得更加可能。请参考 Nocke and Whinston（2007）。

且，一般情况下动态模型都存在多重均衡解。大部分产业组织理论中的数值动态模型都建立在 Maskin and Tirole（1988a）、Ericson and Pakes（1995）以及 Pakes and McGuire（2001）引入的框架之上。Gowrisankaran（1999）建立在他们的框架上，但是也引入了一个模型，其中横向并购根据一个特定的拍卖程序被内生决定。他的这篇文章有一个优点，即可以解释涉及进入、退出以及投资的决策的并购决策之间的相互关联。这个模型与这样的事实是一致的，即通过将一项投资产生的一些外部性内部化，一项并购也许会促进这样的投资。并购可以阻止破产的厂商的退出，而破产厂商的退出会导致随后的行业资本的流失。并购也许还会产生更多的行业利润从而招致进入。然而，这个模型的解析解如果不是完全不可能的，它也不会那么直接，并且，他所用到的特定的拍卖形式也只是许多内生化合并过程的可能方法之一。这样的操作提供了一个严格的研究途径，但是似乎不可能在不久的将来就能为并购的调查当局提供一个实用的工具箱。

于是，在近期内，一般的做法就很可能是我们继续利用并购外生的静态模型，而且在很多情况下，这将给我们提供一个对并购的短期影响的合理近似。接下来的任务就是利用动态的框架研究外生的并购，比如 Ericson and Pakes（1995）提出的模型，以及带有内生的并购决策的静态模型，或者至少这种并购决策满足内生的并购约束，即预期合并后的利润应该要变高。直到现在这样的做法主要集中在研究领域，即使实际工作者应该既注意那些新兴的进展，又注意市场中应用的静态框架，其中动态因素在监管机构经常关心的时间期限内（几年时间）是特别重要的。[①]

8.2.2 并购中的效率问题

在大部分标准的寡头模型中，竞争者之间的合并将会导致参与合并方生产的数量减少以及消费者面临的价格升高。关于并购的这种看法最多只提供了有关并购潜在动机的一个极其狭隘的观点。并购可以实质上有战略意义的，也许可以给一个善于营销的企业带来另一个在产品设计或者工程技术领域有更擅长技能的企业。也许企业很容易意识到，通过将生产能力联合起来，它们可以比在它们分离时更加有效率地生产产品。联合生产可以带来协同配合，允许利用规模经济，并且促进专业知识得以更好地利用。基于以上种种原因，并购可以创造生产效率并有效地降低成本。当这些成本的降低被转移到消费者身上时，他们也许会抵消由竞争对手的损失带来的对市场价格和产量的负面影响。

8.2.2.1 并购模拟中效率的逻辑

将效率的考察引入到并购评估，也只是最近的事。当处理并购分析中的效率问题的案例时，Williamson（1977）认为，非经济学家以及特别是法律界人士，

---

① 大部分监管当局通过干预被提议的并购来得到对消费者福利的赔偿，但仅仅只考虑两到三年的时间期限。

将不会把这么复杂的权衡分析纳入他们的评估，但是，在这种情况下，William-son 对效率保护的未来充满了信心。尽管并购参与方仍然有责任去证明效率的获益是存在的并且相关的，但是现在人们普遍认为，在并购后的世界里效率也许有潜在的反补贴的正面影响。

简言之，基本的效率保护运行如下。当并购导致生产成本减少时，并购将会给消费者带来不利的影响这一点就不再明显了，即使并购产生了新的市场力量。较低的边际成本将趋于降低价格并增加产出。与并购引起的竞争对手的减少所带来的负面影响相比，这种影响的相对大小将取决于成本节约的大小、需求的弹性以及并购前后竞争强度的差距。即便这里的逻辑是非常简单的，但具体案例的分析也许会相当复杂。[①]

为了解释成本有效性的影响，让我们来考虑从一个双寡头到完全垄断者并且导致边际生产成本的减少的并购。

图 8—3 解释了垄断定价引起的价格增加怎样才能够比被边际成本的减少抵消的还要多。起初的双寡头价格被选定在低于垄断价格的水平，但是高于边际成本，这是对所有寡头形式的竞争的通常预测。并购后的价格就是垄断价格，它可以通过使得边际成本与边际收益相等而计算得出，就像被一个最大化利润的垄断者建议的一样。

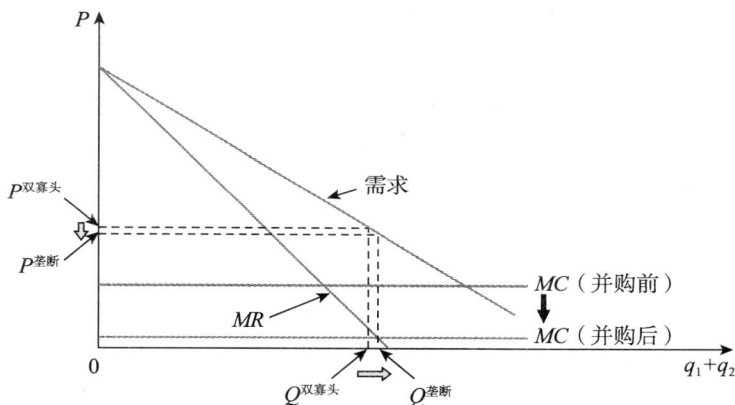

图 8—3　存在重大有效性的二合一并购

在这个例子中，边际成本的减少意味着，并购后的价格实际上低于
并购前的价格，尽管并购导致了市场力量的增加。

这一例子可以被推广到任何并购，其中一方的消失将会使得剩下的厂商可以获取的利润率增加，但是此并购也产生了成本的有效性。在那样的例子中，消费者面临的价格的最终结果是不确定的，但是这一般是可能的，即成本的减少将会足够大以至于并购者与并购前相比实际上降低了价格。

---

① 一个不那么常见但是同样有根有据的效率保护，涉及产出的质量。如果并购将会导致更高质量的产品，那么需求也许因为并购而向外移。尽管价格也许不会下降，甚至生产的成本增加，总的消费者福利也许会并购后高于并购前的。

对有效性对于价格和产量的影响的实证上的评估需要并购后厂商的边际成本的估计值。除非并购后的市场是完全竞争的，在这种情况下人们想知道权威机构在调查什么，否则，一个想利用并购模拟模型来量化有效性的影响的分析师，将需要对竞争类型建模并重新计算市场均衡价格，以得到成本节约传递到最终消费者身上的水平。在对称的古诺模型设定下，这样做将需要调整厂商的数量并利用新的较低的成本数据来估计新的均衡价格。在这一章后面将要讨论的差异性产品的行业中，多工厂的厂商的定价方程可以在新的产权结构和新的边际成本之下被建立。但是，在我们讨论那个流行的模型之前，我们首先讨论一下多工厂模型，因为它是许多声称的效率保护研究的核心。

8.2.2.2　多工厂下的边际成本

潜在的成本有效性的一个非常直接的源头就是关于在工厂之间有效地分配生产活动的合理性。[①] 我们先提出论点，然后评论，这样的论点是否很可能会导致在并购不存在的条件下很可能达到的有效性。考虑涉及两个厂商的并购，合并后变成一个拥有两家工厂的厂商。让我们假设工厂 H 的成本函数为 $C_H(q_H)$，工厂 L 的成本函数为 $C_L(q_L)$。这两家工厂分别产出 q_H 和 q_L。来自产出的联合的收入是 $R(q_H+q_L)$。请注意联合的收入取决于总产量，并且它不依赖于商品具体在哪家工厂生产的。这是因为从每一单位产出上得到的价格并不取决于它产自于哪家工厂。另一方面，利润将依赖于产出在工厂之间的分配，这是因为这样的分配会影响总成本。厂商的利润最大化问题可以表示为

$$\max_{q_H,q_L}\Pi=R(q_H+q_L)-C_H(q_H)-C_L(q_L)$$

上式给出的一阶条件，等价于下面的形式

$$MC_H(q_H)=MC_L(q_L)=MR(q_H+q_L)$$

为了使利润最大化，任何一家工厂的产品的边际成本必须相等而且等于边际利润。边际成本趋同是很直观的。如果某一工厂的边际成本较低，那么厂商通过在较低成本的工厂里生产下一单位的产出，将会得到更多的利润。生产将会被安排在最有效率的工厂里，直到效率优势耗尽了而在那家工厂里生产不再是较便宜的。

让我们假设工厂 H 和工厂 L 的边际成本函数分别如下：

$$MC_H(q_H)=5+\frac{q_H}{10}\quad\text{以及}\quad MC_L(q_L)=4+\frac{q_L}{20}$$

---

① 这一节我们紧随作者和 Tom Stoker 最初在麻省理工学院讲授的讲座的材料，并且他最先建立了我们在这一节中使用的数字化的例子。

每家工厂的边际成本都是线性的并且随产量递增，所以存在规模的不经济。厂商只会在低成本的工厂里生产，直到额外一单位的产品变得与在高成本的工厂里生产的成本一样。在这个例子中，将会在工厂 L 中生产，直到 $q_L = 21$。不管是在工厂 L 还是在工厂 H 中被生产出来，第 22 单位花费都是一样的：

$$MC_H(1) = 5 + \frac{1}{10} = 5.1 \quad \text{以及} \quad MC_L(22) = 4 + \frac{22}{20} = 5.1$$

对于大于 21 单位的产量，厂商将会在两家工厂之间分配产出，于是边际成本保持相等。为了正式化产量高于 21 单位时厂商的边际成本函数，我们水平方向上加和边际成本曲线。进行水平加和要求定义在任何边际成本水平上的总产出。每一家工厂的边际成本曲线可以用以下形式表示：

$$q_H = -50 + 10MC \quad \text{以及} \quad q_L = -80 + 20MC$$

于是，

$$q_T = q_H(MC) + q_L(MC) = -130 + 30MC$$

重新整理上面的表达式，我们可以将此厂商的边际成本曲线写成：

$$MC_T(q_T) = \begin{cases} 4 + \dfrac{q_T}{20} & \text{若 } q_T \leqslant 21 \\ \dfrac{130}{30} + \dfrac{q_T}{30} & \text{若 } q_T > 21 \end{cases}$$

图 8—4 解释了拥有这两家工厂的厂商的边际成本函数 $MC_T(q_T)$。

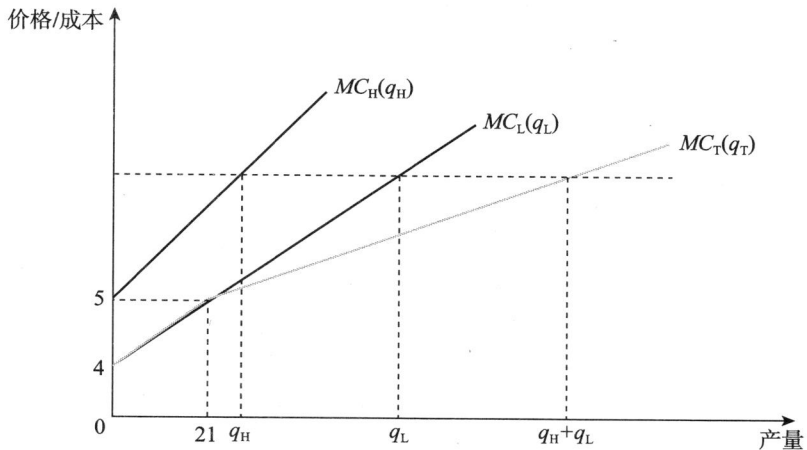

图 8—4　多家工厂的厂商的边际成本曲线的推导

满足边际收益等于边际成本的要求的最优产量选择，如图 8—5 所示。

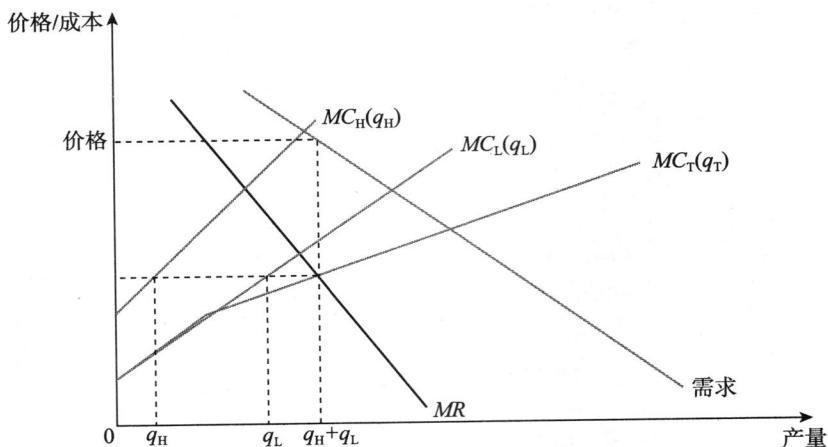

图 8—5 多家工厂的垄断厂商的定价

这个简单的例子解释了这样的事实，即利润最大化与产出在不同生产成本的工厂之间的具体分配有关。并购将会集中工厂，并把它们放置于相同的经营管理之下，潜在的影响是生产效率将会因为生产能力更加有效地利用而提高。这种类型的效率将会出现，当参与合并的工厂之间存在非对称成本并且更有效的生产中心在合并后不存在产能限制之时。然而，请注意，这种效率，就其本身而言，对并购的评估不会产生效率，因为它们通常将由价格引起，即使对于多个单一工厂的厂商。具体而言，任何两个生产同质性产品的厂商，它们面临相同的市场需求，因而相同的边际收益曲线，也将会趋于等量化活跃的工厂之间的边际成本，因为每一个工厂将会扩张生产直到它们的边际成本等于通常的关于生产一单位额外产出的边际收益。在大部分司法管辖区内，效率必须"具体到并购中"以定罪。

8.2.2.3 多产品厂商

效率收益可以获得，比如当并购前厂商在同一家工厂里生产几种不同的产品。合并一些工厂，比如可以允许专业化，通过将某一种商品的生产完全分配给一家工厂，而让另一家工厂生产另一种不同的产品。例如，如果两家相互竞争的工厂生产几种类型的纸张，这需要类似的技术但是不同的印刷样板，那么合并也许允许厂商通过消除更换样板所需的停机时间而节约成本，若在每一家工厂内生产的纸张的种类可以被减少的话。

全新的并购厂商的边际成本的估计将会需要估计成本的节约。人们需要知道关于在工厂里建立额外生产线的成本的信息，这些生产线在合并后将会被除掉。这种成本的估计有时候可以从公司的公文中找到，或者另一个可供选择的，可以被工厂的管理者估计出来。

8.2.3 *HHI* 指数和并购的福利影响

传统上，赫芬达尔—赫希曼指数（*HHI*）被竞争当局广泛地用于近似并购的可能影响，尽管通常情况下，这种近似很可能非常粗糙并且只是作为初步筛选机制的近似。这里的隐性假设是，高 *HHI* 指数伴随着较低的福利水平，特别是较低的消费者福利。事实上，这两者之间没有明确的关系，而且基于简单的 *HHI* 计算值的并购评估的信赖度的降低，已经逐渐地说明了这一点。

这一章前面我们所得到的结论，即由并购监管当局进行的标准的 *HHI* 的计算，是对并购的实际结果的一个不完美的预测。即使在古诺模型之下，它将会过度地估计并购的负面影响，因为它没有考虑并购参与方及其竞争者对于产量的调整。并且，*HHI* 指数也没有涵盖从并购中可能获得的效率上的益处，特别是，工厂之间产出潜在的重新分配，或者由并购带来的其他协同作用方面的资源，都没有被考虑进来，即使他们也许才能导致真正的生产效率上的行业层面的收益。我们已经知道，Williamson 的分析表明，增加大厂商的产出并减少小厂商的产出的并购将会导致一个更高的 *HHI* 指标值，但是也许会潜在地增加福利，若生产的重新分配所产生的成本的节约足够大的话。

在古诺世界里，有效率的厂商趋于变大，而较低效率的厂商会变小。这里既不存在差异性产品，也不存在任何动态。在产品差异性很强的市场中，市场的集中也许既不会刻画市场力量的程度，也不会刻画更一般的来说厂商面临的竞争约束的性质和程度。类似地，就像并购模拟出现的情形，在存在进入者、技术变化或者需求的结构性平移的动态市场中，*HHI* 指数最多是一个刻画并购的可能影响的很不完美的工具。

基于所有这些原因，*HHI* 指数的使用一般仅限于有助于决定一项并购应该招致的审查的力度，而且它肯定不是对于某个结论的更深入的评估所必需的指标。

8.3 并购模拟的一般模型

并购模拟可以很容易地应用于同质性产品市场，这样的市场与古诺博弈所描画的竞争类型相吻合。这一点尤其正确，因为在同质性市场，只需要估计单一的需求方程，并且若估计被证明是很困难的，那么也只有很少的参数需要从行业信息去"猜测"、推断或者近似。然而，并购模拟可以被用于任何竞争的相互作用的框架，并且许多并购模拟（也许是大部分）在这样的市场中被施行，其中存在差异性产品并且厂商被假设在伯川德博弈模型下进行价格竞争。这就是说，并购模拟的方法既是完全通用的，又是概念上相对简单的，因而一般来说，它的应用受到的限制很小，主要受制于经济学家估计恰当的需求和成本模型的能力，以及将这些估计结果嵌入到合适的描述厂商的个体动机以及它们之间相互作用的性质

的框架中的能力。通常还存在一个计算上的问题，因为我们必须在找到最优反应
然后才能求解均衡。比如，在定价博弈中，我们必须求解在调查者所利用的不同
的寡头竞争的模型下厂商的定价方程。

8.3.1　一般框架

所有的并购模拟要求人们先写下结构模型包含的如下方程：（1）一个需求函
数或者一个由需求方程组成的系统（一个方程对应市场上的一种产品）；（2）每
种产品的成本函数或者边际成本函数；（3）关于厂商的决策变量的描述（例如价
格、广告和产量）以及它们的目标（比如，最大化利润）；（4）关于厂商的竞争
目标相互结合的方式的描述，通常利用一个均衡假设。我们将跟随文献资料，将
价格作为差异性产品情形下的决策变量，然而这里不存在概念上的困难去考虑，
比如，广告。事实上，在大多数并购调查中，最基本的问题就是并购是否会导致
竞争的大幅减少。我们接下来将逐个讨论上面提及的因素。

需求。为了写下一个需求方程，人们也许想要作出关于消费者偏好的假设并从
这样的细节建立厂商的或者市场的需求曲线。这是大部分微观经济学教材所使用的
方法，但是这样做不总是必要的，因为比如，我们并不需要进入难以置信的深入程
度去了解消费者是否真的是效用最大化的消费者，当考虑了所有问题之后，价格设
定关心的所有问题就是厂商面临的需求曲线向下倾斜的程度。[①] 但是，在其他情况
下，我们将会想要仔细地考虑诸如如下的问题。消费者实际考虑的消费选择集是什
么？消费者做决策的方式存在顺序吗？大部分消费者是先选择市场板块然后比较类
似选择的价格的吗，或者他们是否在产品之间比较产品特性的组合，也许在一个更
广泛的产品集合里在产品的质量和价格之间进行权衡？我们有时候也需要理解消费
者之间行为方式的差别。并购模拟的现实就是，消费者需求的性质也许会对并购的
结果产生了重大的影响，于是在对抗性的司法的或者监管的背景下，争论常常围绕
需求的具体形式的恰当性而展开。这里有几种标准的需求函数，它们经常被用于描
述消费者偏好，其中每一个在并购效应的预测中都有应用。关于主要技术方法更加
深入的讨论，请读者参考第9章，在那里需求的估计会被更加详细地讨论。

成本。通过考察生产过程的技术特性，成本函数也可以明确地展示出来。存
在规模不经济吗？我们是否有不变的边际成本？为了决定均衡价格，只有边际成
本通常才是相关的，即使它常遭受这样的诟病，即基于它的定价不论怎样都允
许厂商弥补固定成本于是它们的经济利润在这样的均衡下为正。一种选择是直
接从行业成本信息估计边际成本曲线，若这样是可能的。然而，有时候，在给
定定价方程、市场价格和需求参数的条件下，边际成本可以被推断出来。在这
样的情况下，成本估计的正确性将很大程度上取决于需求的估计结果和竞争模

---

① 情况就是这样，例如，在通常的垄断设定里，其中利润最大化的厂商会设定利润率等于需求的价格弹性的倒数。于
是决定市场力量的关键是需求的价格弹性，而并不在于需求方程是来自于认真地优化的理性消费者，还是事实上来自于相当
绝望地优化的消费者。厂商在设定价格时所关心的是消费者的需求对价格有多敏感。

型是"正确的"模型。那么，进行恰当的真实性核查，以弄清边际成本的估计是否有意义，是至关重要的。在最初的尝试中，那样的方法得到了边际成本负的估计值，也不是一件不可能的事情。而这通常是一个暗示，要么竞争假设是错误的，要么需求的估计错误。需要弄清的问题是为什么它会是负值。追查出明显不合理的预测的原因，是发展一个切合实际的模型的过程中非常有价值的部分。

403　　**决策变量和厂商的目标。** 决策变量是一些这样的变量，厂商在选择它们时需要考虑它们的对手所作出的决策。主要的决策变量通常可以从企业公文中查到，因为，比如，那些相互竞价的厂商也许会用心地经常研究它们的对手的价格，并根据这种分析，接着分析它们自己的定价是否在一个恰当的水平上。或者，合适的决策变量可以是产量、广告和（或）产品质量，即使在很多情况下，关于产品质量的决策被认为是长期的策略决策。例如，众所周知，美国航空（American Airlines）决定扩大分配给每个经济舱的座位的空间，但是可能公平地来讲，改变数量众多的飞机的构造，与改变价格相比，会更加复杂和困难。接下来讨论厂商的目标，一般来说，我们将会跟随传统经济学的分析，假设厂商最大化利润，即使我们会停下来去注意，从原理上讲，人们当然可以建立并从实证上检测并购模型，而基于其他的行为假设。[①]

　　竞争的性质。 并购模拟所需的最后一个显性假设是对行业里发生的竞争的性质的描述。当刻画厂商的决策变量和它们的目标时，我们已经提到了这样一个世界，其中厂商们试图追求那些很少相辅相成的目标。事实上，竞争的实质就是厂商们独立地行动，忽略了对竞争对手的利润的影响，比如，降价的策略。结果，我们必须明确地刻画出厂商们完全不同的目标相互结合的方式。并购模拟跟随定义"均衡"概念的传统经济学上的方法，作为结合那些不同竞争目标的方式。当然，因为这里潜在地存在许多解决目标冲突的方法，经济学已经发展了许多潜在的均衡假设。这就是说，存在一个由均衡假设组成的核心的传统的集合，对于涉及完美信息的模型，这一集合基于纳什均衡，而对于涉及不完美信息的模型，它基于贝叶斯纳什均衡。[②]

404　　应用于实证的并购模拟的模型主要有两个。第一个是古诺模型，其中产品是同质性的，而厂商的决策变量是产出水平，它们选择产出水平以最大化利润。均衡假设是纯策略纳什均衡。第二个最流行的模型是差异性产品的伯川德模型，其中厂商在价格上相互竞争，并生产差异性产品。在这种情形下，决策变量是价

---

　　① 请注意，从特定的意义上来说，"行为经济学"是名不副实的。所有的经济学都是行为的，但是大部分新古典经济学作出了这样的行为假设，即消费者最大化效用，而厂商最大化利润。顺便说一句，令人吃惊的是，当提及竞争当局时，喜欢行为方法的人推断它将导致更多的干预，而其他人的推断却完全相反。如果厂商不是最大化利润的，那么它们，至少部分上，会利他地行动，并考虑责任以及对于它们的客户的关心。如果是这样，那么辩论的一方就会断言，我们不应该如此担心市场力量。类似地，如果厂商从行动上最大化市场占有率而不是利润，那么合适的策略将再一次很少涉及对市场力量的担心。另一方面，如果消费者没有认真地对待信息、选择迷惑了他们或者消费者一点也不会做出理性的选择，那么将存在相当多的情况需要进行干预，以保护他们。行为经济学的吸引力是常见的，即使讲述的情形有完全不同的特性，因而毫不惊讶地致使每种观点的支持者相互之间对于合适的政策立场有着非常不一样的看法。

　　② 并且，马尔科夫完美均衡的概念已经得到了数量化的动态的行业模型的建模者的极大注意（请参见，比如，Ericson 和 Pakes，1995）。

格，厂商的目标还是利润最大化，而均衡假设也还是纳什均衡。我们已经在简单的古诺模型下研究了并购模拟，并且我们接下来将继续研究差异性产品的伯川德模型下的并购模拟。然而，任何能够足以产生分析或者数量上易于处理的定价、广告或者数量的方程的特定竞争模型，从原理上都可以用于并购模拟。很不幸的是，太复杂的模型不容易产生具有均衡特性的条件，并且正因如此，这两个相对简单的用于进行并购模拟的模型一直很流行。尽管如此，实证经济学家的潜在工具显然远远不只有古诺和差异性产品伯川德模型。

给定估计并购模拟模型时，人们可以开始着手，通过估计模型的需求和成本然后将它们植入定价/产量/广告的方程，或者人们可以试图一起估计需求、成本以及定价/产量/广告的方程的参数。正确的方法也许取决于数据，特别是模型的供给方面的可信度以及均衡的假设，因为这些潜在地提供了关于需求方面的参数的大量信息，若模型是正确的话。如果模型不正确，那么所使用的加于模型的供给方面和均衡概念上的假设将会使得需求方面的参数的估计发生偏离。这一发现也可以潜在地形成对定价方程的 Durbin-Wu-Hausman 形式的检验的基础。例如，在伯川德模型中，我们可以同时估计定价和需求模型，在定价模型正确的原假设下，这能给出我们对于这两者的有效的和一致的估计量；即使在定价方程不正确的条件下，我们也能单独地估计需求参数，并且这能给出我们对于需求方面的参数的一致估计量。它们之间的比较构成了豪斯曼检验（Hausman test）的基本机制。[①]

给定估计的模型的需求和成本参数，我们将在接下来的一节中发现，调查员可以很容易地考查产权结构的变化，通过恰当地修改定价方程，以及如果需要的话修改成本函数，然后计算新的均衡解。对并购前后的均衡价格和产量的比较将会给出并购的（静态的）影响的估计。在考虑所有问题之后，模拟模型只是理论上的模型，在其中，通过估计或者校准我们为参数赋予的特定值，我们希望这些估计或者校准是正确的或者足够接近正确从而有用处。然后这个模型可以被用于预测并购带来的价格变化，以及利润和消费者福利的变化。一旦手头上有个模型，我们就知道并购模拟的进行将变得异常简单。当然，说到模型预测是合理的，通常不是关于简单的估计需求和成本以及进行模拟的问题。通常地，一连串的稳健性检验和敏感性分析将需要被执行。最初的几个估计的尝试通常会通不过至少那些检验中的某一些，而这应该会导致模型的改进。通常情况下，这些经验将会使得分析者获得对于被调查的市场的一个更好的理解或者至少被研究的市场的经济学上的很好的问题。模型通常会在一个或者更多方面不能匹配，而且基于行业的事实，模型也许需要调查者在某一特定的方向上丰富这个模型。

8.3.2 设定价格的竞争中并购模拟的实现

在这一节剩下的部分中，我们展示对于在不同的竞争设定下的并购模拟的一

---

① 请参见，比如，第 2 章中的讨论，或者 Maddala (1989)，特别是第 435～436 页，或者 Hausman (1978)。

个更加技术性的讨论。我们在设定价格的竞争中引入并购，并说明实证上在差异性产品的行业中的并购模拟的实现所需要的步骤。关于矩阵代数的基本知识在接下来的大部分情况下被假设已经掌握。那些只关心对并购模拟的非技术性讨论的读者可能只想阅读对不同话题的非技术性介绍，并直接跳到下面展示的实际调查的情形下的具体并购模拟的实例的讨论上。

8.3.2.1 单一产品的厂商

当并购发生在每一个厂商只生产一种产品的市场中时，并购前的定价方程由每个厂商的唯一产品的销售上获得的利润的最大化问题推导出来。对于每个厂商，只有唯一的需求函数和唯一的成本函数是相关的。市场上的每一种产品将会有一个定价方程。在给定需求参数以及每一种商品的边际成本所组成的向量的条件下，为了找到市场上销售的 J 种商品的均衡价格，我们"仅仅"需要从分析上或者数量上解决 J 个（可能是非线性的）定价方程组成的集合，一个方程对应一种产品（这里也是厂商）。这就像是求解任何其他的 J 维的非线性方程组，而计算机程序一般可用于解决这样的任务。在许多情况下，相当容易地求解直到多到几百种价格的均衡价格，也是可能的。[①]

让我们假设 J 个单一产品的厂商参与到差异性产品的市场中的伯川德竞价博弈。这就是说，我们假设每个厂商求解下面的利润最大化问题：

$$\max_{p_j} \Pi_j(p_j, p_{-j}) = \max_{p_j}(p_j - mc_j(\omega_j; \theta_1)) D_j(\underline{p}; \theta_2)$$

其中 j 表示厂商生产的产品，$-j$ 表示市场上的其他产品（$j=1, \cdots, J$），而 ω_j 是边际成本的位移因子。一阶条件（FOC）如下

$$D_j(\underline{p}; \theta_2) + (p_j - mc_j(\omega_j; \theta_1)) \frac{\partial D_j(\underline{p}; \theta_2)}{\partial p_j} = 0$$

其中 $\underline{p} = (p_j, p_{-j}) = (p_1, \cdots, p_J)$ 就是市场上所有商品的价格向量，以三种不同的方式表示。重新整理一阶条件，得到标准的伯川德定价方程：

$$\frac{p_j - mc_j(\omega_j; \theta_1)}{p_j} = \frac{1}{\eta_j(p_1, \cdots, p_J; \theta_2)}$$

其中

$$\eta_i(\underline{p}; \theta_2) \equiv -\frac{\partial \ln D_j(\underline{p}; \theta_2)}{\partial \ln p_j}$$

是产品 j 的需求对于自身价格的弹性。对于每一个 $j=1, \cdots, J$ 产品，我们有了这些方程中的一个对应，总共给出了 J 个非线性方程用于求解 J 个均衡价格 $\underline{p}$。

并购前的实际价格被求解出来了。需要估计的是需求和成本的参数（θ_1, θ_2）。通过第 2 章和第 9 章中指出的需求估计方法，我们利用并购前的市场价格和产量

---

① 事实上，定价博弈的一个良好的性质是，它们似乎有着很好的收敛性，这意味着通常诸如迭代最优反应函数等简单的算法事实上通常也会收敛到均衡价格。请参见，比如，米尔格罗姆和罗伯茨（Milgrom and Roberts，1990）关于定价博弈的研究，以及接下来的讨论。

去估计需求系统中的参数。进一步来说，当成本的可能估计可以直接从厂商或者行业的信息找到时，成本函数的参数是可以被估计的。或者，如果我们对需求系统有一个很好的估计，那么边际成本潜在地可能从均衡的价格方程中推理出来。这就是说，我们可以从 J 个一阶条件中求解出边际成本函数，一个对应一种产品，而不是在给定需求函数和边际成本函数的条件下，从一阶条件中求解出均衡价格。我们这样做，通过假设我们知道需求系统的形状以及市场上观察到的价格就是均衡价格。这样做意味着我们可以将均衡（观察到的）价格作为已知变量代入那 J 个方程中，然后求解剩下的 J 个未知量，即边际成本 cm_j，$j=1,\cdots,J$。（对于利用线性需求曲线从代数上描述这一过程，请参考 8.3.2.4 节。）

一般来说，我们将会以两种方式利用定价方程。首先，利用并购前的价格数据以及需求模型，我们将从定价方程组中求解出 J 个边际成本。然后，一旦模型的需求和成本方面的参数被确定了，并购后的均衡价格可以通过将需求和成本函数代入到与新的并购后的产权结构相对应的定价方程中而得到。定价方程的第二个用途涉及，通过需求系统的估计以及边际成本的估计（很可能从并购前的期间获得），求解并购后的市场结构下的均衡价格的预测值。后一种方法确定可确保并购前的价格将会准确地匹配数据，那么并购后的价格、产量和利润可以利用这个模型被计算出，并且可以与它们并购前的取值相比较，以评价并购的影响。

并购后的厂商将会生产不止一种产品。与同质性产品的市场中发生的情况不同的是，新的厂商并不是联合了参与并购的厂商的生产能力去生产唯一的产品。相反地，它将会针对之前由相互独立的单产品厂商生产的两个不同的产品，考虑最优的定价（以及产量）决策。这样做，新的厂商将会内部化它生产的一种商品的价格增加对于它生产的另一种商品的需求和销量的影响。如果厂商生产的产品是相互替代的，那么并购的影响一般来说，将会涉及所有产品的均衡价格的上升。

为了在我们的模型的情况下展示这种过程，让我们假设市场中存在两种产品：i 和 j（或者 1 和 2）。还假设两个分别都只生产一种产品的厂商合并形成一个垄断者。新的厂商的定价方程是下列最大化问题的解：

$$\max_{\underline{p}}\Pi(p_i,p_j)=\max_{\underline{p}}(p_i-mc_i)D_i(\underline{p})+(p_j-mc_j)D_j(\underline{p})$$

一阶条件是

$$\frac{\partial\Pi(p_i,p_j)}{\partial p_i}=D_i(\underline{p})+(p_i-mc_i)\frac{\partial D_i(\underline{p})}{\partial p_i}+(p_j-mc_j)\frac{\partial D_j(\underline{p})}{\partial p_i}=0$$

$$\frac{\partial\Pi(p_i,p_j)}{\partial p_j}=D_j(\underline{p})+(p_j-mc_j)\frac{\partial D_j(\underline{p})}{\partial p_j}+(p_i-mc_i)\frac{\partial D_i(\underline{p})}{\partial p_j}=0$$

通过求解 $\underline{p}$，定价方程可以直接从一阶条件中得到。于是我们可以通过将前面估计的需求和成本的参数代入新的定价方程计算出并购后的价格。在这个例子中，与同质性产品的情形相比，为了模拟并购，我们需要的唯一的额外信息就是需求的交叉价格弹性的估计值。潜在地，存在两个交叉价格的效应，

$$\frac{\partial D_1(\underline{p})}{\partial p_2} \text{ 以及 } \frac{\partial D_2(\underline{p})}{\partial p_1}$$

一般来讲，它们相互之间是不相等的。在一个简单的含有参数的需求函数中，这些交叉价格的效应将会被需求模型中另外的参数所决定。例如，线性模型也许有

$$D_2(\underline{p}) = a_2 + b_{21} p_1 + b_{22} p_2$$

于是

$$\frac{\partial D_2(\underline{p})}{\partial p_1} = b_{21}$$

类似地，

$$\frac{\partial D_1(\underline{p})}{\partial p_2} = b_{12}$$

请注意，如果这两种产品是相互替代的并且 $\frac{\partial D_i(\underline{p})}{\partial p_j} > 0$，那么在不存在补偿性的生产效率的提高时，对于一个最大化联合利润的厂商，均衡价格将会变高。这是因为不同于在双寡头下的单一产品的厂商，垄断者从那些在价格上升之后购买了竞争产品的消费者身上获得了利润。我们在第 2 章中解释了两产品博弈下的这一事实。

在两个差异性的单产品的厂商的市场中，二合一并购的影响如图 8—6 所示。因为差异性产品下的伯川德价格竞争是这样一个模型，其中产品是策略互补的，因而反应函数会随着另一种商品价格的上升而增加。两个定价方程的交点给出了伯川德双寡头的最优价格。并购之后，厂商的定价会不同，因为它内部化了一种产品的价格对于另一种产品的利润的影响。这将会导致两种商品价格的升高。在这种情形下，并购后的价格也是与完美的卡特尔价格相关的价格。

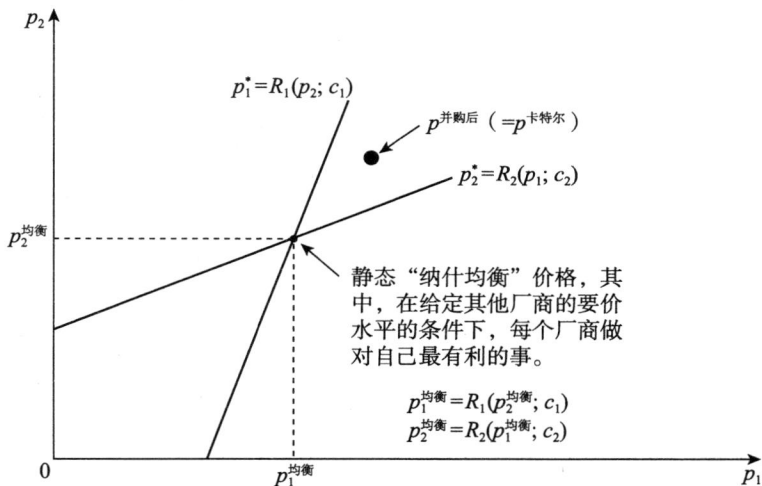

图 8—6　差异性产品的定价博弈下的二合一并购

▶ **339**

第 8 章　并购模拟

8.3.2.2　多产品的厂商

现在让我们考虑并购前厂商生产几种产品的情形。如果一个市场原本是由生产多种产品的厂商所组成的，那么这意味着厂商的利润最大化已经涉及了在许多不同的产品之间的优化。特定商品的定价方程也会取决于同一厂商生产的其他商品的需求和成本参数。一项并购将会导致某些商品的定价方程发生变化，因为厂商新获得的产品的成本和需求参数现在将进入到它之前生产的所有商品的定价方程中。这是因为与并购前的情形相比，并购后的厂商最大化利润所要考虑的商品的种类已经发生了变化。

假设厂商 f 生产一个产品集，我们用 $\Im_f \subseteq \Im = \{1, \cdots, J\}$ 来表示，并且这对于此厂商是唯一的。此厂商生产的产品集通常来说并不会包括所有的 J 种产品，而只是它们的一个子集。此厂商的利润最大化问题涉及它生产的所有产品上的利润的最大化：

$$\max_{p_f} \sum_{j \in \Im_f} \Pi_j(\underline{p}_f, \underline{p}_{-f}) = \max_{p_f} \sum_{j \in \Im_f} (p_j - mc_j) D_j(\underline{p})$$

求解利润最大化下的价格将会产生一个一阶条件组成的集合。对于厂商 f，一阶条件的系统被表述如下：

$$D_k(\underline{p}) + \sum_{j \in \Im_f} (p_j - mc_j) \frac{\partial D_j(\underline{p})}{\partial p_k} = 0 \quad \forall k \in \Im_f$$

对于这些方程，我们必须加上剩下的厂商的一阶条件，这样在最后我们会得到总共 J 个一阶条件，每一个条件对应一种被销售的产品，就像前面单产品厂商的情形一样。从这 J 个方程中求解 $J \times 1$ 的未知价格向量 p^*，将为我们提供此博弈的纳什均衡价格。

与厂商只生产一种产品的情形相比，多产品的厂商的一阶条件存在另外的项。这反映了这样的事实，即厂商内部化了价格的变化对它们也生产的替代产品上的收入的影响。由于所有权的差异，厂商之间一阶条件的数目也许有所不同。

为了简化对此博弈的分析，我们跟随文献资料，并引入一个 $J \times J$ 的所有权矩阵 $\triangle$，它的第 jk 个元素（即第 j 行第 k 列元素）被定义为

$$\Delta_{jk} = \begin{cases} 1 & \text{若同一企业生产 } j \text{ 和 } k \\ 0 & \text{其他情况} \end{cases}$$

我们可以将每一个厂商 $f = 1, \cdots, F$ 的一阶条件重新写为

$$D_k(\underline{p}) + \sum_{j=1}^{J} \Delta_{jk} (p_j - mc_j) \frac{\partial D_j(\underline{p})}{\partial p_k} = 0 \quad \forall k \in \Im_f$$

其中，Δ_{jk} 允许在所有厂商的一阶条件中对市场上所有的产品之间进行求和。矩阵 $\triangle$ 的机制是选择那些与厂商 f 生产的产品有关的项，并随着市场上的产品的所有权形式的改变而改变。考虑到所有情况之后，实际的并购模拟的执行将只会涉及此矩阵的元素从 0 到 1 的变化并追寻此变化对于均衡价格的影响。再一次地，我们将会得到每个厂商的一些方程的集合，最终一共有 J 个定价方程，一个一阶

条件对应一种销售的产品。

为了估计需求参数，我们需要具体化需求方程。为了简单起见，我们假设下列形式的线性需求系统，

$$q_k = D_k(p_1, p_2, \cdots, p_J) = a_k + \sum_{j=1}^{J} b_{kj} p_j \qquad \text{其中 } k = 1, \cdots, J$$

从上面的式子很容易得到

$$\frac{\partial D_k(p)}{\partial p_j} = b_{kj}$$

于是一阶条件变为

$$a_k + \sum_{j=1}^{J} b_{kj} p_j + \sum_{j=1}^{J} \Delta_{jk}(p_j - mc_j) b_{jk} = 0 \qquad \forall k \in \Im \text{ 以及 } f = 1, \cdots, F$$

有时候它也被写作

$$q_k + \sum_{j=1}^{J} \Delta_{jk}(p_j - mc_j) b_{jk} = 0 \qquad \text{对所有 } j, k = 1, \cdots, J$$

但是人们必须牢记，产量向量是内生的并且与价格有关。将这个方程组写成这个形式并加上需求系统，得到了 $2J$ 个方程，通过它们我们可以求解 $2J$ 个内生变量：J 个价格和 J 个产量。这样做直接提供了与标准的供给和需求系统的估计相类似的方法，这也是在同质性产品的情形下所熟知的。有时候，我们将会发现处理只有 J 个方程的方程组更加容易，要想得到 J 个方程的系统，我们只需要将每种产品的需求方程代入到相对应的一阶条件中。这样做，我们就可以写出一个 J 维的方程组，可以被用于求解那 J 个未知的价格。

当较大型的方程组被写成矩阵形式时将会更容易处理。跟随 Davis（2006d）中的将需求系统表达为矩阵形式的处理方法，我们需要定义如下的需求参数的矩阵 B'

$$B' = \begin{bmatrix} b_{11} & \cdots & b_{1j} & \cdots & b_{1J} \\ \vdots & & \vdots & & \vdots \\ b_{k1} & \cdots & b_{kj} & \cdots & b_{kJ} \\ \vdots & & \vdots & & \vdots \\ b_{J1} & \cdots & b_{Jj} & \cdots & b_{JJ} \end{bmatrix}$$

411　其中，$b_{kj} = \partial D_k(p) / \partial p_j$，并且还定义

$$a' = \begin{bmatrix} a_1 & \cdots & a_k & \cdots & a_J \end{bmatrix}$$

它是需求向量的截距，其中上撇号表示转置。于是需求方程的系统可以被写成

$$\begin{bmatrix} q_1 \\ \vdots \\ q_k \\ \vdots \\ q_J \end{bmatrix} = \begin{bmatrix} a_1 \\ \vdots \\ a_k \\ \vdots \\ a_J \end{bmatrix} + \begin{bmatrix} b_{11} & \cdots & b_{1j} & \cdots & b_{1J} \\ \vdots & & \vdots & & \vdots \\ b_{k1} & \cdots & b_{kj} & \cdots & b_{kJ} \\ \vdots & & \vdots & & \vdots \\ b_{J1} & \cdots & b_{Jj} & \cdots & b_{JJ} \end{bmatrix} \begin{bmatrix} p_1 \\ \vdots \\ p_k \\ \vdots \\ p_J \end{bmatrix}$$

或者，更加简洁的，用矩阵形式表示为 $q=a+B'p$。

　　为了将定价方程的系统表示为矩阵形式，我们需要具体化一个 $J \times J$ 的矩阵 $\Delta \cdot B$，它是 Δ 与 B 的元素与元素之间的乘积，又是被称作哈达马德乘积（Hadamard Product）。[①] 请注意 B 是 B' 的转置。具体地，定义

$$\Delta \cdot B = \begin{bmatrix} \Delta_{11}b_{11} & \cdots & \Delta_{j1}b_{j1} & \cdots & \Delta_{J1}b_{J1} \\ \vdots & & \vdots & & \vdots \\ \Delta_{1k}b_{1k} & \cdots & \Delta_{jk}b_{jk} & \cdots & \Delta_{Jk}b_{Jk} \\ \vdots & & \vdots & & \vdots \\ \Delta_{1J}b_{1J} & \cdots & \Delta_{jJ}b_{jJ} & \cdots & \Delta_{JJ}b_{JJ} \end{bmatrix}$$

其中，$b_{jk} = \partial D_j(p) / \partial p_k$。行向量将包含给定的产品 k 的定价方程的参数。元素 Δ_{jk} 将取值 1 或者 0，这取决于厂商是否同时生产商品 j 和 k，于是对于任意 j，有 $\Delta_{jj} = 1$，因为商品 j 的生产者生产商品 j。

　　回顾定价方程的分析表达式为：

$$D_k(\underline{p}) + \sum_{j=1}^{J} \Delta_{jk}(p_j - mc_j) \frac{\partial D_j(\underline{p})}{\partial p_k} = 0 \quad \forall k \in \Im_f \text{ 以及 } \forall \Im_f$$

于是所有 J 个一阶条件组成的向量现在可以用矩阵形式表示为

$$a + B'p + (\Delta \cdot B)(p-c) = 0$$

412　　其中

$$c = \begin{bmatrix} mc_1 \\ \vdots \\ mc_J \end{bmatrix} \quad \text{以及} \quad a = \begin{bmatrix} a_1 \\ \vdots \\ a_J \end{bmatrix}$$

或者，就像我们已经提到过的，有时候我们也许选择处理这 J 个定价方程，而并不代入需求方程 $q + (\Delta \cdot B)(p-c) = 0$。然后，我们需要求解一个包括这 J 个方程以及 J 个需求方程的等式系统。

　　用矩阵的形式表达，这些我们需要同时求解的方程可以被简单地写作

$$q + (\Delta \cdot B)(p-c) = 0 \quad \text{以及} \quad q = a + B'p$$

利用一个结构形式，其中所有的内生变量都在等式的左边，而外生变量在等式的右边，我们可以得到下面的形式

$$\begin{bmatrix} (\Delta \cdot B) & I \\ -B' & I \end{bmatrix} \begin{bmatrix} p \\ q \end{bmatrix} = \begin{bmatrix} (\Delta \cdot B) & 0_{(J \times J)} \\ 0_{(J \times J)} & I_{(J \times J)} \end{bmatrix} \begin{bmatrix} c \\ a \end{bmatrix}$$

它等价于

$$\begin{bmatrix} p \\ q \end{bmatrix} = \begin{bmatrix} (\Delta \cdot B) & I \\ -B' & I \end{bmatrix}^{-1} \begin{bmatrix} (\Delta \cdot B) & 0_{(J \times J)} \\ 0_{(J \times J)} & I_{(J \times J)} \end{bmatrix} \begin{bmatrix} c \\ a \end{bmatrix}$$

---

　　① 这样的矩阵乘积很容易用大部分计算机程序来编程处理。例如，在 Gauss 软件中，用 $A = B * C$ 定义哈达马德元素与元素间的乘积，于是 $a_{jk} = b_{jk}c_{jk}$，对于 $j = 1, \cdots, J$ 和 $k = 1, \cdots, J$。

在任何可以被△表述的所有权结构下，这一表达式为所有的价格和所有的产量给出了一个解析解，因为在只需要假设我们始终遵守对称性条件 $\triangle_{jk}=\triangle_{kj}$ 的条件下，我们可以随意地通过改变 $\triangle_{jk}$ 的取值（0 或者 1）来改变所有权结构。

有了这个系统，一旦参数 B、c 和 a 已知时，我们便可以计算合并后的均衡价格，通过将相应的元素 $\triangle_{jk}$ 设定为 1。事实上，我们可以在任何给定的所有权结构下计算均衡价格和产量（和利润）。

8.3.2.3　并购模拟的实例

为了解释这种方法，考虑 Davis（2006f）中给出的一个例子，一个最初由六个不同的厂商生产的六种产品组成的市场。假设产品 1 的需求被近似为线性需求，并且它的参数被估计为如下形式：

$$q_1=10-2p_1+0.3p_2+0.3p_3+0.3p_4+0.3p_5+0.3p_6$$

通过一个非常幸运的巧合，其他产品的需求也被估计出并且表现为存在类似的形式，于是我们可以将整个需求方程组成的系统写成如下形式

$$q_j=10-2p_j+0.3\sum_{k\neq j}p_k \quad 其中\ j=1,2,\cdots,6$$

让我们假设，所有产品的边际成本都等于 1，并且并购不会产生任何有效性因而对于 $j=1$，2，$\cdots$，6，$c_j^{前}=c_j^{后}=1$。

单一产品的厂商的定价方程可以从利润最大化的一阶条件得到，并具有形式

$$\frac{\partial \Pi(p_j)}{\partial p}=D_j(\underline{p})+(p_j-c_j)\frac{\partial D_j(\underline{p})}{\partial p_j}=0$$

在我们的例子中，这将简化为

$$q_j=2(p_j-c_j)$$

在六个厂商每一个生产一种产品的情形下，定价和需求方程的系统可以被写成如下的一共 12 个方程的系统：

$$\begin{bmatrix} (\Delta^{前}\cdot B) & I \\ -B' & I \end{bmatrix}\begin{bmatrix} p \\ q \end{bmatrix}=\begin{bmatrix} (\Delta^{前}\cdot B) & 0_{(J\times J)} \\ 0_{(J\times J)} & I_{(J\times J)} \end{bmatrix}\begin{bmatrix} c \\ a \end{bmatrix}$$

其中，$\Delta^{前}$ 具有单位矩阵的形式，并且

$$B'=\begin{bmatrix} -2 & 0.3 & 0.3 & 0.3 & 0.3 & 0.3 \\ 0.3 & -2 & 0.3 & 0.3 & 0.3 & 0.3 \\ 0.3 & 0.3 & -2 & 0.3 & 0.3 & 0.3 \\ 0.3 & 0.3 & 0.3 & -2 & 0.3 & 0.3 \\ 0.3 & 0.3 & 0.3 & 0.3 & -2 & 0.3 \\ 0.3 & 0.3 & 0.3 & 0.3 & 0.3 & -2 \end{bmatrix}$$

$$(\Delta^{前} \cdot B) = \begin{bmatrix} -2 & 0 & 0 & 0 & 0 & 0 \\ 0 & -2 & 0 & 0 & 0 & 0 \\ 0 & 0 & -2 & 0 & 0 & 0 \\ 0 & 0 & 0 & -2 & 0 & 0 \\ 0 & 0 & 0 & 0 & -2 & 0 \\ 0 & 0 & 0 & 0 & 0 & -2 \end{bmatrix}$$

$$c = \begin{bmatrix} 1 \\ 1 \\ 1 \\ 1 \\ 1 \\ 1 \end{bmatrix} \quad a = \begin{bmatrix} 10 \\ 10 \\ 10 \\ 10 \\ 10 \\ 10 \end{bmatrix}$$

414   我们可以求解价格和产量：

$$\begin{bmatrix} p \\ q \end{bmatrix} = \begin{bmatrix} (\Delta^{前} \cdot B) & I \\ -B' & I \end{bmatrix}^{-1} \begin{bmatrix} (\Delta^{前} \cdot B) & 0_{(J \times J)} \\ 0_{(J \times J)} & I_{(J \times J)} \end{bmatrix} \begin{bmatrix} c \\ a \end{bmatrix}$$

如果生产产品 1 的厂商与生产产品 5 的厂商合并了，那么所有权矩阵将会发生变化，于是

$$(\Delta^{并购后} \cdot B) = \begin{bmatrix} -2 & 0 & 0 & 0 & 0.3 & 0 \\ 0 & -2 & 0 & 0 & 0 & 0 \\ 0 & 0 & -2 & 0 & 0 & 0 \\ 0 & 0 & 0 & -2 & 0 & 0 \\ 0.3 & 0 & 0 & 0 & -2 & 0 \\ 0 & 0 & 0 & 0 & 0 & -2 \end{bmatrix}$$

这是因为产品 1 的新的定价方程将从下面的一阶条件中得来：

$$\frac{\partial \Pi(\underline{p})}{\partial p_1} = D_1(\underline{p}) + (p_1 - c_1) \frac{\partial D_1(\underline{p})}{\partial p_1} + (p_5 - c_5) \frac{\partial D_5(\underline{p})}{\partial p_1} = 0$$

在我们的例子中，这可以推导出

$$q_1 = 2(p_1 - c_1) - 0.3(p_5 - c_5)$$

于是，新的均衡价格和产量可以利用新的方程系统很容易地计算出来：

$$\begin{bmatrix} p \\ q \end{bmatrix} = \begin{bmatrix} (\Delta^{并购后} \cdot B) & I \\ -B' & I \end{bmatrix}^{-1} \begin{bmatrix} (\Delta^{并购后} \cdot B) & 0_{(J \times J)} \\ 0_{(J \times J)} & I_{(J \times J)} \end{bmatrix} \begin{bmatrix} c \\ a \end{bmatrix}$$

这种类型的矩阵方程通过 Matlab 或者 Gauss 软件编程很容易计算。它们也可以很容易地被编程到 Microsoft Excel 中，这使得利用线性模型的并购模拟成为了一个易于应用的方法。在不同的所有权结构下，对于每种产品的均衡价格的预测值被列示在表 8—1 中。市场结构是由 $(n_1, \cdots, n_F)$ 刻画的，其中此向量的维数 F 表示市场中活跃的厂商的总数量，而 n_f 的每一个取值表示市场中的第 f

个厂商生产的产品的种数。最大的厂商用 n_t 表示。表 8—1 和表 8—2 分别列示了在不同的所有权结构下的均衡价格和利润。比如，结果表明，生产五种产品的厂商与生产一种产品的厂商之间的合并，即我们从市场结构（5，1）变为一个厂商生产全部六种产品的市场结构（6），会导致价格上升超过 33%。表 8—2 说明这样的并购是有利可图的。

表 8—1 　　　　　　　　　不同所有权结构下的价格水平

	市场结构 $\{n_1, \cdots, n_F\}$					
产品	(1, 1, 1, 1, 1, 1)	(2, 2, 2)	(3, 3)	(4, 2)	(5, 1)	6（卡特尔）
1	4.8	5.3	5.9	6.62	7.87	10.5
2	4.8	5.3	5.9	6.62	7.87	10.5
3	4.8	5.3	5.9	6.62	7.87	10.5
4	4.8	5.3	5.9	6.62	7.87	10.5
5	4.8	5.3	5.9	5.77	7.87	10.5
6	4.8	5.3	5.9	5.77	5.95	10.5

表 8—2 　　　　　　　　　不同所有权结构下的利润水平

	市场结构 $\{n_1, \cdots, n_F\}$					
厂商	(1, 1, 1, 1, 1, 1)	(2, 2, 2)	(3, 3)	(4, 2)	(5, 1)	6（卡特尔）
1	28.88	63.39	105	139	188.54	270.8
2	28.88	63.39	105	77.6	48.99	
3	28.88	63.39				
4	28.88					
5	28.88					
6	28.88					
行业总利润	173	190	210	217	238	270.8

8.3.2.4　边际成本的推断

415

在边际成本的估计值不能从行业信息、合适的公司公文或者管理账户中获取时，有另外一种可选的方法。具体说来，如果我们愿意假设观察到的价格就是均衡价格，那么直接从定价方程组中推断出整个边际成本向量，是可能的。回顾我们的线性需求的例子中关于定价方程的表达式：

$$a + B'p + (\Delta \cdot B)(p - c) = 0$$

在并购模拟中，我们经常利用这个等式求解价格向量 p。然而，定价方程也可以被用于在并购前的市场里求解边际成本 c，其中价格是已知的。重新整理价格方

程我们可以得到

$$c = p + (\Delta \cdot B)^{-1}(a + B'p)$$

更具体地来讲，如果我们假设并购前的价格就是均衡价格，那么在给定需求参数 (a, B) 以及被 $\Delta^{前}$ 表征的并购前的所有权结构的条件下，我们推断出并购前的每一种产品的边际成本，可以表示为等式：

$$c^{前} = p^{前} + (\Delta^{前} \cdot B)^{-1}(a + B'p^{前})$$

人们需要很小心地对待这里的计算，因为它的正确性取决于已经估计出了正确的需求参数并且已经假设了正确的厂商行为。请记住，对竞争的性质作出的假设决定了定价方程的形式。当我们求解边际成本时，我们将会获得的是由目前的价格水平、已经被估计出的需求参数和发生的竞争的性质（在这个例子中，是差异性产品的伯川德价格竞争）所推断出的边际成本。

在给定对假设强烈的依赖性的条件下，有一定程度的自信假设至少是对于现实的合理近似，是有必要的。为此目的，采取措施对结果进行现实性检验是很重要的，至少包括审查边际成本的估计值是正的，并且与可利用的对于边际成本的任何会计上的或者其他近似的估计的差距在一个合理的范围内。对于边际成本的这种方式的推理可以提供一个有用的方法去检验需求的估计以及定价方程的合理性。如果需求参数是错误的，那么在观察到的价格水平下，你也许会发现推断出的边际成本要么为负值，要么大得不合理。如果利用需求参数的估计值推理出的边际成本是不合实际的，那么这就是一个信号，说明价格弹性的估计存在问题。而且，我们假设的特定市场中运行的价格设定方式可能也存在问题。

8.3.3　一般的线性产量博弈

在这一节中，我们假设与市场吻合得最好的模型是产量竞争模型。进一步来讲，假设厂商 f 选择它生产的产量以最大化利润，并且边际成本是固定不变的，那么厂商的问题可以写成

$$\max_{q_f} \sum_{j \in \mathfrak{I}_f} \pi_j(q_1, q_2, \cdots, q_J) = \max_{q_f} \sum_{j \in \mathfrak{I}_f} (P_j(q_1, q_2, \cdots, q_J) - c_j)q_j$$

其中，$P_j(q_1, q_2, \cdots, q_J)$ 表示产品 j 的逆需求曲线。产品 k 的代表性一阶条件为

$$\sum_{j=1}^{J} \Delta_{kj} \frac{\partial P_j(q)}{\partial q_k} q_j + (P_k(q) - c_k) = 0$$

我们可以估计具有形式 $q = a + B'p$ 的线性需求方程，并得到逆需求函数

$$p = (B')^{-1}q - (B')^{-1}a$$

在这种情况下，产量设定方程变为

$$(\Delta \cdot (B')^{-1})q + p - c = 0$$

于是，我们可以将这个博弈的整个结构方程写成如下的矩阵形式：

$$\begin{bmatrix} I & \Delta \cdot (B)^{-1} \\ -B' & I \end{bmatrix} \begin{bmatrix} \underline{p} \\ \underline{q} \end{bmatrix} = \begin{bmatrix} I & 0 \\ 0 & I \end{bmatrix} \begin{bmatrix} c \\ a \end{bmatrix}$$

于是，像往常一样，得到可以让我们计算任意所有权结构下的均衡产量和均衡价格的表达式

$$\begin{bmatrix} \underline{p} \\ \underline{q} \end{bmatrix} = \begin{bmatrix} I & \Delta \cdot (B)^{-1} \\ -B' & I \end{bmatrix}^{-1} \begin{bmatrix} c \\ a \end{bmatrix}$$

8.3.4 非线性需求函数

在上面讨论的每个例子中，需求系统的方程组都具有便于处理的线性形式。在有些情况下，更加复杂的偏好也许会要求需求方程具有非线性形式。在这样的情况下，并购模拟的处理过程本质上不会发生变化。人们需要校准或估计需求方程，求出并购前的边际成本（如果有必要的话），并求解并购后均衡价格的预测值。这就是说，在非线性需求的条件下，求解并购后的均衡价格会更加困难，因为也许要求解一个 $J \times 1$ 的非线性方程组的系统。一般来说，并且幸运的是，简单的迭代算法（例如迭代最优反应函数方法），似乎相当稳健地收敛到均衡价格（请参见，比如，Milgrom and Roberts，1990）。

迭代最优反应函数方法是这样一种方法，其中，在给定一个初始的价格水平的条件下，逐一计算出厂商的最优反应函数。接着持续地重复计算最优反应函数直到它们收敛到了一个稳定的价格，这也是所有一阶条件得到满足的价格。在这时，若二阶条件也是满足的话，那么我们知道我们便已经找到了纳什均衡价格集。对于经常处理反应曲线的学生来说，这样的处理过程会很熟悉，因为在可以用图形示意的简单的两产品价格竞争博弈下，这种方法经常用于说明向纳什均衡价格收敛的过程。

在实际中，迭代最优反应函数如下进行：

1. 在给定竞争对手的价格就是在现行的市场条件下最大化它的利润的价格时，定义厂商 f 的最优反应函数：

$$R_f(\underline{p}_{-f}) = \arg\max_{\underline{p}_f} \sum_{j \in \Im_f} (p_j - mc_j) D_j(\underline{p})$$

2. 在数学的或统计的软件包下创建如下的计算程序（接下来的步骤 3 至步骤 5）。

3. 选择一个作为起点的厂商 $f=1$ 和一个起点的所有产品的价格水平

$$\underline{p}^0 = (\underline{p}_f^0, \underline{p}_{-f}^0)$$

设定 $k=0$。

418

在定价博弈中，我们当然不需要利用最优反应函数的迭代算法，并且一般来讲，大规模的一系列等式更新将会导致价格收敛于均衡价格向量。在实证研究的文献中，通过定价方程的一个简单的重新整理的形式找到均衡价格，已经很常见了。为了使这一结论的表述简单化，我们将稍微改变一下符号。我们将需求曲线记为 $q(p)$，以便用 $D_pq(p)$ 表示 $q(p)$ 对于 p 的微分式。具体来说，将需求曲线的斜率 $J\times J$ 矩阵记为 $D_pq(p)$，它的 (j, k) 元素为 $\partial q_j(p)/\partial p_k$。利用非线性需求曲线对应的一阶条件的一般形式，我们可以将我们的定价方程写为

$$q(p)+[\Delta \cdot D_pq(p)](p-c)=0$$

其中，跟前面一样，"·"表示哈达马德乘积。于是实证上的文献通常利用迭代

$$p^{k+1}=c-[\Delta \cdot D_pq(p^k)]^{-1}q(p^k)$$

来定义从某个初始价格水平 p^0 出发的价格序列，而通常 p^0 设定为等于 c。在实证上，对于大部分用于实证研究的需求系统，这样的迭代似乎在价格上收敛到纳什均衡。密切相关的等式

$$c=p-[\Delta \cdot D_pq(p)]^{-1}q(p)$$

可以被用于定义与纳什均衡价格有关的边际成本值，这一均衡价格是针对类似于8.3.2.4 节中用于线性需求曲线情形下的所有权结构的。

一般来说，迭代最优反应函数方法在设定产量的博弈中不起作用，因为由于反应函数的形式，收敛并不总是可以达到的。这里存在其他的求解非线性方程系统的方法，但是一般说来，当最优反应函数单调递增时，有很好的理由去预期迭代最优反应会起作用并收敛到均衡。[①]

就像在大部分博弈中一样，在理论上，人们应该检查多个均衡。一旦我们有超过两个的非线性需求的产品，多个均衡的可能存在性也许会成为一个问题，并

419

[①] 原因与超模博弈（supermodular games）的性质有关。请参见，比如，Topkis（1998）引用过的文献。一般说来，在任何我们可以建立单调递增并且被约束在一个有限范围内的价格序列的设定下，我们将会达到收敛到均衡的结果。对于那些记得大学的《实分析》的人来说，相关的数学上的理由就是紧致空间上单调序列是收敛的。尽管，一般地，产量博弈不能用这种方法求解，但是许多这类的博弈可以。参见 Amir（1996）。

且取决于价格的初始赋值，我们也许会收敛到不同的均衡解，这一点是可能的。这就是说，如果存在多个均衡，超模博弈告诉我们，在一般的替代品的定价博弈中，我们将会得到"方形的"均衡集。一个均衡将会在底角，另一个将会在顶角，并且如果我们取其他两个角的值，它们也会是均衡。这样的结果就是所谓的事实，即定价博弈的均衡是"完整的格子"（即，方形）。[1] 如果我们认为厂商善于协作，那么有人也许会声称高价格的均衡可能性更大。那样的话，从一个特别高的初始价格水平来开始迭代最优反应函数的过程，是合理的，因为这样的过程会趋于向下收敛到高价格以及由此带来的高利润的均衡。

尽管它是很好的实际操作方法，但是详细地讨论这些绝对不是普遍的做法，即从不同的初始价格出发得到不同的均衡并证明每次其实都是同样的均衡结果。[2]

8.3.5　并购模拟的应用

在这一节中，我们讲述两种在欧盟委员会的并购调查中会执行的并购模拟。对于这些并购模拟的讨论会包括对于构成模拟模型的基础的需求估计的一个详细的描述，但是我们也提醒读者参考第 9 章中的关于很多有趣的问题的一个更加详细的解释，这些问题可能需要被放入并购模拟的重要步骤中。下面我们描述的例子不仅解释了实际中的并购模拟到底是什么样的，而且也提供了这样的模拟将会面临的审议和批评的类型，于是分析师需要处理这些。

8.3.5.1　沃尔沃—斯堪尼亚案例

在 1999～2000 年期间，欧盟委员会在针对沃尔沃—斯堪尼亚（Volvo-Scania）并购案的调查中第一次使用了并购模拟模型。尽管委员会并没有根据并购模拟而作出禁止决策，但它却提到了这样的事实，即并购模拟确认了更加定性的调查所得出的结论。[3] 这项并购涉及两个汽车制造商，而调查主要集中在五个市场，这项并购似乎创造了一个垄断厂商，它在瑞典、挪威、芬兰、丹麦和爱尔兰这五个市场上的市场份额都将超过 50％。Ivaldi 和 Verboven（2005）详细说明了运用于这个案例的模拟模型。分析的重点在于重型汽车，它们存在两种类型，被称为"整体车架式货车"和"牵引车"，后者携带了一个可拆卸的车厢。

对于重型汽车的需求由消费者的选择序列来建模，在这个案例中，消费者即是货运公司。这些公司选择它们所需要的卡车类型，然后在选定的类型中选择具

---

① 请参见 Topkis（1998），以及特别是 Vives（1990）和 Zhou（1994）得到的结论。

② 绝对不只产业经济学家会用到这样的方法，因为多重性的同样的潜在存在性，比如，也会出现在大部分计算一般均衡的模型中，并且随后许多研究者警示了在政策分析中忽略多重性的危险。继 Scarf（1973）的重要的贡献之后，一般均衡模型的计算成了很普通的事。多重性的问题已经在实际应用中出现。请参见，比如 Mercenier（1995）以及 Kehoe（1985）中的讨论。

③ 2000 年 3 月 14 日委员会决议，它宣布了这种市场集中与共同市场和欧洲经济区（EEA）协定（Case no. COMP/M. 1672 Volvo/Scania）理事会条例（欧洲经济共同体，EEC）第 4064/89 号不相容。

体的型号。

通常被用于描述这种类型的嵌套式的选择行为的模型是嵌套 logit 模型（nested logit model）。在这个例子中，因为可利用的数据是加总数据，因而通过三阶段最小二乘（简称 3SLS）估计方法（对于这一方法的讲解，在一般的计量教材中都可以找到，比如 Greene，2007，另外参见下面的附录），这一简单的嵌套 logit 模型就被估计出了。嵌套 logit 模型就其本身是值得讨论的，而为了讨论的完整性，我们下面简要地介绍这个模型，读者可以直接查看第 9 章，特别是 9.2.6 节中的更加广泛的讨论。这里，我们将只会解释关于消费者选择的假设是怎样为我们选择去估计的特定的需求形式打下基础的。

嵌套 logit 模型假设，个体 i 选择产品 j 的支付由"条件间接效用"（conditional indirect utility）函数给出：[1]

$$u_{ij} = \delta_j + \zeta_{ig} + (1-\sigma)\varepsilon_{ij}$$

其中 δ_j 表示被假设属于类型或者组别 g 的产品 j 的平均价值。我们将组别 g 中的产品组成的集合记为 G_g。图 9—5 提供了一个描述这一例子的嵌套结构图。请注意 ε_{ij} 是产品之间的差异，而对于给定的个体，在同一组别 g 的所有产品之间 ζ_{ig} 是相同的。个体对于产品 j 的特有偏好程度由和式 $\zeta_{ig} - (1-\sigma)\varepsilon_{ij}$ 给出。参数 σ 在 0 到 1 之间取值，并且它决定了消费者的特有偏好是在产品间不同的还是组别间不同的。若 $\sigma = 1$，那么个体消费者特有的值对于同一组别 g 中的所有产品都是一样的，并且对组别 g 中每一种商品的偏好是完全相关的。这就是说，比如，购买了组别 g 中的某种商品的消费者，将很可能是一个对组别 g 中所有的产品都有高的特有偏好程度的消费者。当面临现在偏好的商品 j 的价格上升时，这个消费者将很可能会代用同一组别的其他产品，因为这个消费者趋向于偏好那个组别中的商品。在沃尔沃—斯堪尼亚案例中，汽车的购买者是货运公司，并且若 σ 接近于 1，则它刻画了这样的偏好，即一些货运公司将偏好于整体车架式货车而其他的公司将偏好于牵引车，不管在哪种情况下，货运公司将很难购买它们偏好的组别中的产品之外的产品。与此相反，如果 $\sigma = 0$ 并且我们为假设的 ζ_{ig} 的分布作出一个审慎的选择，那么组内产品的值是不相关的，并且购买了一辆特定组别中的汽车的消费者将不会拥有任何系统的趋向性而转到这个组别中的另一种产品上。[2] 他们将会比较所有的产品组别里的不同型号，而不会对任何一个组别表现出特定的偏好。

平均价值 δ_j 被假设取决于产品的价格 p、产品可观测到的特性 x_j 以及不可观测的产品特性 ξ_j，而它将扮演具体产品的需求冲击的角色。具体来说，通常的假设是

$$\delta_j = -\alpha p_j + \beta x_j + \xi_j$$

---

① 这被称作条件间接效用模型因为它以产品 j 为条件，并依赖于价格水平（通过 $\delta_j = -\alpha p_j + \beta x_j + \xi_j$，就像下文解释的）。直接效用函数只取决于消费约束。

② 这绝对不是明显的。我们忽略了这个模型的构造过程中的一些公认的技术上的细节，而这一条脚注旨在至少提供一个关于这些细节的标示。就像正文中所述的，为了让这种组别层面效应的形式与嵌套 logit 模型相一致，我们必须为 ζ_{ig} 假设一个特定的分布，并且这个分布要取决于 σ 的取值，于是它可以更加准确地写成 $\zeta_{ig}(\sigma)$。事实上，Cardell（1997）证明了一定条件的 ζ_{ig} 的分布只有唯一的选择，这个条件就是，如果 ε_{ij} 是独立的类型 I 极值随机变量，那么在给定 $0 \leqslant \sigma < 1$ 的条件下，$\zeta_{ig}(\sigma) + (1-\sigma)\varepsilon_{ij}$ 也是一个极值随机变量。

在这个例子中，观测到的产品特性是马力、"全国性生产"的虚拟变量以及国别和生产商的虚拟变量。

将外部商品的平均效用标准化为 0，即 $\delta_0=0$，并对随机项的分布作出通常的方便的假设，具体来说就是它们取类型 I 极值（请参考，比如第 9 章、Berry（1994）或者更技术性地，McFadden（1981）的重要贡献），那么嵌套 logit 模型推导出市场份额的如下表达式，或者更准确地说是一个潜在的消费者选择产品 j 的概率 s_j：

$$s_j = \frac{\exp(\delta_j/(1-\sigma))D_g^{1-\sigma}}{D_g(1+\sum_{g=1}^{G}D_g^{1-\sigma})}$$

422 其中

$$D_g = \sum_{k\in G_g}\exp\left(\frac{\delta_k}{1-\sigma}\right)$$

而 δ_j 的表达式已经在前面给出。需要估计的需求参数为 α、β 和 σ。为了与模型根本的理论假设相一致，结果我们要求一些参数要满足一定的假设。特别是，我们要求 $\alpha>0$ 和 $0\leqslant\sigma\leqslant1$。我们将在第 9 章更加详细地讨论这个模型。现在我们关注嵌套 logit 模型的一个潜在的有问题的特征：推导出的产品需求函数满足在一个组别内"不相关的备择选项的独立性"（independence of irrelevant alternatives，简称 IIA）的假设。IIA 意味着，如果一个备选项加入某个组别或者从中剔除，那么从这个组别中的其他任意两个选项中选择一个的相对概率不会变化。在这个案例中，这样的假设被对方的专家严重地批判。

估计所需的数据是所有产品的价格、产品的性质以及任何一种商品被选择的概率。这一概率可以用产品的市场份额来近似：

$$s_j = \frac{q_j}{M}$$

其中，q_j 表示商品 j 的销售量，而 M 是潜在的消费者的总数。在计算市场份额时，需要考虑到外部商品，这就是为什么分母是潜在的消费者的总数，而不是实际购买者的总数。Ivaldi and Verboven 假设，潜在的市场要么高于实际销售量的 50%，要么 300%。比市场销量高出 50% 的潜在市场可以用 $M = 1.5\left(\sum_{j=1}^{J}q_j\right)$ 来描画。

Ivaldi and Verboven（2005）利用 Berry（1994）所推荐的变换步骤将需求方程线性化了。我们推荐读者参考第 9 章中对于此变换步骤更加详细的讨论，现在请注意这一步骤意味着对这个模型的估计归纳成了利用工具变量估计线性模型。而且，作者假设了一个随产量不变并与观测到的成本的位移因子向量 w_j 和误差项相关的边际成本函数。观测到的成本的位移因子包括马力、"牵引车"的虚拟变量、国家层面的固定效应组成的集合以及厂商层面的固定效应组成的集合。边际成本函数假设具有如下形式，

$$c_j = \exp(w_j\gamma+\omega_j)$$

其中 γ 是需要估计的参数向量，w_j 表示观测的成本的位移因子组成的向量，而 ω_j 表示一个边际成本的决定因素，它是不可被计量经济学家观测的并且在定价

（供给）方程中扮演误差项的角色（一个对应一种产品）。就像我们在这一章中无数次说明过的，每个厂商 f 的利润可以写成

$$\pi_f = \sum_{j \in \mathfrak{I}_f} (p_j - c_j) q_j(p) - F$$

423

其中 $\mathfrak{I}_f$ 是厂商 f 所生产的产品集，c_j 是产品 j 的边际成本，它被假设是不变的，而 F 是固定成本。多产品厂商的定价博弈的纳什均衡可以用产品 j 的定价方程组成的集合表示：

$$q_j + \sum_{k \in \mathfrak{I}_f} (p_k - c_k) \frac{\partial q_k}{\partial p_j} = 0$$

代入边际成本函数可得定价方程：

$$q_j + \sum_{k \in \mathfrak{I}_f} (p_k - \exp(w_k \gamma + \omega_k)) \frac{\partial q_k}{\partial p_j} = 0 \quad \forall j \in \mathfrak{I}_f \text{和任意厂商} f$$

这 J 个方程，再加上 J 个需求方程，为我们提供了这一模型的结构形式。请注意结构模型，对市场上可买到的任何一种产品，都包含一条需求曲线和一个"供给"或者定价方程，一共有 $2J$ 个方程。线性与这里的非线性需求曲线的情形唯一的实质性区别就在于，这里这些供给（定价）和需求方程必须从数值上求解，以便在给定的需求和成本方面的参数值和相关数据的条件下计算出均衡价格。

用于模型估计的数据来源于 16 个欧洲国家的汽车厂商两年的销售额。为了估计这个模型，我们利用基于模型的两个误差项的识别条件。具体来说，我们假设在参数取真值时，$E[\xi_j(\beta^*, \gamma^*) | z_{1j}] = 0$ 和 $E[\omega_j(\beta^*, \gamma^*) | z_{2j}] = 0$（其中 z_{1j} 和 z_{2j} 是工具变量集合），以便识别需求和供给方程。这些矩条件完全类似于在同质性产品的情形下加于需求和供给冲击之上的矩条件。[①] Ivaldi and Verboven 利用一个非线性 3SLS 的方法进行了对需求和定价方程的同时估计。虽然从原理上至少需求方面应该被独立地估计，作者在估计时通过结构式考虑了所有方程间的参数的限制条件。在一个国家中所有竞争性产品每年的马力之和以及任何一个组别中的所有竞争性产品每年的马力之和被用作工具变量以解决需求和定价方程中价格和产量的内生性问题，这一方法最初由 Berry et al.（1995）提出。他们利用的

424

3SLS 方法，是估计联立方程组模型的著名方法。3SLS 方法的前两阶段与 2SLS 很相似，而在 Ivaldi-Verboven 形式中，第三阶段试图考虑需求和定价方程的随机项之间可能的相关关系。

估计产生了与理论一致的结果，比如说，与较高的边际成本相关的厂商层面的效应产生了产品对于消费者较高的价值。马力也会增加边际成本。另一方面，那些作者发现马力对消费者价值有不显著的负面影响。作者解释这一结果，通过断言与较高的马力相关的较高的维修费用也许会降低需求，但是不管怎样这一点

---

① 分析师也许有时会发现利用 $2J$ 个矩条件来估计这个模型是合适的，一个对应一个供给（定价）或需求方程。这样做要求我们拥有每个产品的需求和定价的交叉点的多个观测值，也许利用每个产品一段时间内的数据变化（需求和供给方程的交点）。或者，只利用这两种矩条件来估计模型并在估计中直接运用产品间的数据变化，也许也是合适的。当产品或者成本的不可观测的冲击在产品之间很大程度上是相互独立的或者协方差结构可以被准确地近似之时，这种方法就是合适的。

是有点值得怀疑的。他们也报告，他们得到了对边际成本和平均产品价值的正的且合理的估计。边际成本的估计值说明利润率要高于现实中获得的利润率，尽管这一观察是一个被作者批评的结果，理由是会计数据不一定反映经济实质。

表 8—3 列示了两个不同的总的潜在的市场规模下的需求参数集的某个子集的估计结果，即 α 和 σ。具体说来，$r=0.5$ 对应 $M=1.5\left(\sum_{j=1}^{J} q_j\right)$，而 $r=3.0$ 则意味着潜在的市场规模比实际的市场规模大 300％倍。参数 σ 为正并且小于 1，但却不显著地不同于 0，这意味着整体车架式货车和牵引车形成了同一个产品组别的假设不能被拒绝。因为 $\sigma=1$ 的假设可以被拒绝，因而对同一组别中不同汽车的异质的消费者偏好之间存在完美的相关性的假设可以被拒绝。

表 8—3	目标参数的估计值。			
	潜在市场的因素			
	$r=0.5$		$r=3.0$	
	估计值	标准误	估计值	标准误
α	0.312	0.092	0.280	0.094
σ	0.341	0.240	0.304	0.240

资料来源：Ivaldi and Verboven（2005）中的表 2。

Ivaldi and Verboven（2005）计算了这两个不同的潜在的市场规模下隐含的市场需求弹性。潜在的市场规模越大，外部商品所占的市场份额的估计值会越大，并且隐含的弹性也会越大。原因是，外部商品的选择有更大的可能性——基于模型结构。外部选择较大的估计值导致了大的市场需求弹性，于是也产生了对并购效应的更小的估计值。因而，更高的弹性被用于并购影响的预测。利用并购模拟模型，或者评估对方的经济学专家所展示的并购模拟模型的分析师们，必须注意那些导致赞同并购这一结果的显著合理的假设。

一旦在并购前的情形下的需求、成本和定价方程的参数被估计出了，那么就可以通过在定价方程的具体形式中加入新的所有权结构的方法来计算并购后的均衡价格。这就是说，就像以前一样，我们改变所有权矩阵 Δ 的定义。需求函数和定价方程组成的新系统（其中所有参数的估计值现在已经知道了）需要从数值上求解，以获得均衡的价格和产量。在假设边际成本下降 5％ 的条件下，均衡的价格和产量也被计算出来，这一假设用于模拟企业合并的协作效应对于作为结果的价格水平的潜在影响。导致价格估计值的增大这里就不重复说明了。因为这个模型是建立在消费者效用的直观模型的基础上，我们可以利用这个模型去计算存在和不存在并购的条件下的消费者剩余。研究表明，两个国家——瑞典和挪威——将会经历消费者剩余超过 10％ 的下降，而剩下的三个国家——丹麦、芬兰和爱尔兰——每一个都将有消费者剩余超过 5％ 的下降。即使在假设边际成本下降 5％ 的条件下，芬兰、挪威以及瑞典被预测会有消费者剩余超过 5％ 的下降。

8.3.5.2 拉加代尔—威望迪环球案例

一个类似的模型被用于 2003 年欧盟委员会调查的拉加代尔—威望迪环球 (Lagardère-VUP) 案例的情形中，并且这一次，模拟的结果在支持并购决定的理由中被引用。[①] 后来并购在某些撤出投资的条件下被批准了。这个案例涉及由市场上第二大出版商的拥有者法国拉加代尔集团和市场上最大的出版商威望迪环球出版社（Vivendi Universal Publishing，VUP，即现在的埃迪蒂出版集团）旗下的阿歇特出版公司（Hachette）提议的企业合并。Foncel 和 Ivaldi 为委员会进行了并购模拟。[②] 在这一模拟中，消费者的偏好仍然利用嵌套 logit 模型来建模。嵌入结构涉及消费者首先选择他们想要购买的书籍的类型（小说、惊险和浪漫，等等）然后选择具体哪一本。

使用的数据来源于对于销量最高的 5 000 本袖珍手册和 1 500 本大型图书的调查数据。这些数据包括零售类型的销售量、价格、版式、页数、编辑和标题以及作者信息。只有一般的文献标题被这一研究所考虑。总的潜在的市场规模，即前面所用的标记 M，被定义为这个国家里一年之内没有购买过书籍的人数与这一年销售的书籍的数量之和。需求和成本函数的解释变量包括书籍的版式、书的页数、购买地点以及作者和编辑的知名度的测度。

所选择的工具变量是可观测的变量，比如同一类别中的其他书籍的版式以及竞争性产品的数量，这也是跟随 Berry 等（1995）所建议的方法。工具变量被假设为要么影响供给（定价）方程要么影响需求，但不能同时影响供给和需求。为了准确地识别需求参数，对于影响该产品的供给而不影响需求的内生变量，人们必须对每一个需要估计的参数都至少有一个工具变量。对于该案例中利用的具体的需求结构，如果只有价格被作为内生变量对待而在需求模型中作为工具变量，并且价格以线性形式进入条件间接效用模型，那么我们只需要一个工具变量以估计需求方面以及那些解释需求和被看做外生的变量（即，这个案例中就是书籍的特性）。就像前面的案例一样，专家们处理加总的数据并利用 3SLS 方法估计模型参数。基于获得的估计值，他们计算了自身价格弹性和交叉价格弹性的矩阵以及边际成本，于是便获得了预测的利润率。

为了模拟并购的影响，在给定的新的所有权结构下定价方程被重新计算，并且预测的均衡价格被计算出来。对于一个小于一亿的市场规模，并购模拟预测价格的增加超过 5%。此次并购模拟在假设某种所有权结构的条件下进行，这种所有权结构包含了以新合并成的实体减资的形式的补救方法。

除了计算预测价格的增加，作者们还利用标准的引导方法（bootstrap meth-

---

① 2004 年 1 月 7 日委员会决议，它宣布了这种市场集中与共同市场和欧洲经济区（EEA）协定（Case COMP/M. 2978 Lagardère/Natexis/Vivendi Universal Publishing）理事会条例（欧洲经济共同体，EEC）第 4064/89 号不相容。参见 700~707 段。

② "对书籍销售市场上的拉加代尔和威望迪环球的合并影响的计量经济学上的评估"（Evaluation Econométrigue des Effets de la Concentvation Lagardère/VUP sur le Marché du Livre de Littérature Générale），Jérôme Foncel 和 Maro Ivaldi 于 2003 年 9 月修订和充实了最终的版本。

odology）建立了预测的价格增加的置信区间。为此，他们利用参数的估计分布，抽取了参数的 1 000 种可能取值，并计算相对应的价格增加。这样做让他们能够计算预测的价格增加的方差的估计值。

8.4　并购模拟：协作效应

通常，并购模拟的利用在并购的单边效应的分析中已经被接受了。从原理上讲，我们可以利用类似的技术方法来评估并购对协作效应的影响。Kovacic et al.（2007）建议利用单边效应模型的结果来估计竞争的利润以及合谋的利润，于是确定了合谋的激励。作者们声称，这样的分析有利于理解协作在什么时候可能发生，因为当寻找解决困难的协作问题的方法之时，若这样做的激励足够大的话，厂商们可以变得富有创新精神（Coase，1988）。Davis（2005）和 Sabbatini（2006）也分别独立地声称，被用于在并购中分析单边效应的方法同样可以为市场结构的变化影响协作激励的方式提供信息。[1] 然而，跟随弗里德曼（Friedmwn，1971）经典的研究，他们对合谋的激励进行了更加广泛的审查，并建议分别评估经济学理论分离的合谋激励的每一个组成要素。[2] 与经济学理论保持一致让他们可以利用模拟模型去帮助告知调查者厂商维持协作的能力，特别是它在并购前和并购后会发生怎样的变化。在欧洲，法律环境也偏爱这样的方法，因为航空旅游公司的决策明显地把对于协作效应的分析与关于协作的经济学理论联系起来了。[3] 在这一节余下的部分，我们将跟随他们的讨论并建议读者参考 Davis and Huse（2008）中将这些方法应用于网络服务器市场的实证案例。

8.4.1　理论上的设定

现行的用于估计并购对协作效应的影响的模拟模型的版本，建立在与单边效应设定下使用的并购模拟所依赖的相同的原理之上。模拟模型的任何一种类型都使用了结构模型下参数的估计值，以计算不同情形下的均衡价格和利润。在单边效应的模拟中，人们只需要计算不同所有权情形下的均衡，但是在协作效应的设定下，人们必须在不同的竞争制度下计算均衡价格和利润，从某种意义上我们下面将会详细地讨论这一点。

---

① 这些作者现在已经将这些工作论文合并成了一篇论文（Davis and Sabbatini，2009）。

② 如今很重要的理论上的贡献已经做出了。对于差异性产品的情形，最新的研究请参见 Kühn（2004）。

③ *Airtours Plc v. Commission of the European Communities*，Case no. T342-99。委员会于 1999 年阻止航空旅游公司并购第一选择公司的决定在 2002 年 6 月被欧洲初审法院（CFI）宣告无效。在判决中，CFI 概述了现在已经是众所周知的"航空旅游公司条件"，这一条件在很大程度上建立在传统的关于合谋的经济学理论之上。

8.4.1.1 静态博弈下的三种利润测度方式

厂商面临很强的激励去协作以达到较高的价格，但是当较高的价格已经达到之时，每个厂商通常会发现，存在激励去欺骗以获取由较高价格产生的利润中的较高份额。这种欺骗的激励也许会逐渐减弱共谋的强烈激励。

弗里德曼（1971）说明，为了分析共谋的持久性以及可能性，人们必须评估维持共谋的能力，而这与每个厂商这样做的激励有关。这反过来又说明了，我们要尝试去估计，或者至少评估，上面所提到的利润的三种测度方式，现在我们进一步描述如下：

（i）对于所有的厂商，自身的竞争利润 $\pi_f^{竞争}$ 可以很容易被计算出，通过利用我们对单边效应的并购模拟的研究中得来的纳什均衡方程式所推理出的价格。

（ii）自身的完全合谋的利润 $\pi_f^{合谋}$ 也可以被计算出，通过利用来自于在所有产品被一个单一的厂商生产的情形下单边效应的并购模拟的结果。通过利用这样的方法去计算合谋价格，每个厂商达到的合谋利润的份额可以被计算出来。这样做意味着，厂商将从它们的生产线生产的而非竞争对手生产的所有产品上获取利润。因为厂商的生产线是非对称的，因而个体厂商的合谋利润一般来说将不会对应于总的行业利润除以厂商总数所得的商。

（iii）经济学理论表明，一个厂商自身的背叛利润 $\pi_f^{背叛}$ 应该被计算出，通过将所有与之竞争的厂商的价格设定在它们合谋的水平，然后通过寻找到利润最大化的价格决定背叛者自己的最优价格，此利润是在给定它们的竞争对手的合谋价格的条件下并且在它们的竞争对手发现厂商的欺诈行为之前，厂商通过以低于竞争者的价格销售并提高销售额来达到的。产能约束也许是最重要的问题，并且就像我们下面展示的，它在利润最大化实施过程中可以作为一个约束条件而被考虑进来。

> 具体来说，考虑一个合谋的市场，其中竞争对手以最大化行业总利润的方式行为，并且设定价格在卡特尔的水平。作为背叛者的厂商 f 将会选择它的价格以最大化它自己从所卖出的商品中获取的利润，于是将会执行下面的最大化的一阶条件：
>
> $$\max_{\{p_j \,|\, j \in \Im_f\}} \sum_{j \in \Im_f} (p_j - c_j) D_j(\underline{p}_f, \underline{p}_{-f}^{合谋})$$
>
> 其中 j 是厂商 f 生产的产品集 $\Im_f$ 中的一种产品。厂商 f 为它所生产的所有产品 $j \in \Im_f$ 在它的利润最大化的水平下选择一个价格集合 $\underline{p}_f$。除厂商 f 的产品之外的所有厂商生产的产品的价格被设定在合谋的水平上。
>
> 如果产能的利用程度很高并且厂商面临着它能扩张它们的产出的程度上的限制，那么我们可以加入一个产能约束的限制性条件，$D_j(\underline{p}_f, \underline{p}_{-f}^{合谋}) \leqslant 产能_j$。

在两者博弈的情形下，竞争的纳什均衡价格、合谋的价格以及背叛者的价格在图 8—7 中分别表示出来了。背叛者的价格被设定以满足 $p_2^{背叛} = R_2(p_1^{合谋}; c_2)$ 和 $p_1^{背叛} = R_1(p_2^{合谋}; c_1)$。

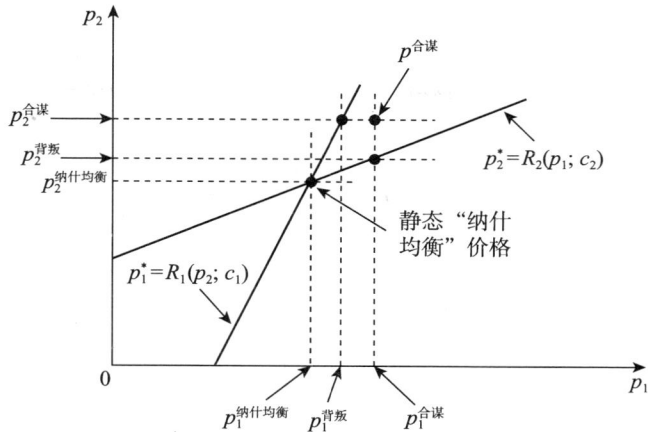

图8—7　在两个参与者的定价博弈下，竞争的纳什均衡价格、合谋的价格以及背叛的价格的描述

资料来源：Davis（2006f）。

8.4.1.2　收益的比较

既然我们已经在不同的厂商行为下定义了静态的收益，我们将在给定可采取的策略集的条件下，建立多期博弈的动态收益。合谋经济学依赖于动态的寡头模型。为了求解动态博弈中的均衡策略，我们必须弄清楚，一旦厂商逮住它们的竞争者在合谋协议中欺骗它们将做何反应，在这样的模型中，均衡策略将会是动态的。一个可以维系动态博弈的均衡的标准动态策略就是"冷酷战略"（grim strategy）。Davis and Sabbatini（2009）利用了这种方法，于是假设如果一个厂商背叛了卡特尔，市场将会在所有接下来的时期重新回到竞争状态。

如果厂商们采取"冷酷战略"，那么若不存在背叛的激励，卡特尔将会持续存在这种激励要求期望的来自于合谋的收益要高于期望的来自于背叛的收益。

正式地，跟随弗里德曼（1971），厂商的激励相容约束（incentive compatibility constraint）可以被写为：

$$V_f^{合谋} = \frac{\pi_f^{合谋}}{1-\delta} > \pi_f^{背叛} + \frac{\delta\pi_f^{竞争}}{1-\delta} = V_f^{欺骗}$$

其中 δ 是未来收入流的折现因子（它也许与具体厂商有关，如果是这样，那么应该有下标 f）。这个不等式来源于子博弈精炼（subgame perfection），它要求在合谋均衡中，每当它们有其他选择的时候，厂商都必须偏好于合作。Davis 和 Huse（2008）利用加权平均资本成本（the working average cost of capital，WACC）估计每个厂商的折现因子 δ，而 WACC 反过来是通过厂商的债务——股权结构以及债务融资成本和股权融资成本的估计值计算出来的。债务的成本可以从上市公司报告的利息成本以及它们利用债务融资的信息观察得来。股权的成本可以被估计出，利用诸如使用股票市场数据的 CAPM 等资产定价模型。

为了说明这样做的潜在的重要性，请注意他们发现戴尔公司（Dell）的折现因子比其他竞争对手要稍微低一点，也许这是因为数据期间内的不确定性，而这种不确定性起因于投资者关注它那直接面向消费者的经营策略的成功机会。诸如市场增长率以及被竞争监管当局发觉的概率等因素也许很重要，而应该被考虑进那些激励相容约束条件中。

在多期博弈中，隐性合谋的激励将取决于折现因子的大小。那个不等式确切的方向也将取决于用于维持合谋的策略。比如，存在经过一段时期的惩罚之后又重新回到合谋的可能性，或者也许不存在这种可能性。如果存在惩罚期间，那么我们也将希望计算出惩罚期间内厂商得到的回报的净现值，因为这个值将进入到激励相容约束条件。（我们还将获得另一个激励相容约束条件，这起因于惩罚期间采取的策略要满足子博弈完美条件的要求，即使我们知道在纳什反转（Nash reversion）的惩罚机制下，这些激励约束会自动得到满足，而当厂商采取冷酷战略时会发生纳什反转。）

接下来我们进一步考虑我们在前面的章节中审查过的例子（参见第 8.3.2.3节，特别是表 8—1 和表 8—2，它们报告了这个例子在不同市场结构下的纳什均衡价格和利润），其中六个单产品厂商面临线性对称需求的系统。在不同的所有权结构下，单期博弈中背叛者的收益如表 8—4 所示。在我们的例子中，厂商被假设拥有相同的成本和需求，于是除了产品的所有权结构，他们在所有其他方面都是对称的。就像我们上面所描述的，利用背叛厂商采取背叛价格以及剩余厂商采取卡特尔价格，厂商背叛时的利润可以被计算出。不失一般性，表 8—4 报告了当厂商 1 是一个背叛者并且其他厂商将它们的价格设定在合谋水平时的结果。

表 8—4 背叛与合谋的单期支付

市场结构/厂商	(1, 1, 1, 1, 1, 1)	(2, 2, 2)	(3, 3)	(4, 2)	(5, 1)	6（卡特尔）	在卡特尔条件下合谋的利润
1	70.50	128.47	174.50	210.00	238.30	270.75	45.12
2	34.97	52.03	57.05	31.17	19.74		45.12
3	34.97	52.03					45.12
4	34.97						45.12
5	34.97						45.12
6	34.97						45.12

厂商 1：背叛后的单期背叛支付 $\pi_f^{背叛}$。
资料来源：Davis（2006f）。

表 8—5 展示了在合谋以及当背叛之后又恢复到竞争的背叛的条件下的收益的净现值。在不同的折现因子的取值以及两种不同的市场结构的假设下，结果被展示出来。当折现因子为 0 时，厂商对未来完全折现，于是这个模型事实上是一

个单边效应模型。随着折现因子的增大，未来的利润变得越来越有价值，而合谋也变得相对更有吸引力。在市场结构＝(1，1，1，1，1，1) 于是存在六个单一产品的厂商的例子中，关键性的折现因子大约是 0.61。对于所有大于这个值的折现因子，合谋是可以维持的。毫不奇怪地，这与一般的理论结果卡特尔在高折现因子的条件下更加稳定是相一致的，即当未来的收入被指定了更高的价值。

表 8—5 　　　　　　　　　　两种不同市场结构下合谋和欺骗的价值

δ	市场结构＝(1，1，1，1，1，1)		市场结构＝(2，2，2)	
	$V^{合谋}$	$V^{欺骗}$	$V^{合谋}$	$V^{欺骗}$
0	45.1	70.5	90	128
0.1	50.1	73.7	100	136
0.2	56.4	77.7	113	144
0.3	64.4	82.9	129	156
0.4	75.2	89.8	150	171
0.5	90.2	99.4	180	192
0.6	112.8	113.8	226*	224
0.7	150.4*	137.8	301*	276
0.8	225.6*	186.0	451*	382
0.9	451.2*	330.4	902*	699
0.99	4 512.4*	2 929.0	9 025*	6 405

资料来源：Davis (2006f)。＊表示激励相容约束得到了满足。

我们可以计算不同市场结构下关键性的折现因子。为此，表 8—4 中的第二列集合对应了合并后的市场结构，其中发生了总共三个对称的并购，导致三个厂商每个都生产两种产品。对这样的例子的考察，虽然有点儿另类，但是作为表面的方法却是很有用处的，因为它确保厂商在并购前后都是对称的，于是也确保了每个厂商在并购之前和之后都面临同样的激励相容约束。它使得表述结果更加简洁。当然，并购前和并购后的合谋的激励是截然不同的，并且事实上，在新的更加集中的市场结构下，关键性的折现因子（大于这个值之后，合谋就会是稳定的）与并购前的 0.61 相比，减少到了刚好在 0.6 以下。

为了使合谋成为均衡，激励相容约束必须**对每个活跃的厂商都成立**。在上面讨论的例子中，厂商具有对称性，因此所有条件将会同时满足。对于一个导致了协同效应加强的并购，从某种意义上说，不等式对于所有或者部分厂商必然在并购后比并购前"更加容易"得到满足。一种解释"更加容易"的方法是说并购后协作变得更容易，若这个不等式在可信赖的折现因子的更广泛的取值范围内成立。另一方面，Davis and Huse (2009) 证明了对于一个给定的折现因子的集合，一般来说并购将（1）不会改变完全合谋的利润水平，（2）增加纳什均衡的利润，并且（3）要么不改变背叛者的利润（非参与并购的厂商），要么增加它们（参与并购的厂商）。因为完全合谋的利润是不会变化的，而（2）和（3）意味着一般说来背叛者的收益会增加，所以结果表明一般来说并购将使得协作的激励相容条件更难得到满足。

8.4.2　协作效应的并购模拟结果

　　下面的表8—6和表8—7展示了并购对隐性合谋的激励的影响的数量化例子。我们首先注意表中的结果确认了，非对称的市场结构也许对维持合谋有害。例如，表8—6表明，如果市场上有一个生产五种产品的大型厂商和一个生产一种产品的小型厂商，那么合谋将不可能成为现实，除非存在一方支付另一方的系统以补偿较小的厂商。在这个表中，星号（＊）表示这样的情形，激励相容约束表明隐性合谋更能得到此厂商的偏爱。Davis（2006f）中的结论证实了一个"民间的"定理——例如，它表明了在同质性产品的合谋模型中，总是存在一个可以使得合谋被维持的折现因子——不会在差异性产品的非对称模型中普遍成立。

表8—6　　　　表明民间的定理并不一定在差异性产品的模型中成立的例证

市场结构	δ_f	五产品厂商的激励相容约束		单产品厂商的激励相容约束	
		合谋	欺骗	合谋	欺骗
(5,1)	0	226	238	45	71
(5,1)	0.1	251	259	50	76
(5,1)	0.2	282	285	56	83
(5,1)	0.3	322*	319	64	92
(5,1)	0.4	376*	364	75	103
(5,1)	0.5	451*	427	90	120
(5,1)	0.6	564*	521	113	144
(5,1)	0.7	752*	678	150	185
(5,1)	0.8	1 128*	992	226	266
(5,1)	0.9	2 256*	1 935	451	511
(5,1)	0.99	22 562*	18 904	4 512	4 921

　　资料来源：Davis（2006f）。＊表示激励相容约束得到了满足。
　　在此例中，小厂商从来都不能被引诱去完全合谋。它可以简单地做得很好，通过在竞争下以稍低于较大的竞争对手的价格销售产品。

　　表8—7展示了两个由三个厂商合并成两个厂商的并购模拟的例子。假设并购前的市场结构涉及一个厂商生产四种产品而另两个厂商分别生产一种产品，用市场结构（4，1，1）表示。四种产品的厂商和（两个）单产品的厂商的激励相容条件如表8—7中的最后四列所示。隐性合谋似乎是稳定的，若厂商的激励相容约束得到了满足，这在折现因子都大于0.8时会发生。首先假设较大的厂商兼并了一个较小的厂商，使得并购后的市场结构变为（5，1），其次假设在另外的情形下两个较小的厂商合并了，使得并购后的市场结构变为（4，2）。像以前一样，星号（＊）表示根据个体厂商的激励相容约束条件合谋是可维持的情形。如果两

433

个小厂商合并，事实上合谋的激励并不会有任何变化，于是协作的激励也不会有任何变化。然而，如果大厂商购买了其中一个小厂商，合谋可能事实上将会消失！确实，在这个例子中，在不存在一方支付另一方时，市场中的一个小厂商与一个远比它大得多的竞争对手的博弈的存在事实上使得协作变得完全不稳定。当然，重要的是要注意，这样的结果只是说明了完全的合谋在非对称的市场结构下很难维持，而不是说所有的合谋都是不可能的。

表 8—7 来自于协作效应的并购模拟模型的结果

δ	(5, 1)				(4, 2)				(4, 1, 1)			
	五产品厂商		单产品厂商		四产品厂商		两产品厂商		四产品厂商*		单产品厂商	
	合谋	欺骗	合谋	欺骗	合谋	欺骗	合谋	欺骗	合谋	欺骗	合谋	欺骗
0.0	226	238	45	71	181	210	90	128	181	210	45	71
0.1	251	259	50	76	201	225	100	137	201	225	50	75
0.2	282	285	56	83	226	245	113	148	226	243	56	80
0.3	322*	319	64	92	258	270	129	162	258	267	64	87
0.4	376*	364	75	103	301	303	150	180	301*	299	75	96
0.5	451*	427	90	120	361*	349	181	206	361*	343	90	108
0.6	564*	521	113	144	451*	419	226	245	451*	410	113	127
0.7	752*	678	150	185	602*	534	301	310	602*	521	150	159
0.8	1 128*	992	226	266	902*	766	451*	439	903*	743	226*	222
0.9	2 256*	1 935	451	511	1 805	1 461	902*	827	1 805*	1 410	451*	412

资料来源：Davis（2006f）。* 表示激励相容约束得到了满足。

通常来说，从这些类型的模型得到的结果说明了合谋令人吃惊地容易维持。这些结果是令人惊讶的，这是因为我们从实证上知道卡特尔解散并且通常平均只有几年而非几十年的存续期。（参见第 7 章中对于卡特尔的讨论，以及 Levenstein and Suslow（2006））。理由也许包括在没有交流的条件下讨价还价的困难性，特别是在充满着价格、成本、外部选择以及不完美控制上相当大的不确定性的世界里。在理论的文献资料中，这些问题已经被解决了，比如，Green and Porter（1984）以及 Rotemberg and Saloner（1986），并且一些关于这些文献的从实证上给予支持的典范，比如，被 Porter（1983）以及 Borenstein and Shephard（1986）。Davis and Huse（2009）为完全信息的情形提供了一个完全成熟的并购模拟模型，然而现在还没有任何在不完美信息下实证的协作效应的并购模拟模型。而且，反垄断当局、罚金、宽大处理方案以及对卡特尔的法律制裁等扮演了重要的角色，它们也许至少从原理上，有时候甚至被那些试图隐性地合谋的厂商所触发。

8.5 结 论

● 在评估并购的影响时，并购模拟可能是一个很有用的工具。如今，它很少被用作决定性的证据，但是它可以为一个对并购有判断力的定性评价提供良好的支持性证据。

● 与只使用 HHI 指数相比，并购模拟做了更贴近现实的假设，因为它允许并购的厂商在并购后调整生产。并购模拟也把通过对于并购后的边际成本值的调整所产生的潜在的有效性的影响包括进了模型。

● 并购模拟的进行严重地依赖于结构性假设，这些结构性假设与消费者的需求的性质、成本的性质、厂商的目标和行为以及均衡的性质有关——后者意味着厂商不同的目标之间必须加以协调。确保这些假设充分地接近现实是进行完美的模拟所必需的环节。特别是，决策变量的选择以及静态与动态效应相比较的重要性必须被评估，以使得模型可以涵盖市场结果的真实的驱动因素。在法定的有限时间内并购模拟模型不是很容易建立起来。

● 在大部分情况下，并购模拟的步骤是相同的。人们必须估计模型组成中的参数，并利用这个模型去预测由所有权结构的变化导致的感兴趣的结果的可能变化。例如，差异性产品的伯川德模型建立了市场结构与价格之间的联系。通过估计它的组成部分，实际的并购模拟只涉及所有权结构的改变以及预测价格发生的变化。随后，分析师们也许想要进行对于由并购产生的有效性的影响的分析。

● 来自于并购模拟的结论的质量会严重地依赖于模型的质量，以及特别是它刻画数据生成过程的实际情况的能力，这些数据正是我们要模拟的。稳健性和敏感性的核查在发展这样的模型的过程中是很重要的环节。而且，现实性的核查也必须实施。比如，分析师可以核查模型推断出的利润率或者推断出的边际成本拥有符合实际的取值，并与可利用的定性的和定量的信息相一致。

● 大体上，到目前为止，并购模拟已经被用于评估并购的可能的单边效应。然而，从原理上，并购模拟也可以被用于评估并购的可能的协作效应。为此，我们想要评估并购前和并购后厂商协作的激励，并弄清楚并购是否导致了这样的激励的实质性改变。

第 9 章　需求系统的估计

436

　　为了解释竞争，这本书中前面的章节已经提供了对厂商和市场需求的重要性的许多种说明。比如，我们已经知道需求在决定诸如定价决策的厂商行为时非常重要，而且我们也知道了需求是市场结构变化——比如并购活动中发生的市场结构变化——对诸如价格等市场结果的影响的首要决定因素。类似地，我们已经知道需求弹性是关于竞争的政策工具的基本要素，这些工具包括对假想的垄断者是否符合市场定义的检验等。企业的利润取决于消费者的偏好，于是需求必定是决定市场结果的基本要素。

　　在这一章中，我们转而估计需求函数。一般说来，竞争政策会关注价格竞争，于是产品自身的和交叉的需求弹性的估计通常是很重要的。然而，就像这本书剩下的内容所述的，很多分析可以被同样应用，诸如广告的非价格变量描述了竞争的主要方面。我们通过描述"连续选择"需求模型来开始这一章，然后接着讨论"离散选择"需求模型。我们知道这两者的区别表现在消费者所作的选择的性质上。具体来说，连续选择需求模型刻画了个体消费者决定消费多少商品的情形，而离散选择模型考虑了个体消费者只决定是否购买一件商品的情形。例子可以是个体决定使用多少电力，或者决定是否购买某一特定型号的汽车（比如丰田RAV4）。①

---

　　① 混合的模型也是存在的，比如，如果消费者既决定是否使用电力（或者说，汽油）又决定使用多少，或者也许要决定是否购买一台空调设备以及使用它多少（比如，请参见 Dubin and McFadden，1984）。而且，"离散选择"也许会涉及决定购买商品的数量以及买哪种商品（比如，请参见 Hendel，1999）。

9.1 需求系统的估计：连续选择模型

437   在这一节里，我们介绍所有模型中最简单的情形：对单一的同质性的商品的需求；并且我们接着会阐述差异性产品市场下最流行的需求模型，即几乎理想的需求系统（almost ideal demand system，AIDS①）。

9.1.1 单一产品的需求

在单一的同质性产品的市场中，市场需求的估计从原理上来说是相对直接的，因为这里只有一个市场需求方程需要估计。通过考查具体厂商所面临的实际需求，市场同质性的性质很容易研究，因为我们观察到要么厂商之间的价格不存在不同，要么厂商之间价格有些许不同而导致厂商销售量的巨大不同。但是，在这一节中，我们只关注同质性产品的市场中市场需求的估计，将厂商层面的需求曲线的估计留到关于差异性产品市场的章节。请注意同质性产品市场可以被看作是有限制条件的差异性产品市场，其中竞争对手厂商提供的商品是非常接近的替代品。

在这一节中，我们给出一个关于估计同质性产品需求模型的实例，并且之后我们将讨论在实际估计需求方程时出现的困难。特别是，我们将会尝试解决巨大的困难，当"计量经济学"被当作与重点调查的行业的理解过程无关的一项工作而被分离出来时，这些难题便会出现。

刚接触计量经济学的人经常坐在他们的电脑面前，试图处理"最好的"计量经济学模型，而在进行了大量的工作却几乎没有得到任何有用的结果之后，通常会变得非常沮丧。几天或这几周以后，他们向帮忙调查的其他人员宣布计量经济学"起不了作用"，于是在这样的情形中，宣告这个案例中的计量经济学分析结束了。运行几百个回归的过程很耗时，也许要呆到深夜，这不会让我们的刚接触计量经济学的人觉得有必要与调查组的其他人员讨论这个行业、产生数据的方式以及他所面临的困惑。我们的观点是，这样的方法比毫无用处还要糟糕：如果结果作为证据被赋予权重，那么它们很可能是非常危险的。

相反，有经验的计量经济学家知道，对数据的审查通常需要他们去询问关于消费者行为的性质、这个行业的性质以及它的制度性质等方面的问题。原因是这
438   些因素（以及收集数据的实际过程）共同产生了我们所观察到的也是我们的模型所试图解释的这些数据。只有在数据和回归结果与行业文件和专业知识之间反复分析，计量经济学家才能够非常成功地利用他那令人难以置信的强力工具去估计提供信息的计量经济学模型。在这一节中，我们将在试图解释需求的性质及其决

---

① 一个不幸的缩写，这使得一些作者将这个模型称作几近理想的需求系统（nearly ideal demand system，NIDS）。

364 ▶ 经济科学译丛·竞争与反垄断中的数量技术

定因素的情况下，研究这一分析过程。

9.1.1.1　同质性产品的需求估计

在一些市场中，消费者并不在意产品的品牌，只要它满足一定的具体标准，至少合理地近似这些标准。这样的例子也许包括诸如糖、油、玉米或者钢铁等商品。如果是这样，那么在消费者看来，供给者的产品是可以相互替换的。在这一节中，我们假设我们所研究的市场，从"合理地近似"的意义上说，就是这样的一个市场，因而我们可以认为它实质上是由一个同质性产品组成的市场。

考虑流行的对数线性需求函数：

$$Q_t = D(P_t) = e^{a+\xi_t} P_t^{-b}$$

其中，P 表示市场价格，而 ξ 表示不能被模型解释的需求的成分。模型的这个成分表示此估计过程的一部分。这一部分对调查者而言是未知的，因而对于计量经济学家来说它是随机的。在计量经济学方法中对 ξ 的性质做了假设，以便可以估计模型的参数$(a，b)$。于是，我们将会看到，我们必须对我们所做的关于它的假设非常谨慎。比如，研究者不知道的也许行业中的厂商却是知道的，并且如果是这样，那么 P 和 ξ 也许是相关的。请注意在同质性产品的市场中，市场需求方程将取决于产品的价格，而不会依赖于任何其他的潜在的替代产品的价格。[①]

对数线性需求函数之所以这样称呼是因为如果我们对它取自然对数，那么估计式将会产生下面的需求模型，它对所要估计的参数$(a，b)$而言是线性的：

$$\ln Q_t = a - b \ln P_t + \xi_t$$

在这个市场中，我们最关心的参数通常将会是需求的自身价格弹性的大小。为了估计它，我们需要估计市场需求函数，并注意到

$$\eta^{需求的价格弹性} = \frac{\partial \ln Q_t}{\partial \ln P_t} = -b$$

从原理上讲，为了估计同质性产品市场的这种简单的需求模型，人们只需要有市场价格和销售量的数据，以及处理可能存在的价格变量的内生性问题的潜在的工具变量的数据。

439　　　通过实例说明，假设我们的目标是估计糖的需求，并且为了这个目的我们已经收集了以百万磅作为单位的糖的销售量以及每磅以美分为计价单位的价格的数据。分析的第一步就是将可利用的数据画成点图。图 9—1 展示了糖的销售量和价格：（a）和（b）分别展示了 1992～2006 年期间糖的销售量（交割量）和（销售）价格。

---

① 理所当然地，如果我们希望检验一个备择产品 B 是否给产品 A 的垄断厂商提高价格的能力加上了一个约束条件，那么我们也许需要至少考虑这样的回归式，其中允许产品 B 的价格影响产品 A 的需求，以使得在估计产品 A 的需求方程的参数时我们不会招致"遗漏变量"的偏误。

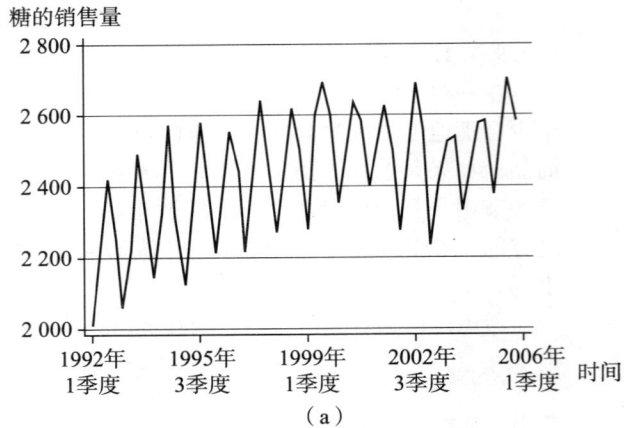

糖的销售量

糖的销售价格

图 9—1　美国在 1992～2006 年期间，糖的销售量和销售价格

资料来源：《糖和甜味剂年鉴》中的表（sugar and sweetener yearbook tables），经济研究局，美国农业部。此数据从 www.ers.usda.gov/Briefing/Sugar/data.htm 可得到（访问时间 2007 年 9 月）。

这一点立刻变得很明显，即糖的交割量存在很强的季节性，每年的 3 季度取得峰值。在 1992～2006 年期间，整体的交割量随时间在增加，2002 年左右存在周期性衰退。如果我们审查糖的价格，则在同样的时间区间里，存在明显的向下趋势，特别是在 1992～1995 年期间下降得很厉害，而且在 1997～2006 年期间也持续下降。

在这一期间，价格和销售量之间存在负相关关系，但是这种相关关系是否展示了从较低价格到较高需求的因果效应？需求当然通常是向下倾斜的，然而简单的事实是：我们不能够，或者至少不应该，审查这些数据并假设我们观察到的需求上的所有的系统性增加都是由价格减少引起的。然而，这实际上就是对数线性需求系统的假设。因为具体的模型是

$$\ln Q_t = a - b\ln P_t + \xi_t$$

所以只有价格驱动需求的系统性变化。

在这个例子中，我们使用了一个相当明显的错误的具体模型，因为数据告诉我们交割的水平中存在大幅的季节性变化，即使价格水平中不存在相应的变化。

类似地，在这个时间期间内，需求也许会随着其他的非价格因素而移动——在这个数据集中这样的因素并不那么明显。比如，在这一期间，也许消费者变得更加地关注健康，结果糖的需求会下降（向下平移）。另外，需求也许会增加，因为消费者变得更加富有或者更加繁忙。如果这些影响中的任何一个起了作用，那么我们现在所写下的模型将会错误的只将需求的增加归因于价格的减小，于是错误地估计了价格对于糖的需求的影响。从根本上讲，分析师的工作就是要调查在我们所研究的期间内那些被认为影响需求的因素，并将那些显著的因素引入到分析当中。显然，计量经济学家需要审查数据并研究这个行业。

当然，供给方面的因素也许也会影响交割量，而不仅仅只有需求方面的因素。并且我们对这一点是有自信的，即如果我们知道，从它满足证明我们的估计方法有理所要作的假设的意义上来说，我们的模型是正确设定的，那么我们就能够从这些数据中还原出需求函数。比如我们知道，为了让 OLS 估计是有理的，我们将需要我们需求的不可观测的成分与我们所包括的解释变量无关：

$$E[\xi_t(\theta^*) \mid P_t] = 0$$

在参数取得真值时，$\theta^* = (a^*, b^*)$。[①] 这一条件表明，一种审查其正确性的方法是，将估计的残差与（每个）解释变量画在同一个图中，并看看我们是否可以发现其中的规律。随时间画出残差也是有用的，并且在这个例子中，我们将会看到随时间画出的残差表现出季节性的规律，这提出了第一个潜在的途径来改进我们最初设定的模型。

因为数据表现出明显的季节性，我们引入一个季节的指标变量，省略 4 季度的指标变量（这是因为，否则这四个季度的指标和常数项将会是共线性的）。我们的需求模型变为

$$\ln Q_t = a - b \ln P_t + \gamma_1 q_1 + \gamma_2 q_2 + \gamma_3 q_3 + \xi_t$$

441 其中，q_1、q_2 和 q_3 是指标变量，在它们分别对应的季节里取值 1，否则取值 0。回归的结果如表 9—1 所示。

表 9—1   **基于 56 个观测值的 OLS 估计结果**

回归量	系数	稳健回归下的标准误	t	$P > \lvert t \rvert$	[95% 置信区间]	
$\ln(P)$	−0.38	0.05	−7.46	0.00	[−0.48	−0.28]
q_1	−0.10	0.01	−8.09	0.00	[−0.12	−0.07]
q_2	−0.01	0.01	−1.60	0.12	[−0.02	0.00]
q_3	0.02	0.00	4.43	0.00	[0.01	0.03]
常数项	9.05	0.16	55.35	0.00	[8.72	9.38]

$R^2 = 0.803$。这个回归中的被解释变量是 $\ln(Q)$。

我们发现需求在每一年的 3 季度都会显著地较高，而在每年的 1 季度都是最

[①] 参见第 2 章和第 6 章中关于供给和需求曲线的识别。

低的。需求的自身价格弹性，直接就是价格的对数前的参数的估计值，为

$$\eta = \frac{\partial \ln Q}{\partial \ln P} = -0.38$$

从我们的模型中得来的糖的市场需求貌似是相当无弹性的。

一方面，这一系数要确定地为负，就像我们对需求曲线所预期的那样。另一方面，我们面临着这样的问题，即我们是否应该信任地将政策基于这个估计。比如，如果我们进行假定的垄断者是否符合市场界定的测试，那么我们可以基于这个估计而给出这样的结论，像这样的糖的市场上的垄断者确实可以将价格增加到高于竞争性市场价格的 5％ 的水平而获利，于是为了反垄断的目的，我们应该考虑那些不会比糖的市场前景还广阔的市场。事实上，需求的自身价格弹性为 －0.38 表明，对于垄断者来说最优的毛利率为 268％。[1] 当然，在现实中，即使一个垄断者也需要能够从这些利润中收回它的固定成本。

9.1.1.2　工具变量估计

要求在参数的真值点处 $E[\xi_t(\theta^*) \mid (1, q_1, q_2, q_3, \ln(P_t))] = 0$ 的 OLS 的识别条件，可能因为多种原因而不成立。首先，引起需求变化的不可观测的成分中的非价格的驱动因素，也可能导致价格的上升。如果是这样，那么"需求冲击"将会引起价格的变化，于是需求冲击和价格将会具有相关性。这样的冲击的后果最容易分析，只需考察当需求曲线移动时发生的变化。在供给不变的极端情况下，这样的变化将会描绘出供给曲线而非需求曲线。其次，模型可能被错误地设定了，也许因为遗漏了与价格相关的变量，于是那个错误设定的模型引入了模型的残差项与价格之间的相关关系，导致参数估计有偏。

每一种情况都导致了"内生性问题"，这需要分析师来解决。在每种情况下，需求模型中那些不可观测的成分与价格的数据将相关，结果价格系数的 OLS 估计值很可能是有偏的。为了解决这些问题，在需求估计进行中的某个时点上，经济学家几乎都将会考虑利用工具变量（IV）技术以试图控制住内生性。

我们建议读者参考第 2 章中关于工具变量技术的计量经济学理论的更加详细的讨论。这里，我们回顾工具变量的基本要求，它是（1）与潜在地内生的解释变量有关，并且（2）与需求的不可观测成分无关。解决内生性问题的一个很流行的估计量是"两阶段最小二乘（2SLS）"估计量。[2] 如果价格是内生变量，那么这两个阶段就是（1）价格的自然对数对需求曲线中的外生变量以及工具变量

---

① 利用从利润最大化得来的勒纳指数的计算式，$\frac{p-c}{p} = \frac{1}{-\eta} = \frac{1}{0.38} = 2.68$。

② 对第 2 章中提供的讨论的一个补充，请参见，比如，Greene（2000）。可以证明 2SLS 估计量是一个 GMM 估计量（参见 Hansen，1982）。

做回归，并且（2）利用价格的自然对数的预测值而不是实际的价格的自然对数去估计需求曲线。事实上，2SLS方法得冠此名是因为这样的事实，即通过在模型的估计中用第一阶段的回归中得到的解释变量的预测值来代替最初的变量值，估计量在第二阶段可以被取得。

2SLS估计量本身也可以从第一阶段中得来，但是同时审查两个阶段中得来的结果通常是很有用处的，现在我们来解释原因。具体说来，请注意工具变量的正确性的第一个必要条件可以被检测，通过进行内生解释变量（这里是价格）对需求模型中包括的并作为外生变量对待的其他变量以及工具变量的回归。这就是所谓的"第一阶段"的回归，因为这正是在建立2SLS估计量时被用作第一步的回归。如果在第一阶段的回归中，工具变量表现出统计上的显著性，那么我们断定它与价格具有有条件的相关性，这潜在地有利于解决内生性问题工具变量正确性的第二个条件是它与需求冲击无关。通常来说，对第二个条件的鉴定是比较困难的，但是一个尽管不太完美的方法是，画出残差与工具变量的点状图以检验相关性。[①]

为了解释这一点，请回顾估计糖的需求的例子，并假设我们研究用季度的农场工资作为价格的潜在的工具变量。农场工资是生产糖的一种成本，于是根据经济学理论，通常将会影响所观测到的价格（和农民！）。另一方面，给定农民只占人口的很小一部分以及他们的工资的增加不可能转化成为明显的糖的销量的增加的条件下，农场工资的增加不可能实质性地影响糖的总需求。

2SLS估计分两阶段进行：

$$第一阶段：\ln P_t = a - b\ln W_t + \gamma_1 q_{1t} + \gamma_2 q_{2t} + \gamma_3 q_{3t} + \varepsilon_t$$
$$第二阶段：\ln Q_t = a - b\widehat{\ln P_t} + \gamma_1 q_{1t} + \gamma_2 q_{2t} + \gamma_3 q_{3t} + \upsilon_t$$

其中，W_t 是 t 时刻的农场工资，$\widehat{\ln P_t}$ 是从第一阶段回归得来的价格的自然对数的估计值。大部分电脑统计软件包都可以完成这个估计，并在这样的过程中提供从这两个回归中得到的结果。[②]

季节虚拟变量也包括在第一阶段的回归中，因为工具变量的正确性的要求是，在给定所包含的外生变量的条件下，它与内生变量是相关的。需求本身具有季节性，因此在给定所包含的外生变量的条件下，季节虚拟变量与价格是不相关的，于是它们不可以作为价格的合适的工具变量，即使它们是它们自身的合适的工具变量，即它们可以被视作外生的。

工具变量（IV）估计的结果如表9—2所示。

---

① 残差与工具变量回归中的工具变量的点状图类似于在第3章OLS方法中所解释过的点状图，在那里画出了残差与变量 x 的点状图。尽管这个模型将建立估计值 $\hat{\theta}$ 以确保 $(1/T)\sum_{t=1}^{T}\xi_t(\hat{\theta})Z_t = 0$，但是不管怎样这幅图显示了数据点 $\{\xi_t(\hat{\theta}), z_t\}_{t=1}^{T}$ 之间的相互关系。

② 比如，STATA，提供了命令"ivreg"。

表 9—2　　　　　　　　　　基于 44 个观测值的 IV 估计结果

回归量	系数	稳健回归下的标准误	t	$P>|t|$	［95％置信区间］	
$\ln(P)$	-0.27	0.08	-3.41	0.00	［-0.43	-0.11］
q_1	-0.10	0.01	-9.23	0.00	［-0.12	-0.08］
q_2	-0.01	0.01	-1.99	0.05	［-0.02	0.00］
q_3	0.01	0.00	3.71	0.00	［0.01	0.02］
常数值	8.69	0.25	34.71	0.00	［8.19	9.20］

$R^2=0.80$。这个回归中的被解释变量是 $\ln(Q)$。

这些结果表明价格变量有一个更小的系数。需求弹性现在是 -0.27，并在前面的 OLS 估计值之下。源于农场工资数据的可得性，有些观测值需要舍弃，于是这两种回归的数据并不完全相同。不管怎样，正式地，Durbin-Wu-Hausman 检验可以被用于检验 OLS 和 IV 回归的具体设定（参见 Greene，2000；Nakamura and Nakamura，1981）。最重要的问题是工具变量是否真的成功地解决了内生性偏误问题，这个问题正是我们利用它们的动机。通常，没有经验的研究者会使用工具变量回归结果，即使所产生的估计值使系数移动的方向与由内生性偏误导致的预期的方向正好相反。

444　　　　工具变量估计的结果应该被仔细地审查，因为它们只有在第一阶段的回归所选择的工具变量是一个很好的工具之时才是可靠的。我们知道工具变量要想正确，它必须满足两个条件：

$$(\text{i})\ E[\xi_t|(X_t,W_t)]=0\quad\text{以及}\quad(\text{ii})E[\ln(P_t)|(X_t,W_t)]\neq0$$

其中，在这个例子中 $X_t=(1,q_1,q_2,q_3)$ 是需求方程里的外生解释变量，而农场工资 W_t 是工具。就像我们先前所描述的，这些条件中的第一个是很难检验的；然而，一种评估它是否成立的方法是审查估计的残差值与解释变量组成的图形。我们应该不能观测到任何系统的特征——不管 X_t 或者 W_t 取什么值，围绕这些值的误差项的均值必须期望为 0。这样的检验可以被正规化（比如，请参见 Ramsey（1969）贡献的模型设定检验（specification tests））。但是此假设可以被检验的程度存在限制，因为在相当的程度上，这个模型主动地将这个假设加于数据之上，以便更好地导出所得的工具变量估计值。当然，各种潜在的工具变量得到的各种结果之间可以相互检验，也可检验具体模型是否使用了超过绝对必要的以达到识别目的的工具变量的个数。但是，真实情况是，有说服力地彻底地检验这些假设中的第一个最终是非常困难的，并且它很可能最终取决于经济学理论——至少在一定程度上，此理论稳健地告诉我们，比如，成本的驱动因素通常将不会影响消费者的需求行为，于是它将没有理由与不可观测的需求的组成成分相关。

第二个条件是很容易评估的，并且最常用的方法就是进行潜在地内生的变量

（这里是$\ln(P_t)$）对于需求方程中的所有外生解释变量以及工具变量（这里是$\ln(W_t)$）的回归。为了弄清第二个条件是否满足，我们审查下面的"第一阶段"回归的结果：

$$\ln P_t = a - b\ln W_t + \gamma_1 q_{1t} + \gamma_2 q_{2t} + \gamma_3 q_{3t} + \varepsilon_t$$

为了让变量农场工资是一个好的工具变量，我们想要系数b在这个式子中稳健地并且显著地不同于0。如果工具变量在预测价格时没有解释力的话，那么在给定其他变量已经被包含在需求方程的条件下，第二阶段的回归中使用的预测的价格与实际价格的相关性会很差。要是那样的话，第二阶段的回归中价格变量的系数的估计值将会被不正确地估计，而且事实上也许与0是不可区别的。即使在"好的工具变量"（在它们与被工具替代的变量之间条件相关的意义下）的条件下，我们将预期工具变量回归中被工具替代的变量的系数比利用OLS估计（后者要成为一个有意义的比较项，只有在OLS估计是一个正确的估计的条件下）的相应的系数的正确性还要低（具有较大的标准误）。工具变量估计方法放松了得到正确的估计所要求的假设，但是人们必须一直牢记，这样做使得价格的准确性同时下降了。结果会出现这样的情况，其中，当与工具变量估计比较时，OLS估计不能被拒绝，并且人们也许会偏爱于它。

我们的例子的第一阶段回归的结果如表9—3所示。

表9—3 第一阶段回归的结果

$\ln(P)$	系数	标准误	t	$P>|t|$	[95%置信区间]	
q_1	0.05	0.02	2.93	0.01	[0.01	0.08]
q_2	0.00	0.01	0.53	0.60	[−0.01	0.02]
q_3	−0.01	0.01	−1.43	0.16	[−0.02	0.00]
$\ln(W)$	−1.13	0.12	−9.71	0.00	[1.36	−0.89]
常数项	4.94	0.18	27.47	0.00	[4.58	5.30]

首先请注意，就像人们希望的那样，$\ln(W)$的系数是显著的并具有高的t统计量，这表明它被正确地估计了。然而，请注意报告的系数是相当令人吃惊的：它的符号为负！驱动我们对于工具变量的选择的经济学理论告诉我们，成本的增加应该会转化为更高的价格，因为供给曲线向左平移了。事实上，我们选择工具变量的目标直觉上在于，利用此工具变量使得我们能够识别仅仅由我们所知的供给曲线的变化而引起的所观察到的价格的变化。

当像这样的难题出现时，人们必须要解决它们。尽管出于计量经济学理论的目的，"条件相关性"是支撑工具变量的使用所必需的所有条件，在弄清楚为什么数据以未预料到的方式行为之前，人们仍不应该采取进一步的行动。在这个例子中，人们也许想要调查，比如，农场工资序列是否具有一个趋势，它与价格负相关且我们没有控制住它。图9—2画出了一段时间内的农场工资数据图。特别是，请注意工资在1995～2006年之间存在上升趋势，而这一期间的糖的价格在下降。明显地，尽管农场工资也许仍然是糖的价格的一个重要决定因素，它们也许并不是使得糖的价格下降的主要因素。我们必须寻找其他的工具变量，以帮助我们解释在需求方程中的外生变量的条件下价格变化的主要缘由。

农场工资

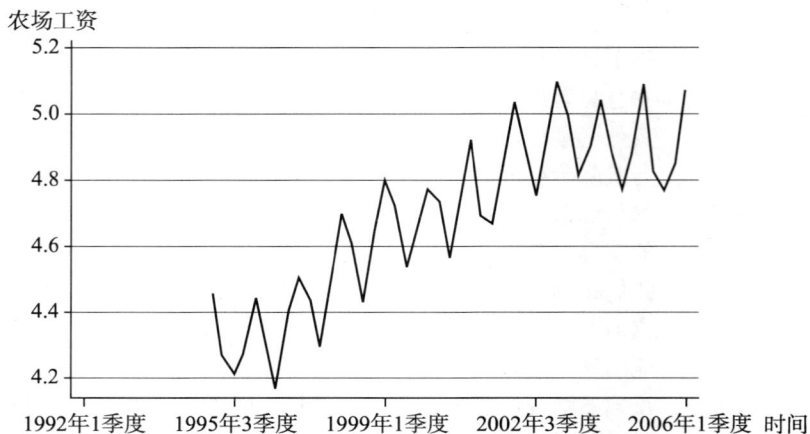

图 9—2　一段时期内的农场工资的点图

为了寻找一个好的工具，我们必须尝试更好地理解驱动糖的价格随时间下降的那些因素。一种可能是，行业中的其他成本显著地下降了。或者，也许存在制度上的原因，比如给予农民的补贴量的变化或者来自于关税或者限量制度导致的进口供给的变化。也许在此期间还存在大量的进入者。另一个可能是，我们的模型遗漏了的重要的需求因素也许导致了价格的变化。也许是对糖类产品的偏好随时间发生了改变？或者也许出现了替代产品（比如，高果糖玉米浆）并使得价格下降了？

446

在这一点上，我们需要回到我们的行业专家和行业的定性分析那儿去，以试图找到价格的主要变化的可能解释，特别是价格下降的原因。数据和回归的结果为我们提供了一个难题，我们需要通过利用行业的专业知识解决它。只有我们认真地思考行业中的什么因素导致了数据的产生，我们通常才能够向前迈向我们相信的计量经济学的结论。就是因为这个原因，我们才在这一节的介绍中阐述了，对于一个计量经济学家来说，这样做是很少见的，即他能够孤立地研究他所拥有的数据集直到深夜，并在不回头思考行业中的竞争的性质和驱动因素的条件下得到了有意义的回归结果。

这就是说，通常我们不需要知道价格设定过程的每一件事以获取可信的需求估计。特别是，在需求估计的过程中，我们并不是试图估计那个解释厂商是怎样最优地选择它们的价格的需求方程。尽管 2SLS 估计方法中的第一阶段的估计也许酷似价格和产量的结构模型中的定价方程的退化形式（请参见第 6 章），但是它并不是完全相同的。我们从前面的章节已经知道，影响需求的因素于是以及成本数据被包括在定价方程中。然而，2SLS 回归的第一阶段的方程显著地不同于定价方程的退化形式的方面是，我们不需要拥有所有的成本数据：我们实际上只需要一个供给方面的良好的工具变量，以识别同质性产品的需求方程的价格系数。

9.1.2　差异性产品需求系统

大部分市场不是由单一的同质性产品组成的，而是由相似却又具有差异性的产品组成的，这些产品对消费者来说是相互竞争的。比如，在洗发水市场中，不是存在一种通用类型的洗发水。而是，存在许多不同品牌和类型的洗发水，消费者并不认为它们是完全相同的。在试图估计差异性产品市场中的需求时，我们必须考虑这样的需求性质。特别是，我们需要考虑这样的事实，即消费者在不同的产品间进行选择，消费者对这些产品有着不同的相对偏好，并且它们通常有着不同的价格。于是，差异性产品需求系统被当作一个由单个产品的需求方程组成的系统来估计，其中产品的需求不仅取决于它自身的价格，还取决于市场中其他产品的价格。

9.1.2.1　对数线性需求模型

一个流行的差异性产品需求系统是对数线性需求系统，它是由对数线性需求方程组成的方程组，一个方程对应市场上一种可利用的产品。我们用 $j=1,\cdots,J$ 来标记市场中的产品。在每个方程中，商品购买的数量潜在地取决于市场上所有商品的价格以及收入 y（Deaton and Muellbauer，1980b）。正式地，我们有如下的 J 个方程的系统：

$$\ln Q_{1t}=a_1-b_{11}\ln P_{1t}+b_{12}\ln P_{2t}+\cdots+b_{1J}\ln P_{Jt}+\gamma_1\ln y_t+\xi_{1t}$$
$$\ln Q_{2t}=a_2-b_{21}\ln P_{1t}+b_{22}\ln P_{2t}+\cdots+b_{2J}\ln P_{Jt}+\gamma_2\ln y_t+\xi_{2t}$$
$$\vdots$$
$$\ln Q_{Jt}=a_J-b_{J1}\ln P_{1t}+b_{J2}\ln P_{2t}+\cdots+b_{JJ}\ln P_{Jt}+\gamma_J\ln y_t+\xi_{Jt}$$

预算约束下的效用最大化一般将会给出需求方程，它们取决于所有的价格以及收入所组成的变量集（例如，请参见，Pollak and Wales，1992）。很显然地，在加总数据下，我们也许可以利用加总收入作为需求函数的一个相关变量（例如，GDP）。然而，因为许多研究都把重点放在经济体的一个具体的部门，消费者问题通常被改进为并被认为是一个两阶段问题。在第一阶段，我们设想消费者决定总共花费多少在某一商品种类身上——比如，啤酒——而在第二阶段，我们设想被选择的花费水平在消费者必须在其中做出选择的各种产品身上的分配，也许是不同品牌的啤酒。在假设效用函数满足特定形状的条件下，这样的两阶段过程可以被证明与一个单一的一阶段效用最大化问题的求解是等价的（请参见 Deaton and Muellbauer，1980b；Gorman，1959；Hausman et al.，1994）。利用两阶段的解释，"花费"也许被用于替代需求方程中的收入，但是这样的话需求函数将被认为是"有条件的"需求函数，因为我们是在一个给定的花费水平上进行的。

一个著名的关于这种做法的例子由 Hausman et al.（1994）给出。事实上，那些作者估计了三个层次下的选择模型，其中消费者选择（1）在啤酒上的花费水平；（2）怎样将这些花费分配在三种不同大概类型的啤酒上（分别记为高档、流行以及低度），而市场研究表明它们的市场是分割的市场；（3）怎样将这些花费分配在每一个分割的市场里的许多不同品牌的啤酒身上。

在水平（3）下，我们可以利用观测到的产品层次的价格和数量的数据去估计我们的差异性产品需求系统。然而，事实上，因为层次（3）是作为品牌（例如，Coors，Budweiser，Molsen，等等）的选择而建模的，在层次……（1）、（2）和（3）下，我们将需要利用由标的产品的产品层次的数据所建立的价格和数量的指数来给出对于啤酒行业的每种品牌或者每种类型的价格和数量的估计值。比如，我们也许利用一个价格指标和一个针对每种类型 s 内的标的价格的花费份额权重来构造一种类型层面的价格指数，$P_{st} = \sum_j w_{jt} p_{jt}$。[1] 类似地，我们也许会选择利用液体的体积帮助我们在不同的品牌之间进行加总，以得到类型层面的产量指标。[2]

利用价格和产量的指标对它们的需求系统的第二个层次的估计如表 9—4 所示。在树形的选择结构的第二个层次，需求系统是一个有条件的需求系统，因为花费在啤酒上的钱的总数已经在第一阶段中决定了。

表 9—4	在啤酒市场中，市场分布的条件需求		
	高档	流行	低度
常数项	0.501	−4.021	−1.183
	(0.283)	(0.560)	(0.377)
$\ln Y_t$	0.978	0.943	1.067
	(0.011)	(0.022)	(0.015)
$\ln P_{高档}$	−2.671	2.704	0.424
	(0.123)	(0.244)	(0.166)
$\ln P_{流行}$	0.510	−2.707	0.747
	(0.097)	(0.193)	(0.127)
$\ln P_{低度}$	0.701	0.518	−2.424
	(0.070)	(0.140)	(0.092)
时间 t	−0.001	−0.000	0.002
	(0.000)	(0.001)	(0.000)
$\ln(商店数量)$	−0.035	0.253	−0.176
	(0.016)	(0.034)	(0.023)

观测值的总数＝101。
资料来源：Hausman et al.（1994），表 1。

[1] 花费份额可以定义为 $w_{jt} = p_{jt} q_{jt} / \sum_j p_{jt} q_{jt}$，其中 p 表示价格，而 q 表示产量。

[2] 正式地，Deaton and Muellbauer（1980b）证明了这里存在"正确的"价格和产量的指标，它们可以被用于证明这种维持多个水平下的模型的过程等价于单个效用最大化问题（在很强的假设下）。在实践中，这些作者看上去没有依靠通常的价格和产量指标这一最好选择。

因为我们处理的是对数线性模型，系数 b_{jj} 给出了需求的自身价格弹性的估计，而参数 $b_{jk}(j \neq k)$ 给出了交叉价格弹性的估计。如果我们利用类型层面的数据，我们必须谨慎地给出弹性的正确解释。例如，表 9—4 中的结果表明，类型的需求的自身价格弹性，高档啤酒是 -2.6，流行啤酒是 -2.7，以及低度啤酒是 -2.4。

在通过 SSNIP 检验方法来检验每种类型的啤酒本身都是一个市场的假设之时，这些价格弹性可能被当作重要的证据。这就是说，一般说来，与这样的检验有关的价格弹性将包括价格的间接影响，通过它们对于啤酒上的总花费的影响。如果高档啤酒的价格上升了，一些需求将会被重新分配到其他的啤酒类型上，但是啤酒的总消费可能也会下降，因为人们要么转移到其他产品比如白酒上，要么减少了总消费。在这个例子中，我们可以从这些式子中读出来的是条件弹性的估计值——它们是在给定啤酒上的花费水平的条件下。于是，对于市场界定，如果我们利用花费水平和价格指数来进行市场界定的检验，我们必须谨慎地通过追溯价格变化对于啤酒的总花费的影响来找到价格变化的影响。为此，Hausman et al.（1994）也估计了单一的第一个层次的方程，因而对啤酒的总需求可以表示为价格和收入的函数。在这种情况下，要估计的方程取决于收入（GDP）和用于刻画啤酒的一般价格水平的价格指标，以及人口统计资料 Z_t：

$$\ln Q_t^{\text{Beer}} = \beta_0 + \beta_1 \ln y_t^{\text{GDP}} + \beta_2 \ln P_t^{\text{Beer}} + Z_t \delta + \varepsilon_t$$

在差异性产品的需求系统中，工具变量的选择一般来说是很困难的。首先，我们也许需要许多工具变量。特别是，我们至少对每一种产品需要一个工具变量，这种产品的价格在需求函数中被认为是潜在地内生的（尽管有时候一个给定的工具事实上也许不止用于估计一个方程）。其次，工具变量的一个自然的来源包括成本函数。然而，因为产品通常都是以一种非常相似的方式生产出来的，并且成本数据被记录的频率要低于价格设定的频率，至少从财务会计或者管理会计上，所以我们经常不能够找到这样的成本变量，它们对于每个需求曲线的识别，都是真正足够有帮助的。诸如汇率和工资的数据对于同质性产品需求的估计通常是很有帮助的，但是从根本上来说，这样的数据不是具体到某种产品（或者这里的类型）的，因而将会面临困难，就像差异性产品情形下的工具变量。

现实是这个问题并不存在完全有说服力的解。一种潜在的解决方法是，Hausman et al.（1994）的建议，使用其他城市里的价格作为给定的城市里的价格的工具变量。这里的逻辑就是，如果，而且它常常是很大的"如果"，（1）需求冲击是具体到城市层面的并且在城市之间相互独立，（2）成本冲击在市场间是相关的，那么在这个市场中的价格与在其他市场中的价格之间的任何关系都将归因于成本的移动。如果那样的话，其他城市里的价格将会是这个城市里的价格的一个正确的工具变量。显然，这些都是很强的假设。例如，比如说需求冲击中的全国范围内的广告活动，不会有任何影响，因为它们在各个城市之间不是相互独立的。或者说，另一个潜在地满意的工具变量将会是与其有相同的成本来源却不是替代品或者互补品的商品的价格。例如，如果所研究的产品的成本都受到原油价格的巨大影响，那么也拥有类似的敏感性的另一种商品的价格也许可以被使用。当然，在这样的情况下，使用原油价格将会是更容易的，因而这样的方法在其中能真正有帮助的例子也许是很难找到的。

在我们讨论了下面的章节中的基于产品特性的模型之后，我们将引入另一种建立工具变量的选择。

9.1.2.2　间接效用和花费份额的模型

对数线性模型是很容易估计的，因为所有的方程对于参数都是线性的。但是，它们也在消费者的偏好特性上强加了大量的假设。比如，它们强加了不变的需求的自身和交叉价格弹性。而且，当利用加总数据估计对数线性需求函数时，我们面临着一个潜在地严重的内部一致性的问题。这就是，加总的需求函数也许不只取决于总收入。如果我们只将总收入变量包括进来，那么估计值将会面临"加总偏误"。[①]

> 错误的模型具体形式以及加总偏误，通过对个体采用对数线性需求方程，是很容易被证明的，
>
> $$\ln Q_{it} = a - b\ln P_t + \gamma \ln y_{it} + \xi_t$$
>
> 转化为产量的水平，为
>
> $$Q_{it} = \exp(a + \xi_t)(P_t)^b(y_{it})^\gamma$$
>
> 然后再在个体之间进行加总，得到
>
> $$\sum_i Q_{it} = \exp(a + \xi_t)(P_t)^b \sum_i (y_{it})^\gamma$$
>
> 于是，如果我们再一次取对数，我们便得到
>
> $$\ln\left(\sum_i Q_{it}\right) = a + \xi_t + b\ln(P_t) + \ln\left(\sum_i (y_{it})^\gamma\right)$$
>
> 因而，即使在此特殊条件下，其中个体之间除了他们的收入以外不存在其他的异质性，利用加总数据估计对数线性需求方程将会涉及对于一个错误设定的模型的估计。

经济学同行寻找那些在某种意义下具有内部一致性的模型，在这个意义下它们要么正好取决于类似的加总数据 $\sum_i y_{it}$，要么在一个较弱的意义下，它们只取决于加总数据——也许是加总的收入以及总体的收入的方差。这样的做法叫做"可加总性条件"（aggregability conditions）的研究。提及这样的事实的原因是可加总性的研究给出了许多目前使用的最流行的需求系统的模型的诱因——这些模型就满足这些"可加总性"的条件，一个这样的例子就是由 Deaton and Muell-

---

① 这样的讨论，对于宏观经济学家来说是特别重要的，对于他们来说，利用加总数据估计代表性代理人的模型是一个很常见的实践。

bauer（1980a）贡献的几乎理想的需求系统（AIDS）。我们将在下面讨论这个模型。[1]

在我们这样做之前，然而，让我们先仔细地回顾一下选择理论对于设定需求系统的实践上的操作所做出的令人吃惊地有用的贡献。特别是，请回顾下面所定义的间接效用函数 $V(p, y; \vartheta)$：

$$V(p, y; \vartheta) = \max_q u(q; \vartheta)$$
$$\text{s.t} \quad pq \leqslant y$$

451

于是 $V(p, y; \vartheta)$ 代表了在给定的价格和收入 (p, y) 的集合中可以达到的最大的效用水平 $u(q; \vartheta)$，其中 p 和 q 分别是价格和数量的向量。选择理论告诉我们，在 $V(p, y; \vartheta)$ 满足一定的性质的条件下，设定 $V(p, y; \vartheta)$ 的具体形式完全等价于设定偏好。[2]

在一个令人吃惊的贡献中，选择理论还告诉了我们对这个约束最优化问题的解由罗伊恒等式（Roy's identity）所刻画：[3]

$$q_j(p, y; \vartheta) = -\frac{\partial V(p, y; \vartheta)}{\partial p_j} \bigg/ \frac{\partial V(p, y; \vartheta)}{\partial y}$$

一方面，作为理论的一部分，这是很有趣的。然而，它不只是理论——它存在一个极端的实践上的应用，对于任何想要估计需求曲线的人来说。也就是，我们可以很容易地得到带参数的需求系统——所有我们需要做的就是写下一个间接效用函数并对其微分。特别是，罗伊恒等式允许我们避免完全地求解约束的多变量最大化问题，并且此外还给了我们一个简单的方法，用于产生差异性产品需求系统的完整形式。

这里存在罗伊恒等式的一个使用了花费份额的版本，而我们将在下面使用这一版本。回顾产品 1 的花费份额被定义为 $w_1 \equiv p_1 q_1 / y$，即在产品 1 上的花费除以总的花费 y。

452

在此情况下，罗伊恒等式被等价地写成：

$$w_j(p, y; \vartheta) \equiv \frac{p_j q_j(p, y; \vartheta)}{y}$$
$$= \left(-p_j \frac{\partial V(p, y; \vartheta)}{\partial p_j}\right) \bigg/ \left(y \frac{\partial V(p, y; \vartheta)}{\partial y}\right)$$
$$= \left(-\frac{\partial V(p, y; \vartheta)}{\partial \ln p_j}\right) \bigg/ \left(\frac{\partial V(p, y; \vartheta)}{\partial \ln y}\right)$$

利用一种商品上的花费份额对一个模型的估计给出了与此种商品的需求模型完全一样多的信息。我们可以从花费份额方程中计算出需求的自身和交叉价格弹性。

---

① 历史上，对其关注的文献很多，这一关注是关于从加总数据估计出可变的恩格尔曲线的可行性。就在相当近的近期，这样的传统产生了许多贡献，包括"QuAIDS"模型（请参见 Banks et al.，1997；Ryan and Wales，1990）。

② 特别是，它必须随着 y 增加，对收入和价格具有零次齐次性，并且对于收入和价格是拟凹的。请参考你所喜欢的微观经济学教材，比如，Varian（1992）的第 3 章。

③ 这个恒等式是在效用最大化的求解中，通过将包络定理应用于拉格朗日（Lagrange）函数而得来的。

如果间接效用函数对于参数是线性的但是包含像 $\ln p_j$ 和 $\ln y$ 之类的项，那么这个式子将趋于提供一个代数上更加方便的模型给我们求解，就像我们在下一节中将会看到的。

9.1.2.3　几乎理想的需求系统

也许几乎理想的需求系统（AIDS）是最常用的差异性产品需求系统（Deaton and Muellbauer，1980a）。AIDS 满足一个很好的可加总性条件。具体来说，如果我们抽取许多依 AIDS 模型所预测的方式行为的消费者，并加总他们的需求系统，那么结果本身就是一个 AIDS 需求系统。AIDS 形式的相关的参数也是很容易估计的，并且估计的过程需要的一些数据分析师通常可以取得，即价格和花费份额。

在 AIDS 中，间接效用函数 $V(p, y; \vartheta)$ 被假设为

$$V(p, y; \vartheta) = \frac{\ln y - \ln a(p)}{\ln b(p) - \ln a(p)}$$

其中方程 $a(p)$ 和 $b(p)$ 有时候被认为是"价格指数"，因为它们是标的价格数据的（参数的）方程：

$$\ln a(p) = \alpha_0 + \sum_{k=1}^{J} \alpha_k \ln p_k + \sum_{k=1}^{J} \sum_{j=1}^{J} \gamma_{jk} \ln p_k \ln p_j$$

以及

$$\ln b(p) = \ln a(p) + \beta_0 \prod_{k=1}^{J} p_k^{\beta}$$

对产品 j 的花费份额应用罗伊恒等式，得到

$$w_j = \left(-\frac{\partial V(p, y; \vartheta)}{\partial \ln p_j} \right) \Big/ \left(\frac{\partial V(p, y; \vartheta)}{\partial \ln y} \right) = \alpha_j + \sum_{k=1}^{J} \gamma_{jk} \ln p_k + \beta_j \ln\left(\frac{y}{P}\right)$$

453　其中，P 可以被认为是"紧缩"收入的价格指数：

$$\ln P = \alpha_0 + \sum_{k=1}^{J} \alpha_k \ln p_k + \frac{1}{2} \sum_{k=1}^{J} \sum_{j=1}^{J} \gamma_{jk} \ln p_k \ln p_j$$

在实践上，这个价格指数通常被称为"斯通价格指数"（以理查德·斯通（Richard Stone）爵士而得名，他于 1984 年获得了诺贝尔经济学奖，并第一个估计了线性的花费份额系统（Stone，1954）[1]），此指数并不依赖于模型的参数：

$$\ln P = \sum_{j=1}^{J} w_j \ln p_j$$

使用斯通价格指数的一个好处是，它使得 AIDS 的花费份额对于所要估计的参数（α_j，γ_{j1}，…，γ_{jJ}，β_j）是线性的。参数线性的模型通过标准的回归程序包是很

---

[1]　斯通使用了线性花费系统（linear expenditure system，LES）的模型，它在之前已经被洛仑兹·克蒂因（Lawrence Klein）和赫曼·如宾（Herman Rubin）从理论上发展了。

容易估计的，并且这样的模型允许我们很容易地利用工具变量技术方法来解决出现在需求估计中的潜在的内生性问题。而且，因为斯通指数不依赖于所有的模型参数以及价格水平，所以人们不需要估计整个系统，而仅仅单个方程就能分别被估计出来。有时候，斯通指数被用于首先得到一个初始值，然后整个非线性AIDS 系统模型被估计了。

在实践上，一个 AIDS 系统可以被以下列的方式应用。

1. 计算在 t 时刻商品 j 的花费份额 w_{jt}，通过利用 t 时刻 j 的价格 p_{jt}，t 时刻 j 的需求数量 q_{jt}，以及定义的总花费 $y_t = \sum_{j=1}^{J} p_{jt} q_{jt}$。

2. 计算斯通价格指数：$\ln P_t = \sum_{j=1}^{J} w_{jt} p_{jt}$。

3. 进行如下的线性回归：

$$w_{jt} = \alpha_j + \sum_{k=1}^{J} \gamma_{jk} \ln p_{kt} + \beta_j \ln\left(\frac{y_t}{P_t}\right) + \xi_{jt}$$

其中 p_{kt} 表示自身价格和作为替代品的商品的价格，而 ξ_{jt} 表示误差项。

4. 得到 $J+2$ 个目标参数（α_j，γ_{j1}，$\cdots$，γ_{jJ}，β_j）的值。

自身以及交叉价格弹性可以从 AIDS 的参数中得到，注意到

$$\ln w_j = \ln p_j + \ln q_j - \ln y \quad \Leftrightarrow \quad \ln q_j = \ln w_j - \ln p_j + \ln y$$

于是需求弹性可以这样计算

$$\eta_{jk} = \begin{cases} \dfrac{\partial \ln q_j}{\partial \ln p_k} = \dfrac{\partial \ln w_j}{\partial \ln p_k} - 1 & \text{若 } j=k \\[3mm] \dfrac{\partial \ln q_j}{\partial \ln p_k} = \dfrac{\partial \ln w_j}{\partial \ln p_k} & \text{若 } j \neq k \end{cases}$$

对 AIDS 花费份额微分，得到

$$\frac{\partial \ln w_j}{\partial \ln p_k} = \frac{\gamma_{jk} - w_k \beta_j}{w_j}$$

于是我们可以得到，需求的自身以及交叉价格弹性取决于模型的参数和花费份额

$$\eta_{jk} = \begin{cases} \dfrac{\gamma_{jk} - w_k \beta_j}{w_j} - 1 = \dfrac{\gamma_{jk}}{w_k} - \beta_j - 1 & \text{若 } j=k \\[3mm] \dfrac{\gamma_{jk} - w_k \beta_j}{w_j} = \dfrac{\gamma_{jk}}{w_j} - \dfrac{w_k}{w_j} \beta_j & \text{若 } j \neq k \end{cases}$$

请注意这些式子里存在有点危险的性质。即，如果这些数据里面存在着很少的可用信息，于是所有相关的参数被估计都接近于零，也许因为数据缺少变化，那么自身价格弹性将会被算成 -1，而交叉弹性将表现出接近于 0。在实践上，这是 AIDS 模型的一个很危险的性质，因为这些数字不是立刻就可以表现出不合情理性——不像出现了自身价格弹性，比如说 0，它将产生于一个系数被估计为 0 的对数线性需求系统。-1 的结果是由模型导致的而不是由数据产生的，因而人们必须非常谨慎，以免得到不正确的结论。比如，当估计一个假设的垄断者对于一个潜在的自身价格增加的反应时，如果我们发现了自身弹性为 -1，这意味

着垄断者将会发现将价格增加到超过竞争的水平是有利可图的。产生的结论是，这种产品组成了一个市场，而且交叉弹性的 0 估计值似乎确认了这一结论。但是，那样的结论也有可能完全是因为我们的需求估计的不正确性以及我们的数据集没有任何有用的信息。

在所有等式都被正确地设定的条件下，即使人们可以一个一个分别地估计一个 AIDS 模型中的所有等式，一起估计出所有的等式将会是更加有效的。当然，所有等式都设定正确的假设是一个比单个需求方程设定正确的假设要强得多的假设。于是，在尝试同时估计之前，有用的经验建议先研究单一方程的估计（即使这里存在这样做的实践性上的限制，若你有许多需求方程需要研究）。

而且，在许多实证研究中，与整个系统相比，我们将更加关注某一个或者少数几个需求方程的性质。牢牢地记住这样的事实可以显著性地使得所必须解决的计量经济学上的问题变得简单。

9.1.3　需求系统的参数的限制条件

需求系统的估计需要估计的参数比单一方程的估计所涉及的参数要多得多。所必须估计的参数的个数很容易就使得估计变得难以解决，而限制条件经常被加于参数之上，以减少所要估计的参数个数。我们下面详细说明最常见的限制条件。尽管被广泛地应用，在强加这些限制之时，人们仍然需要非常谨慎，并且分析师必须检查它们是否被数据所支持。

让我们假设，我们对于两种差异性的却又有关联的产品的需求感兴趣。我们通过两个联立的需求方程估计这个差异性产品的需求系统：

$$Q_1 = a_1 - b_{11} p_1 + b_{12} p_2 + c_1 y \quad 和 \quad Q_2 = a_2 + b_{21} p_1 - b_{22} p_2 + c_2 y$$

如果商品 2 是商品 1 的需求替代品，我们将会观察到 $\partial Q_2 / \partial p_1 = b_{21} > 0$，因为商品 1 的价格增加将会导致我们的消费者将她的一些消费转移到商品 2 上。或者，如果商品 2 是商品 1 的需求互补品，$\partial Q_2 / \partial p_1 = b_{21} < 0$，因为商品 1 的价格增加将会导致我们的消费者减少他对于商品 2 的需求。

9.1.3.1　斯拉斯基对称性

选择理论说明，当个体消费者最大化效用时，它们通过仔细地比较每种商品的每一单位所带来的效用，选择他们对于每种商品的需求水平。事实上，他们被预期如此谨慎地做这件事情，以至于每种商品的需求之间存在相关关系。

所谓的斯拉斯基对称性等式（Slutsky symmetry equation）建立了如下的等价性，它是由理性个体的效用最大化条件得来的：

$$\frac{\partial Q_1}{\partial p_2} + Q_2 \frac{\partial Q_1}{\partial y} = \frac{\partial Q_2}{\partial p_1} + Q_1 \frac{\partial Q_2}{\partial y}$$

这等价于说，总的替代效应，包括由价格变化导致的收入效应，在任何一对商品之间都是对称的。

如果是正确的，那么斯拉斯基对称性是从经济学理论而来的非常有用的限制条件，因为它减少了我们所要估计的参数的数目。比如，在我们的线性模型中，斯拉斯基对称性只能在 $b_{12}+Q_2 c_1=b_{21}+Q_1 c_2$ 的条件下成立。因为 Q_1 和 Q_2 将取得许多不同的与相关的价格有关的值，这种关系只能在 $b_{21}=b_{12}$ 以及 $c_1=c_2=0$ 的条件下成立。事实上，一般说来，使得斯拉斯基对称性条件成立的一个充分（但不是必要的）条件集是

$$\frac{\partial Q_1}{\partial y}=\frac{\partial Q_2}{\partial y}=0 \quad 和 \quad \frac{\partial Q_1}{\partial p_2}=\frac{\partial Q_2}{\partial p_1}$$

这些限制条件分别强加了这样的限制：（1）对这两种产品而言，收入效应是可以忽略的，（2）需求对于交叉价格的微分在产品之间是对称的。有时候假设收入效应很小是合理的。比如，如果一小包糖果的价格上升了，那么我的实际收入下降了就是正确的，但是这种效应的大小可以合理地被假设可以忽略。

对我们的需求系统强加斯拉斯基对称性的最大的好处是——如果此限制条件确实被数据生成过程（DGP）所满足——它意味着我们有更少的参数需要估计。在我们的例子中，我们的限制条件推出 $b_{21}=b_{12}$，而我们可以从那两个等式中的任何一个估计出 b_{12}。如果我们拥有 p_1、p_2 和 Q_1 的数据，我们就可以估计第一个需求方程并直接得出 b_{12}。如果另一方面我们没有关于 Q_1 的数据但是却拥有关于 Q_2 的数据，那么斯拉斯基对称性将说明，我们不管怎样可以得到 b_{12}，通过对于第二个方程的估计以及 $b_{21}=b_{12}$。因而，斯拉斯基对称性确实是一个强有力的限制条件，若它是一个约束性的限制。

令人遗憾的是，总需求的系统一般不会满足斯拉斯基对称性。[1] 为了说明为什么，请假设 Coke 公司现在每年销售一亿单位给一百万名消费者，而 Virgin Cola 公司销售十万单位给一万名消费者。当 Coke 公司将价格提高 0.1 欧元时，一百万名个体将会考虑是否要将他们的需求的一部分转移到 Virgin Cola 公司上。另一方面，如果 Virgin Cola 公司将价格提高同样的额度，那么只有一万名消费者将考虑他们是否应该转向 Coke 公司。在每种情况下，考虑是否要转移的人们是不相同的，而且他们的人数也是很不一样的。基于这些原因，我们不能预期在总需求方程中找到对称性，于是一般地我们有

$$\frac{\partial Q_{\text{Virgin}}}{\partial p_{\text{Coke}}} \neq \frac{\partial Q_{\text{Coke}}}{\partial p_{\text{Virgin}}}$$

且我们需要估计 b_{12} 以及 b_{21}。如果我们在估计中强加这样的限制，那么我们必须有理由相信，这里存在很好的理由让我们确信我们不是在对我们的数据集强加这样的强限制。强加的限制必须被检验。

---

[1] 这样的事实，即经典选择理论中理性假设推出的限制条件并不能在经历加总之后依然成立，是由 Debreu-Mantel-Sonnenschein 定理所建立起来的，它整合了三篇论文的结论（Debreu, 1974；Mantel, 1974；Sonnenschein, 1973）。与斯拉斯基对称性相比，总需求系统确实继承了连续性（连续函数之和是连续的）以及对于价格和收入的 0 次齐次性（然而请参见下面的说明）。

一般说来，即使斯拉斯基对称性得到了满足，两种产品的总交叉价格弹性并不是对称的：

$$\eta_{12} = \frac{\partial \ln Q_1}{\partial \ln P_2} = \frac{\partial Q_1}{\partial P_2}\frac{P_2}{Q_1} = \frac{P_2}{Q_1}b_{12}$$

$$\eta_{21} = \frac{\partial \ln Q_2}{\partial \ln P_1} = \frac{\partial Q_2}{\partial P_1}\frac{P_1}{Q_2} = \frac{P_1}{Q_2}b_{21}$$

因而 $\eta_{12} \neq \eta_{21}$。[1]

请注意，这些结论的一个很重要的应用是，我们一般不应该预期在替代情形下的对称性。这就是说，比如，小商店也许受到较大的商店的显著性的约束，反之则不然（市场界定也许是非对称的）。[2] 另外一个例子来源于互补品——大部分人只关心成双的鞋子，在这种意义上，左鞋和右鞋也许是显著需求对称的互补品，因而左鞋价格的增加将会减少右鞋的需求，反之亦然。然而，其他的很不一样的情形也很容易出现。比如，在市后交易（或者二级产品市场）下，互补品趋向于以相同的方向经营。为了弄清为什么，请考虑一个具体的例子，其中涉及借款和被称作支付保护保险（Payment Protection Insurance，PPI）的针对此借款的保险。英国竞争委员会声称，消费者很大程度上根据现行的利率、他们与他们的银行之间的关系，以及更一般地，与可利用的银行分行之间的关系，来选择他们的贷款的提供者。[3] 许多消费者会继续购买 PPI，但是大部分不会认真地考虑是否需要购买 PPI 直到他们达到了信用销售点，比如，实际上正坐在一个银行的分行里填写了一份贷款申请。[4] 这意味着消费者对于信用的需求很可能不会在很大程度上取决于 PPI 的价格，而相反地，对 PPI 的需求严重地依赖于信用的价格，因为信用的价格直接影响了向银行分支机构购买信用进而 PPI 的消费者的数量。我们将这样的情形称作非对称的互补性，并发现这样的非对称的互补性存在于所有的涉及市后交易的商品的反垄断案例中。[5]

9.1.3.2　同质性

选择理论表明，个体需求函数对于价格和收入是 0 次齐次的。这样的限制意味着，如果我们用一个固定的乘子乘以所有的价格以及收入，消费者的需求将不会改变。比如，如果我们使所有的价格加倍并且我们使收入也加倍，那么个体对

---

[1]　为了完整性，这一节中我们所研究的线性需求系统的自身价格弹性是

$$\eta_{11} = \frac{\partial Q_1}{\partial P_1}\frac{P_1}{Q_1} = \frac{P_1}{Q_1}(-b_{11}) \quad \text{和} \quad \eta_{22} = \frac{\partial Q_2}{\partial P_2}\frac{P_2}{Q_2} = \frac{P_2}{Q_2}(-b_{22})$$

[2]　例如，请参见英国竞争委员会关于杂货店的报告，可访问 www. competition-commission. org. uk/inquiries/ref2006/grocery/index. htm。

[3]　请参考英国竞争委员会关于 PPI 的报告，可访问 www. competition-commission. org. uk/Inquiries/ref2007/ppi/index. htm。

[4]　调查结果表明，只有 11% 的客户继续购买了 PPI 的个人贷款和 21% 的抵押贷款客户继续购买了 PPI 的抵押贷款，四处购买信用和 PPI 的捆绑物，即受保护的贷款。

[5]　很可能，最近最著名的市后的案例涉及售后部分和复印机的售后服务，并且这个案例已经提交到美国最高法院：Kodak v. Image Technical Services，504 U. S. 451（1992）。不是所有的美国初审法院都表现得同意此判决的逻辑，因而随后，该判决被狭义地解释了（请参见 Goldfine and Vorrasi，2004）。

所有商品的需求将会保持不变。一般说来，对于任意 $\lambda>0$，我们有

$$q_i(\lambda p_1,\cdots,\lambda p_J,\lambda y)=q_1(p_1,\cdots,p_J,y)$$

这个限制条件从效用最大化问题的预算约束中可以立即得到。为了说明原因，请注意下面两个问题：

$$\max_q u(q) \text{ 满足 } \sum_j p_j q_j = y$$

以及

$$\max_q u(q) \text{ 满足 } \sum_j \lambda p_j q_j = \lambda y$$

是完全等价的，因为在后面的问题中所有的 λ 可以约去。于是从这两个问题中得到的需求应该是相同的。

而且，经过加总之后这个假设也是正确的（Debreu-Mantel-Sonnenschein 定理），若它以正确的方式被解释了。这就是说，当价格增加到原来的 λ 倍时，**所有消费者的收入也需要增加到原来的 λ 倍**。在这样的情况下，类似地，总需求将不会改变。因为没有个体的需求发生变化，总需求也不会变化。另一方面，如果价格加倍并且总收入也加倍，但是只因为有些人的收入增加了很大的额度，那么总需求也许会改变。那些经历了收入增加的人们将能够负担得起比以前更多的商品，因为他们的价格加倍了而他们收入不只加倍了。另一方面，剩下的一部分人将能负担得起更少的商品，因为他们的收入的增加与价格的上升不匹配。结果，总收入的花费方式将发生改变——人群中较富裕的人一般不会购买较贫穷的人不再负担得起的那部分商品。比如，如果所有的价格加倍了，并且收入也加倍了，但是这些额外的收入是由较富裕的个体赚取的，那么消费将会向这样的模式变化，即更多的奢侈品和更少的基本产品。于是人们在对总需求应用同质性时要非常谨慎，并且这个例子具体地说明了总需求也许远远不止取决于总收入——需求通常至少也取决于收入的分配的重要特性。

9.1.3.3　花费份额方程中的同质性

理论表明，个体的花费份额方程对于收入和价格是 0 次齐次的。一种可选择的证明上面的判定即同质性经历加总后仍然正确的方法是，0 次齐次的函数之和是 0 次齐次的。因此，有时候，在总花费份额方程中强加 0 次齐次性的限制，是合理的。0 次齐次性意味着

$$w_j(\lambda p_1,\cdots,\lambda p_J,\lambda y)=w_j(p_1,\cdots,p_J,y) \qquad \forall \lambda>0$$

请回顾，AIDS 模型的花费份额函数是

$$w_{jt}(p,y) = \alpha_j + \sum_{k=1}^{J} \gamma_{jk} \ln p_{kt} + \beta_j \ln\left(\frac{y_t}{P_t}\right) + \xi_{jt}$$

于是，齐次性限制条件要求

$$w_{jt}(\lambda p,\lambda y) = \alpha_j + \sum_{k=1}^{J} \gamma_{jk} \ln \lambda p_{kt} + \beta_j \ln\left(\frac{\lambda y_t}{P_t(\lambda)}\right) + \xi_{jt} = w_{jt}(p,y)$$

并且这接着意味着下面参数的限制必须成立：

$$\sum_{j=1}^{J} \alpha_j = 1 \qquad \sum_{k=1}^{J} \gamma_{jk} = 0 \qquad \sum_{j=1}^{J} \gamma_{jk} = 0$$

其中对 j 的加和表示跨方程的限制条件，而对 k 的加和表示一个等式内部的限制条件。为了解释这些限制是怎么得来的，请注意

$$\sum_{k=1}^{J} \gamma_{jk} \ln \lambda p_{kt} = \sum_{k=1}^{J} \gamma_{jk} (\ln \lambda + \ln p_{kt})$$

$$= (\ln \lambda)\Big(\sum_{k=1}^{J} \gamma_{jk}\Big) + \sum_{k=1}^{J} \gamma_{jk} \ln p_{kt} = \sum_{k=1}^{J} \gamma_{jk} \ln p_{kt}$$

其中后一个等式只有当 $\sum_{k=1}^{J} \gamma_{jk} = 0$ 时才成立。注意我们要求 $P_t(\lambda) = \lambda P_t(1)$，其他的参数限制条件便可以得到，这里

$$\ln P(\lambda) = \alpha_0 + \sum_{k=1}^{J} \alpha_k \ln \lambda p_k + \frac{1}{2} \sum_{k=1}^{J} \sum_{j=1}^{J} \gamma_{jk} (\ln \lambda p_k)(\ln \lambda p_j)$$

9.1.3.4 可加性

可以加于个体的需求系统的另一个限制是可加性限制——需求必须满足预算约束的要求：

$$\sum_{j=1}^{J} p_j q_j = y, \text{ 其中 } q_j = q_j(p, y)$$

460 其中 q_j 是商品 j 的购买数量。这为我们的模型提供了方程之间的限制条件。在我们的花费份额模型中，这一限制一般被表示为

$$\sum_{j=1}^{J} \frac{p_j q_j}{y} = \frac{y}{y} \quad \text{或者} \quad \sum_{j=1}^{J} w_j(p, y) = 1$$

即，花费份额相加总和为 1。

在几乎理想的需求系统中，产生于我们可以强加于此模型的必要条件的可加性限制条件是

$$\sum_{j=1}^{J} w_{jt}(p, y) = \sum_{j=1}^{J} \Big(\alpha_j + \sum_{k=1}^{J} \gamma_{jk} \ln p_{kt} + \beta_j \ln\Big(\frac{y_t}{P_t}\Big) + \xi_{jt}\Big)$$

$$= \sum_{j=1}^{J} \alpha_j + \sum_{k=1}^{J} \ln p_{kt} \Big(\sum_{j=1}^{J} \gamma_{jk}\Big) + \ln\Big(\frac{y_t}{P_t}\Big) \sum_{j=1}^{J} \beta_j + \sum_{j=1}^{J} \xi_{jt}$$

$$= 1$$

不管价格和收入的值是多少。于是，使得我们的花费份额系统总是满足这一条件的必要条件给出了关于参数的"可加性的"跨方程的限制条件：

$$\sum_{j=1}^{J} \alpha_j = 1 \qquad \sum_{j=1}^{J} \gamma_{jk} = 0 \qquad \sum_{j=1}^{J} \beta_j = 0$$

而且，可加性需要必要条件 $\sum_{j=1}^{j} \xi_{jt} = 0$，这意味着来源于整个花费份额方程组的误差项的方差协方差矩阵将会是奇异的。首先请注意利用此可加性限制，第 J

个方程中的参数完全被剩下的 $J-1$ 个方程的估计所决定。此系统的方差协方差矩阵是奇异的事实将意味着，同时估计所有的方程将会是不可能的，必须剔除一个方程。通常情况下，在计量经济学方面的估计中到底哪一个是从可加性的假设得来的是无关紧要的，但是显然，剔除一个与不是我们研究所关注的对象的产品有关的方程，显然是更容易的（请参见 Barten，1969；Berndt and Savin，1975；以及 Barton（1997）和此文中提到的文献）。

9.1.4 几乎理想需求系统的估计的一个例子

Hausman et al.（1994）提供了一个利用 AIDS 的应用。我们在这一章前面的内容中审查了他们的三个层次的需求系统中的第一个和第二个层次。在第一阶段，他们对啤酒的需求进行了建模。在第二阶段，他们对不同市场类型之间的啤酒上的花费的分配进行了建模，同时在啤酒上的花费水平一定的条件下，估计了一个对数线性的差异性产品需求系统。现在我们转向他们的第三个层次的模型，其中他们应用了 AIDS 方法去对消费者在啤酒市场的同一个类型内花费的分布进行了建模。我们关注于他们的高档啤酒市场类型内的消费者行为模型，在这个模型中，他们在品牌的层面上考虑了一个由五个花费份额方程组成的系统，百威啤酒、莫尔森啤酒、米勒啤酒、拉巴特啤酒和库尔斯啤酒分别对应一个方程。他们使用了每种品牌的跨时期（$t=1,\cdots,T$）跨市场类型（$m=1,\cdots,M$）的销售量和价格的面板数据。

461

具体说来，他们估计了

$$w_{jmt}=\alpha_j+\sum_{k=1}^{5}\gamma_{jk}\ln p_{kmt}+\beta_j\ln\left(\frac{y_{mt}}{P_{mt}}\right)+\lambda_j t+\delta_j\ln(n_{\text{Stores}})+\xi_{jmt}$$

其中，y_{mt} 是在这个市场部门（这里是高档啤酒）中的所有商品上的总花费，P_{mt} 是高档啤酒部门中的斯通价格指数，t 表示时间趋势，而 n_{Stores} 表示品牌所在的市场中的商店的总数。在方程中增加这样的特性是可以接受的，而且这确实会很有价值，若他们控制了数据变化的重要因素。然而，这样的做法必须被公认为用于控制住数据中的特定变化的一个实用的修补方法，同时得到了对数据生成过程的一个近似，而不是对于结构性的数据生成过程本身的建模的一个尝试。这样的针对简单静态模型的退化形式的"修补"是很常见的，也是应用工作中所必需的事实。在这种情况下，完全结构性的备择模型很可能涉及建立这样的模型，其中消费者选择去哪家商店以及购买哪种产品。总的产品层面的需求将在商店之间进行加总，于是明显地受到销售此商品的商店的集合的影响。一方面，关于商店选择的模型的建立将会增加大量的复杂事物——请思考，超市的选择也许远不止取决于某种特定商品类的价格，比如说薄纸的价格——并且我们也许没有相关的数据。另一方面，分析师也必须注意，用于简化建模过程的退化形式的修补不管怎样都会带来重要的问题，即当存在数据变化的重要特征只能作为退化的形式之时，模型剩下的部分实际上是否能被看成是"结构性的"。有时候这就是关于现实世界的需求建模的理论上的混乱。事实就是，即使是最热情的建模者也不能模拟一切，坦率地说，试图模拟一切并没有太大的意义，除非从有利于模型的估计的意义上说数据范围是很丰富的。

Hausman et al.（1994）在他们的模型上强加了所有的上面所讨论的对称性、齐次性和可加性的限制条件。因为关于预算约束的可加性也假设是成立的，它们删掉了描述库尔斯啤酒的花费份额的方程。

就像我们已经讨论过的，在此系统上强加的齐次性的限制是

$$\sum_{j=1}^{J} \alpha_j = 1 \qquad \sum_{j=1}^{J} \gamma_{jk} = 0 \qquad \sum_{k=1}^{J} \gamma_{jk} = 0$$

而前面两个限制条件也是可加性成立的必要条件。

462

对称性加上了这样的限制，对所有 $j \neq k$，$\gamma_{jk} = \gamma_{kj}$。

他们的估计结果，被展示在表 2.1 中并说明了他们强加了跨等式的对称性限制。比如，请注意，在对莫尔森啤酒的估计中，百威啤酒的价格的系数为 0.372，这等于在百威啤酒的等式中莫尔森啤酒的价格的系数。

关于库尔斯啤酒的价格的系数的参数没有被报告。但是，我们利用可加性限制 $\sum_{j=1}^{J} \gamma_{jk} = 0$ 可以还原暗含的库尔斯啤酒的价格的系数。因为强加了对称性，我们利用决定百威啤酒的购买的等式可以等价地得到此系数，因为 $\sum_{k=1}^{J} \gamma_{jk} = 0$，这就是说，

$$\sum_{k=1}^{J} \hat{\gamma}_{jk} = -0.936 + 0.372 + 0.243 + 0.15 + \hat{\gamma}_{百威,库尔斯} = 0$$
$$\Rightarrow \hat{\gamma}_{百威,库尔斯} = 0.171$$

9.2　需求系统的估计：离散选择模型

离散选择需求模型试图表述这样的抉择情形，其中消费者从一个可供选择的列单中进行选择。具体来说，此模型关注这样的情况，其中消费者从所有可利用的选择项中只选取一项。比如，消费者也许会选择购买哪种类型的小汽车，但是从来不会选择购买一辆车的"多少"；不考虑可供选择的附加条件时，小汽车通常是一个离散的商品。[①] 可用的离散选择模型的主要优势在于，它们在消费者偏好上强加了值得考虑的结构，并且这样做大大地减少了在多种产品的市场中我们需要估计的参数的个数。

例如，在这一章前面所讨论的 AIDS 模型中，在有关选择理论的限制条件被加于模型上以前，一共存在 J^2 个关于价格的参数（每个方程有 J 个）需要估计。很明显，一个拥有 200 种产品的需求系统，就像小汽车这样的市场的产品层面的

---

① 存在这样的离散选择模型，其中允许选项的清单包括购买"多少辆"小汽车的选择（比如，请参见 Hendel，1999）。

需求系统所需要的产品种数，将产生一个这样的基本模型，其中我们需要估计关于价格的 40 000 个参数。类似地，一共存在 40 000 个自身以及交叉价格弹性需要被估计。显然，在我们通常拥有的数据集的类型下，这是不可能的，并且这一点变得很清晰，即某些结构条件需要被加于那 40 000 个自身以及交叉的价格弹性之上。Hausman et al.（1994）所用到的多层面的模型就是一种在弹性的集合上加上结构条件的方法。另一种可供选择的方法是利用基于"特性"的模型。[1]

历史上，关于离散选择的需求的文献遵照了特性的方法，而关于连续选择的需求的文献遵照了"产品"层面的方法，尽管存在一些近期的例外情形，最明显的是 Slade et al.（2002）。至于为什么我们没有同时拥有连续选择和离散选择的"特性"和"产品"层面的模型，这里并没有显见的实证上的原因。在未来，于是这些模型类型主要的不同特性会成为不同之处的唯一的实际来源：消费者选择的特性。然而目前，大部分离散选择方面的文献都是基于特性的，而连续选择模型是产品层面的模型。在这一节里，我们将讨论现在使用的最流行的离散选择模型。[2]

9.2.1 离散选择需求系统

离散选择需求方程的基础与我们常用的效用最大化框架并没有根本的不同，除了在这种情形下我们的消费者在她的选择集上面临着约束：离散的商品只能被购买 0 或者 1 单位。对于这些离散商品的每一种，消费者要么购买 1 单位，要么不购买。下面，我们遵照关于建立这样的模型的文献，先考虑个体的选择问题，然后通过对个体加总的方法得到一个总需求模型。

9.2.1.1 个体的离散选择问题

考虑一个熟悉的效用最大化问题：

$$V(\underline{p}, y; \theta_i) = \max_{\underline{x} \in X} u(\underline{x}; \theta_i) \quad \text{满足} \quad \underline{p}\underline{x} \leq y$$

其中，θ_i 表示与个体 i 相关的参数。参数 θ_i 是具体到消费者的，于是可以被解释为某一消费者的"类型"的指标。不同的消费者"类型"具有不同的偏好，于是将做出不同的选择。与常用的情形不同的是，离散选择模型在选择集上加上了约束条件，于是个体必须选择是否购买一个产品类别集中的某种产品，或者将她所有的资源花费在某些备择的"外部的"商品上。外部的商品之所以这么称呼是因为它包含了我们研究的重点以外的消费者选择问题的剩余部分。通常，我们只包括一个复合的商品，将它作为外部的商品，而且事实上，将它看成是货币通常是

---

[1] 请参见 Lancaster（1966）和 Gorman（1956）。当然，还存在先于 Lancaster 甚至 Gorman 的关于需求的经典研究，并且此研究利用产品的性质来控制质量上的差异。比如，Hotelling（1992）在消费者对于商店的选择模型中，他将商店的位置作为商品的一个特性。

[2] Davis（2006b）提供了一个潜在地拥有大量参数的离散选择模型，类似于 AIDS 模型和超越对数形式的模型（Translog style models）。一个很好的介绍，请参见 Pudbey（1989）。也可以在 Manski and Mcfadden（1981）中找到许多对这方面文献资料的经典的贡献。

很有用处的。现在我们将外部商品的价格标准化为 1，$p_0 = 1$，我们这样做并不失一般性，因为我们拥有选择外部商品的单位数的自由。

正式地，对于一个标准的离散选择模型，选择集 X 可以被表示为一个给定的产品选择和一定数量的外部商品的联合体的集合：

$$X = \{x \mid x_0 \in [0, M] \text{ 以及 } x_j \in \{0, 1\}, \text{对所有 } j = 1, \cdots, J, \text{ 其中 } M < \infty\}$$

其中 x_0 是外部商品的数量。请注意从我们可以从 0 到一个非常大的有限量 M（也许是世界上所有的货币）之间选择它的任何数量的意义上来说，它是一个连续选择变量。其他的选择变量 x_j，$j = 1, \cdots, J$，若归属于潜在可选集或者"内部商品"的产品 j 被选取了则取值 1，否则取值为 0。

选择集的一个例子是，在作为内部商品的选项的小汽车类型之间选择，同时外部商品表示你留作购买其他商品之用的货币量。我们通常将会假设只会选择一种内部商品，并且为此我们要进一步加上没有任何两种内部商品的数量可以同时为正的限制条件，

$$x_j x_k = 0, \text{对所有 } j \neq k \text{ 且 } j, k > 0$$

在离散选择的框架下，预算约束包括每种选择下所消费的外部商品的数量，并且也要反映只购买外部商品的选择。于是，预算约束退化为

$$p_0 x_0 + p_j x_j = y \quad \text{若 } x_j = 1 \text{ 且 } j > 0$$
$$p_0 x_0 = y \quad \text{若 } x_j = 0 \text{ 对所有 } j > 0$$

于是，如果 $I(j > 0)$ 是一个若 $j > 0$ 则取值为 1 的示性变量，那么所消费的外部商品的数量可以写成

$$x_0 = \frac{y - p_j I(j > 0)}{p_0} = y - p_j I(j > 0)$$

如果我购买了一辆车，那么我拥有我的收入减去所支付的价格的差。如果我没有购买小汽车，那么我拥有我的收入的全部，用于花费在购买其他的商品和服务上，

$$x_0 = \frac{y}{p_0} = y$$

于是，我们的消费者的选择问题可以被写成为在内部商品之间的选择集连同将所有的预算都分配在外部商品的额外的可能性上的效用最大化问题。条件间接效用函数表示在给定的价格、收入和消费者类型下可以达到的最大效用。此最大效用将是由选择集里的那些商品中所偏好的商品以及外部商品所产生的效用，对应价格和收入的每种水平。

正式地，

$$V(\underline{p}, y; \theta_i) = \max_{\substack{\underline{x} \in ([0,\infty) \times \{0,1\}^J \mid x_j x_k = 0 \\ \text{对所有 } j, k > 0 \text{ 满足 } j \neq k}} u(\underline{x}; \theta_i) \quad \text{满足 } \underline{px} \leqslant y$$

它可以退化为

$$V_i(\underline{p}, y, \theta_i) = \max_{j=0,\cdots,J} v_j(y - p_j I(j>0); \theta_i)$$

其中 $v_j(y - p_j I(j>0); \theta_i)$ 是关于商品 j 的选择所提供的效用，并且其中选择 0 描述了不购买任何内部商品的选择。具体来说，

$$v_j(y - p_j I(j>0); \theta_i)$$
$$= \begin{cases} u(y - p_j I(j>0), 0, \cdots, 0, x_j = 1, 0, \cdots, 0; \theta_i) & \text{若 } j>0 \\ u(y, 0, \cdots, 0; \theta_i) & \text{若 } j=0 \end{cases}$$

它正式地被称作针对选择 j 和消费者 i 的"条件间接效用函数"。[①]

通过利用选择集的结构，我们已经将消费者的问题简化为在 $J+1$ 个离散备选项上的选择。一个消费者将选择一个特定的备选项，若在给定的价格和收入水平下此备选项的间接效用函数值是最高的。像往常一样，效用最大化问题的解为我们提供了每种产品的个体需求函数。然而，内部商品的需求是离散的，因此内部商品 $j>0$ 的需求是

$$x_j(y, p; \theta_i) = \begin{cases} 1 & \text{若 } v_{ij} = \max_{k=0,\cdots,J} v_{ik} \\ 0 & \text{其他} \end{cases}$$

其中选择 k 的最大化问题涵盖了备选项的所有范围。

9.2.1.2 产品特性的引入

Gorman（1956）和 Lancaster（1966）提出，消费者根据其内在的产品特性而不是产品本身来选择产品。假设向量 $\underline{\omega}$ 表示由消费产品 $\underline{x}$ 所产生的特性，遵循"生产"关系 $\underline{\omega} = f(\underline{x})$。于是消费者问题可以被写成效用最大化问题，此效用是从产品特性中得来的并受制于预算约束以及"生产关系"，而这一关系描述了产品的消费给消费者提供其特性的方式：

$$V(\underline{p}, y, \theta_i) = \max_{\underline{x} \in X} u(\underline{\omega}; \theta_i) \quad \text{满足 } \underline{p}\underline{x} \leqslant y \text{ 以及 } \underline{\omega} = f(\underline{x})$$

466 具体说来，消费一种商品将供给一个产品特性集。比如，一辆小汽车会提供马力、大小和一些咖啡杯底座等等。特性的向量将拥有取不同值的组成部分，这些取值依赖于所选择的产品。

跟随与上面预算约束式的替代过程相同的过程，我们可以得到包含了产品特性的条件间接效用函数。其结果是，条件间接效用函数现在取决于产品特性以及收入、价格和消费者偏好：

$$v_j(y - p_j I(j>0), \underline{\omega}_j; \theta_i) = \begin{cases} u(y - p_j I(j>0), \underline{\omega}_j; \theta_i) & \text{若 } j>0 \\ u(y, 0, \cdots, 0; \theta_i) & \text{若 } j=0 \end{cases}$$

如果每种商品拥有自身所独有的一种特性，那么我们就又回到了产品层面的效用模型。于是，尽管特性模型通常被用于"简化"产品层面的模型，在概念层面

---

① 它是一个间接效用函数，因为它已经将数量和预算约束代入其中，于是与价格有关。它是条件的，因为只有在选择 j 是最优的条件下它才是间接效用函数。

上，此模型是比标准的效用模型严格地更加一般化的框架，而标准的模型允许产品为消费者提供对消费者个人而言有价值的特性的组合。

9.2.1.3 当收入去掉时

至此，我们已经得到了一个条件间接效用函数的形式，它取决于消费者的收入、内部商品的价格以及此种商品的产品特性。进一步假设，在所有的条件间接效用函数中的收入和价格之间存在某种形式的加和的分离性。正式地，这意味着

$$v_j(y-p_jI(j>0),\omega_j;\theta_i)=\alpha y+\bar{v}_j(p_jI(j>0),\omega_j;\theta_i) \quad \forall j=0,1,\cdots,J$$

如果是这样，那么因为

$$\max_{k=0,\cdots,J}v_{ik}=\alpha y+\max_{k=0,\cdots,J}\bar{v}_{ik}$$

则不论我们求解右边的问题还是左边的最大化问题，产生的针对任何给定的个体的需求函数将会是一样的。在每种情况下，产生的需求函数将独立于消费者的收入水平。这一假设构成了许多模型的基础，这些模型中的条件间接效用函数被简单地写成一个关于价格和产品特性的方程，它不包含收入：

$$\bar{v}_j(p_j,\omega_j;\theta_i)\equiv\bar{v}_j(\omega_j;\theta_i)-\alpha p_j$$

请注意为了与一个潜在的效用结构保持一致，"剔除"收入的条件效用函数的具体形式必须对于价格是加和分离的，并且价格前的系数与所选择的备选产品无关，否则收入将不会在一开始就去掉。比如，这个式子

$$v_j(y-p_jI(j>0),\omega_j;\theta_i)=\alpha_j(y-p_jI(j>0))+\bar{v}_j(\omega_j;\theta_i)$$

就不满足这一条件，于是它不允许我们把收入项从最大化问题中剔除。

467 这一假设要求，收入的边际效用独立于（i）所选择的备选产品以及（ii）选择某个给定的备选产品所带来的效用的其他决定因素。如果个体需求受到他们的收入的影响，那么这一假设必然不成立，因为这告诉你收入是不可以被剔除的，并且你很可能会偏好于使用其他可供选择的函数形式。比如，Berry et al. (1995)认为，关于汽车类型的需求将会取决于消费者的收入水平，并且他们使用了自然对数形式，

$$v_j(y-p_jI(j>0),\omega_j;\theta_i)=\alpha\ln(y-p_jI(j>0))+\bar{v}_j(\omega_j;\theta_i)$$

于是，收入的边际效用受到收入水平的影响。

9.2.1.4 总需求

产品 j 的市场（总）需求就是简单地加总所有购买了此种产品的个体的需求。如果我们拥有一个 S 位消费者的总体，并且每一种消费者的类型的密度可以被也许是多元的密度函数 $f_{\underline{\theta}}(\underline{\theta})$ 所描述，那么我们有

$$D_j(\underline{p},\omega_j)=S\int_{\theta}x_j(\underline{p},\omega_j,\underline{\theta})f_{\underline{\theta}}(\underline{\theta})\mathrm{d}\underline{\theta}$$

$$=S\int_{\{\underline{\theta}\,|\,v_j(\theta,\cdot)>v_k(\theta,\cdot)\text{对所有}k\neq j\}}f_{\underline{\theta}}(\underline{\theta})\mathrm{d}\underline{\theta}$$

请注意，如果只存在一种维度的消费者异质性，那么这将是单变量积分。另一方面，也可能存在许多维度的消费者异质性，在这样的情况下，对于总需求的计算将会涉及求解一个多元积分，每一种定义消费者类型 θ 的维度都对应一个元。对于每一位购买了产品 j 的类型为 θ 的个体，x_j 取值为 1，因而上面的第二个等式表明，内部商品 j 的需求就是在备选集上选择这种产品的消费者的集合。此积分将很容易计算，若我们作出了关于总体的类型的分布以及/或者假定不同的类型的独立分布的足够多的合理假设。换句话说，通过假设 θ 的不同组成要素之间相互独立并且合宜地选择 f，我们可以使总需求的计算变得便利。另一方面，与所有假设一样，那些合宜的假设也许并不是那些最贴近现实的假设。消费者异质性的性质将会取决于我们所研究的市场，但是通常会包括收入水平 y_i。

在差异性产品模型中，我们要区分"水平的"维度的产品差异性和"垂直的"维度的产品差异性。根本的区别在于，在"水平的"维度下消费者对产品质量排序有不同的看法，而在"垂直的"维度下消费者对产品质量排序的看法是一样的。例如，两个消费者对于两个相同的超市选择哪一个购物也许会不一致，若他们住在不同的地方。与此相比，消费者会赞同，在其他都一样的条件下，有较快的 CPU 时钟速度的计算机要优于有较慢的 CPU 时钟速度的计算机。如果是这样，那么我们也许会认为"地点"是产品差异性的一个水平维度，而 CPU 时钟速度是产品差异性的一个"垂直的"维度。当然，质量排序与偏好排序是不相同的——不同的消费者会选择不同的备选商品，即使在垂直的产品差异性的情形下，因为他们在质量和价格之间权衡的方式是不同的。于是，我们也许都同意劳斯莱斯要优于雪铁龙 2CV 汽车，但是并不是所有的消费者会（或者有能力）选择购买劳斯莱斯。在接下来的一节中我们将会逐个详细地讨论这些模型。这样做，我们主要的目的在于，让读者能够把计量经济学的离散选择模型与也许更加熟悉的离散选择模型的经济学理论表述联系起来，并且反之亦然。这样做不仅使得所有的读者能够知道此理论模型在计量经济学模型的建立上的一个相当直接的应用，而且进一步来说，使得我们能够通过在计算机上研究它而一般化这些理论模型。反过来这样做使得我们能够建立更加贴近现实的需求模型。

9.2.2　水平的产品差异性

在存在水平的产品差异性的模型中，产品之间在某点上不同，这一点意味着，在相同的价格下，消费者对于他们偏好于购买哪种产品有着不同的看法。比如请考虑选择看一场电影的例子。一些人喜欢动作片，而其他人却喜欢浪漫喜剧。人们的偏好是不相同的，于是他们在哪种才是"最好的"问题上有着不同的看法，即使两种电影有着相同的价格。这里存在许多可能的例子，然而，术语"水平的"来源于对于消费者在某个城市的可选商店集中的抉择的研究，更加具体地说，来自于 Hotelling 关于零售需求的那篇经典的文章，它发表于 1929 年。最近关于零售需求的实证的离散选择模型都是直接建立在 Hotelling 的离散选择模型之上的，并且这篇文章也许是用于研究实证的和理论的离散选择模型之间深切的联系的最好框架。

9.2.2.1 Hotelling 模型

Hotelling（1929）发展了他的需求模型，并利用它去研究在选择地点以及也许还有价格之时各个商店之间策略上相互影响的均衡结果。我们知道伯川德悖论（即，即使在双寡头垄断的情形下，价格也被迫下降到了边际成本的水平）的一种解决方法，就是引入产品差异性。厂商有差异化它们的产品的动机，因为这会减弱价格竞争从而得到更高的利润率。

在这一章中，我们只关心 Hotelling 模型的需求方面。我们研究对于 Hotelling 需求模型的一个微小的变种，它出现在 d'Aspremont et al.（1979）这篇重要的文章中。[①] 值得注意的是，Hotelling 随之继而将他的需求模型嵌入到一个两阶段博弈中，其中厂商选择地点（在第一阶段）和价格（在第二阶段）。就像以前一样，需求是使得我们能够继续研究厂商行为的丰富的结构的基石之一，在这个例子中厂商行为是地点和定价决策。此需求模型本质的驱动因素是，厂商通过利用它们的地理位置从而区别于竞争对手，并且在其他条件都一样的情况下（在这个模型中这意味着相同的价格），它们对于附近的消费者会更有吸引力。

为了简单起见，假设个体所分布的空间是一维的，并用 [0,1] 之间的线段表示，即所谓的 Hotelling 的"线性城市"。让我们假设消费者均匀分布在这条线上并且一共有 S 位消费者，于是

$$f(L_i;S) = \begin{cases} S & \text{若 } L_i \in [0,1] \\ 0 & \text{其他} \end{cases}$$

通常这一模型是这样叙述的，即 $S=1$ 于是消费者具有严格意义上的均匀分布并且总体为 1，然后作者将所得的需求函数乘以 S。这两种方法是完全等价的。虽然密度函数是类似的并且分析从根本上来说也是相同的，但是一个 S 位消费者的总体显然更接近现实，于是在这一节中我们遵循这样的方法。

让我们假设这里存在两个厂商或者"商店"，所在的位置分别用 L_1 和 L_2 表示，并且目前厂商的位置和它们的价格都是固定的。不失一般性，我们假设 $L_1 \leqslant L_2$。这一情形可以用图 9—3 来描述。

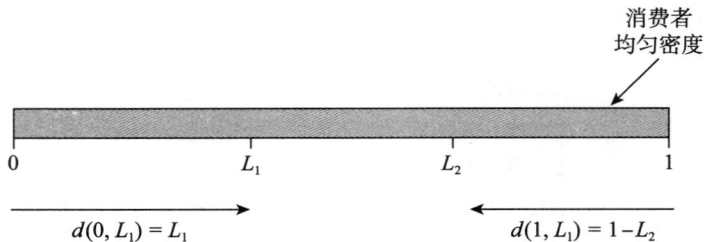

图 9—3　如线上阴影部分所示的消费者均匀密度下的 Hotelling 线性城市模型

---

① 这些作者令人满意地证明了，在 Hotelling 的那篇最初的文章中，虽然在许多方面都见解深刻，包括含蓄地应用了后来由 Selton 定义的子博弈完美纳什均衡的概念，但是均衡的特征是不正确的并被证明并不总是存在均衡。

消费者"住在"不同的位置，于是从他们靠近地点 L_1 和 L_2 的远近上来说是有差别的。为了简单起见，我们假设每一个消费者只会从一个商店购买（他们作出离散的选择）并且我们还假设他们必须从某个商店购买。不购买不是一个备选项，所以在这个模型中不存在"外部商品"。我们假设消费者的效用只取决于她离商店的距离以及她为此商品所要支付的价格；于是我们排除了不同厂商所出售的产品以及所提供的"零售服务"上的异质性。我们在这一章的后面将会看到，在建立在 Hotelling 的经典研究之上的实证模型中，这些假设中的每一个都可以被放松。

若不需要行走任何距离并且价格为零，则将此商品对消费者的价值记做"s"。这是若获取它不需要任何成本时此商品对消费者的价值。我们假设消费者 i 从此消费中得到的满足感取决于这种剩余 s、消费者的位置 L_i 与商店的位置 L_j 之间的距离和商店定的价格 p_j。离商店更远的距离会减少产品的价值，并且对于高价格也是如此：

$$v_{ij} = s - td(L_i, L_j)^2 - p_j, \quad j = 1, 2$$

其中 $d(L_i, L_j)$ 是消费者与商店之间的距离，t 是交通成本的参数。用这一节的介绍部分所展示的一般框架的术语来说，这就是 Hotelling 模型的"条件间接效用函数"，其中在这个模型中，只存在一种维度的消费者异质性：消费者的（直线型的）位置 $L_i \in [0, 1]$。

在这条线上，两点之间的欧氏距离是这样测度的

$$d(L_i, L_j) = |L_i - L_j| = \sqrt{(L_i - L_j)^2} \quad \text{于是} \quad d(L_i, L_j)^2 = (L_i - L_j)^2$$

在我们的例子中，交通成本对距离是二次的，于是随着距离的增加效用减少得更快。从原理上讲，交通成本可以是距离的任何函数，并且我们可以让成本随距离成比例增加。然而，二次型的成本避免了均衡价格的存在性的麻烦问题，于是从这种意义上说，它提供了一个技术上的优势。[1]

消费者从能给他们带来最大效用的商店购买商品，因而为了计算出需求方程，我们必须求解这个离散选择问题：$\max\{v_{i1}, v_{i2}\}$。随之立刻知道，选择商品 1 的人（消费者类型的集合）将会是

$$\{L_i \mid v_{i1} \geqslant v_{i2}\} = \{L_i \mid s - td(L_i, L_1)^2 - p_1 \geqslant s - td(L_i, L_2)^2 - p_2\}$$

或者，更加简洁地，

---

[1] 对于实证模型，这个问题是很重要的。d'Aspremont et al.（1979）证明了基于线性距离成本的 Hotelling 模型并非总存在均衡，并且他们还证明了他所提出的位置均衡中的"最小化差异性"（minimum differentiation）均衡，在先位置然后价格的两阶段博弈之时，事实上并不是一个均衡。d'Aspremont et al.（1979）通过向此模型引入一个二次型的距离成本的方法，解决了这一困境。他们在他们的模型中——这里所列出的模型——证明了这时的均衡以"最大化差异性"（maximum differentiation）作为特征。显然每种情况都是很特殊的并且也是有限制性的，而且一般来说，一个实证模型会面临这样的现实，即厂商不总是坐落于彼此临近的地方或者尽可能隔得很远的地方。另一方面，实证模型也会需要确认博弈均衡存在并能够稳健地计算出来——否则研究者以及他们的计算机会花费很长时间寻找并不存在的均衡。

$$\left\{ L_i \,\middle|\, d(L_i, L_1)^2 - d(L_i, L_2)^2 \leqslant \frac{(p_2 - p_1)}{t} \right\}$$

于是，正式地，我们可以将总需求写成[①]

$$D_1(p_1, p_2; L_1, L_2, t, S) = \int_{\{L_i \mid d(L_i,L_1)^2 - d(L_i,L_2)^2 \leqslant (p_2 - p_1)/t\}} f(L_i; S)\, dL_i$$

上面的这一积分式的求解在计算机上是很容易的——它就是一个简单的多元积分——对于给定的（p_1，p_2；L_1，L_2，t，S）值。从原理上，我们也许想要利用来源于这个市场的数据去估计参数（t，S）。在实证当中，二维模型显然要更加适合于研究零售数据，而我们下面会讨论它。

图 9—4 利用一个"伞状的"图从图上演示了这样的情形。[②] 竖线刻画了与那种备选商品相关的价格，而"构造"的（逆向的）"伞状"部分刻画了对于住在离厂商的位置更远的消费者来说二次型的交通成本增加的方式。于是，伞状曲线刻画了与每种商品相关的总成本。因为总剩余在厂商之间是相同的，消费者会选择可以以最小的成本获得的备选商品，就像图中所示的那样。这幅图解释了这样的情形，其中价格和位置正好使得两种商品都有人购买，并且存在一个处于厂商之间标记为 x 的点所表示的位置的无差异的消费者。如果我们缩短与产品 2 相关的竖线，这对应于一个较低的 p_2，则我们可以利用这幅图描画出每种产品的需求。[③]

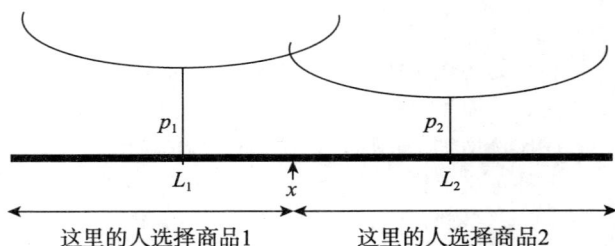

图 9—4　二次型的交通成本下的 Hotelling 模型和无差异的消费者

472　　　　　经过分析，我们可以通过利用它是无差异的消费者的位置求解出 x，即位置

---

① 类似地，

$$D_2(p_1, p_2; L_1, L_2) = \int_{\{L_i \mid d(L_i,L_1)^2 - d(L_i,L_2)^2 \geqslant (p_2 - p_1)/t\}} f(L_i)\, dL_i$$

② 这幅图的初始图样是不为作者所知的，但是它对于 Hotelling 模型确实是一个特别有用的工具，并且很容易地被用于，比如，简化对于线性交通成本模型的思考。

③ 特别地，这样做让这一点变得清晰，即对于某些特定的价格和位置，结果将会是所有的需求都在厂商 1 处或者厂商 2 处。这样的情形对于完整的分析是很重要的，但是为了论述的方便我们假设内点解。因为我们的两个厂商总是可以通过将自身差异化并服务于一部分消费者而赚取正的利润，所以这个假设不是限制性的。

点 x 的值，它满足[①]

$$s-td(x,L_1)^2-p_1=s-td(x,L_2)^2-p_2$$

简单的代数计算可得无差异的消费者的位置 x，

$$x=\frac{p_2-p_1}{2t(L_2-L_1)}+\frac{L_1+L_2}{2}$$

位于无差异的消费者右边的任何人将会偏好于商店 2。任何左边的人将会偏好于商店 1，于是，在给定消费者均匀密度分布的条件下，商店 1 和 2 的需求函数分别具有形式：[②]

$$D_1(p_1,p_2;L_1,L_2)=\int_0^x f(L_i)\,\mathrm{d}L_i=Sx$$

$$=\frac{S(p_2-p_1)}{2t(L_2-L_1)}+S\Big(\frac{L_1+L_2}{2}\Big)$$

$$D_1(p_1,p_2;L_1,L_2)=\int_x^1 f(L_i)\,\mathrm{d}L_i=S(1-x)$$

$$=S\Big(1-\frac{p_2-p_1}{2t(L_2-L_1)}-\frac{L_1+L_2}{2}\Big)$$

需求取决于两个商店的价格以及两个商店的位置。对于相同的价格，厂商 1 将会卖给位于它的位置的左边的每个人以及直到正好位于两个厂商之间的中点位置的人。要价 $p_2\geqslant p_1$ 意味着位置 1 的需求会高于位置 2 的需求，因为与相同价格的情形相比无差异点会移动到更接近于 L_2。对于固定的位置，这是一个这样的需求模型。它对价格呈现线性，并且其中参数是关于其他产品的特性的函数，在这个例子中是两种产品的位置。[③]

9.2.2.2　关于水平的产品差异性的更加丰满的例子

Hotelling 线性城市模型作为一个理论工具是极其有用的，但是对于从实证上研究大部分市场，是不那么有用处的，至少从很少有市场真正是"直线"的意

---

① 简化后得到 $t(x-L_1)^2+p_1=t(x-L_2)^2+p_2$，而整理可得

$$(x-L_1)^2-(x-L_2)^2=\frac{p_2-p_1}{t}$$

它可以被展开并简化为

$$\cancel{x^2}-2xL_1+L_1^2-(\cancel{x^2}-2xL_2+L_2^2)=\frac{p_2-p_1}{t}$$

于是

$$2x(L_2-L_1)=\frac{p_2-p_1}{t}+L_2^2-L_1^2$$

因为

$$\frac{L_2^2-L_1^2}{L_2-L_1}=\frac{(L_2-L_1)(L_2+L_1)}{L_2-L_1}=L_2+L_1$$

② 假如，价格和位置是这样的，即它们使得无差异的消费者位于两个厂商之间。

③ 这提供可与这样的情况类似的例子，其中线性需求模型中潜在的大量参数被限制在少量的更加原始的参数上——这里是 (S,t) ——通过将线性需求系统的参数变成产品特性的函数，这些特性支配着商品之间的替代方式。

义上。① 类似地，Salop（1979）关于环形城市的模型具有优势——特别是在给定一些道路系统的条件下——但是最终大部分城市都是二维的，并且大部分零售市场最好在这样的情形下考虑。幸运的是，适合于实际的零售市场的更加丰满的需求结构从概念上并没有比简单的 Hotelling 模型更加复杂，而且也易于在计算机上进行。

具体而言，请回顾 Hotelling 模型的条件间接效用函数：

$$v_{ij}(p_j, L_j; L_i) = s - tg(d(L_i, L_j)) - p_j$$

其中 L_i 是指示消费者类型的参数，此例中是她的位置，并且 L_j 表征产品 j 的位置的特征。在二维模型中，所有我们需要做的就是，恰当地刻画消费者以及产品的位置。具体说来，在我们上面描述的线段上，欧氏距离（Euclidean distance）可以被定义为 $d(L_i, L_j) = |L_i - L_j| = \sqrt[2]{(L_i - L_j)^2}$，而在二维的设定下，位置将被两维坐标所定义。在地理距离的情形中，我们可以简单地利用坐标 $L_i \equiv (Lat_i, Long_i)$ 来刻画消费者的位置，类似地，$L_j \equiv (Lat_j, Long_j)$ 刻画商店的特性。这两点之间的欧氏距离可以表示为

$$d(L_i, L_j) = \sqrt{(Lat_i - Lat_j)^2 + (Long_i - Long_j)^2}$$

或者，我们也许想要利用一个城市中在给定道路系统的条件下两个地点之间的"驾车时间"，类似地它将取决于出发点和终点位置。许多模型都可以提供这样的时间数据。比如，在英国竞争委员最近的超市调查中，对商店之间的"驾车时间"的估计是通过一个地理信息系统计算而来的。②

在与我们对 Hotelling 模型的相同的分析方式中，为了计算总需求，我们需要对所有类型的消费者的个体抉择进行加总，在这个例子中，这将留给我们一个二维积分需要计算：

$$D_j(\underline{p}, \omega) = \int_{\{\theta \equiv (Lat_i, Long_i) | v_j(\theta_j.) > v_k(\theta_k.) \text{对所有} k \neq j\}} f_\theta(\underline{\theta}) d\underline{\theta}$$

对于进一步的细节，请参见 Davis（2000，2006）以及其中提到的文献。

9.2.3　垂直的产品差异性

474　　当消费者在给定的性质或者数量的维度上对于哪种产品更好有着相同的看法之时，垂直维度的产品差异性便会出现。比如，所有消费者都会趋向于同意，在其他条件相同的情况下，计算机的存储器越大越好。类似地，当选择小汽车时，

---

① 我们所找到的最接近的例子是，美国的威斯康星州州城市麦迪逊市，其中市中心位于两个湖泊之间的狭长地带，于是它与 Hotelling 直线有一些地理上的相似处。海滩以及也许高速公路上的加油站，也许提供了这个模型在其中可以直接应用的另外的例子。

② 请参见竞争委员会的报告，www.competition-commission.org.uk/inquiries/ref2006/grocery/index.htm，特别是最终报告的附录 3.2。

显然在其他条件相同的情况下，耗油量越小越值得拥有。垂直的特性并不意味着，所有的消费者都会选择同种产品，因为消费者有着个体的偏好，它概括了他们自己在价格和质量之间的个人的权衡。于是，一些消费者会购买昂贵的高质量产品，而另一些人会选择较便宜的低质量产品。有些人也许从名牌鞋中只得到很少的额外效用，结果，他们将不会愿意支付价差，即使假如他们认为在其他条件相同的情况下"名牌"是一个有价值的特征，因而在同样的价格下，他们将会选择名牌鞋。

最简单的垂直偏好的模型使用了下面的条件间接效用函数的形式：

$$
v_{ij} = \begin{cases} \vartheta_i z_j - p_j & \text{若个体 } i \text{ 购买商品 } j \\ 0 & \text{若该个体选择外部商品} \end{cases}
$$

其中，像往常一样，θ_i 是反映消费者 i 的类型的参数，z_j 表示垂直的质量特征，而 p_j 是价格。我们可以将个体 i 所能得到的最大效用定义为

$$
V(z, p, \theta_i) = \max\{0, \theta_i z_1 - p_1, \cdots, \theta_i z_J - p_J\}
$$

人群的喜好是不一样的，于是我们假设 θ 有一个密度函数 $f(\theta)$ 和一个积累分布函数 $F(\theta)$。任何给定的产品的总需求具有这样的形式：

$$
D_j(\underline{p}, \omega) = S \int_{\{\theta_i | v_i(\theta_i \cdot) > v_k(\theta_i \cdot) \text{对所有} k \neq j\}} f_{\underline{\theta}}(\underline{\theta}) \mathrm{d}\underline{\theta}
$$

其中 S 是消费者的总数。为了得出这个积分，至少在特殊的情形下，请假设商品是以质量的排序作为下标的，因而 $z_1 \leqslant \cdots \leqslant z_J$。考虑在两个备择项 j 和 $j+1$ 之间的选择，类型为的 θ_i 消费者将偏好于购买 $j+1$，若

$$
\theta_i z_{j+1} - p_{j+1} \geqslant \theta_i z_j - p_j \quad \text{或者} \quad \theta_i \geqslant \frac{p_{j+1} - p_j}{z_{j+1} - z_j} \equiv \Delta_j
$$

而在任一种商品和外部备选商品之间的抉择提供了不等式 $\theta_i \geqslant p_j/z_j$，于是只有消费者的类型低于临界值 Δ_0 的消费者才不会购买任何商品，即若 $\theta_i \leqslant \min\{p_1/z_1, \cdots, p_J/z_J\} \equiv \Delta_0$，他们将不购买任何商品。

对于某些价格和数量的联合体，具体来说就是要满足价差与质量的差额的比值是递增的，于是我们可以将内部商品的临界值排序为 $\Delta_0 \leqslant \Delta_1 \leqslant \cdots \leqslant \Delta_J$，我们便可以确切地获得在任何描述消费者类型的积累分布函数 $F(\theta)$ 之下的需求曲线。因此，这通常是教科书中所展示的例子。[①] 如果是这样，那么我们可以将任何产品 j 的需求函数写成

$$
\begin{aligned}
D_j(\underline{p}, z) &= S \int_{\{\theta_i | v_i(\theta_i \cdot) > v_k(\theta_i \cdot) \text{对所有} k \neq j\}} f_{\underline{\theta}}(\underline{\theta}) \mathrm{d}\underline{\theta} = S \int_{\Delta_j}^{\Delta_{j+1}} f_{\underline{\theta}}(\underline{\theta}) \mathrm{d}\underline{\theta} \\
&= S(F(\Delta_{j+1}) - F(\Delta_j))
\end{aligned}
$$

---

① 比如，请参见关于产业组织理论的权威教科书，Tirole（1993）。

9.2.4　多项式 Logit 模型

　　很可能，分析师们用于研究数据的最著名的离散选择模型就是，多项式 Logit 模型（multinomial logit，MNL），此模型由 McFadden（1978，1981）发明，并且毫不夸张地，随后有数千名研究者应用了它。在这一节里，在其中消费者类型可能存在许多维度的一个模型中，我们将展示这个模型是怎样与我们的一般框架吻合的。[1] 这个模型的亮点在于，尽管存在这些潜在的许多维度的消费者"类型"（即，大量的消费者异质性的存在性），而由此产生的需求函数具有解析形式，使得分析和估计都相对直接。当然，下面我们也讨论 MNL 模型的一些重要的劣势，以及对它的一些扩展。

9.2.4.1　多项式 Logit 模型的框架
　　假设一个个体 i 的偏好（更加正式地，他们的条件间接效用函数）可以被表示为

$$v_j(p_j,\omega_j;\theta_i)=\bar{v}_j(p_j,\omega_j)+\varepsilon_{ij} \qquad \forall j=0,1,\cdots,J$$

其中，与前面一样，p_j 和 ω_j 分别表示商品 j 的价格和产品特性，并且消费者类型由向量 $\theta_i=\varepsilon_i\equiv(\varepsilon_{i0},\ \varepsilon_{i1},\ \cdots,\ \varepsilon_{iJ})$ 所给出，它具有 $J+1$ 个维度。请注意，消费者只在加和项所表示的喜好上存在差别，此和数项与具体的个体和产品有关。根据这个式子，有些消费者将会特别喜欢产品 j。将这一形式代入，便可以得到我们所熟悉的离散选择问题：

$$\max_{j=0,1,\cdots,J}\ \bar{v}_j(p_j,\omega_j)+\varepsilon_{ij}$$

请注意，这将正好得到与类似的最大化问题相同的需求方程，在这个最大化问题中，我们在每种备选商品的支付上加上或者减去了一个任意的常数。这意味着所有这样的模型根据观察都是等价的，并且我们可以在模型上强加一个标准化条件（或者，更加确切地，我们必须强加一个标准化条件，若我们希望识别这样的模型的参数）。[2] 一般来说，作者会选择将外部商品上的效用标准化为 0，$\bar{v}_0=0$，于是经过标准化的关于外部商品的条件间接效用函数为

$$v_{i0}=\bar{v}_0+\varepsilon_{i0}=0+\varepsilon_{i0}$$

MNL 模型对于人群中的消费者类型的分布作出了一个特别容易处理的假设。具体来说，MNL 模型假设，$\theta_i=\varepsilon_i\equiv(\varepsilon_{i0},\ \varepsilon_{i1},\ \cdots,\ \varepsilon_{iJ})$ 在产品之间（就像通常的个体之间）是独立同分布的，并且具有标准的类型 I 极值的密度函数：[3]

---

[1]　关于这一点以及并购模拟情形下的其他需求形式，请参见 Werden and Froeb（2005）。

[2]　$\underset{j=0,1,\cdots,J}{\operatorname{argmax}}\ \bar{v}_j+\varepsilon_{ij} \quad\Leftrightarrow\quad \underset{j=0,1,\cdots,J}{\operatorname{argmax}}\ \bar{v}_j-\bar{v}_0+\varepsilon_{ij}$

[3]　类型 I 极值的分布是

$$f_{\varepsilon_J}(\varepsilon_j)=\frac{1}{\varphi_1}\exp\left(-\exp\left(\frac{-(\varepsilon_j-\varphi_2)}{\varphi_1}\right)-\frac{\varepsilon_j-\varphi_2}{\varphi_1}\right)$$

并且它的标准形式假设 $\varphi_1=1$ 和 $\varphi_2=0$。Probit 模型将会假设 ε_i 服从正态分布。

$$f_{\varepsilon_J}(\varepsilon_j) = \exp(-\exp(-\varepsilon_j) - \varepsilon_j)$$

由此产生的产品 j 的总需求具有形式：

$$D_j(\underline{p}, \omega) = S \int_{-\infty}^{+\infty} \cdots \int_{-\infty}^{+\infty} x_{ij}(\underline{p}, \omega, \underline{\varepsilon}) f_\varepsilon(\underline{\varepsilon}) \mathrm{d}\varepsilon_0 \cdots \mathrm{d}\varepsilon_J$$

$$= S \frac{\exp\{\bar{v}_j(p_j, \omega_j)\}}{\sum_{k=0}^{J} \exp\{\bar{v}_k(p_k, \omega_k)\}}$$

其中 S 是潜在的消费者的总数，并且此比率式中的分母是所有产品上的指数之和，包括外部商品，但是由于标准化的原因其中 $\exp\{\bar{v}_0(p_0, \omega_0)\} = \exp\{0\} = 1$。请注意 MNL 模型最关键的优势：关于类型 I 极值的密度函数的谨慎选择导致了所有的需求函数拥有一个完美的解析表达式。（关于这一结论的证明，请参见 McFadden（1981）。）

通常这个模型以市场份额的形式被写下来，即选择特定的产品的个体的比例。在这个模型中，这个比例与个体选择这种特定商品的可能性是相等的。这一可能性乘以消费者总数的乘积将给出需求的大小。于是，需求以及市场份额是简单地相关联的，通过式子：

$$D_j(\underline{p}, \omega) = S s_j(\underline{p}, \omega)$$

其中

$$s_j(\underline{p}, \omega) = \frac{\exp\{\bar{v}_j(p_j, \omega_j)\}}{\sum_{k=0}^{J} \exp\{\bar{v}_k(p_k, \omega_k)\}}$$

市场份额的加和为 1，于是 $\sum_{j=0}^{J} s_j(\underline{p}, \omega) = 1$。

9. 2. 4. 2　不相关的备选项之间的独立性

在 MNL 模型中，市场份额的式子意味着，它们只取决于个体之间所共有的每种产品所提供的效用，或者更确切地说是它们的指数。更具体地说，请注意两种相同的产品将会具有相等的市场份额，并且类似地，市场份额并不取决于在效用上商品有多相像，而只取决于此效用水平的指数值 $\exp\{\bar{v}_j(p_j, \omega_j)\}$ 与市场中所有商品所提供的效用水平的一个指标（即分母 $\sum_{k=0}^{J} \exp\{\bar{v}_k(p_k, \omega_k)\}$）的比值。

直观上思考，当我们向市场引入一种新产品之时，市场份额将会发生怎样的变化，此产品是一个"不相关的备选项"，从它的产品特性和它的价格上来说，它与一个已经存在的产品完全相同。直观上，我们也许会预期这样的新产品会严重地排挤现有的完全替代品（以某种方式在他们之间分割需求），但它对其他差异性产品的影响会很小，因为消费者在此不相关的备选项被引入之前就已经拥有选择权以相同的方式去购买相同的产品。这里似乎并没有很好的理由在它被引入之后去偏离。不幸的是，MNL 模型并没有做出与此种强烈的直觉相匹配的预测。事实上，许多人会说，在新产品被引入后，MNL 模型产生了显然令人难以置信的替代模式。

事实上，这个模型中的不相关的备选项与已存在的商品相比，将会在分母中得到一个相等的权重，并且在分子上也会得到一个相等的权重。于是，它将会获得一个与已经存在的跟它完全替代的商品相同的市场份额，同时减少市场上其他的差异性产品的市场份额。因而，从 MNL 得到的这个式子，在新产品被引入后，并不会马上就似乎产生了显然令人难以置信的替代模式。

进一步说来，在这个模型中，请注意，每种备选项的特性的确切的集合显然是无关紧要的——有影响的只是与每种备选项相关的共有的效用的水平——尽管它根据一个单调变换被转化了，即指数变换。例如，假设 $\bar{v}_0 = 0$ 和 $\bar{v}_1 = \ln 2$，于是 $\exp\{\bar{v}_0\} = 1$ 以及 $\exp\{\bar{v}_1\} = 2$，所以 MNL 模型的市场份额为

$$s_0 = \frac{1}{1+2} = \frac{1}{3} \quad \text{以及} \quad s_1 = \frac{2}{1+2} = \frac{2}{3}$$

如果我们引入一个新的备选项，它拥有与商品 1 相同的效用，即 $\bar{v}_2 = \ln 2$，那么我们将会得到新的市场份额

$$s_0 = \frac{1}{1+2+2} = \frac{1}{5} \quad \text{以及} \quad s_1 = s_2 = \frac{2}{1+2+2} = \frac{2}{5}$$

我们的不相关的备选项影响了所有商品的市场份额，不只是与它相同的双胞胎产品。

毫不惊讶地，因为事实上在这个模型中所有有影响的因素就是相对效用水平，所以就像下面我们将会看到的，MNL 模型在自身以及交叉价格弹性上强加了严格的限制。在实证上，于是 MNL 模型非常适合研究产品特性，这些特性与或高或低的市场份额相关，但是在我们必须审查替代模式（比如，并购模拟）的情形中，我们强烈建议不要使用 MNL 模型。针对文献资料所提出的关于 MNL 模型的问题，已经存在着一些回应，而在这一节余下的部分我们会探究其中的一些回应。从 MNL 模型得来的重要经验以及不相关的备选项（IIA）相互独立的性质并非使得 MNL 模型是一个无能的模型（尽管这很可能是真的），而是我们可以利用 IIA 性质对我们有利之处；因为 MNL 模型对进入发生之后市场份额将会发生的变化作出了不合理的预测，如果我们观察进入发生之后市场份额将会发生的变化，那么我们将能够利用数据拒绝 MNL 模型并在一个更加丰满的离散选择模型中识别出参数值。进一步说来，相关文献都是从 MNL 模型发展而来的，并且它的许多工具方法都是在这样的背景下被简单地解释的。例如，在下一节中我们会探究在 MNL 模型的背景下不可观测的产品特性的引入，但是我们后面将会看到，用于分析存在不可观测的产品特性的模型的基本技术方法都可以被用于更加丰富的离散选择模型。

9.2.4.3　MNL 模型中不可观测的产品特性的引入

一个著名的很可能真实的营销故事是，第一种安装杯座的小汽车经历了显著的高销量——消费者认为这是一个伟大而新奇的想法。然而，在他们的数据集中，研究时间序列数据的经济学家很可能不曾拥有一个被称作"杯座"的变量——它很可能成为了一个驱动销量并将产品差异化的产品特性，这种特性也许被消费者所观测到，而不被我们的分析师所观测到。这样的情形必然是很常见

的。结果，Bultez and Naert（1975）、Nakanishi and Cooper（1974）、Berry（1994）以及 Berry et al.（1995）已经分别断言，我们应该向我们的计量经济学的需求模型引入一个不可观测的产品特性。遵循 Berry（1994），将不可观测的产品特性记为 ξ_j，于是个体从一个给定的产品 j 上得到的条件间接效用函数是，

$$v_{ij} = \bar{v}_j + \varepsilon_{ij} = x'_j\beta - \alpha p_j + \xi_j + \varepsilon_{ij}$$

其中 x_j 是可观测的产品特性的向量，ξ_j 是不可观测的产品特性（消费者知晓但是不为经济学家所知），并且消费者的类型表示为 $\varepsilon_i = (\varepsilon_{i0}, \varepsilon_{i1}, \cdots, \varepsilon_{iJ})$。一般来说，$\xi_j$ 包含许多元素，但是现已发展的所有模型都将不可观测的产品特性合并为一个。

我们必须估计的模型参数是 α 和 β。基本的 MNL 模型试图用可观测的产品特性去解释观测到的市场份额的所有变化，而通常它们做不到这一点。新模型替代了下面的模型：

$$s_j = s_j(\underline{p}, x; \alpha, \beta) + Error_j \quad j = 0, 1, \cdots, J$$

其中误差项被标记到需求系统的每个方程中，并且新的模型为误差项给出了一个清晰的解释，并将其完全融入到消费者的行为模型中，$s_j = s_j(\underline{p}, \underline{x}, \xi; \alpha, \beta)$。

当然，只引入一个不可观测的产品特性不可能带你走得很远。特别是，关于不可观测的产品特性的引入，这里显然存在一个潜在的问题，即它以非线性的方式进入的——在这种情况下怎样做回归并不明显。幸运的是，Nakanishi and Cooper（1974）以及 Berry（1994）已经证明了，在 MNL 模型中，我们可以复原每种产品的不可观测的产品特性。随后，Berry et al.（1994）将"我们可以复原误差项"的结论扩展到了一个宽泛得多的模型集。

为了弄清他们是怎么做的，定义共有的（个体之间）效用的向量连同外部商品上共有的效用被标准化为 0，$\bar{v} = (0, \bar{v}_1, \cdots, \bar{v}_J)$。假设我们选择 $\bar{v}$，以使得 MNL 模型所预测的市场份额正好与实际的市场份额相匹配，于是

$$s_j(\underline{p}, \bar{v}) = s_j \quad \forall j = 1, \cdots, J$$

因为 $\bar{v} = (0, \bar{v}_1, \cdots, \bar{v}_J)$，我们拥有 J 个像上面所指出的 J 个未知量的方程。如果这 J 个等式使得预测的和实际的所有市场的市场份额相匹配，那么外部商品的市场份额也会相匹配，$s_0(\underline{p}, y, \bar{v}) = s_0$，因为实际的和预测的市场份额必须分别加和为 1。[1] 对市场份额方程取对数，我们得到了一个等价的系统，它的 J 个方程，具有形式：

$$\ln s_j(\underline{p}, \bar{v}) = \ln s_j \quad \forall j = 1, \cdots, J$$

---

[1] 在连续选择需求模型的情形下，我们研究了"求和"所强加的约束：总花费份额必须相加得 1。在一个差异性产品的需求系统中，我们得到了类似的"求和"条件，这一条件迫使市场份额加和为 1，

$$\sum_{j=0}^{J} s_j = \sum_{j=0}^{J} s_j(\underline{p}, \underline{x}, \xi; \alpha, \beta) = 1$$

这一条件的结果是，就像往常一样，我们将能够从我们的分析中剔除一个方程，并研究 J 个方程的系统。一般来说，在差异性产品的情形下，关于外部商品的方程会从我们所要估计的方程系统中剔除掉。我们强加了标准化条件，即 $\bar{v}_0 = 0$，它反过来可以在某种意义上从假设中 $\xi_0 = 0$ 得出。

其中，在解点处我们也会有 $\ln s_0(\underline{p}, \bar{v}) = \ln s_0$。通过回顾标准化条件 $\bar{v}_0 = 0$ 于是 $\exp\{\bar{v}_0\} = 1$，我们可以写出

$$s_j(\underline{p}, \bar{v}) = \frac{\exp\{\bar{v}_j\}}{1 + \sum_{k=1}^{J} \exp\{\bar{v}_k\}} = s_0(\underline{p}, \bar{v}) \exp\{\bar{v}_j\}$$

因为

$$\ln s_j(\underline{p}, \bar{v}) = \ln s_0(\underline{p}, \bar{v}) + \bar{v}_j \quad \forall j = 1, \cdots, J$$

于是我们的 J 个方程变为

$$\ln s_j = \ln s_0(\underline{p}, \bar{v}) + \bar{v}_j \quad \forall j = 1, \cdots, J$$

在解点处我们知道 $\ln s_0(\underline{p}, \bar{v}) = \ln s_0$，于是我们知道解必须具有形式

$$\bar{v}_j = \ln s_j - \ln s_0$$

其中等式右边的份额是可观测的数据。市场份额方程 $s_j(\underline{p}, \bar{v}) = s_j$ 的解平均效用值 $\bar{v} = (0, \bar{v}_1, \cdots, \bar{v}_j)$ 就是

$$\bar{v}_j = \ln s_j - \ln s_0 \quad \forall j = 1, \cdots, J$$

其中 $s_0 = 1 - \sum_{k=1}^{J} s_k$。这个式子表明，对于 MNL 模型，我们只需要关于市场份额水平的信息，就能计算出模型的效用水平为了理性化这些市场份额所必须取的值。这个均值效用向量 $\bar{v}$ 是被观察到的市场份额所唯一决定的。这使得我们能够写下并估计这样的线性方程，它将现在"观测到的"效用水平作为被解释变量：

$$\ln s_j - \ln s_0 = x_j'\beta - \alpha p_j + \xi_j$$

请注意，模型的这个式子给出了一个简单的对于参数成线性的需要估计的回归模型，这是一项熟悉的任务。价格 p_j 以及产品特性 x_j 是可观测的，需要估计的参数是 α 和 β，并且误差项就是不可观测的产品特性 ξ_j。因为这是一个简单的线性方程，我们可以在其上使用所有我们所熟悉的技术方法，包括工具变量技术。

为了避免质疑，请注意这个方程中的市场份额是数量的市场份额（或者等价地，这里购买者的数量，因为在这个模型中每个人只能选择一种内部商品）。而且，市场份额必须作为包括了选择外部商品的消费者集的总的潜在市场规模 S 的某个比例而被计算出来。一个用于计算总的潜在的市场规模的合适方法可以成为一个论战的问题，它取决于我们的设定。在新车市场中，假设最大的潜在市场是每一位处在驾车年龄的人都购买一辆新车，也许是合理的。而在早餐麦片粥的市场中，假设至多这个国家中的所有人每天都会吃一份麦片粥，也许是合理的，所以，比如，若麦片粥的价格足够低并且质量足够高，没有人早餐会吃培根和鸡蛋。显然，这样的观点并不是没有争议的：有些人拥有两辆车并且有些人每天吃两碗麦片粥。有时候估计市场规模 S 也许是可行的，尽管几乎没有文章设法对付这样的问题。更经常地，检验估计结果对于所作的任何假设的敏感性，是一个很好的主意。

表 9—5 展示了 Berry et al.（1995）的结果。具体来说，他们在第一列中报告了关于 Logit 需求形式的 OLS 估计值，并在第二列中报告了 IV 估计值。请特

别注意，从 OLS 估计值到 IV 估计值价格的系数向下移动了。这正是我们所预期的若价格是"内生的"——若它与回归中的误差项正相关。当厂商知道比我们从数据中得到的更多关于他们的产品的信息并且据此对产品定价的时候，这样的情形将会出现。就拿我们的前面的例子来说，引入了杯座的车子将会经历高的销量，而销售它的厂商也许想要提高它的价格以利用较高的或者无弹性的需求的优势。如果是这样，那么不可观测的产品特性（我们的误差项）和价格将会相关。

表 9—5	小汽车的需求的估计		
变量	Logit 需求的 OLS 估计	Logit 需求的 IV 估计	ln(价格)对份额 w 的 OLS 估计
常数项	−10.068	−9.273	1.882
	(0.253)	(0.493)	(0.119)
HP/weight[a]	−0.121	1.965	0.520
	(0.277)	(0.909)	(0.035)
Air	−0.035	1.289	0.680
	(0.073)	(0.248)	(0.019)
MP$[a]	0.263	0.052	—
	(0.043)	(0.086)	—
MPG[a]	—	—	0.471
	—	—	(0.049)
Size	2.431	2.355	0.125
	(0.125)	(0.247)	(0.063)
趋势项	—	—	0.013
	—	—	(0.002)
价格	−0.089	−0.216	—
	(0.004)	(0.123)	
Number of inelastic demands（±2 SEs）	1 494 (1 429~1 617)	22 (7~101)	n. a.
R^2	0.387	n. a.	0.656

注释：标准误如圆括号内所示。

[a]连续的产品的特性——马力/负荷、大小以及燃油效率（每美元英里数或者每加仑英里数）——以数量的形式进入了需求方程，而以自然对数的形式进入了第三列的价格回归。

第一列和第二列报告了利用（1）OLS 和（2）IV 所得到的 MNL 需求的估计。第三列报告了小汽车 j 的价格对小汽车 j 的特性的回归，有时候也被称作"享乐主义的"定价回归。如果市场是完全竞争的，那么价格将会等于边际成本，并且最终的回归式将会告诉我们这个市场中的成本的决定因素。

资料来源：Berry et al.（1995）中的表Ⅲ。

前面我们已经提到过多项式的 Logit 模型，甚至引入了一个不可观测的产品特性，在自身和交叉价格弹性上强加了严格且可能招致麻烦的结构。为了弄清这一结果，请回顾

$$\ln s_j(\underline{p},\underline{x},\underline{\xi}) = \bar{v}_j(\underline{p},\underline{x},\underline{\xi}) + \ln(s_0(\underline{p},\underline{x},\underline{\xi}))$$
$$= \bar{v}_j(\underline{p},\underline{x},\underline{\xi}) + \ln(1 + \sum_{k=1}^{J} \exp\{\bar{v}_k(\underline{p}_k,\underline{x}_k,\underline{\xi}_k)\})$$

其中 $\bar{v}_j = x'_j\beta - \alpha p_j + \xi_j$。微分上式可得

$$\frac{\partial \ln s_j(\underline{p},\underline{x},\underline{\xi})}{\partial \ln p_k} = -\alpha p_k s_k(\underline{p},\underline{x},\underline{\xi}) = -\alpha p_k s_k \quad 对 j \neq k$$

$$\frac{\partial \ln s_j(\underline{p},\underline{x},\underline{\xi})}{\partial \ln p_j} = -\alpha p_j(1 - s_j(\underline{p},\underline{x},\underline{\xi})) = -\alpha p_j(1 - s_j)$$

其中，当我们在预测的和实际的市场份额相匹配的点上估计此弹性之时，第二个等号成立。

这意味着在任何一对产品 j 和 k 之间所有的自身以及交叉的价格弹性完全被一个参数 α、价格发生改变的那种商品的市场份额以及那种商品的价格所决定。最令人惊讶地，替代模式并不取决于替代商品 j 和 k 到底有多好，比如，它们是否拥有类似的产品特性。由于 MNL 模型加于偏好上的那些不可动摇的和不切实际的结构，它们很可能从来都不应该被用于并购模拟的实施中，或者其他任何情形，其中替代模型在把合适的政策告知决策者的问题上扮演着核心的角色。

不论上面所有的评价如何，MNL 模型仍然是非常有用处的，它为分析师们提供了一种简单的方法，用于发掘哪种产品特性对于市场份额的决定扮演了重要的角色。然而，通常那些超越了简单的 MNL 模型的模型才是最能提供信息的模型。例如，在产品 j 的回报中包含对手的特性可能是有益的，因为在类似的对手产品驱使每个个体产品的市场份额下降（因为每种产品都会排挤其他产品的需求）的时候，这可以通知我们。确实，更加丰富的模型就是使用了数据中的这种模式，才产生了比诸如带有 IIA 的 MNL 模型的模型所暗含的替代模式更加贴近现实的替代模式。通常来说，此发现是很有用的，并且它也为对于 MNL 模型的正式的设定检验提供了基础，此检验是由 Hausman and McFadden（1984）所提出来的。

9.2.5　多项式的 Logit 模型的扩展

在这一节中，我们遵循关于 MNL 模型的扩展方面的文献，允许消费者异质性的另外的维度。为了解释这种机制，我们将 MNL 模型和 Hotelling 模型以及垂直的产品差异性模型放到一起。

具体来说，假设条件间接效用函数可以被定义为

$$v_j(z_j,L_j,p_j,\xi_j,\gamma_i,L_i,\varepsilon_{ij}) = \gamma_i z_j - tg(d(L_i,L_j)) - \alpha p_j + \xi_j + \varepsilon_{ij}$$

其中，项 z_j 是质量特征，并且所有的消费者都同意在所有其他条件都一样的

情况下它越大越好——垂直的产品产异性的一个来源。而且，产品在不同的地点 L_j 都是可以买到的，并且根据消费者的位置 L_i 的不同交通成本可大可小——水平的产品产异性的一个来源。最后，我们假设对于特定的产品具有固有的偏好，就像在多项式的 Logit 模型中一样。这个模型中的消费者类型是 $\theta = (\varepsilon_{i0}, \varepsilon_{i1}, \cdots, \varepsilon_{iJ}, L_i, \gamma_i)$，其中，$\varepsilon_{ik}$ 表示消费者 i 对于产品 k 所特有的偏好，L_i 表示消费者对于水平的产品特性的偏好，并且 γ_i 表示他或她对于垂直的产品特性的支付意愿。

像往常一样，总需求简单地就是个体需求在所有消费者的集合上的总和，

$$x_j(\underline{z}, \underline{L}, \underline{p}, \underline{\xi}; \gamma_i, L_i, \varepsilon_{i0}, \cdots, \varepsilon_{iJ})$$

首先，这个总和涉及一个 $(J+3)$ 维的积分，其中 ε_i 有 $(J+1)$ 维并且地点 L_i 和垂直的偏好 γ_i 各有一个维度。于是总需求为

$$
\begin{aligned}
& D_j(\underline{z}, \underline{L}, \underline{p}, \underline{\xi}) \\
&= \iiint_{\varepsilon, L, \gamma} x_j(\underline{z}, \underline{L}, \underline{p}, \underline{\xi}; \gamma_i, L_i, \varepsilon_{i0}, \cdots, \varepsilon_{iJ}) f_{\varepsilon, L, \gamma}(\underline{\varepsilon}, L_i, \gamma; \theta) \mathrm{d}\underline{\varepsilon} \mathrm{d}L_i \mathrm{d}\gamma \\
&= \int_\gamma \int_L \frac{\exp\{\gamma z_j - tg(d(L_i, L_j)) - \alpha p_j\}}{\sum_{k=1}^J \exp\{\gamma z_k - tg(d(L_k, L_i)) - \alpha p_k\}} f_{L, \gamma}(L_i, \gamma) \mathrm{d}L_i \mathrm{d}\gamma
\end{aligned}
$$

对于给定的 L_i 和 γ_i，这个模型就是一个 MNL 模型。于是我们可以利用 MNL 模型的公式去计算 ε_i 所表示的消费者异质性的 $(J+1)$ 个维度上的积分。这样做意味着，产生的积分问题在这种情况下变成了一个二元积分，它的计算是相对直接的，可以利用诸如数值模拟的数值积分方法来完成。[①]

Berry et al.（1995）证明了，即使在这样的情况下，我们也可以遵循一个类似于分析 MNL 模型所采取的方法。下面我们会讨论他们的模型，但是在这样做之前我们先叙述嵌套 Logit 的形式，它是不那么可变通的，却是更加易于处理的选择，流行于一些反垄断工作者之间。

9.2.6 嵌套的多项式的 Logit 模型

484 嵌套的多项式的 Logit（the nested multinomial Logit，NMNL）模型是一个比 MNL 模型稍微更加可变通的结构，并保持住了它的易处理性。[②] 它是基于这样的假设，即消费者每人分阶段地选择一种产品。这一概念非常类似于嵌套模型，我们通过 Hausman et al.（1994）学习了关于啤酒的需求的嵌套模型。在每种情形下，消费者首先选择一个宽泛的产品类然后才是这个类别中的某种特定的

---

① 关于在这种情形下的一个介绍性的讨论，请参见 Davis（2000）。关于计算机程序以及一个很好的技术方法讨论，请参见 Press et al.（2007）。有关的经典教材，请参见 Silverman（1989）。当利用模拟的估计量时，构成估计的基础的计量经济学的理论，请参见 Pakes and Pollard（1989）、McFadden（1989）和 Andrews（1994）。

② 在 McFadden（1981）中讨论了消费者理论和离散选择模型之间的联系，而关于 MNL 模型，特别地，还可以参见 Verboven（1996）。

产品。Hausman 等人通过针对每个阶段使用不同的回归估计了他们的模型。相反地，NMNL 模型允许我们只利用单一的估计就能估计出最终的产品的需求。在他们对于出自欧洲并购管辖区的案例的分析中，即被提议的沃尔沃—斯堪尼亚并购。[①] Ivaldi and Verboven（2005）应用了这种方法，所关注的产品重叠问题一般涉及卡车的销售，特别是重型卡车的销售，因为委员会发现重型卡车组成了一个相关的市场。作者们建议，重型卡车市场可以被分割成两个组别，包括（1）整体车架式货车（"整体的"卡车，不能从其中拆分出半拖车）和（2）牵引车，它是可拆分的。第三个组别具体就是外部商品。图 9—5 描述了他们所采用的嵌套结构。

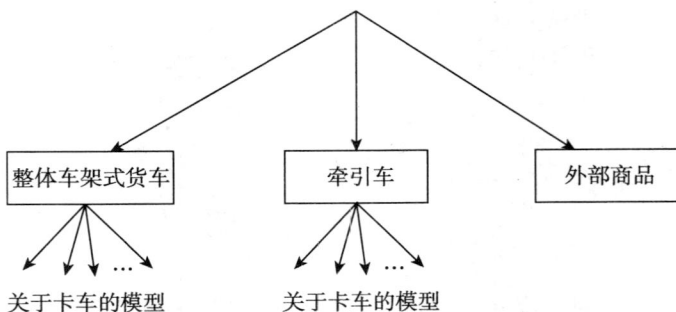

图 9—5　关于卡车需求的模型

资料来源：Ivaldi and Verboven（2005）。

NMNL 模型本身可以通过许多方法向前推进。

改进方法 1。McFadden（1978）最先改进了 NMNL 模型，通过假设消费者采取了一个两阶段的制定决策的程序。他建议，在第一阶段他们决定从哪个大概的商品类（组别）$g=1,\cdots,G$ 中购买，在第二阶段他们在这个类别的商品之间选择。每一个组别都由一个产品集组成，并且所有的产品都只属于一个组别。组别是相互排斥的，并且是产品的一个完全的集合。

485　**改进方法 2。**Cardell（1997）（还可以参见 Berry，1994）提供了另一个改进 NMNL 模型的方法，即一个带有如下所定义的条件间接效用函数的随机系数模型（random coefficient model）

$$v_{ij} = \sum_{l=1}^{K} x_{jl}\beta_{il} + \xi_j + \zeta_{ig} + (1-\sigma)\varepsilon_{ij} \quad \text{对组别 } g \text{ 中的产品 } j$$

$$v_{i0} = \zeta_{i0} + (1-\sigma)\varepsilon_{i0} \qquad\qquad \text{对外部商品}$$

其中，x_{jl} 是产品 j 的第 l 个可观测的产品特性，ξ_j 是不可观测的产品特性，ζ_{ig} 是消费者对于产品组别 g 的偏好，而 ε_{ij} 是个体对于产品 j 的异质性偏好。由于下面我们将要说到的原因，因为对于每个个体而言，组别 g 中的任何产品带来的都是相同值的 ζ_{ig}，这反过来取决于 σ 的大小，所以参数 σ 引入同一

[①]　案例号为 COMP/M. 1672。它们的实施在第 8 章中有描述。

组别的产品之间的所有消费者的偏好上的一个关联关系。对组别 g 有着高偏好（即很大的 ζ_{ig}）的消费者，在组别 g 中的一种商品的价格上升时，将会趋于替代到这一组别的其他产品上。在一个带有 G 种预先设定的组别的模型中，消费者的类型是

$$\theta_i = (\zeta_{i1}, \cdots, \zeta_{iG}, \varepsilon_{i0}, \varepsilon_{i1}, \cdots, \varepsilon_{iJ})$$

Cardell（1997）证明了，对给定的 σ，若 ζ_{ig} 与带有类型 I 极值分布的 ε_{ij} 是相互独立的，那么 $\zeta_{ig} + (1-\sigma)\varepsilon_{ij}$ 也会具有类型 I 的极值分布当且仅当 ζ_{ig} 具有一个特定的类型 I 极值分布。[①] Cardell（1997）还证明了，所需要的 ζ_{ig} 的分布取决于参数 σ，于是有些作者偏好于写出 $\zeta_{ig}(\sigma)$ 和 $\zeta_{ig}(\sigma) + (1-\sigma)\varepsilon_{ij}$。参数 σ 被限制在 0 到 1 之间。随着 σ 接近于 0，这个模型也趋向于通常的 MNL 模型并且在一个给定的组别中的商品之间的关联关系变为 0。另一方面，随着 σ 增加到 1，ζ_{ig} 上的相对权重也增加到 1，于是同一组别中的商品的偏好的关联关系也会增加到 1。

改进方法 3：MEV 模型类。 改进 NMNL 模型的第三种方法是，将它作为一个 McFadden（1978）中的一般化极值（generalized extreme-value，GEV）的模型类（它很可能更合适地被称作多元极值（multivariate extreme-value，MEV）的模型类，因为统计学界使用 GEV 作为对于单变量极值分布的一般化）的一个特例。这个模型有效地放松了植入 MNL 模型中的偏好（$\varepsilon_{i0}, \cdots, \varepsilon_{iJ}$）之间相互独立的假设。基本的底线是，MEV 模型类假设消费者类型的联合分布可以被表示为

$$F(\varepsilon_{i0}, \cdots, \varepsilon_{iJ}; \phi) = \exp(-H(e^{-\varepsilon_{i0}}, \cdots, e^{-\varepsilon_{iJ}}; \phi))$$

486　　其中 $H(r_0, \cdots, r_J; \phi)$ 是一个可能的带有一些明确的性质（比如，对参数向量具有一定正次数的齐次性）的参数方程（于是包括参数 ϕ）。我们已经提到过，标准的 MNL 模型拥有分布函数 $F(\varepsilon_{ij}) = \exp(e^{-\varepsilon_{ij}})$，于是在独立性假设下消费者类型的多元分布是

$$F(\varepsilon_{i0}, \cdots, \varepsilon_{iJ}; \phi) = F(\varepsilon_{i0})F(\varepsilon_{i1})\cdots F(\varepsilon_{iJ})$$

$$= \exp\left(-\sum_{j=0}^{J} e^{-\varepsilon_{ij}}\right)$$

在这样的情况下，MNL 模型则对应简单的和函数

$$H(r_0, \cdots, r_J; \phi) = \sum_{j=0}^{J} r_j$$

McFadden（1978）所发展的"单一层次"的 NMNL 模型则对应函数

$$H(r_1, \cdots, r_J; \phi) = \sum_{g=1}^{G} \left(\sum_{j \in \mathfrak{J}_g} r_j^{1/(1-\sigma)}\right)^{1-\sigma}$$

---

①　就像 Cardell 所叙述的，他的结果类似于一个更加熟悉的结果，即，如果 $\varepsilon \sim N(0, \sigma_1^2)$ 并且 ε 和 v 是相互独立的，那么 $\varepsilon + v \sim N(0, \sigma_1^2 + \sigma_2^2)$ 当且仅当 $v \sim N(0, \sigma_2^2)$。

其中 $\mathfrak{I}_g$ 表示组别 G 所包括的产品集，$\phi=\sigma$，并且分布函数在 $r_j=e^{-\xi_j}$ 处取值。外部商品通常将被放在它自身所组成的组别中。Davis（2006b）讨论了这种理解离散选择的文献的方法，并提供了关于离散选择模型的 MEV 模型类的一个新成员，它可以被用于估计带有极少限制的替代模式的离散选择模型。

不管使用哪种方法改进 NMNL 模型，恰当地指定组别对于人们将得到的结论绝对是至关重要的。在进行模型估计之前组别必须被指定，并且组别的选择对于模型预测哪些商品之间将会有更好的替代性，是有意义的。回顾参数 σ 控制组别内商品的偏好相互关系。公司拥有的关于市场类型或者消费者的调查信息也许有助于确定，哪些产品才可能是"更准确的"替代品并且它们形成了独立的子市场部门，此市场可能与一个特定的组别有关。

跟随较早期的文献，Berry（1994）证明了在一种类似于被用于 MNL 模型的方法中，NMNL 模型也可以被估计，通过利用一个对参数呈现线性的回归方程，这些参数可以利用工具变量（请参见 Bultez and Naert，1995；Nakanishi and Cooper，1974）估计出来。具体说来，我们有

$$\ln s_j - \ln s_0 = \sum_{l=1}^{K} x_{jl}\beta_l + \sigma \ln s_{j|g} + \xi_j$$

487 其中，$s_{j|g}$ 是在组别 g 中的那些被购买的产品中产品 j 所占的市场份额。如果 q_j 表示产品 j 的销售量，那么 $s_{j|g} = q_j \big/ \sum_{j\in\mathfrak{I}_g} q_j$。当利用此回归方程之时，工具变量的使用看上去是很有必要的，因为在误差项 ξ_j 和条件市场份额 $s_{j|g}$ 之间存在明显的相关性。Verboven and Brenkers（2006）建议，让控制组内偏好关系的模型参数是指定到具体组别的，于是

$$H(r_1,\cdots,r_J;\phi) = \sum_{g=1}^{G} \Big(\sum_{j\in\mathfrak{I}_g} r_j^{1/(1-\sigma_g)} \Big)^{1-\sigma_g}$$

在这种情况下，它们证明了 Berry 的回归方程可以被类似地估计出来，通过估计指定到 G 个组别的参数，

$$\ln s_j - \ln s_0 = \sum_{l=1}^{K} x_{jl}\beta_l + \sigma_g \ln s_{j|g} + \xi_j$$

这里额外的偏好参数将有助于放松每个组别中的商品之间的替代模式，因为它们不再受约束于组别之间要相同。然而，当研究组别之间的替代性时，即使这个模型也会遭受与 MNL 模型类似的问题。

9.2.7 随机系数模型

研究离散选择需求系统的经济学家已经利用消费者的异质性建立了性质优于纯 MNL 模型甚至优于 NMNL 模型的模型。这些方法已经同时用于加总层面的数据和消费者层面的数据。我们主要关注于用于加总层面的数据的方

法，但是请注意模型是一样的，尽管它们的估计方法通常是不一样的。① 在关于总需求的文献中，第一个随机系数模型是 Boyd and Mellman（1980）以及 Cardell and Dunbar（1980）利用来自于美国汽车市场的数据建立起来的。这些作者并没有在模型中加入一个不可观测的产品特性。关于加总的数据的随机系数模型的一个现代的版本是由 Berry et al.（1995）所提出的，并且通过他们的名字（Berry，Levinsohn 和 Pakes）的缩写而通常被称作"BLP 模型"。从原理上，随机系数可以为我们提供非常灵活的模型，它们在关于需求的替代模式上只加了很少的约束。如果模型在替代模式上只加了很少的约束，那么在一个带有足够多的数据的理想世界里，我们将能够利用这些数据弄清楚真实的替代模式。

488 因为效用是根据产品特性来表达的，而不是根据产品，于是就像在 AIDS 模型的情形下一样，需要估计的参数的数量不会随着市场中产品的数量而成指数增长。它是更加丰富的，但也显然比 AIDS 或者嵌套的 Logit 模型更难以用计算机编程并计算。

此模型允许个体对于产品特性的偏爱。遵循 BLP 模型，假设个体的条件间接效用函数表示如下

$$v_{ij} = \sum_{l=1}^{K} x_{jl}\beta_{il} + \alpha\ln(y_i - p_j) + \xi_j + \varepsilon_{ij} \quad v_{i0} = \varepsilon_{i0}$$

其中，与前面一样，变量 x_{jl} 表示产品 j 的特性 l。例如，在小汽车的例子中，产品特性也许是马力。系数 β_{il} 是个体 i 对于特性 l 的偏好参数。这里存在一个指定到产品的不可观测的产品特性 ξ_j，并且这里存在通常的 MNL 模型所有的随机项 ε_{ij}，它刻画了个体对于一个给定的产品的异质性偏好。像前面的情形一样，外部商品的价值被假设只由个体的一个随机要素所构成。

在这个模型中，消费者的类型通过指定个体的偏好参数和个体收入的向量来总括：

$$(y_i, \beta_{i1}, \cdots, \beta_{iK}, \varepsilon_{i0}, \varepsilon_{i1}, \cdots, \varepsilon_{iJ})$$

一如既往地，在加总数据的离散选择需求模型中，我们必须对这些类型在总体之间是怎样分布的作出假设，并且我们假设 MNL 模型所有的成分与其他的偏好因素是独立的：

$$f(y_i, \beta_{i1}, \cdots, \beta_{iK}, \varepsilon_{i0}, \varepsilon_{i1}, \cdots, \varepsilon_{iJ}) = f(\beta_{i1}, \cdots, \beta_{iK} \mid y_i) f(y_i) f(\varepsilon_{i0}, \varepsilon_{i1}, \cdots, \varepsilon_{iJ})$$

进一步来说，BLP 模型假设个体异质性的项目的分布 $f(\varepsilon_{i0}, \varepsilon_{i1}, \cdots, \varepsilon_{iJ})$ 是由独立的标准类型 I 极值项（即，多项式的 Logit 模型的假设）所构成的。对于 $f(y_i)$，人们可以利用收入的经验分布，也许从调查数据中可观测。人们只需要为随机的偏好系数假设一个分布。这些偏好的参数也许是或者也许不是独立于收入的，$f(\beta_{i1}, \cdots, \beta_{iK} \mid y_i)$。BLP 模型假设它们是独立于收入的，而 Nevo（2000）允许这些偏好的参数随着包括收入在内的消费者特征而

---

① 对于这两类离散选择模型之间的联系的更多的研究，请参见 Davis（2000）以及其中所提到的参考文献。

变化。

一如既往地，市场需求就是对个体需求的加总。设

$$\underline{\theta} = (y, \beta_1, \cdots, \beta_K, \varepsilon_0, \varepsilon_1, \cdots, \varepsilon_J)$$

489 这 $1+K+J+1$ 个元素组成的向量决定消费者的类型。产品 j 的需求将会是

$$D_j(\underline{p}, \underline{x}, \underline{\xi})$$

$$= S \int_{\{\underline{\theta} \mid v_j(\underline{\theta}) > v_k(\underline{\theta}) \text{对所有} k \neq j\}} f_{\underline{\theta}}(\underline{\theta}) \mathrm{d}\underline{\theta}$$

$$= S \int_{\{\underline{\theta} \mid v_j(\underline{\theta}) > v_k(\underline{\theta}) \text{对所有} k \neq j\}} f_{\underline{\varepsilon}}(\underline{\varepsilon}) f_{(y, \beta_1, \cdots, \beta_K)}(y, \beta_1, \cdots, \beta_K) \mathrm{d}\underline{\varepsilon} \mathrm{d}y \mathrm{d}\beta_1 \cdots \mathrm{d}\beta_K$$

$$= S \int_{y, \underline{\beta}} s_{ij}^{\mathrm{MNL}}(\underline{p}, \underline{x}, \underline{\xi}; y_i, \beta_{i1}, \cdots, \beta_{iK}) f_{\beta \mid y}(\beta_1, \cdots, \beta_K \mid y) f_y(y) \mathrm{d}y \mathrm{d}\beta_1 \cdots \mathrm{d}\beta_K$$

其中，我们在个体产品偏好的随机向量 ε 与个体收入和个体对于产品特性的偏好之间加上了独立性的假设。我们还假设，ε 的多项式 Logit 分布让我们能够在给定个体对于产品特性的偏好和收入的条件下表示出个体对于产品 j 的需求，我们将其记为 $s_{ij}^{\mathrm{MNL}}(\underline{p}, \underline{x}, \underline{\xi}; y_i, \beta_{i1}, \cdots, \beta_{iK})$。于是对于总需求的计算"只需"从数值上计算出此 $(K+1)$ 维积分。这通常是采用数值模拟方法进行的。[①]

在他们的论文中，BLP 假设产品特性上的偏好 $f(\beta_{i1}, \cdots, \beta_{iK})$ 在总体中是正态分布的并独立于收入。假设 $(\omega_{i1}, \cdots, \omega_{iK})$ 是标准正态随机变量 $N(0, 1)$ 的一个集合。定义 $\bar{\beta}_1, \cdots, \bar{\beta}_K$ 为消费者偏好参数的均值。并且定义 $(\sigma_1, \cdots, \sigma_K)$ 为偏好分布的方差参数。于是我们可以写下

$$\beta_{il} = \bar{\beta}_l + \sigma_l \omega_{il} \quad \forall l = 1, \cdots, K$$

它表明总体中偏好的分布是正态的：

$$\begin{bmatrix} \beta_1 \\ \vdots \\ \beta_K \end{bmatrix} \sim N \left(\begin{bmatrix} \bar{\beta}_1 \\ \vdots \\ \bar{\beta}_K \end{bmatrix}, \begin{bmatrix} \sigma_1^2 & 0 & 0 \\ 0 & \ddots & 0 \\ 0 & 0 & \sigma_K^2 \end{bmatrix} \right)$$

给定关于偏好的这些分布的假设的条件下，我们可以等价地写出随机系数的条件间接效用，通过将对于给定的特性上的个体偏好分解为受到个体偏好影响的部分以及不受影响的部分。我们得到

$$v_{ij} = \sum_{l=1}^{K} x_{jl} \bar{\beta}_l + \xi_j + \sum_{l=1}^{K} \sigma_l x_{jl} \omega_{il} + \alpha \ln(y_i - p_j) + \varepsilon_{ij}$$

其中，前面的两项不包括指定到个体的因子（它们在个体之间是固定不变的），而后面的三项包括了指定到个体的因子。例如，第三项涉及表达式 $\sigma_l x_{jl} \omega_{il}$，它把
490 一个来源于总体中的偏好分布的参数（它是需要被估计的）σ_l 放在了产品特性 x_{jl} 与消费者对于此特性的偏好 ω_{il} 的交互作用之上。

个体的条件间接效用函数可以被重新写为

[①] 请参见 Nevo（2000），以及特别是 Davis（2006a）的附录部分，它提供了关于计量经济学的实用的注释，包括怎样计算标准误。

$$v_{ij} = \bar{v}_j + \mu_{ij}$$

其中

$$\bar{v}_j \equiv \sum_{j=1}^{J} x_{jl}\bar{\beta}_l + \xi_j \quad \text{并且} \quad \mu_{ij} \equiv \sum_{l=1}^{K} \sigma_l x_{jl}\omega_{il} + \alpha\ln(y_i - p_j) + \varepsilon_{ij}$$

一如既往地，市场需求就是个体需求的加总，在此情形下，它就是一个积分式。根据市场份额，

$$s_j(\underline{p}, \underline{x}, \bar{v}) = \int_{y,\beta} s_{ij}(\bar{v}_j, y_i, \beta_{1i}, \cdots, \beta_K, \cdots) f(y, \beta)\mathrm{d}y\mathrm{d}\beta_1 \cdots \mathrm{d}\beta_K$$

其中，$\bar{v}_j \equiv \sum_{l=1}^{K} x_{jl}\bar{\beta}_l + \xi_j$ 在个体之间是相同的。BLP 的论文证明了，对于给定的价格值 $\underline{p}$、可观测的产品特性 $\underline{x}$ 以及参数（σ_1，$\cdots$，σ_K，α），此 J 个非线性方程

$$s_j(\bar{v}, \underline{p}, \underline{x}; \sigma_1, \cdots, \sigma_K, \alpha) = s_j, \quad j = 1, \cdots, J$$

可以被认为是关于 J 个未知量 $\bar{v}_j$ 的 J 个方程，并且在相当一般的条件下这些方程只存在唯一解。进一步说来，BLP 为这些非线性方程的解的快速计算提供了一个非常有用的方法。具体来说，他们证明了，我们所要做的就是设定一个初始猜测值，也许是零向量，然后使用下面的非常简单的迭代：

$$\bar{v}_j^{\text{新猜测值}} = \bar{v}_j^{\text{原猜测值}} + \ln s_j^0 - \ln s_j(\underline{p}, \underline{x}, \bar{v}^{\text{原猜测值}}) \quad \forall j = 1, \cdots, J$$

其中，s_j^0 是观测到的市场份额，而 $s_j(\underline{p}, \underline{x}, \bar{v}^{\text{原猜测值}})$ 是在这些变量的迭代值处所预测的市场份额。

BLP 方法意味着，对于模型参数的一个子集上的固定取值，即（σ_1，$\cdots$，σ_K，α），我们可以求解条件间接效用中的 J 个共有的要素（$\bar{v}_1$，$\cdots$，$\bar{v}_J$），于是就像我们在 MNL 模型中所做的那样，我们可以进行工具变量的线性回归

$$\bar{v}_j = \sum_{l=1}^{K} x_{jl}\bar{\beta}_l + \xi_j$$

以便估计出剩下的偏好参数 $\bar{\beta}_1$，$\cdots$，$\bar{\beta}_K$，并估计出误差项 ξ_j。对于偏好分布的参数（σ_1，$\cdots$，σ_K，α）的每种取值，我们将从这个回归中得到不同的残差。于是，我们可以写下 $\xi_j(\sigma_1, \cdots, \sigma_K, \alpha)$。这些偏好分布的参数需要被估计出来。BLP 使用了广义矩方法（the general method of moments，GMM），但是人们最初也许就简单地通过最小化模型的平方误之和来选取它们：[1]

$$\min_{(\sigma_1, \cdots, \sigma_K, \alpha)} \sum_{j=1}^{J} \xi_j(\sigma_1, \cdots, \sigma_K, \alpha)^2$$

BLP 将他们的方法应用于小汽车的需求的估计。他们的估计结果如表 9—6 所示，同时，产生的需求关于自身产品特性的弹性如表 9—7 所示。

---

[1] 关于计量经济学上的技术细节，请参见 Berry et al.（2004）。

表 9—6

表 9—6		BLP 模型：需求方程被估计的参数			
需求方面的参数	变量	参数估计值	标准误	参数估计值	标准误
均值($\bar{\beta}$)	常数项	−7.061	0.941	−7.304	0.746
	HP/weight	2.883	2.019	2.185	0.896
	Air	1.521	0.891	0.579	0.632
	MP$	−0.122	0.320	−0.049	0.164
	Size	3.460	0.610	2.604	0.285
标准差	(σ_β)				
	常数值	3.612	1.485	2.009	1.017
	HP/weight	4.628	1.885	1.586	1.186
	Air	1.818	1.695	1.215	1.149
	MP$	1.050	0.272	0.670	0.168
	Size	2.056	0.585	1.510	0.297
价格相差项(α)	ln(γ−ρ)	43.501	6.427	23.710	4.079

资料来源：Berry et al.（1995）中的表Ⅳ。

表 9—7		需求关于自身产品特性的弹性			
	需求对以下产品特性或价格的弹性				
车型	HP/weight	Ari	MP$	Size	价格
Mazda323	0.366	0.000	3.645	1.075	5.049
	0.458	0.000	1.010	1.338	6.358
Sentra	0.391	0.000	3.645	1.092	5.661
	0.440	0.000	0.905	1.194	6.528
Escort	0.401	0.000	4.022	1.116	5.663
	0.449	0.000	1.132	1.176	6.031
Cavalier	0.385	0.000	3.142	1.179	5.797
	0.423	0.000	0.524	1.360	6.433
Accord	0.457	0.000	3.016	1.255	9.292
	0.282	0.000	0.126	0.873	4.798
Taurus	0.304	0.000	2.262	1.334	9.671
	0.180	0.000	−0.139	1.304	4.220
Century	0.387	1.000	2.890	1.312	10.138
	0.326	0.701	0.077	1.123	6.755
Maxima	0.518	1.000	2.513	1.300	13.695
	0.322	0.396	−0.136	0.932	4.845

续前表

车型	需求对以下产品特性或价格的弹性				
	HP/weight	Ari	MP$	Size	价格
Legend	0.510	1.000	2.388	1.292	18.944
	0.167	0.237	−0.070	0.596	4.134
TownCar	0.373	1.000	2.136	1.720	21.412
	0.089	0.211	−0.122	0.883	4.320
Seville	0.517	1.000	2.011	1.374	24.353
	0.092	0.116	−0.053	0.416	3.973
LS400	0.665	1.000	2.262	1.410	27.544
	0.073	0.037	−0.007	0.149	3.085
BMW 735i	0.542	1.000	1.885	1.403	37.490
	0.061	0.011	−0.016	0.174	3.515

注释：这些属性的取值，或者在最后一列的情形中就是价格，是上面的数字，而位于它下面的数字是需求对这些属性（或者，在最后一列就是价格）的弹性。

资料来源：Berry et al.（1995）中的表Ⅴ。

他们的结果[①]表明一辆马自达 323 的自身价格弹性在 5 049 美元的价格点上是 6.4，而一辆宝马 735i 的自身价格弹性在 37 490 美元的价格点上是 3.5。总的来说，此结果预示，高端的宝马和雷克萨斯的利润率要比低端的马自达和福特的利润率要高得多。

9.3 并购分析中的需求估计

上面关于需求系统的估计所使用的常见模型的介绍，希望有助于说明需求的估计（尽管是许多量化研究中所必要的部分）是个非常复杂甚至过于乐观的任务。分析师面临着在模型上强加一些也许不能完全反映现实的结构和建立一个灵活变通但却在计算上复杂（或者是少是困难的）的模型之间的权衡。如果一个较简单的备选模型被选用了，也许因为缺少资源，则人们必须非常谨慎，并且很可能将所得的结果作为指示性的。对强加了结论的模型的使用并不是在研究世界，它只是在研究你的模型的性质，并且显然，我们不应该，比如，基于计量经济学模型的性质而作出并购的决定。尽管使用诸如 NMNL 模型及其变种的较简单的模型在许多情形下也许是合适的，但在某些情形下，对这样的"现成的"模型的估计可能在最好的情况下是无用的，并且很可能是误导性的。在任何定量的任务中，需求的估计必须由知识渊博的经济学家来实施，并且假设和结论必须符合例

---

① 请注意，表 9—7 用表中每个单元的第一行描述了这种汽车的属性的取值，并用表中每个单元的第二行描述了对应于这些性质的弹性。

子的实际情况。作为一个经验的法则，如果一个实例中所有的文件以及行业和消费者方面的证据都指向同一个方向而计量经济学上的结果指向另一个方向，那么必须极其谨慎地对待这些计量经济学上的结果。也许计量经济学上的结果是正确的，并且它能够比趣闻轶事告诉你更多，但是也有可能计量经济学上的分析依赖了不正确的假设、很差的模型具体形式或者质量不够好的数据。在这一节里，我们会指出关于模型设定和估计所需的数据的一些实证上的问题。①

9.3.1 模型设定的问题

需求估计的目的通常是还原价格弹性并计算它们对于最优定价的影响。在并购的情形中，例如，我们通常想要评估所有权结构的变化对于定价的影响，并且我们在第 8 章中发现，至少在参与并购方的产品之间，这种影响取决于自身以及交叉的价格弹性。需求估计是非常有用的，特别在诸如公司的估计等更加直接的信息来源不可用的时候。例如，有时候选择去测量价格的敏感性并进行实验以评估特别是它们的需求对于自身价格的弹性。我们在第 4 章中讨论过这样的营销实验，其中我们还讨论了使用调查数据测量转移率的方法。需求估计是经济学家的工具箱中的另一个工具——但是它有时候实施起来很简单，但是想用好却很难。

如果需求估计产生了不合实际的需求弹性，人们必须修改需求模型的设定。在假设需求估计是被正确设定的并且合适的工具变量被使用了的条件下，人们必须检查错误的其他来源。也许是所使用的时间框架是不正确的，于是数量的变化与合适的价格变化不能够正确地相匹配；比如，合同也许意味着价格变化按年度发生，而你也许拥有季度数据。也有可能是其他的解释销量变化的因素没有被正确地考虑，比如促销、广告活动、竞争对手的产品的进入或者偏好的变化。首先那些简单的检验必须被采用。最后，有可能是模型是错误设定的，特别是在关于偏好的形状的许多结构性的假设被引入的时候。在这样的情形下，其他的更加灵活变通的需求设定也许更加合适。请随时牢记，我们的目标是写下对于数据生成过程（DGP）的近似，并且 DGP 要同时包括所依据的经济学的处理方法和抽样过程，此过程被用于完整地产生最后进入到计算机的数据。

9.3.1.1 需求系统的方程的具体形式

并购模拟的结果对于所假设的需求具体形式是很敏感的，而且这一点在 Croole et al. (1999) 中证明了。在评估差异性的价格竞争市场中的并购模拟的实施中，他们发现，基于对数线性的设定的模拟所预测的价格增长额度要比利用线性需求的模拟大三倍。利用 AIDS 模型产生了两倍于线性需求模型的价格增长，而 Logit 模型表现出高于线性需求模型 50% 的价格增长。这些结论反映出这样的事实，即需求曲线的曲率越大，随着价格的增加需求的价格弹性越小（想象一下沿着一条陡峭的或者平坦的逆需求曲线向上和向左的移动）并且并购之后越

---

① 此讨论部分地利用了 Hosken et al. (2002)。

有激励提高价格。

　　一方面，这样的敏感性从理论上来说是并购模拟模型高度令人称赞的性质：为一个给定的并购所预测的价格增加将会取决于需求曲线的形式，此形式是模型的一项重要输入。另一方面，想要事前就知道到底怎样的需求设定才是准确的，通常是困难的，特别是如果历史的价格不存在很大的变化。在拥有足够的数据的条件下，我们将能够分辨出哪种类型的需求曲线能最好地匹配模型，但是我们不是总（或者甚至通常）拥有足够多的数据以使得我们能够从系统上进行这样的检验。[①]

　　一种反应是，考虑利用几种不同的需求设定来进行并购模拟，以获得估计的稳健性和敏感性。Crooke 等人的经验表明，使用对数线性或者 AIDS 模型的估计很可能产生价格效应的高质量的估计，而线性的设定将产生低质量的估计。审查不同模型产生的不同结果，并不是一件无趣的事情。如果对模型设定的敏感性非常大，那么并购模拟的结果也许并不能提供信息。

9.3.1.2　需求弹性的估计的正确性

　　通过使用在法庭上展示的关于并购案件的证据，Walker（2005）也说明了，在现价上估计出的需求弹性的微小变化可以产生对于并购模拟结构的显著影响。甚至，极其正确估计的系数在其置信区间中的变化可能显著地改变所预测的并购导致的价格增加。于是，当估计的弹性在符合实际的范围中的微小改变产生了所预测的价格增加的急剧变化之时，人们应该小心谨慎。最好的做法是，计算关于价格增加的不确定性的度量，而不只是产生价格增加的模型参数。[②]

9.3.2　数据问题

　　对需求估计的发展的贡献因素之一是，数据的可获得性的增加。特别是，对零售层面的扫描数据的使用，为经济学家提供了可用于消费品需求估计的非常宝贵的数据。尽管如此，案例工作者通常面临着相当大的困难，并且在这一节中我们会讨论专家通常会遇到的一些数据中的问题。

9.3.2.1　可获得性

　　显然，为了成功地估计出需求曲线，人们必须有合适的可利用的数据。在进行一项涉及计量经济学的工作之前，人们必须尽可能地确定，建立一个有意义的模型所必需的数据是可获得的。可获得的数据也许决定了模型设定的选择，因为

---

　　① 在一些情况下，不可能将模型归类并利用统计检验去审查数据到底更适合哪个模型，比如，线性的和对数线性的模型可以利用 Box-Cox 检验来进行检验。另一方面，诸如线性需求或者 AIDS 的模型需要进行相互之间的检验，利用非归类的模型的检验方法。

　　② 这可以简单地被执行，通过从模型所要估计的参数的估计分布中抽取它们的取值；具体来说，我们已经估计出了一些参数 $\hat{\beta}$ 和 $\text{Var}[\hat{\beta}]$。如果我们从正态分布 $N(\hat{\beta}, \text{Var}[\hat{\beta}])$ 中合适地抽取这些参数的大量的取值，比如说 1 000 次，并且针对参数的每次取值，从并购模拟模型中计算出预测的并购所导致的价格，那么我们将会得到一个关于预测的价格的分布。拿出这个分布的大小排在第 2.5% 和第 97.5% 处的值，我们将会得到一个关于并购所导致的价格的 95% 的置信区间。

不同的模型对数据有着不用的要求，但是这样的基于数据的约束而对需求的方程形式的选择上的慎重，不应该被滥用。模型作出不同的假设，这些假设也许正确，也许并不正确。在一定程度上，选择一个恰当的模型类，这些模型在可能可用于分析的时间框架下是切实可行的，并在进行调查的早期就收集了所必需的数据，是更有意义的。这一点是可以做到的，通过获取公开的数据，通过从第三方供给商购买数据，或者在一个竞争机构中通过向厂商索要数据。在诸如消费品零售的一些部门中，通过诸如 TNS、IRI 和 AC 尼尔森的专业公司，数据是可获取的。在其他的部门，数据将更难获取，但是权威当局不应该犹豫强迫厂商提供它们的交易数据，通常这些数据以一定的形式是可获得的。[1]

496

理想地，所收集的数据——尽管不一定非要来自厂商——必须包括将会使得需求函数的识别变得可能的工具变量集。这些工具可以是用于单个需求估计的成本位移因子或者决定了每个所要估计的价格的变量，并且在带有几种差异性产品的市场中不会影响到这种产品的需求。比如，Hausman 建议利用来自其他市场的价格，而 BLP 建议利用竞争对手的产品所拥有的产品特性。在一些情形下，厂商似乎以一种无关于需求水平的方式进行降价促销，并且在这样的情况下我们可以利用产生于此试验的价格变化来识别需求曲线的斜率——我们将能够估计向下倾斜的需求曲线。比如，使用超市的扫描数据所估计的需求曲线通常可以被发现是向下倾斜的并且显示出什么商品显示出了敏感的替代模式，尽管根据动态影响这些模式需要被仔细地审查。[2] 理由是，在一个给定的商店中的需求通常与进行降价促销的决定是没有关系的，这样的决定也许是区域性或者全国范围内的决定。成本数据有时候可以从厂商那里得到，但是通常对厂商而言，收集符合使用要求的数据的任务是繁重的，并且通常这些数据不是以真正有用的频率收集的；从厂商那里获取成本数据的许多尝试将产生这样的数据集，其中成本数据似乎不随时间变化。另一方面，在有些情况下，高质量的成本数据是可用的，于是它们可以被用作工具变量。

9.3.2.2 加总

在计量经济学估计中，通常观察值是许多个体交易的加总。比如，人们也许会加总一天、一个星期或者一个月内某种商品的购买量。而且人们也许对商店、连锁店或者分销渠道进行加总。通常当对同质性的组成成分进行加总时它会运行得更好。对分销渠道的加总将是有意义的，若所有渠道的购买都是类似的，即它

---

① 这对于厂商而言不应该是难以承担的，如果权威机构愿意整理数据。确实，它甚至为所涉及的厂商提供免费的数据整理服务，若整理过的数据随后会返还。另一方面，如果合适的数据的提取是一件主要的任务，它会占用厂商的整个计算机专业技术，那么显然地，最好仔细地考虑是否有必要在这样的基础上进行。有时候厂商有激励使竞争机构不能获取数据，于是诸如"这是不可能的"的断言不应该只看表面。通常，最好委派一名员工去跟企业里的"数据人员"谈话，尽管通常这样做的"提议"显然要克服相当大的困难。

② 短期的需求弹性可以远远大于长期的需求弹性（或者反过来），取决于所分析的情形。关于近期的文献，请参见 Hendel and Nevo（2004）的文献回顾。关于一个更加技术性的带有存货的消费者选择的动态模型，请参见 Hendel and Nevo（2006a，b）。关于较早期的文献，请参见一本讲述了局部调整模型（partial adjustment model）的较早期的计量经济学教材，比如 Berndt（1991）。作为在并购情形下的实证工具，通常第二个模型更能提供信息。

们都是由类似的客户在类似的价格点上完成的。如果情况并不是这样，则对一个拥有一个专卖店的超市的交易数据的加总，所得到的需求弹性也许不能反映出任何消费者群体的实际弹性。这就是说，如果所要求的是加总的弹性，那么使用加总数据才是有意义的。

时间上的加总也许涉及考虑价格变化的周期，因为我们是在试图对数据生成过程建模。如果我们在一个更长的时段上加总，那么这样做有时候会消除数据集中有用的价格变化的一个相当大的量。另一方面，有时候加总可以减小测量误差的影响。[①] 诸如存货积累的跨期性分配也许也要被考虑进来，以在诸如贱卖或者促销等活动导致价格下降之时避免高估需求弹性。这就是说，在实际操作中，通过选择用于分析的合适的时间期间，也许就可能简单地避免对与手头的问题无关的复杂而细节的动态效应的建模。

对于不同类型的产品或者打包类型的产品的加总也可能影响结果，因为这是对一个"类属的"一包产品，建立了一个"类属的"价格。人们能够针对结果测试不同的价格和产量的设定的敏感性，以确定后者是足够稳健的于是也是有意义的，尽管这样的做法通常是一个耗时的事情。

尽管在实际中的加总过程中存在许多理论的和实际的危险区，如果你对某个加总的量感兴趣，那么你将在某种程度上必须进行加总。于是通常并不是选择是否要加总，而是选择是对非加总的数据建模然后进行加总还是直接对加总数据建模。理论上，更偏好于前者，但是在实际操作中，后者通常将会在更低的成本上产生出更加可以信赖的结论。原因是简单的，即分析师是直接地关注于所感兴趣的数量。假设，比如，一个人感兴趣于弄明白计算机的总需求。分析师必须考虑试图对所有单个品牌的动态效应建模的行为是不是有意义的。一个非加总的方法将涉及对于也许成百上千的需求方程的建模，必然不完全。与此相反，对加总数据的研究只涉及对于一个时间序列的研究，并且会隐藏品牌之间的许多变化。对加总数据的使用将会涉及不完全的价格、数量和质量的测量。然而，加总数据的优势特征却是明显的，并且在计算机行业中它很可能涉及价格下降同时销量和质量上升。

9.3.3 零售和批发的弹性

零售交易的数据与批发数据相比，更有可能是公开可获得的，因而零售层面的需求弹性也许比衍生出的制造商所面临的需求弹性要容易计算。零售和制造商层面的弹性之间存在本质的差别。在我们关注于上游市场的情形中，知道零售的需求弹性是很有用处的，因为，比如，高弹性的下游客户将会趋于使得零售商变成对制造商的产品的一个高弹性的需求者。然而，估计的零售的需求弹性不应该"代替"制造商对于所面临的实际的需求弹性的认真思考，若最终它才是所关注的对象。

---

① 将两个相互独立的测量误差项加在一起，将不会减小方差——加总会让噪声项相加。另一方面，加总将减小方差，于是比如，使用大量的个体需求计算出的总市场份额将遭受非常小的抽样误差。

考虑所有情况之后，零售商和制造商市场是不同于涉及零售商和终端消费者之间的市场的另一个市场。上游市场中的价格通常要比零售层面的价格复杂。制造商和零售商之间的长期关系并不是不常见的，并且合同也许会同时包括一系列的商品。所产生的定价方案通常是非线性的并且也许还包括回扣、事实上的捆绑销售、货架空间的承包或者促销的分担支付。零售商的需求可能比消费者的需求更加具有粘性，因为那些在给定的价格安排下的合同协议。它还有可能因为在一段时期内一起工作的个体也许会简单地喜欢彼此而更加具有黏性。另一方面，制造商也许会面临非常高的需求弹性，并且这样的弹性也许会被这样的经验所支持，即在适度的价格增长之后大型零售商决定从它的货架上完全地移除此制造商的产品。服务水平通常对于零售商是很重要的，于是在上游零售市场中获取关于服务水平的数据（比如，制造商产品的订单每周实际交割的百分比）以及价格的数据也许是合适的。

在最简单的理论背景下，在批发商层面衍生的需求的弹性可以用零售商所面临的需求弹性的形式来表达。为了说明是怎样表达的，请考虑一个零售商，它设定一个完全统一的线性价格，通过求解

$$\max_{p}(p-w)D^{R}(p)$$

其中，p 是零售价格，w 是此商品的批发价格，因而是零售商的成本，并且 R 是指示零售商所面临的需求的指标。此问题的解将是零售的（下游的）定价方程 $p^{*}(w)$，于是，通过假设一到一的技术，其中一单位的制造商产品被作为一单位的零售商产品卖给下游，制造商的需求就可以写成 $D^{M}(w)=D^{R}(p^{*}(w))$。

比如，跟随 Verboven and Brenkers（2006），我们也许会写下

$$\frac{\partial \ln D^{M}(w)}{\partial \ln w}=w\frac{\partial \ln D^{R}(p^{*}(w))}{\partial w}=w\frac{p}{p}\frac{\partial \ln D^{R}(p)}{\partial p}\frac{\partial p^{*}(w)}{\partial w}$$

或者

$$\varepsilon_{w}=\frac{w}{p}\times \varepsilon_{r}\times(传递率)=\varepsilon_{r}\times \varepsilon_{wr}$$

其中，w/p 是批发价格与零售价格的比率，

$$\varepsilon_{w}=\frac{\partial \ln D^{M}(w)}{\partial \ln w}$$

是制造商所面临的需求弹性，

$$\varepsilon_{r}=\frac{\partial \ln D^{M}(p)}{\partial \ln p}$$

是零售商所面临的需求弹性，并且

$$\varepsilon_{wr}=\frac{\partial \ln p^{*}(w)}{\partial \ln w}$$

是零售**价格**对于批发价格的弹性。因为零售价格对于批发价格的弹性很可能小于1，这个等式暗示着制造商的衍生需求的弹性通常来说在绝对值上要低于零售商

的需求弹性。

　　对垂直的供应链的建模已经取得了一些相当大的进展，通过利用统一的和非线性的定价结构去刻画零售商和制造商之间的合同。具体地，请参见 Verboven and Brenkers（2006）、Villas-Boas（2007a，b）和 Bonnet et al.（2006）等近期的贡献。这就是说，在利用我们有时候所拥有的数据集（即，来源于制造商和零售商的数据）的类型进行建模的过程中，我们这些在竞争机构里工作的人仍然面临着重大的挑战。这样的数据的一个重要的特征就是，它有时候表现出出奇地小的随时间的变化，特别是在价格上，而销量随时间变化巨大。（我们在第 10 章中会进一步讨论垂直关系。）

9.4　结　论

　　● 需求估计是竞争问题的实证分析的中心。原因很简单，需求模型使得我们能刻画出厂商将从它们的产品中获取的收益。反过来，收益在厂商盈利性、厂商行为和市场结果的决定中都扮演着重要的角色。

　　● 从原理上，同质性产品的市场需求函数的估计对于一个应用经济学家来说是最简单的工作，因为只有一个需求方程需要估计，并且它只取决于一个价格变量（以及任何需求的位移因子，比如收入）。然而，人们必须非常谨慎地弄清楚所观测的数据的变化的驱动因素，并且这样做将涉及弄清楚这个市场中的消费者行为以及任何影响它的显著因子。

　　● 除了理解行业之外，即使在同质性产品的市场中，特别的注意力必须被放在模型的设定和数据变化上，这些数据变化使得需求曲线可以被识别。大部分需求估计的执行会要求我们去使用工具变量技术以成功识别。好的工具变量必须在给定已经被所包括的解释变量解释了的变化的条件下解释价格的变化，并且它还要与无法观测的需求决定因素不相关。在需求估计中，通常来说，合适的工具变量会涉及对需求方面有影响的供给的决定因子。理由是，市场供给（定价）方面的位移因子将会识别（描画出）需求曲线。

　　● 线性的或者对数线性的模型提供了用于分析数据的简单的设定，因为这些模型中的每个对于需要估计的参数都是线性的。当然，这些假设都涉及在需求的价格弹性沿着需求弹性变化（或者在对数线性的情形中不会变化）的方式上强加了很强的限制。

　　● 这里存在各种各样分类需求模型的方法。一种是根据产品的种数，同质性或者差异性的产品。另一种是通过消费者作出的选择的性质——要么是连续的数量选择要么是离散的（0，1）数量选择。第三种分类是，考虑那些设定对于不同产品的偏好的模型和那些设定对于不同的产品特性的偏好的模型。

　　● 几乎理想的需求系统（AIDS）提供了关于这样的连续选择的差异性产品的需求模型的一个重要的例子，此模型提供了对于产品的偏好的设定。AIDS 模型是很容易估计的，并且像加总的需求模型一样，有着一些引人注目的性质。

● 当市场中存在许多产品时，在给定通常情况下可利用的数据库类型的情况下，为了使得模型变得可估计，通常进一步的约束必须强加于参数之上。参数约束的一个来源是选择理论。可以强加的约束包括斯拉斯基对称性、对价格和收入的齐次性以及可加性，其中花费份额必须加和为 1。在这样做的过程中，分析时必须牢记斯拉斯基对称性在加总的需求系统中不是必然成立的，即使在所研究的消费者需求是严格由满足选择公理的消费者所产生的条件下。第二种减少所要估计的参数的个数的方法是，对由多阶段的预算过程所产生的需求进行建模，其中在第一阶段，消费者选择从哪一个子市场中购买，然后在这个子市场中选择具体的品牌。这样的模型对自身和交叉价格弹性强加了结构条件，并且这样做减少了所要估计的参数数量。这两种方法并不是相互排斥的。

● 减少参数数量的第三种方法是，假设消费者关注产品特性而不是产品本身。在产品特性模型中，我们通常在产品差异性的水平性和垂直性来源上进行区分。水平的差异性涉及这样的情况，其中消费者对于备择选项的排序是不同的。Hotelling 模型产生了依赖于价格和产品特性的需求函数。个体消费者类型的分布要么是可观测（比如当它取决于位置时，并且决策变量就是商店的选择）要么必须被假设出来。垂直的差异性涉及这样的情形，其中消费者对备择选项进行相同的排序（大家都同意某一个比另一个好），尽管他们认为质量有不同的价值，并在质量和价格的权衡中表现得不同。

501

● 在离散选择需求模型中，通常消费者的偏好被定义在产品特性之上。多项式 Logit 模型（MNL）是离散选择模型的一个简单的例子。然而，MNL 在许多建模任务中并不是直接有用的，因为它的结构在替代模式上加上了不切实际的限制。因为这个原因，当我们试图弄清楚实际的替代模式时它并不是一个被推荐的模型，尽管对于弄清楚什么数据变化导致了市场份额水平的变化，它是很有用处的。

● 嵌套的多项式 Logit 模型（NMNL）提供了一个离散选择模型，它允许在一个组别中商品的子集之间是"接近的"替代品，而不是与其他组别的商品子集。在这样的模型中，随着一个特定产品的价格的上升，个体将会趋向于替代到同一组别内的商品，通过这种方式我们将它们称作一个市场分部或者产品类。这个模型在偏好上提供了比 MNL 更大的灵活性，并且在市场分部可以被清晰地识别时它是有用处的，尽管重要的是要注意替代模式保持着很强的约束性。

● 随机系数的 MNL 模型允许模型预测一个更大变化的替代模式，但是同时也是更困难的，于是比 NMNL 或者 AIDS 模型的估计花费得更多。这个模型的 BLP 版本现在已经在许多变种的情形下被估计。更丰满的模型让数据而非模型去驱动预测的替代模式，但是重要的是要注意，在实证上，一些研究者已经发现在有限的数据集下这个模型的参数很难被识别出来。而且，这个模型更加著名的实施通常在需求系统上不加注意地加上一些极其重要的限制，特别地，斯拉斯基对称性。不管怎样，这一类型的随机系数模型是迈向许多应用的重要一步——至少与 NMNL 模型和 MNL 模型相比。

● 我们用一个向从业者的请求来结束本章。当带着找回弹性的取值以及预测也许由并购导致的价格增加的目的进行需求估计之时，人们必须自信于，模型设定以及所使用的数据都是正确的。在模型设定的过程中，现实性检验和敏感性检验是非常重要的，并且在案例分析中，通常这一点是重要的，即在决策者被鼓励做出强烈的政策结论之前，所有可能的计量经济学的和模型的预测中哪些地方应该被调查中的其他证据所支持，特别是定性的信息。

第 10 章　纵向约束与纵向一体化的定量评价

502

　　在前面的章节中我们讨论了市场结果的主要决定因素的估计与联系,特别是需求估计,成本估计和对例如价格方程的战略选择方程的估计。我们也利用约简型(reduced-form)方程和结构式(structural-form)方程讨论了市场结构的变化或者企业价格和产出的竞争形式的变化的影响。在这章中我们研究企业的决定,这些决定是除它们自身的价格和产量之外的其他问题。特别地,我们关注企业可能有时候施加在其下游商业客户的约束。我们讨论什么时候可以从经验上决定这种行为对市场结果的动机和影响,具体说来,是对最终消费者的动机和影响。我们的目的不是定义什么构成了反竞争行为,因为这是会随着司法的改变而改变的,我们的目的是要讨论可能帮助评估经常受到反垄断审查的行为的类型的潜在方法。

　　开始分析之前应该意识到,纵向约束的经验评估通常比一个简单的横向兼并的分析困难得多,原因有三。第一,了解纵向约束通常需要了解至少两个市场,上游市场和下游市场。第二,经济理论框架没有如伯川德价格模型发展得成熟。第三,这种市场经验分析不易被基础研究者(如大学里的研究者)使用,因为我们经常寻求了解企业之间的合同关系,而这虽然被竞争当局注意到,但仍经常没有被学术界注意到。总的来说结果是对这些主题的经验研究更少了。

　　因此,纵向约束或者纵向一体化影响的正规量化分析是一项复杂的工作,而且可用于经验分析的工具也是有限的。鉴于此,纵向约束往往使用对封锁行为(foreclosure)和消费者损害的可能性的定性讨论来解决,而不是用具体的量化分析。然而，已经有一些对纵向约束和纵向一体化影响的经验估计的有趣尝试，在这章中我们有很多相关的探讨。另外，因为评估的合法标准的趋势是对这种实践方法进行一个事例一个事例的"基于效果"（effects-based）的分析，对于好的经验研究的需求变得越来越紧迫。

在我们批判性地讨论已被证明在学术和事例文献中对决定纵向约束的影响是有用的经验方法前，为便于理解，我们简明地介绍评估这些实践方法的理论文献资料的主要元素。这样做的一个重要原因是它能说明相关因素的复杂性和甚至预测潜在影响的方向的困难。

10.1 纵向约束与纵向一体化的基本原理

纵向约束有许多形式。[①] 一些采取价格约束的形式，施加条件在下游企业对从上游企业买来的商品的要价上，而其他的采取非价格约束。价格约束的例子包括生产商为零售商对其产品的要价设定一个最低转售价格控制（resale price maintenance，RPM）。这在一段时期内是纵向约束的最常见的形式。还有最高价限额的形式，如我们所知道的最高转售价格控制。非价格控制可以分为四种主要类型：（i）区域市场限制（territorial restrictions），（ii）独占交易（exclusive dealing），（iii）搭售与捆绑（tying and bundling），（iv）拒绝经营（refusal to deal），或者更一般的说法"提高对手成本"（raising rivals costs）。

一方面，每一种纵向约束通常可以在交易的过程中潜在地发生，除拒绝经营条件外的形式可能最终是消费者的福利增进。另一方面，可能在少数的事例中，每一种约束可以潜在地引起一些封锁效应（foreclosure effects），要么是下游的，我们也许可以称为"客户封锁"（customer foreclosure），要么是上游的，我们称为"投入品封锁"（input foreclosure）。区域市场限制导致了下游市场在不同地理区域中的分割，这使得转销商不能在其他地区经营而只能在本地经营。独占交易，也称为单一商标（single branding），诱使零售商（或更一般地说是分销商）只销售制造商的商品而不销售其他竞争性的商品。一个例子是关于百威英博啤酒公司，该公司举行了一项名为"100%思维的共享"的活动，提供啤酒分销商展延信用证（extended credit），增加品牌的市场支持和其他能使其成为专卖的激励。[②] 完全地拒绝经营是指一家企业拒绝给另一家下游企业提供产品。例如，一个电话网络运营商拒绝一个或所有竞争性的电话服务提供者使用其网络。另一个例子是，如果一个专利所有者拒绝准许其专利被使用，这样就限制了一项技术的

---

① 最近一个关于理论研究结果由 Rey and Tirole（2005）提供。另外参见《工业经济学杂志》（*Journal of Industrial Economics*）的特别版，1991 年 9 月，由 John Vickers and Mike Waterson 编辑（参见 Vichers and Waterson（1991），Church（2004））。最后，有兴趣的读者也许会想参见 Dobson and Waterson（1996）。

② 关于这个例子和具体的调查，参见 Asker（2005）。

使用。不同的纵向约束分类可以将一些行为进行分类。例如，独占交易可以是合同性的，或者可以是折扣方案的结果，又或者是搭售惯例。常见的特点是公司采取措施限制与它们有纵向关系的企业的活动。

在讨论的开始，我们介绍一些施加纵向约束或者可能甚至是纵向一体化的潜在诱因。正如我们将要看到的，许多纵向约束的潜在动机可能与能为消费者带来好的结果的市场很相配。另一方面，纵向约束和纵向一体化可能会伤害消费者，因此受到了竞争监管当局的合理的关注。

10.1.1 纵向控制的动机

纵向约束，正如它的名字所暗示的，是指上游企业施加在不同的下游企业的行为上的合同性的约束，反之亦然。当然，最终级的纵向约束是在当企业之间进行纵向一体化时同时控制上游和下游企业。因此纵向约束的动机经常与纵向一体化的动机有关，我们在这一章节将这两个主题分类了。这意味着我们在这章中讨论的许多工具将会对纵向兼并的评价有直接帮助。在这一部分我们回顾对纵向关系进行控制的一些原因。大部分的原因与上游企业或者下游企业为达到一个有效的价格与产出水平所做的努力有关。然而，仍有许多纵向约束的潜在理由是反垄断当局关注的事情，大部分的纵向约束可能为企业提供了一个机制，用来阻止上游或下游市场。

10.1.1.1 交易成本和合同的不完整性

在 Williamson（1975，1979，1985）文章中[①]，纵向一体化的一个可能动因是交易成本的存在。当简单的协商发生得足够频繁和具体，这种简单的协商甚至也会变得代价很高。不得不对交易的条件不断地进行协商可以很快变得难以承担，例如交付条件、互补服务和面临突发事件的灵活度等。对这种交易成本的一个解决办法是纵向一体化。另一个是商定长期合同。长期合同可能使得纵向一体化没有必要，甚至是需要进行具体投资的时候（参见 Eccles，1981；Joskow，1985）。例如，相邻的一个煤矿和一家发电厂，它们分别要求它们各自的拥有者投资，这种投资可能受另一家企业进行**事后**拨款的努力所支配。长期合同可能可以避免这些风险而使得投资有可能被提供。然而，即使为达成"完全"合同而进行重新谈判不经常发生，要写出包含每一个可能发生的意外的合同很难，显著的不完全性的风险，特别是在动态环境中，不可避免地会很高。那些高度依赖于必要投入或者依赖于给定的分配途径的产业会倾向于确立长期合同性的协定或者可能合并以避免不断的重新协商，从而减少合同性的不确定性。同样地，为了减少以后不得不去积极寻找潜在买家的风险，生产中需要大量的沉没的投资品的企业

505

---

① 也可参见 Klein et al.（1978），Klein（1988），Riordan and Williamson（1985）。

可能会想要在发生沉没成本之前确保产量分配。个别企业的市场并不总是特别活跃的。① 完全纵向一体化是众多具有制造商和零售商之间的纯现货市场属性的纵向结构的一种。这种结构中有在供应链中给企业赋予大量不同种类的控制权利（长期的或者是短期的）的许多不同种类的合同形式。讨论这类选择的文献非常多。（特别地，参见 Grossman and Hart（1986）以及 Hart and Moore（1990），Hart（1995）提供了一个总结，同时，Whinston（2003）讨论了相关的经验证据。）②

10.1.1.2 双重加价和其他纵向外部性

双重加价（double marginalization）的存在被最广泛地引用为纵向关系的动机，并且成为这经济理论的核心概念。因此它值得从细节上去解释。双重加价由 Cournot（1838）提出，最近更多地被 Spengler（1950）介绍，它可以理解为是一种纵向价格的外部性。双重加价的基本原理是说与一个纵向一体化的企业所要求的零售价格相比，一个独立的零售商会有动机提高价格。这样独立的零售商索取的价格并不是追求利润最大化的纵向一体化后的企业所索取的价格。当企业并没有进行纵向一体化时，结果是在零售中会有更高的价格和更低的数量。

为了说明这个概念，假设有一个追求利润最大化的纵向一体化的企业。如果 c^{Up} 和 c^{Down} 分别是上游产品和下游产品的边际成本。纵向一体化企业最大化下列利润函数：

$$\max_{p} \Pi_f = \max_{p} (p - c^{\text{Up}} - c^{\text{Down}}) D(p)$$

它的一阶条件是：

$$\frac{\partial \Pi_f}{\partial p} = (p - c^{\text{Up}} - c^{\text{Down}}) D'(p) + D(p) = 0$$

这个一阶条件反过来决定了纵向一体化企业的最优价格，p^{VI} 是这个方程解。我们假设需求向下倾斜，$D'(p) < 0$。

假设我们有一个制造商和一个零售商，他们各自的利润函数是

$$\max_{p^w} \Pi^{\text{制造商}} = \max_{p^w} (p^w - c^{\text{Up}}) D(p^w)$$

$$\max_{p} \Pi^{\text{零售商}} = \max_{p} (p - p^w - c^{\text{Down}}) D(p)$$

如果制造商和零售商之间的关系只涉及一个单位的零售价格 p^w，那么这也会是零售商的边际成本里的一个因素。零售商的一阶条件是

$$\frac{\partial \Pi^{\text{零售商}}}{\partial p} = (p - p^w - c^{\text{Down}}) D'(p) + D(p)$$

加入和减去 c^{Up}，整理得到如下表达式：

---

① 有"救济"部门的竞争机构监督出售公司的过程，它往往有对公司的市场相当了解的人。例如，如果合并完成后的结果是导致竞争的大幅减少，适当的补救措施是结构性的，这个合并必须被撤销，竞争机构可能需要监督一个公司的出售。从这样的机构经验得出的教训是公司的市场有时候是流动性不足的。

② Whinston 讨论了关于财产权/一体化不完全合同理论的可获得的经验证据，特别是它的局限性。

$$\frac{\partial \Pi^{零售商}}{\partial p} = (p - c^{Up} - c^{Down})D'(p) + D(p) - (p^w - c^{Up})D'(p)$$

注意在纵向一体化企业的最优价格 p^{VI} 处，上式的前两项加起来为 0，所以在这个价格处我们有

$$\frac{\partial \Pi^{零售商}(p^{VI})}{\partial p} = -(p^w - c^{Up})D'(p^{VI}) > 0$$

这个导数是正的，意思是如果零售价格增加，零售商的利润会增加。这意味着纵向一体化企业的最优零售价格不是独立的零售商的最优价格。具体说来，这种不相等暗示一个零售商会通过将零售价格增加到纵向一体化企业的最优零售价格之上来增加利润。

注意这样的结果甚至会比有一个垄断者的情况下的价格还高！

双重加价，零售商通过对整个产业利润不利的方法增加他们的利润，这被认为是纵向价格外部性。在双重加价的例子中，下游企业没有考虑他们价格的设定对上游企业的利润造成的影响。这个分析提供了一个关于也许一个垄断者比多个垄断者好的这个一般陈述的重要例子。[1] 当然，有竞争性的市场更好！

双重加价不是纵向关系中出现的唯一外部性。这可能有，例如，制造商—零售商关系中的纵向服务外部性。我们把服务定义为企业从信息、便利或质量的角度来说为消费者购买提供便利所做的所有事情。纵向服务外部性的产生是因为零售商服务或销售努力的好处不仅仅由零售商获得，当生产商有正的利润时，还能被生产商得到。如果零售商的销售量增加，生产商的产品在销售上也会增加，而服务成本却只由零售商负担。自然地，当在决定最优服务努力水平时，零售商将只会考虑自身利益，因此，理论上，意味着独立的零售商可能会选择一个服务水平，这个服务水平低于对生产商来说最优的服务水平，从纵向链条整体来看，也会低于对消费者来说最优的服务水平。因此制造商有激励使零售商提供更高的服务水平，他们有时通过把一些限制加在零售商的经营上来这么做。

10.1.1.3 水平外部性

Winter（1993）还指出什么是定价和服务的水平外部性。它们的产生是因为在纵向链条的特定阶段采取的行动，例如，上游或者下游，但它们的影响可以被所有参与者感受到。一个例子就是当制造商向几个下游竞争性的企业出售产品，这是在大多数制造商/零售商的例子中的情形。在这种情况下，零售商提出的价格和服务无论从利润上看还是从福利上看都可能不是最优的。例如，一个零售商在服务上的投资也使得其竞争对手获益，这会反过来降低任何一个零售商提供服务的激励。[2] 这种情况可能出现，例如，一家书店推销某本书，而一旦消费者确认要购买这本书，则只会看到他们从网上购买。虽然制造商也许不关心购买发生

---

① 关于不完全信息下的双重加价分析，参见 Gal-Or (1991)。

② Telser (1960) 介绍了零售商在服务上搭便车的问题。

的地点，但零售商可能会对投资在推销活动上没有信心，这样会伤害制造商和消费者的福利。另一方面，如果零售商通过吸引其他竞争性的零售商的顾客来增加其商店利润，这个行动不会增加制造商的利润，零售商可能会从单方面零售价格的下降中获得比制造商更多的利益。这个偷生意（business-stealing）效应提供了一个负水平外部性的例子。把这些因素放在一起，Winter 认为在一个竞争性的零售环境中，零售商可能会倾向于通过降低其价格而不是增加其推销服务来从另一个零售商那里吸引额外的顾客。结果是增加其自身利润，但会潜在地降低制造商的利润，并且可能伤害消费者的福利。

总的来说，水平的零售价格和服务的外部性的影响意味着零售价格和服务相对于制造商所希望的来说都可能会过低。就纵向外部性来说，双重加价和正利润分别可能意味着零售价格太高和零售服务太低。由服务的提供引起的水平和纵向外部性的净影响会明确地导致服务不足，至少与制造商所希望的服务水平相比是不够的。关于价格，水平和纵向外部性可能会互相抵消，一般来说，最终结果对制造商来说是不明确的。就最终消费者福利来说，大多数事例中消费者最终支付更高的价格，但在纵向一体或纵向约束下会从更多的服务中受益。在这章的后面我们会探讨方法，这些方法可以帮助竞争当局去决定在研究的例子中结果的这种变化是否会有利于消费者。

10.1.1.4 竞争的减弱和封锁行为

虽然有关于纵向约束被用于纯反竞争目的的频率的讨论，一些有影响力的评论员认为这些活动是极好的（特别地，参见 Lafontaine and Slade 2005），事实是纵向约束，尽管可能不频繁，可以导致对下游或上游企业的行为约束，这些约束可能潜在地有反竞争的影响。纵向约束可以通过提高对手的运营成本而将竞争的供应商排除在市场之外，或者有利于阻碍竞争的供应商对下游客户的接近。[①] 经济文献的相当一部分发展了对专门纵向约定可能导致反竞争的封锁行为出现所需要的条件的分析（参见，例如，Mathewson and Winter，1987；Bernheim and Whinston，1998；Rey，2003）。很多竞争机构构造了这种潜在影响的分析，这种分析，首先考虑一个纵向约束（或合并）是否会加强一个企业施行封锁的能力，其次考虑一个企业实际上是否有激励去施行封锁，第三考虑一个企业是否会损害最终消费者。这种结构可能有用，但是在对一个具体例子的实际分析中，这种结构很难清楚地分割为这三个标题。有时候纵向约束不会导致完全的封锁，但可以

创造条件使其竞争的生产者软化他们价格竞争的强度。这可以达到，例如，通过部分的封锁、转售价格控制、专门区域市场甚至在一些情况下用专门的交易合同（参见，例如，Rey and Stiglitz，1995；Jullien and Rey，2008）。我们在下面的部分会对这些问题中的每一个进行讨论。

---

① Salop and Scheffman（1983）。关于同意专门约定的激励和纵向约束的反竞争影响的简单讨论，参见 Verouden（2005）和引用的书目。

10.1.2　解决双重加价

面临外部性所导致不同的激励，企业并不总需要通过合并来解决这些问题。合同性的安排会影响下游或上游企业的行为，从而得到更有利的结果。在本小节，我们简要地回顾纵向约束可以被企业用于诱导纵向链的另一方（例如，上游和下游）或在纵向链的特定阶段的参与者（例如，零售商间的服务提供者）的行为的最一般的方法。当我们分析时，读者会注意到一些不同的纵向缔约实践有时候可以被用于解决纵向关系中的任何一个困难，确实，这就是为什么在某些司法管辖区中，一些作者认为把转售价格维持与纵向约束的其他形式区别对待是反常的。[1]

10.1.2.1　转售价格维持：上限

价格上限形式的转售价格维持是企业解决双重加价问题的一个直接方法。通过设定一个最高价格，他们可以成功地阻止零售商从最优一体化企业价格处再进一步提高价格。在这种情况下，转售价格维持是有利于消费者的，因为他们为消费者设定了一个价格上限。这个例子为纵向约束有时对利润和消费者福利同时有利的一般命题提供了重要说明。

10.1.2.2　二部收费制

二部收费制是另一种合同性的方法，它使企业可以重新调整下游企业的激励来配合他们自己的激励。二部收费制的理论形成归功于 Oi (1971)，他讨论了迪士尼乐园的可能收费系统，在这个系统中有一个入场费，乐园可以为每个乘坐装置设定额外费用。二部收费制是一个上游企业[2]设定一个固定费用并再为每单位的购买设定一个额外价格的价格系统。通过设定每单位收费等于上游企业的边际成本，固定费用等于或者稍微地低于下游企业的总利润，这种支付结构使得上游企业能最大化总的行业利润，并通过对下游企业收取固定费用来获得大部分产生的租费。

510 在一个二部收费制的价格系统中，制造商宣告一个由固定费用 A^w 和随着数量变化的费用 $p^w q$ 组成的税表 $T(q)$：

$$T(q) = A^w + p^w q$$

让我们形式化企业的决定过程。给定税表，下游企业选择其最优数量 q 来最大化其利润。注意购买量为 0 也是可供选择的，所以形式上，零售商解决

$$\max\{\max_p (p - c^{Down} - p^w) D(p) - A^w, 0\}$$

其中，p 是下游企业的要价，c^{Down} 是下游企业的边际成本。而上游企业则选择

---

① 其他人认为 RPM 可以帮助形成共谋结果，因此考虑一个不同的有完全正当理由的处理。

② 这个结构使制造商通过先动优势获得所有的讨价还价能力。而零售商先行动的行动顺序会使零售商获得所有的讨价还价能力。

(A^w, p^w)，并在下游企业想要购买的数量为正的约束下最大化其自身利润。形式上，

$$\max_{p^w, A^w} T(D(p)) - c^{Up} D(p)，\text{限制条件为} \max_p (p - c^{Down} - p^w) D(p) - A^w \geqslant 0$$

其中 c^{Up} 是上游企业的边际成本。取代 $T(q)$，

$$\max_{p^w, A^w} A^w + (p^w - c^{Up}) D(p)，\text{限制条件为} \max_p (p - c^{Down} - p^w) D(p) - A^w \geqslant 0$$

从分析来看，这样的框架与上游企业扮演委托人的委托—代理类型的问题很类似，上游企业扮委托人是因为它有完全的讨价还价能力。让我们来看看这个问题的解法。考虑一个可能的解法，这个解法首先最大化总剩余，需要通过设定税表变动的部分等于上游企业的边际成本，即得 $p^w = c^{Up}$。其次，允许上游企业能利用固定费用从下游企业获得尽可能多的剩余，使下游企业只有足够的利润来使得它在边际上愿意参与（而没有更多的利润了）。形式上地，当零售商面对的边际价格被设定等于上游企业的边际生产成本，上游企业设定 A^w 等于下游企业的利润：

$$A^w = \max_p (p - c^{Down} - c^{Up}) D(p)$$

并非在上游水平设法获得垄断利润，这种"非线性"的价格合同允许上游企业（1）设定批发价格为边际生产成本，实际上是允许下游企业像是一个一体化企业时一样设定价格，（2）利用固定费用占有垄断利润。注意如果固定费用 $A^w = 0$，下游企业获得所有的利润，而设定固定费用 A^w 等于下游企业的利润会使得上游企业获得所有利润。A^w 的具体数值多半决定于这些企业的相对讨价还价能力。如果税表中的固定费用高，下游企业承受更多的风险，在不确定的环境中，二部收费制也许不能提供一个最优价格方案来最大化总利润和重新分配合成租金。在可预测的环境中，这个价格结构解决了双重加价问题，这种结构可以为上游企业最大化利润，达到能与纵向一体化导致的利润水平相当的利润水平。最后，注意在实际背景中，我们可能看到上游企业和下游企业之间对适当的 A^w 分配的谈判。二部收费制解决办法的重要特点是纵向链中的利润的最大化是通过使得零售商一单位投入的边际成本等于这单位投入的边际生产成本。最终利润在上游和下游企业之间如何分配可能是参与者之间谈判的问题了。只有当竞争当局因为某些原因关心纵向链中利润的分配，也许是因为投资的激励，纵向约束才会是直接关心的焦点。上游或下游的市场势力，在另一方面，也许是有趣的。

10.1.2.3 数量强制

另一个从中间企业引出适当的下游价格的方法是设定一个批发价格等于目标零售价格减去分销商的竞争性回报，同时强加一个规定的交易数量。这个数量强制不需要明确，但可以作为选择地由一个折扣系导出，这个折扣系导致中间企业从生产商处购买后者的最优数量。

当上游企业诱使下游企业购买了一个足够大的量去阻止市场中其他企业的进入，数量强制会是一个问题。这个问题由欧洲委员会对可口可乐的调查提出。2005 年可口可乐给欧洲委员会提供了保证，这个保证包括，在其他事情中，禁止与增长目标相关的折扣计划。类似地，它禁止基于购买同一牌子较不受欢迎的

商品所进行的折扣。竞争者抱怨可口可乐的激励和折扣惯例使得他们在零售商中没有多少货架空间。[①]

10.1.2.4 下游品牌内竞争

如果下游品牌内竞争激烈，就没有必要解决双重加价问题，因为单个下游企业不能通过实施市场势力来增加下游价格并减少制造商的销售，从而占有超出竞争性的利润。

为简单起见，假设每一个下游单位要求一单位的上游投入，下游价格会被设定在总边际生产成本水平，因此

$$p = p^w + c^{Down}$$

在这个例子中，上游企业通过设定批发价格为

$$p^w = p^{VI} - c^{Down}$$

得到一体化企业的垄断利润，其中 p^{VI} 是由一个假设的纵向一体化企业设定的零售价格。这么做保证上游企业可以使下游价格正好在纵向一体化企业选择的最优水平上，

$$p = p^w + c^{Down} = (p^{VI} - c^{Down}) + c^{Down} = p^{VI}$$

这个方案说明当下游市场竞争很激烈时，芝加哥评论（the Chicago critique）适用。这个评论说的是不可能在纵向链中获得一个比垄断利润还多的利润。它是对之前盛行的纵向约束的反竞争解释的一个反应，它的极端形式意味着纵向约束的目的**只能**是引出下游企业赞成竞争的行为，因为上游垄断者没有理性的动机去限制下游的竞争。上游垄断者试图去垄断下游市场不是有利可图的，因为所有的租金可以被上面描述的任何一个水平所获得。当下游市场具有竞争性，并且纵向合同适当地具有灵活性，这个逻辑适用。然而，这种明确的一般的陈述不被当前的经济研究所支持（参见，例如，Ordover et al.，1990；Riordan，1998；Church，2008）。

10.1.3 处理其他外部性

企业也利用合同性的方法处理其他类型的激励失调，这些激励失调类型由纵向链中企业的单个的利润最大化引起。我们已经提到，当价格不是需求的唯一决定因素，一个生产者会希望引出适当的服务水平，例如下游企业的推销服务。确定适当的服务水平，制造商需要考虑制造商和零售商之间的纵向外部性**以及**零售商甚至是供应商之间的水平外部性。如果零售商没有从提供推销以及（或者）零售服务中获得所有的利润，一些利润由制造商获得，那么零售商提供的推销水平以及（或者）零售服务一般来说，会倾向于比纵向链中的最优水平要低。零售商也可能会在给定的生产上对彼此的推销活动或服务努力搭便车，因此推销的动机或者通知消费者产品的信息会被进一步地减弱。

---

① COMP/39.116-CocaCola，OJL 253，29.09.2005，p.21.

在这部分我们讨论可以处理这些问题的某些相对普遍惯例。因为这些惯例也有潜在的反竞争影响，他们经常是反托拉斯当局审查的目标。

10.1.3.1 区域市场限制

区域市场限制通常被用于减少下游的品牌内竞争。当零售商的销售量和服务努力对制造商比较重要，他们会希望去保证零售商获得他们在服务质量上的投资所带来的回报。通过答应给予单个零售商或一群零售商在一定的区域市场享有专有销售权，制造商可以保证不同区域的零售商不会对彼此的投资有搭便车的行为。通过消除从其他区域市场吸引顾客的能力，水平定价的外部性（零售商通过降价来吸引对手的客户从而损害了制造商）也被排除了。当然，这个惯例有消除套利机会的理想影响是关键的。就是说，独占区域市场阻止了零售商之间的竞争，因此可能明显地有重要的反竞争后果。确实，正是"水平价格外部性"，竞争当局经常为保护它做了很多努力，因为它能给消费者带来低价格。在一个极端的例子中，有一个垄断制造商和一组零售商，如果没有区域市场限制，零售商会进行竞争，区域市场限制使一个市场分割安排等同于在零售商之间明确地同谋。为了评估这个政策，我们可能需要评估消费者在商品潜在高价格与商品所提供的较高质量的服务水平之间权衡的方式。

如上面描述的区域市场限制在欧洲的汽车销售部门已经是一个传统，在这个市场上，市场已被传统地定义为全国性的分配系统，这个系统是以独家经营和地理限制为特征的，包括制造商的跨境销售的限制。2002 年欧洲委员会得出结论，汽车制造商和经销商之间的独占经营协议，还有由制造商向经销商保证的独占销售区域市场，并没有被证明是有效的，因为消费者"并没有在最终的利润中得到一个合理的份额"。[①] 欧洲委员会为欧洲联盟的汽车销售发布了新条件，特别是强加独占经营者的权利可以卖给制造商的正式的网络之外的经营者。[②]

10.1.3.2 转售价格控制：最低价格

另一种诱导零售商提供一定水平的服务、销售努力或者对制造商最优的广告的方法是建立一个最低销售价格从而限制价格竞争。企业可以，例如，拒绝向零售价格在已制定的最低价格之下的零售商销售。例如，在 20 世纪 90 年代末期，美国音乐录音公司据说告知音乐零售商，如果他们以低于协定数量的价格为音乐 CD 做宣传，录音公司将会撤回对零售商保证的对广告和销售财务上的支持。那些广告和推销支付是零售商的一个重要的收入来源，这个规则实际上被称为最低限价的建立，引出了预录音乐而非主流音乐的购买者的多地区层级的行为。[③] 因为转售价格控制也可以有利于共谋协议的达成，直到 Leegin[④] 的结果，在美国它

---

① "委员会为汽车销售和服务采用的竞争规则的全面改革" IP/02/1073，17/07/2002，参见网站 http://europa. eu/rapid/pressReleasesAction. do? reference＝IP/02/1073&format＝HTML&aged＝0&language＝EN&guiLanguage＝en。

② 委员会规章（EC）第 1400/2002 号，2002 年 7 月 31 日第 81（3）条协议在机动车部门中垂直的合同的分类以及商定的行为上的应用。

③ In re Compact Disc Minimum Advertised Price Antitrust Litigation，M. D. L. no. 1361（U. S. D. C. Me）.

④ Leegin Creative Products Inc. v. PSKS Inc.，Supreme Court of the United States，June 28，2007.

本质上是一个攻击，录音公司试图通过惩罚广告价格而不是销售价格来回避反托拉斯条例。录音公司声称一些电子和大型商店为流行音乐的 CD 设定低价格来吸引消费者去他们的商店，因而减少了专业化音乐商店的销量，这些商店经常提供试听平台、店内专业建议以及促销活动等服务。这些服务导致音乐销售的增加，这对音乐行业非常重要。这个案子最终在 2003 年以 14 300 万美元达成协议，建立一个最低广告价格的惯例结束了。① 它仍是制造商阻止零售商水平过于激烈的价格竞争而做出努力的一个有用描述，零售商的这种竞争会显著地降低服务和销售努力的提供。当然，那个例子中的 RPM（即转售价格维持）的本质状况意味着并没有必要说明消费者因为这个惯例遭受损害。如 Leegin 所说，在美国那不会再成为这样的案件，因此，这样的案件可能更难在公开或私人反托拉斯范围提出控诉。

在欧洲，对 RPM 的一般看法没有美国新法律制度那么宽容。具体说来，在欧洲，RPM 现在被认为是无条件的价格限制，除非当事人提供足够的对效率的证明，否则这种限制是不合法的，这就是说，存在"可辩解的不合法认定"。② 一个宣称的理由是 RPM 经常与价格提高有关。RPM 也可以被用作组成零售商价格卡特尔的便利装置，因为它有效地通过合同的方法确定了零售商之间的最终零售价格。看起来像纵向合同的东西可能有时是对最终消费者有负面影响的水平的定价机制的指示器。在合理原则方法下的反托拉斯机构的挑战是把 RPM 的有效使用价值与它的潜在的不利价值区分开。

10.1.3.3 独占经营

独占经营，也被称为单一商标，当上游企业要求或诱使零售商只卖它的商标商品时发生。这可以是独占经营的一个明确的要求，或者作为选择地，这样的结果可以通过一个周密设计的价格结构生成。例如，我们可能实际上看到独占经营，如果有利的折扣只给那些从单一提供者处购买其所有商品的那些零售商。这个结果实际上会执行独占经营协议。当然，会有许多完全有效的大量理由，这些理由说明一个上游企业可能想要这种合同性的协议类型。一个显而易见的动机可能是保护他们自己在广告和质量上的投资的愿望，通过阻止零售商引导一旦进入商店的消费者去消费低价格、不出名的对手商品。零售商可能有动机这么做，如果对手产品可以即使在低销售价格下提供零售商高的利润，例如，因为少量的广告成本已经发生。这样独占经营可能在零售商中解决生产商之间的水平外部性。一个相关的例子也许会发生，如果一个制造商在它的分销渠道投资以增加服务和推销活动的水平。也许一个零售商可能选择使用这些技巧或资源去推销其他生产商的产品。那个例子中的合同为零售商可信地对不参与那种活动做出承诺提供了一个机制，因此也为制造商提供了提高企业潜在利润以及很可能也有消费者的利

---

① District of Maine, In re Compact Disc Minimum Advertised Price Antitrust Litigation, M. D. L. Docket no. 1361 Litigation Decision and Order on Notice, Settlement Proposals, Class Certifications, and Attorney Fees.

② RPM 在委员会规章协议（在英国的具体体现就是 1998 年《竞争法案》）的第 81 条下被看作是一个"客观的"限制。因此 RPM 被认为从目标来看是有害的——这是说，很可能会反竞争，从而假定它有不利的影响。

益的动机。在另一方面，独占经营也许为封锁的施行提供了一个机制。[①]

10.1.3.4 搭售与捆绑

搭售与捆绑也是制造商可以影响下游零售商的决定的方法。这些惯例包括以另一种商品的销售来作为一种商品销售的条件，通常是互补的商品。例如，这可以通过一个合同性的承诺做到，或者因为价格结构使得它分别购买这两种商品无利可图。一个例子可能是航空发动机和飞机仪表。

有许多文献分析搭售和捆绑的理由。这些解释从质量上考虑到价格歧视，当然，还有简单的交易成本。捆绑也可能由潜在的规模经济和生产或分配范围激发，规模经济和生产或分配的范围允许企业通过把一些产品进行捆绑销售从而降低价格增加销售量。理论上，搭售互补商品可以增加降低价格的动机，因为这个企业会从最初商品和搭售商品的需求的增加中获益。在计量和价格歧视的例子中，结果不那么明确，会随着消费者变化而变化。

虽然搭售可以有许多排除在外的动机，但是它却也可以在市场上导致有意或无意的阻碍行为。其中 Whinston（1990）和 Nalebuff（1999）分析搭售的动机，并介绍程序化的例子的结论，这些例子包括有关消费者对搭售商品评价、对被搭售和搭售商品评价之间的联系及被搭售商品市场的竞争性质的假定（也可参见 Bakos and Brynjolfsson，1998；Carlton and Waldman，2002）。Whinston（1990）说明了在一些环境下，一个垄断者可以通过搭售而独占市场，并由此为捆绑承诺一个低价格。他的结果也表明即使搭售互补产品对企业成本较少，搭售的激励仍不明显，除非一些特定的条件被达到。Nalebuff（1999）表明在异质偏好下，互补产品的捆绑可以是有利可图的，而且封锁行为也可以实现。在以创新为特征的动态市场中，搭售也可以被用于减弱或阻止潜在竞争者（Choi，2004；Carlton and Waldman，2002）。

这篇文章与芝加哥大学所持有的观点形成鲜明对比，芝加哥大学严厉地批评他们的"杠杆原理"（leverage theory）。这个观点的支持者认为如果一家企业在一种商品上是垄断者，但是在第二种互补品上面临着竞争，消费者以一定的比例消费这种商品，那么"一个垄断利润"论点成立。具体地，在第一种商品上的垄断者不需要在第二个市场上垄断去获取垄断利润。最近的两篇经验研究文章考虑了这个争论的不同变体。Chevalier and Scott Morton（2008）考虑了由搭售骨灰盒和葬礼服务引起的一个垄断利润论点的水平形式，他们的结果肯定了一个垄断利润论点。然而，Genakos et al.（2006）发现证据表明施行封锁行为的激励在经验上存在，一个例子就是微软利用其在"客户操作系统市场"（亦即通常的 Windows）上的垄断地位去试图垄断"服务器操作系统市场"（亦即 Windows 的网络服务器版本）的激励。特别地，他们发现假如完全歧视价格对一个垄断者来说无法实现，利用市场力量的激励可以存在。这样的话，杠杆作用可以成为帮助垄断

---

① 参见，特别地，Salop and Scheffman（1983）、Comanor and Frech（1985）、Schwartz（1987）、Mathewson and Winter（1987）、Rasmusen et al.（1991）、Bernheim and Whinston（1998）、Segal and Whinston（2000）以及 Simpson and Wickelgren（2007），讨论了封锁行为的取消的模型。

者从垄断市场获得更多租金的方法。[①]

10.1.3.5 拒绝经营

517　　有直接的拒绝经营的例子，一家上游企业拒绝向需要其产品作为投入的下游企业提供产品。这种行为类型的合法处理在不同的司法管辖区中是不同的。越来越多地，创新和大量先期投资的激励的维护要与因下游竞争更加激烈而产生的投入品上赚取的利益相权衡。一般来说，拒绝经营不太可能被认为是有问题的行动，除非上游企业有一定的市场势力。上游市场势力的一个重要来源可能来自于一个事实，一个企业操作一个非常重要的设备。深水港是可能被认为是重要设备的东西的一个例子。一个国家也许，例如，只有一个或两个深水港适合处理大型载货轮。建立一个新港口的入场权是明显代价很高的，也许根据地理是不可能的，而一个国家里商品的运输费用可能意味着特定港口的所有者有足够的市场势力。反垄断当局的困难在于会有这样的情况，企业以完全合法的理由停止向下游企业提供它之前交易的产品。与下游企业关系的终结可能发生，因为提供者认为中间企业没有跟上质量标准或者没有完成显性或隐性合同的要求。它也可能是市场条件变化的结果，这些市场条件会影响上游企业的激励，例如，成本的变化意味着额外的产出是亏损的。明显地，如果经济效率是我们的目标，甚至一个占优势的企业不应该被强制去亏本出售商品。这样，反垄断当局必须试图去分辨"合法的"拒绝经营和不合法的拒绝经营。拒绝经营影响的量化一般地比较困难，包括比较交易存在的世界的结果和交易不存在的世界的结果。结果，到目前为止，拒绝经营案例的评估在性质上主要是定性的。

10.1.4　市场结果的纵向约束的影响

为总结这章的第一部分，纵向约束对消费者福利的理论影响，在许多案例中是不明确的。一方面关于纵向约束有许多潜在的完全无害的动机，也不可能引起反垄断当局的合法关注。另一方面纵向约束也许会促进结果，这些结果会引起试图为保护消费者利益而使市场更好地运行的机构的关心。纵向约束有时候被用作弱化竞争的机制。在极端的例子中，在价格上进行竞争的激励可以被这种约束的存在完全消除。在另一些例子中，纵向约束也许会导致投入品或是消费者的封锁行为。最根本的是，经济理论没有关于纵向约束对福利是好还是坏的一般结论。
518　　在任何特定的例子中这个问题是经验性的，这意味着竞争当局必须首先试图去确定这样的情况，在这种情况下，一个纵向惯例可能会引发关注，因此它就应该是监视的目标。其次，他们必须试图去评估这种纵向约束是否应该为了消费者的利益去禁止或是限制。

---

　　① 为支持他们的理论，作者报告了 1997 年微软总裁比尔·盖茨在内部备忘录中写道的："我们试图去做的是利用我们的服务控制来得到新的协议，从而排除 Sun 和 Oracle 公司……我们在客户操作系统和服务器操作系统之间所拥有的对称性对我们来说是一大优势。"

因为理论预测并不总是甚至不经常地了解纵向合同协议对总的或是消费者福利的净影响，在案例和学术文章上为从经验上评估纵向行为的影响，已经有有限地但是也许正在不断增加的努力。在下一节，我们介绍许多被用于评估纵向约束影响的不同方法。在每一个例子中，我们力求说明这些方法的益处和局限。

10.2　度量纵向约束的影响

在本章的第一部分，我们证实了纵向约束的动机有很多，也证实了关于这些行为对福利的影响的理论预测经常是含糊不清的。有时候一个纵向约束会解决对企业和消费者的利益来说的一个重要的外部性问题。在其他情形下，正是这些外部性给消费者带来好结果，所以通过纵向约束排除这些外部性会产生对消费者不好的结果。一个例子是，当一个纵向约束起到排除企业间水平价格外部性的作用，这个外部性通常也意味着竞争会带来低价格和高质量商品。

有时行为的最终目标是完全地独占，结果可能是更高的价格和更低的产出，而没有同时出现的效率增加。另一些情况下，这两个影响会累积。经验分析是一种在特定案例中试图确定纵向约束对消费者福利的影响的方法。不幸的是，正是因为许多我们试图去孤立地确定并观察的影响很难去度量，基于影响的纵向约束分析尤其困难。被用于确定纵向协议影响的经验性策略包括回归分析，特别是固定效应回归、自然实验和事件研究。每一个都是在书中其他地方能经常碰到的。然而，重要的是要注意到这些方法只能当有惯例和没有惯例的情形下的数据可得时才能帮助解决识别问题。**事前**分析要求一个结构性模型的建立和估计，这些在没有严格和很有可能不切实际的关于企业行为的假设下是很难的。我们在这一章的余下部分将讨论每一个可利用的策略。在这样做之前，我们先简要地讨论关于评估封锁行为的动机的非正式和半正式的量化方法。

10.2.1　动机的非正式和半正式分析

519非正式量化分析有时对评估赎回权取消的动机有独到之处。这种分析的一个例子就是英格兰、威尔士和苏格兰铁路控股公司（EWS）和 Marcroft 工程有限公司之间的合并。EWS 是一家铁路货物运输公司，而 Marcroft 是铁路维护服务的提供者，主要为铁路货运行业服务。英国公平贸易局（OFT）在第一阶段的调查中考虑 EWS 是否有动机去阻止接近 Marcroft 的维修基地，因为这样做它可以潜在地伤害它的下游铁路货运市场的竞争者。为评估这个选择，OFT 考虑（1）阻止的情况下下游市场的潜在回报，（2）阻止接近 Marcroft 的维修设施的成本。OFT 的决议文件是对来自公司账户和第三方提供的信息的记录，第三方的产量和利润率在上游维修市场中要比它们在下游货物运输市场的要小。[1] 假设利润率不变，对阻碍行为的动机的粗略计算涉及对上游因维修而导致的利润减少额的估计

$$\Delta \text{Profit}_{维修} = \text{Margin}_M \Delta \text{Volume}_M$$

而货运公司得到了更高的下游利润

$$\Delta \text{Profit}_{货运} = \text{Margin}_H \Delta \text{Volume}_H$$

明显地，这些简化表达形式包含容积的变化而不是产量的水平，但是 OFT 也许已经相信预期的产量变化量反映了每一个活动的总水平。这样，因为 $\text{Margin}_H > \text{Margin}_M$，如果

$$\text{Volume}_H > \text{Volume}_M \Rightarrow \Delta \text{Volume}_H > \Delta \text{Volume}_M$$

那么

$$\Delta \text{Profit}_{货运} = \text{Margin}_H \Delta \text{Volume}_H > \Delta \text{Profit}_{维修}$$
$$= \text{Margin}_M \Delta \text{Volume}_M$$

明显地，一个粗略的计算包含一些很强的假设，这些计算对探索是否有为进一步调查的潜在正当理由的当局是合适的。最后，OFT 决定将此并购提交给英国的第二类并购审议主体，即竞争委员会，但 OFT 认为因为此并购已经发现了潜在的水平的问题，就没有必要在潜在的纵向的问题上形成最终观点。最终，竞争委员会接受了涉及部分 Marcroft 维护事业股权出售的公司保证。[2]

2008 年欧洲委员会调查了涉及允许导航数字地图（NDMs）的数据库的上游市场与包含不同种类的电子导航设备的下游市场的合并。[3] 具体地，TomTom，个人导航设备（PNDs）生产商，提议与导航数字地图数据库的提供者 TeleAtlas 合并。[4] 公开文件不允许这类评估的完整重建，这类评估表现为对委员会所考虑的整个封锁行为的情况的评估，但虽然如此，探讨这个例子是有指导意义的。

纵向计算方法意味着为了评估完全或部分封锁行为的损害论的合理性，竞争机构应该评估上游利润的损失和下游可能的利润获得。这样做允许对参与封锁行

520

---

[1] 特别地，参见 43 段落，OFT 决议文件参见 www. oft. gov. uk/shared - oft/mergers - ea02/2006/railway. pdf。

[2] 进一步的细节参见 www. competition-commission. org. uk/inquiries/ref2006/marcroft/index. htm。

[3] 我们不会为了我们的讨论而对不同市场界定进行详细评估。然而我们停顿一下会发现，委员会认为：（1）上游存在对由 TeleAtlas 和 Navteq 提供的导航数字地图的需求方替代。然而在导航地图和更多在开车时不能被用于即时处理的导航的"基本"数字地图之间并不存在需求方替代。此外，委员会得到估计，将一个基本地图升级到导航地图的质量需要耗费 1 000~2 000 人 5 到 10 年的时间。这样就不存在需求或是供求替代。上游区域市场是含糊不清的，因为它们被认为是不影响分析的结论。（2）委员会认为下游有各种各样的导航设备形式：个人导航设备（可以放在车里的手持设备形式）、个人数字助理上的地图、内置式导航设备（装在汽车仪表板里的导航设备）、可移动电话 GPS。在看到证据后，委员会决定 PNDs 在其内部建立一个下游市场。

[4] 见案例 COMP/M. 4854 TomTom/TeleAtlas。大约同一时间诺基亚（移动电话生产公司）与 TeleAtlas 的主要竞争对手导航地图生产商 Navteq 合并。（见案例 COMP/M. 4942 Nokia/Navteq。）两个合并最终被清除了。这些合并下的分析在很大程度上被看成为检验欧洲委员会最新纵向（非水平）合并指导方针，这个准则 2007 年 11 月份被采用。新的准则在一定程度上是对来自初审法院对欧洲委员会在 GE 和 Honeywell 的合并进行阻止的这个有争议的决定的批评的反应。（见案例 COMP/M. 2220 General Electric/Honeywell。）

动的激励进行一个评估。在完全封锁的战略下，纵向合并的企业会失去上游利润，因为它停止了向"零售商市场"的销售，在零售商市场中，那些企业与它们的下游子公司竞争。这意味着那些对手将面临更高的成本，因为，根据损害理论，它们将不得不从竞争的上游供应商处购买，而这些供应商不再面临供应方面的竞争，它们会提高价格。在 Tom Tom - TeleAtlas 的案例中，封锁行为的损害论意味着 TeleAtlas 决定停止与需要导航地图建立其导航设备的对手 PND 生产商们在顾客上进行竞争。因此，TeleAtlas 的对手 Navteq 公司将面临竞争的降低，并可能增加价格（或者更一般地采用其他战略，例如降低质量）。

521　　　实际上，跟随一个纵向合并之后的投入品封锁意味着（1）TomTom 的下游竞争对手将在合并后面临更高的投入成本，（2）如果纵向一体化有助于双重加价的减少或者避免，TomTom 本身，会因为下游纵向一体化企业的分开而能减少其成本。在 TomTom - TeleAtlas 的案例中，我们从委员会的决定文件中知道，合并前上游总利润高，大约是 85%。原因是发展一个数字地图涉及很多必需的固定成本投资，而因此发生的数据库可以随后以低边际成本进行复制。这意味着如果合并前纵向合同不能解决双重加价问题，那么 TomTom 的边际成本可以在合并后下降很多。同时，竞争的下游企业，根据损害理论，将面临更高的投入成本，因为它们要接受上游企业的缺乏竞争格局。

　　　图 10—1 说明这个变化对下游竞争结果的影响涉及给纵向一体化企业带来更低的价格，同时可能面临其下游对手更高的价格。自然地，这种变化带来的总福利影响将取决于随之产生的利润和消费者剩余的增加和损失的相对大小。正是这个观察引诱许多机构去为纵向合并分析选择一个框架，这个分析包括能力、激励和消费者损害的分析。这是说，法定框架下不能立即得出消费者剩余的增加和损

522　　失的那些竞争机构会注意到在合并下损失了一些消费者，即使最终总消费者福利更高，也许是因为纵向一体化的企业拥有更大的市场份额，这个市场也受益于合并后的低价格。

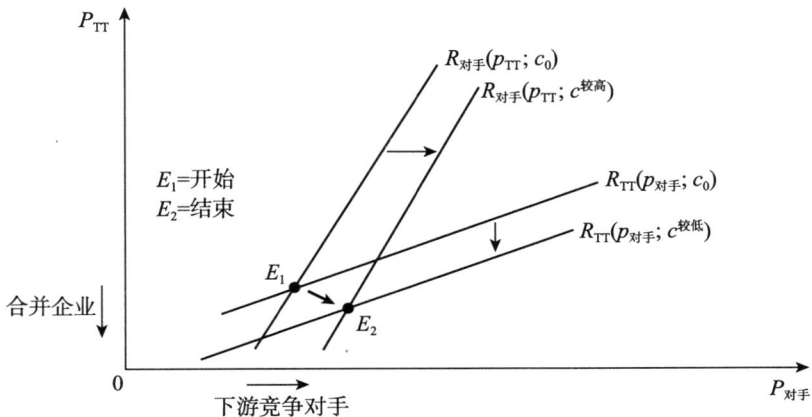

图 10—1　纵向合并对自身和对手成本的影响（1）

　　图 10—1 刻画了纵向一体化的影响，这种一体化（1）减少了并购的企业的

双重加价额，并且（2）增加了竞争对手的边际成本，因为并购的企业采取了封锁战略。前一种效应使 TT 公司的反应曲线向下移动，而后一种效应使对手的反应曲线向右移动，以反映出投入品成本的增加（在任何给定的 TT 公司的价格下，对手们将选择制定一个更高的价格）。

图 10—2 说明当一体化企业从排除双重加价中取得的收益小于因下游市场的对手而引起的成本增加的影响，结果会倾向于所有企业的要价增加。其他条件不变的情况下，这种结果显然对消费者不好。

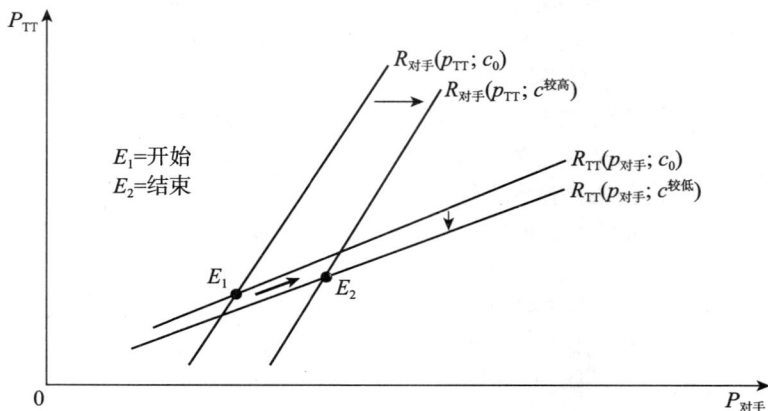

图 10—2　纵向合并对自身和对手成本的影响（2）

从 TomTom-TeleAtlas 的案例中拿一些数据，根据案例文件，以平均 14.6 欧元的价格向个人导航设备生产商销售 1 080 万单位的导航数字地图。此外，合并前 TeleAtlas 向 TomTom 及其他下游生产商出售它们的数据库，占有 10%～30% 的下游市场，[①] 就是说，在 1 080×0.1=108 万和 1 080×0.3=324 万单位之间。TomTom 公司的下游竞争对手有 Garmin、Mio-Tech & Navman Medion 以及 My Gaide。由于这个案例告诉我们总利润率为 85%，封锁战略将会损失 1 460×1.1×0.85＝1 370 万至 1 460×3.2×0.85＝3 920 万欧元之间的利润（或至少是对上游固定成本的贡献）。

为模拟出下游的潜在收益，理论上我们可以分析下游的静态博弈，并对 TomTom 和其对手在发生并购并且垂直一体化的厂商作出封锁的决定后可能遇到的成本的变化作出合理的假定。这是欧洲委员会需要进行的演算。不幸的是，公众并没有足够的信息去重复委员会的模拟工作，但是熟悉第 8 章中关于异质产品伯川德定价博弈分析的读者将可能清楚这一工作是怎么进行的，给定图 10—1 和图 10—2 中呈现的分析。我们不介绍整个计算，这里只介绍粗略的计算，直接看与市场份额和利润率可能的变化相关的利润的变化。

首先注意到如果下标"0"表示合并前而下标"1"表示合并后的价格、数量和成本，那么我们可以写出对下游利润的影响：

523

---

① 公共决策文件中只有范围。

$$\Delta \pi^{\text{TomTom}} \approx (p_1 - c_1)q_1 - (p_0 - c_0)q_0$$
$$\approx p_1 \frac{p_1 - c_1}{p_1}q_1 - p_0 \frac{p_0 - c_0}{p_0}q_0$$

现在设想，特别地，TomTom 合并前的市场份额是 40%，如果 TeleAtlas-TomTom 采用封锁战略，它的市场份额会增加到 45%。这样做意味着它的销售会从 $q_0 = 0.4 \times 1\,080 = 432$ 万增加到 $q_1 = 0.45 \times 1\,080 = 486$ 万，每年有 54 万消费者的增加。在下游市场，毛利率在 0 到 50% 之间，假定毛利率是 25%，平均最终合并前价格为 $p_0 = 200$ 欧元。为简单起见，假设下游毛利率在合并之前和之后都不变，而价格下降了一些，因为一些数据库投入成本的下降传递给了最终消费者。下游毛利率是 85%，合并前平均上游销售价格为每单位 14.6 欧元，TomTom 边际成本的下降可能达到 $0.85 \times 14.6 = 12.4$ 欧元。这样最终价格会在 $200 \sim 187.6$ 欧元之间，这取决于成本减少传递到最终消费者的程度。假定传递率为 50%，那么我们将会得到 $p_1 = 193.8$ 欧元，因此下游利润的增加将会是：

$$\Delta \pi^{\text{TomTom}} \approx p_1 \frac{p_1 - c_1}{p_1}q_1 - p_0 \frac{p_0 - c_0}{p_0}q_0$$
$$= 193.8 \times 0.25 \times 486 - 200 \times 0.25 \times 432$$
$$\approx 235\,46.7 - 21\,600$$
$$= 1\,950 \text{ 万}$$

这个数字在上游利润损失的估计区间 1 370 万和 3 970 万之间，所以这个计算并没有给出一个明确的赞成或是反对完全封锁的行为。然而，在大多数的司法管辖区中，举证责任由竞争机构负担，竞争机构需要证实合并可能带来的损害，如果是这样，这个计算意味着举证责任不会被解除。

明显地，我们在这个粗略的计算中作了许多假定，一个更细致的计算将会更接近从封锁行为中上游可能的损失和下游的收益的真实数字。目前我们注意到我们粗略的计算并没有给出一个明确的赞成或是反对完全封锁行为的动机，这样的计算可以帮助我们探索其他能提供信心或是恢复信心的可选的假定（例如，市场占有率，下游利润率以及它们如何变化和传递率）。自然地，在这样的评估中重要的是要考虑市场的现实。例如，一个下游个人导航设备生产商，Garmin，在 2007 年与 Navteq 签订了相当长时间的合同，到 2015 年期满，虽然到那时可以选择延长到 2019 年。这个合同意味着至少七年的时间 Navteq 不能向其主要的下游生产商提高其数据库的价格。在 Navteq 有激励和能力可能去提高向 TomTom 的下游对手提供数据库的价格的假定下，这个事实在评估下游的封锁战略的可能获利情况时明显是重要的。

在结束封锁战略的讨论前，我们进行三个更进一步的评论。首先，我们注意到 Hart and Tirole（1990）的重要贡献。他们的文章说明封锁战略可能最终不会在静态博弈中是一个均衡，因为一个试图去阻止下游竞争者的企业可能实际上能变得更好（给定对手战略的情况下），通过向外部市场销售来偏离封锁战略。这样，Hart 和 Tirole 认为不向外部市场销售的承诺是不可置信的。Ordover et al.（1992）不同意这一说法，更一般地，承诺的声誉和可信性的作用在重复博弈的背景下能得到最好的分析。不论这些理论关注的合适的范围是什么，实验证据似乎指出承诺问题并不总是难以避免的。（Normann et al. , 2001；Normann, 2007）。

其次，我们注意到在静态模型的背景下，封锁模型中企业可能发现向外部市场提高价格是最优的，并会部分地进行封锁，这个模型并没有受可信性问题的支配。然而，这些模型可能会导致封锁行为的实际经济影响对消费者有害的少数情况。

最后，我们注意到在 TomTom-TeleAtlas 的案例中可能合并会带来重要的效率收益，也就是，带有 TomTom 个人导航设备的汽车可以将信息送回 TeleAtlas，告诉 TeleAtlas 哪些地方驾驶员可以开车，哪些地方不能开车。当事人认为允许这样的信息从汽车传送回数据库在将来会降低收集详细的最新信息的成本，这些信息对生成导航地图来说是必须的。

10.2.2　纵向一体化的回归分析

在这部分我们展示在纵向合并背景下回归分析的使用。我们首先来看在一个"自然实验"中可能存在的数据集形式。

10.2.2.1　汽油零售市场纵向一体化影响的估计

525 　　Hastings（2004）的文章中有关于美国汽油市场中纵向协议对消费者零售价格影响的一个经验性尝试。这篇文章观察加利福尼亚州的一家独立加油站连锁店 Thrifty 被卖给一家已经被纵向一体化的大型美国汽油公司大西洋富田公司（ARCO）这一事件。销售发生在 1997 年 3 月，在这所加油站 75 岁的所有者决定退休后。在所有的 Thrifty 加油站由 ARCO 控制前有 60 天的等候期间。Thrifty 加油站只是贴上 ARCO 的商标，并在新的合同下经营。一些加油站成为公司经营，其他的则在贴上 ARCO 商标下出租给商人经营。对这些加油站并没有改造、扩张或是进行其他投入。换商标的过程在 1997 年 9 月完成。

Hastings 利用洛杉矶和圣迭戈大都市统计区（MSAs）的在加油站层面上为期四个月的零售价格的面板数据。数据覆盖 1997 年 2 月、6 月、10 月、12 月，以便于数据能提供销售前和销售后关于市场的信息。Hastings（2004）假设地域市场的定义是汽车加油站附近沿着街道或高速公路 1 英里。在给定它的所有者的退休愿望的条件下，Thrifty 加油站被卖给 ARCO 公司的事实可证明是完全独立于市场条件的事件，导致了一些本地零售汽油市场纵向一体化的增加，而在其他市场所有制结构并没有变化。具体来说，在价格样本中有 669 家加油站，其中 1 英里内有 99 家是 Thrifty 加油站的，因此市场中纵向所有权结构可被看成伴有零售汽油市场纵向一体化水平增加的收购的结果。数据集似乎可以为某些市场中纵向一体化程度提供很好的外生变动，而我们可能由此找到一体化对价格的影响。此外，一些市场并没有受到影响这一事实意味着我们还有市场作为"控制组"，这样我们就可以控制作在我们研究的时间段里其他因素的变化。这样做说明 Hastings 可以利用双重差分（difference‐in‐difference）方法估计，比较合并前后受影响的市场中价格的变化与没受影响的市场中的价格的变化。

数据显示和未受销售影响的加油站的零售价格相比，与 Thrifty 加油站竞争的加油站平均零售价格在销售发生后增加了。如图 10—3 所示。销售前，1 英里内有 Thrifty 加油站的加油站价格比其他加油站低 3 美分。1997 年 9 月收购完成后，同样的那些加油站的平均价格比未受收购影响加油站的平均价格高 2 美分。Hastings 报告在圣迭戈地区有类似的结果，她发现转变为公司所有的加油站和那些成为商人经营的加油站之间的没有价格差别。这些结果意味着纵向一体化和独立零售商的消失与这一特别市场中更高的价格有关，甚至可能是引起价格上升的原因。[①]

526

无铅汽油定期零售价格

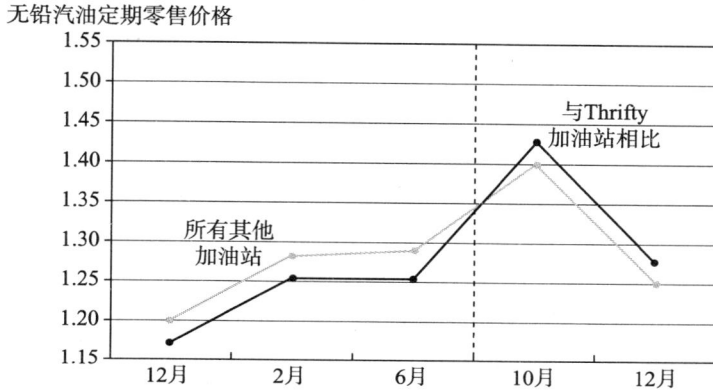

图 10—3 洛杉矶汽油价格：处理组和控制组
资料来源：Hastings（2004）。

在我们作出纵向合并引起更高价格的结论前，Hastings 首先指出像图 10—3 给出的简单描述性分析忽略市场中变化着的情况的影响。它可能是 Thrifty 汽油站存在的地区的需求或是成本的增加，混淆了所有权结构的变化带来的影响。为了控制这种情况，Hastings 进行了如下固定效应回归：

$$p_{jt} = \mu + \alpha_j + \delta_{\text{City},t} + \phi c_{jt} + \theta z_{jt} + \varepsilon_{jt}$$

其中，μ 是常数，α_j 是加油站的具体影响，$\delta_{\text{City},t}$ 是一系列的城市/季度虚拟变量，c_{jt} 是关于加油站是否成为公司经营（与在出租状态下的商人经营的加油站区分开来）的一个指标，z_{jt} 是加油站是否与独立的加油站竞争的指标，ε_{jt} 是误差项。固定效应控制潜在的决定价格的遗漏变量，它们在回归中是很重要的，表明实际上在当地水平上有许多不可观察的价格的决定因素。三种回归的变形的结果列于表 10—1 中。第三列的估计表明当市场中没有独立经营的加油站，零售价格会增加 5 美分。成为完全由一体化的公司经营的加油站与成为和上游公司是合同关系的商人经营的加油站相比，在统计上没有额外的显著的影响。

---

① 尽管这些结果的方向并没有争议，Taylor et al.（2007）认为在他们有密切关系的数据集中，实际的价格差异似乎相当小，交易前后大约是每加仑 1 美分，净影响是每加仑 2 美分，而不是 Hastings 的每加仑 5 美分的差别。因为 FTC 上的文章相对新些，读者可能会发现 Hastings 教授是紧接着对他们的文章的回应。不管争论的结果是什么，Hastings 的方法背后的思想是很有趣的。

表 10—1	Thrifty 加油站收购的影响的固定效应估计		
变量	1	2	3
截距项	1.346 5	1.346 5	1.361 7
	(0.042 1)	(0.041 5)	(0.028 7)
经营的厂商	0.108 0	−0.003 3	−0.003 3
	(0.0107)	(0.017 8)	(0.012 2)
独立的	—	−0.101 3	−0.050 0
		(0.0143)	(0.010 1)
LA[a] 二月	—	—	0.018 0
			(0.006 5)
LA[a] 六月	—	—	0.024 3
			(0.006 5)
LA[a] 十月	—	—	0.139 0
			(0.006 4)
SD[a] 二月	—	—	−0.085 1
			(0.003 6)
SD[a] 六月	—	—	−0.030 4
			(0.003 6)
SD[a] 十月	—	—	0.054 5
			(0.003 6)
Adjusted R^2	0.377 2	0.395 3	0.718 1
无固定效应的 F 检验:			
分子 DF: 668			
分母 DF: 1999			
F 值: 3.262			Prob. >F: 0.000
固定效应的豪森检验:			
豪森的 M 值: 622.296			Prob. >M: 0.000

a 圆括号内的是标准误差。

资料来源:Hastings(2004),表Ⅱ。

527　　　　从合并导致一个没有商标的产品变成有商标的商品的变化这一情况引起了另一个关注的方面,而这可能可以解释价格上升,再次不依赖于纵向一体化对价格的任何影响。贴商标的重要性在文章中有充分的讨论。为了处理这一问题,Hastings 将"处理组"分开,将那些曾经与独立经营的加油站竞争的加油站分成在加利福尼亚州的高商标占有率的加油站(Chevron,Shell,或 Unocal)、中等商标占有率的加油站(Exxon,Mobil,或 Texaco)、低商标占有率的加油站(Beakon,Circle K,或 Citgo)。独立经营竞争者消失的影响对那些有低商标存在性的加油站更大些,对那些已建立商标的加油站影响最小。这意味着商标的影响确实

528　　对价格的提高有着重要作用。由于纵向所有权结构改变着下游产品分化的程度,我们只要说明 Thrifty 加油站出售后的汽油零售价格的增加是纵向影响的结果。然而,经验性的应用将一个比我们开始分析的还要更难以分析的问题留给我们处

理。尽管资料中的自然实验相当规范，为了评估纵向结构的变化对消费者福利的影响，在这个案例中，因为纵向一体化的企业已经有下游商标，我们必须评估品牌化的增加（也许当成是产品和/或者服务质量更适合）足够去解释我们所要识别的价格的增加。我们在下一部分研究能够评估这种权衡的方法。

10. 2. 2. 2　估计有线电视市场中的纵向一体化的影响

另一个经验性地衡量纵向一体化影响的有趣尝试是讨论美国有线电视产业，Chipty（2001）给出了分析。这篇文章观察有线电视市场中电视节目和分发服务之间纵向一体化的影响。然而，文章实际上利用了两种方法，每种方法通常有助于评估由纵向合同引起的消费者在不同种类的价格和质量的组合间进行权衡的方式。例如，文章第一部分分析的一些模型发现纵向合同协议可能导致更高的价格，但同时也可能引起更多服务的提供。这种辩护可能对纵向约束实际上是反竞争的任何公司来说是容易的，这能使它们面对最低程度的指控。Chipty（2001）为我们提供了评估这个观点的两种方法。首先，她利用了与之前章节相似的方法，特别是她研究了均衡结果的简约式回归，在这个实例中，质量的度量和价格的度量对需求和成本的变量及纵向一体化的程度的变量进行回归。她这样做是希望能得到纵向一体化对均衡结果的独立的影响。其次，她建议一种方法，至少能分析出消费者是否实际上重视在纵向一体化市场上为使消费者情况变得更好的服务，其他条件一样的情况下。这些证据可能从一个产业中提供，在这个产业中，至少有关于有线传播系统公司和节目提供商纵向一体化导致有线系统运营商拒绝帮对手提供电视节目服务的传闻性证据。

在讨论这两种方法之前，花一些时间提供这个行业的一些背景是值得的。为了那个目的，美国有线电视产业的纵向结构大致如下。制片人公司如派拉蒙影业公司（Paramount）或环球唱片公司（Universal），将它们的媒体产品（电影、电视剧）卖给有线电视系统服务商如家庭票房（HBO）或美国经典电影有线电视台（AMC），这些服务商又反过来将电视节目卖给有线系统运营商。这些有线系统运营商在它们的市场中是典型的地方垄断者。① 它们给最终消费者在一定的价格上提供不同的成套频道。Chipty 考虑的就是服务提供商如 HBO（上游）和有线系统运营商如康卡斯特（Comcast）或 TCI（下游）的纵向一体化。

对这个市场进行经验性分析的一个比较好的特点是对有线内容提供商来说有许多不同的地方市场。此外，这些地方市场呈现出在电视节目服务和有线系统运营商之间不同程度的纵向一体化。

Chipty（2001）希望深入研究纵向一体化对封锁的实际影响，一个问题是对已经"封锁"的市场没有 0—1 分类。不是试图构造一个变量去进行回归分析，她提出研究在零售水平上已观察到的市场结果因纵向的一体化市场和非纵向的一体化市场的不同而变化的方式。这样做，她希望从所有角度来考察纵向一体化对结果和最终消费者福利的影响。她利用 1991 年来自"电视和有线电视概况"（the Television and Cable Factbook）的数据。数据集包含美国由 1 919 个有线传

---

① 最近，一些公司进行"过多的"有线电视专营区域的过程，这样在一些市场上就会有双寡头垄断。

播系统运作的 11 039 家有线电视专营公司，而这些有线传播系统又由 340 家有线传播系统运营商所有，这些系统所有者可能拥有不止一个有线传播系统商标。数据为所有权的结构、频道容量、在专营地区有权使用有线电视的用户数、有线传播系统节目提供量、价格及订购者的数量等方面的信息。还有 133 种电视节目服务（不包括按次计费和卫星电视）的数据，这些节目包括 8 种超额付费节目如电影、一个一般的文娱节目、两个体育节目。还有从 1988 年美国县市数据库（City and County Data Book）和 1994 年美国县数据（USA Counties）得到的关于市场的人口统计方面的数据，例如人口、65 岁以上部分和家庭规模。

纵向一体化发生在这样的情况下，有线系统运营商拥有所有的服务于专营地区的电视节目服务。原则上，纵向一体化可以通过最终产品的价格上升而引起封锁行为和对消费者损害。另一方面，它可以增加产品的质量，因为有线系统提供者有较高的激励去提供超额付费节目，这又是因为它们可以从更贵的节目销售中获得更多的利润。

Chipty（2001）使用的数据显示，平均来看，有线系统提供商提供 15 个基本收费节目和稍多于 3 个的超额收费节目频道。Chipty 将"基本系统"定义为一个与一个基本节目提供者结合的有线系统。这种纵向一体化的基本系统平均提供 20 个基本频道和 4 个超额收费频道。与超额收费节目提供者合并的有线系统（Chipty 称之为超额系统）提供 19 个基本频道和略少于 3 个的超额收费频道。简单看一下这些描述性的数据，这些描述性统计意味着与基本节目提供者合并能增加基本和超额节目的提供。与超额付费节目的提供者合并能增加基本频道的提供但是会稍微减少超额付费节目的提供。

首先，Chipty 考虑控制住其他影响需求和供给的因素及潜在地与所有权结构假相关的因素后这些结论是否成立。方法与之前章节的相似，涉及将均衡结果（如价格或频道的数量）对需求和成本因素以及纵向一体化的指示变量进行简约式回归。如系统的已使用年限和大小、市场的大小、当地居民收入、人口密度及年龄结构等变量也被考虑进来。质量的两个代理变量也被研究了，这样，简约式回归估计了基本服务（频道）提供的数量和超额付费服务提供的数量。另外，Chipty 考虑了纵向一体化对价格和渗透率（penetration rate）的影响。

Chipty 使用了最小二乘方法 OLS，因而模型并未尝试解决任何潜在的内生性问题，这一问题的出现归因于垂直一体化和频道的数量都是厂商的决策变量的事实。自然地，很难为纵向一体化找到一个合适的工具变量，Chipty 的简约式结果因此受到标准和潜在重要的内生性挑战，而这正是 Hastings（2004）希望通过她的双重差分方法避免的。

当我们担心内生性问题时，至少这种简约式回归方程可能被我们在第 5 章所说的二阶段博弈促成。具体来说，我们进行这样一个简约式回归，通过将决定纵向一体化放在博弈的第一阶段，第二阶段生成更短期的均衡结果，包括基本和超额付费频道数量。在每一个例子中有必要认真考虑可能是内生的变量。一如往常，这样做时要考虑的因素包括来自文件、产业信息、一些从调查中得到的一些被研究的均衡变量（如频道的数量）决定因素的"软"信息，还有不包含在回归模型中的变量。任何被遗漏或不完美的代理变量可能在模型的残差里。还需要考虑那些被遗漏的变量是否是与模型中的解释变量不相关。[①]

　　Chipty 发现，与基本节目提供商之间的纵向一体化显著地增加基本节目频道的数量（一个额外的频道），并没有显著地影响超额付费节目的提供。简约式回归结果意味着与超额付费节目的提供者一体化的结果，平均来看，都提供更少的基本节目（一到两个）和少提供一个超额付费频道（在一定程度上与简单的均值比较的结果形成对比）。看实际提供的频道，Chipty（2001）证实超额付费系统支持更少的对手的超额付费频道，同时也更少地支持可能与超额付费节目竞争的基本服务频道。这个观察与封锁的故事是一致的，但是因为我们并没有考察价格，它只是故事中的一部分。

　　接着 Chipty 利用简约式方法研究纵向一体化对价格的影响。观察价格影响，基本系统和超额系统的纵向一体化的影响似乎并不明确。与超额节目提供商合并使基本服务的价格急剧地下降，但是也使超额付费节目的价格急剧提高。与基本节目提供商合并有相反的影响，但价格影响在数量上要小得多。

　　因为纵向一体化后，价格和频道数量随之发生变化，消费者是否（如果是，多少）变得更好明显地取决于纵向一体化引起的价格和服务数量影响的相对大小。

　　在另一些情况下，简约式分析可能提供更明确的答案。例如，如果纵向一体化导致更低的服务提供和更高的价格，那么似乎纵向一体化（或纵向合同）并不能解决外部性问题，这样做会导致对消费者来说比较合意的结果。然而，在这种情况下，我们面临的结果并不能对封锁行为提供明确的指示，也不能立即给出关于结果合意与否的答案。许多案例研究团队可能会停在这一阶段，并得出结论无法证明。然而，Chipty（2001）试图走得更远，通过估计消费者需求的结构式模型去评估净消费者福利影响。这么做使得我们可以对市场中不同的代理人进行明确的模型化，虽然在她的例子中只有消费者。正是这个理由，我们在下一部分在结构式模型下讨论这个模型。

10.2.3　结构式模型化

　　结构式模型要求我们明确说明需求或者结构性的价格方程或其他供给方面的决定方程。这么做意味着需要假设消费者偏好形状和（或）竞争环境性质。这些假设对决定结果都很关键，在作这些假设时我们需要充分自信地认为它们是与现实相符的。一个利用结构式模型决定纵向合同影响的特殊问题是决定和诱发这些合同的一些因素并没有很好地被现有的模型所捕获。例如，要度量销售努力或是将价格变化影响异质消费者的机制模型化并不容易。然而，仍有一些努力在尝试着用结构式模型去识别出纵向协议的影响。

---

① 回忆一下，OLS 只有当 $E[\varepsilon \mid x] = 0$ 时有效，其中 ε 是模型里的残差，x 是模型中的解释变量。

10.2.3.1 消费者福利的影响的测算

度量市场结果对消费者福利的影响一般要求估计需求方程，因为消费者福利经常被定义为需求曲线下面的区域（见第 1 章的讨论）。

如果我们有纵向一体化和非纵向一体化下的价格和产量的信息，我们可以比较这两种情况并研究纵向一体化对消费者剩余的影响。Chipty（2001）估计了一个包含两个需求方程的需求系统（见图 10—4），分别是基本有线系统和超额有线系统。度量数量需求的变量是渗透率。模型设定还包括影响需求的人口变量、服务的价格、互补服务的价格（分别为超额有线系统、基本有线系统）。系统特征（系统已使用年限和大小）被用作识别工具。估计结果在表 10—2。

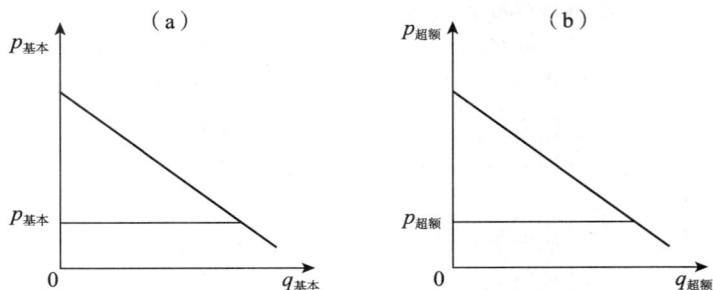

图 10—4 互相联系的需求方程

（a）基本系统 $q_{基本}$（$P_{基本}$，$P_{超额}$；$s_{基本}$，$s_{超额}$），

（b）超额系统 $q_{超额}$（$P_{基本}$，$P_{超额}$；$s_{基本}$，$s_{超额}$）

表 10—2 需求估计

| | 面板 A:频道具有 | | | |
| 变量 | 基础的渗透率 | | 超额的渗透率 | |
	系数	t 值	系数	t 值
常数项	2.673	1.949	−0.933	1.076
一般电缆的价格	−0.255	4.459	−0.021	0.892
高级电缆的价格	−0.012	0.215	−0.046	1.698
所提供的一般性服务	0.158	4.275	0.048	1.034
基本的节目重播	−2.232	3.757	−0.595	0.776
			−0.291	1.673
在基本服务包中供给 AMC 公司收入的自然对数	0.267	2.132	0.131	3.575
人品密度的自然对数	−0.120	3.808	0.005	0.294
年轻的电视观众	−0.190	0.120	0.177	0.307
年老的电视观众	−2.337	2.871	−0.622	1.403
非白人的电视观众	0.145	0.873	0.023	0.425

续前表

| | 面板 A:频道具有 | | | |
| | 基础的
渗透率 | | 超额的
渗透率 | |
变量	系数	t 值	系数	t 值
家庭规模	−0.413	2.056	−0.039	0.550
电视家庭的自然对数	0.196	2.643	0.088	1.950
垄断影响区域的排名	0.289	2.422	0.108	1.763
工具变量的混合检验	10.042			
	(0.123)			

资料来源:Chipty（2001）。

结果与理论预测一样，是负的自身价格弹性。基本系统价格弹性要高于超额系统价格弹性，这也许反映了"平均"基本系统消费者与"平均"基本加超额系统消费者之间的偏好差异。如果后者是相对缺乏弹性的需求者，那么结果很直观。

Chipty（2001）利用了一个很简单（但是近似的）的对消费者剩余的计算，通过在每种情况下对两种不同类型的消费者增加其消费者剩余:那些购买基本加超额系统的人、那些购买基本系统的人。[1]

533

每种情况下的渗透率给出了纵向一体化市场和非纵向一体化市场下每组中的部分。注意在每组消费者中，消费者被假定为同质的。这由需求曲线的简单线性设定所规定。[2] 消费者剩余的计算结果显示在表 10—3 中。

表 10—3　　　　　纵向一体化和非纵向一体化下的消费者剩余估计

（每位消费者每月 花费美元）	非一体化	带有基本服务 的一体化	带有超额服务 的一体化
消费者剩余	1.47 美元	1.69 美元	1.87 美元

资料来源:Chipty（2001）。

总的来说，Chipty（2001）发现纵向一体化增加了消费者剩余，这个增加在

---

[1] 为计算消费者福利，需要处理各种争论。首先，是否应该用希克斯需求曲线，与收入相对比，该曲线保持效用沿着曲线不变，而在马歇尔需求曲线中则是保持收入不变。在这种情况下，因为收入效应被假定很小，作者认为这两种需求实际上相等。其次，当面临相同价格和质量消费者的选择不同，因为一些人只有基本系统服务，而一些人有基本加超额服务。异质需求也可能使消费者福利的计算更复杂，因为不再是单一的需求曲线。这就是说，实际上这个问题很好解决，至少在原则上，通过对不同的类型的消费者估计需求曲线。Chipty 指出他的近似算法要求基本系统和超额系统带来的效用对消费者来说对加法是可分离的。这意味着从基本系统得到的效用不会影响从超额系统中得到的效用。这个假设很可能是错的，如果，例如，我们考虑对啤酒和比萨的需求，消费者一般认为在有啤酒的时候吃比萨更有乐趣。然而，在这里它似乎是一个很强但合理的假设，虽然那些更喜欢"精确"估计的人可能会偏向更复杂的方法。Chipty（2001）也利用 Hausman（1981）的结果在这个模型中更精确地去估计消费者剩余。

[2] 第 9 章提供了关于特定需求设定下假定的讨论。

与超额系统提供商纵向一体化的时候会更大。注意到三种市场类型之间的差别出现是因为三种市场类型之间价格和服务水平不同，不是因为需求模型暗示的消费者本身关心纵向一体化。渗透率的形式似乎意味着它们在有产生于纵向一体化的价格—服务权衡种类的市场上更大。因为这些因素会导致需求曲线向外更偏向右边，在任何给定的价格下我们倾向于高估消费者剩余，虽然如果消费者在那些市场面临很高的价格，消费者剩余的数量可以很容易减少。

Crawford（2000）提供了另一种基本和超额有线系统的需求模型，利用相似的数据集，允许消费者异质；而 Shum and Crawford（2007）在模型中增加了一个供应方，允许企业选择价格和质量，是一种设计的二级价格歧视（参见 Crawford，2005）。读者可以查阅这些论文去研究这些作者对这个问题的结构性方法，而我们转向另一种结构性论文，研究汽车销售中区域市场限制的废除的案例。

10.2.3.2 区域市场限制的影响的估计

Brenkers and Verboven（2006）[1] 利用结构性方法分析欧洲汽车市场限制的放宽的影响；特别地，他们想估计去除区域市场限制的影响[2]和独占经营关系协议对价格、消费者福利和利润的影响。直到 2002 年，欧洲汽车制造商被允许选择经授权的经销商，准许它们区域性独占经营。欧洲委员会在 2002 年通过阻止汽车制造商的选择和区域性独占放宽了这些限制。这意味着虽然制造商仍有权准许"官方"经销商网络拥有区域性独占，这些经销商可以将汽车卖给该地区的非"官方"经销商或转售商。它们也可以直接卖给另一个地区的消费者。目的是提高欧洲同一个地区和不同地区之间的不同经销商的品牌的竞争。

区域市场限制允许一个制造商在不同的地区间进行价格歧视。另外，如果市场能力被给予全国层次上的零售商，双重加价可以帮助缓和制造商之间的竞争（Rey and Stiglitz，1995）。放宽对汽车市场的限制和抑制全国性市场分割的价格歧视可能有不明确的福利影响，因为那些面对高价格的消费者将会比以前更好，而那些获益于低价格的消费者则变得更差。另一方面，如果独占妨碍了在全国和不同地区层面上的零售竞争，那么除去它将倾向于降低价格而有利于消费者，若不存在其他纵向一体化的有效影响。

为了从经验上评估消除限制的净影响，Brenkers 和 Verboven 估计了放宽前和放宽后的完全结构性模型。他们用 1970～1999 年在 5 个欧洲市场卖的所有汽车型号的汽车包括价格、销售额和特征的数据。他们也有全国人口和 GDP 数据。他们首先估计嵌套多项式 Logit（NMNL）汽车需求系统。对每个市场 m，个体 i 对汽车 j 的条件间接效用形如

$$u_{ij} = x_j\beta + \xi_j - \alpha_i p_j + \varepsilon_{ij}$$

其中，x_j 是产品具体特征，如马力和大小，ξ_j 是关于产品的残差项，描述分析者无法观察到的产品特征，如品牌形象。价格系数 α_i 被定义为 $\alpha_i = \alpha/y_i$，其中 y_i 是个体收入。作者假设 ε_{ij} 满足二级嵌套式 Logit 模型的假设（见第 9 章中对一级

---

① 关于纵向竞争的相关模型，参见 Dubois and Bonnet（2008），Villas-Boas and Zhao（2005），Villas-Boas（2007a，b）。
② 利用本节所描述的相似的技术对独占经营进行结构性分析，参见 Asker（2005）。

NMNL 模型的讨论）。二级 NMNL 模型允许研究者将产品分类，把消费者的选择问题看成一系列的步骤。首先，消费者被假定在不同种类的汽车间选择。在 Brenkers 和 Verboven 的讨论中，汽车分类被定义为微型汽车、小型汽车、中型汽车、标准汽车、豪华汽车及以防消费者决定不买车的情况下的一个外部商品分类。给定一组，消费者被假定在国内和进口汽车间进行选择。最后，在每一个子分组中，需求模型假设消费者选择购买哪种类型的汽车，在那一阶段，只在不同的子分组中进行选择。

二级嵌套结构的假设可以是对 ε_{ij} 的分布做特别选择，这种结构允许个体在 g 组汽车和 h 子分组中，选择汽车 j 的可能，可以表述为

$$s_{ij} = \frac{\exp((x_j\beta + \xi_j - \alpha_i p_j)/(1-\sigma_{hg}))}{\exp(I_{ihg}/(1-\sigma_{hg}))} \frac{\exp(I_{ihg}/(1-\sigma_g))}{\exp(I_{ig}/(1-\sigma_g))} \frac{\exp(I_{ig})}{\exp(I_i)}$$

其中

$$I_{ihg} = (1-\sigma_{hg})\ln\sum_{j=1}^{J_{hg}}\exp(\frac{x_j + \xi_j - \alpha_i p_j}{1-\sigma_{hg}})$$

$$I_{ig} = (1-\sigma_g)\ln\sum_{h=1}^{H_g}\exp(\frac{I_{ihg}}{1-\sigma_g})$$

$$I_i = \ln\sum_{g=1}^{G}\exp(I_{ig})$$

σ_{hg} 和 σ_g 是嵌套系数，可以随不同的分组和子分组而变化。一如既往，某产品的总需求通过将每个消费类模型的需求相加得到，这里是 y_i。这样，给定产品的预计销量是个体选择概率的加权平均，其中权数是人口的收入分配密度。要估计的系数是 x_j 中产品特征的 K 个系数，五个组的系数 σ_g，十个子分组中的系数 σ_{hg}，价格系数 α。要估计的系数的数量为 $K+5+10+1$。为了估计，我们需要至少与模型中系数相同数目的工具变量，这样才能使模型被识别。作者用在第 9 章中描述的稍做修改的 BLP 方法。

为了得到识别需求系统所需的工具变量，作者首先假定观察到的产品特征 x_j 与需求中的不可观测变量 ξ_j 无关。这个假设与 OLS 模型中的相似，并提供了 K 个工具变量。这在文献中也是经典的，虽然原因可能是因为很少有更好的选择，而不是因为这个假设明显就是一个有效的假设。另外，Brenkers 和 Verboven 决定"加价移动"变量可以用作额外的工具。它们是在特定子分组中的企业销售的其他产品的数量和特征，特定子分组中竞争性的产品的数量和特征，同一组中一个企业产品的数量和特征，同一组中竞争性产品的数量和特征。那些构造的变量表现了竞争的相互作用的性质，因而会影响利润，当与需求上不可观测的产品特征无关时。这个方法的工具变量法与 Berry et al.（1995）提倡的相似。

到目前为止，我们只是从 Chipty（2001）的方法进步到被估计的需求系统的类型改变。然而，除了需求外，Brenkers 和 Verboven 也利用来自放松前的情况下的数据估计了定价方程。为此，他们假定了一个两阶段博弈，其中制造商 f 将

产品 j 的批发价格设为 w_j，那么零售商 r 在给定 w_j 下将产品 j 的零售价格设为 p_j。他们利用逆向归纳法解决这个模型，首先计算零售商的最优价格方程，这个最优价格方程是所有汽车的批发价格的函数。他们将零售商的运营边际成本标准化为 0。不是在一个特定行为模型的基础上写一个特定的零售价格模型，他们用零售定价方程的一般式，概括了一些零售商行为的潜在模型（竞争，垄断定价等）。特别地，Brenkers 和 Verboven 指出每一个模型会生成一个结构性的零售定价方程，形式为

$$p = p(w)$$

其中，子博弈均衡零售价格将取决于所有汽车的批发价格。我们在下面会给出一些子博弈的具体例子，但是现在要注意到博弈各阶段的进行顺序，制造商设定价格，然后零售商竞争，并仍要把关于制造商和零售商各自讨价还价能力的重要假定包括在内。也就是这个行动顺序是使制造商有先动优势和随之发生的讨价还价能力。

利用逆向归纳法的过程，在博弈的第一阶段我们必须解出制造商选择的提供给零售商的均衡的批发价格。在这个模型中，批发价格是在知道第二阶段零售商将会在批发价格的基础上决定零售价格的完全信息下进行选择的。我们假定每一个制造商在考虑零售商定价行为和需求的情况下选择其产品的批发价格去最大化其所有产品 $\Im_f$ 的共同利润：

$$\Pi_f(w) = \sum_{j \in \Im_f} (w_j - mc_j) q_j(p(w))$$

注意这个结构式模型实际上就是用来分析双重**加价**的模型（见第 9 章的最后一部分）。上游制造商设定批发价格，下游零售商可能随后发现改变结构是有利可图的。这样，虽然代数计算可能看起来复杂些，但基本框架还是跟我们标准的双重加价问题是一样的，尽管有两个重要的不同点：（1）产品不同，（2）在零售商和制造商的阶段可能会有一个寡头卖方垄断，而不只是一个制造商垄断和一个零售商垄断。[①]

538

回到制造商的问题，每一产品 j 的一阶条件是

$$q_j(p(w)) + \sum_{k \in \Im_f} (w_k - mc_k)(\frac{\partial q_k(p)}{\partial p_1} \frac{\partial p_1(w)}{\partial w_j} + \cdots + \frac{\partial q_k(p)}{\partial p_J} \frac{\partial p_J(w)}{\partial w_j}) = 0$$

产品 j 的批发价格的一点增加会按该产品所占市场份额的数量增加制造商的利润，而这个增加会被需求效应调整，价格增加会在每一个企业模型上都产生这一效应，通过零售商对批发价格的增加的反应方式进行调整的。

Brenkers 和 Verboven 考虑了两个方案。第一个中，他们假定零售商之间的激烈竞争，则零售价格一直等于批发价格，因为那是零售商的边际成本，在激烈

<hr>

[①] 这本书的一个匿名评论者指出在许多教材上关于纵向一体化和纵向约束的处理在许多竞争的书中会安排在前面。理由可能是这些书经常把这些话题当作是（i）上游下游垄断或是（ii）在一个层面上的垄断，在另一个层面上竞争来进行分析。我们选择最后处理纵向这个话题主要是因为实际世界中的市场，竞争机构必须分析一些比评估水平合并更复杂一些的背景。特别地，分析纵向约束或合并意味着在不同供应链层面上定义市场，在每一个层面上分析水平竞争，并分析水平和纵向的竞争是如何相互影响的。这个做法本身就是比研究一个简单的水平合并要复杂的。

的竞争下零售价格正好被设定等于零售商的边际成本。[①] 在那种情况下，我们有一个关于有不同类型产品的制造商的标准模型。更具体地，除了我们用了一个更复杂的差异产品需求系统及将定价方程设为非线性外，这个模型正是我们在第8章中能用线性需求分析研究的模型。$\partial p_k(w) / \partial w_j$ 在 $k=j$ 的时候是1，在 $k \neq j$ 的时候是0。在这种情况下，制造商的边际成本可以通过从观察的零售价格中减去批发价格找到。

在第二个方案中，零售商有市场势力，零售商在他们的产品集 R_r 上最大化利润。零售商可以拥有市场势力，例如，如果零售商被赋予独占经营区域，这使得它们的产品范围在最终消费者的眼中可能只是另一个零售商的产品的相对比较弱的替代品。从零售商的问题中产生的一阶条件是

$$q_j(p) + \sum_{k \in R_r}(p_k - w_k)\frac{\partial q_k(p)}{\partial p_j} = 0$$

在一些代数计算后，可以将均衡零售价格 p 表达成为批发价格 w 的函数。计算上，给定 $p(w)$，可能解出制造商在考虑随后零售商的反应下所希望的批发价格。然而，如果我们没有观察到批发价格，但我们从公司文件中知道相同的价格适当地接近现实，那么我们可以在给定观察到的零售商价格行为下，如给定 p，利用这个方程去解出 w。知道 w 和 $p(w)$，我们可以回到制造商的问题，利用"已被观察到的"批发价格去帮助估计制造商的生产边际成本。这样，对一组给定的需求的估计，我们可以解出那些 w 和 mc，这些可能解释我们的零售价格数据。显然地，这种方法十分依赖于需求系统估计，也要求我们可以正确地描述产生观察的零售价格的模型。当这些假设是强假设时，它们是可检验的。例如，可能可以利用样本外数据和/或会计数据估计零售和批发层次的成本，至少作为"实际检验"。类似地，交叉检验也许可行，利用其他证据，包括证词和公司文件等。

除了在放松之前就已写下双重加价模型和博弈每一阶段中的产品差异化及寡头垄断市场，Brenkers 和 Verboven 会修正模型以便他们去评估市场放松后所发生的情况。预测什么会发生，当然是很难的，不只是因为世界是反事实的，例如，他们没有对放松后情形下消费者替代形式的估计，而在这个情形下消费者或交易商有其他的可供选择。实际上，他们通过在模型中引入约束来模型化放松后的情形，这个约束是不同地区的加价不应该超过不同地区的交易成本。他们认为这反映了这个思想，中间人会起套利人的作用，因此他们会倾向于使利润在不同的市场上趋同。（实质上与鼓励消费者改变行为的限制放松是有区别的。）他们也假设，在放松后，一个合理的粗略估计是零售竞争是完全竞争，则零售价格正好等于批发价格。具体的，定价方程被假定是下列约束条件下的利润最大化问题：

$$\Pi_{fm}(p_m) = \sum_{m=1}^{M}\sum_{j \in F_f}(p_{jm} - mc_{jm})q_{jm}(p_m)$$

满足 $(1 + \tau)(p_{jm} - mc_{jn}) - (p_{jm} - mc_{jn}) \geqslant 0$

---

① 为简单起见，这个模型假定零售商只要求一单位的投入去生产一单位的产出，这样，制造商的需求正好是零售商要求的数量。

其中 m 表示制造商在其中经营的市场，τ 是将一辆汽车从地区 n 运到地区 m 成本增加的百分比。理智的人会有理由讨论这是否正确表达了放松方案。

一旦放松化之前和之后方案的均衡价格都估计出来了，福利的变化也可以被决定。和往常一样，消费福利的变化可能被计算为个体福利变化的加权平均。对上面所说的特定的需求模型来说，个体消费者剩余的变化可能被表示为分析公式

$$\Delta CS_{in} = \frac{I_i(p_m^{后})}{\alpha_i} - \frac{I_i(p_m^{前})}{\alpha_i}$$

其中，$I_i(p_m)$ 是上面定义的嵌套 Logit 值。生产商剩余（利润）的变化也可以表示为

$$\Delta PS_m = \sum_{f=1}^{F} \Pi_{fm}(p_m^{后}) - \sum_{f=1}^{F} \Pi_{fm}(p_m^{前})$$

另外，总福利的变化是消费者和生产商剩余的变化与零售商在放松前有市场势力的情形下零售商剩余的总和。明显地，给定一个像这样的"标准"需求系统和一个完全确定的企业行为模型，我们总可以计算出生产商的剩余、消费者剩余及总剩余。

我们不会详细地介绍 Brenkers 和 Verboven 的结果，但简洁地来说他们发现从放松中获得的总福利可能来自因向非正式交易商提供的可能的全国层面上的零售商竞争的增加，没有发现只是从区域独占的终结中获得总消费者福利的增加。他们还发现在全国层面上增加交易商竞争，降低双重加价将会实际上增加制造商利润，意味着也许会有关于经授权的交易关系系统的不可测量的效率原因，这些没有被这个模型所描述。

最后，我们注意到这样一个纵向结构模型不能马上应用到纵向合并的分析，至少在不了解包含的假设的情况下是这样的。为了解原因，考虑一个一些企业纵向一体化而另一些没有的产业。在我们应用模型概括上面这些时，我们需要仔细地去定义哪个实际上是上游企业，哪个是下游企业。Salinger（1989）在回忆他早期的文章（Salinger，1988）时指出这一点。在那篇文章里，他假定未一体化的上游企业是先动者，然后一体化和未一体化的下游生产商接着行动。这样的行动顺序并不是那么明显地没有争议，但可以影响预测的合并影响。

在这一部分，我们介绍了两个结构性模型。首先，Chipty 的模型研究了只有一个最终消费者的需求方模型。其次，我们看 Brenkers 和 Verboven 的模型，他们的模型介绍了最终消费者的需求方模型和零售商竞争模型。这反过来产生了一个上游"导出"的需求模型，在这个模型中他们将制造商的定价模型也放进去了。这样我们看到了结构性方法的两种变形。这就是说，我们可以更进一步地去丰富结构性模型。例如，至少在理论上，我们可以在服务提供上引入零售商之间的竞争，以及不同零售商之间的溢出效应去捕捉搭便车效应。这样做可以将关于区域限制和双重加价的基本模型扩展到允许服务和价格外部性，这样可以帮助评估在这章开始提到的激励。

541　　　　结构性模型的使用在理论上很吸引人，因为它允许我们估计所有市场的结果和进行反事实的政策实验——例如如果我们停止一个正在使用的特别形式的纵向约束的话这个市场会发生什么。然而，在接受这个方法前，有必要认识到对丰富

的模型的结构性估计一般是一个复杂、耗时的过程，成本会比较大。另外，当我们写下行为的明确模型时，我们一般需要作出关于消费者和企业的行为的很强的假设，这些假设很容易被申诉竞争当局的决定的参与方所批评。在调查中，这些潜在的缺点必须与从结构性估计中得到的信息的用处和额外价值作权衡。如果理论得出明确的回答，或者如果一个简约式方法可以被利用，因为存在一个自然实验，那么，后一种方法更可取。另一方面，结构性估计可能非常有用当（1）理论预测是不明确的，特别是依赖于模型中的系数值，（2）我们对一些明确的量化感兴趣，（3）我们对模型化一个当前不存在的世界中的均衡结果感兴趣；也许因为一个纵向约束在当前可能无所不在地运用，当局正考虑停用它。这样，如果我们希望进行量化分析，结构性估计可能是必须的，而在有和没有这个应用的情况下我们都不能获得关于结果的信息。水平合并模拟在那方面相似——我们看不到有合并的情况，当我们需要评估它是否应该被允许时。在那些情况下，我们只关心一个应用对市场结果的影响，我们有存在和不存在那个应用的情况下的信息，更简单的简约式方法经常可以产生更好的结果。然而，简约式方法只有当我们有一个合适的识别战略时才有效。一个识别的重要来源来自于"自然实验"，我们在下一部分会回到这个话题，我们讨论搭售与捆绑的经验性分析。[1]

10.2.4　自然实验

自然实验的技术考虑了随机地加于一些厂商或个人的行为方式上的变化，而这些企业或个人的行为是我们想要去研究的。"随机"的意思是这些变化并不是由关注的对象所决定，而是由外生因素决定，例如制度的变化或天气，市场参与者对这些都没有影响。"自然实验"在实验室模仿实际的实验，个体的随机样本被给予一个"处理"，总体的其余部分被看成"控制组"，作为与那些被处理的组进行比较的基础。为了实验顺利进行，"处理组"的随机选择很关键，因为随机选择使得分组为总体提供了一个准确的代表。[2]在经济学中，并不总是能进行实际实验的，因为市场操作者自己做出需要做什么的决定，例如，没有办法随机选出一些公司，让他们进行纵向一体化。然而，经济学家可以利用外生因素，这些因素可以产生和实验相似的结果，因为当这样一个"自然实验"发生时，我们可以观察到它对企业行为或市场结果的影响。在这章前面部分，我们考虑了 Hastings（2004），其中的事件研究包括由一个上了年纪的独立加油站的所有者决定退休引起的"自然实验"。另一个"自然实验"的来源包括法规的变化，我们现在转向一个最近的例证，研究关于法规的变化对美国葬礼服务的影响。

---

① 我们并不是向读者暗示没有关于捆绑的结构性模型，这样的模型是有的（参见，例如，Crawford，2000）。当然，总体来说在这本书的背景下，我们的希望和期待是读者会去看文献，并了解现在非常丰富多样的模型，包括关于捆绑的那些结构性模型。

② 当然，还有一些弱化这个严格的要求的技术，本质上，它们包括在分析结果时指定一个可以被适当的"未处理"的样本框架里。

10. 2. 4. 1　估计捆绑的影响

Chevalier and Scott Morton（2008）利用一个自然实验的框架去决定葬礼产业中捆绑的影响。结果是美国的某些州要求只有得到许可的殡仪馆可以卖棺材，一种将遗体放在里面的容器。关于这一问题的法规在不同的州之间差别很大，在其他的州中没有关于棺材销售的约束。这样他们的文章就是利用关于美国各个州之间的殡仪馆的立法环境的不同作为"自然实验"，利用它来看均衡结果，特别是价格，这些是受管制环境的变化影响的。

开始时我们注意到葬礼服务包括尸体的防腐处理、展示遗体和安排葬礼。棺材和葬礼服务接近于完全互补，因为它们一般是以一比一的比例购买的。每一个葬礼要求一个棺材及一些相关的葬礼服务。在纵向约束中，也会关心关于只允许得到许可的殡仪馆卖棺材的约束看成是可能潜在地有助于实施封锁。然而，这个约束也可以在性质上被认为是水平的，如果是这样，那么这应该被解释为一个互补品搭售（或者捆绑）对价格的影响的案例，因为这个约束导致棺材和葬礼服务的捆绑。

543
作者的目的是评估搭售及沿用这一方法去评估芝加哥学派的"一个垄断利润"观点，读者会想起并辩论道，如果葬礼服务提供者已经拥有垄断权力，他们不能通过像搭售这样的活动去试图垄断棺材的互补产品市场而进一步地增加他们的利润。直觉是当棺材由竞争市场在接近边际成本处提供时，葬礼服务提供者可以通过为葬礼服务设定价格而获取所有的垄断租金。芝加哥学派的观点认为如果存在捆绑行为，他们必须只从效率的角度考虑，因为他们不会被获得垄断租金的企图所推动。另一方面，其他人争论说，也许会有这样的情况，捆绑确实这么做了，因此，通过互补产品市场的封锁战略的方法，有反竞争的效果。

用于分析的数据包括六个州的数据。有一个州有棺材销售的限制（弗吉尼亚州）；两个州有过棺材销售限制，在数据的时间框架里被取消了（南卡罗来纳州和田纳西州）；三个州从来没有棺材销售限制（堪萨斯州、密歇根州、北卡罗来纳州）。作者利用两个州的规制的外生变化去识别限制的影响。数据集包括来自个体殡仪馆的价格数据。美国联邦贸易委员会（Federal Trade Commission）规定所有殡仪馆都必须有"一般价格表"（GPL），详细说明商品和服务的价格。葬礼消费者联盟（Funeral Consumers Alliance）的当地会员进行了调查。作者利用直接埋葬服务的价格———一个简单的埋葬服务和棺材，没有防腐处理，没有遗体告别，也没有遗体展示的葬礼———作为参考。不幸的是，许多调查并没有分别报告葬礼服务的价格和棺材的价格。相反，他们报告了直接埋葬服务的总价格，这是两者之和，作者在回归中利用了这个价格。

作者设计了如下简约式回归方程：

$$p_{it} = \alpha_i + \gamma Casket_{it} + \beta Restrict_{it} + \delta(Restrict_{it} \times Casket_{it}) + \lambda Year_t + \varepsilon_{it}$$

其中，p_{it}是t时间在i殡仪馆的直接埋葬服务（包括棺材）的价格，α_i是殡仪馆的固定效应，$Casket_{it}$是关于棺材是否包括在捆绑销售中的虚拟变量。这提供了对棺材价格的估计，因为如果棺材包括在里面，它是消费者必须支付的额外部分。$Restrict_{it}$是关于是否存在规制的虚拟变量，它表示规制对葬礼服务价格的影响。交互项提供了规制对捆绑棺材的价格的影响的估计。回归包括年份虚拟变量 $year_t$ 和误差项 ε_{it}。回归中不包括需求或成本移动，这样，模型暗含地假设这些对价格的影响必须包含在殡仪馆固定效应中；它们被假定对每一个给定的殡仪馆来说不会随时间变化太多，这明显是一个比较强的假设。可选择地，也许有人会争论说，需求和供给条件在殡仪馆间是同质的，只是随时间变化，这种情况下时间固定效应会对它们提供有效的控制。此外，那明显是一个非常强的假设。

管制对葬礼服务价格的净影响由 $\beta+\delta$ 给出。因为殡仪馆的固定效应，管制对价格的影响由"殡仪馆内"价格的变化度量，这是说，由在样本期间有管制变化的那些殡仪馆的价格变化度量。（见第 2 章对固定效应估计的讨论。）管制的变化是自然实验，它在那些殡仪馆经营的市场中强加了一个行为的变化。事实上，管制的消除将棺材市场对竞争开放，而那些管制环境没有变化的殡仪馆将为度量管制的影响提供基础。回归的结果在表 10—4 中给出，包括从许多当地调查中得到不同的价格变量的构造。

表 10—4	直接埋葬服务的价格		
	1	2	3
包括棺材的总价	793.0	877.0	689.8
	(70.2)	(132.2)	(60.0)
限制	−251.7	−335.28	−196.30
	(134.1)	(147.8)	(128.17)
限制×包括棺材的总价	261.0	253.6	265.9
	(109.2)	(108.9)	(114.0)
观测次数	1 437	1 437	1 516
年份的虚拟变量？	Yes	Yes	Yes
殡仪馆的虚拟变量？	Yes	Yes	Yes
R^2	0.78	0.77	0.78
不带棺材下的被解释变量的均值	1 432 美元		

因变量是直接埋葬服务的价格，包括或不包括有布覆盖的木质棺材。标准差在括号中。第三列的标准差在殡仪馆—年份下是稳健的。价格变量的构造像文中描述的一样在不同列中有变化。

资料来源：Chevalier and Scott Morton（2008）。

在每一列，我们看到管制似乎降低了葬礼服务的价格，增加了棺材的价格。第三列提供了在给定的年份，允许不同殡仪馆的误差项相关的情况下的估计。结果显示当殡仪馆失去对棺材的垄断时，棺材的价格下降了（$\delta>0$），葬礼服务的价格几乎增加了相同的数量（$\beta<0$ 且 $\beta+\delta\approx0$）。如果净影响接近于 0，这意味着一个垄断利润在这种情况下大约成立，如果是这样，管制的变化并没有改变殡仪馆的盈利情况。Chevalier and Scott Morton（2008）也检验了这个说法，通过看管制的变化对关注的殡仪馆的预期利润情况的影响。因为事件研究可以为竞争当局提供有用的经验工具，这个方法在下一部分会被介绍，它首先出现在 Chevalier 和 Scott Morton 的文章中，之后又在 Ippolito and Overstreet（1996）关于转售价

第 10 章 纵向约束与纵向一体化的定量评价

格控制（RPM）的研究中被记述。

10.2.5　股票市场事件研究

与回归不同，股票市场事件研究不是试图去度量一个行为对实际市场结果的影响。[1] 相反，研究者关注一定的惯常做法对企业可能的获利情况的影响。具体来说，事件研究将投资者对公司的评价近似看成为公司股票的股票市场评价或更不常见地用它的债券评价。[2] 实际上这样的研究可能对评价合并到检验市场定义的命题的各种理由是潜在有用的。我们用一些例子说明事件研究是如何起作用的，也说明它们的局限性。[3]（见第 2 章中对事件研究的讨论，我们关注的是在股票市场事件研究中所用到的计量经济学的方法。）

10.2.5.1　估计捆绑的影响（继续讨论）

Chevalier and Scott Morton（2008）研究消除进入棺材市场的限制对选择的葬礼公司的股票市场价值的影响。具体来说，他们看四家公开交易的殡仪馆公司（SCI，Stewart，Carriage，Alderwood）的股票价值。他们也单独看 Alderwood 的股票价值，因为它是有限制的各州中一家很大的公司（占总销售的 23％）。作者利用立法事件日期附近的三天"事件窗口"（event window）作为捕获预期回报和公司价值的非常规变化的时间期间。选择事件的分析事件窗口是事件研究中一个有挑战性的方面。一方面，投资者完全消化和了解新闻也需要时间，这就要求更长的事件期限，但另一方面，更长的事件期间可能意味着更多的新闻产生于一般市场和一个具体的公司或部门。

立法的时间如下。2000 年 8 月 21 日，田纳西州东部地区的地区法院取消了对该州棺材市场的立法限制。2002 年 12 月 12 日，俄克拉荷马州西部地区的地区法院决定对该州的棺材市场支持立法限制。2004 年 8 月 23 日，第十联邦巡回法院支持俄克拉荷马州的法律。2002 年 6 月 12 日，第六联邦巡回法院支持地区法院的决定，取消田纳西州的限制法律。最高法院随之决定不对这些案件再审，这么做就是让这些不一致的审判共存。

回归解释了从有价证券价格研究中心（the Center for Research in Securities

---

① 其他利用股票市场事件研究的产业组织文章包括 Eckbo（1983），Stillman（1983），Duso et al.（2006a，b），Aktas et al.（2007），Kokkoris（2007）等。

② 最近的一个关于债券市场事件研究应用的例子，见英国竞争委员会对 2006～2007 年 Mid-Kent Water 和 South-east Water 完全合并的调查。这个报告可从 www. competition-commission. org. uk/inquiries/ref2006/water/index. htm 获得，特别地在报告的最后相关段，5.129～5.131，而细节在报告的附录 E 中提供。

③ 和不同的同事讨论表明，金融教授和专家（其中许多人相信市场的基础功能是集合信息，因此股票市场事件研究可能提供额外的有用信息）与许多产业组织教授和专家（其中许多人更相信一个观察，即竞争机构比市场拥有更多的信息）的观点有很大差别。其他同事则关心在特定案例中识别战略的稳健性。例如，当试图去利用对手的股票市场反应识别有问题的水平合并（根据一个简单的识别故事，对手股票对合并的正向反应意味着这可能是一个有问题的合并）。之前的观点，市场集合信息的命题似乎是金融的一个很基础的原则。第二个观点很严肃，但它可能与合并调查中的其他任何一个证据都不一样。在现实中，没有一个完美的信息总能识别有问题的合并，不论那个信息是市场份额、利润或是股票市场反应。

Prices，CRSP）获得的纽约证券交易所和美国证券交易所的总股票市场回报的加权价值的殡仪馆投资组合的回报。在右边，作者们加入了三天的事件窗口的虚拟变量：（1）集中于田纳西州案例中的地区法院判决，（2）集中于俄克拉荷马州案例中的地区法院判决，（3）集中于田纳西州案例中的巡回法院的判决，（4）集中于俄克拉荷马州案例中的巡回法院的判决。作者们加入在 2004 年 12 月 31 日期间第一个判决之前的这个投资组合在这 300 个交易日中的每日回报。它们回归的结果报告在表 10—5 的第一列。

表 10—5	事件研究结果	
	（1） 殡仪馆公司	（2） Alderwoods 公司
β 系数	0.69	0.86
	(0.05)	(0.10)
田纳西州法院	−0.000 7	
	(0.014 5)	
俄克拉荷马州法院	−0.002 1	−0.005 3
	(0.014 5)	(0.017 9)
第十联邦巡回法院	−0.001 4	0.011 4
	(0.014 5)	(0.018 0)
第六联邦巡回法院	0.006 1	0.086 2
	(0.014 5)	(0.099 0)
常数项	−0.000 1	−0.000 1
	(0.000 7)	(0.001 1)
R^2	0.11	0.09
观测次数	1 397	754

资料来源：Chevalier and Scott Morton （2008）。

结果显示几乎没有一个立法事件对关注的殡仪馆的股票市场价值有影响。这意味着总的证据表明对棺材的限制销售的法律，如果被废除，会导致棺材的更低的价格，这应归因于在那个市场的进入，但同时殡仪馆会开始对葬礼服务要求更高的价格。价格回归和股票市场的证据在这种情况下和芝加哥的"一个垄断利润"的理论是一致的。当然，结果也表明在葬礼服务的提供方面，殡仪馆也存在相当数量的市场力量，因为它们可以通过葬礼服务价格的增加重新获得因棺材市场竞争而失去的所有利润，这种方法使得它们的净利润实际上并没有改变。另外，因为直接埋葬服务的最终价格实际上并没有变化，对棺材和葬礼服务的捆绑事情来说，似乎并没有特别的效率改进或无效率的劣势。

10.2.5.2 评估转售价格维持

Ippolito and Overstreet （1996）进行了一个关于转售价格维持的法律变化的事件研究。最低转售价格维持在 1911 年在美国被认为是不合法的[①]，这种状态

[①] Dr. Miles Medical Co. v. John D. Park & Sons，220 U. S. 373 (1911).

只是在 2007 年被最高法院的判决改变了。① 他们研究 20 世纪 70 年代一个著名的转售价格维持的案例。被调查的公司是康宁玻璃厂（Corning Glass Works），它销售家庭玻璃产品，例如耐热玻璃、器皿和餐具。该公司向 360 个批发商销售产品，这些批发商又卖给 5 万个零售商。该公司给批发商事先签订合同，而批发商被要求要它们的零售商签订这些合同。这些合同是康宁公司和零售商之间的直接合同，其中包括最低价格，即最低转售价格的条文。这个惯例持续了大约 20 年，直到 1971 年联邦贸易委员会首次挑战它。康宁公司的合同的解释可以总结如下：

548

我们的实验室开发了一种具有非凡品质的新玻璃制品，但为了销售它，我们不是去依赖我们的交易商的勉强的默许，而是依赖于他们的主动合作。他们必须展示它和讨论它。他们不会那么做，如果他们相信他们一旦开发了一些产品，某些市中心的商店将通过宣传他们的产品的价格较低来抢夺生意。我们无法承担只是以商店为目的的目标，这会把他们的奖励的吸引力放在其他品牌的基础上，那些他们可以找到的知名品牌上。②

明显地，康宁公司的观点是，在这个案例中的转售价格控制适合于降低给制造商带来不好结果的零售商之间的水平外部性。特别地，对手服务提供的搭便车激励与考虑削价对对手销售的影响的激励的缺乏之间联系较弱。不考虑服务，竞争者之间的水平价格外部性是我们想到的对消费者产生好的结果的主要力量。另一方面，将服务加入，提供第二个零售商之间的外部性，外部性对总福利的净影响就不太明确了。最终，制造商康宁公司，明显会被由下游所作的决定所影响，故在这里会有重要的纵向外部性。

事件的发生时间如下。1971 年 10 月 8 日，联邦贸易委员会（FTC）针对康宁公司的转售价格政策宣布了一个挑战性的"价格限定"。1973 年 1 月 16 日联邦贸易委员会放出了一则新闻，其中提到行政法法官（administrative law judge，ALI），联邦贸易委员会的审判官，在所有罪状的裁定中都站在康宁公司一边。随后联邦贸易委员会的控告律师提出上诉。1973 年 6 月 17 日联邦贸易委员会公布了他们的上诉决定，这使行政法法官对重要的转售价格控制问题的最初判决被撤销。1975 年 1 月 29 日，美国上诉法院支持联邦贸易委员会的决定。

Ippolito 和 Overstreet 辩论道，股票市场证据也许有能力在这个市场中的关于转售价格维持的作用的许多基本假设之间去区分。

（i）如果转售价格维持是在零售水平上组成卡特尔的手段，对 RPM 的阻止会提高所有玻璃家用器皿生产商的利润。

（ii）零售竞争（下游）的提高会提高所有制造商（上游）的总利润。如果另一方面 RPM 是在制造商水平上对这个产业进行卡特尔的一个努力，对它的阻止会引起所有制造商的利润下降。

（iii）最终，如果，如康宁公司所声称的，这个做法只是试图去使零售商提

① Leegin Creative Leather Products Inc. v. PSKS Inc., Case no. 06-480. 判决可见于 www.supremecourtus.gov/opinions/06pdf/06-480.pdf。

② 被 Ippolito and Overstreet (1996), p. 291 引用。

供服务，RPM 的结果会伤害康宁公司的利润，也会损害那些使用 RPM 的竞争者。它会对那些不使用 RPM 的竞争者有 0 或者正效应。这是 Anchor Hocking 的案例，康宁公司的最近的竞争者。

下面的表 10—6 显示了 Ippolito and Overstreet 在其他关于转售价格维持的理论下对一个成功的联邦贸易委员会的案例对股票市场价值的预测影响。

表 10—6 　　　　　　　　　　**康宁公司 RPM 使用的取消的预测影响**

经济理论	康宁	Anchor Hocking	其他公司
交易商的合谋/反竞争的定价	＋	0 或 ＋	0 或 ＋
制造商的合谋/反竞争的定价	－	－	－
委托—代理理论	－	0 或 ＋	若使用转售价格维持 若不使用转售价格维持

资料来源：Ippolito and Overstreet (1996)。

实际中，在 RPM 引起促销和销售努力的案例中，RPM 的取消对竞争者的影响的预测并不明显。例如，情况可以是对康宁公司玻璃器皿的促销努力会增加对玻璃器皿的总需求，在这一过程中会影响 Anchor Hocking 的销售。在这一案例中，对促销有反应的边际消费者更可能是那些没买玻璃器皿的人，而不是那些已经是另一个品牌的玻璃器皿的消费者，康宁公司的最近的竞争者可能最终会被这个做法和由其引出的促销努力的取消所伤害。取消 RPM 对竞争者的影响是不明确的，取决于消费者偏好的分布和相对重要性及价格和广告努力。最终，如果康宁公司和 Anchor Hocking 的产品是相互替代的，在 RPM 取消后它们之一的价格的下降可能引起另一家公司的价格的下降，因为这两种产品是战略互补的。这是为什么我们可能实际上看到的不相上下的竞争者会被 RPM 的取消损害的另一原因。

对 RPM 带来的损害（或者相反）的识别的关注是严肃的，不能立即知道的是，识别战略总是（或甚至是经常）能将 RPM 的使用是作为制造商串谋机制还是作为增加零售商的销售努力的简单目的区分开。另一方面，从这本书的许多讨论知道，明确的识别结果是很少的，一般经验应用是有用的，即使如果目的是为了能给其他证据互补的结果提供证据。这里，例如，我们注意到广告溢出的程度是可量化的，因此对这一结果的解释可以被检验，或者至少是一个定性的判断。

Ippolito and Overstreet (1996) 估计在裁决支持或反对转售价格控制的那些天附近企业是否有异常回报。他们进行如下回归：

$$R_{it} = a_i + b_i R_{mt} + c_i D_t + e_{it}$$

其中，R_{it} 是在 t 天 i 企业百分比回报，a_i 是企业效应，R_{mt} 是在 t 天在纽约证券交易所和美国股票交易所股票的加权价值的百分比回报，D_t 是虚拟变量，在事件窗口中取 1，否则取 0，e_{it} 是 t 天 i 企业的随机误差。事件窗口覆盖事件之前和之后的三到四天。这个方程的目的可以在许多金融书本中有描述的资本资产定价模型（CAPM）中找到，我们在这里不再复述（参见，例如 Campbell et al.，1997）。注

意系数 c_i 是平均每天的异常回报。在这个设定下，累积异常回报 CAR_t 按下式计算

$$CAR_t = c_i \text{Days in event window}_t$$

关于事件对康宁公司股票价值的影响的回归结果呈现在表 10—7 中。在联邦贸易委员会宣布调查后对公司的价值有负影响。暂时的撤销有一个小的正效应。联邦贸易委员会对这个案例的撤销和支持对公司的价值有另一个负面影响，第七联邦巡回法院的判决对股票价格没有特别的影响。

表 10—7　　　　　　　FTC 案件中康宁公司股票价值的变化

	累积异常回报			
	1 天	3 天	5 天	10 天
1. 联邦贸易委员会（FTC）宣布控诉：[a]				
出版物公布 B	−0.016	−0.049**	−0.122**	−0.160**
（1971 年 10 月 8 日）	（−1.17）	（−2.09）	（−4.13）	（−3.74）
2. 行政法法官（ALJ）驳回案件：				
决议归档为 A	0.032**	0.018	0.012	0.068*
（1972 年 12 月 27 日）	（2.68）	（0.86）	（0.42）	（1.73）
《华尔街日报》的故事 B	−0.001	0.006	0.034	0.064
（1973 年 1 月 17 日）[b]	（−0.08）	（0.29）	（1.23）	（1.62）
3. FTC 推翻 ALJ：				
决议归档为 B	−0.014	−0.017	−0.055*	−0.110**
（1973 年 6 月 5 日）	（−1.05）	（−0.776）	（−1.86）	（−2.62）
《华尔街日报》的故事 B	0.003	−0.015	0.008	0.014
（1973 年 1 月 18 日）[b]	（0.25）	（−0.64）	（0.26）	（0.31）
日报故事后的一天	−0.023*			
	（−1.74）			
4. 第七联邦巡回法院维持了 FTC 的意见：				
决议日 A	0.021	−0.015	−0.042	0.021
（1975 年 1 月 29 日）[c]	（0.79）	（−0.32）	（−0.72）	（−0.25）

注释：t 值在括号中。FTC，联邦贸易委员会；ALJ，行政法法官。"B"表示累积的平均回报的窗口从事件前的要求数量的天数开始，并与事件日期同时结束。"A"表示窗口从事件后的要求数量的天数开始。

[a] 《华盛顿明星报》（*Washington Star*）在星期五的下午刊登了这个故事，《华尔街日报》（*Wall Street Journal*）在 10 月 11 号，星期一刊登了。

[b] 联邦贸易委员会在《华尔街日报》之前发布新闻。

[c] 《华尔街日报》没有关于这一事件的新闻。

* 在 90% 的置信水平上显著。

** 在 95% 的置信水平上显著。

资料来源：Ippolito and Overstreet（1996）。

累积异常回报在 FTC 调查公布前的 5 天是负 12%。论文中展示的交易量确实表现了 FTC 公布前的异常活动，在这个时间其他新闻不存在的情况下，似乎

暗示一些交易者在内部消息的基础上进行操作。在第二个事件的案例中，*CAR* 显示出对康宁公司的利润的正影响，这是作者在关于取消控告的判决公布在《华尔街日报》后特别提到的。

利用康宁公司股票数据的事件研究显示康宁公司的投资者将 RPM 看成对康宁公司的利润是有正影响的。然而，这样的观察与 RPM 作为便利下游价格限制（品牌内竞争减弱）或只是在服务提供上解决搭便车问题是一致的。为了试图去区分这些故事，我们需要（至少）研究竞争者的预期利润会如何变化。对康宁公司的竞争者的 RPM 的取消的正效应可能与委托—代理理论是一致的。另一方面，RPM 的取消的负效应可能与价格限制的情况（或者竞争者从康宁公司在服务或促销的投资中获得正外部性的情况）是一致的。

结果（报告在表 10—8 中）显示康宁公司的 RPM 也对它的最近的竞争者 Anchor Hocking 有利。联邦贸易委员会对行政法法官的对康宁公司有利的判决的撤销（例如，反对 RPM 的一个发现）与 Anchor Hocking 回报的 7.6% 的下降是相关的。这个结果与康宁公司的 RPM 只对康宁公司有利是不一致的。为了帮助区分对这个发现的可能解释，Ippolito 和 Overstreet 给出了另一个有意思的证据。具体来说，他们指出在上诉法院 1975 年宣布康宁公司的 RPM 活动不合法的判决后，康宁公司明显地增加了它的广告支出。这个反应与 RPM 是为了提供强化需求服务的故事是一致的，在判决后它就被广告替代了。特别引人注意的是，Anchor Hocking 的广告活动基本没变。

表 10—8　　　　对 Anchor Hocking 股票的事件研究回归的结果

	累积的异常回报			
	1 天	3 天	5 天	10 天
1. 联邦贸易委员会（FTC）宣布控诉：[a]				
出版物公布 B	0.001	0.033	0.032	0.077
（1971 年 10 月 8 日）	(0.09)	(1.32)	(0.99)	(1.64)
2. 行政法法官（ALJ）驳回案件：				
决议归档为 A	−0.015	−0.03	−0.041	−0.063
（1972 年 12 月 27 日）	(−1.08)	(−1.24)	(−1.32)	(−1.41)
《华尔街日报》的故事 B	0.016	−0.008	−0.026	−0.041
（1973 年 1 月 17 日）[b]	(1.16)	(−0.34)	(−0.85)	(−0.92)
3. FTC 推翻 ALJ：				
决议归档为 B	0.013	−0.075**	−0.076**	−0.053
（1973 年 6 月 5 日）	(0.76)	(−2.62)	(−2.02)	(−0.99)
《华尔街日报》的故事 B	−0.007	0.004	0.020	0.042
（1973 年 1 月 18 日）	(−0.41)	(0.12)	(0.49)	(0.72)
日报故事后的一天	−0.012			
	(−0.64)			

续前表

	累的异常回报			
	1 天	3 天	5 天	10 天
4. 第七联邦巡回法院维持了 FTC 的意见：				
决议日 A	0.037	0.023	0.010	−0.071
(1975 年 1 月 29 日)[b]	(1.69)*	(0.60)	0.19	(−1.01)

注释：t 值在括号中。FTC，联邦贸易委员会；ALJ，行政法官。"B"表示累积的平均回报的窗口在事件前的要求数量的天数开始，和事件的天数同时结束。"A"表示事件后在要求天数的事件日期开始的窗口。

[a] 除了与第七巡回法院审判判决报告的一样，没有其他与 Anchor Hocking 相关的事件在案例事件附近报告在《华尔街日报》或《纽约时报》(*New York Times*）上。

[b] 1975 年 2 月 28 日，Anchor Hocking 同意获得 Amerock Corp.，这被《华尔街日报》报道在 3 月 5 号。这一事件可能击败了第七巡回法院审判判决的解释。

* 在 90% 的置信水平上显著。

** 在 95% 的置信水平上显著。

资料来源：Ippolito and Overstreet（1996）。

10.2.6　讨论

这章研究了关于纵向约束和纵向一体化这一相对数量较少或经典的经验研究。而我们的回顾必须是专注的，在这点上关于纵向约束的文献既不多也不广泛。我们的目的是提供关于一小部分文献的足够的资料和细节，去帮助调查者从这些经验例子发展到其他文献，以及也许更重要的是设计和进行预定项目的这种分析。这么做一点也不容易。我们希望这章中的资料（i）能帮助读者理解各种对评估纵向约束有用的方法，（ii）提供足够的介绍，从而鼓励案件处理者，在学术和案例文献中有许多有用的贡献，（iii）这一领域未来一定还有一些令人激动的研究（例如，关于纵向一体化对服务提供的经验影响或关于转售价格控制、独占区域或独占交易的合适方法）。

Lafontaine and Slade（2005）提供了当前关于纵向约束的经验文献的互补性回顾。而我们关注的是在一些文献中已被证明是有用的经验工具，他们通过将现在的存在于文献中的有限证据放在一起从而提供了重要贡献。他们认为至少在那些学术有过研究的产业——大多是啤酒、汽油和汽车销售产业——学术文献中的经验证据表明纵向约束一般与正的净福利影响相关。[1] 这样，关于纵向约束和合并的研究的平衡并没有表明一个对它们有敌意的一般的政策观点。同时，机构会保持警惕，因为我们现在有合乎逻辑的经济理论表明有时纵向约束和纵向合并也许会导致福利下降。

世界各个地方的竞争政策会议，像 Lafontaine 和 Slade，在近些年注意到现

---

[1] 关于纵向一体化和生产率的关系的少而受欢迎的研究，参见 Syverson and Hortascu（2007）.

在这样的研究很少，毫无疑问还有许多需要我们去学习。从证据（和经验）的平衡来说，我们注意到过去反垄断干预之间的差别，从所有角度来看，机构似乎已经找到至少与一些纵向合并和约束有关的问题，来自 Lafontaine 和 Slade 的信息总结了存在的学术文献。然而争论最终被搁置，我们希望这章中的资料鼓励更多更好的经验研究，其中的一些应该出现在社会生活调查或**过去**回顾中。

10.3　结　论

● 纵向约束对市场的影响可能通过简约式回归得到，当数据上有足够的相关变化去识别影响时。自然实验例如对一个做法的阻止也可以为有用的回归分析提供好机会。

.554
● 结构性估计允许我们在没有这一做法的时候去模型化世界，甚至如果世界在当前并不存在，就像我们在估计预期的水平合并的影响所做的。与应用到水平的合并中相类似，那些应用到垂直的合并分析中的结构性假设的正确性以及现实性检验的必要性，需要我们警惕。然而，这里案例研究者一般还有更多的研究需要做［多市场界定，一些效率分析（例如，双重加价的可能减少程度），还有给对手在销售上有市场势力对下游分割的影响的评估］。结果是，分析中的稳健性检验也许需要更广泛些。

● 关注对一个做法调查被公布的这段时间的事件研究可能显示出对阻止这一做法的市场评价。这样的研究可能是在一些具体的假设下，足够去区分纵向约束的潜在支持和反竞争动机。

● 纵向约束理论和/或纵向合并显示有许多基于效率的理由去纵向一体化或使用纵向约束。也就是，这样的约束可能降低交易成本或解决纵向或水平的外部性问题，例如那些由双重加价引起的或纵向服务外部性或零售商在服务提供上的搭便车。

● 在许多例子中，不同类型的纵向约束可能被用于解决外部性问题。经济理论并没有提供关于一个给定的纵向做法对消费者福利来说是好还是坏的明确的预测。关于纵向合并对价格的影响的预测，例如，是根本不明确的，每当成本下降（这是说，因为交易成本或双重加价的下降），但是相反，比如说，利用完全或部分封锁的机会意味着纵向一体企业有可能去"提高对手的成本"。这是一个直接的对比，特别是和关于一个生产替代性产品企业之间的水平合并的价格影响的理论预测对比。在案例研究中，不确定性意味着有时支持和反竞争解释都与现有的关于一个给定的纵向约束影响的证据是一致的，机构可能需要进行相当数量的研究去区分这两个故事。

结 论

555 现在竞争政策在很大程度上是基于"影响"的，竞争政策和经济团体继续去发展我们可能从经验上评估潜在的反竞争但也合意的做法的实际影响的方法是很关键的。在这整本书中，我们试图去研究在经济中进行这样经验研究的两种主要方法。在这个过程中，同样重要的，我们试着去提供对从经济理论中产生的每一种方法的基本原理的清楚陈述。

我们观察的第一个一般性方法涉及均衡市场结果的简约式回归估计，这个均衡结果中包含利率实践中的一些指示性变量。我们通常认为简约式方法可以应用在一些实验中，数据中包含所研究问题的合适的"自然实验"。我们注意到估计一种做法对均衡结果的影响的简约式方法，在最后一章中是一个纵向干预，要求能比较有干预和没有干预下的结果。另外，我们必须确信进行比较的这两种样本没有系统性差别，除了在我们要评估的行为上的差别，或者至少和我们可以做到的一样可信。能够这样做的机会最好是我们有一个自然实验，外生地强加或取消了一个行为，也可能是一些当地市场形式。

我们研究的第二种一般性方法包括结构性方法，为消费者和/或企业行为建立明确的模型。结构性模型的一个很好的优点是它能使我们对观察不到的世界的情况进行预测。这对政策决定很关键。然而，我们也注意到结构性模型较多地依赖于假设，这些假设必须是正当合理的，至少和现实世界中的行为合理地接近，这是为了使预测的结果可信。我们也一直强调结构性模型的使用只能与"现实检验"和模型检验的过程密切合作，这是为了仔细地估计和最终理想地证实正被使

464 ▶ 经济科学译丛·竞争与反垄断中的数量技术

用的模型的情况。结构性模型的最终标准并不令人吃惊：（1）如果模型是对现实的不好的近似，它可能对进行预测提供了一个不好的基础，（2）将世界模型化是经济学家可以而且必须做的，而模型总是近似的，实际情况是，产业组织理论中的模型最近几十年进步很大。

在一个团队案例中使用的方法是需要经济学家判断的，理想的情况是他的同事认为这些事情是可能的合理的自然实验。最好的方法在很大程度上依赖于案例的细节、可获得的数据和必须回答的问题。试图去进行一个合理的经验分析经常是能提供信息的，甚至如果分析者并没有建立一个复杂的经济模型。与通过听取各个评论员关于那个产业中的轶事相比，我们经常更多地是通过仔细地研究数据集去了解那个产业。在调查中获得的各种证据的形式，对竞争当局来说实际的数字更吸引人，可能许多当局现在不像它们能够做到的那样充分的研究来自市场、企业、消费者水平的数据的有用信息。我们希望这本书能至少为鼓励机构做得更多而作出一些贡献。

556

参考文献

Abrantes-Metz, R. M. , L. Froeb, J. Geweke, and C. Taylor. 2006. A variance screen for collusion. *International Journal of Industrial Organization* 24: 467 – 86.

Abreu, D. 1986. Extremal equilibria of oligopolistic supergames. *Journal of Economic Theory* 39: 191 – 225.

Abreu, D. , D. Pearce, and E. Stacchetti. 1990. Toward a theory of discounted repeated games with imperfect monitoring. *Econometrica* 58: 1041 – 63.

Ackerberg, D. , K. Caves, and G. Frazer. 2006. Structural identification of production functions. UCLA Working Paper.

Aghion, P. , and R. Griffith. 2008. *Competition and Growth: Reconciling Theory and Evidence*. Cambridge, MA: MIT Press.

Aigner, D. , and S. Chu. 1968. On estimating the industry production function. *American Economic Review* 58: 826 – 39.

Aktas, N. , E. Bodt, and R. Roll. 2007. Is European M&A regulation protectionist? *Economic Journal* 117: 1096 – 121.

Amir, R. 1996. Cournot oligopoly and the theory of supermodular games. *Games and Economic Behaviour* 15: 132 – 48.

Anderson, K, M. Lynch, and J. Ogur. 1975. The sugar industry. FTC Report.

Washington, DC: U. S. Federal Trade Commission.

Anderson, T. W. 1958. *Introduction to Multivariate Statistical Analysis*. Wiley.

Andrews, D. 1994. Empirical process methods in econometrics. In *Handbook of Econometrics* (ed. R. F. Engle and D. McFadden), volume 4, pp. 2247 - 94. New York: North-Holland.

Angrist, J. 2004. Treatment effect heterogeneity in theory and practice. *Economic Journal* 114: 52 - 83.

Angrist, J. , K. Graddy, and G. W. Imbens. 2000. Instrumental variables estimators in simultaneous equations models with an application to the demand for fish. *Review of Economic Studies* 67: 499 - 527.

Angrist, J. , G. Imbens, and D. Rubin. 1996. Identification of causal effects using instrumental variables. *Journal of the American Statistical Association* 91 : 444 - 55.

Ashenfelter, O. , D. Ashmore, J. Baker, and D. Hosken. 2006. Econometric analysis of pricing in *FTC v. Staples*. *International Journal of the Economics of Business* 13: 265 - 79.

Ashurst. 2004. Study on the conditions of claims for damages in case of infringement of EC competition rules. Part 2. Analysis of economic models for the calculation of damages. Study prepared for the European Commission.

Asker, J. 2005. Diagnosing foreclosure due to exclusive dealing. Working Paper, Stem School of Business at NYU.

Aslanbeigui, N. , and M. Naples. 1997. Scissors or horizon: neoclassical debates about returns to scale, costs, and long-run supply, 1926 - 1942. *Southern Economic Journal* 64: 1926 - 42.

Athey, S. , and P. Haile. 2002. Identification of standard auction models. *Econometrica* 70: 107 - 40.

Bailey, E. 1981. Contestability and the design of regulatory and antitrust policy. *American Economic Review* 71: 179 - 83.

Bailey, E. , and A. Friedlander. 1982. Market structure and multiproduct industries. *Journal of Economic Literature* 20: 1024 - 48.

Bain, J. S. 1950 Workable competition in oligopoly: theoretical considerations and empirical evidence. *American Economic Review* 40: 35 - 47.

——. 1951. Relation of profit rate to industry concentration: American manufacturing 1936 - 1940. *Quarterly Journal of Economics* 65: 293 - 324.

——. 1956. *Barriers to New Competition*. Cambridge, MA: Harvard University Press.

Bajari, P. , and L. Ye. 2001. Competition versus collusion in procurement auctions: identification and testing. Working Paper 01001, Department of Economics, Stanford University.

Bajari, P. , and G. Summers. 2002. Detecting collusion in procurement auctions: a selective survey of recent research. *Antitrust Law Journal* 70: 143 - 70.

Baker, J. B. 1989. Identifying cartel policing under uncertainty: the U. S. steel industry, 1933—1939. *Journal of Law & Economics* 32 (2): 47 – 76.

——. 1996. Identifying horizontal price fixing in the electronic marketplace. *Antitrust Law Journal* 65: 41 – 55.

——. 1999. Econometric analysis in*FTC vs. Staples*. *Journal of Public Policy and Marketing* 18: 11 – 21.

Baker, J. B., and T. Bresnahan. 1985a. Estimating the elasticity of demand facing a single firm: evidence on three brewing firms. Stanford University Economics Research Paper 54.

——. 1985b. The gains from merger or collusion in product differentiated industries. *Journal of Industrial Economics* 33: 427 – 44.

——. 1988. Estimating the residual demand curve facing a single firm. *International Journal of Industrial Economics* 6: 283 – 300.

Baker, J., and R. Pitofsky. 2007. A turning point in merger enforcement: *Federal Trade Commission v. Staples*. In *Antitrust Stories* (ed. E. Fox and D. Crane). Foundation Press.

Baker, J., and C. Shapiro. 2008. *Reinvigorating Horizontal Merger Enforcement*. In *Where the Chicago School Overshot the Mark: The Effect of Conservative Economic Analysis on Antitrust* (ed. R. Pitofsky). Oxford University Press.

Bakos, Y., and E. Brynjolfsson. 1998. Bundling information goods: pricing, profits and efficiency. NBER Working Paper 11488. (Available at http: //ssrn. com/abstract = 11488.) Baldwin, L., R. Marshall, and J.-F. Richard. 1997. Bidder collusion at forest service timber sales. *Journal of Political Economy* 105: 657 – 99.

Baltagi, B. 2001. *Econometric Analysis of Panel Data*, 2nd edn. Wiley.

Banerjee, A., J. Dolado, J. Galbraith, and D. Hendry. 2003. *Co-integration, Error Correction, and the Econometric Analysis of Non-Stationary Data*. Oxford University Press.

Banker, R. D., A. Charnes, and W. Cooper. 1984. Some models for estimating technical and scale inefficiencies in data envelopment analysis. *Management Science* 30: 1078 – 92.

Banks, J., R. Blundell, and A. Lewbel. 1997. Quadratic Engel curves and consumer demand.

Review of Economics and Statistics 79: 527 – 39.

Barten, A. P. 1969. Maximum likelihood estimation of a complete system of demand equations. *European Economic Review* 1: 7 – 73.

——. 1977. The systems of consumer demand functions approach: a review. *Econometrica* 45: 23 – 51.

Baumol, W., J. Panzar, and R. Willig. 1982. *Contestable Markets and the Theory of Industry Structure*. New York: Harcourt Brace Jovanovich.

Bennion, E. 1952. The Cowles Commission's "simultaneous equation approach": a simplified example. *Review of Economics and Statistics* 34: 49 – 56.

Berndt, E. 1991. *The Practice of Econometrics: Classical and Contemporary.* Reading, MA: Addison-Wesley.

Berndt, E. , and N. E. Savin. 1975. Estimation and hypothesis testing in singular equations with autoregressive disturbances. *Econometrica* 43: 937 – 57.

Bernheim, B. D. 2002. Expert report of B. Douglas Bernheim in RE: Vitamins Antitrust Litigation, M. D. L. no. 1285, United States District Court for the District of Columbia May 24.

Bernheim, B. D. , and M. Whinston. 1990. Multi-market contact and collusive behaviour. *RAND Journal of Economics* 21: 1 – 26.

——. 1998. Exclusive dealing. *Journal of Political Economy* 106: 64 – 103.

Berry, S. T. 1992. Estimation of a model of entry in the airline industry. *Econometrica* 60: 889 – 917.

——. 1994. Estimating discrete-choice models of product differentiation. *RAND Journal of Economics* 25: 242 – 62.

Berry, S. , and P. Reiss. 2007. Empirical models of entry and market structure. In *Handbook of Industrial Organization*, volume 3. Amsterdam: North-Holland.

Berry, S. T. , J. Levinsohn, and A. Pakes. 1995. Automobile prices in market equilibrium. *Econometrica* 63: 841 – 90.

Berry, S. , O. Linton, and A. Pakes. 2004. Limit theorems for estimating the parameters of differentiated product demand systems. *Review of Economic Studies* 71: 613 – 54.

Bertrand, J. 1883. Théorie mathématique de la richesse sociale. *Journal des Savants* 67: 499 – 508.

Binmore, K. 1983. *Calculus.* Cambridge University Press.

Blumenthal, W. (ed.) . 1985. *Horizontal Mergers: Law and Policy.* American Bar Association Section of Antitrust Law Monograph 12. American Bar Association.

Bolotova, Y, J. M. Connor, and D. J. Miller. 2008. The impact of collusion on price behavior: empirical results from two recent cases. *International Journal of Industrial Organization* 26: 1290 – 307.

Bond, R. , and W. Greenberg. 1976. Industry structure, market rivalry, and public policy: a comment. *Journal of Law and Economics* 19: 201 – 4.

Bonnet, c. , P. Dubois, and M. Simioni. 2006. Two-part tariffs versus linear pricing between manufacturers and retailers: empirical tests on differentiated products markets. CEPR Working Paper 6016.

Borenstein, S. , and A. Shepard. 1996. Dynamic pricing in retail gasoline markets. *RAND Journal of Economics* 27: 429 – 51.

Borenstein, S. , J. Bushnell, and F. Wolak. 2002. Measuring market inefficiencies in California's restructured wholesale electricity market. *American Economic Review* 92: 1376 – 405.

Bowlin, W. , W. Charnes, W. Cooper, and H. Sherman. 1985. Data envelopment analysis and regression approaches to efficiency estimation and evaluation. *Annals of Operations Research* 2: 113 – 38.

Box, G. , and D. Cox. 1964. An analysis of transformations. *Journal of the Royal Statistical Society* B 26: 211 – 64.

Boyd, J. , and K. Mellman. 1980. The effect of fuel economy standards on the U. S. automotive market: a hedonic demand analysis. *Transportation Research* 14: 367 – 8.

Brenkers, R. , and F. Verboven. 2005. Market definition with differentiated products: lessons from the car market. CEPR Discussion Paper 5249.

———. 2006. Liberalizing a distribution system: the European car market. *Journal of the European Economic Association* 4 (1): 216 – 51.

Breslaw, J. , and J. B. Smith. 1995. A simple and efficient method for estimating the magnitude and precision of welfare changes. *Journal of Applied Econometrics* 10: 313 – 27.

Bresnahan, T. F. 1981. Duopoly models with consistent conjectures. *American Economic Review* 71 : 934 – 45.

———. 1982. The oligopoly solution concept is identified. *Economics Letters* 10: 87 – 92.

———. 1987. Competition and collusion in the American automobile market: the 1955 price war. *Journal of Industrial Economics* 35: 457 – 82.

———. 1989. Empirical studies of industries with market power. In *Handbook of Industrial Organization* (ed. R. Schmalensee and R. Willig), volume 2, 1st edn, pp. 1011 – 57. Amsterdam: North-Holland.

Bresnahan, T. , and P. Reiss. 1990. Entry in monopoly markets. *Review of Economic Studies* 57: 531 – 53.

———. 1991a. Entry and competition in concentrated markets. *Journal of Political Economy* 99: 977 – 1009.

———. 1991b. Empirical models of discrete games. *Journal of Econometrics* 48 (1 – 2): 57 – 8l.

Brock, W. , and J. A. Scheinkman. 1985. Price setting supergames with capacity constraints. *Review of Economic Studies* 52: 371 – 82.

Brown, S. , and J. Warner. 1985. Using daily stock returns: the case of event studies. *Journal of Financial Economics* 14: 3 – 3l.

Bultez, A. V. , and P. A. Naert. 1975. Consistent sum-constrained models. *Journal of the American Statistical Association* 70: 529 – 35.

Cameron, A. C. , and P. K. Trevedi. 2005. Microeconomics: methods and applications. Cambridge University Press.

Campbell, J., A. Lo, and C. MacKinlay. 1997. *The Econometrics of Financial Markets*. Princeton University Press.

Campos, J., N. Ericsson, and D. Hendry. 2005. General to specific modelling: an overview and selected bibliography. International Finance Discussion Paper 838, Board of Governors of the Federal Reserve System (U. S.).

Capps, C., D. Dranove, S. Greenstein, and M. Sattherthwaite. 2001. The silent majority fallacy of the Elzinga-Hogarty criteria: a critique and new approach to analyzing hospital mergers. NBER Working Paper 8216.

Cardell, N. S. 1997. Variance component structures for the extreme-value and logistic distributions with applications to models of heterogeneity. *Econometric Theory* 13: 185 – 213.

Cardell, N., and F. Dunbar. 1980. Measuring the societal impacts of automobile downsizing. *Transportation Research* 14: 423 – 34.

Carhart, M. 1997. On persistence in mutual fund performance. *Journal of Finance* 45 (5): 57 – 82.

Carlton, D., and M. Waldman. 2002. The strategic use of tying to preserve and create market power in evolving industries. *RAND Journal of Economics* 33: 194 – 220.

Castanias, R., and H. Johnson. 1993. Gas wars: retail gasoline price fluctuations. *Review of Economics and Statistics* 75: 171 – 74.

Chamberlain, G. 1982. Multivariate regression models for panel data. *Journal of Econometrics* 18: 5 – 46.

——. 1984. Panel data. In *Handbook of Econometrics* (ed. Z. Griliches and M. Intrilligator), volume 2. Amsterdam: North-Holland.

Charnes, A., W. Cooper, and E. Rhodes. 1978. Measuring the efficiency of decision making units. *European Journal of Operations Research* 2: 429 – 44.

Chowdhury, P. 2002. Limit-pricing as Bertrand equilibrium. *Economic Theory* 19: 811 – 22.

Chevalier, J. A., and F. M. Scott Morton. 2008. State casket sales and restrictions: a pointless undertaking? *Journal of Law and Economics* 51: 1 – 23.

Chipty, T. 2001. Vertical integration, market foreclosure, and consumer welfare in the cable television industry. *American Economic Review* 91: 428 – 53.

Chis sick, M., and A. Kelman. 2002. *Electronic Commerce: Law and Practice*, 3rd edn. Sweet and Maxwell.

Choi, J. P. 2004. Tying and innovation: a dynamic analysis of tying arrangements. *Economic Journal* 114: 83 – 101.

Christensen, L., and W. Greene. 1976. Economies of scale in U. S. power generation. *Journal of Political Economy* 84: 655 – 76.

Chu, S. H. 1978. On the statistical estimation of parametric frontier production functions: a reply and further comments. *Review of Economics and Statistics* 60: 479 – 81.

Church, J. 2004. The impact of vertical and conglomerate mergers. Mimeo, Directorate General for Competition, European Commission.

——. 2008. Vertical mergers. *Issues in Competition Law and Policy* 2: 1455 (ABA Section of Antitrust Law).

Clarke, R., S. Davies, and M. Waterson. 1984. The profitability-concentration relation: market power or efficiency. *Journal of Industrial Economics* 32: 435 – 50.

Coase, R. 1988. *The Firm, the Market and the Law*. University of Chicago Press.

Cobb, c., and P. H. Douglas. 1928. A theory of production. *American Economic Review* 18: 139 – 65.

Coelli, T., P. Rao, C. O'Donnell, and G. Battesse. 2005. *An Introduction to Efficiency and Productivity Analysis*. Springer.

Comanor, W., and H. Frech. 1985. The competitive effects of vertical agreements. *American Economic Review* 75: 1057 – 62.

Competition Commission. 2000. Nutreco Holding NV and Hydro Seafood GSP Ltd: a report on the proposed merger.

——. 2007. Greif Inc. Blagden Packaging Group-Final report summary. (Available at www. competition-commission. org. uk/inquiries/ref2007/blagden/index. htm.)

Compte, O., F. Jenny, and P. Rey. 2002. Capacity constraints, mergers and collusion. *European Economic Review* 46 (1): 1 – 29.

Connor, J. M. 2000. Archer Daniels Midland: price-fixer to the world. Department of Agricultural Economics, Purdue University Staff Paper 00 – 11.

——. 2001. *Global Price Fixing: Our Customers Are Our Enemy*. Boston, MA: Kluwer Academic Press.

——. 2004. Global cartels redux: the amino acid lysine antitrust litigation. In *The Antitrust Revolution* (ed. J. E. Kwoka Jr. and L. J. White), 4th edn. Oxford University Press.

——. 2005. Collusion and price dispersion. Purdue University, Department Staff Paper 10 – 14.

——. 2008. Forensic economics: an introduction with special emphasis on price fixing. *Journal of Competition Law and Economics* 4 (1): 31 – 59.

Cooper, D., and K.-U. Kühn. 2009. Communication, renegotiation, and the scope for collusion. Mimeo, University of Michigan.

Cooper, W., L. Seiford, and K. Tone. 2007. *Data Envelopment Analysis: A Comprehensive Text with Models, Applications, References and DEA-Solver Software*. Springer.

Corts, K. 1999. Conduct parameters and the measurement of market power. *Journal of Econometrics* 88: 227 – 50.

Cournot, A. 1938. *Recherche sur les Principes Mathématiques de la Théorie des Richesses*. Paris: Gerard Jorlan Ed.

Cowling, K. , and M. Waterson. 1976. Price cost margins and market structure. *Economica* 43: 267 – 74.

Crawford, G. 2000. The impact of the 1992 Cable Act on household demand and welfare *RAND Journal of Economics* 31 : 422 – 50.

——. 2005. The discriminatory incentives to bundle in the cable television market. *Quantitative Marketing and Economics* 6 (1): 41 – 78.

Crooke, P. , L. M. Froeb, S. Tschantz, and G. J. Werden. 1999. Effects of the assumed demand system on simulated postmerger equilibrium. *Review of Industrial Organization* 15 (3): 205 – 17.

Dalkir, S. , and F. R. Warren-Boulton. 1999. Prices, market definition, and the effects of merger: Staples-Office Depot (1997) . In *The Antitrust Revolution* (ed. J. E. Kwoka Jr. and L. J. White), 3rd edn, pp. 143 – 64. Oxford University Press.

d' Aspremont, C. , J. J. Gabszewicz, and J. F. Thisse. 1979. On Hotelling's "stability in competition. " *Econometrica* 47: 1145 – 50.

Davidson, C. , and R. Deneckere. 1990. Excess capacity and collusion. *International Economic Review* 31 (3): 521 – 41.

Davis, P. 2000. Empirical models of demand for differentiated products. *European Economic Review* 44 (4 – 6): 993 – 1005.

——. 2002. Estimating multi-way error components models with unbalanced data structures. *Journal of Econometrics* 106 (1): 67 – 95.

——. 2005. The effect of local competition on admission prices in the U. S. motion picture exhibition market. *Journal of Law and Economics* 48: 677 – 707.

——. 2006a. Spatial competition in retail markets: movie theaters. *RAND Journal of Economics* 37: 964 – 82.

——. 2006b. The discrete choice analytically flexible (DCAF) model of demand for differentiated products. CEPR Discussion Paper 5880.

——. 2006c. Estimation of quantity games in the presence of indivisibilities and heterogeneous firms. *Journal of Econometrics* 134 (1): 187 – 214.

——. 2006d. Identification of the oligopoly solution concept in a differentiated product industry: necessary and sufficient conditions. Mimeo, London School of Economics.

——. 2006e. Measuring market expansion and business stealing effects of entry in the U. S. motion picture exhibition market. *Journal of Industrial Economics* 54: 293 – 321.

——. 2006f. Coordinated effects merger simulation with linear demands. Mimeo, U. K. Competition Commission.

Davis, P. , and C. Huse. 2009. Coordinated effects merger simulation in the network server market. Mimeo, U. K. Competition Commission.

Davis, P. , and P. Sabbatini. 2009. Coordinated effects merger simulation. Mimeo.

Deaton, A. , and J. Muellbauer. 1980a. An almost ideal demand system. *American Economic Review* 70: 312 – 26.

——. 1980b. *Economics and Consumer Behaviour*. Cambridge University Press.

Debreu, G. 1974. Excess demand functions. *Journal of Mathematical Economics* 1 (1): 15 – 21. Demsetz, H. 1973. Industry structure, market rivalry, and public policy. *Journal of Law and Economics* 16: 1 – 9.

Deneckere, R. , and C. Davidson. 1986. Long-run competition in capacity, short-run competition in price and the Cournot model. *RAND Journal of Economics* 16: 404 – 15.

Deprins, D. , and H. Tulkens. 1984. Measuring labor inefficiency in post offices. In *The Performance of Public Enterprises: Concepts and Measurements* (ed. M. Marchand, P. Pestieau, and H. Tulkens) . Amsterdam: North-Holland.

Dickey, D. , and W. Fuller. 1979. Distribution of the estimators for auto-regressive time series with a unit root. *Journal of the American Statistical Association* 74: 427 – 31.

Diewert, E. 1976. Exact and superlative index numbers. *Journal of Econometrics* 46: 115 – 45. Dobson, P. , and M. Waterson. 1996. Vertical restraints and competition policy. U. K. Office of Fair Trading, Research Paper 12.

Domowitz, I. , G. Hubbard, and B. Petersen. 1988. Market structure and cyclical fluctuations in U. S. manufacturing. *Review of Economics and Statistics* 70: 55 – 66.

Dorfman, R. , and P. Steiner. 1954. Optimal advertising and optimal quality. *American Economic Review* 44: 826 – 36.

Doyle, J. , E. Muehlegger, and K. Samphantharak. 2008. Edgeworth cycles revisited. NBER Working Paper 14162.

Dubin, J, and D. McFadden. 1984. An econometric analysis of residential electric appliance holdings and consumption. *Econometrica* 52: 345 – 62.

Dubois, P. , and C. Bonnet. 2008. Inference on vertical contracts between manufacturers and retailers allowing for non-linear pricing and resale price maintenance. IDEI Working Paper 519.

Dunne, T, M. Roberts, and L. Samuelson. 1988. Patterns of firm entry and exit in U. S. manufacturing industries. *RAND Journal of Economics* 19: 495 – 515.

Duso, T. , K. Gugler, and B. Yurtoglu. 2006a. Is the event study methodology useful for merger analysis? A comparison of stock market and accounting data. Mimeo, Wissenschaftzentrum Berlin fur Sozialforschung SP-II 2006 – 19.

Duso, T, D. Neven, and L. H. Röller. 2006b. The political economy of European merger control. *Journal of Law and Economics* 50: 455 – 89.

Eccles, R. H. 1981. The quasi-firm in the construction industry. *Journal of Economic Behaviour and Organization* 2: 335 – 58.

Eckbo, B. E. 1983. Horizontal mergers, collusion, and stockholder wealth. *Journal of Financial Economics* 11：241 – 73.

Efron, B., and R. Tibshirani. 1994. *An Introduction to the Bootstrap*. Chapman & Hall.

Eichenwald, K. 1997. The tale of the secret tapes. *New York Times*, November 16, 1997.

——. 1998. Videotapes take star role at Archer Daniels trial. *New York Times*, August 4, 1998. Elzinger, K., and T Hogarty. 1973. The problem of geographic market delineation in antimerger suits. *Antitrust Bulletin* 18：45 – 81.

——. 1978. The problem of geographic market delineation revisited: the case of coal. *Antitrust Bulletin* 23：1 – 18.

Engle, R., and C. Granger. 1987. Co-integration and error correction: representation, estimation and testing. *Econometrica* 55：251 – 71.

Ericson, R., and A. Pakes. 1995. Markov-perfect industry dynamics: a framework for empirical work. *Review of Economic Studies* 62：53 – 82.

Evans, D. S., and J. Heckman. 1984a. A test for subadditivity of the cost function with an application to the Bell system. *American Economic Review* 74：615 – 23.

——. 1984b. Multiproduct cost function estimates and natural monopoly test for the Bell system. In *Breaking Up Bell* (ed. D. S. Evans). Amsterdam: North-Holland.

——. 1986. A test for subadditivity of the cost function with an application to the Bell system: erratum. *American Economic Review* 76：856 – 58.

Farna, E., and K. French. 1993. Common risk factors in the returns on stocks and bonds. *Journal of Financial Economics* 33：3 – 56.

——. 1996. Multifactor explanations of asset pricing anomalIes. *Journal of Finance* 51 (1)：55 – 84.

Fare, R., S. Grosskopf, and C. Lovell. 1995. *production Frontiers*. Cambridge University Press.

Farrell, J. 1957. The measurement of productive efficiency. *Journal of the Royal Statistical Society* 120 (3)：253 – 90.

Farrell, J., and C. Shapiro. 1990. Horizontal mergers: an equilibrium analysis. *American Economic Review* 80：107 – 26.

Finkelstein, M., and H. Levenbach. 1983. Regression estimates of damages in price fixing cases. *Law and Contemporary Problems* 46 (4)：145 – 69.

Fisher, F. 1980. Multiple regression in legal proceedings. *Columbia Law Review* 80 (4)：702 – 36.

——. 1986. Statistics, econometrics and adversary proceedings. *Journal of the American Statistical Association* 81：277 – 86.

Fisher, F., and J. McGowan. 1983. On the misuse of accounting rates of return to infer monopoly profits. *American Economic Review* 73: 82 – 97.

Fisher, R. A. 1925. Applications of Student's distribution. *Metron* 5: 90 – 104.

Fisher-Box, J. 1981. Gosset, Fisher and the *t*-distribution. *The American Statistician* 35 (2). Foster, L., J. Haltiwanger, and C. Syverson. 2008. Reallocation, firm turnover, and efficiency:

selection on productivity or profitability? *American Economic Review* 98: 394 – 425.

Friedman, J. 1971. A non-cooperative equlibrium for supergames. *Review of Economic Studies* 38: 1 – 12.

Frisch, R 1936. Annual survey of general economic theory: the problem of index numbers. *Econometrica* 4: 1 – 38.

Froeb, L. M., and G. J. Werden. 1991. Residual demand estimation for market delineation: complications and limitations. *Review of Industrial Organization* 6: 33 – 48.

——. 1992. The reverse cellophane fallacy in market delineation. *Review of Industrial Organization* 7: 241 – 47.

FTC and DOJ. 2004. Improving health care: a dose of competition. Report by the Department of Justice and Federal Trade Commission.

Gal-Or, E. 1991. Vertical restraints with incomplete information. *Journal of Industrial Economics* 39: 503 – 16.

Gandhi, A. K., L. M. Froeb, S. T. Tschantz, and G. J. Werden. 2005. Post-merger product repositioning. Vanderbilt University Law and Economics Working Paper 05 – 19

Garcés, E., D. Neven, and P. Seabright. 2009. The ups and downs of the doctrine of collective dominance: using game theory for merger policy. In *Cases in European Competition Policy: The Economic Analysis.* Cambridge University Press.

Gasmi, F, J. J. Laffont, and W. W. Sharkey. 2002. The natural monopoly test reconsidered: an engineering process-based approach to empirical analysis in telecommunications. *International Journal of Industrial Organization* 20 (4): 435 – 59.

Geary, R. 1949. Determination of linear relations between systematic parts of variables with errors of observation the variances of which are unknown. *Econometrica* 17: 30 – 58.

Genakos, C., K.-U. Kühn, and J. van Reenen. 2006. The incentives of a monopolist to degrade interoperability: theory and evidence from PCs and servers. Mimeo, London School of Economics.

Genovese, D., and W. Mullin. 1998. Testing static oligopoly models: conduct and cost in the sugar industry 1890 – 1914. *RAND Journal of Economics* 29: 355 – 77.

Geroski, P. 2005. Profitabilty analysis and competition policy. In *Essays in Competition Policy* (ed. P. Geroski). London: Competition Commission. (Available at www. cornpetitioncommission. org. *uk*/our-peop/members/chair-speeches/pdf/ geroski _ oxera _ 080205. pdf.)

Geroski, P. , and R. Griffith. 2003. Identifying antitrust markets. IFS Working Paper 03/01.

Gil, R, and W. Hartmann. 2007. Why does popcorn cost so much at the movies? An empirical analysis of metering price discrimination. Mimeo, Stanford University.

Godfrey, L. G. 1989. *Misspecification Tests in Econometrics: The Lagrange Multiplier Principle and Other Approaches*. Cambridge University Press.

Goldfine, D. , and K. M. Vorrasi. 2004. The fall of the Kodak aftermarket doctrine: dying a slow death in the lower courts. *Antitrust Law Journal* 1 : 209 – 31.

Gorman, T. 1956. The demand for related goods: a possible procedure for analyzing quality differentials in the egg market. Journal Paper 2319, Iowa Experimental Station. Printed belatedly in *Review of Economic Studies* (1980) 47: 843 – 56.

Gorman, W. M. 1959. Separable utility and aggregation. *Econometrica* 27: 469 – 81.

——. 1995. *Separability and Aggregation: Collected Works of W. M. Gorman* (ed. C. Blackorby and A. Shorrocks) . Oxford: Clarendon Press.

Gowrisankaran, G. 1999. A dynamic model of endogenous horizontal mergers. *RAND Journal of Economics* 30: 56 – 83.

Granger, C. W. J. , and P. Newbold. 1974. Spurious regression in econometrics. *Journal of Econometrics* 2: 111 – 20.

Green, E. , and R. Porter. 1984. Non-cooperative collusion under imperfect price information. *Econometrica* 52: 87 – 100.

Greene, W. H. 1997. Frontier production functions. In *Handbook of Applied Econometrics*, volume II. *Microeconomics* (ed. M. Pesaran and P. Schmidt) . Oxford: Blackwell.

——. 2000. *Econometric Analysis*, 4th edn. Pearson Education.

——. 2007. *Econometric Analysis*, 6th edn. Pearson Education.

Greenslade, J. , and S. G. Hall. 2002. On the identification of cointegrated systems in small samples: a modelling strategy with an application to UK wages and prices. *Journal of Economic Dynamics and Control* 26 (9110): 1517 – 37.

Grilliches, Z. 1957. Hybrid corn: an exploration in the economics of technological change. *Econometrica* 25: 501 – 22.

Grossman, P. (ed.) . 2004. *How Cartels Endure and How They Fail: Studies in Industrial Collusion*. Cheltenham: Edward Elgar.

Grossman, S. , and O. Hart. 1986. The costs and benefits of ownership: a theory of vertical and lateral integration. *Journal of Political Economy* 94: 691 – 719.

Hall, R. , and V. Lazear. 1994. Reference guide on estimation of economic losses in damages awards. In *Reference Manual on Scientific Evidence*. Washington, DC: Federal Judicial Center.

Hall, S. G. , and M. J. Stephenson. 1990. An algorithm for the solution of stochastic optimal control problems for large nonlinear econometric models. *Journal of Applied Econometrics* 5 (4): 393 – 99.

Haltiwanger, J., and J. E. Harrington Jr. 1991. The impact of cyclical demand movements on collusive behavior. *RAND Journal of Economics* 22: 89 – 106.

Hansen, L. 1982. Large sample properties of generalised method of moment estimators. *Econometrica* 50: 1029 – 54.

Harberger, A. 1954. Monopoly and resource allocation. *American Economic Review* 44: 77 – 87.

Harrington, J. 2003. Cartel pricing dynamics in the presence of an antitrust authority. Johns Hopkins Department of Economics Working Paper 487.

———. 2008. Detecting cartels. In *Handbook in Antitrust Economics* (ed. P. Buccirossi). Cambridge, MA: MIT Press.

Harris, B. C, and J. J. Simons. 1989. Focusing market definition: how much substitution is necessary? *Research in Law and Economics* 12: 207 – 26.

Hart, O. 1995. *Firms, Contracts and Financial Structure*. Oxford: Clarendon Press.

Hart, O., and J. Moore. 1990. Incomplete contracts and renegotiation. *Econometrica* 56: 755 – 85.

Hart, O., and J. Tirole. 1990. Vertical integration and market foreclosure. Brookings Papers on Economic Activity: Microeconomics, pp: 205 – 76.

Hastings, J. 2004. Vertical relationships and competition in the retail gasoline markets: an empirical evidence from contract changes in Southern California. *American Economic Review* 94: 317 – 28.

Hausman, J. A. 1978. Specification tests in econometrics. *Econometrica* 46: 1251 – 71.

———. 1981. Exact consumer's surplus and deadweight loss. *American Economic Review* 71: 662 – 76.

Hausman, J. A., and D. McFadden. 1984. Specification tests for the multinomiallogit model. *Econometrica* 52: 1219 – 40.

Hausman, J. A., and W. Newey. 1995. Non-parametric estimation of exact consumers surplus and deadweight loss. *Econometrica* 63: 1445 – 76.

Hausman, J. A., G. Leonard, and J. Zona. 1994. Competitive analysis with differentiated products. *Annales d'Economie et de Statistique* 34: 159 – 80.

Heckman, J., and E. Vytlacil. 2005. Structural equations, treatment effects, and econometric policy evaluation. *Econometrica* 73: 669 – 738.

Hendel, I. 1999. Estimating multiple-discrete choice models: an application to computerization returns. *Review of Economic Studies* 66: 423 – 46.

Hendel, I., and A. Nevo. 2004. Intertemporal substitution and storable products. *Journal of the European Economic Association* 2 (2/3): 536 – 47.

———. 2006a. Measuring the implications of sales and consumer inventory behaviour. *Econometrica* 74: 1637 – 73.

———. 2006b. Sales and consumer inventory. *RAND Journal of Economics* 37: 543 – 61. Hendry, D. F. 1995. *Dynamic Econometrics*. Oxford University Press.

Hicks, J. R. 1956. *A Revision of Demand Theory*. Oxford University Press.

Hosken, D., D. O'Brien, D. Scheffman, and M. Vita. 2002. Demand system estimation and its application to horizontal merger analysis. FTC Working Paper 246.

Hotelling, H. 1929. Stability in competition. *Economic Journal* 39: 41 – 57.

———. 1938. The general welfare in relation to problems of taxation and of railway and utility rates. *Econometrica* 6: 242 – 69.

Hsiao, C. 1986. *Analysis of Panel Data*, Econometric Society Monograph no. 11. Cambridge University Press.

———. 2003. *Analysis of Panel Data*. Econometric Society Monograph no. 11, 2nd edn. Cambridge University Press.

Huber, P. J. 1967. The behavior of maximum likelihood estimates under nonstandard conditions. In *Proceedings of the Fifth Berkeley Symposium on Mathematical Statistics and Probability* (ed. L. M. LeCam and J. Neyman), volume 4, pp. 221 – 33. Berkeley, CA: University of California Press.

Hurwicz, L., and H. Uzawa. 1971. On the integrability of demand functions. In *Preferences, Utility and Demand* (ed. J. Chipman, L. Hurwicz, M. Richter, and H. Sonnenschein). New York: Harcourt.

Imbens, G., and J. Angrist. 1994. Identification and estimation of local average treatment effects. *Econometrica* 62: 467 – 75.

Ippolito, P., and T. Overstreet. 1996. Resale price maintenance: an economic assessment of the Federal Trade Commission's case against the Coming glass works. *Journal of Law and Economics* 39: 285 – 328.

Irvine, I., and W. Sims. 1998. Measuring consumer surplus with unknown Hicksian demands. *American Economic Review* 88: 314 – 22.

Ivaldi, M., and S. Lorincz. 2005. A full equilibrium relevant market test: application to computer servers. CEPR Discussion Paper 4917.

———. 2009. Implementing relevant market tests in antitrust policy: application to computer servers. Mimeo.

Ivaldi, M., and F. Verboven. 2005. Quantifying the effects from horizontal mergers in European competition policy. *International Journal of Industrial Organization* 23: 669 – 91.

Ivaldi, M., B. Jullien, P. Rey, P. Seabright, and J. Tirole. 2003. The economics of horizontal mergers: unilateral and coordinated effects. Report for DG Competition, European Commission.

Jensen, J. B., S. Redding, and P. Schott. 2007. Firms in international trade. *Journal of Economic Perspectives* 21 (3): 105 – 30.

Johansen, S. 1995. *Likelihood-Inference in Cointegrated Vector Auto-Regressive Models*. Oxford University Press.

Johnston, J. , and J. Dinardo. 1997. *Econometric Methods*, 4th edn. McGraw-Hill.

Joskow, P. 1985. Vertical integration and long-term contracts. *Journal of Law, Economics, & Organization* 1 : 33 – 88.

Joskow, P. , and E. Kahn. 2001. A quantitative analysis of pricing behavior in California's wholesale electricity market during summer 2000. *Power Engineering Society Summer Meeting*: IEEE 1 : 392 – 94.

Jullien, B. , and P. Rey. 2008. Resale price maintenance and collusion. *RAND Journal of Economics* 38: 983 – 1001.

Just, R. , and W. Chern. 1980. Tomatoes, technology and oligopsony. *Bell Journal of Economics and Management Science* 11 : 584 – 602.

Kalai, E. , and W. Stanford. 1985. Conjectural variations strategies in accelerated Cournot games. *International Journal of Industrial Organization* 3: 133 – 52.

Katz, M. , and C. Shapiro. 2003. Critical loss: let's tell the whole story. *Antitrust Magazine*, Spring.

Kehoe, T. 1985. Multiplicity of equilibria and comparative statics. *Quarterly Journal of Economics* 100 (1): 119 – 47.

Kim, D. 2005. Measuring market power in a dynamic oligopoly model: an empirical analysis. Mimeo, International University of Japan.

Kim, D. , and C. Knittel. 2006. Biases in static oligopoly models? Evidence from the California electricity market. *Journal of Industrial Economics* 54 (4): 451 – 70.

Klein, B. 1988. Vertical integration as organizational ownership: the Fisher Body-General Motors relationship revisited. *Journal of Law, Economics, & Organization* 4: 199 – 213.

Klein, B. , R. Crawford, and A. Alchian. 1978. Vertical integration, appropriable rents, and the competitive contracting process. *Journal of Law and Economics* 21: 297 – 326.

Klepper, S. 1996. Entry, exit, growth, and innovation over the product life cycle. *American Economic Review* 86: 562 – 83.

Klepper, S. , and K. Simons. 2000. The making of an oligopoly: firm survival and technological change in the evolution ofthe U. S. tire industry. *Journal of political Economy* 108: 728 – 60.

Kloek, T. 1981. OLS estimation in a model where a microvariable is explained by aggregates and contemporaneous disturbances are equicorrelated. *Econometrica* 49: 205 – 7.

Kokkoris, I. 2007. A practical application of event studies in merger assessment: successes and failures. *European Competition Journal* 3 (1): 65 – 99.

Konüs, A. 1939. The problem of the true index of the cost of living. *Econometrica* 7: 10 – 29.

Kovacic, W. , R. Marshall, L. Marx, and S. Schulenberg. 2007. Coordinated effects in merger review: quantifying the payoffs from collusion. In *International Antitrust Law and Policy*:

Fordham Competition Law 2006 (ed. B. Hawk). New York: Juris.

Kreps, D., and J. Scheinkman. 1983. Quantity precommitment and Bertrand competition yield Cournot outcomes. *Bell Journal of Economics* 14: 326 – 37.

Krueger, A, and Angrist, J. 2001. Instrumental variables and the search for identification: from supply and demand to natural experiments. *Journal of Economic Perspectives* 15 (4): 69 – 86.

Kuhn, K-U. 2001. Fighting collusion by regulating communication between firms. *Economic Policy* 16: 169 – 204.

——. 2004. The coordinated effects of mergers in differentiated product markets. CEPR Discussion Paper 4769.

Kumar, S., and R. Russell. 2002. Technological change, technological catch-up and capital deepening: relative contributions to growth and convergence. *American Economic Review* 92: 527 – 48.

Kumbhakar, S., and C. Knox-Lovell. 2000. *Stochastic Frontier Analysis*. Cambridge University Press.

Lafontaine F., and M. Slade. 2005. Exclusive contracts and vertical restraints: empirical evidence and public policy. (Forthcoming in *Handbook of Antitrust Economics* (ed. P. Buccirossi). Cambridge, MA: MIT Press.)

Lancaster, K. 1966. A new approach to consumer theory. *Journal of Political Economy* 74: 132 – 57.

Landes, W., and R. Posner. 1981. Market power in antitrust cases. *Harvard Law Review* 94: 937 – 96.

Lau, L. J. 1982. On identifying the degree of competitiveness from industry price and output data. *Economics Letters* 10: 93 – 99.

Leibenstein, H. 1950. Bandwagon, snob, and Veblen effects in the theory of consumers' demand. *Quarterly Journal of Economics* 64 (2): 183 – 207.

——. 1966. Allocative efficiency vs. X-efficiency. *American Economic Review* 56: 392 – 415. Levenstein, M., and V. Suslow. 2006. What determines cartel success? *Journal of Economic Literature* 44 (1): 43 – 95.

Levinsohn, J., and A. Petrin. 2003. Estimating production functions using inputs to control for unobservables. *Review of Economic Studies* 70: 317 – 41.

Lewbel, A 1989. Exact aggregation and a representative consumer. *Quarterly Journal of Economics* 104: 621 – 33.

——. 2003. A rational rank four demand system. *Journal of Applied Econometrics* 18 (2): 127 – 35.

Lind, J. 1753. Treatise on the scurvy. In *Lind's Treatise on the Scurvy* (ed. C. P. Stewart and D. Guthrie). Edinburgh University Press (1953).

Lintner, J. 1965. The valuation of risk assets and the selection of risky investments in stock portfolios and capital budgets. *Review of Economics and Statistics* 47: 13 – 37.

MacKinlay, C. 1997. Event studies in economics and finance. *Journal of Economic Literature* 35: 13 – 39.

Maddala, G. S. 1983. *Limited Dependent and Qualitative Variables in Econometrics*. Cambridge University Press.

——. 1989. *Introduction to Econometrics*. New York: Macmillan.

Makowski, L. 1987. Are "rational conjectures" rational? *Journal of Industrial Economics* 36: 35 – 47.

Manning, A. 2005. *Monopsony in Motion: Imperfect Competition in Labor Markets*. Princeton University Press.

Manski, C., and D. McFadden. 1981. *Structural Analysis of Discrete Data and Econometric Applications*. Cambridge, MA: MIT Press.

Mantel, R. 1974. On the characterization of aggregate excess demand. *Journal of Economic Theory* 7: 348 – 53.

Markides, C., and P. Geroski. 2005. *Fast Second*. San Francisco, CA: Jossey-Bass.

McGahan, A 2004. *How Industries Evolve: Principles for Achieving and Sustaining Superior Performance*. Cambridge, MA: HBS Press.

Marshall, A. 1890. *Principles of Economics*. Macmillan.

Martin, S. 1984. The misuse of accounting rates of return: comment. *American Economic Review* 74: 501 – 6.

Martin, S., H. T. Normann, and C. M. Snyder. 2001. Vertical foreclosure in experimental markets. *RAND Journal of Economics* 32: 466 – 96.

Mas-Colell, A, M. D. Whinston, and J. R Green. 1995. *Microeconomic Theory*. Oxford University Press.

Maskin, E., and J. Tirole. 1988a. A theory of dynamic oligopoly. I. Overview and quantity competition with fixed costs. *Econometrica* 56: 549 – 69.

——. 1988b. A theory of dynamic oligopoly. II. Price competition, kinked demand curves, and Edgeworth cycles. *Econometrica* 56: 571 – 99.

Mathewson, G. E, and R. A Winter. 1987. The competitive effects of vertical agreements: comment. *American Economic Review* 77: 1057 – 62.

Matzkin, R. 2008. Identification in nonparametric simultaneous equations. *Econometrica* 76: 945 – 78.

Mazzeo, M. 2002. Product choice and oligopoly market structure. *RAND Journal of Economics* 33: 221 – 42.

McAfee, R. and M. Williams. 1988. Can event studies detect anticompetitive mergers? *Economics Letters* 28: 199 – 203.

McDowell, E. 1992. American Airlines cuts some fares in half. *New York Times*, May 28, 1992.

McFadden, D. 1973. Conditionallogit analysis of qualitative choice behavior. In *Frontiers in Econometrics* (ed. P. Zarembka) . Academic Press.

——. 1978. Modeling the choice of residential location. In *Spatial Interaction Theory and Applications* (ed. A Karlgvist et al.) . Amsterdam: North-Holland.

——. 1981. Econometric models of probabilistic choice. In *Structural Analysis of Discrete Data and Econometric Applications* (ed. C. Manski and D. McFadden). Cambridge, MA: MIT Press.

——. 1989. A method of simulated moments for estimation of discrete response models without numerical integration. *Econometrica* 57: 995 – 1026.

Mercenier, J. 1995. Non-uniqueness in applied general equilibrium models with scale economies and imperfect competition. *Economic Theory* 6 (1): 161 – 77.

Meyer, B. 1995. Natural and quasi-experiments in economics. *Journal of Business & Economic Statistics* 13 (2): 151 – 61.

Milgrom, P. , andJ. Roberts. 1990. Rationalizability, learning, and equilibrium in games with strategic complementarities. *Econometrica* 58: 1255 – 77.

Milyo, J. , and J. Waldfogel. 1999. The effect of advertising on prices: evidence in the wake of 44 Liquormart. *American Economic Review* 89: 1081 – 96.

Modigliani, F. , and M. Miller. 1958. The cost of capital, corporation finance and the theory of investment. *American Economic Review* 48: 261 – 97.

Moulton, B. 1986. Random group effects and the precision of regression estimates. *Journal of Econometrics* 32: 385 – 97.

——. 1990. An illustration of a pitfall in estimating the effects of aggregate variables on micro units. *Review of Economics and Statistics* 72: 334 – 38.

Mundlak, Y. 1978. On the pooling of time series and cross section data. *Econometrica* 46: 69 – 85.

Nakamura, A. , and M. Nakamura. 1981. On the relationships among several specification error tests presented by Durbin, Wu and Hausman (with A. Nakamura). *Econometrica* 49: 1583 – 88.

Nakanishi, M. , and L. G. Cooper. 1974. Parameter estimate for multiplicative interactive choice model: least squares approach. *Journal of Marketing Research* 11 : 303 – 11.

Nalebuff, B. J. 1999. Bundling. Yale ICF Working Paper 99 – 14.

Nerlove, M. 1963. Returns to scale in electricity supply. In *Measurement in Economics* (ed. c. Christ) . Stanford University Press.

——. 2002. *Essays in Panel Data Econometrics*. Cambridge University Press.

Nevo, A. 1998. Identification of the oligopoly solution concept in a differentiated product industry. *Economics Letters* 59 (3): 391 – 95.

——. 2000. A practitioner's guide to estimation of random coefficients logit models of demand. *Journal of Economics & Management Strategy* 9 (4): 513 – 48.

Newey, W. , and J. Powell. 2003. Instrumental variable estimation of non-parametric models. *Econometrica* 71: 1565 – 78.

Nickell, S. 1996. Competition and corporate performance. *Journal of Political Economy* 104: 724 – 46.

Nocke, V. , and M. Whinston. 2007. Sequential merger review. CEPR Working Paper 6652.

Noel, M. 2007. Edgeworth price cycles: evidence from the Toronto retail gasoline market. *Journal of Industrial Economics* 55: 69 – 92.

Norman, H. T. 2007. Vertical mergers, foreclosure and raising rivals' costs-experimental evidence. Mimeo, Max Planck Institute, Goethe University Frankfurt.

Novshek, W. 1985. On the existence of Cournot equilibrium. *Review of Economic Studies* 52: 85 – 98.

O'Brian, B. 1992. AMR's bid for simpler fares takes off. *Wall Street Journal Online*, April 10, 1992.

O'Brien, D. , and A Wickelgren. 2003. A critical analysis of critical loss analysis. FTC Working Paper 254.

Ofcom. 2007. Wholesale call termination statement, March 2007. Available at www. ofcom. org. uk/consult/condocs/mobile-call-term/statement/statement. pdf.

Office of Fair Trading. 2003. Assessing profitability in competition policy analysis. OFT Working Paper 657 (prepared by Oxera) . (Available at www. oft. gov. uk/ shared _ oft/ reports/comp-policy /oft657. pdf.)

Oi, W. 1971. A Disneyland dilemma: two-part tariffs for a Mickey Mouse monopoly. *Quarterly Journal of Economics* 85: 77 – 96.

Olley, S. G. , and A Pakes. 1996. The dynamics of productivity in the telecommunications equipment industry. *Econometrica* 64: 1263 – 97.

Ordover, J. , G. Saloner, and S. e. Salop. 1990. Equilibrium vertical foreclosure. *American Economic Review* 80: 127 – 42.

——. 1992. Equilibrium vertical foreclosure: reply. *American Economic Review* 82: 693 – 704.

Pakes, A. 2003. A reconsideration of hedonic price indexes with an application to PCs. *American Economic Review* 93: 1578 – 96.

Pakes, A. , and P. Maguire. 1994. Computing Markov-perfect Nash equilibria: numerical implications of a dynamic differentiated product model. *RAND Journal of Economics* 25: 555 – 89.

——. 2001. Stochastic algorithms, symmetric Markov perfect equilibrium, and the curse of dimensionality. *Econometrica* 69: 1261 – 81.

Pakes, A. , and D. Pollard. 1989. Simulation and the asymptotics of optimization estimators. *Econometrica* 57: 1027 – 57.

Panzar, J. C. , and R. D. Willig. 1981. Economies of scope. *American Economic*

Review 71: 268 - 72.

Pedraja-Chaparro, F. , J. Salinas-Jimenez, and P. Smith. 1999. On the quality of data envelopment analysis. *Journal of the Operational Research Society* 50: 636 - 44.

Pelzman, S. 1977. The gains and losses from industrial concentration. *Journal of Law and Economics* 20: 229 - 63.

Perloff, J. , and E. Shen. 2001. Collinearity in linear structural models of market power. Mimeo, University of Berkeley.

Pesendorfer, M. 2000. A study of collusion in first price auctions. *Review of Economic Studies* 67: 381 - 411.

Pollak, R. and T. J. Wales. 1992. *Demand System Specification and Estimation.* Oxford University Press.

Porter, M. 1980. *General Electric vs Westinghouse* in large turbine generators. HBS Case 9 - 380 - 128.

Porter, R. H. 1983. A study of cartel stability: the joint executive committee, 1880 - 1886. *Bell Journal of Economics* 14: 301 - 14.

——. 2005. Detecting collusion. *Review of Industrial Organization* 26 (2): 147 - 67.

Porter, R. H. , and J. D. Zona. 1993. Detection of bid rigging in procurement auctions. *Journal of Political Economy* 101: 518 - 38.

——. 1999. Ohio school milk markets: an analysis of bidding. *RAND Journal of Economics* 30: 263 - 88.

Post, T. , L. Cherchye, and T. Kuosmanen. 2002. Non-parametric efficiency estimation in stochastic environments. *Operations Research* 50: 645 - 55.

Press, W. , S. Teukolsky, W. Vetterling, and B. Flannery. 2007. *Numerical Recipes: the Art of Scientific Computing*, 3rd edn. Cambridge University Press.

Pudney, S. 1989. *Modelling Individual Choice: the Econometrics of Corners, Kinks and Holes.* Oxford: Blackwell.

Puller, S. 2006. Estimation of competitive conduct when firms are efficiently colluding: addressing the Corts critique. Mimeo, Texas A&M University.

Ramsey, F. 1927. A contribution to the theory of taxation. *Economic Journal* 37: 47 - 61.

Ramsey, J. B. 1969. Tests for specification errors in classical linear least squares regression analysis. *Journal of the Royal Statistical Society* B 32: 350 - 71.

Rasmusen, E. , M. Ramseyer, and J. Wiley. 1991. Naked exclusion. *American Economic Review* 81: 1137 - 45.

Ravenscraft, D. 1983. Structure-profit relationships at the line of business and industry level. *Review of Economics and Statistics* 65: 22 - 31.

Reiersol, O. 1945. Confluence analysis by means of sets of instrumental variables. *Arkiv fur Matematik, Astronomi Och Fysik* 32 (4): 1 - 119.

——. 1950. Identifiability of a linear relation between variables which are subject to error. *Econometrica* 18: 375 - 89.

Rey, P. 2003. The economics of vertical restraints. In *Handbook of Industrial Organization* (ed. M. Armstrong and R. Porter), volume 3. Amsterdam: North-Holland.

Rey, P, and J. Stiglitz. 1995. The role of exclusive territories in producers' competition. *RAND Journal of Economics* 26: 431 – 51.

Rey, P. , and J. Tirole. 2005. A primer on foreclosure. *Handbook of Industrial Organization* (ed. M. Armstrong and R. Porter), volume 3. Amsterdam: North-Holland.

Riordan, M. 1988. Anticompetitive vertical integration by a dominant firm. *American Economic Review* 88: 1232 – 48.

Riordan, M. , and O. Williamson. 1985. Asset specificity and economic organization. *International Journal of Industrial Organization* 3: 365 – 78.

Röller, L. -H. 1990a. Proper quadratic cost functions with an application to the Bell System. *Review of Economics and Statistics* 72: 202 – 10.

Röller, L. -H. 1990b. Modelling cost structure: the Bell system revisited. *Applied Economics* 22: 1661 – 74.

Rotemberg, J. , and G. Saloner. 1986. A supergame-theoretic model of business cycles and price wars during booms. *American Economic Review* 76: 380 – 407.

Ryan, D. , and T. Wales. 1999. Flexible and semiflexible consumer demands with quadratic Engel curves. *Review of Economics and Statistics* 81 : 277 – 87.

Sabbatini, P 2006. How to simulate the coordinated effect of a merger. Collana Temi e Problemi, Autorita Garante della Concorrenza e del Mercato.

Salant, S. , S. Switzer, and R. Reynolds. 1983. Losses from horizontal merger the effects of an exogenous change in indstry structure on Cournot-Nash equilibrium *Quarterly Journal of Economics* 98: 185 – 99.

Salinger, M. 1988. Vertical mergers and market foreclosure. *Quarterly Journal of Economics* 103: 345 – 56.

——. 1989. The meaning of "upstream" and "downstream" and the implications for modeling vertical mergers. *Journal of Industrial Economics* 37: 373 – 87.

Salop, S. C. 1979. Monopolistic competition with outside goods. *Bell Journal of Economics* 10 (1): 141 – 56.

Salop, S. C. , and Scheffman, D. 1983. Rising rivals costs. *American Economic Review* 73: 267 – 71.

Salvanes, K. G. , and S. Tjøtta. 1998. A note on the importance of testing for regularities for estimated flexible functional forms. Department of Economics, University of Bergen Working Paper 177. (Available at http: //ideas. repec. org/s/ fth/bereco. html.)

Salvo, A. 2007. Inferring conduct under the threat of entry: the case of the Brazilian cement industry. Mimeo, Northwestern University, Kellogg School of Management. (Available at www. kellogg. northwestern. edu/faculty/salvo/htm/research. htm.)

Sargen, J. 1958. The estimation of economic relationships using instrumental varia-
bles. *Econometrica* 26: 393 – 415.

Scarf, H. 1973. *The Computation of Economic Equilibria*. New Haven, CT: Yale
University Press.

Schaumans, C. , and F. Verboven. 2008. Entry and regulation: evidence from
health care professions. *RAND Journal of Economics* 39: 949 – 72.

Scheffman, D. , and M. Coleman. 2003. Quantitative analyses of potential compet-
itive effects of a merger. *George Mason Law Review* 12 (2): 319 – 69.

Scheffman, D. , and P. Spiller. 1987. Geographic market definition under the
U. S. Department of Justice merger guidelines. *Journal of Law and Economics*
30: 123 – 47.

——. 1996. Econometric market delineation. *Managerial and Decision Economics*
17: 165 – 78.

Scherer, F. M. 1980. *Industrial Market Structure and Economic Performance*.
Chicago, IL: Rand McNally.

Scherer, F. M. , A. Beckenstein, E. Kaufer, and R. D. Murphy. 1975. *The Eco-
nomics of Multiplant Operations*. Cambridge, MA: Harvard University Press.

Schmalensee, R. , and R. Willig (eds) . 1989. *Handbook of Industrial Organiza-
tion*, 1st edn, volume 2. Elsevier.

Schmidt, P. 1976. On the statistical estimation of parametric frontier production
functions. *Review of Economics and Statistics* 58: 238 – 39.

——. 1978. On the statistical estimation of parametric frontier production func-
tions: rejoinder. *Review of Economics and Statistics* 60: 481 – 82.

Schwartz, M. 1987. The competitive effects of vertical agreements: com-
ment. *American Economic Review* 77: 1063 – 68.

Segal, 1. , and M. Whinston. 2000. Exclusive contracts and protection of invest-
ment. *RAND Journal of Economics* 31: 603 – 33.

Seim, K. 2006. An empirical model of entry with endogenous product-type
choices. *RAND Journal of Economics* 37: 619 – 40.

Shapiro, C. , and W. Kovacic. 2000. Antitrust policy: a century of economic and
legal thinking. *Journal of Economic Perspectives* 14 (1): 43 – 60.

Sharpe, W. 1964. Capital asset prices: a theory of market equilibrium under condi-
tions of risk. *Journal of Finance* 19: 425 – 42.

Sherman, H. 1984. Data envelopment analysis as a new managerial audit methodology:
test and evaluation. *Auditing: A Journal of Practice and Theory* 4: 35 – 53.

Sherwin, R. 1993. Comments on Werden and Froeb: correlation, causality and all
that jazz. *Review of Industrial Organization* 8: 355 – 58.

Shin, R. T. , and J. S. Ying. 1992. Unnatural monopolies in local telephone.
RAND Journal of Economics 23: 171 – 83.

Shum, M. , and G. Crawford. 2007. Monopoly quality degradation in cable television. *Journal of Law and Economics* 50: 181 – 209.

Silverman, B. 1989. *Density Estimation for Statistics and Data Analysis*. London: Chapman & Hall.

Simar, L. , and P. Wilson. 1998. Sensitivity analysis of efficiency scores: how to bootstrap in nonparametric frontier models. *Management Science* 44 (1): 49 – 61.

Simpson, J. , and A. Wickelgren. 2007. Naked exclusion, efficient breach, and downstream competition. *American Economic Review* 97: 1305 – 20.

Slade, M. , J. Pinkse, and C. Brett. 2002. Spatial price competition: a semiparametric approach. *Econometrica* 70: 1111 – 53.

Small, K. , C. Winston, and J. Yan. 2005. Uncovering the distribution of motorists' preferences for travel time and reliability. *Econometrica* 73: 1367 – 82.

Sonnenschein, H. 1973. Do Walras' identity and continuity characterize the class of community excess demand functions? *Journal of Economic Theory* 6: 345 – 54.

Spengler, J. 1950. Vertical integration and antitrust policy. *Journal of Political Economy* 58: 347 – 52.

Sraffa, P. 1926. The laws of returns under competitive conditions. *Economic Journal* 36: 535 – 50.

Stennek, J. , and F. Verboven. 2001. Merger control and enterprise competitiveness: empirical analysis and policy recommendations. Research Institute of Industrial Economics, Stockholm, Working Paper 556.

Stigler, G. 1964. A theory of oligopoly. *Journal of Political Economy* 72: 44 – 61. Stigler, G. , and K. Boulding. 1950. *Readings in Price Theory*. Chicago, IL: Irwin.

Stigler, G. , and R. Sherwin. 1985. The extent of the market. *Journal of Law and Economics* 28: 555 – 85.

Stillman, R. 1983. Examining antitrust policy towards horizontal mergers. *Journal of Financial Economics* 11 (1 – 4): 225 – 40.

Stock, J. 1987. Asymptotic properties of least-squares estimators of cointegrating vectors. *Econometrica* 58: 1035 – 56.

Stock, J. , and M. Watson. 2006. *Introduction to Econometrics*. Addison-Wesley.

Stone, R. 1954. Linear expenditure systems and demand analysis: an application to the pattern of British demand. *Economic Journal* 64 (255): 511 – 27.

Student (pseudonym for W. S. Gosset) . 1908. The probable error of a mean. *Biometrica* 6 (1): 1 – 25.

Sueyoshi, T. 1991. Estimation of stochastic frontier cost function using data envelopment analysis: an application to the AT&T divestiture. *Journal of the Operational Research Society* 42: 463 – 77.

Sueyoshi, T. , and P. C. Anselmo. 1986. The Evans and Heckman sub additivity test: comment. *American Economic Review* 76: 854 – 55.

Suslow, V. , and M. Levenstein. 2006. What determines cartel success. *Journal of Economic Literature* 44 (1): 43 – 95.

Sutton, J. 1991. *Sunk Costs and Market Structure*. Cambridge, MA: MIT Press.

——. 1998. *Technology and Market Structure*. Cambridge, MA: MIT Press.

Syverson, C. , and A. Hortacsu. 2007. Cementing relationships: vertical integration, foreclosure, productivity, and prices. *Journal of Political Economy* 115: 250 – 301.

Taylor, C. T. , N. Kreisle, and P. Zimmerman. 2007. Vertical relationships and competition in retail gasoline markets: comment. FTC Working Paper 291.

Taylor, J. , and M. Yokell. 1979. *Yellowcake: The International Uranium Cartel*. Pergamon Press.

Telser, L. 1960. Why should manufacturers want fair trade? *Journal of Law and Economics* 3: 86 – 103.

Thanassoulis, E. 1993. A comparison of regression analysis and data envelopment analysis as alternative methods for performance assessments. *Journal of the Operational Research Society* 44: 1129 – 44.

Theil, H. 1953. Repeated least squares applied to complete equation systems. Mimeographed memorandum of the Central Planning Bureau, The Hague.

Tirole, J. 1993 *The Theory of Industrial Organization*. Cambridge, MA: MIT Press.

Topkis, D. 1998. *Supermodularity and Complementarity*. Princeton University Press. Triplett, J. 1992. Economic theory and BEA's alternative quantity and price indexes. Report, Bureau of Economic Analysis, Department of Commerce.

Van Dijk, T. , and E Verboven. 2007. Quantification of damages. In *Issues in Competition Law and Policy* (ed. W. D. Collins) . Chicago, IL: ABA Publications.

Varian, H. R. 1992 *Microeconomic Analysis*, 3rd edn. New York: NW Norton.

Vartia, Y. 1983. Efficient methods of measuring welfare change and compensated income in terms of ordinary demand functions. *Econometrica* 51 : 79 – 98.

Vasconcelos, H. 2005. Tacit collusion, cost asymmetries and mergers. *RAND Journal of Economics* 36: 39 – 62.

Verboven, F. 1996. The nested logit model and representative consumer theory. *Economics Letters* 50 (1): 57 – 63.

Verboven, F. , and L. Bettendorf. 2001. Incomplete transmission of coffee bean prices: evidence from the Netherlands. *European Journal of Agricultural Economics* 27 (1): 1 – 16.

Verboven, F. , and R. Brenkers. 2006. Liberalizing a distribution system: the European car market. *Journal of the European Economic Association* 4 (1): 216 – 51.

Verboven, F, and T. van Dijk. 2007. Cartel damages claims and the passing-on defense. CEPR Discussion Paper 6329.

参考文献

Verouden, V. 2005. Vertical agreements: motivation and impact. In *Issues in Competition Law and Policy* (ed. W. D. Collins). American Bar Association.

Vickers, J., and M. Waterson. 1991. Vertical relationships: an introduction. *Journal of Industrial Economics* 39: 445 – 50.

Villas-Boas, J. M., and Y. Zhao. 2005. Retailer, manufacturers, and individual consumers: modeling the supply side in the ketchup marketplace. *Journal of Marketing Research* 42 (1): 83 – 95.

Villas-Boas, S. 2007a. Vertical relationships between manufacturers and retailers: inference with limited data. *Review of Economic Studies* 74: 625 – 52.

——. 2007b. Using retail data for upstream merger analysis. *Journal of Competition Law and Economics* 3 (4): 689 – 715.

Viner, J. 1931. Cost curves and supply curves. In *Zeitschrift für Nationalokonomie*, volume 3, pp. 23 – 46. (Reprinted in Stigler and Boulding (1950).)

Vives, X. 1990. Nash equilibrium with strategic complementarities *Journal of Mathematical Economics* 19 (3): 305 – 21.

Vuong, Q. 1989. Likelihood ratio tests for model selection and non-nested hypotheses. *Econometrica* 57: 307 – 33.

Walker, M. 2005. The potential for significant inaccuracies in merger simulation models. *Journal of Competition Law and Economics* 1 (3): 473 – 96.

Ward, R. 1975. Revisiting the Dorfman-Steiner static advertising theorem: an application to the processed grapefruit industry. *American Journal of Agricultural Economics* 57: 500 – 504.

Werden, G. 1981. The use and misuse of shipments data in defining geographic markets. *Antitrust Bulletin* 26: 719 – 35.

Werden, G., and L. Froeb. 1993a. Correlation, causality and all that jazz: the inherent shortcomings of price tests for antitrust market delineation. *Review of Industrial Organization* 8: 329 – 53.

——. 1993b. The effects of mergers in differentiated products industries: structural merger policy and the logit model. *Journal of Law, Economics, & Organization* 10: 407 – 26.

——. 2005. Unilateral competitive effects of horizontal mergers: theory and application through merger simulation. In *Handbook of Antitrust Economics* (ed. P. Buccirosi). Cambridge, MA: MIT Press.

Werden, G., L. Froeb, and D. Scheffman. 2004. A Daubert discipline for merger simulation.

Report, Federal Trade Commission. (Available at www.ftc.gov/be/daubertdiscipline.pdf.)

Whinston, M. D. 1990. Tying, foreclosure, and exclusion. *American Economic Review* 80: 837 – 59.

——. 2003. On the transactions cost determinants of vertical integration. *Journal of Law*, *Economics*, & *Organization* 19 (1): 1 – 23.

Whish, R. 2003. *Competition Law*, 4th edn. Reed Elsevier.

White, G. I., A. C. Sondhi, and D. Fried. 2001. *The Analysis and Use of Financial Statements*, 3rd edn. Wiley.

White, H. 1980. A heteroskedasticity-consistent covariance matrix estimator and a direct test for heteroskedasticity. *Econometrica* 48: 817 – 38.

——. 2001. *Asymptotic Theory for Econometricians*. Academic Press.

——. 2005. Estimating the effects of natural experiments. Mimeo, University of California, San Diego.

Williamson, O. 1975. *Markets and Hierarchies*. New York: Free Press.

——. 1977. Economies as an antitrust defense revisited. *University of Pennsylvania Law Review* 125 (4): 699 – 739.

Williamson, O. 1979. Transaction cost economics: the governance of contractual relations. *Journal of Law and Economics* 22: 3 – 61.

——. 1985. *The Economic Institutions of Capitalism*. New York: Free Press.

Winter, R. 1993. Vertical control and price versus nonprice competition. *Quarterly Journal of Economics* 108: 61 – 76.

Wooldridge, J. 2007. *Econometric Analysis of Cross Section and Panel Data*, 2nd edn. Cambridge, MA: MIT Press.

Wright, P. G. 1928. *The Tariff on Animal and Vegetable Oils*. Macmillan.

Yule, G. U. 1926. Why do we sometimes get nonsense-correlations between time-series? A study in sampling and the nature of time-series. *Journal of the Royal Statistical Society* 89 (1): 1 – 63

Zhou, L. 1994. The set of Nash equilibria of a supermodular game is a complete lattice. *Games and Economic Behaviour* 7 (2): 295 – 300.

the MIT Press.

Material reprinted from the *Journal of Political Economy* and from the *Journal of Law and Economics* with permission of Chicago University Press.

Material from the *Journal of Industrial Economics*, the *RAND Journal of Economics* and the *Review of Economic Studies* reprinted with permission of Wiley Publishing.

索 引

2SLS. *See* two-stage least squares 两阶段最小二乘法

additivity，459－462 可加性

aggregability，6，451－452 加总性

aggregate：data，115，191，294，448，450，496－497 加总数据

  demand，1－2，5－8，234，302－303，450，456，458，467，471，473－474，476，483，490，536 加总需求

  income，6，447，450－451，458 总收入

aggregation bias，450，496 加总偏误

agreement，315－320，324－328，330，347，355，377，514 协议

allocative：efficiency，29，43，154，297 配给有效性

  inefficiency，150 配给无效性

almost ideal demand system，6，437，451－455，459－462，500 几乎理想的需求系统

arbitrage，170，513，539 套利

auctions，332 拍卖

average avoidable costs，27 平均可避免的成本

305 –314，362，365，367，371，374 – 375，384，386 – 394，400 – 401，404 古诺

CR．即 concentration ratio 集中度

credible punishment，317，323 – 324 可信的惩罚

critical loss analysis，162，196，210，212 – 213 临界损失分析

cross-market pricing comparisons，240 – 246 跨市场定价比较

cross-price：effects，175，206，407 交叉价格效应

 elasticity，8，185，223，228，407，426，436，449 – 450，452 – 453，457，462，481 – 482，493，500 交叉价格弹性

cross-sectional：comparisons，240 – 247，251 面板比较

 variation，113，245，251 – 254，361 面板变化

damage estimation，347 – 381 损害估计

data：cleaning，115，495 数据清理

 envelopment analysis，124，150 – 154 数据包络分析

data-generating process，64，81 – 82，86 – 87，177，246，251，255，493，496 数据生成过程

DEA．即 data envelopment analysis 数据包络分析

deadweight loss，13，16 – 18，349，351 无谓损失

demand：rotations，310 – 312 需求转动因子

 shifts，94，176，303 – 305，309 – 310 需求位移因子

 shocks，64 – 65，84，174，176，328，344，421，441 – 442，449 – 450 需求冲击

 substitutability，163 – 167，172，175，179 需求可替代性

 substitutes，51 – 53，107，166，168，175 – 176，180 – 185，215，238，282 需求替代品

depreciation，27，126 – 130，298，379 折旧

derived demand，497 – 499，540 衍生需求

DGP．See data-generating process 数据生成过程

Dickey-Fuller test，182 迪基—福勒检验

difference-in-differences technique，96 – 100，105 – 110，525 – 528，530 双重差分估计法

differentiated product demand systems，3，50 – 52，174，181，192，205，213，223，334 – 339，340，343 – 346，496 – 497，520 – 524，534 – 538 差异性产品需求系统

discounted cash flow，130，257 – 259 现金流折现

discounts，244，330 – 332 折扣

discrete choice demand model，5，13，18，340，462 – 491，501 离散选择需求模型

diseconomies of scale，16，28 – 34，124，139，150，155，232，269，389，398 规模不经济

diversion ratios，107，162，191 – 198，216 – 217，225 分流比

dominant-firm model，59，221 支配厂商模型

double marginalization，505 – 512，521 – 522，535，537，539 – 540 双倍边缘化

dynamic effects, 14, 351, 385, 435, 496 动态效应

potential entrants，165，231，257，263，267，278-283，325 潜在进入者

predatory pricing，209，316 掠夺性的定价

price：correlations，162，169，171，174-176，184 价格相关性

　　elasticity，7，9 价格弹性

　　fixing，350，356，378，514，548，550 价格固定

　　index，243-245，249，448-449，453，461 价格指数

　　rigidity，314，320，327 价格刚性

　　series，171-173，178-182，355 价格序列

price-taking firms，35，42，61，123，232-235 价格接受的厂商

pricing equations，83，302，304-314，334-339 定价方程

product characteristics，166，421，465-466，478-482，485，487-488，496，
　　500-501 产品特性

product market：definition，163，186，188 产品市场的定义

　　substitution，163 产品市场的替代性

production：frontiers，149-156 生产前沿

　　function，19-26，33-37，61，97-98，131-158 生产函数

productive efficiency，29，43，143，146，297，400 生产的有效性

punishment mechanisms，325 惩罚机制

quadratic costs，234，247，470 二次型成本

quantity forcing，511 数量强制

quantity-setting competition，38 设定产量的竞争

raising rivals'costs，503 提高竞争对手的成本

random：coefficient models，485，487，501；随机系数模型

　　walk，178 随机游走

random-effects regression，101 随机效应回归

rate of return，16，113，143，295，362，364 回报率

ray economies of scale，30 射线式的规模经济

rebates，244，498，511，515 回扣

refusal to deal，503，517 拒绝经营

regulatory changes，188 制度变化

resale price maintenance，503，513-515，547-552 转售价格控制

residual：demand，54-56，59-60，220-228 剩余的需求

　　elasticity of demand，221 剩余的需求弹性

　　plot，116，138，140 残差点图

returns to scale，20-21，134，139 规模回报

revealed preferences，193 显示性偏好

reverse cellophane fallacy，209 逆玻璃纸谬误

Roy's identity，451-452 罗伊恒等式

scale efficiencies，150 规模效率

scatter plots，115 散点图

search costs，322，328 搜寻成本

service externalities，507，554 服务的外部性

SFA. *See* stochastic frontier analysis 随机前沿分析

Shephard's lemma，36，132 - 133，144 - 145 谢拨德引理

shock analysis，162，185 - 186，228 冲击分析

single：branding，503，515；单一品牌化

　　dominance，284 单一主导

size of the market，233 - 234，247，265，267，269 - 270，283，426，530 市场规模

SLC. *See* substantial lessening of competition 大幅减少竞争

Slutsky symmetry，455，457，500 - 501 斯拉斯基对称性

small，nontransitory but significant increase in price，201 价格微小的、持续的却又明显的增加

spurious correlation，176，179，183 伪相关

SSNIP. *See* small，nontransitory but significant increase in price 价格微小持续却又明显的增加

stated preferences，193 陈述的偏好

stationary：process，177，181 平稳过程

　　series，177，179，181 平稳序列

stochastic frontier analysis，124，149 随机前沿分析

strategic：behavior，37，263，317 策略行为

　　complements，53，111，165，394，408，549 策略互补

　　substitutes，53，391 策略替代

　　variables，37，41，58，301，401，403 - 404，435 决策变量

structural equations，95，304 - 305，338 结构方程组

structure-conduct-performance，125，285 结构—行为—绩效

subadditivity，31，143 - 149 次可加性

substantial lessening of competition，197，209，382，401，505 大幅减少竞争

substitute products，51，163 - 164，168，211，239，334，341，358，392，438 替代品

sunk costs，27，257，363，505 沉没成本

supply substitutability，163 - 165，171，225，227 供给的可替代性

surveys，194 - 195，198，228，245，278，486，543 - 544 调查

t-statistic，78 - 79，445 *t* 检验

tacit coordination，285，324 - 325，327，330，358，367，432 隐性合谋

technical inefficiency，150，156 技术无效性

technological change，28，133 - 134，147，357，401 技术变化

territorial restrictions，503，513，540 区域市场限制

transaction costs，328，504，554 交易成本

transfer pricing，126 转移定价

Translog cost function，144，147 对数化成本函数

transparency，119，321－323，325，330－332，343 透明度

transportation costs，170，206 交通成本

two-part tariffs，509－510 二次收费制

two-stage least squares，102 两阶段最小二乘法

tying and bundling，503，515，541 搭售与捆绑

type Ⅰ error，76 第Ⅰ类错误

type Ⅱ error，76 第Ⅱ类错误

unilateral effect，230，232－239，329－330，386－401，435 单边效应

upward-sloping demand curves，94 向上倾斜的需求曲线

user cost of capital，128－129 资本使用者的成本

variable cost，26－28，269，298 可变成本

vertical：externalities，505，508，512，548 垂直外部性
  product differentiation，468，474，482 垂直产品差异

vertically integrated firms，126，554 纵向整合的厂商

war of attrition，258－259 消耗战

weighted average cost of capital，128 资本加权平均成本

welfare loss，44，348－349 无谓损失

white noise，177 白噪声

翻译说明

    翻译图书是个艰苦的过程，一本几十万甚至上百万的英文书译成中文至少需要一两年或者更长的时间，并且需要经过许多环节，这期间需要许多人的不懈努力才能完成，不管是教材还是学术著作的翻译都是一个艰难的过程，也是对一个人意志的磨炼，许多译者感叹道，之所以还愿意默默无闻地在翻译田野里耕耘着（翻译周期长，报酬低），是因为喜欢这图书，这应该是大多数译者的境界，这些年来，许多译者参加了《经济科学译丛》、《当代世界学术名著》、《行为与实验经济学经典译丛》多部图书的推荐工作，这里要感谢的有：周业安、贺京同、姚开建、贾根良、杨斌、赵英军、王忠玉、陈彦斌、李军林、张友仁、柳茂森、陈宁、李辉文、马志英、覃福晓、李凤华、江挺、王志标等，许多译者不辞辛苦参加了多部图书翻译或校译工作，这里要感谢的有：顾晓波、冯丽君、马幕远、胡安荣、曾景、王晓、孙晖、程诗、付欢、王小芽、马慕禹、张伟、李军、王建昌、王晓东、李一凡、刘燕平、刘蕊、范阳阳、秦升、程悦、徐秋慧、钟红英、赵文荣、杨威、崔学峰、王博、刘伟琳、周尧、李君、彭超、徐志浩、李朝气、马二排、罗宇、潘碧玥、王杰彪、秦旭、胡善斌、刘兴坤、蔡彤娟、邓娟、张宏宇、王宝来、陈月兰、刘立文、赵旭东、张华、唐海波、于欣、杭鑫、唐仁、杨介棒、王新荣、李非、段顾、杨媛、徐晨、周尧、李冬蕾、曾小楚、李陶亚、冯凌秉、胡棋智、张略钊、许飞虎、姚东旻、米超、罗建平、侯锦慎、肖璇、王行焘、何富彩、李昊、周嘉舟、高梦沉、林榕、施芳凝、宗旋、洪蓓芸、陆洪、高东明、吕志华、吕辉、刘志彬、牛筱颖、彭博、李昕、张鹏龙、崔尔南、赵彤彤、李果、张岩、周鑫遥、周莉、艾文卫、蒋东霖、史可心、刘霁、林燕丽、孙琳、陈梅紫、赵丹、程婧、郭婧雅、程元宁、周洪荣、李婷婷、杨娟、邹紫露、程栩、杨腾、王梦雨、魏冰清、刘冠群、张茵兰、方庆、柯唱、鲁蕾、连洪泉。此外，赵燕伟、杨林林、黄立伟、韩裕平、郭媛媛、周斌、张小芳、朱军、胡京利、苗玮参加了多部图书的校对工作（一校、二校），他们付出了艰辛的劳动，在此表示感谢。

图书在版编目（CIP）数据

竞争与反垄断中的数量技术/戴维斯等著；周德发等译．—北京：中国人民大学出版社，2013.10
（经济科学译丛）
ISBN 978-7-300-18347-3

Ⅰ.①竞…　Ⅱ.①戴…　②周…　Ⅲ.①反垄断-经济计量分析　Ⅳ.①F038.2

中国版本图书馆 CIP 数据核字（2013）第 258529 号

"十一五"国家重点图书出版规划项目
经济科学译丛

竞争与反垄断中的数量技术
彼得·戴维斯（Peter Davis）
伊莲娜·迦瑟斯（Eliana Garcés）　　著
周德发　译
李　三
吴汉洪　校
Jingzheng yu Fanlongduan Zhong de Shuliang Jishu

出版发行	中国人民大学出版社		
社　　址	北京中关村大街 31 号	邮政编码	100080
电　　话	010－62511242（总编室）	010－62511398（质管部）	
	010－82501766（邮购部）	010－62514148（门市部）	
	010－62515195（发行公司）	010－62515275（盗版举报）	
网　　址	http://www.crup.com.cn		
	http://www.ttrnet.com（人大教研网）		
经　　销	新华书店		
印　　刷	三河市汇鑫印务有限公司		
规　　格	185 mm×260 mm　16 开本	版　　次	2013 年 10 月第 1 版
印　　张	32.25　插页 3	印　　次	2013 年 10 月第 1 次印刷
字　　数	696 000	定　　价	68.00 元